한 번에 합격, 자격증은 이기적

이렇게 기막힌 적중률

함께 공부하고 특별한 혜택까지!
이기적 스터디 카페

구독자 13만 명, 전강 무료!
이기적 유튜브

자격증 독학, 어렵지 않다!
수험생 합격 전담마크

이기적 스터디 카페

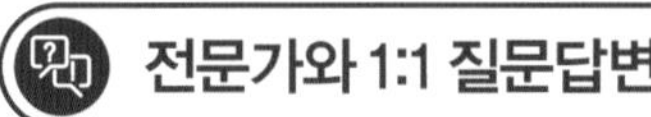

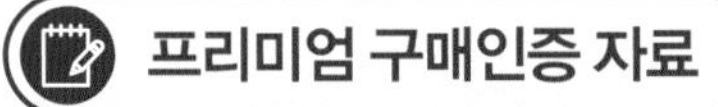

이기적 스터디 카페

인증만 하면, **고퀄리티 강의**가 **무료!**

100% 무료 강의

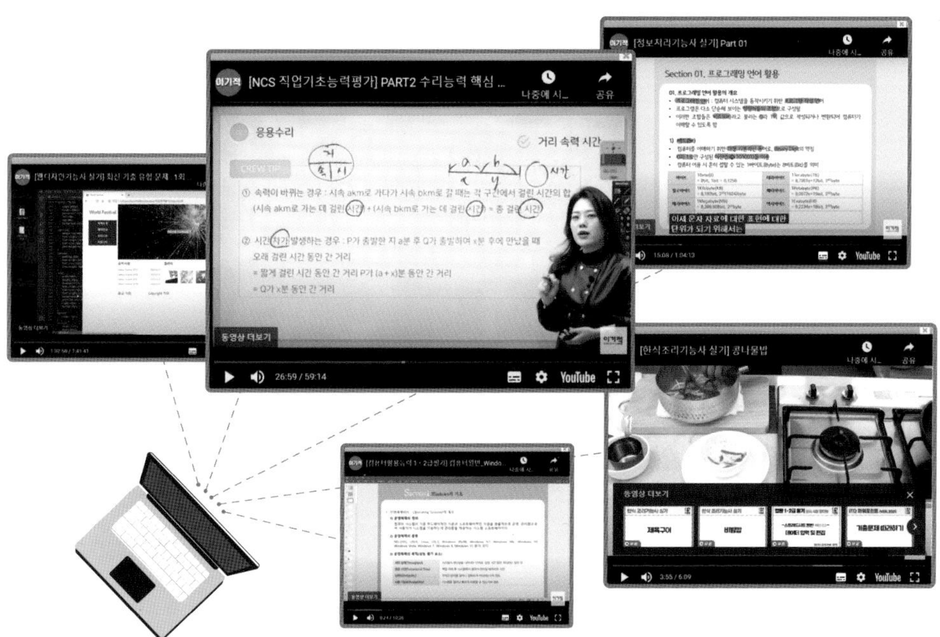

STEP 1
이기적 홈페이지 접속하기

>

STEP 2
무료동영상 게시판에서 과목 선택하기

>

STEP 3
ISBN 코드 입력 & 단어 인증하기

>

STEP 4
이기적이 준비한 명품 강의로 본격 학습하기

영진닷컴 이기적

1년 365일 이기적이 쏜다!

365일 진행되는 이벤트에 참여하고 다양한 혜택을 누리세요.

EVENT ❶

기출문제 복원

- 이기적 독자 수험생 대상
- 응시일로부터 7일 이내 시험만 가능
- 스터디 카페의 링크 클릭하여 제보

이벤트 자세히 보기 ▶

EVENT ❷

합격 후기 작성

- 이기적 스터디 카페의 가이드 준수
- 네이버 카페 또는 개인 SNS에 등록 후 이기적 스터디 카페에 인증

이벤트 자세히 보기 ▶

EVENT ❸

온라인 서점 리뷰

- 온라인 서점 구매자 대상
- 한줄평 또는 텍스트 & 포토리뷰 작성 후 이기적 스터디 카페에 인증

이벤트 자세히 보기 ▶

EVENT ❹

정오표 제보

- 이름, 연락처 필수 기재
- 도서명, 페이지, 수정사항 작성
- book2@youngjin.com으로 제보

이벤트 자세히 보기 ▶

- N페이 포인트 5,000~20,000원 지급
- 영진닷컴 쇼핑몰 30,000원 적립
- 30,000원 미만의 영진닷컴 도서 증정

※이벤트별 혜택은 변경될 수 있으므로 자세한 내용은 해당 QR을 참고하세요.

이렇게
기막힌
적중률

컴퓨터활용능력 2급
필기 절대족보

1권 · 핵심이론

"이" 한 권으로 합격의 "기적"을 경험하세요!

차례

구매 인증 PDF

[이기적 스터디 카페]에 접속한 후 구매 인증을 하면 추가 기출문제 5회분과 빈출 기출지문 족보(OX문제) PDF를 보내드립니다. 이기적은 여러분의 합격을 응원합니다!

이 책의 구성

01 손에 잡히는 핵심이론

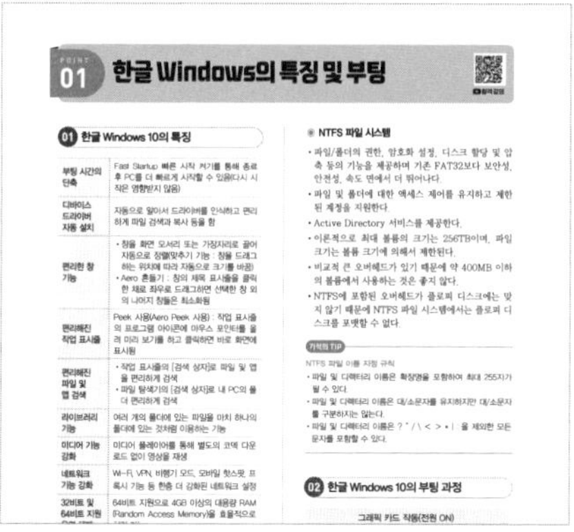

시험에 출제될 가능성이 높은 핵심이론 POINT 39를 엄선하여 동영상 강의와 함께 학습할 수 있도록 구성했습니다.

02 단답형&객관식 문제

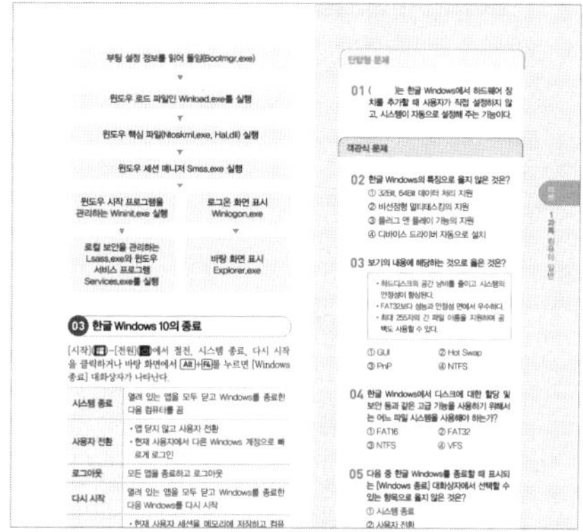

이론 학습 후 바로 단답형&객관식 기출문제를 풀어보며 학습한 내용을 확실하게 정리할 수 있습니다.

03 자주 출제되는 기출문제 120선

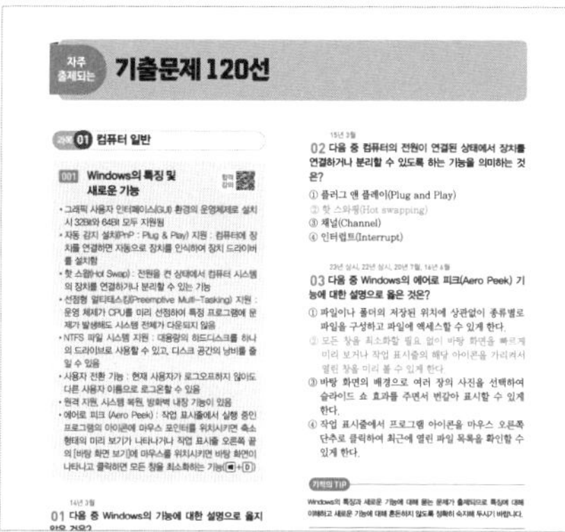

시험에 자주 출제되는 필수 개념을 다시 한 번 확인하고, 빈출 기출문제를 풀어보며 출제 유형을 파악할 수 있습니다.

04 상시 기출문제 15회

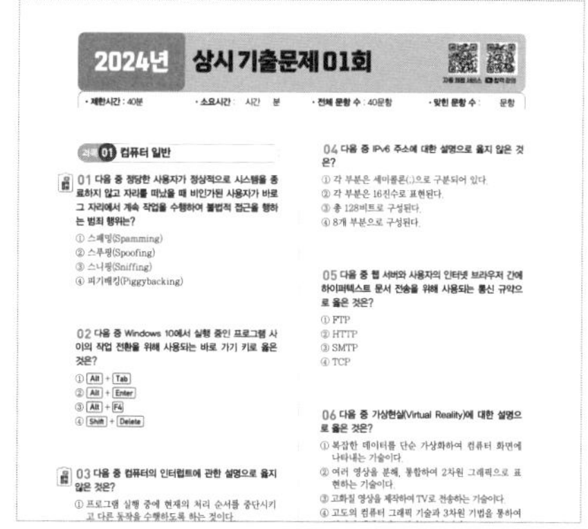

2022~2024년 상시 기출문제 총 15회분을 실제 시험처럼 풀어보며 실전 감각을 빠르게 향상시킬 수 있습니다.

시험의 모든 것

01 응시 자격 조건

남녀노소 누구나 응시 가능

02 필기 원서 접수하기

- license.korcham.net에서 접수
- 상시 검정 : 시험 시간 조회 후 원하는 날짜와 시간에 응시
- 검정 수수료 : 20,500원(인터넷 접수 수수료 : 1,200원)

03 필기 시험

- 신분증과 수험표 지참
- 1급 60분, 2급 40분 시행
- 시험은 컴퓨터로만 진행되는 CBT(Computer Based Test) 형식으로 진행됨

04 필기 합격자 발표

license.korcham.net에서 합격자 발표

01 응시자격

자격 제한 없음

02 원서 접수

- 필기 시험 : 20,500원
- 실기 시험 : 25,000원

(인터넷 접수 시 수수료 1,200원이 가산되며, 계좌 이체 및 신용카드 결제 가능)

03 합격 기준

필기 시험	매 과목 100점 만점에 과목당 40점 이상, 전체 평균 60점 이상
실기 시험	100점 만점에 70점 이상(1급은 두 과목 모두 70점 이상)

04 합격자 발표

- 대한상공회의소 홈페이지(license.korcham.net)에서 발표
- 상시 검정 필기 : 시험일 다음날 오전 10시 이후 발표

05 자격증 수령

형태	• 휴대하기 편한 카드 형태의 자격증 • 신청자에 한해 자격증 발급
신청 절차	인터넷(license.korcham.net)을 통해 자격증 발급 신청
수령 방법	방문 수령은 진행하지 않으며, 우편 등기 배송으로만 수령할 수 있음
신청 접수 기간	자격증 신청 기간은 따로 없으며 신청 후 10~15일 사이 수령 가능

06 출제기준

- 적용 기간 : 2024.01.01.~2026.12.31
- 컴퓨터 일반(Windows 10 버전)

컴퓨터 시스템 활용	운영체제 사용, 컴퓨터 시스템 설정 변경, 컴퓨터 시스템 관리
인터넷 자료 활용	인터넷 활용, 멀티미디어 활용, 최신 정보통신기술 활용
컴퓨터 시스템 보호	정보 보안 유지, 시스템 보안 유지

- 스프레드시트 일반(Microsoft Office 2021 버전)

응용 프로그램 준비	프로그램 환경 설정, 파일 관리, 통합 문서 관리
데이터 입력	데이터 입력, 데이터 편집, 서식 설정
데이터 계산	기본 계산식, 고급 계산식
데이터 관리	기본 데이터 관리, 외부 데이터 관리, 데이터 분석
차트 활용	차트 작성, 차트 편집
출력 작업	페이지 레이아웃 설정, 인쇄 작업
매크로 활용	매크로 작성, 매크로 편집

- 데이터베이스 일반(Microsoft Office 2021 버전)

DBMS 파일 사용	데이터베이스 파일 관리, 인쇄 작업
테이블 활용	테이블 작성, 제약요건 설정, 데이터 입력
쿼리 활용	선택 쿼리 사용, 실행 쿼리 사용, SQL 명령문 사용
폼 활용	기본 폼 작성, 컨트롤 사용, 기타 폼 작성
보고서 활용	기본 보고서 작성, 컨트롤 사용, 기타 보고서 작성
모듈 활용	매크로 함수 사용, 이벤트 프로시저 사용

시험 출제 경향

1과목 컴퓨터 일반 무조건 점수를 따고 들어가야 하는 컴퓨터 일반! 20문항

컴퓨터 시스템 활용을 위한 운영체제 사용과 설정을 이용한 컴퓨터 시스템의 설정, 하드웨어와 소프트웨어의 컴퓨터 시스템 관리, 인터넷과 멀티미디어, 정보통신기술의 인터넷 자료 활용, 정보와 시스템 보안을 위한 컴퓨터 시스템 보호로 구성됩니다. 자료의 표현과 처리, 기억 장치와 설정, 프로그래밍 언어 및 인터넷 개념과 서비스, 컴퓨터 범죄, 멀티미디어의 운용 등에서 출제 비율이 높은 경향을 보이고 있습니다.

		빈출 태그
01. 운영체제 사용	21%	운영체제의 목적, 선점형 멀티태스킹, 바로 가기 키, 작업 표시줄, 레지스트리, 폴더 옵션, 휴지통, 기본 프린터, 스풀
02. 컴퓨터 시스템 설정 변경	9%	개인 설정, 앱 및 기능, 접근성, 네트워크 개념, TCP/IP, 네트워크 명령어
03. 컴퓨터 시스템 관리	34%	취급 데이터, 정보 처리 방식, 자료의 단위, 외부적 표현 방식, 제어 장치, 연산 장치, 레지스터, 캐시 메모리, 가상 메모리, 포트, 프로그래밍 언어, 시스템 최적화
04-1. 인터넷 활용	15%	IP 주소, 기본 포트 번호, HTTP, 웹 브라우저, 검색 엔진, 프로토콜, FTP, 블루투스, 유비쿼터스, 인트라넷
04-2. 멀티미디어 개념 및 운용	10%	멀티미디어, 쌍방향성, MP3 형식, 그래픽 데이터, 동영상 데이터, MPEG
04-3. 정보 통신 일반	4%	반이중/전이중 방식, 버스형, 정보 통신망, 네트워크 접속 장비, 사물 인터넷
05. 컴퓨터 시스템 보호	7%	저작권, 개인 정보 보호, 컴퓨터 범죄, 인터넷 부정 행위, 시스템 보안, 바이러스

2과목 스프레드시트 일반 어려운 함수는 꼭 실습을 통해 학습하기! 20문항

엑셀에서 저장 가능한 파일 형식과 저장 옵션의 기능, 데이터를 입력하고 편집하는 방법이 자주 출제되고 있습니다. 함수를 이용한 결괏값의 산출을 묻는 문제가 비중 있게 출제되므로 실습을 통해 익혀두는 것이 좋습니다. 아울러 필터, 부분합, 데이터 표, 데이터 통합의 기능, 정렬 및 피벗 테이블, 목표값 찾기, 차트 작성의 기본과 편집, 매크로 실행 방법도 높은 출제율을 보이고 있습니다.

		빈출 태그
01. 스프레드시트 개요	6%	스프레드시트, 빠른 실행 도구, 일반 옵션, 시트, 통합 문서
02. 데이터 입력 및 편집	20%	셀 포인터, 메모, 하이퍼링크, 채우기 핸들, 찾기, 사용자 지정 표시 형식, 조건부 서식
03. 수식 활용	25%	수식, 셀 참조, 이름 작성 규칙, 함수, 날짜와 시간 함수, 통계 함수, 문자열 함수, IF 함수
04. 데이터 관리 및 분석	18%	정렬, 자동 필터, 고급 필터, 텍스트 나누기, 그룹, 윤곽, 데이터 유효성 검사, 부분합, 데이터 표, 피벗 테이블, 목표값 찾기, 시나리오
05. 출력	9%	인쇄 미리 보기, 페이지 설정, 페이지 나누기, 화면 제어
06. 차트 생성 및 활용	14%	차트의 구성 요소, 꺾은선형, 원형 차트, 분산형 차트, 도넛형, 방사형, 이중 축 차트
07. 매크로 작성	8%	매크로 개요, 매크로 기록, 매크로 실행

CBT 가이드

01 CBT란?

CBT는 시험지와 필기구로 응시하는 일반 필기시험과 달리, 컴퓨터 화면으로 시험 문제를 확인하고 그에 따른 정답을 클릭하면 네트워크를 통하여 감독자 PC에 자동으로 수험자의 답안이 저장되는 방식의 시험입니다.
오른쪽 QR코드를 스캔해서 큐넷 CBT를 체험해 보세요!

큐넷 CBT 체험하기

02 CBT 필기시험 진행 방식

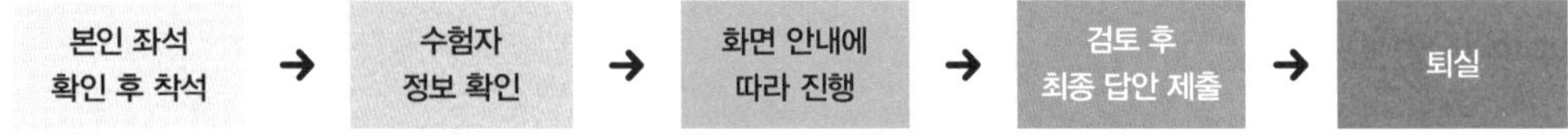

03 CBT 응시 유의사항

- 수험자마다 문제가 모두 달라요. 문제은행에서 자동 출제됩니다!
- 답지는 따로 없어요!
- 문제를 다 풀면, 반드시 '제출' 버튼을 눌러야만 시험이 종료되어요!
- 시험 종료 안내방송이 따로 없어요.

04 Q&A

Q CBT 시험이 처음이에요! 시험 당일에는 어떤 것들을 준비해야 좋을까요?

A 시험 20분 전 도착을 목표로 출발하고 시험장에는 주차할 자리가 마땅하지 않은 경우가 많으므로, 대중교통을 이용하는 것을 추천합니다. 무사히 시험 장소에 도착했다면 수험자 입장 시간에 늦지 않게 시험실에 입실하고, 자신의 자리를 확인한 뒤 착석하세요.

Q 기존보다 더 어려워졌을까요?

A 시험 자체의 난이도 차이는 없지만, 랜덤으로 출제되는 CBT 시험 특성상 경우에 따라 유독 어려운 문제가 많이 출제될 수는 있습니다. 이러한 돌발 상황에 대비하기 위해 이기적 CBT 온라인 문제집으로 실제 시험과 동일한 환경에서 미리 연습해두세요.

05 CBT 진행 순서

좌석번호 확인	수험자 접속 대기 화면에서 본인의 좌석번호를 확인합니다.
↓	
수험자 정보 확인	시험 감독관이 수험자의 신분을 확인하는 단계입니다. 신분 확인이 끝나면 시험이 시작됩니다.
↓	
안내사항	시험 안내사항을 확인하고, 다음을 클릭합니다.
↓	
유의사항	시험과 관련된 유의사항을 확인합니다.
↓	
문제풀이 메뉴 설명	시험을 볼 때 필요한 메뉴에 대한 설명을 확인합니다. 메뉴를 이용해 글자 크기와 화면 배치를 조정할 수 있습니다. 남은 시간을 확인하며 답을 표기하고, 필요한 경우 아래의 계산기를 이용할 수 있습니다.
↓	
문제풀이 연습	시험 보기 전, 연습을 해 보는 단계입니다. 직접 시험 메뉴화면을 클릭하며, CBT가 어떻게 진행되는지 확인합니다.
↓	
시험 준비 완료	문제풀이 연습을 모두 마친 후 [시험 준비 완료] 버튼을 클릭하면 시험 감독관의 지시에 따라 시험이 시작됩니다.
↓	
시험 시작	시험이 시작되었습니다. 수험자는 제한 시간에 맞추어 문제풀이를 시작합니다.
↓	
답안 제출	시험을 완료하면 [답안 제출] 버튼을 클릭합니다. 답안을 수정하기 위해 시험화면으로 돌아가고 싶으면 [아니오] 버튼을 클릭합니다.
↓	
답안 제출 최종 확인	답안 제출 메뉴에서 [예] 버튼을 클릭하면, 수험자의 실수를 방지하기 위해 한 번 더 주의 문구가 나타납니다. 완벽히 시험 문제 풀이가 끝났다면 [예] 버튼을 클릭하여 최종 제출합니다.
↓	
합격 발표	CBT 시험이 모두 종료되면, 퇴실할 수 있습니다.

이제 완벽하게 CBT 필기시험에 대해 이해하셨나요?
그렇다면 이기적이 준비한 CBT 온라인 문제집으로 학습해 보세요!

이기적 온라인 문제집 : https://cbt.youngjin.com

이기적 CBT 바로가기

Q&A

Q 컴퓨터활용능력 필기 합격 결정 기준과 과락에 대해 알고 싶어요.

A 컴퓨터활용능력 필기 합격 결정 기준은 과목당 100점 만점에 매 과목 40점 이상, 전 과목 평균 60점 이상으로 한 과목이라도 40점 미만으로 나올 경우 과락으로 불합격 처리됩니다.

Q 컴퓨터활용능력 필기 합격 유효 기간은 어떻게 되나요?

A 필기 합격 유효 기간은 필기 합격 발표일을 기준으로 만 2년입니다. 예를 들어 컴퓨터활용능력 1급 필기를 2025년 12월 30일에 합격하시면 필기 합격 유효 기간은 2027년 12월 29일입니다. 본인의 정확한 필기 합격 유효 기간은 대한상공회의소 자격평가사업단 홈페이지(license.korcham.net) 회원 가입 후 [마이페이지–취득 내역]에서 확인할 수 있습니다.

Q 컴퓨터활용능력 필기 합격 유효 기간을 연장할 수 있나요?

A 필기 합격 유효 기간은 국가기술자격법 시행령에 의하여 시행되는 것으로 기간의 변경이나 연장이 되지 않습니다.

Q 컴퓨터활용능력 상위 급수 필기를 합격 후 하위 급수 실기를 응시할 수 있나요?

A 필기 합격 유효 기간 내에 상위 급수의 필기에 합격하시고 하위 급수의 실기를 응시하여도 되고 나중에 다시 원래 급수의 실기도 응시할 수 있습니다.

Q 컴퓨터활용능력 실기 합격 점수는 어떻게 되나요?

A 컴퓨터활용능력의 경우, 1급은 데이터베이스 부분과 스프레드시트 부분으로 나뉘어져 있습니다. 각각 70점 이상이 되어야 합격이 가능하며, 2급의 경우에는 70점 이상이면 합격입니다.

〈컴퓨터활용능력 시험 공식 버전 안내〉

- 컴퓨터활용능력 시험 공식 버전 : Windows 10, MS Office LTSC 2021
- Office Professional 2021 : 가정이나 직장에서 사용하기 위해 한 대의 PC에 기본 Office 앱과 전자 메일을 설치하려는 가족 및 소규모 기업용을 위한 제품입니다.
- Office LTSC : 상용 및 공공기관 고객을 위한 Microsoft 365의 최신 영구 버전으로, 두 플랫폼(Windows 및 Mac)에서 모두 이용 가능한 일회성 "영구" 구매로 사용할 수 있는 디바이스 기반 라이선스입니다.
- MS Office Professional 2021 프로그램의 업데이트 버전을 사용하는 경우, LTSC 버전과 일부 명칭 및 메뉴가 다를 수 있습니다. 본 도서는 시험장에서 사용하는 LTSC 버전으로 작성되었으며, 일반 사용자 프로그램인 MS Office Professional 2021의 업데이트 버전을 사용하고 계신 독자분들을 위해 본문에 Tip으로 두 프로그램의 차이점을 알려드리고 있습니다. 또한, 업데이트는 계속될 수 있으며, 이후 추가되는 업데이트로 인해 내용이 달라질 수 있음을 알려드립니다.

※ 자세한 사항은 대한상공회의소 자격평가사업단 홈페이지(license.korcham.net)를 참고하시기 바랍니다.

손에 잡히는 핵심이론

자주 출제되는 엑셀 기능 12가지

실습파일 영진닷컴 수험서 홈페이지(license.youngjin.com)-[자료실]-[컴퓨터활용능력]에서 '[7624] 2025 컴퓨터활용능력 2급 필기 절대족보' 게시글의 '2025자출엑셀.xlsm' 파일을 다운받으세요.

기능 01 사용자 지정 형식

실습파일 **자출01 시트**

인구증감 [C2:C7]에 다음의 셀 서식을 사용자 지정 형식으로 작성하시오.

- **형식 1** : 해당 영역에 입력된 값이 10을 초과하면 파랑색, 나머지는 표준색으로 표시한다.
- **형식 2** : 해당 영역에 입력된 값이 음수이면 빨강색으로 표시하며, 부호는 생략하고 괄호 안에 수치를 표시한다.

	A	B	C	D
1	도시	학교	인구증감	
2	서울	6,598	30	
3	부산	1,563	-5	
4	인천	1,456	6	
5	대구	1,023	-9	
6	대전	965	2	
7	광주	631	1	

	A	B	C	D
1	도시	학교	인구증감	
2	서울	6,598	30	
3	부산	1,563	(5)	
4	인천	1,456	6	
5	대구	1,023	(9)	
6	대전	965	2	
7	광주	631	1	

실습하기

01 작업할 영역 [C2:C7]을 블록으로 설정하고 바로 가기 메뉴에서 [셀 서식]을 선택한다.

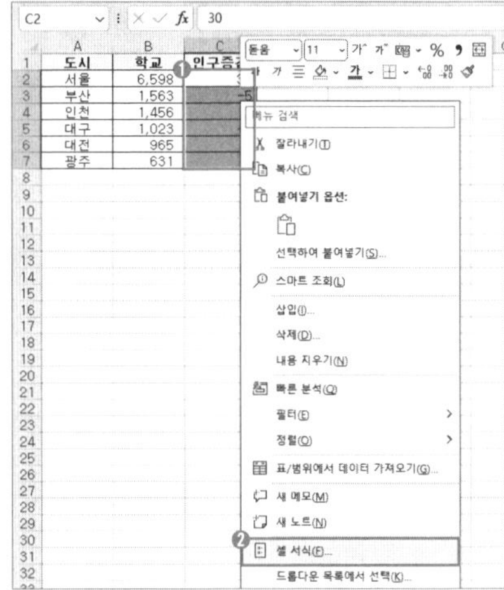

02 [셀 서식]-[표시 형식] 탭에서 [사용자 지정]을 선택한 후 형식을 다음과 같이 입력하고 [확인]을 클릭한다.

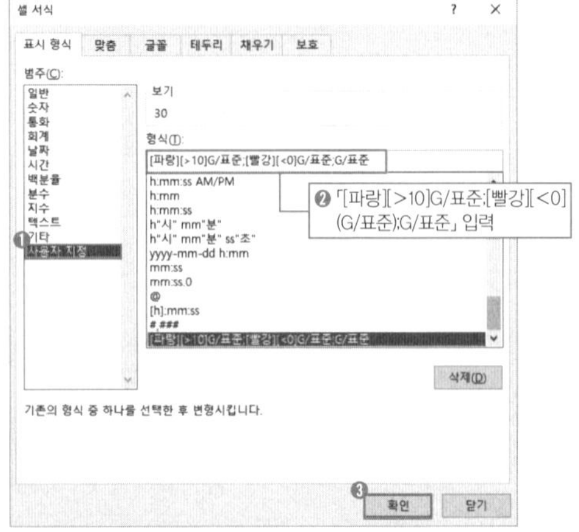

기능 02 조건부 서식

실습파일 **자출02 시트**

다음 조건을 만족하는 셀에 조건부 서식을 적용하시오.

- **조건 1** : 갑/을 관계가 '계약직'이거나, 연봉이 '30' 이상인 경우 글꼴의 색을 '빨강색'으로 지정한다.
- **조건 2** : 이름이 '김환희'일 경우 '12.5% 회색' 무늬를 설정한다.

	A	B	C	D
1	이름	갑/을	연봉	
2	이윤아	계약직	10	
3	김환희	정규직	15	
4	이태연	정규직	20	
5	장지아	정규직	30	
6	이민아	계약직	15	
7	민수지	정규직	20	
8	강유이	정규직	30	

	A	B	C	D
1	이름	갑/을	연봉	
2	이윤아	계약직	10	
3	김환희	정규직	15	
4	이태연	정규직	20	
5	장지아	정규직	30	
6	이민아	계약직	15	
7	민수지	정규직	20	
8	강유이	정규직	30	

실습하기

01 조건부 서식이 적용될 [A2:C8] 영역을 블록으로 설정하고 [홈]-[스타일]-[조건부 서식]-[규칙 관리]를 선택한다.

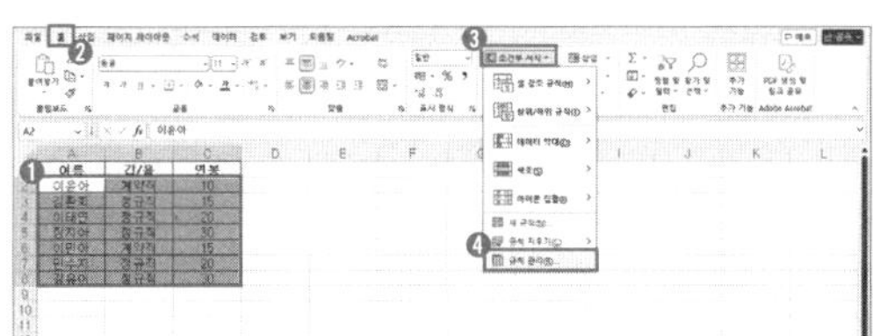

02 [조건부 서식 규칙 관리자] 대화상자에서 [새 규칙]을 클릭한다.

03 [수식을 사용하여 서식을 지정할 셀 결정]을 선택하고 수식을 다음과 같이 입력한 후 [서식]을 클릭한다.

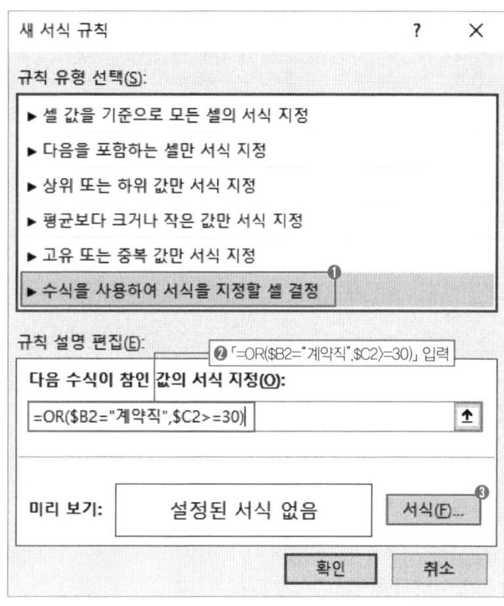

04 [글꼴] 탭에서 글꼴의 색을 [빨강]으로 지정하고 [확인]을 클릭한다.

05 [새 서식 규칙] 대화상자에서 지정한 서식이 규칙에 추가되도록 [확인]을 클릭한다.

06 [조건부 서식 규칙 관리자] 대화상자에서 [새 규칙]을 한 번 더 클릭한다.

07 [다음을 포함하는 셀만 서식 지정]을 선택하고, [셀 값], [=], [김환희]를 지정한 후 [서식]을 클릭한다.

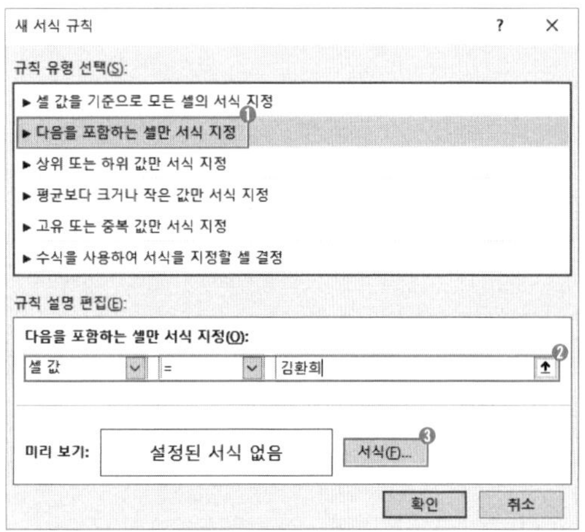

08 [채우기] 탭에서 무늬 스타일을 [12.5% 회색]으로 지정하고 [확인]을 클릭한다.

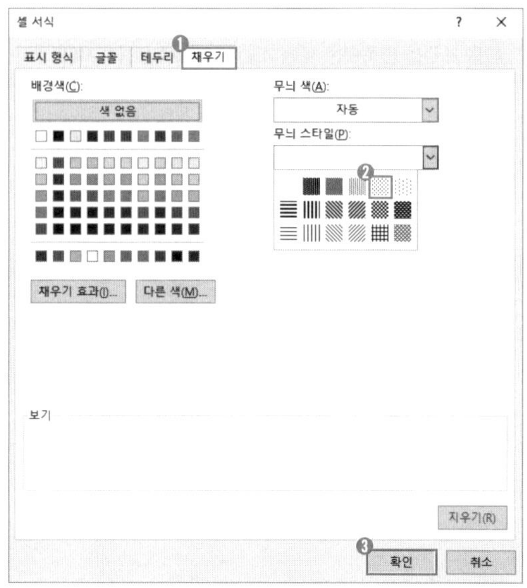

09 [새 서식 규칙] 대화상자에서 지정한 서식이 규칙에 추가되도록 [확인]을 클릭한다.

10 규칙 적용 순서를 맞추기 위해서 [수식:]을 선택하고 [위로 이동] 단추를 클릭한 후 [확인]을 클릭한다.

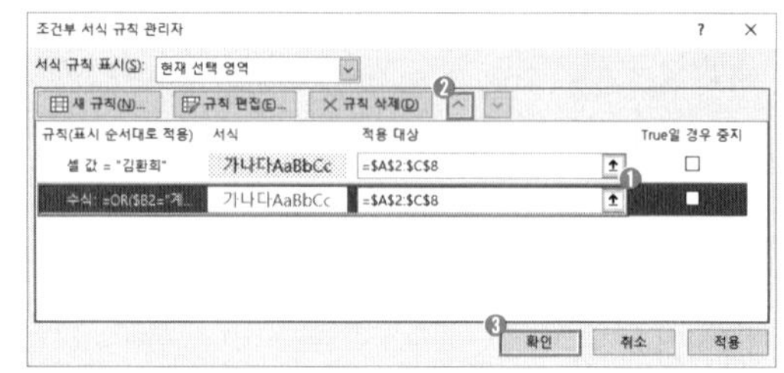

기능 03 통계 함수, 수학/삼각 함수

실습파일 **자출03 시트**

독해와 청취에 대하여, 제시된 항목에 해당하는 값을 [C9:D16]에 계산하시오.

	A	B	C	D	E
1	성명	소속	독해	청취	
2	이윤아	한국고교	88	76	
3	정수연	서울고교	92	88	
4	김연희	경기고교			
5	김유리	한국고교	73	70	
6	이태연	한국고교	81		
7	강현아	강원고교	90	82	
8					
9	합계				
10	평균				
11	전체학생수				
12	응시수				
13	결시수				
14	90점 이상 인원				
15	평균 반올림(정수)				
16	한국고교 합계				
17					

	A	B	C	D	E
1	성명	소속	독해	청취	
2	이윤아	한국고교	88	76	
3	정수연	서울고교	92	88	
4	김연희	경기고교			
5	김유리	한국고교	73	70	
6	이태연	한국고교	81		
7	강현아	강원고교	90	82	
8					
9	합계		424	316	
10	평균		84.8	79	
11	전체학생수		6		
12	응시수		5	4	
13	결시수		1	2	
14	90점 이상 인원		2	0	
15	평균 반올림(정수)		85	79	
16	한국고교 합계		242	146	
17					

실습하기

- **합계 [C9] :** =SUM(C2:C7)
- **평균 [C10] :** =AVERAGE(C2:C7)
- **전체학생수 [C11] :** =COUNTA(A2:A7)
- **응시수 [C12] :** =COUNT(C2:C7)
- **결시수 [C13] :** =COUNTBLANK(C2:C7)
- **90점 이상 인원 [C14] :** =COUNTIF(C2:C7,">=90")
- **평균 반올림(정수) [C15] :** =ROUND(AVERAGE(C2:C7),0)
- **한국고교 합계 [C16] :** =SUMIF($B$2:$B$7,"한국고교",C2:C7)

기능 04 텍스트 함수, 논리 함수

실습파일 **자출04 시트**

사원번호 [A2:A6]의 5번째 자리 숫자로, 직급[D2:D6]을 표시하시오.(단, 5번째 자리가 0이면 '사원', 1이면 '대리', 2이면 '부장'으로 표시한다.)

	A	B	C	D
1	사원번호	이름	부서	직급
2	2025011	이수민	영업부	
3	2025102	김환희	기술부	
4	2024201	이현이	기획부	
5	2022204	유서현	인사부	
6	2021023	정수연	생산부	

	A	B	C	D
1	사원번호	이름	부서	직급
2	2025011	이수민	영업부	사원
3	2025102	김환희	기술부	대리
4	2024201	이현이	기획부	부장
5	2022204	유서현	인사부	부장
6	2021023	정수연	생산부	사원

실습하기

직급 [D2] : =IF(MID(A2,5,1)="0","사원",IF(MID(A2,5,1)="1","대리","부장"))

기능 05 찾기/참조 함수

실습파일 **자출05 시트**

[H1:I7]을 참조하여 지번에 따른 지명 [D2:D7]을, [A9:F10]을 참조하여 평수에 따른 금액 [F2:F7]을 표시하시오.(단, VLOOKUP, HLOOKUP 함수를 이용하고, 가까운 쪽 평수의 금액을 참조한다.)

	A	B	C	D	E	F	G	H	I
1	순번	거래처코드	지번	지명	평수	금액		지번	지명
2	1	G5678	2		31			8	도로
3	2	T4217	5		50			4	골목
4	3	H8976	1		61			3	시골
5	4	Y7745	4		42			1	나무
6	5	F2345	8		70			2	산골
7	6	D2209	3		52			5	대로
8									
9	평수	30	40	50	60	70			
10	금액	5	15	25	35	45			

	A	B	C	D	E	F	G	H	I
1	순번	거래처코드	지번	지명	평수	금액		지번	지명
2	1	G5678	2	산골	31	5		8	도로
3	2	T4217	5	대로	50	25		4	골목
4	3	H8976	1	나무	61	35		3	시골
5	4	Y7745	4	골목	42	15		1	나무
6	5	F2345	8	도로	70	45		2	산골
7	6	D2209	3	시골	52	25		5	대로
8									
9	평수	30	40	50	60	70			
10	금액	5	15	25	35	45			

실습하기

- **지명 [D2] :** =VLOOKUP(C2,$H$2:$I$7,2,FALSE)
- **금액 [F2] :** =HLOOKUP(E2,$B$9:$F$10,2,TRUE)

기능 06 데이터베이스 함수

실습파일 **자출06 시트**

조건에 맞는 총점, 인원수, 최저점수 항목을 [E11:E13]에 계산하시오.

	A	B	C	D	E	F	G
1	계열	학번	국문	영문	수학		
2	인문	M0301	60	40	40		
3	자연	M0302	20	50	60		
4	예체능	M0303	30	90	90		
5	자연	M0304	50	80	50		
6	인문	M0305	60	70	80		
7	자연	M0306	40	50	50		
8	예체능	M0307	80	20	20		
9	인문	M0308	90	30	60		
10							
11	자연 계열 영문 총점						
12	80점 이상 영문 인원수						
13	자연 계열 국문 최저점수						

	A	B	C	D	E	F	G
1	계열	학번	국문	영문	수학		계열
2	인문	M0301	60	40	40		자연
3	자연	M0302	20	50	60		
4	예체능	M0303	30	90	90		영문
5	자연	M0304	50	80	50		>=80
6	인문	M0305	60	70	80		
7	자연	M0306	40	50	50		
8	예체능	M0307	80	20	20		
9	인문	M0308	90	30	60		
10							
11	자연 계열 영문 총점				180		
12	80점 이상 영문 인원수				2		
13	자연 계열 국문 최저점수				20		

실습하기

- **자연 계열 영문 총점 [E11] :** =DSUM(A1:E9,4,G1:G2)
- **80점 이상 영문 인원수 [E12] :** =DCOUNT(A1:E9,4,G4:G5)
- **자연 계열 국문 최저점수 [E13] :** =DMIN(A1:E9,3,G1:G2)

기능 07 차트 작성 및 편집

실습파일 **자출07 시트**

[A1:D6] 영역의 데이터를 이용하여 다음과 같은 차트를 작성하고 편집하시오.

- 차트는 [A8:F19] 영역에 위치하도록 한다.
- 모서리를 둥글게, 그림자, 글꼴 크기는 10으로 지정한다.
- '연기' 계열의 데이터에는 보조 축, 레이블에 값을 표시한다.
- 세로(값) 축의 제목은 세로 방향 0도로 지정한다.
- '연기' 계열의 데이터만 '데이터 표식이 있는 꺾은선형'으로 차트 종류를 변경한다.
- 보조 축의 눈금은 최대값 '6000', 천 단위로 레이블을 표시한다.

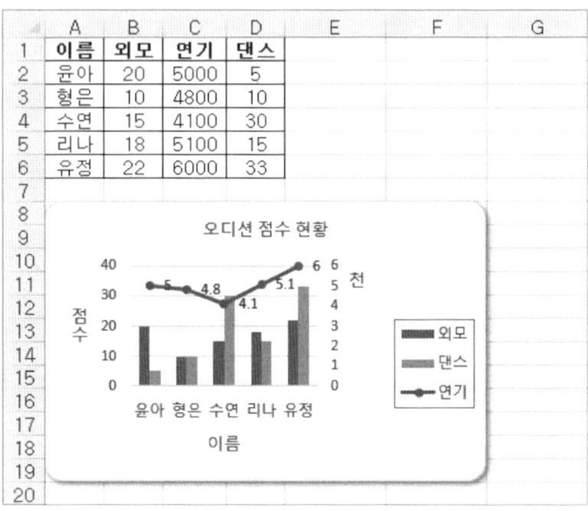

	A	B	C	D
1	이름	외모	연기	댄스
2	윤아	20	5000	5
3	형은	10	4800	10
4	수연	15	4100	30
5	리나	18	5100	15
6	유정	22	6000	33

실습하기

01 차트의 데이터 원본에 셀 포인터를 두고, [삽입]-[차트]-[세로 또는 가로 막대형 차트 삽입]-[2차원 세로 막대형]-[묶은 세로 막대형]을 선택한다.

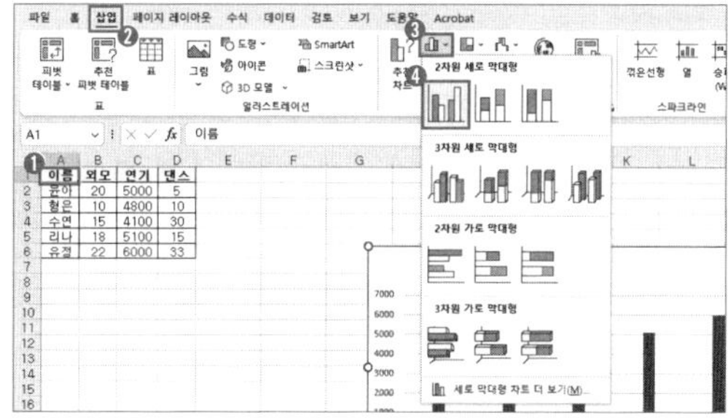

02 삽입된 차트의 레이아웃을 변경하기 위해 [차트 디자인]-[차트 레이아웃]-[빠른 레이아웃]-[레이아웃 9]를 선택한다.

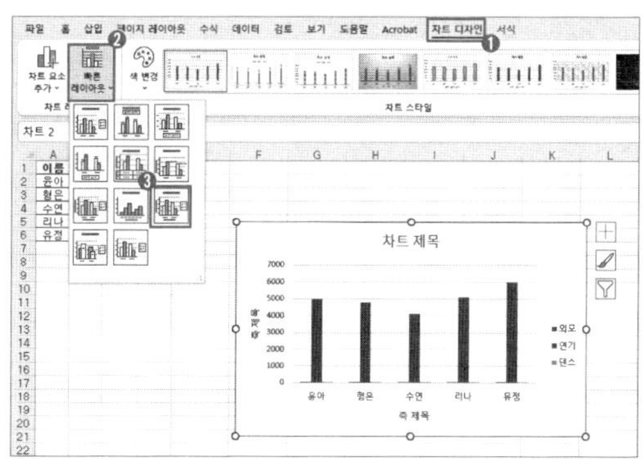

03 마우스로 드래그하여 [A8:F19] 영역에 차트를 위치시킨 후 (Alt를 적절하게 활용하여) 차트 제목, 축 제목을 다음과 같이 입력한다.

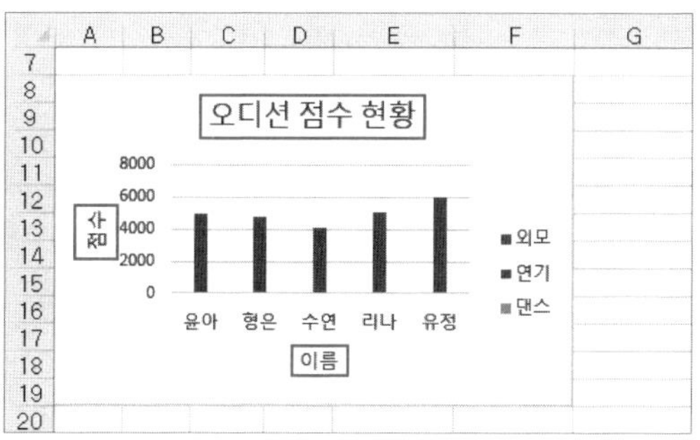

04 '점수' 축 제목의 바로 가기 메뉴에서 [축 제목 서식]을 선택한다(오른쪽에 작업 창이 나타남).

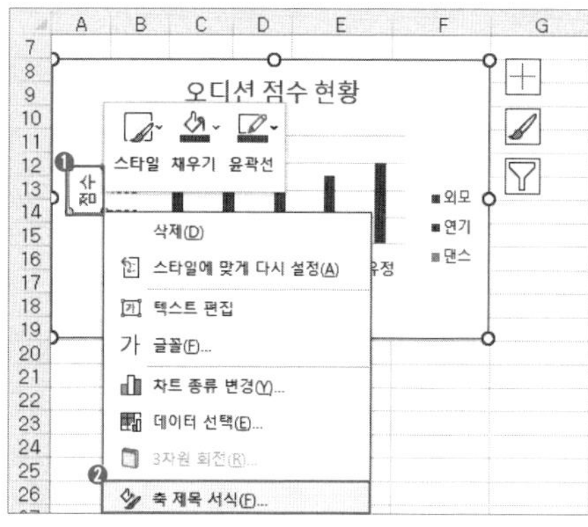

05 [축 제목 서식] 작업 창의 [제목 옵션]-[크기 및 속성]-[텍스트 방향]에서 '세로'를 지정한다.

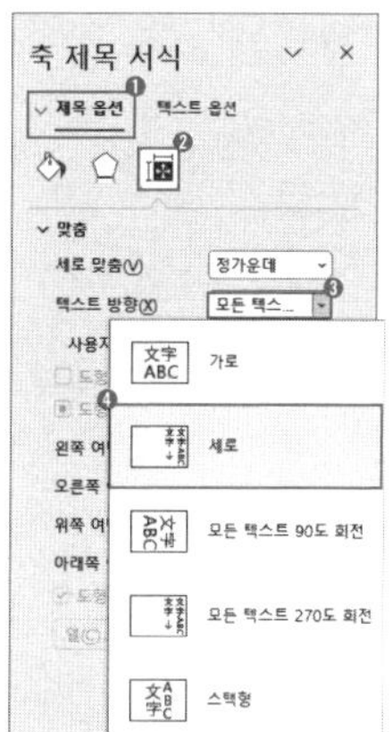

06 [제목 옵션]-[범례]를 선택한다.

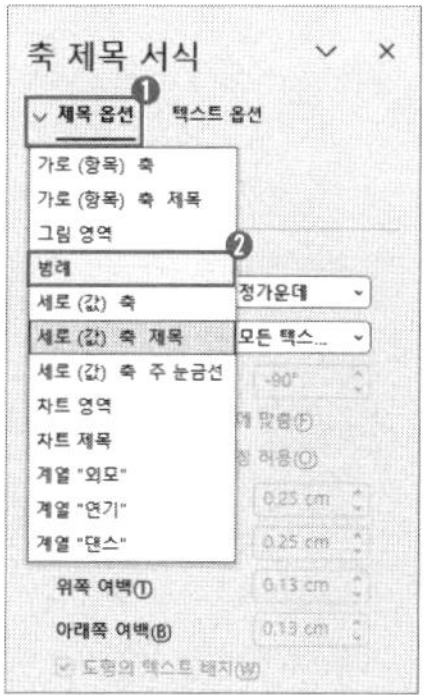

07 [범례 서식] 작업 창의 [범례 옵션]-[채우기 및 선]-[테두리]에서 '실선'을 선택한다.

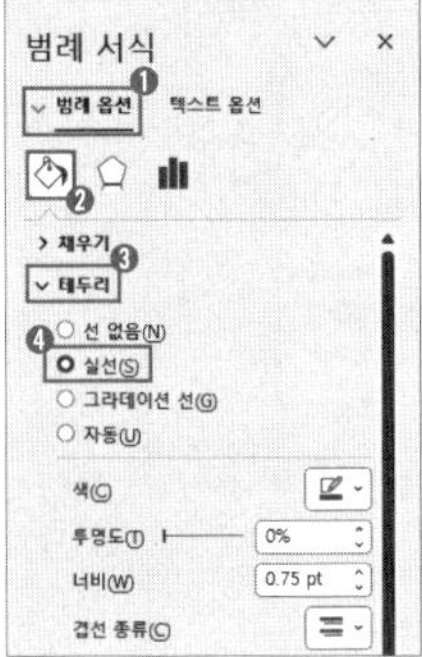

08 차트에서 '차트 제목'을 선택하고 [홈]-[글꼴]에서 글꼴 크기를 '10'으로 지정한다.

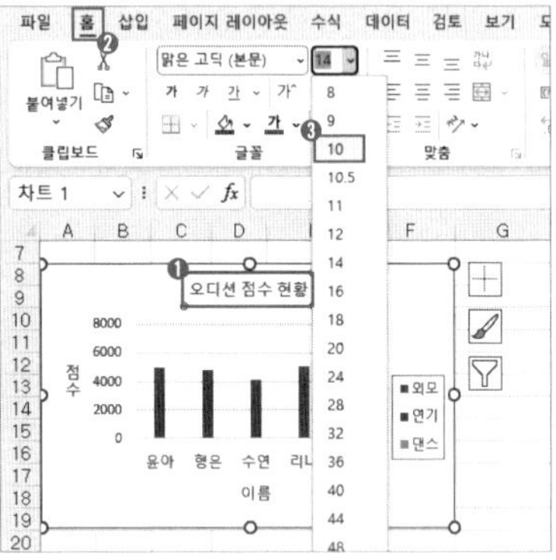

09 작업 창의 [제목 옵션]-[차트 영역]을 선택한다.

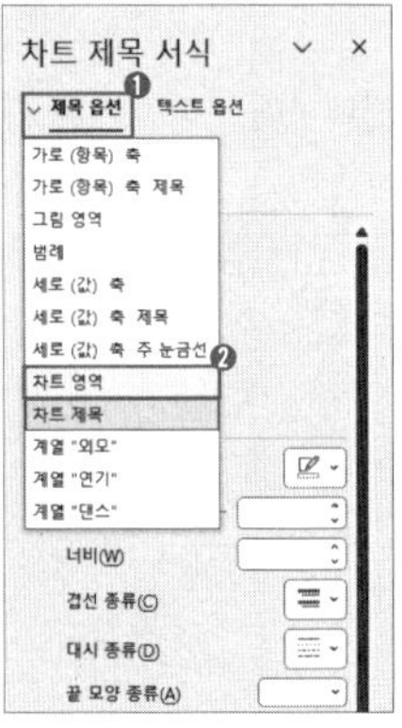

10 [차트 옵션]-[채우기 및 선]-[테두리]에서 '둥근 모서리'에 체크하고 [효과]-[그림자]-[미리 설정]-[바깥쪽]-[오프셋 오른쪽 아래]를 선택한다.

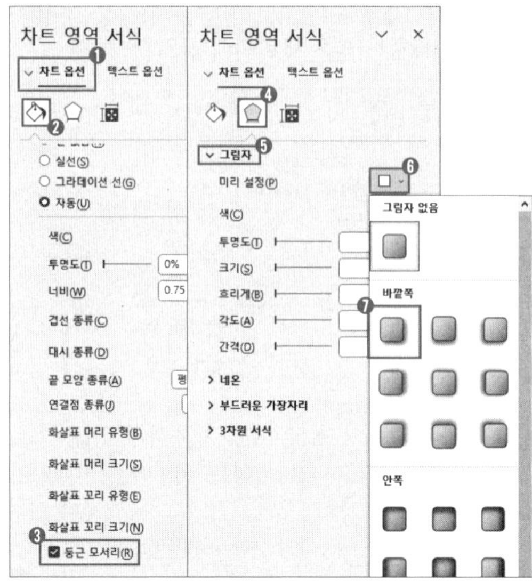

11 작업 창의 [차트 옵션]-[계열 "연기"]를 선택한다.

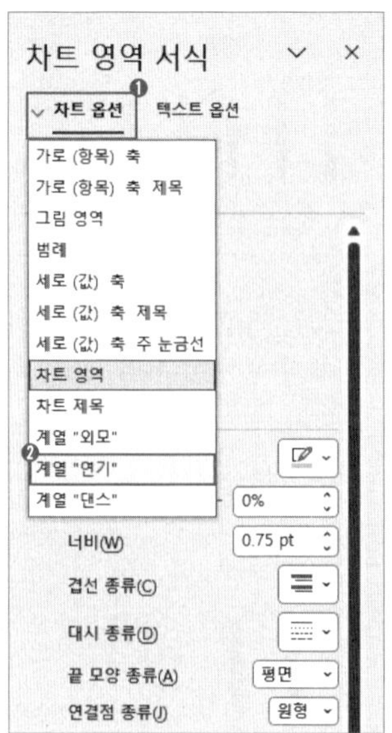

12 [계열 옵션]에서 '보조 축'을 선택한다.

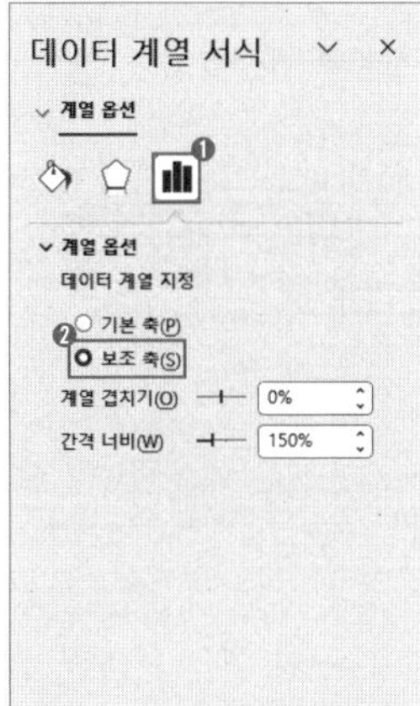

13 계속해서 '연기' 계열이 선택된 상태에서 [차트 요소]–[데이터 레이블]–[바깥쪽 끝에]를 선택한다.

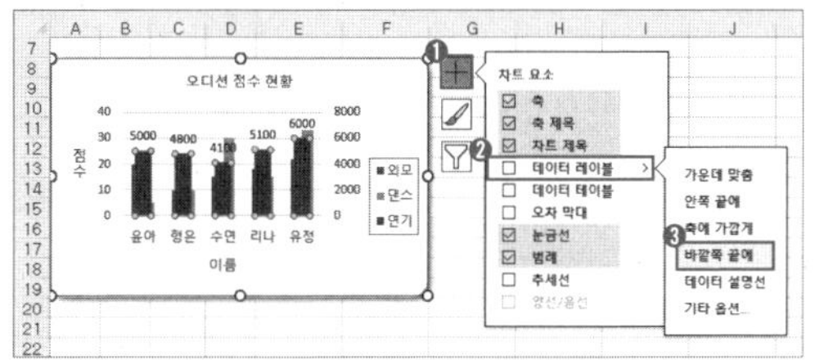

14 계속해서 '연기' 계열이 선택된 상태에서 [차트 디자인]–[종류]–[차트 종류 변경]을 선택한다.

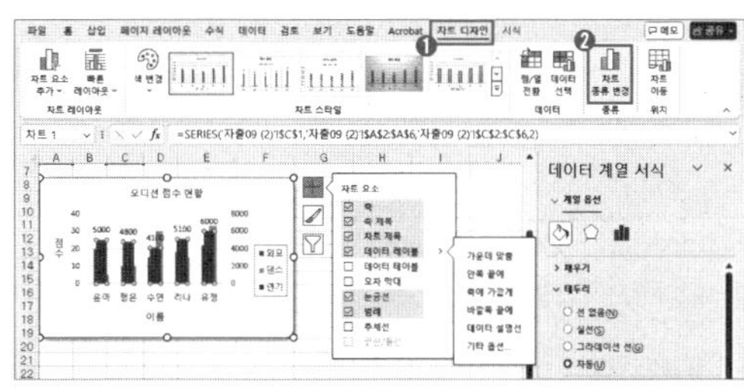

15 [차트 종류 변경] 대화상자에서 [모든 차트]–[혼합]의 '계열 이름' 중에서 '연기'의 '차트 종류'를 [꺾은선형]–[표식이 있는 꺾은선형]으로 정하고 '보조 축'에 체크한 후(디폴트 값) [확인]을 클릭한다.

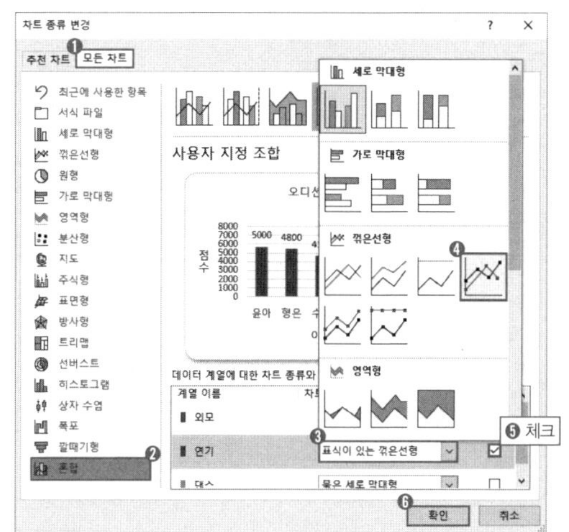

16 작업 창의 [⌄ 축 옵션]–[보조 세로 (값) 축]을 선택하고 [축 옵션]의 '최대'에 '6000'을 '기본'에 '1000'을 지정한다. '표시 단위'를 '천'으로 선택하고 '차트에 단위 레이블 표시'에 체크한다(디폴트 값).

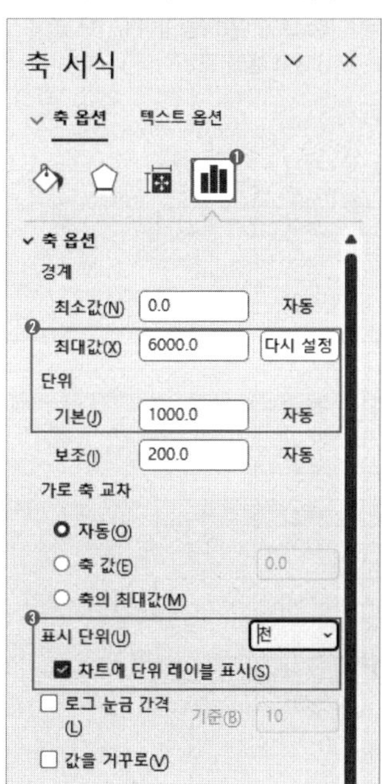

17 작업 창의 [⌄ 축 옵션]–[보조 세로 (값) 축 표시 단위 레이블]–[크기 및 속성]–[맞춤]–[텍스트 방향]을 '세로'로 지정한다. 작업 창은 닫는다.

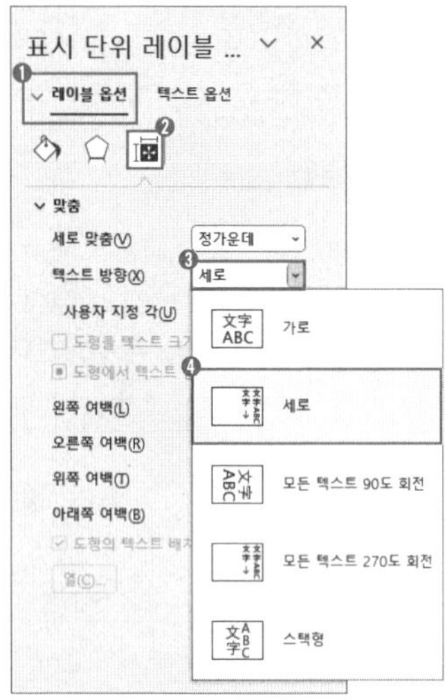

기능 08 고급 필터

실습파일 **자출08 시트**

데이터 영역 [A1:D6] 대해서, 근무지가 '서울'이고 연봉이 연봉 전체의 평균 이상인 레코드만 필터링하여 [A11] 셀에 표시하시오.(단, 조건은 [A8:B9] 셀에 표시한다.)

	A	B	C	D
1	이름	근무지	직급	연봉
2	윤아	서울	부장	20
3	수연	부산	과장	30
4	효정	서울	사원	25
5	시연	서울	과장	15
6	환희	인천	과장	35

↓

	A	B	C	D
1	이름	근무지	직급	연봉
2	윤아	서울	부장	20
3	수연	부산	과장	30
4	효정	서울	사원	25
5	시연	서울	과장	15
6	환희	인천	과장	35
7				
8	근무지			
9	서울	FALSE		
10				
11	이름	근무지	직급	연봉
12	효정	서울	사원	25

실습하기

01 조건이 들어갈 범위에 적절한 필드명과 셀 값, 수식을 입력한다.

SUM | =D2>=AVERAGE($D$2:$D$6)

	A	B	C	D	E	F
1	이름	근무지	직급	연봉		
2	윤아	서울	부장	20		
3	수연	부산	과장	30		
4	효정	서울	사원	25		
5	시연	서울	과장	15		
6	환희	인천	과장	35		
7						
8	근무지					
9	서울	=D2>=AV				

입력

02 필터링할 데이터 범위 중 [A1] 셀을 선택한 후 [데이터]–[정렬 및 필터]–[고급]을 선택한다.

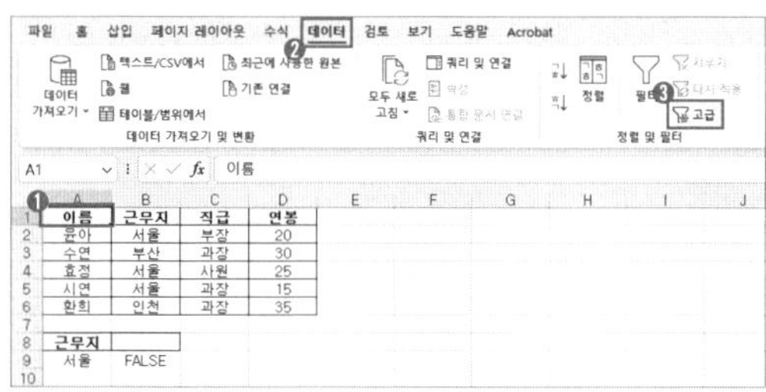

03 [고급 필터] 대화상자에서 '조건 범위', '복사 위치'를 다음과 같이 지정하고 [확인]을 클릭한다.

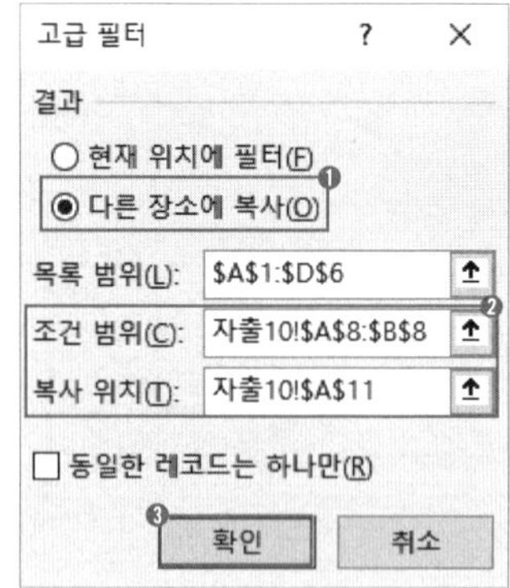

기능 09 부분합

실습파일 **자출09 시트**

등급별 평점의 합계(요약)를 계산한 후, 평균을 계산하시오.(단, 등급, 성명을 오름차순 정렬한다.)

	A	B	C
1	등급	성명	평점
2	기초반	김태현	91
3	중급반	이효연	90
4	중급반	전지민	80
5	기초반	김예슬	85
6	기초반	배슬아	88
7	고급반	홍수진	78
8	중급반	한서인	55
9	고급반	하지윤	58
10	고급반	정보람	68

	A	B	C
1	등급	성명	평점
2	고급반	정보람	68
3	고급반	하지윤	58
4	고급반	홍수진	78
5	고급반 평균		68
6	고급반 요약		204
7	기초반	김예슬	85
8	기초반	김태현	91
9	기초반	배슬아	88
10	기초반 평균		88
11	기초반 요약		264
12	중급반	이효연	90
13	중급반	전지민	80
14	중급반	한서인	55
15	중급반 평균		75
16	중급반 요약		225
17	전체 평균		77
18	총합계		693

실습하기

01 [A1] 셀을 선택하고, [데이터]–[정렬 및 필터]–[정렬]을 선택한다.

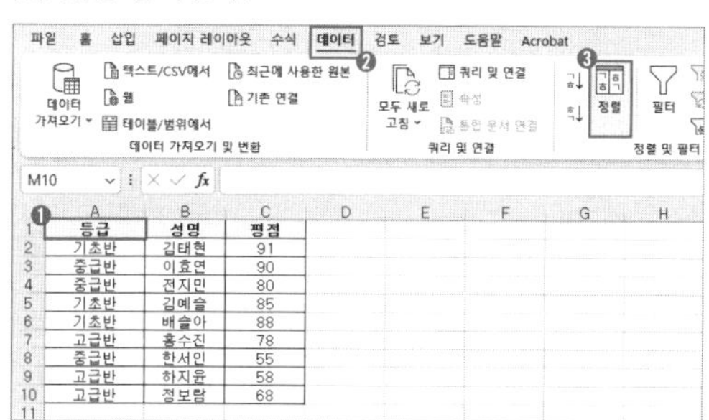

02 등급 열의 정렬 기준을 [셀 값]으로 두고 [오름차순] 정렬한 후 [기준 추가]를 클릭하여 기준을 추가한 후 성명 열도 정렬한다.

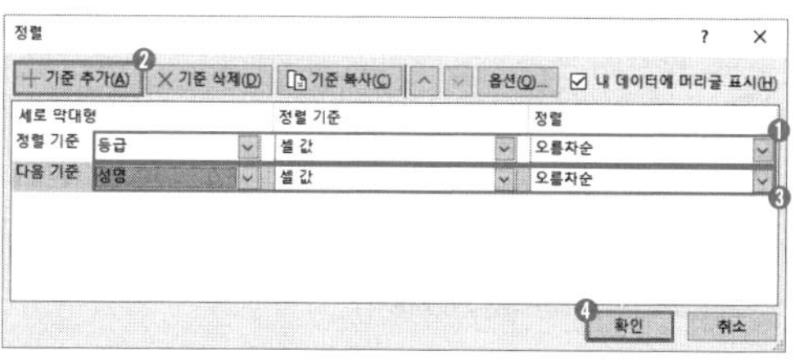

03 [데이터]–[개요]–[부분합]을 선택한다.

04 그룹화할 항목, 사용할 함수, 부분합 계산 항목을 다음과 같이 지정하고 [확인]을 클릭한다.

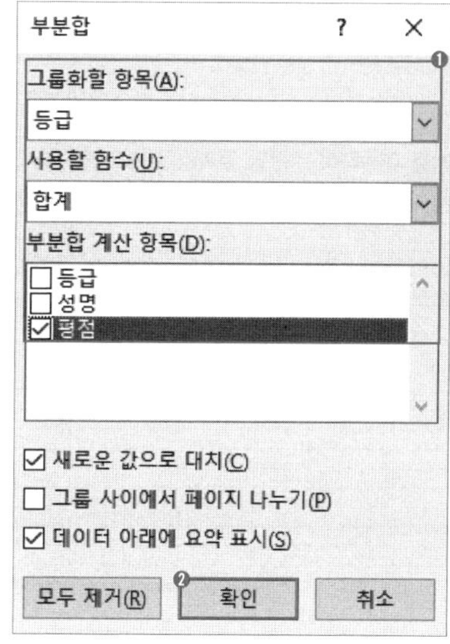

05 다시 [데이터]–[개요]–[부분합]을 선택한다.

06 [부분합] 대화상자에서 다음과 같이 설정한 후 [확인]을 클릭한다.

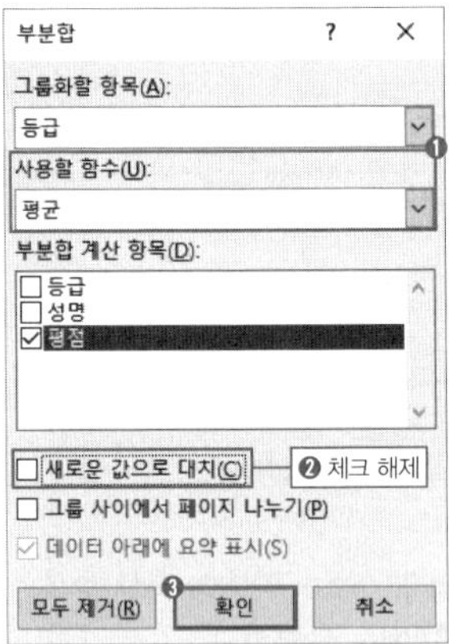

기능 10 데이터 표

실습파일 **자출10 시트**

데이터 표 기능을 이용하여 구구단 결과값을 [B7:J15] 영역에 구하시오.

	A	B	C	D	E	F	G	H	I	J
1	행	2								
2	열	3								
3	행*열	6								
4										
5										
6		1	2	3	4	5	6	7	8	9
7	1									
8	2									
9	3									
10	4									
11	5									
12	6									
13	7									
14	8									
15	9									
16										

↓

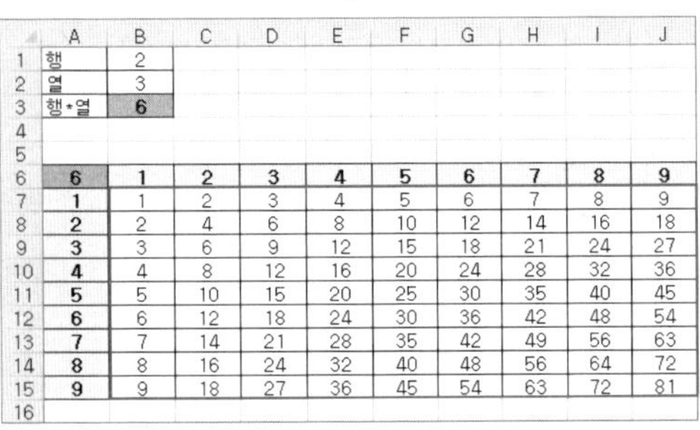

	A	B	C	D	E	F	G	H	I	J
1	행	2								
2	열	3								
3	행*열	6								
4										
5										
6	6	1	2	3	4	5	6	7	8	9
7	1	1	2	3	4	5	6	7	8	9
8	2	2	4	6	8	10	12	14	16	18
9	3	3	6	9	12	15	18	21	24	27
10	4	4	8	12	16	20	24	28	32	36
11	5	5	10	15	20	25	30	35	40	45
12	6	6	12	18	24	30	36	42	48	54
13	7	7	14	21	28	35	42	49	56	63
14	8	8	16	24	32	40	48	56	64	72
15	9	9	18	27	36	45	54	63	72	81
16										

실습하기

01 [B3] 셀의 수식을 복사해서 [A6] 셀에 붙여넣기 한다.

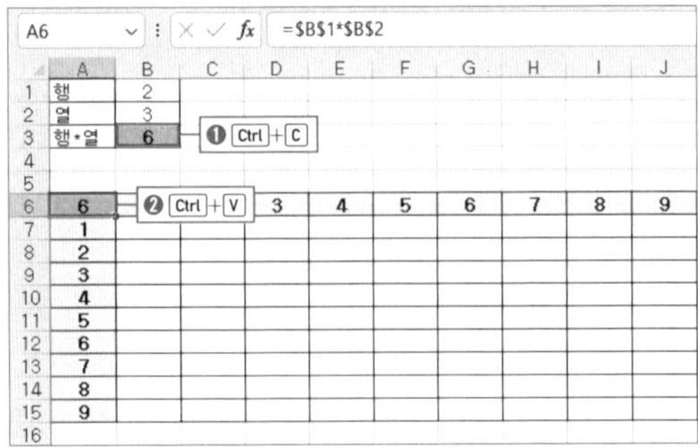

02 [A6:J15] 영역을 블록으로 지정하고 [데이터]-[예측]-[가상 분석]-[데이터 표]를 선택한다.

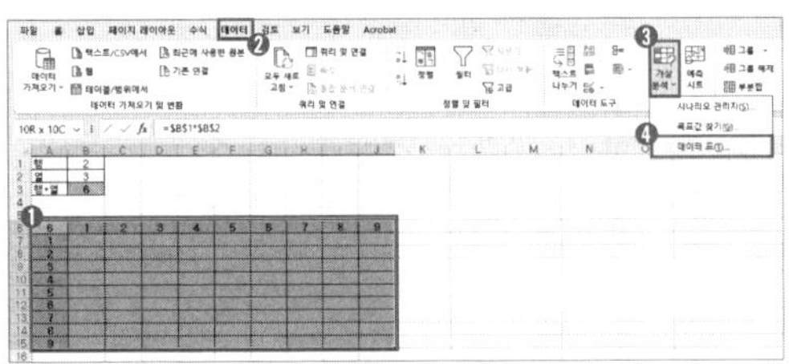

03 '행 입력 셀'과 '열 입력 셀'에 값을 다음과 같이 입력하고 [확인]을 클릭한다.

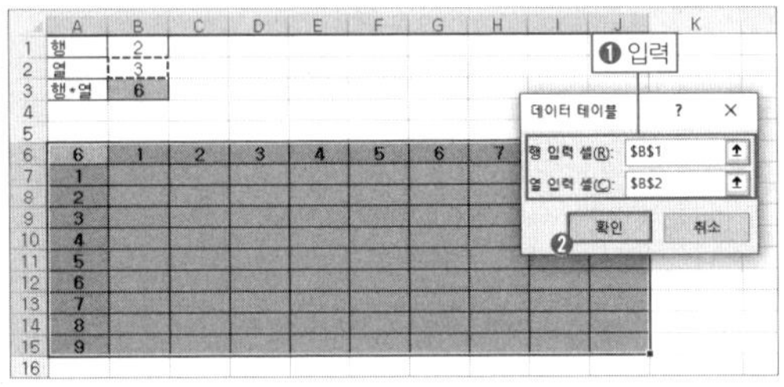

기능 11 피벗 테이블

실습파일 **자출11 시트**

다음의 데이터 영역 [A1:E10]에 대해서 등급 및 수강별 레슨비와 물품비의 합계를 구하는 피벗 테이블을 작성하시오.

	A	B	C	D	E
1	등급	이름	수강	레슨비	물품비
2	비회원	추인영	헬스	25000	30000
3	비회원	표종인	스쿼시	35000	10000
4	비회원	곽민정	스쿼시	50000	25000
5	정회원	박종수	수영	35000	40000
6	정회원	최용훈	헬스	20000	9000
7	정회원	이상호	수영	50000	15000
8	정회원	장은지	헬스	20000	22000
9	준회원	강대수	스쿼시	50000	32000
10	준회원	지석형	수영	50000	50500

	A	B	C	D	E	F
11						
12	이름	(모두)				
13						
14			수강			
15	등급	데이터	수영	스쿼시	헬스	총합계
16	비회원	합계 : 레슨비		85000	25000	110000
17		합계 : 물품비		35000	30000	65000
18	정회원	합계 : 레슨비	85000		40000	125000
19		합계 : 물품비	55000		31000	86000
20	준회원	합계 : 레슨비	50000	50000		100000
21		합계 : 물품비	50500	32000		82500
22	전체 합계 : 레슨비		135000	135000	65000	335000
23	전체 합계 : 물품비		105500	67000	61000	233500

실습하기

01 분석할 원본 데이터 중 [A1] 셀을 선택하고 [삽입]-[표]-[피벗 테이블]을 선택한다.

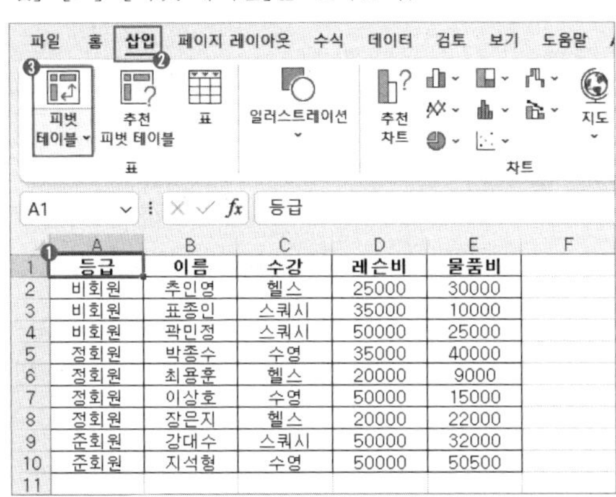

02 [표 또는 범위의 피벗 테이블] 대화상자에서 넣을 위치로 [기존 워크시트]의 [A14] 셀을 선택하고 [확인]을 클릭한다.

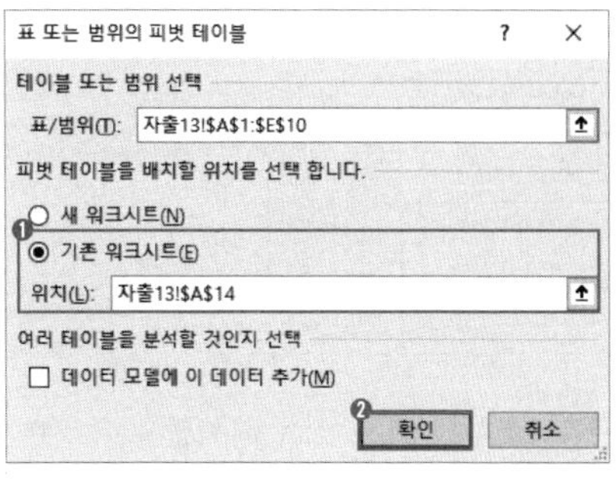

03 [피벗 테이블 필드] 작업 창에서 추가할 필드를 모두 체크하고, 마우스로 드래그하여 필터, 열, 행, 값 영역을 다음과 같이 설정한다.

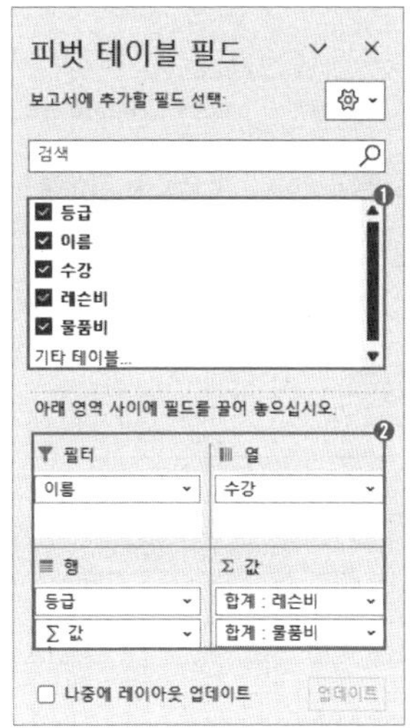

04 [디자인]-[레이아웃]-[보고서 레이아웃]-[테이블 형식으로 표시]를 선택한다.

05 [디자인]-[피벗 테이블 스타일]-[없음]을 선택한다.

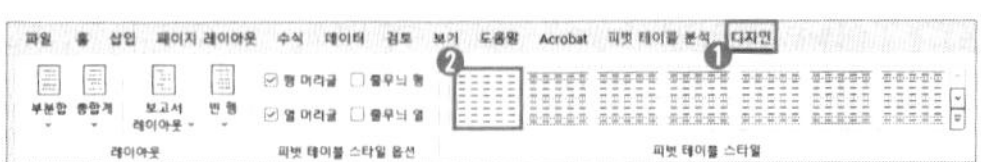

기능 12 매크로

실습파일 **자출12 시트**

각 개인의 평균을 구하는 '평균구하기' 매크로를 작성하시오.

	A	B	C	D	E
1	이름	엑셀	파포	뽀샵	평균
2	정우민	80	50	80	
3	이강진	40	70	40	
4	송종인	50	80	50	

	A	B	C	D	E
1	이름	엑셀	파포	뽀샵	평균
2	정우민	80	50	80	70
3	이강진	40	70	40	50
4	송종인	50	80	50	60

실습하기

01 [개발 도구]-[코드]-[매크로 기록]을 선택한다.

02 [매크로 기록] 대화상자에서 매크로 이름을 「평균구하기」로 입력하고 [확인]을 클릭한다.

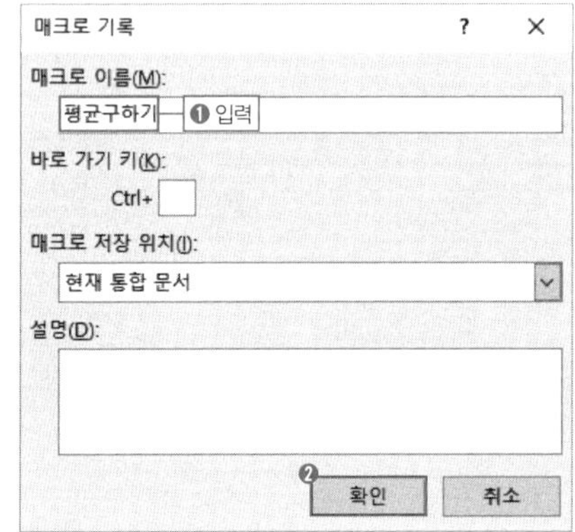

03 값을 구할 범위를 블록으로 설정한 후, [수식]-[함수 라이브러리]-[자동 합계]-[평균]을 선택한다.

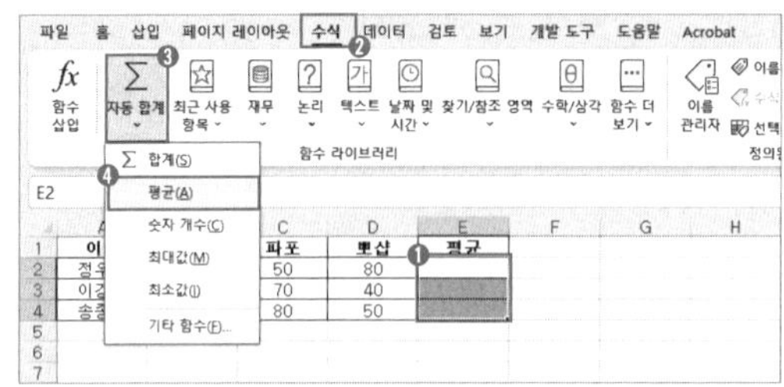

04 [개발 도구]-[코드]-[기록 중지]를 클릭한다.

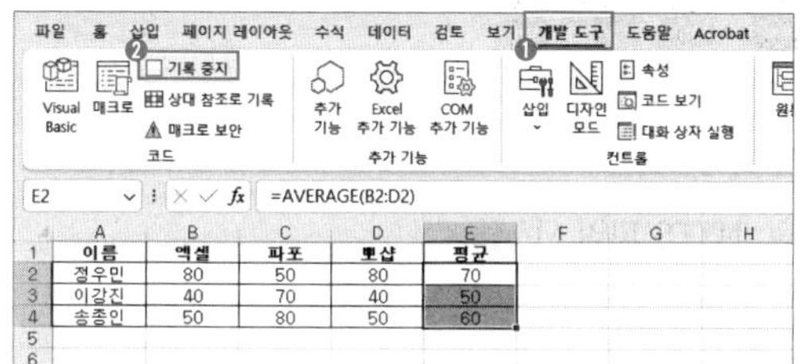

05 [E2:E4] 셀의 값을 삭제하고 [개발 도구]-[코드]-[매크로]를 선택한다.

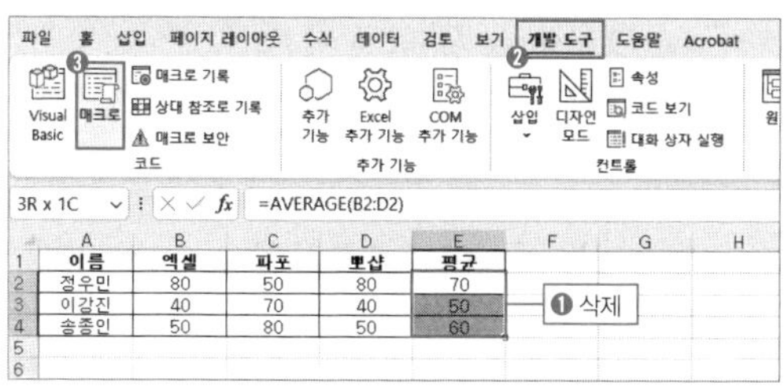

06 [매크로] 대화상자가 나타나면 매크로 이름 중에서 사용자가 만든 [평균구하기]를 선택하고 [실행]을 클릭하여 매크로가 제대로 동작하는지 확인한다.

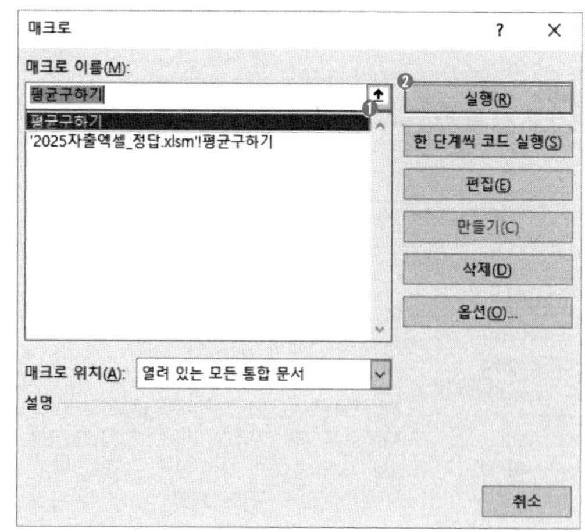

POINT 01

한글 Windows의 특징 및 부팅

01 한글 Windows 10의 특징

부팅 시간의 단축	Fast Startup 빠른 시작 켜기를 통해 종료 후 PC를 더 빠르게 시작할 수 있음(다시 시작은 영향받지 않음)
디바이스 드라이버 자동 설치	자동으로 알아서 드라이버를 인식하고 편리하게 파일 검색과 복사 등을 함
편리한 창 기능	• 창을 화면 모서리 또는 가장자리로 끌어 자동으로 정렬(맞추기 기능 : 창을 드래그하는 위치에 따라 자동으로 크기를 바꿈) • Aero 흔들기 : 창의 제목 표시줄을 클릭한 채로 좌우로 드래그하면 선택한 창 외의 나머지 창들은 최소화됨
편리해진 작업 표시줄	Peek 사용(Aero Peek 사용) : 작업 표시줄의 프로그램 아이콘에 마우스 포인터를 올려 미리 보기를 하고 클릭하면 바로 화면에 표시됨
편리해진 파일 및 앱 검색	• 작업 표시줄의 [검색 상자]로 파일 및 앱을 편리하게 검색 • 파일 탐색기의 [검색 상자]로 내 PC의 폴더 편리하게 검색
라이브러리 기능	여러 개의 폴더에 있는 파일을 마치 하나의 폴더에 있는 것처럼 이용하는 기능
미디어 기능 강화	미디어 플레이어를 통해 별도의 코덱 다운로드 없이 영상을 재생
네트워크 기능 강화	Wi-Fi, VPN, 비행기 모드, 모바일 핫스팟, 프록시 기능 등 한층 더 강화된 네트워크 설정
32비트 및 64비트 지원 운영 체제	64비트 지원으로 4GB 이상의 대용량 RAM(Random Access Memory)을 효율적으로 처리 가능
선점형 멀티태스킹	• 한글 Windows 운영체제가 CPU를 미리 선점하여 각 응용 프로그램에 대한 CPU 사용 제어를 통해 멀티태스킹(다중 작업)이 원활하게 이루어짐 • 응용 프로그램의 CPU 선점이 통제되어 시스템의 안정성이 강화됨
플러그 앤 플레이(PnP) 지원	자동 감지 설치 기능으로 컴퓨터에 장치를 연결하면 자동 인식하여 장치 드라이버를 설치하므로 새로운 주변 장치를 쉽게 연결함

◉ NTFS 파일 시스템

- 파일/폴더의 권한, 암호화 설정, 디스크 할당 및 압축 등의 기능을 제공하며 기존 FAT32보다 보안성, 안전성, 속도 면에서 더 뛰어나다.
- 파일 및 폴더에 대한 액세스 제어를 유지하고 제한된 계정을 지원한다.
- Active Directory 서비스를 제공한다.
- 이론적으로 최대 볼륨의 크기는 256TB이며, 파일 크기는 볼륨 크기에 의해서 제한된다.
- 비교적 큰 오버헤드가 있기 때문에 약 400MB 이하의 볼륨에서 사용하는 것은 좋지 않다.
- NTFS에 포함된 오버헤드가 플로피 디스크에는 맞지 않기 때문에 NTFS 파일 시스템에서는 플로피 디스크를 포맷할 수 없다.

기적의 TIP

NTFS 파일 이름 지정 규칙

- 파일 및 디렉터리 이름은 확장명을 포함하여 최대 255자가 될 수 있다.
- 파일 및 디렉터리 이름은 대/소문자를 유지하지만 대/소문자를 구분하지는 않는다.
- 파일 및 디렉터리 이름은 ? " / \ < > * | : 을 제외한 모든 문자를 포함할 수 있다.

02 한글 Windows 10의 부팅 과정

그래픽 카드 작동(전원 ON)

▼

POST 메모리와 하드디스크 같은 하드웨어 점검(BIOS 작동)

▼

하드디스크 머리 부분에 설정한 부팅 설정을 읽어 부팅 준비(하드디스크의 MBR 읽기)

▼

부팅 설정 정보를 읽어 들임(Bootmgr.exe)

▼

윈도우 로드 파일인 Winload.exe를 실행

▼

윈도우 핵심 파일(Ntoskrnl.exe, Hal.dll) 실행

▼

윈도우 세션 매니저 Smss.exe 실행

▼

윈도우 시작 프로그램을 관리하는 Wininit.exe 실행	로그온 화면 표시 Winlogon.exe
▼	▼
로컬 보안을 관리하는 Lsass.exe와 윈도우 서비스 프로그램 Services.exe를 실행	바탕 화면 표시 Explorer.exe

03 한글 Windows 10의 종료

[시작](⊞)-[전원](⏻)에서 절전, 시스템 종료, 다시 시작을 클릭하거나 바탕 화면에서 Alt+F4를 누르면 [Windows 종료] 대화상자가 나타난다.

시스템 종료	열려 있는 앱을 모두 닫고 Windows를 종료한 다음 컴퓨터를 끔
사용자 전환	• 앱 닫지 않고 사용자 전환 • 현재 사용자에서 다른 Windows 계정으로 빠르게 로그인
로그아웃	모든 앱을 종료하고 로그아웃
다시 시작	열려 있는 앱을 모두 닫고 Windows를 종료한 다음 Windows를 다시 시작
절전	• 현재 사용자 세션을 메모리에 저장하고 컴퓨터를 저전력 절전 상태로 전환 • PC가 켜져 있지만 저전원 상태이며 앱은 열려 있으므로 PC의 절전 모드를 해제하면 즉시 이전 상태로 돌아감

※ 잠금(🔒) : 잠시 자리를 비울 때 컴퓨터 보호를 위하여 잠그는 기능으로 [시작]-[사용자 계정 이름]-[잠금]에서 설정한다.

단답형 문제

01 (　　　)는 한글 Windows에서 하드웨어 장치를 추가할 때 사용자가 직접 설정하지 않고, 시스템이 자동으로 설정해 주는 기능이다.

객관식 문제

02 한글 Windows의 특징으로 옳지 않은 것은?

① 32Bit, 64Bit 데이터 처리 지원
② 비선점형 멀티태스킹의 지원
③ 플러그 앤 플레이 기능의 지원
④ 디바이스 드라이버 자동으로 설치

03 보기의 내용에 해당하는 것으로 옳은 것은?

> • 하드디스크의 공간 낭비를 줄이고 시스템의 안정성이 향상된다.
> • FAT32보다 성능과 안정성 면에서 우수하다.
> • 최대 255자의 긴 파일 이름을 지원하며 공백도 사용할 수 있다.

① GUI　② Hot Swap
③ PnP　④ NTFS

04 한글 Windows에서 디스크에 대한 할당 및 보안 등과 같은 고급 기능을 사용하기 위해서는 어느 파일 시스템을 사용해야 하는가?

① FAT16　② FAT32
③ NTFS　④ VFS

05 다음 중 한글 Windows를 종료할 때 표시되는 [Windows 종료] 대화상자에서 선택할 수 있는 항목으로 옳지 않은 것은?

① 시스템 종료
② 사용자 전환
③ 사용자 계정
④ 다시 시작

정답 **01** 플러그 앤 플레이(PnP, Plug & Play) **02** ② **03** ④ **04** ③ **05** ③

POINT 02

바로 가기 키(단축키)

합격강의

01 바로 가기 키

키보드에서 명령을 입력해야 할 때 명령어 대신 키보드 키를 조합하여 자주 사용하는 기능을 빠르게 호출할 수 있다.

F1	선택한 프로그램의 도움말을 표시함
F2	선택한 파일 또는 폴더 이름을 변경함
F3	파일 탐색기 [검색 상자]로 포커스
F5	새로운 정보로 고침
F6	창이나 바탕 화면의 구성 요소 순환
F11	전체 화면을 표시함
Ctrl	비연속적인 파일 선택/해제
Ctrl+F4, F4	파일 탐색기 주소 표시줄 펼침
Ctrl+C	복사하기
Ctrl+V	붙여넣기
Ctrl+X	잘라내기
Ctrl+A	모든 항목을 선택함
Ctrl+Z	실행 취소
Ctrl+Esc	[시작] 메뉴를 표시함
Ctrl+Shift+Esc	[작업 관리자] 창
Alt+F4	활성화된 창 닫기/종료
Print Screen	화면 전체를 캡쳐하여 클립보드에 복사함
Alt+Print Screen	활성화된 창만 캡쳐하여 클립보드에 복사함
Alt+Enter	선택한 항목의 속성을 표시함
Alt+Tab	실행 중인 프로그램 목록을 보고 그 중 하나를 선택하여 현재 실행 창을 바꿈
Alt+Esc	실행 중인 프로그램 목록을 볼 수 없고, 열린 순서대로 현재 실행 창을 바꿈
Alt+Space Bar	현재 열려 있는 창의 창 조절 메뉴를 표시함
Shift	파일을 연속적으로 선택함
Shift+F10	마우스 오른쪽 단추를 클릭하는 것과 같음
Shift+Delete	파일을 휴지통에 버리지 않고 바로 삭제함
Shift+CD 삽입	CD의 자동 실행 기능이 작동하지 않음
⊞	[시작] 메뉴 표시하거나 숨김
⊞+D	바탕 화면 보기
⊞+E	파일 탐색기 실행
⊞+M	열려있는 창을 최소화함
⊞+R	[실행] 대화상자를 표시함
⊞+T	작업 표시줄의 프로그램을 순서대로 선택
⊞+Alt+D	알림 영역의 날짜 및 시간 표시/감춤
⊞+Pause Break	제어판의 [시스템] 항목을 표시함

- Ctrl, Alt, Shift는 다른 키와 조합하여 사용한다. 이 키를 눌러도 Ctrl, Alt, Shift 문자가 표시되지는 않는다.
- Shift는 한글 문자의 쌍자음, 쌍모음을 입력할 수 있으며 영문인 경우 소문자 입력 상태라면 대문자가 입력된다.
- 일반적으로 웹 페이지에서 링크를 열 때 Shift를 누르고 클릭하면 링크된 문서가 새 창에 열린다.

기적의 TIP

클립보드

클립보드란 Windows에 설치된 모든 응용 프로그램에서 잘라내거나 복사한 내용을 임시로 저장하는 장소를 말한다.

02 문자표의 바로 가기 키

[시작] – [Windows 보조프로그램] – [문자표]

Page Up	한 번에 한 화면 위로 이동함
Page Down	한 번에 한 화면 아래로 이동함
Home	해당 줄 처음으로 이동함
End	해당 줄 끝으로 이동함
Ctrl + Home	처음 문자로 이동함
Ctrl + End	마지막 문자로 이동함

기적의 TIP

자주 출제되는 바로 가기 키

Alt + F4	활성화된 창 닫기/종료
Ctrl + Esc	[시작] 메뉴를 표시함
Alt + Print Screen	활성화된 창만 캡처하여 클립보드에 복사함
Print Screen	화면 전체를 캡처하여 클립보드에 복사함
Alt + Enter	선택한 항목의 속성을 표시함
Alt + Tab	실행 중인 프로그램 목록을 보고 그 중 하나를 선택하여 현재 실행 창을 바꿈
Alt + Esc	실행 중인 프로그램 목록을 볼 수 없고, 열린 순서대로 현재 실행 창을 바꿈
Alt + Space Bar	현재 열려 있는 창의 창 조절 메뉴를 표시함

03 파일 탐색기의 바로 가기 키

+	선택한 폴더의 하위 폴더를 표시함
−	선택한 폴더의 하위 폴더를 숨김
*	선택한 폴더의 모든(전체) 하위 폴더를 표시함
Back Space	상위 폴더로 이동함
→	선택한 폴더에서 하위 폴더로 이동하면서 해당 내용을 표시함
←	선택한 폴더에서 현재 폴더를 닫고 상위 폴더로 이동함

단답형 문제

01 다음과 보기와 관련된 항목의 바로 가기 키를 고르시오.

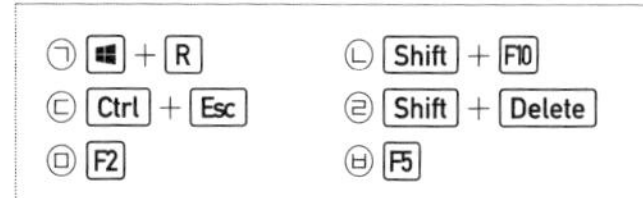

㉠ ⊞ + R　㉡ Shift + F10
㉢ Ctrl + Esc　㉣ Shift + Delete
㉤ F2　㉥ F5

1. [실행] 대화상자 표시하기
2. 선택 항목의 바로 가기 메뉴 표시
3. [시작] 메뉴 표시하기
4. 휴지통에 버리지 않고 바로 삭제하기
5. 선택한 파일 또는 폴더 이름 변경하기
6. 새로운 정보로 고치기

객관식 문제

02 다음 중 Windows의 바로 가기 키에 대한 설명으로 옳지 않은 것은?

① Ctrl + Esc를 누르면 Windows 시작 메뉴를 열 수 있다.
② 바탕 화면에서 아이콘을 선택한 후 Alt + Enter를 누르면 선택된 항목의 속성 창을 표시한다.
③ 바탕 화면에서 폴더나 파일을 선택한 후 F2를 누르면 이름을 변경할 수 있다.
④ 폴더 창에서 Alt + Space Bar를 누르면 특정 폴더 내의 모든 파일이나 폴더를 선택할 수 있다.

03 다음 중 Windows에서 사용하는 바로 가기 키에 관한 설명으로 옳지 않은 것은?

① Ctrl + Esc : 시작 메뉴를 표시
② Shift + F10 : 선택한 항목의 바로 가기 메뉴 표시
③ Alt + Enter : 선택한 항목 실행
④ ⊞ + E : 파일 탐색기 실행

정답 01 1 ㉠ 2 ㉡ 3 ㉢ 4 ㉣ 5 ㉤ 6 ㉥ 02 ④ 03 ③

POINT 03

바탕 화면

Windows에서 기본적인 작업을 할 수 있는 공간이다.

01 바탕 화면의 개요

- 한글 Windows 설치 시 기본적으로 표시되는 아이콘과 작업 표시줄로 구성되어 있다.
- 바탕 화면의 바로 가기 메뉴에서 [개인 설정]을 클릭하여 바탕 화면 배경을 설정할 수 있다.
- 배경 그림으로 BMP, GIF, JPG, DIB, PNG 등의 확장자를 가진 이미지 파일 형식을 사용할 수 있다. HTML 문서(Active Desktop)는 배경 그림으로 사용할 수 없다.
- 여러 사진을 선택하여 바탕 화면 배경 슬라이드 쇼를 만들 수 있다.

현재 수행 중인 프로그램들이 표시되는 부분으로 응용 프로그램 간 작업 전환이 한 번의 클릭으로 가능하다.

02 작업 표시줄

작업 표시줄의 빈 부분에서 마우스 오른쪽 단추를 클릭한 다음 '작업 표시줄 설정(속성)'을 선택한다.

작업 표시줄 잠금	작업 표시줄에 있는 작업 도구를 이동하거나 크기를 조절할 수 없음
데스크톱 모드에서 작업 표시줄 자동 숨기기	작업 표시줄을 사용할 때만 화면에 보이고, 사용하지 않을 때 자동으로 사라짐
작은 작업 표시줄 단추 사용	작업 표시줄에 작은 아이콘을 사용하여 나타냄
화면에서의 작업 표시줄 위치	• 화면에서의 작업 표시줄 위치를 설정함(아래쪽, 왼쪽, 오른쪽, 위쪽) • 마우스로 작업 표시줄을 원하는 위치로 드래그하여 변경 가능
작업 표시줄 단추 하나로 표시(작업 표시줄 단추)	• 작업 표시줄에 단추 표시 유형을 설정함 • 항상, 레이블 숨기기(항상 단추 하나로 표시, 레이블 숨기기) • 작업 표시줄이 꽉 찼을 때(작업 표시줄이 꽉 차면 단추 하나로 표시) • 안 함(단추 하나로 표시 안 함)
알림 영역	작업 표시줄에 표시할 아이콘 및 알림을 지정함
바탕 화면 미리 보기	작업 표시줄 끝에 있는 바탕 화면 보기 단추로 마우스를 이동할 때 미리 보기를 사용하여 바탕 화면 미리 보기

03 시작 메뉴

- Windows 대부분의 작업이 시작되는 곳이다.
- 내 PC에 설치된 앱과 프로그램을 시작 화면이나 작업 표시줄에 고정하고 파일의 위치를 열 수 있으며 제거도 가능하다.
- 시작 메뉴의 크기 조정이 가능하므로 앱과 프로그램이 많아서 공간이 필요한 경우 크기를 늘릴 수 있다.
- 시작 메뉴에는 최근에 추가한 앱이 표시된다.
- [시작]–[설정]–[개인 설정]–[시작]에서 최근에 추가된 앱 표시 여부를 켜거나 끌 수 있다.
- 시작 메뉴에는 알파벳 순서대로, 한글 자음 순서대로 그룹으로 묶여 앱이 표시된다.

04 시작 프로그램

- 시작 프로그램에 들어 있는 프로그램들은 Windows가 시작될 때 자동으로 실행된다.
- 자동으로 실행되기를 원하는 앱(프로그램)이나 파일을 시작 프로그램에 복사해서 넣으면 된다.
- 시작 프로그램 폴더가 열리면 Windows 시작 시 자동으로 실행되기를 원하는 파일이나 앱을 복사하여 폴더에 넣으면 된다.
- 시작 프로그램 폴더는 'C:\Users\사용자 계정이름\AppData\Roaming\Microsoft\Windows\Start Menu\Programs\Startup'에 위치한다.
- 자동 실행을 원하지 않을 경우 작업 관리자(Ctrl+Shift+Esc) 창을 열고 [시작 프로그램] 탭에서 [사용 안 함]을 클릭하면 된다.

프로그램을 빨리 실행하기 위해 만든 아이콘이다.

05 바로 가기 아이콘

- 바로 가기 아이콘을 삭제하거나 이동해도 원본 파일이나 폴더는 삭제되지 않는다.
- 이름을 다르게 하면 여러 개를 만들 수 있다.
- 파일, 폴더, 디스크 드라이브, 프로그램, 프린터, 네트워크 등의 개체에 대해 만들 수 있다.

- 바로 가기 아이콘은 하나의 파일로 확장자는 .LNK로 지정된다.
- 바로 가기 아이콘 생성 방법

방법 1	바탕 화면에서 마우스 오른쪽 단추를 클릭하여 바로 가기 메뉴가 나타나면 [새로 만들기]–[바로 가기]를 선택한 후 실행 파일을 찾아 생성함
방법 2	파일 탐색기의 실행 파일에서 마우스 오른쪽 단추를 클릭한 채 바탕 화면으로 드래그한 후 표시되는 바로 가기 메뉴에서 [여기에 바로 가기 만들기]를 선택함
방법 3	파일 탐색기에서 실행 파일을 선택하고 [홈]–[클립보드]–[복사]를 선택한 후 바탕 화면의 바로 가기 메뉴에서 [바로 가기 붙여넣기]를 선택함
방법 4	Ctrl+Shift를 누른 채 개체를 선택한 후 원하는 위치에 끌어서 놓음

작업 도중 삭제된 자료들이 임시로 보관되는 장소이다.

06 휴지통

◉ 휴지통에 보관된 파일 복원하기

방법 1	복원할 객체를 선택한 후 [선택한 항목 복원]을 선택함
방법 2	복원할 파일의 바로 가기 메뉴에서 [복원]을 선택함
방법 3	휴지통의 파일을 선택하여 원하는 위치로 드래그함

◉ 휴지통의 용량 조절하기

- 바탕 화면 휴지통의 바로 가기 메뉴 중 [속성]을 선택하면 [휴지통 속성] 대화상자가 나타난다.
- 여러 하드 드라이브, 파티션 또는 컴퓨터에 연결된 외장 하드 드라이브가 있는 경우, 위치별로 휴지통의 최대 크기 설정을 MB 단위로 할 수 있다.

◉ 휴지통에서 보관되지 않는 경우

- Shift+Delete를 눌러 파일을 삭제한 경우
- Shift를 누른 채 삭제할 파일이나 폴더를 마우스 왼쪽 단추로 끌어서 휴지통 아이콘에 놓을 경우
- [휴지통 속성]에서 '파일을 휴지통에 버리지 않고 삭제할 때 바로 제거' 옵션을 선택한 경우
- 플로피 디스크나 USB 메모리에서 삭제한 경우
- 네트워크상에 있는 파일을 삭제하는 경우
- 휴지통 용량보다 큰 파일을 삭제한 경우
- 도스 창(명령 프롬프트 창)에서 삭제한 경우

단답형 문제

01 '작업 표시줄 잠금' 옵션을 이용하여 작업 표시줄의 기능을 일시 정지시킬 수 있다. (○, ×)

02 컴퓨터 부팅 후 특정 프로그램을 자동으로 실행시키려면 해당 프로그램을 시작 프로그램 폴더에 복사해 두면 된다. (○, ×)

객관식 문제

03 다음 중 한글 Windows의 바탕 화면에 있는 바로 가기 아이콘에 관한 설명으로 옳지 않은 것은?

① 바로 가기 아이콘의 왼쪽 아래에는 화살표 모양의 그림이 표시된다.
② 바로 가기 아이콘의 이름, 크기, 형식, 수정할 날짜 등의 순으로 정렬하여 표시할 수 있다.
③ 바로 가기 아이콘의 등록 정보 창에서 연결된 대상 파일을 변경할 수 있다.
④ 바로 가기 아이콘을 삭제하면 연결된 실제의 대상 파일도 삭제된다.

04 다음 중 한글 Windows에서 [휴지통]에 있는 파일을 복원할 수 있는 경우로 옳지 않은 것은?

① USB 메모리에 저장된 파일을 삭제한 경우
② [파일 탐색기] 창에서 해당 파일을 선택하고 바로 가기 메뉴의 [삭제]를 선택하여 파일을 삭제한 경우
③ [내 문서] 창에 있는 파일을 Delete를 눌러서 삭제한 경우
④ [파일 탐색기] 창에 있는 파일을 마우스를 이용하여 휴지통으로 드래그하여 삭제한 경우

정답 01 × 02 ○ 03 ④ 04 ①

POINT 04

설정

01 앱

◉ 앱 및 기능

- 앱을 가져올 위치를 선택할 수 있다.
- 앱 및 기능 영역의 '선택적 기능'에서 앱을 제거하거나 기능을 추가할 수 있다.
- 앱 및 기능 영역의 '앱 실행 별칭'에서 명령 프롬프트로 앱을 실행하는 데 사용되는 이름을 선언할 수 있고, 이름이 동일할 경우 사용할 앱 하나를 선택한다.
- 앱을 [이동], [수정], [제거]할 수 있으며 드라이브별로 검색, 정렬 및 필터링도 가능하다.

◉ 기본 앱

- 메일, 지도, 음악 플레이어, 사진 뷰어, 비디오 플레이어, 웹 브라우저와 같은 작업에 사용할 앱을 선택한다.
- [파일 형식별 기본 앱 선택], [프로토콜별 기본 앱 선택], [앱별 기본값 설정]이 가능하다.
- Microsoft에서 권장하는 기본 앱으로 돌아가려는 경우 'Microsoft 권장 기본값으로 초기화'에서 [초기화] 버튼을 클릭한다.

02 시스템

◉ [시스템]-[디스플레이]

- 야간 모드를 끄거나 켤 수 있다(청색광 줄이기).
- **[야간 모드 설정]** : 지금 켜기, 강도 조정, 야간 모드 예약이 가능하다.
- **[배율 및 레이아웃]** : 텍스트, 앱 및 기타 항목의 크기 변경-100%(권장), 125%, 150%, 175%, 고급 배율 설정, 디스플레이 해상도(선명도), 디스플레이 방향(가로, 세로, 가로-대칭 이동, 세로-대칭 이동) 등을 설정할 수 있다.
- 여러 디스플레이 연결, 고급 디스플레이 설정, 그래픽 설정이 가능하다.
- 고급 디스플레이 설정에서 디스플레이를 선택하고 아래쪽의 '디스플레이의 어댑터 속성 표시'를 클릭한 후 [색 관리] 탭에서 [색 관리]를 클릭하고 [색 관리] 대화상자의 [고급] 탭에서 [디스플레이 보정]을 통해 색이 정확하게 표시되도록 '색 보정'을 할 수 있다.

◉ [시스템]-[정보]

- **정보** : PC가 모니터링되고 보호되는 상황(바이러스 및 위협 방지, 방화벽 및 네트워크 보호, 앱 및 브라우저 컨트롤, 계정 보호, 장치 보안)을 보여준다.
- **장치 사양** : 디바이스 이름, 프로세서(CPU 정보), 설치된 RAM, 장치 ID, 제품 ID, 시스템 종류(32/64비트 운영체제), 펜 및 터치 등의 사양 확인이 가능하다.
- **이 PC의 이름 바꾸기** : 현재 설정되어 있는 PC의 이름을 변경할 수 있으며, 변경 후 시스템을 재시작해야 완전히 변경된다.

기적의 TIP

장치 관리자

컴퓨터에 설치된 하드웨어를 나열하며 드라이버를 설치 및 업데이트하고, 해당 장치의 하드웨어 설정을 수정한다.

03 개인 설정

- **배경** : 바탕 화면의 배경 화면을 설정(사진, 단색, 슬라이드 쇼)하고 [맞춤 선택]에서 나타나는 유형(채우기, 맞춤, 확대, 바둑판식 배열, 가운데, 스팬-모니터가 2개인 경우 연속해서 이미지를 보여주는 기능)을 선택할 수 있다.
- **색** : 색 선택(밝게, 어둡게, 사용자 지정), 투명 효과(켬, 끔) 등을 설정할 수 있으며 [테마 컬러 선택]에서 '자동으로 내 배경 화면에서 테마 컬러 선택'이 가능하고 '최근에 사용한 색이나 Windows 색상표', '사용자 지정 색'을 이용한 색 지정도 가능하며 '다음 표면에 테마 컬러 표시'를 '시작, 작업 표시줄 및 알림 센터', '제목 표시줄 및 창 테두리'에 적용시킬 수 있다.

- **잠금 화면** : 잠금 화면 배경을 설정(Windows 추천, 사진, 슬라이드 쇼)할 수 있고 '잠금 화면에서 세부 상태를 표시할 앱 하나 선택', '잠금 화면에 빠른 상태를 표시할 앱 선택' 등이 가능하며 '로그인 화면에 잠금 화면 배경 그림 표시' 여부와 '화면 시간 제한 설정'에서 전원 및 절전 모드를 설정하고 '화면 보호기 설정'에서 화면 보호기와 전원 설정 변경이 가능하다.
- **테마** : 배경, 색, 소리, 마우스 커서 등의 설정으로 사용자 지정 테마를 저장할 수 있고 'Microsoft Store에서 더 많은 테마 보기'를 선택하여 Microsoft에서 제공하는 다양한 테마를 추가 설치할 수 있으며, 관련 설정의 '바탕 화면 아이콘 설정'에서 바탕 화면에 표시할 아이콘(컴퓨터, 휴지통, 문서, 제어판, 네트워크)을 설정하고 '아이콘 변경'과 '기본값 복원'이 가능하다.
- **글꼴** : 글꼴 추가 및 사용 가능한 글꼴의 확인이 가능하며 각 글꼴을 클릭하면 글꼴 미리 보기, 글꼴 크기 변경, 메타 데이터(전체 이름, 글꼴 파일, 버전, 제조업체, 저작권, 등록 상표, 라이선스 설명)를 알 수 있으며 글꼴 제거도 가능하다. 관련 설정으로 'ClearType 텍스트 조정', '모든 언어에 대한 글꼴 다운로드'가 있다. 참고로 ClearType 텍스트 조정 기술을 사용하면 텍스트의 가독성을 향상시켜 화면에 표시되는 텍스트를 선명하고 깨끗하게 보이게 한다. 글꼴은 C:\Windows\Fonts에 실제로 위치하며 FON, OTF, TTF, TTC 등의 확장자를 가진다.
- **시작** : '시작 화면에 더 많은 타일 표시', '시작 메뉴에서 앱 목록 표시', '최근에 추가된 앱 표시', '가장 많이 사용하는 앱 표시', '때때로 시작 메뉴에 제안 표시', '전체 시작 화면 사용', '시작 메뉴의 점프 목록', '작업 표시줄 또는 파일 탐색기 즐겨찾기에서 최근에 연 항목 표시', '시작 메뉴에 표기할 폴더 선택' 등을 설정한다.

04 접근성

장애가 있더라도 컴퓨터를 보다 쉽게 사용할 수 있도록 지원하는 기능으로 '시각', '청각', '상호 작용' 영역으로 나누어 컴퓨터 보기, 마우스 및 키보드 사용, 기타 입력 장치 사용을 보다 쉽게 사용할 수 있게 한다.

단답형 문제

01 한글 Windows의 [디스플레이] 설정에 대한 설명이다. 괄호 안에 알맞은 답을 기입하시오.

1 (   ) : 화면에 표시되는 텍스트, 앱 및 기타 항목의 권장(기본 값)

2 (   ) : Microsoft사에서 개발한 소프트웨어 기술로 텍스트의 가독성을 향상시켜줌

3 (   ) : 색이 정확하게 표시되도록 디스플레이를 조정하는 것

4 (   ) : 화면에 표시되는 텍스트와 이미지의 선명도를 말하는 것

객관식 문제

02 다음 중 Windows에서 [설정]의 '앱'에 대한 설명으로 옳지 않은 것은?

① 글꼴을 추가하고 사용 가능한 글꼴을 확인할 수 있다.

② 설치되어 있는 앱을 제거하거나 수정 및 이동할 수 있다.

③ 앱을 가져올 위치를 선택할 수 있다.

④ 설치되어 있는 앱을 드라이브별로 검색, 정렬 및 필터링할 수 있다.

03 다음 중 Windows의 [설정]에서 시각 장애가 있는 사용자가 컴퓨터를 사용하기에 편리하도록 설정할 수 있는 기능은?

① 앱

② 개인 설정

③ 접근성

④ 장치

정답 **01** **1** 100% **2** ClearType **3** 색 보정 **4** 해상도
02 ① **03** ③

• 시각

돋보기	• 디스플레이(화면)의 일부를 확대하여 보여줌 • 돋보기 사용에서 돋보기 켜기 켬(⊞+[+]), 끔(⊞+Esc) • 확대/축소 수준 변경에서 [−](⊞+[−]), [+](⊞+[+]) 단추로 설정 • 확대/축소 증분 변경에서 설정한 값만큼 더 해져(증분 되어) 확대/축소 수준 변경 설정됨 • 로그인 후 돋보기 시작 체크, 모든 사용자에 대해 로그인 전 돋보기 시작 체크, 이미지 및 텍스트의 가장자리 다듬기 체크, 색 반전 체크 가능 • 돋보기 화면 변경에서 보기 선택 중 전체 화면(Ctrl+Alt+F), 도킹됨(Ctrl+Alt+D), 렌즈(Ctrl+Alt+L) 선택 가능 (Ctrl+Alt+M으로 순환)
색상 필터	• 화면에 색 필터를 적용하여 사진 및 색을 보기 쉽게 변경 • 색상 필터 켬, 끔 설정 • 화면의 요소를 더 잘 볼 수 있는 색상 필터 선택(반전, 회색조, 회색조 반전) 및 '또는 9가지 색상표의 색을 더 쉽게 구별할 수 있도록 색맹 필터를 적용하세요.'에서 적록(녹색약, 제2색맹), 적록(적색약, 제1색맹), 청황(제3색맹) 중 필터 선택 가능
고대비	• 고유 색을 사용하여 텍스트와 앱을 보기 쉽게 설정 • 색상 대비를 강조하여 해당 항목이 보다 뚜렷하고 쉽게 식별됨 • 고대비 사용에서 고대비 켬, 끔
내레이터	• 화면의 내용을 설명하는 화면 읽기 프로그램 • 내레이터 켬, 끔, 내레이터 홈 열기 • 시작 옵션에서 내레이터를 시작하는 바로 가기 키를 허용(⊞+Ctrl+Enter로 내레이터 켜기/끄기), 자동 로그인 후 내레이터 시작, 내레이터가 시작될 때 내레이터 홈 표시, 내레이터 홈을 시스템 트레이로 최소화 체크 가능 • 키보드, 터치 및 마우스로 내레이터를 제어할 수 있음

• 청각

오디오	• 장치를 듣기 쉽게 하거나 사운드 없이 사용하기 쉽게 설정 • 장치 볼륨 변경, 모노 오디오 켜기, 오디오 경고를 시각적(깜박임)으로 표시
선택 자막	• 오디오를 텍스트로 표시하여 사운드 없이 디바이스를 사용 • 자막 글꼴(색, 투명도, 스타일, 크기, 효과) 변경, 자막 배경 변경(배경색, 배경 투명도), 어두운 창 콘텐츠(텍스트가 대비되어 읽기 쉽도록 창 색과 창 투명도 설정)

• 상호 작용

음성 명령	• 키보드 입력 대신 말하기(받아쓰기를 사용하여 텍스트를 쉽게 입력할 수 있음) • 음성만 사용하여 텍스트 입력 및 장치 제어(음성 인식 켜기)
키보드	• 키보드가 없는 디바이스 사용 시 화상 키보드 사용 켬, 끔 • 고정 키 사용에서 여러 키가 조합된 바로 가기 키를 '한 번에 하나의 키를 눌러 바로 가기 키에 사용'할 수 있도록 켬, 끔 • 토글 키 사용에서 Caps Lock, Num Lock, Scroll Lock을 누를 때 소리 재생 켬, 끔 • 필터 키 사용에서 짧거나 반복된 키 입력을 무시하고 키보드의 반복 속도 변경 켬, 끔
마우스	마우스 키의 숫자 키패드를 사용하여 마우스 포인터 이동 켬, 끔
아이 컨트롤	• 시선 추적 기술을 사용하여 마우스를 제어하고 화상 키보드를 사용하여 입력 • TTS(텍스트 음성 변환)를 사용하여 사람들과 통신할 수 있음

05 계정

• 컴퓨터를 여러 사람이 공유할 경우, 각 사용자는 고유한 파일 및 설정을 가질 수 있다.

• 사용자 계정을 생성하면 접근 가능한 파일 및 프로그램, 주요 작업에 대한 허용 유형, 바탕 화면 배경 또는 화면 보호기 등의 개인 기본 설정이 부여된다.

• 각 사용자 계정으로 로그인하여 작성한 문서, 즐겨 찾기 목록, 시작 메뉴 등은 'C:\사용자\사용자 계정' 폴더 형태로 저장된다.
• 각 사용자는 사용자 이름과 암호를 사용하여 자신의 사용자 계정에 액세스할 수 있다.
• 바탕 화면에서 Alt+F4를 누르면 나타나는 [Windows 종료] 대화상자에서 [사용자 전환]을 선택하고 [확인]을 클릭하면 컴퓨터에 두 개 이상의 사용자 계정이 있을 경우 로그아웃하거나 프로그램을 닫지 않고 사용자 전환을 할 수 있다.

• **제어 권한에 따른 계정 유형**

표준 사용자 계정	• 일상적인 컴퓨터 작업에 사용 • 소프트웨어 및 하드웨어를 설치 및 제거할 수는 없지만, 설치된 프로그램은 실행 가능함 • 컴퓨터 작동에 필요한 파일을 삭제할 수 없음
관리자 계정	• 컴퓨터에 대한 제어 권한이 가장 많으며 필요한 경우에만 사용하는 것이 좋음 • 보안 설정을 변경하고, 소프트웨어 및 하드웨어를 설치할 수 있음 • 컴퓨터의 모든 파일에 접근할 수 있고 다른 사용자 계정도 변경 가능함

• **로컬 사용자 계정 만들기**

① [시작]-[설정]-[계정]에서 [가족 및 다른 사용자]를 선택한다.
② 이 PC에 다른 사용자 추가를 클릭한다.
③ '이 사람의 로그인 정보를 가지고 있지 않습니다.'를 클릭한다.
④ Microsoft 계정 없이 사용자 추가를 클릭한다.
⑤ 사용자 이름, 암호, 암호 힌트를 입력한 후 보안 질문을 선택하고 다음을 클릭한다.

• **로컬 사용자 계정 변경**

① [시작]-[설정]-[계정]에서 [가족 및 다른 사용자]를 선택한다.
② 계정 소유자 이름을 선택한 다음, [계정 유형 변경]을 클릭한다.
※ 권한이 있을 경우 [제거]를 눌러 계정 삭제가 가능하다.
③ 계정 유형 변경 창에서 계정 유형을 선택한 다음 [확인]을 클릭한다.

단답형 문제

01 글꼴은 일반적으로 C:\Windows\Fonts에 설치된다. (○, ×)

02 설치되어 있는 앱을 제거하거나 수정 및 이동할 수 있는 [설정]의 항목은 (   )이다.

객관식 문제

03 다음 중 Windows의 사용자 계정을 통해 사용할 수 있는 기능으로 옳지 않은 것은?
① 관리자 계정의 사용자는 다른 계정의 컴퓨터 사용 시간을 제어할 수 있다.
② 관리자 계정의 사용자는 다른 계정의 등급 및 콘텐츠, 제목별로 게임을 제어할 수 있다.
③ 표준 계정의 사용자는 컴퓨터 보안에 영향을 주는 설정을 변경할 수 있다.
④ 표준 계정의 사용자는 컴퓨터에 설치된 대부분의 프로그램을 사용할 수 있고, 자신의 계정에 대한 암호 등을 설정할 수 있다.

04 다음 중 한글 Windows에서 다른 사용자 계정의 이름, 암호 및 계정 유형을 변경할 수 있는 [사용자 계정]의 유형으로 옳은 것은?
① 관리자 계정
② Guest 계정
③ 제한된 계정
④ 표준 사용자 계정

05 다음 중 Windows의 [설정]-[접근성]에서 설정할 수 있는 항목으로 가장 거리가 먼 것은?
① 돋보기
② 색상 필터
③ 고대비
④ 테마

정답 01 ○ 02 앱 03 ③ 04 ① 05 ④

이론 1과목 컴퓨터 일반

POINT 05

인쇄 및 프린터

01 문서 인쇄

- [시작](⊞)-[설정](⚙)-[장치]-[프린터 및 스캐너]에서 사용 중인 프린터를 선택하면 [대기열 열기], [관리], [장치 제거]를 할 수 있다.
- [시작](⊞)-[Windows 시스템]-[제어판]-[장치 및 프린터]에서 사용 중인 프린터를 선택하면 주소 표시줄 아래 도구 모음에 [장치 추가], [프린터 추가], [인쇄 작업 목록 보기], [인쇄 서버 속성], [장치 제거]가 나타난다.
- [대기열 열기]와 [인쇄 작업 목록 보기]를 클릭하면 동일한 대화상자 창이 나타난다.
- 문서 아이콘의 바로 가기 메뉴에서 [인쇄]를 선택하거나 [인쇄 작업 목록 보기] 창에 문서 아이콘을 끌어 놓으면 인쇄가 가능하다.
- 인쇄 작업 시에 프린터 아이콘이 작업 표시줄의 알림 영역에 표시된다. 인쇄 작업 내용을 보려면 작업 표시줄에 표시된 프린터 아이콘을 더블클릭하여 [인쇄 작업 목록 보기] 창을 연다. 인쇄가 완료되면 아이콘은 사라진다.
- 인쇄 대기열에는 인쇄 대기 중인 문서가 표시되며, 목록의 각 항목에는 인쇄 상태 및 페이지 수와 같은 정보가 제공된다.
- 인쇄 대기열에 있는 문서의 인쇄 순서를 변경할 수 있으며, 프린터를 일시 중지하거나 계속할 수 있고 인쇄 대기 중인 모든 문서의 인쇄를 취소할 수도 있다.
- 인쇄 작업에 들어간 것도 중간에 강제로 종료시킬 수 있다.
- 인쇄 작업에 오류가 표시되어 해당 문서가 인쇄 대기 중이면 뒤의 인쇄 작업도 진행되지 않는다.
- 현재 인쇄 중인 문서는 다른 프린터로 전송할 수 없다.
- 인쇄 작업이 지정된 프린터가 오프라인 상태이거나 용지 걸림 상태이면 오류가 발생한 문서를 새 포트로 보낼 수 없다.
- 인쇄 대기 중인 문서에 대해서 용지 방향, 용지 공급 및 인쇄 매수와 같은 설정을 변경할 수 없다.

02 프린터

◉ 프린터 설치 및 제거

- 프린터 설치는 [시작](⊞)-[설정](⚙)-[장치]-[프린터 및 스캐너]에서 '프린터 또는 스캐너 추가'를 클릭하여 장치를 검색하고 설치할 수 있다.
- 프린터 삭제는 [설정](⚙)-[장치]-[프린터 및 스캐너]에서 프린터를 선택하고 [장치 제거]를 선택한다.
- 프린터는 한 대의 컴퓨터에 여러 개를 설치할 수 있다.

◉ 프린터 공유

- 한 대의 컴퓨터에 연결되어 있는 프린터를 네트워크에 연결된 다른 컴퓨터에 공유하는 작업이다.
- 로컬 프린터와 네트워크 프린터에 공유를 설정할 수 있다.
- 동일한 네트워크 내에서 여러 대의 프린터를 공유할 수 있다.

> ① [시작](⊞)-[설정](⚙)-[장치]-[프린터 및 스캐너]에서 공유할 프린터를 선택한 후 [관리]를 클릭한다.
> ② 디바이스 관리에서 [프린터 속성]을 클릭한다.
> ③ 해당 프린터 속성 대화상자의 [공유] 탭에서 '이 프린터 공유'를 선택하고 [확인]을 클릭한다.

기적의 TIP

로컬, 네트워크 프린터

- **로컬 프린터** : 사용자 컴퓨터에 연결된 프린터이다.
- **네트워크 프린터** : 다른 컴퓨터에 연결된 프린터이다.

◉ 기본 프린터

- 인쇄 시 특별히 프린터를 지정하지 않았을 때 자동으로 사용되는 프린터를 기본 프린터라고 한다.
- [설정](⚙)-[장치]-[프린터 및 스캐너]에서 기본 프린터로 설정할 프린터를 선택하고 [관리]에 들어가 디바이스 관리에서 [기본값으로 설정]을 클릭하거나(TIP 참고) [인쇄 대기열 열기]를 클릭한 후 해당 [인쇄 작업 목록 보기] 창의 [프린터] 메뉴에서 '기본 프린터로 설정'을 클릭한다.

• 기본 프린터는 사용자 임의대로 변경하거나 삭제가 가능하다.
• 기본 프린터는 한 컴퓨터에 한 대만 지정할 수 있다.
• 기본 프린터가 아닌 프린터로 인쇄하려면 프린터 목록에서 선택한다.
• 네트워크 프린터 또는 추가 설치된 프린터를 기본 프린터로 지정할 수 있다.

기적의 TIP

Windows에서 내 기본 프린터를 관리할 수 있도록 허용
• [시작]( )-[설정]( )-[장치]-[프린터 및 스캐너]의 [Windows에서 내 기본 프린터를 관리할 수 있도록 허용]을 체크하면 가장 최근에 사용한 프린터를 기본 프린터로 설정한다.
• [Windows에서 내 기본 프린터를 관리할 수 있도록 허용]이 선택되어 있는 경우, 선택 취소해야만 기본 프린터를 직접 선택할 수 있다.

03 스풀(SPOOL) 기능

• 중앙 처리 장치(CPU)의 명령을 보조 기억 장치(하드디스크)에 저장하고, 그 명령을 주변 장치로 전달하여 처리하는 방식이다.
• 중앙 처리 장치처럼 처리 속도가 빠른 장치와 프린터처럼 처리 속도가 느린 입출력 장치들의 속도 차를 보완한다.
• 프린터의 반응을 기다릴 필요 없어 컴퓨터는 다른 작업을 바로 수행할 수 있으며 주변 장치도 자신의 속도에 맞게 프로그램을 수행할 수 있어 작업 효율을 높일 수 있다.
• 프린터 등 출력 장치에 적용하는 것을 출력 스풀링이라고 하며, 이를 수행하는 소프트웨어를 스풀러라고 한다.
• 스풀링은 인쇄할 내용을 하드디스크에 저장하고, 백그라운드 작업(같은 상황에서 우선순위가 낮아 화면에 보이지 않고 실행되는 프로그램)으로 인쇄한다.
• 프린터가 인쇄 중이라도 다른 응용 프로그램을 실행할 수 있다.
• 한 페이지 단위로 스풀링하여 인쇄하는 방법과 인쇄할 문서 전부를 한 번에 스풀링한 후 프린터로 전송하여 인쇄하는 방법이 있다.

기적의 TIP

출력 대기 순서 조정
[인쇄 작업 목록 보기] 창에서 문서를 선택하고 [문서]-[속성]을 클릭한 후 [일반] 탭의 '우선순위'를 '높음 ↔ 낮음'으로 출력 순서를 조정한다.

단답형 문제

01 기본 프린터란 인쇄 시 특정 프린터를 지정하지 않아도 자동으로 인쇄되는 프린터를 말한다. (○, ×)

02 프린터 속성 창에서 공급용지의 종류, 공유, 포트 등을 설정할 수 있다. (○, ×)

03 인쇄 대기 중인 작업은 취소시킬 수 있다. (○, ×)

04 인쇄 중인 작업은 취소할 수는 없으나 잠시 중단시킬 수 있다. (○, ×)

객관식 문제

05 한글 Windows의 기본 프린터에 대한 설명으로 가장 옳지 않은 것은?
① 특정한 프린터를 설정하지 않을 경우 자동으로 인쇄 작업을 처리하는 프린터이다.
② 프린터를 마우스 오른쪽 단추로 클릭한 다음 '기본 프린터 설정'을 클릭한다.
③ 기본 프린터에는 프린터 아이콘 옆에 확인 표시가 나타난다.
④ 네트워크 프린터는 기본 프린터로 설정할 수 없다.

06 다음 중 한글 Windows에서 프린터 스풀(SPOOL) 기능에 대한 설명으로 가장 옳지 않은 것은?
① 프린터와 같은 저속의 입출력 장치를 CPU와 병행하여 작동시켜 컴퓨터의 전체 효율을 향상시켜 준다.
② 프린터가 인쇄 중이라도 다른 응용 프로그램을 실행할 수 있다.
③ 인쇄 대기 중인 문서에 대해서는 용지 방향, 용지 공급 및 인쇄 매수와 같은 설정을 변경할 수 있다.
④ 기본적으로 모든 사용자는 자신의 문서에 대한 인쇄를 일시 중지, 계속, 다시 시작, 취소할 수 있다.

정답 01 ○ 02 ○ 03 ○ 04 × 05 ④ 06 ③

POINT 06

파일과 폴더 관리, 폴더 옵션

01 파일과 폴더의 복사/이동

◉ 파일과 폴더의 복사

- Ctrl을 누른 채 마우스 왼쪽 단추로 드래그한다.
- 파일 탐색기 [홈] 탭의 [클립보드]–[복사]를 선택한 후 [클립보드]–[붙여넣기]를 선택한다.
- 키보드에서 Ctrl+C를 누른 후 Ctrl+V를 누른다.
- 마우스 오른쪽 단추를 클릭한 채 드래그한 후 바로 가기 메뉴에서 [여기에 복사]를 선택한다.

◉ 파일과 폴더의 이동

- 마우스 왼쪽 단추로 드래그한다.
- 파일 탐색기 [홈] 탭의 [클립보드]–[잘라내기]를 선택한 후 [클립보드]–[붙여넣기]를 선택한다.
- 바로 가기 메뉴에서 [잘라내기]를 선택한 후 [붙여넣기]를 선택한다.
- 키보드에서 Ctrl+X를 누른 후 Ctrl+V를 누른다.
- 마우스 오른쪽 단추를 클릭한 채 드래그한 후 바로 가기 메뉴에서 [여기로 이동]을 선택한다.

◉ 드라이브의 복사/이동

구분	같은 드라이브	다른 드라이브
복사	Ctrl+드래그	마우스 왼쪽 단추+드래그
이동	마우스 왼쪽 단추+드래그	Shift+드래그

다른 사람들이 자신의 데이터에 접근하여 사용할 수 있도록 설정해 놓은 것을 의미한다.

02 공유 및 라이브러리

- 한글 Windows에서는 개별 파일과 폴더, 라이브러리도 다른 사람과 공유할 수 있다.
- 컴퓨터에 연결되어 있는 프린터를 다른 컴퓨터에서 사용할 수 있도록 프린터 공유도 가능하다.
- 공유될 폴더의 바로 가기 메뉴에서 [속성]을 클릭하고, 해당 [속성] 대화상자에서 [공유] 탭–[공유] 버튼을 클릭하여 작업한다.
- 공유될 '폴더'를 선택하고 파일 탐색기 [공유] 탭의 [공유 대상] 그룹에서 [특정 사용자]를 클릭하여 작업한다.
- 공유될 '파일'을 선택하고 파일 탐색기 [공유] 탭의 [보내기] 그룹에서 [공유]를 클릭하여 피플(메신저)을 통하거나 공유할 앱을 통해 공유한다.

◉ 라이브러리

- 폴더와 비슷하지만, 여러 다른 위치에 저장된 파일을 모아 둔 일종의 모음집 같은 것을 말한다.
- 실제로 파일이 저장되는 것은 아니고, 해당 파일이 저장된 폴더를 연결하여 보여주는 가상의 폴더이다.
- 라이브러리에 폴더를 추가하면 파일을 볼 수 있지만, 실제 파일은 원래 위치에 저장되어 있다.
- 한글 Windows에서 파일 탐색기를 열어보면 문서, 음악, 사진, 비디오 등의 기본 라이브러리가 제공된다.
- 기본 라이브러리가 보이지 않을 때는 파일 탐색기의 [라이브러리]를 선택하고 바로 가기 메뉴에서 '기본 라이브러리 복원'을 선택하면 된다.
- 사진을 모아둔 폴더와 음악을 다운로드해 둔 폴더 등을 찾아다닐 필요 없이 라이브러리에 등록해두면 편리하게 관리할 수 있다.
- 한 라이브러리에 최대 50개의 폴더를 포함할 수 있다.
- 라이브러리로 포함된 폴더의 바로 가기 메뉴에서 [속성]을 클릭하면 라이브러리의 실제 위치를 확인할 수 있다.
- 파일 탐색기에서 사용자가 만든 라이브러리를 선택하고 [관리]–[라이브러리 도구]에 들어가면 해당 라이브러리에 콘텐츠를 추가할 수 있는 [라이브러리 관리], 해당 라이브러리의 항목 표시 방법을 변경하는 [라이브러리 최적화], 해당 라이브러리의 기본 설정을 복원하는 [설정 복원] 기능 등이 있다.

03 파일 및 폴더 검색

- 파일 탐색기 폴더나 라이브러리 창 위쪽의 [검색 상자]에 단어나 단어의 일부를 입력하면 현재 보기 경로에서 사용자가 입력한 텍스트를 기준으로 검색할 수 있다.

- 와일드카드 문자(*, ?)를 이용하여 이름 일부가 포함된 단어를 검색할 수 있고, 검색어 앞에 '–'를 붙여 제외하고 검색할 수 있다.
- [검색 상자]로 검색할 때 [검색 도구]–[검색] 탭의 '위치' 그룹에서 '내 PC', '현재 폴더', '모든 하위 폴더', '다시 검색할 위치'로 검색 위치 기준을 정할 수 있다.
- '다시 검색할 위치'에서 라이브러리나 인터넷을 통해 다시 검색을 수행할 수 있다.
- [검색 상자]를 클릭한 다음 [검색 도구]–[검색] 탭의 '구체화' 그룹에서 적절한 필터링(수정한 날짜, 종류, 크기, 기타 속성–유형, 이름, 폴더 경로, 태그)을 적용하여 검색할 수 있다.
- '수정한 날짜'로 오늘, 어제, 이번 주, 지난 주, 이번 달, 지난 달, 올해, 작년 등으로 기준을 구체화하여 검색할 수 있다.
- '크기'에서 비어 있음(0KB), 매우 작음(0–16KB), 작음(16KB–1MB), 보통(1–128MB), 큼(128MB–1GB), 매우 큼(1–4GB), 굉장히 큼(>4GB) 등으로 기준을 구체화하여 검색할 수 있다.
- [검색 도구]–[검색] 탭의 '옵션' 그룹에는 최근 검색, 고급 옵션, 검색 저장, 파일 위치 열기 등의 옵션이 있다.
- '최근 검색'에서 이전 검색을 보거나 검색 기록을 지울 수 있다.

04 폴더 옵션

[일반] 탭	• 폴더 찾아보기 : 같은 창에서 폴더 열기와 새 창에서 폴더 열기를 설정함 • 항목을 다음과 같이 클릭(마우스 클릭) : 한 번 클릭해서 열기와 두 번 클릭해서 열기를 설정함
[보기] 탭	• 폴더 보기 : 현재 폴더에서 사용하는 보기를 모든 폴더에 적용할지 여부 설정 • 고급 설정 : 드라이브 문자 표시, 보호된 운영 체제 파일 숨기기, 숨김 파일 · 폴더 · 드라이브 표시 유무, 알려진 파일 형식의 파일 확장명 숨기기, 제목 표시줄에 전체 경로 표시, 폴더 및 바탕 화면 항목에 팝업 설명 표시 등 설정
[검색] 탭	• 검색 방법 : 폴더에서 시스템 파일을 검색할 때 색인 사용 안 함 • 색인되지 않은 위치 검색 시 : 시스템 디렉터리 포함, 압축 파일 포함, 항상 파일 이름 및 내용 검색(속도가 느려질 수 있음)

단답형 문제

01 라이브러리는 파일이나 폴더의 저장된 위치에 상관없이 종류별로 파일을 구성하고 액세스할 수 있게 한다. (○, ×)

객관식 문제

02 다음 중 한글 Windows에서 파일이 복사되는 경우로 옳지 않은 것은?

① 이동식 디스크에 있는 해당 파일을 마우스로 선택한 후에 하드디스크로 끌어놓기 한다.
② 해당 파일을 마우스로 선택한 후에 같은 드라이브의 다른 폴더로 끌어놓기 한다.
③ 해당 파일을 마우스로 선택한 후에 다른 드라이브로 끌어놓기 한다.
④ 해당 파일을 마우스로 선택한 후에 Ctrl을 누른 상태로 같은 드라이브의 다른 폴더로 끌어놓기 한다.

03 다음 중 한글 Windows의 [폴더 옵션] 창에서 할 수 있는 작업으로 옳지 않은 것은?

① 선택된 폴더에 암호를 설정할 수 있다.
② 한 번 클릭해서 창 열기를 하도록 설정할 수 있다.
③ 새 창에서 폴더 열기를 할 수 있게 설정할 수 있다.
④ 알려진 파일 형식의 파일 확장명 숨기기를 설정할 수 있다.

04 다음 중 폴더의 [속성] 창에 대한 설명으로 옳지 않은 것은?

① 폴더가 포함하고 있는 하위 폴더 및 파일의 개수를 알 수 있다.
② 폴더의 특정 하위 폴더를 삭제할 수 있다.
③ 폴더를 네트워크와 연결되어 있는 다른 컴퓨터에서 접근할 수 있도록 공유시킬 수 있다.
④ 폴더에 '읽기 전용' 속성을 설정하거나 해제할 수 있다.

정답 01 ○ 02 ② 03 ① 04 ②

POINT 07

Windows에서 네트워크 설정

01 네트워크 환경 설정

◉ 네트워크 및 공유 센터

- [시작](⊞)–[설정](⚙)–[네트워크 및 인터넷]–[상태]에서 '고급 네트워크 설정' 영역의 [네트워크 및 공유 센터]를 클릭하면 기본 네트워크 정보 보기 및 연결 설정이 가능하다.
  ※ [시작](⊞)–[Windows 시스템]–[제어판]–[네트워크 및 공유 센터]로도 접근이 가능하다.
- 어댑터 설정 변경(이더넷, Wi-Fi), 고급 공유 설정 변경(네트워크 검색, 파일 및 프린터 공유, 공용 폴더 공유 켜고 끄기 등) 작업이 가능하다.
- 기본 네트워크 정보 보기 및 연결 설정 영역의 '활성 네트워크 보기'에서 네트워크 프로필(개인 네트워크, 공용 네트워크)을 확인할 수 있다.
- **네트워크 설정 변경 영역**

새 연결 또는 네트워크 설정	• 광대역, 전화 접속 또는 VPN 연결을 설정하거나 라우터 또는 액세스 지점을 설정 • 인터넷에 연결 : 인터넷을 사용하기 위해 광대역 또는 전화 접속 연결 설정 • 새 네트워크 설정 : 새 라우터 또는 액세스 지점 설정 • 무선 네트워크에 수동으로 연결 : 숨겨진 네트워크에 연결하거나 무선 프로필을 새로 만듦 • 회사에 연결 : 회사에 대한 전화 접속 또는 VPN 연결을 설정
문제 해결	• 네트워크 문제 진단 및 해결 • 문제가 발생한 경우 문제 해결사를 실행하여 문제를 찾고 진단하여 실마리를 얻음

※ 문제 해결사를 실행하기 전에 묻기, 문제 해결사를 자동으로 실행, 문제 해결사를 실행하지 않음 등으로 설정할 수 있다.

◉ 네트워크 구성 요소 추가

[시작](⊞)–[설정](⚙)–[네트워크 및 인터넷]–[상태]에서 '고급 네트워크 설정' 영역의 [어댑터 옵션 변경]을 클릭하고, 예를 들어 '이더넷'의 바로 가기 메뉴에서 [속성]을 클릭한다. [이더넷 속성] 대화상자에서 [설치]를 클릭하고 [네트워크 기능 유형 선택]에서 유형 선택 후 [추가]를 클릭하여 설치를 완료한다.

클라이언트	사용자가 연결하는 네트워크에 있는 컴퓨터 및 파일을 액세스할 수 있게 함
서비스	파일 및 프린터 공유 등의 추가 기능을 제공
프로토콜	사용자 컴퓨터와 다른 컴퓨터가 통신할 때 사용되는 언어

02 네트워크 관련 명령어

[시작](⊞)–[Windows 시스템]–[명령 프롬프트]를 선택하거나 작업 표시줄의 '검색 상자'에 'cmd'를 입력하고 Enter를 누르면, 명령어를 입력하고 실행할 수 있는 [명령 프롬프트] 창이 열린다.

ping	• 인터넷에 연결된 특정 컴퓨터에 일정한 테스트 데이터를 보내 상대방 컴퓨터의 정상 동작 여부를 테스트할 수 있음 • 기본적으로 루프백 주소(127.0.0.1)를 이용하지만 기본 게이트웨이의 IP 주소를 이용하기도 함
finger	현재 자신이 사용하고 있는 시스템에 접속해 있는 사람이나 인터넷에 연결된 다른 시스템을 사용 중인 사람에 관한 정보를 제공함
nslookup	특정 도메인의 IP 주소를 검색하는 데 주로 사용되는 것으로 DNS가 갖고 있는 정보를 사용자가 원하는 바에 따라 제공함
net user	현재 컴퓨터의 그룹과 전체 사용자 목록을 보여줌
tracert	• 지정된 외부의 컴퓨터에 패킷을 보내고 해당하는 패킷이 되돌아오는지 검사하고 접속하는 경로를 알 수 있음

	• 인터넷 속도가 느릴 경우에 어느 구간에서 정체가 있는가를 알기 위하여 인터넷 서버까지의 경로를 추적하며 「Tracert ip 주소」로 입력해도 접속하는 경로를 알 수 있음
ipconfig	네트워크 설정 정보를 보여주는 Windows IP 구성을 실행해 주는 것으로 현재 컴퓨터의 IP 주소, DNS 서버, 서브넷 마스크, 기본 게이트웨이 등을 표시함

기적의 TIP

루프백 주소(127.0.0.1)

컴퓨터의 네트워크 입출력 기능을 시험하기 위하여 가상으로 할당한 인터넷 주소를 뜻한다.

03 네트워크 관련 장비

허브(Hub)	네트워크에 연결된 각 회선이 모이는 장치로서 각 회선을 통합적으로 관리하는 기기
라우터(Router)	랜(LAN)을 연결하여 정보를 주고받을 때 송신 정보에 포함된 수신처의 주소를 읽고 가장 적절한 경로를 이용하여 다른 통신망으로 전송하는 기기로 네트워크 간을 연결해서 패킷이 수신처에 전달될 때까지 길 안내를 하는 기기
리피터(Repeater)	네트워크에서 디지털 신호를 일정한 거리 이상으로 전송하면 출력이 감쇠되는 성질이 있어 장거리 전송을 위해서는 이를 새로 재생하거나 출력 전압을 높여야 하는데, 이때 필요한 기기를 리피터라고 함
게이트웨이(Gateway)	서로 다른 네트워크 간을 연결해 주는 장치로 랜과 동종 혹은 이기종 간의 외부 네트워크를 상호 접속하는 기기이며, 다른 네트워크와의 데이터 교환을 위한 출입구 역할을 하는 장비
브리지(Bridge)	• 서로 유사한 프로토콜이나 LAN과 LAN 사이를 연결할 때 사용하는 기기 • 두 개의 근거리 통신망(LAN) 시스템을 이어주는 접속 장치 • 양쪽 방향으로 데이터의 전송만 해줄 뿐 프로토콜 변환 등 복잡한 처리는 불가능 • 네트워크 프로토콜과는 독립적으로 작용 • 네트워크에 연결된 여러 단말들의 통신 프로토콜을 바꾸지 않고도 네트워크를 확장할 수 있음
어댑터	컴퓨터와 컴퓨터 혹은 컴퓨터와 네트워크를 연결하는 하드웨어 기기

단답형 문제

01 네트워크 명령어 중 원격 컴퓨터가 현재 인터넷에 연결되어 정상적으로 네트워크가 작동하고 있는지 파악할 수 있는 서비스는 (　　　)이며, 인터넷 속도가 느릴 경우에 어느 구간에서 정체가 있는가를 알기 위하여 인터넷 서버까지의 경로를 추적하는 기능은 (　　　)이다.

객관식 문제

02 다음 중 네트워크 연결 장치와 관련하여 패킷의 헤더 정보를 보고 목적지를 파악하여 다음 목적지로 전송하기 위한 최선의 경로를 선택할 수 있는 것으로 옳은 것은?

① 허브(Hub)　② 브리지(Bridge)
③ 스위치(Switch)　④ 라우터(Router)

03 다음 중 정보통신에서 네트워크 관련 장비에 대한 설명으로 옳지 않은 것은?

① 라우터 : 네트워크를 구성하기 위해 반드시 필요한 장비로 정보 전송을 위한 최적의 경로를 찾아 통신망에 연결하는 장치
② 허브 : 네트워크를 구성할 때 여러 대의 컴퓨터를 연결하고, 각 회선들을 통합 관리하는 장치
③ 브리지 : 네트워크를 구성할 때 디지털 신호를 아날로그 신호로 변환하여 전송하고 다시 수신된 신호를 원래대로 변환하기 위한 전송 장치
④ 게이트웨이 : 한 네트워크에서 다른 네트워크로 들어가는 입구 역할을 하는 장치로 근거리 통신망(LAN)과 같은 하나의 네트워크를 다른 네트워크와 연결할 때 사용되는 장치

③ 모뎀(MODEM) : 디지털 신호를 아날로그 신호로 변환하는 변조 과정과 아날로그 신호를 디지털 신호로 변환하는 복조 과정을 수행하는 장치

정답 **01** ping, tracert **02** ④ **03** ③

컴퓨터의 발달

01 컴퓨터의 발전 과정

◉ 기계식 계산기

파스칼의 치차식 계산기	톱니바퀴의 원리를 이용한 가감산이 가능한 계산기
라이프니츠 가감승제 계산기	치차식 계산기를 보완하여 가감승제가 가능하며 탁상용 계산기의 시조가 됨
베비지 차분 기관	기계식 계산기로 삼각 함수 계산이 가능함
베비지 해석 기관	현재의 디지털 컴퓨터의 모체가 됨
홀러리스의 PCS (Punch Card System)	천공카드시스템으로, 미국의 국세 조사에 사용되었으며 일괄 처리의 효시가 됨
마크원(MARK-I)	에이컨이 개발한 최초의 기계식 자동 계산기

◉ 전자식 계산기

에니악(ENIAC)	• 1946년 에커트와 모클리가 제작함 • 최초의 전자식 계산기로, 외부 프로그램 방식을 사용함
에드삭(EDSAC)	• 윌키스가 제작함 • 최초로 프로그램 내장 방식을 도입함
유니박-I (UNIVAC-I)	• 에커트와 모클리가 제작함 • 최초의 상업용 전자 계산기로, 국세 조사 및 미국 인구의 통계 조사 등에 사용함
에드박(EDVAC)	• 폰 노이만이 제작함 • 프로그램 내장 방식을 완성하고 이진법을 채택함

기적의 TIP

컴퓨터의 처리 속도 단위

ms	μs	ns	ps	fs	as
10^{-3}초	10^{-6}초	10^{-9}초	10^{-12}초	10^{-15}초	10^{-18}초
milli second	micro second	nano second	pico second	femto second	atto second

02 프로그램 내장 방식

- 폰 노이만(J. Von Neumann)에 의해서 고안된 프로그램 내장 방식으로, 프로그램을 이진수로 코드화하여 기억 장치에 저장해 두고 명령에 따라 컴퓨터가 순서대로 해독하면서 처리하는 방식이다.
- 세계 최초의 프로그램 내장 방식의 계산기는 에드삭(EDSAC)이다.

03 컴퓨터의 세대별 특징

세대	기억 소자	주기억 장치	특징
1세대	진공관	자기 드럼	• 하드웨어 개발 중심 • 일괄 처리 시스템
2세대	트랜지스터(TR)	자기 코어	• 온라인 실시간 처리 시스템 • 운영체제 등장 • 다중 프로그램 도입
3세대	집적 회로(IC)	집적 회로(IC)	• OMR, OCR, MICR 도입 • 시분할 처리 • 다중 처리
4세대	고밀도 집적 회로(LSI)	고밀도 집적 회로(LSI)	• 개인용 컴퓨터 개발 • 마이크로프로세서 개발 • 네트워크 발달

5세대	초고밀도 집적 회로 (VLSI)	초고밀도 집적 회로 (VLSI)	• 인공 지능 • 전문가 시스템 • 패턴 인식 • 퍼지 이론

기적의 TIP

집적 회로(IC)

- **SSI(Small Scale Intergration)** : 하나의 실리콘에 1백여 개의 반도체를 집적시킨 것이다.
- **MSI(Middle Scale Intergration)** : 하나의 실리콘에 1천여 개의 반도체를 집적시킨 것이다.
- **LSI(Large Scale Intergration)** : 하나의 실리콘에 1만여 개의 반도체를 집적시킨 것이다.
- **VLSI(Very Large Scale Intergration)** : 하나의 실리콘에 10만여개의 반도체를 집적시킨 것이다.
- **ULSI(Ultra Large Scale Intergration)** : 하나의 실리콘에 100만여개의 반도체를 집적시킨 것이다.

단답형 문제

01 (　　　)는 최초의 상업용 전자 계산기이다.

02 폰 노이만의 프로그램 내장 방식을 이용한 최초의 전자 계산기는 무엇인가?

객관식 문제

03 다음 중 컴퓨터의 처리 시간 단위가 빠른 것에서 느린 순서로 바르게 나열된 것은?

① ps – as – fs – ns – ms – ㎲
② as – fs – ps – ns – ㎲ – ms
③ ms – ㎲ – ns – ps – fs – as
④ fs – ns – ps – ㎲ – as – ms

04 최초의 전자 계산기 ENIAC에서 사용된 프로그램 방식은?

① 프로그램 내장 방식
② 어셈블리어 방식
③ 고급 언어 방식
④ 외부 프로그램 방식

05 다음은 컴퓨터 세대와 주요 회로를 연결한 것이다. 틀리게 연결된 것은?

① 1세대 – 진공관
② 2세대 – 트랜지스터
③ 3세대 – 자기 드럼
④ 4세대 – 고밀도 집적 회로

06 다음 중 집적 회로를 집적의 크기 순서로 나열한 것은?

① LSI – MSI – VLSI – ULSI – SSI
② SSI – MSI – LSI – VLSI – ULSI
③ SSI – LSI – ULSI – MSI – VLSI
④ VLSI – ULSI – SSI – MSI – LSI

정답 **01** 유니박-I(UNIVAC-I) **02** 에드삭(EDSAC) **03** ② **04** ④ **05** ③ **06** ②

이론 1과목 컴퓨터 일반

POINT 09

컴퓨터의 분류와 자료

01 컴퓨터의 분류

◉ 취급 데이터 형태에 따른 분류

구분	디지털 컴퓨터	아날로그 컴퓨터
입력 형식	숫자, 문자(비연속)	전류, 전압(연속)
출력 형식	숫자, 문자	그래프, 곡선
프로그래밍	필요	불필요
회로 형태	논리 회로	증폭 회로
연산 속도	느림	빠름
기억 기능	있음	없음
정밀도	필요한 한도까지	제한적
용도	범용성(광범위)	과학적 연구

◉ 처리 능력에 따른 분류

- **마이크로 컴퓨터(소형 컴퓨터)** : 칩으로 구성된 마이크로프로세서를 CPU로 사용하는 컴퓨터로 팜톱 컴퓨터, 노트북, 랩톱 컴퓨터, 데스크톱 컴퓨터로 분류된다.
- **워크스테이션(슈퍼 마이크로 컴퓨터)** : 고성능의 데이터 처리나 웹 서버용으로 사용한다.
- **미니 컴퓨터(중형 컴퓨터)** : 메인 프레임보다는 성능이 낮고, 마이크로 컴퓨터보다는 성능이 높아서 기업체, 학교, 연구소 등에서 사용한다.
- **메인 프레임(대형 컴퓨터)** : 일반적으로 다수의 단말기를 네트워크로 연결하여 수백 명의 사용자가 동시에 이용할 수 있어 은행, 정부 기관, 대학 등에서 사용한다.
- **슈퍼 컴퓨터(초대형 컴퓨터)** : 높은 정밀도와 정확한 계산이 필요한 기상 예보, 우주 및 항공 분야 등에서 사용한다.

◉ 사용 목적에 따른 분류

- **전용 컴퓨터** : 특수한 목적에 사용하려고 만든 컴퓨터로 군사용, 산업용 목적으로 사용한다.
- **범용 컴퓨터** : 사무 처리, 문서 작성, 게임 등의 여러 유형의 문제를 포괄적으로 해결하려고 다목적으로 개발한 컴퓨터이다.

02 자료 구성의 단위

◉ 물리적 단위

비트(Bit)	• 정보를 표현하는 최소 단위이며, 0과 1로 이루어져 있음 • n개의 비트로 표시할 수 있는 데이터 수 : 2^n개
니블(Nibble)	• 4개의 비트가 모여 1개의 니블을 구성함 • 1니블로 표시할 수 있는 데이터 수 : 16(=2^4)개
바이트(Byte)	• 문자를 표현하는 최소 단위로, 8개의 비트가 모여 1바이트를 구성함 • 1바이트로 표시할 수 있는 데이터 수 : 256(=2^8)개
워드(Word)	• 컴퓨터에서 연산의 기본 단위가 되는 정보의 양 • CPU의 내부 버스 폭에 따라 Half-Word(2Byte), Full-Word(4Byte), Double-Word(8Byte)로 나누어짐

◉ 논리적 단위

필드(Field)	• 파일 구성의 최소 단위로, 항목 또는 아이템이라고 함 • 레코드를 구성하는 문자 단위
레코드(Record)	• 서로 연관된 필드들의 집합으로, 자료 처리의 기본 단위 • 논리적 레코드와 물리적 레코드로 구분함
파일(File)	• 관련된 레코드들의 집합으로 프로그램 구성의 기본 단위 • 데이터를 보조 기억 장치에 물리적으로 저장함
데이터베이스(Database)	• 연관된 파일들의 집합 • 논리적으로 연관된 레코드나 파일의 모임

03 자료 구성의 표현 방식

◉ 문자 표현 코드

BCD 코드 (2진화 10진)	• 십진수(정수)의 각 자릿수를 4비트, 즉 1니블로 표현함 • 64가지 문자를 표현할 수 있지만 영문 소문자를 표현할 수 없음
ASCII 코드 (미국 표준)	• Windows에서 텍스트 문서에 사용되는 일반적인 코드 방식 • 128가지 문자를 표현할 수 있으며, 주로 데이터 통신이나 개인용 컴퓨터(PC)에서 사용함
EBCDIC 코드 (확장 2진화 10진)	• 대형 컴퓨터 시스템에서 많이 채택되는 코드로, BCD 코드를 확장한 코드 체계 • 최대 256가지 문자를 표현할 수 있음
유니코드 (Unicode)	• KS 한글 코드 규격(KS X 1005-1)으로, 전 세계의 모든 문자를 표현할 수 있는 16비트 완성형 코드 • 완성형에 조합형을 반영하여 현대 한글의 모든 표현이 가능함 • 한글, 한자, 영문, 숫자 모두를 2바이트로 표시

◉ 오류 검출 코드

패리티 검사 비트	• 오류 검사용 패리티 비트를 추가하여 전송하는 방식 – 짝수 패리티 : 1의 전체 개수가 짝수인지 검토함 – 홀수 패리티 : 1의 전체 개수가 홀수인지 검토함 • 구현은 간단하며, 짝수 단위 오류에 무의미함 • 오류 검출은 가능하나 교정은 불가능함
블록합 검사 (BSC)	• 패리티 검사 방식의 단점을 보완한 방식 • 프레임 내의 모든 문자의 같은 위치 비트들에 대한 패리티를 추가하여 블록의 맨 마지막에 추가 문자를 부가하는 방식 • 수평/수직의 2차원 패리티 검사 방식 • 동일한 수평/수직 교차점의 두 비트 오류에 무의미함
순환 중복 검사 (CRC)	• 다항식 코드를 사용하는 오류 검사 방식 • 오류 검사용 FCS(프레임 체크 시퀀스)를 추가하여 전송하는 방식
해밍 코드	• 오류 검출과 교정이 가능한 방식 • 2비트의 오류 검출 및 1비트의 오류 교정이 가능함

단답형 문제

01 다음의 보기에서 아날로그 컴퓨터와 디지털 컴퓨터의 특징을 각각 구분하여 고르시오.

㉠ 증폭 회로 사용	㉡ 기억 기능 있음
㉢ 숫자, 문자의 입출력 형태	㉣ 산술, 논리 연산
㉤ 곡선, 그래프의 출력 형태	㉥ 연산 속도 빠름
㉦ 프로그래밍 필요 없음	㉧ 범용성

❶ 아날로그 컴퓨터의 특징
❷ 디지털 컴퓨터의 특징

02 패리티 비트(Parity Bit)는 에러 검출용 비트로 짝수(Even)와 홀수(Odd) 등의 패리티 비트를 사용할 수 있으며, 패리티 비트는 1비트를 사용한다. (○, ×)

객관식 문제

03 다음 중 자료의 단위가 작은 것부터 큰 순으로 바르게 나열된 것은?

① Bit – Byte – Item – Record – Word
② Bit – Byte – Word – Item – Record
③ Bit – Byte – Item – Word – Record
④ Bit – Byte – Word – Item – Nibble

04 다음 중 개인용 컴퓨터(PC)에서 문자를 표현하기 위해 일반적으로 사용하는 코드 형식에 해당하는 것은?

① ASCII 코드
② BCD 코드
③ ISO 코드
④ EBCDIC 코드

정답 01 ❶ ㉠, ㉤, ㉥, ㉦ ❷ ㉡, ㉢, ㉣, ㉧ 02 ○ 03 ② 04 ①

이론 1과목 컴퓨터 일반

POINT 10

중앙 처리 장치와 주기억 장치

데이터의 연산과 컴퓨터 전체의 제어를 담당하는 중앙 처리 장치는 크게 제어 장치와 연산 장치로 나눌 수 있다.

01 중앙 처리 장치(CPU)

◉ 제어 장치(CU)

주기억 장치에 기억된 프로그램 명령을 꺼내서 해독하고, 그 명령 신호를 각 장치에 보내어 명령을 처리하도록 지시한다.

=명령 계수기

프로그램 카운터(PC)	다음에 수행할 명령어의 주소를 기억하고 있는 레지스터
기억 번지 레지스터(MAR)	기억 장치로부터 입출력되는 데이터의 주소를 기억하고 있는 레지스터
기억 버퍼 레지스터(MBR)	기억 장치에 출입하는 데이터를 임시로 기억하는 레지스터
명령 레지스터(IR)	CPU가 현재 수행하고 있는 명령어를 기억하는 레지스터
명령 해독기(Decoder)	명령 레지스터에 있는 명령어를 해독하는 회로

◉ 연산 장치(ALU)

연산 속도를 높이기 위해 컴퓨터 내부에서 가장 빠른 기억 장치인 레지스터를 사용한다.

누산기(Accumulator)	더하기, 빼기, 곱하기, 나누기 등의 연산을 한 결과를 일시적으로 저장하는 레지스터
데이터 레지스터	연산에 필요한 데이터를 보관하는 레지스터
상태 레지스터	실행 중인 CPU의 상태를 포함하며, 컴퓨터 시스템에서 시스템 내부의 순간순간의 상태를 기록하고 있는 레지스터

◉ 중앙 처리 장치의 성능 단위

- Hz(클럭 속도) : CPU의 초당 반복 운동이 일어난 횟수로, 1Hz는 1초 동안 1번의 주기가, 1KHz는 1초 동안 1,000번의 주기가 반복된다.
- MIPS : 초당 몇 백만 개의 명령어를 처리할 수 있는지를 나타내는 단위이다.
- FLOPS : 초당 처리할 수 있는 부동 소수점의 연산 횟수이다.

최근에는 마이크로프로세서와 CPU를 동일시하여 출제된다.

◉ 마이크로프로세서(Microprocessor)

마이크로프로세서는 설계 방식 또는 명령어의 집합 형태에 따라 RISC와 CISC로 분류한다.

구분	RISC	CISC
명령어(설계)	적음(단순)	많음(복잡)
프로그래밍	복잡함	간단
처리 속도	빠름	느림
레지스터 수	많음	적음
전력 소모	적음	많음
용도	고성능 워크스테이션	개인용 컴퓨터(PC)
생산 가격	저가	고가

02 주기억 장치

프로그램이 실행될 때 보조 기억 장치로부터 프로그램이나 자료를 이동시켜 실행시킬 수 있는 기억 장소로, 보조 기억 장치보다 처리 속도는 빠르나 가격이 비싸다.

◉ ROM(롬)

- 전원 공급이 중단되어도 기억된 내용을 유지하는 비휘발성 메모리(Non-Volatile)이다.
- 오직 읽기만 할 수 있는 기억 장치로서 일반적으로 쓰기는 불가능하다.

EPROM을 UV-EPROM이라고도 한다.

Mask ROM	제조 과정에서 미리 내용을 기억시켜 놓아 사용자 임의로 수정할 수 없음
PROM	사용자가 한 번만 기록할 수 있으며, 이후에는 읽기만 가능함
EPROM	자외선을 이용하여 기록된 내용을 여러 번 수정하거나 새로운 내용을 기록할 수 있음
EEPROM	전기적인(소프트웨어적인) 방법으로 기록된 내용을 여러 번 수정하거나 새로운 내용을 기록할 수 있음

◉ RAM(램)

- 전원이 꺼지면 기억된 내용이 모두 사라지는 휘발성 메모리(Volatile)이다.
- 일반적으로 주기억 장치는 RAM을 의미한다.
- RAM은 재충전 여부에 따라 DRAM(동적 램)과 SRAM(정적 램)으로 분류할 수 있다.

구분	DRAM	SRAM
구성	콘덴서	플립플롭
재충전 유무	필요	필요 없음
전력 소모	적음	많음
접근 속도	느림	빠름
집적도	높음	낮음
구조	간단	복잡
용도	주기억 장치	캐시 메모리

03 기타 기억 장치

캐시 메모리	• 중앙 처리 장치(CPU)와 주기억 장치 사이에서 CPU에 비해 속도가 느린 주기억 장치의 속도 차이를 해결하기 위해 사용되는 고속 버퍼 메모리(로컬 메모리라고도 함) • 주로 접근 속도가 빠른 SRAM을 사용하며, 펜티엄 계열부터 L1 캐시와 L2 캐시는 CPU 내부에 내장되어 있음
가상 메모리	보조 기억 장치(하드디스크)의 일부를 주기억 장치처럼 사용하여 실제의 주기억 장치 용량보다 더 큰 기억 용량이 있는 것처럼 사용하는 메모리
플래시 메모리	• 전원이 끊겨도 저장된 정보를 그대로 보존할 수 있을 뿐 아니라, 정보의 입출력도 자유로움 • 디지털 텔레비전, 디지털 캠코더, 휴대전화, 디지털 카메라, 개인 휴대 단말기(PDA), 게임기, MP3 플레이어 등에 널리 이용됨
연관 메모리	기억된 내용을 이용하여 데이터에 직접 접근할 수 있는 메모리
버퍼 메모리	두 개의 장치 사이에서 데이터의 전송 효율을 높여서 속도 차이를 해결하기 위해, 중간에 데이터를 임시로 저장해두는 공간

=연상 메모리

주기억 장치와 보조 기억 장치 또는 주기억 장치와 입출력 장치

단답형 문제

01 프로그램 카운터(PC)는 앞으로 실행할 명령어의 수를 계산할 때 사용한다. (○, ×)

02 레지스터(Register)는 주기억 장치보다 저장 용량이 적고 속도가 느리다. (○, ×)

객관식 문제

03 다음 중 중앙 처리 장치의 성능을 나타내는 단위가 아닌 것은?

① MIPS
② FLOPS
③ 클럭 속도(Hz)
④ RPM

④ RPM(Revolutions Per Minute) : 하드디스크의 분당 회전수를 의미하며 중앙 처리 장치의 성능을 나타내는 단위가 아님

04 다음 중 제어 장치의 구성 요소로 옳지 않은 것은?

① 연산 장치(ALU)
② 프로그램 카운터(Program Counter)
③ 부호기(Encoder)
④ 명령 해독기(Instruction Decoder)

05 다음 보기의 내용에 적합한 기억소자로 옳은 것은?

> 전원이 계속 공급되더라도 주기적으로 재충전되어야 기억된 내용을 유지할 수 있는 기억 소자이며, 회로가 비교적 간단하고 가격이 저렴하다. 집적도가 높기 때문에 대용량의 기억 장치에 주로 사용된다.

① SRAM(Static RAM)
② DRAM(Dynamic RAM)
③ PROM(Programmable ROM)
④ EPROM(Erasable ROM)

정답 01 × 02 × 03 ④ 04 ① 05 ②

이론 1과목 컴퓨터 일반

POINT 11

기타 하드웨어 장치

합격 강의

01 인터럽트/DMA/채널

인터럽트

작업 수행 중 예기치 못한 돌발적인 사태가 발생한 경우 잠시 수행을 멈추고 상황에 맞는 처리를 한 후 다시 프로그램을 실행해 나가는 과정이다.

내부 인터럽트	불법적인 명령과 데이터를 사용할 때 발생하며 트랩(Trap)이라고도 함
외부 인터럽트	입출력 장치, 전원 이상 등 외부적인 요인에 의해 발생함
소프트웨어 인터럽트	프로그램 처리 중 명령의 요청에 의해 발생함

기적의 TIP

IRQ(인터럽트 요청값)

주변 장치들이 CPU 사용을 요청하기 위해 보내는 인터럽트 신호가 전달되는 통로로, CPU는 각 장치에서 발생하는 IRQ를 확인한 다음, 우선순위가 높은 장치에 먼저 인터럽트를 허용한다. 만일 IRQ가 동일한 하드웨어가 있으면 충돌이 발생한다.

DMA(직접 메모리 접근)

- CPU의 개입 없이 입출력 장치와 기억 장치 사이에서 직접 다량의 데이터를 주고받아 입출력 동작의 속도를 높이는 한편, CPU의 부담을 최소화한다.
- 많은 양의 데이터를 고속으로 전송할 수 있다.
- 기억 장치와 주변 장치 사이의 직접적인 데이터 전송을 제공한다.

CPU가 채널에 전권을 위임하고 최종 결과만 통보 받는다.

채널

- 입출력 장치나 보조 기억 장치와 같은 주변 장치에 데이터를 보내거나 가져오는 작업을 담당하는 것으로, 주변 장치와 주기억 장치 사이에서 데이터를 전송하는 제어 기능을 한다.
- 중앙 처리 장치와 입출력 장치 사이의 속도 차이로 인한 문제점을 해결해 준다.
- CPU의 간섭 없이 입출력 동작을 수행하도록 지시하고 작업이 끝나면 CPU에 인터럽트로 알린다.
- 고속 입출력 장치에 사용하는 셀렉터(Selector) 채널과 저속 입출력 장치에 사용하는 멀티플렉서(Multiplexer) 채널, 두 기능이 혼합된 블록 멀티플렉서(Block Multiplexer) 채널 등이 있다.

02 포트(Port)

포트란 컴퓨터의 메인 보드와 주변 장치(컴퓨터 시스템에서 중앙 처리 장치에 연결되는 입출력 장치와 보조 기억 장치)를 접속하기 위해 사용되는 연결 부분을 말한다. 대개 소켓이나 플러그 등의 형태로 되어 있다.

직렬 포트	• 한 번에 한 비트씩 전송하는 방식 • 전송 속도 단위 : BPS • 연결 용도 : 마우스, 모뎀
병렬 포트 (LPT 포트)	• 한 번에 8비트씩 전송하는 방식 • 연결 용도 : 프린터, 스캐너, ZIP 드라이브
PS/2 포트	• 주변기기를 직렬 포트로 사용할 수 있는 방식 • 연결 용도 : PS/2 타입의 마우스나 키보드
USB 포트 (범용 직렬 버스)	• 기존의 직렬, 병렬, PS/2 포트를 통합한 포트로, 한 개의 연결 장치를 통해 최대 127개의 주변기기를 연결할 수 있음 • 직렬 포트나 병렬 포트에 비해 속도가 빠름 • USB1.1 = 12Mbps, USB2.0 = 480Mbps, USB3.0 = 5Gbps, USB3.1 = 10Gbps의 전송 속도를 가짐 • 핫 플러깅, 플러그 앤 플레이 기능 지원
IEEE 1394	• 미국의 애플사가 개발한 디지털 기기 간 전송 기술 표준 • 통신 기기, 컴퓨터 및 가전제품을 단일 네트워크로 연결 • 멀티미디어 데이터를 100Mbps~1Gbps까지 송수신하는 인터페이스 규격
IrDA (무선 직렬 포트)	노트북에서 케이블 없이 적외선을 이용해 주변 장치와 통신을 가능하게 하는 표준 인터페이스 방식

컴퓨터에 전원이 켜져 있는 상태에서도 USB 주변기기들을 설치 및 제거할 수 있는 기능이다.

03 바이오스(BIOS)

- 바이오스는 컴퓨터를 켜고 Windows 시작 로고가 나오기 전까지의 과정(부팅)을 실행하는 프로그램으로, 이 프로그램은 전원이 꺼지더라도 기억할 수 있도록 롬(ROM)에 저장되어 있어 롬 바이오스(ROM-BIOS)라고도 한다.
- 하드디스크, 비디오 어댑터, 키보드, 마우스 및 프린터 등과 같은 주변 장치와 컴퓨터 운영체제 간의 데이터 흐름을 관리하기도 하는 펌웨어(Firmware)이다.
- 컴퓨터를 부팅시킬 때 제일 먼저 모든 부착 장치들이 제 위치에 있는지, 또한 작동이 정상적으로 되는 상태인지를 확인하는 검사 과정 POST(Power On Self Test)를 진행한다.
- CMOS에서 설정 가능한 항목 : 하드디스크(HDD) 타입(Type), 부팅 순서, 전원 관리, 시스템 암호 설정, Anti-Virus 기능, PnP 설정 등이 있다.

04 표시 장치의 종류

음극선관 (CRT)	진공 속의 음극에서 발생하는 전자를 이용하는 것으로, 입출력 표시 속도가 빠르고 가격이 저렴하지만, 화면의 떨림이 많고 고전압으로 인해 정전기가 발생하며 부피가 큼
액정 디스플레이 (LCD)	두 장의 유리판(액정 물질) 사이에 전압을 가해 반사되는 빛의 양을 이용하는 것으로, 소비 전력이 낮고 화면의 떨림이 없으며 부피가 작지만, 입출력 표시 속도가 느리고 보는 각도에 따라 선명도가 다름
플라즈마 디스플레이 (PDP)	네온과 아르곤으로 채워진 셀에 전압을 가해 충돌되는 빛을 이용하는 것으로, 입출력 표시 속도가 빠르고 해상도가 높으며 화면의 떨림이 없지만 가격이 고가이며 소비 전력이 높음

기적의 TIP

표시 장치 관련 용어

- **해상도(Resolution)** : 화면 표시의 선명도로, 높을수록 영상이 선명하며, 비디오 카드의 성능과 모니터 크기에 영향을 준다.
- **화소(Pixel)** : 모니터(화면)를 구성하는 최소 단위로 픽셀 수가 많을수록 해상도가 선명하다.
- **점 간격(Dot Pitch)** : 픽셀 사이의 공간으로 간격이 가까울수록 영상은 선명하다.
- **재생률(Refresh Rate)** : 픽셀의 밝기를 유지하기 위한 초당 재충전 횟수이다.
- **모니터의 크기** : 화면 대각선 길이를 인치(Inch)로 나타낸 것이다.

단답형 문제

01 컴퓨터 주변 장치에서 CPU의 관심을 끌기 위해 발생하는 신호로서 발생한 장치 중 우선순위가 가장 높은 장치에 이것을 허용한다. 두 개 이상의 하드웨어가 동일한 이것을 사용하면 충돌이 발생하게 되는데 이때 이것을 무엇이라고 하는가?

02 한 번에 한 비트씩 전송하거나 수신하는 방식으로 마우스 또는 모뎀을 연결하는 포트는?

03 (　　　)은 화면을 이루는 최소의 단위로, 그림의 화소라는 뜻을 의미하며 그 수가 많을수록 해상도가 높아진다.

객관식 문제

04 다음 중 컴퓨터를 이용할 때 발생하는 인터럽트(Interrupt)에 대한 설명으로 옳지 않은 것은?

① 인터럽트가 발생하면 처리하던 일을 잠시 보류하고, 신호를 파악하여 정해진 인터럽트 루틴이 수행된다.
② 인터럽트 종류에는 외부 인터럽트, 내부 인터럽트, 소프트웨어 인터럽트가 있다.
③ 내부 인터럽트를 트랩(Trap)이라고도 부른다.
④ 외부 인터럽트는 불법적 명령이나 데이터를 사용할 때 발생한다.

05 다음 중 컴퓨터에서 사용하는 USB 장치에 관한 설명으로 옳지 않은 것은?

① 주변장치를 127개까지 연결할 수 있다.
② 컴퓨터의 전원이 켜진 상태에서도 장치를 연결하거나 제거할 수 있다.
③ 기존의 직렬, 병렬, PS/2 포트 등을 하나의 포트로 대체하기 위한 범용 직렬 버스이다.
④ 한 번에 8비트의 데이터가 동시에 전송되는 방식을 사용한다.

정답 **01** IRQ(Interrupt ReQuest) **02** 직렬 포트 **03** 픽셀(Pixel) **04** ④ **05** ④

POINT 12

PC 관리와 시스템 최적화

01 PC 업그레이드

업그레이드(Upgrade)란 컴퓨터 하드웨어나 소프트웨어를 일부 교체하거나 새로 추가하여 컴퓨터 시스템의 성능을 향상시키는 작업을 말한다.

소프트웨어 업그레이드	사용 중인 소프트웨어의 오류를 수정하거나 새로운 기능을 추가한 새 버전의 소프트웨어로 변경하는 작업 • Windows 7 → 8 → 8.1 → 10 → 11 • 한글 2007 → 2010 → 2014 → 2022 → 2024 • MS-Office 2010 → 2013 → 2016 → 2021
하드웨어 업그레이드	사용 중인 시스템을 구성하는 각종 하드웨어 장치를 성능이 더 뛰어난 것으로 바꾸거나 새로 추가하여 컴퓨터 시스템의 성능을 향상시키는 작업 • 시스템의 성능을 향상시킬 경우(CPU) : Pentium Ⅳ Prescott → Core i7 Haswell-E • 처리 속도가 느려지거나 원활하게 동작하지 않을 경우(RAM) : 1GB → 8GB • 부족한 저장 공간을 확보할 경우(하드디스크) : 500GB → 1TB

02 디스크 오류 검사(CHKDSK)

하드디스크의 논리적 또는 물리적인 오류를 검사하고, 복구 가능한 오류가 있으면 이를 복구해 주는 기능이다.

- 디스크 오류 검사를 실행해도 디스크 공간에는 아무런 변함이 없다.
- 검사할 하드디스크의 바로 가기 메뉴에서 [속성]-[도구]-[오류 검사]-[검사]를 클릭하고 [드라이브 검사]를 클릭한다.
- 관리자 모드의 명령 프롬프트에서 CHKDSK 명령어로 오류 검사를 수행할 수 있다.
- **파일 시스템 오류 자동 수정(CHKDSK /F)** : Windows가 자동으로 파일 시스템 오류를 수정한다.
- **불량 섹터 검사 및 복구 시도(CHKDSK /R)** : 전체 디스크에 대해서 불량 섹터를 찾아내고 불량 섹터에 저장된 데이터를 불량 섹터가 없는 안전한 장소로 이동시키며, 파일 시스템의 오류를 자동으로 수정한다.

03 PC의 응급 처치

◉ 전원 및 메인보드 오류

증상	해결 방법
전원이 들어오지 않는 경우	전원 공급 장치의 고장 유무와 전원 케이블의 연결 상태를 확인함
부팅 시 '삑' 소리가 나는 경우(바이오스 칩셋 제조사에 따라 다를 수 있음)	컴퓨터 부팅 시 소리의 횟수를 기억하여 고장 부위를 확인함 • 신호음이 길게 1번 짧게 3번(삑~ 삑삑삑) : 그래픽 카드의 문제 • 신호음이 길게 3번(삑~삑~삑~) : 램의 문제
부팅이 안 되는 경우	하드디스크의 점퍼 설정이 올바른지, 전원 코드에 이상은 없는지 확인함
메모리가 인식되지 않는 경우	RAM의 올바른 장착 여부 및 이종 RAM 혼용을 확인함

◉ CMOS 오류

증상	해결 방법
CMOS 이상인 경우	표시된 에러 메시지에 따라 해당 CMOS SETUP을 올바르게 수정함
CMOS 설정이 변경된 경우	백신 프로그램으로 바이러스 감염 여부를 확인함
CMOS 설정이 초기화된 경우	메인보드에 장착된 배터리의 방전 여부를 확인함
CMOS SETUP 비밀번호를 잊어버린 경우	메인보드에 장착된 배터리를 뽑았다가 다시 장착함

기적의 TIP

CMOS 셋업 시 비밀번호를 잊어버린 경우, 메인보드의 배터리를 뽑았다가 다시 장착하면 된다(CMOS 내용이 초기화됨).

◉ 하드디스크 오류

증상	해결 방법
디스크 인식이 안 될 경우	케이블 연결 상태 점검 및 교체, CMOS SETUP의 하드디스크 타입 및 인식 여부 확인(HDD Auto Detect 기능 활용)
읽기 오류가 발생한 경우	디스크 검사로 하드디스크의 오류 검사 및 수정
시스템 파일이나 부트 섹터가 손상이 의심될 때	• 부팅 가능한 USB나 CD/DVD-ROM으로 부팅 후 원인을 찾거나 재설치해 볼 것 • 안전 모드로 부팅해 볼 것(문제 해결 후 정상 모드로 재부팅) • 바이러스 감염이 원인일 수 있으므로 [시작]-[설정]-[업데이트 및 보안]-[Windows 보안]-[Windows 보안 열기]-[바이러스 및 위협 방지]에서 '검사 옵션'을 클릭하고 적절한 검사를 수행할 것

◉ 프린터 오류

증상	해결 방법
스풀 에러가 발생한 경우	스풀 공간이 부족하므로 하드디스크의 공간을 확보함
인쇄가 안 되는 경우	프린터 케이블의 연결 상태, 프린터 기종, 프린터 드라이버, 등록 정보 등의 설정 상태를 확인함

컴퓨터가 어떻게 구성되어 있는지를 알려주는 정보 저장소의 역할을 한다.

04 레지스트리(Registry)

◉ 레지스트리 특징

- 각 사용자에 대한 프로필, 컴퓨터에 설치된 프로그램과 각 프로그램에서 만들 수 있는 문서 종류, 폴더와 프로그램 아이콘에 대한 속성 설정, 시스템에 있는 하드웨어 종류, 사용되고 있는 포트 등에 관한 정보가 들어 있다.
- IRQ, I/O 주소, DMA 등의 자원(리소스)을 제어 및 저장한다.
- 레지스트리 정보의 경우 Windows가 실행 중에 지속적으로 참조된다.

단답형 문제

01 (　　　)는 한글 Windows에서 설치된 모든 하드웨어와 소프트웨어의 실행 정보를 모아 관리하는 계층적인 시스템 데이터베이스를 의미한다.

객관식 문제

02 다음 중 프린터 인쇄 시 발생할 수 있는 문제의 해결 방안으로 가장 적절하지 않은 것은?
① 인쇄가 되지 않을 경우 먼저 프린터의 전원이나 케이블 연결 상태를 확인한다.
② 프린터의 스풀 에러가 발생한 경우 프린트 스풀러 서비스를 중지하고 수동으로 다시 인쇄한다.
③ 글자가 이상하게 인쇄될 경우 시스템을 재부팅한 후 인쇄해 보고, 같은 결과가 나타나면 프린터 드라이버를 다시 설치한다.
④ 인쇄물의 상태가 좋지 않은 경우 헤드를 청소하거나 카트리지를 교환한다.

03 컴퓨터 부팅 시 삑~삑삑삑(길게 한 번 짧게 세 번)하는 신호음을 낸다. 어떤 경우에 발생하는 신호음인가?
① 램 불량
② CPU 불량
③ 그래픽 카드 불량
④ 특정 주변기기의 고장이나 카드 간의 충돌

04 다음 중 컴퓨터 시스템을 안정적으로 사용하기 위한 관리 방법으로 적절하지 않은 것은?
① 컴퓨터를 이동하거나 부품을 교체할 때에는 반드시 전원을 끄고 작업하는 것이 좋다.
② 직사광선을 피하고 습기가 적으며 통풍이 잘되고 먼지 발생이 적은 곳에 설치한다.
③ 시스템 백업 기능을 자주 사용하면 시스템 바이러스 감염 가능성이 높아진다.
④ 디스크 조각 모음에 대해 예약 실행을 설정하여 정기적으로 최적화시킨다.

③ : 시스템 백업 기능을 자주 사용한다고 해서 시스템 바이러스 감염 가능성이 높아지는 것은 아님

정답 01 레지스트리(Registry) 02 ② 03 ③ 04 ③

◉ 레지스트리 편집

- 레지스트리 편집은 Windows 검색(프로그램 및 파일 검색)에 'regedit'를 입력하고 Enter를 누른다.
- 레지스트리를 잘못 변경하면 시스템을 손상시킬 수 있으므로 중요한 정보를 모두 백업한 후 레지스트리를 변경하는 것이 좋다.
- 레지스트리 편집기는 사용자가 새로운 레지스트리 키를 추가하거나 기록되어 있는 레지스트리를 편집하고 관리하는 프로그램이다.

05 시스템 최적화

시스템 최적화란 시스템 이상을 사전에 방지하고 최적의 상태에서 사용하기 위한 기능을 의미한다.

드라이브 조각 모음 및 최적화	• 단편화된 파일 조각을 연속되게 모아 디스크의 입출력 속도를 향상시키는 것으로, 디스크의 용량 증가와는 관계가 없음 • CD ROM 드라이브, 네트워크 드라이버, Windows가 지원하지 않는 압축된 드라이브는 조각 모음을 할 수 없음
디스크 정리	• 시스템에 있는 불필요한 파일이나 프로그램을 삭제하여 디스크의 여유 공간을 확보하는 작업 • 임시 인터넷 파일, 다운로드한 프로그램 파일, 휴지통에 있는 파일, 임시 폴더(C:\Windows\Temp) 내의 불필요한 파일을 삭제하여 공간을 확보할 수 있음

06 작업 관리자

- [작업 관리자] 창은 컴퓨터에서 실행 중인 프로그램과 프로세스에 대한 정보를 제공하고, 실행 중인 프로그램의 상태를 보고 응답하지 않는 프로그램을 강제로 끝낼 때 사용한다.
- 네트워크에 연결되어 있는 경우 네트워크의 작동 상태를 확인할 수 있다.
- 사용자 컴퓨터들끼리 연결된 경우, 연결된 사용자 및 작업 상황을 확인하고 사용자에게 메시지를 보낼 수 있다.
- 작업 표시줄의 바로 가기 메뉴 중 작업 관리자([작업 관리자 시작])을 선택하거나 Ctrl+Shift+Esc를 누른다.
- 작업 관리자에서 다른 프로그램으로 전환하거나 프로그램을 끝낼 수 있다.
- 작업 관리자를 통해 실행 중인 네트워크의 상태를 그래프로 볼 수 있다.
- 작업 관리자에서 프로세스의 우선 순위를 실시간, 높음, 보통, 낮음 등으로 설정할 수 있다.

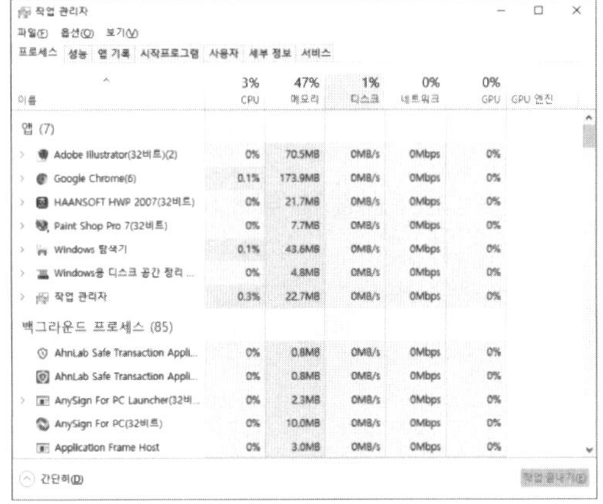

[프로세스] 탭	컴퓨터에서 실행 중인 프로세스에 대한 자세한 정보(CPU 및 메모리 사용 등)를 표시함
[성능] 탭	컴퓨터 성능에 대한 CPU 및 메모리 사용 내용을 그래프로 표시함
[사용자] 탭	컴퓨터에 로그인되어 있는 사용자를 표시함

07 Windows에서의 문제 해결

증상	해결 방법
디스크 공간이 부족한 경우	• 하드디스크에 사용하지 않는 파일이 있으면 백업 후 삭제함 • 디스크 정리를 수행하여 사용하지 않는 불필요한 프로그램을 삭제하고 클라우드 컴퓨팅이나 외부 저장 공간을 활용함 • 휴지통의 크기를 줄이거나 휴지통 비우기를 실행함
메모리가 부족한 경우	• 불필요한 프로그램을 모두 종료하고, 프로그램을 다시 실행함 • [시스템 속성] 대화상자의 [고급] 탭에서 '성능' 영역의 [설정]을 클릭한 후 [성능 옵션] 대화상자의 [고급] 탭에서 '가상 메모리' 영역의 [변경]을 클릭하여 설정함
인쇄가 안 되는 경우	• 프린터 전원과 케이블의 연결 상태를 확인함 • 프린터 기종과 Windows에 설치된 드라이버가 일치하는지 확인함
하드웨어가 충돌하는 경우	• '장치 관리자'에서 시스템에 설치된 하드웨어를 확인하고, 충돌이 발생한 하드웨어는 삭제한 후 재설치함 • 복수개의 하드웨어가 하나의 제어기를 사용할 경우 하드웨어 하나를 삭제한 후 재설치함
네트워크에 이상이 있는 경우	• 네트워크 환경에서 작업 그룹의 다른 컴퓨터를 찾지 못하면 [시스템 속성] 대화상자의 [컴퓨터 이름] 탭에서 작업 그룹 설정을 확인함 • 네트워크 어댑터가 제대로 동작하지 않을 경우 어댑터의 설치 유무를 확인함
시스템 복원이 필요한 경우	• [제어판] – [시스템] – [시스템 보호] 탭에서 시스템을 복원하거나 복원에 관련된 설정 및 복원 지점을 만들 수 있음 • 시스템을 복원해도 사용자 문서, 사진 또는 기타 개인 데이터에는 영향을 주지 않음
방화벽 설정이 필요한 경우	• [제어판] – [Windows Defender 방화벽]([Windows 방화벽])에서 해커나 악성 소프트웨어가 인터넷 또는 네트워크를 통해 사용자 컴퓨터에 액세스하지 못하도록 방지함 • 알림 설정 변경, 방화벽 설정 또는 해제, 기본값 복원, 고급 설정 등의 작업을 수행함

단답형 문제

01 사용 가능한 디스크 공간을 늘리기 위하여 [드라이브 조각 모음 및 최적화]을 수행한다. (○, ×)

객관식 문제

02 다음 중 한글 Windows에서 [디스크 정리]에 관한 설명으로 옳은 것은?

① 디스크 드라이버를 검색하여 불필요한 파일을 삭제하여 디스크에 여유 공간을 확보한다.
② 분산되어 있는 저장 파일들을 연속된 공간에 저장함으로써 디스크 접근 속도를 향상시킨다.
③ 실제로 물리적인 공간이 늘어나는 것은 아니다.
④ 원본 데이터의 손실에 대비하여 외부 저장 장치에 저장한다.

03 다음 중 한글 Windows의 [작업 관리자] 창에서 할 수 있는 작업으로 옳지 않은 것은?

① 실행 중인 응용 프로그램의 작업 끝내기를 할 수 있다.
② CPU와 메모리의 사용 현황을 알 수 있다.
③ 사용자 전환을 할 수 있다.
④ 실행 중인 응용 프로그램의 실행 순서를 변경할 수 있다.

04 다음 중 한글 Windows에서 하드디스크에 저장된 파일을 다시 정렬하는 단편화 제거 과정을 통해 디스크의 파일 읽기/쓰기 성능을 향상시키는 프로그램으로 옳은 것은?

① 디스크 검사
② 디스크 정리
③ 디스크 포맷
④ 드라이브 조각 모음 및 최적화

정답 01 × 02 ① 03 ④ 04 ④

POINT 13

컴퓨터 소프트웨어

01 운영체제의 개요

◉ 운영체제의 특징

- 운영체제는 컴퓨터와 사용자 사이에서 시스템을 효율적으로 사용할 수 있도록 하는 시스템 소프트웨어를 일컫는다.
- 컴퓨터 시스템의 자원을 효율적으로 관리하며, 사용자가 컴퓨터를 편리하고 효과적으로 사용할 수 있도록 제반 환경을 제공하는 시스템 프로그램이다.
- 컴퓨터가 동작하는 동안 주기억 장치에 위치하며 프로세스, 기억 장치, 메모리, 입출력 장치, 파일 등의 자원을 관리한다.
- 사용자 간의 데이터 및 자원의 공유 기능을 제공한다.
- 운영체제 프로그램은 컴퓨터가 동작하는 동안 주기억 장치에 위치하여 여러 종류의 자원 관리 서비스를 제공한다.

기적의 TIP

시스템 소프트웨어
컴퓨터를 사용하기 위해 근본적으로 필요한 소프트웨어를 의미하며, 여기에는 운영체제, 각종 언어의 컴파일러, 어셈블러, 라이브러리 프로그램 등이 있다.

◉ 운영체제의 목적

- **응답 시간 단축** : 컴퓨터에 명령을 내린 후 결과를 얻을 때까지 걸리는 시간으로 수치가 낮을수록 좋다.
- **처리 능력 향상** : 단위 시간 내에 처리할 수 있는 일의 양으로 수치가 높을수록 좋다.
- **신뢰도 향상** : 시스템이 고장 없이 주어진 기능을 정확하게 수행하는 것으로 수치가 높을수록 좋다.
- **사용 가능도 향상** : 각 사용자가 시스템 자원을 요구할 때 즉시 사용 가능한 정도로 수치가 높을수록 좋다.

◉ 운영체제의 종류

MS-DOS, OS/2, 마이크로소프트 윈도우즈 시리즈, 맥 OS X, UNIX, LINUX, BSD 등이 있다.

02 운영체제의 구성

◉ 제어 프로그램

시스템의 동작 상태를 감시하며 작업에 사용되는 데이터 관리 등의 역할을 수행하는 프로그램이다.

감시 프로그램	시스템의 동작 상태를 감시, 관리, 감독하는 프로그램
작업 관리 프로그램	작업의 연속적인 진행을 위한 준비와 처리 기능을 수행함
데이터 관리 프로그램	파일의 조작과 처리, 기억 장치 간의 자료 전송 및 데이터의 표준 처리를 수행함

◉ 처리 프로그램

언어 번역 프로그램	사용자가 작성한 원시 프로그램을 컴퓨터가 이해할 수 있는 기계어로 번역하는 프로그램
서비스 프로그램	사용자가 컴퓨터를 효율적으로 다룰 수 있도록 만들어진 프로그램
문제 처리 프로그램	컴퓨터 사용자가 필요한 업무에 맞게 개발한 프로그램

03 운영체제의 운용 기법

일괄 처리 시스템	• 자료를 1주일 또는 1개월 등의 기간 단위로 모아 두었다가 처리하는 방식 • 컴퓨터 시스템의 효율은 높아지지만 처리 결과를 즉시 받아볼 수 없으므로 응답 시간이 길어짐
실시간 처리 시스템	• 데이터가 발생할 때마다 컴퓨터로 처리하는 방식 • 온라인 예금처럼 즉시 결과를 볼 수 있음

시분할 처리 시스템	• 일정 시간 단위로 CPU의 시간 자원을 나누어 사용하는 방식 • 한 사용자에서 다음 사용자로 신속하게 전환함으로써 각각의 사용자들은 실제로 자신만의 컴퓨터를 사용하고 있는 것처럼 느끼고 사용할 수 있도록 처리할 수 있음
다중 처리 시스템	두 개 이상의 CPU가 각각의 업무를 분담하여 다수의 프로그램을 동시에 처리하는 방식
다중 프로그래밍 시스템	하나의 CPU가 시간차를 두고 다수의 프로그램을 동시에 처리하는 방식(실제로는 동시에 수행되는 것처럼 보일 뿐임)
분산 처리 시스템	지역적으로 분산된 컴퓨터들을 연결하여 사용하는 방식
클러스터링	두 대 이상의 컴퓨터를 함께 묶어서 단일 시스템처럼 사용하는 방식
듀얼 시스템	컴퓨터 장애로 인한 작업 중단을 방지하고 업무 처리의 신뢰도를 높이기 위해 두 개의 CPU가 같은 업무를 동시에 처리하여 그 결과를 상호 점검하면서 운영하는 방식
듀플렉스 시스템	한 쪽의 CPU가 가동 중일 때는 다른 한 쪽 CPU는 대기하게 되며, 가동 중인 CPU가 고장 났을 경우 대기 중인 CPU가 가동되어 장애가 복구될 때까지 업무를 처리하도록 하는 방식
임베디드 시스템	PC 형태가 아닌 보드 형태의 반도체 기억소자에 응용 프로그램을 장착하여 기능을 수행하는 방식으로(Windows CE), 하드웨어와 소프트웨어가 하나로 조합되어 있고 2차 저장 장치를 갖지 않는 방식

기적의 TIP

다중 프로그래밍 시스템 vs 시분할 처리 시스템

다중 프로그래밍 시스템은 처리 능력에 주안점을 두는 시스템으로 작업을 요청하면 시간 제약 없이 A 작업에서 B 작업으로 CPU 사용권을 넘겨주면서 사용할 수 있지만, 시분할 처리 시스템은 할당된 시간에만 CPU 사용권을 부여받고 그 시간이 지나면 해당 작업을 실행할 수 없게 된다.

단답형 문제

01 (　　　)은 컴퓨터 장애로 인한 작업 중단을 방지하고 업무 처리의 신뢰도를 높이기 위해 2개의 CPU가 같은 업무를 동시에 처리하여 그 결과를 상호 점검하면서 운영하는 시스템이다.

객관식 문제

02 〈보기〉에 있는 업무를 처리하기에 적합한 정보 처리 방식으로 옳은 것은?

가. 연말 정산	나. 월급 계산
다. 전기 요금 및 수도세	라. 전화 요금

① 시분할 시스템
② 실시간 처리 시스템
③ 일괄 처리 시스템
④ 분산 처리 시스템

③ : 일괄 처리 시스템은 처리할 데이터를 일정한 분량이 될 때까지 모아서 한꺼번에 처리함

03 다음 중 운영체제의 구성에서 제어 프로그램에 해당하지 않는 것은?

① 데이터 관리 프로그램
② 작업 관리 프로그램
③ 감시 프로그램
④ 서비스 프로그램

04 여러 대의 컴퓨터들에 의해 작업들을 나누어 처리하고 그 내용이나 결과를 통신망을 이용하여 상호 교환되도록 연결되어 있는 시스템은 무엇인가?

① 오프라인 시스템
② 일괄 처리 시스템
③ 집중식 처리 시스템
④ 분산 처리 시스템

정답 **01** 듀얼 시스템 **02** ③ **03** ④ **04** ④

04 응용 소프트웨어의 분류

상용 소프트웨어	돈을 주고 구입하여 사용해야 하는 판매용 소프트웨어
셰어웨어	• 특정 기간이나 기능에 제한을 두고 사용한 후 구입 여부를 판단하는 소프트웨어 • 사용기간과 일부 기능을 제한하여 정식 제품의 구입을 유도하기 위한 프로그램 • 소프트웨어의 저작권에 따른 분류에서 데모 버전과 가장 유사
프리웨어	특정 기간과 기능 제한 없이 무료로 사용하거나, 자유롭게 복사 배포가 허락된 공개용 소프트웨어
베타 버전	정식 프로그램이 출시되기 전에 테스트 목적으로 일반인에게 공개하는 소프트웨어
데모 버전	상용 소프트웨어를 알리기 위해 사용 기간과 기능에 제한을 두고, 무료로 배포하는 소프트웨어
테스트 버전	프로그램의 문제점을 찾아내기 위해 무료로 배포하는 소프트웨어
번들 프로그램	컴퓨터나 소프트웨어를 구매하였을때 무료로 끼워서 배포하는 소프트웨어
패치 프로그램	이미 제작하여 배포된 프로그램의 오류 수정이나 성능 향상을 위해 프로그램의 일부를 변경해 주는 프로그램
벤치마크 테스트	하드웨어나 소프트웨어의 성능 검사를 위해 처리 능력을 테스트 함
트라이얼 버전	정해진 사용 기간이 지나면 더 이상 사용하지 못하게 해 놓은 소프트웨어
알파 버전	소프트웨어 개발사 내부에서 시험해 보는 소프트웨어
오픈 소스 소프트웨어	소스 코드까지 제공되어 사용자들이 자유롭게 수정하거나 변경할 수 있는 소프트웨어

기적의 TIP

애드웨어

광고를 보는 대가로 무료로 사용하는 소프트웨어이다.

05 주요 보조 프로그램

◉ 메모장

• 서식이 필요 없는 ASCII 코드 형식의 간단한 문서를 작성한다.
• 유니코드, ANSI, UTF-8, UTF-16 BE(Big-Endian) 유니코드로 저장할 수 있다.
• 그림, 차트, OLE 관련 개체는 삽입할 수 없다.
• 기본 확장자는 .txt이다.
• 자동 줄 바꿈, 찾기, 바꾸기, 시간/날짜 표시([편집]-[시간/날짜]), 글꼴, 확대하기/축소하기 등의 기능을 제공한다.
• 용지 크기, 출력 방향, 여백, 머리글, 바닥글 등을 설정할 수 있다.
• 문서 첫 행 맨 왼쪽에 대문자로 「.LOG」라고 입력하면 문서를 열 때마다 현재 시간과 날짜를 문서 끝에 삽입할 수 있다.

◉ 워드패드

• 서식이 필요한 문서 파일을 작성하거나 편집한다.
• 글꼴(색), 머리말, 단락, 탭 등의 기능을 제공한다.
• 날짜/시간, OLE 관련 개체를 삽입할 수 있다.
• 기본 확장자는 .rtf이고, 확장자가 .docx, .odt, .txt 등의 파일도 워드패드에서 열기가 가능하며 편집할 수 있다.

◉ 그림판

• 간단한 그림 파일을 작성하거나 편집한다(레이어 기능 없음).
• 비트맵 형식의 그림 파일을 작성, 수정 등 편집과 인쇄가 가능하다.
• [파일]-[다른 이름으로 저장]하면 .png가 기본 확장자가 되고, [파일]-[열기]를 하면 .bmp, .dib, .jpg, .gif, .tif, .png, .ico 등의 파일도 그림판에서 열고 편집할 수 있다.
• 작성한 그림은 저장한 상태에서 [파일]-[바탕 화면 배경으로 설정]을 통해 Windows 바탕 화면의 배경으로 사용할 수 있다.
• 정원 또는 정사각형은 타원이나 직사각형을 선택한 후에 Shift를 누른 상태로 그리면 된다.

- 수평선, 수직선, 45° 대각선은 선을 선택한 후에 Shift를 누른 상태로 그리면 된다.
- [이미지] 탭의 [선택]으로 만든 영역에 [도구] 탭의 [색 채우기] 도구를 이용하여 다른 색으로 변경할 수 없다.
- [홈] 탭의 [색 1]은 전경색이며 마우스 왼쪽 단추로 클릭하여 조작하고, [색 2]는 배경색이며 마우스 오른쪽 단추로 클릭하여 조작한다.

UWP(Universal Windows Platform) 환경과 통합되어 작동되는 앱으로 주로 Microsoft Store를 통해서 배포됩니다.

06 주요 유니버설 앱

◉ 그림판 3D

[그림판]은 평면(2D) 그림만 그릴 수 있는 반면 [그림판 3D] 앱은 입체(3D) 그림을 그릴 수 있다.

- [시작](⊞)을 누르고 [그림판 3D] 앱을 클릭하면 실행된다.
- [그림판]의 [홈]–[그림판 3D로 편집]을 클릭해도 [그림판 3D] 앱이 실행된다.
- 만든 그림은 [메뉴]–[다른 이름으로 저장]을 통해서 이미지, 3D 모델, 비디오 파일 형식을 선택하여 저장할 수 있고 '그림판 3D 프로젝트로 저장'을 하면 나중에 [그림판 3D]에서 저장한 프로젝트를 열어서 편집할 수 있다.
- 다양한 브러시, 2D 셰이프, 3D 셰이프, 스티커, 텍스트, 각종 필터 효과, 캔버스 표시, 준비된 각종 3D 라이브러리, 작업 과정을 비디오 파일로 기록할 수 있다.

◉ 스티커 메모

- Windows의 바탕 화면에 필요한 메모 내용을 포스트잇처럼 간편하게 붙여둘 수 있는 앱을 말한다.
- 우측 상단의 메뉴(…)에서 스티커의 색상을 변경하고, 노트 목록 창을 열거나 메모 삭제를 할 수 있다.
- 굵게, 기울임꼴, 밑줄, 취소선, 글머리 기호 전환, 이미지 추가 작업을 할 수 있다.

◉ 알람 및 시계

- 알람, 시계, 타이머, 스톱워치 기능을 제공하는 앱이다.
- 알람 기능과 타이머 기능은 PC가 절전 모드 해제 상태인 경우에만 알림이 표시된다.
- 절전 모드를 해제하려면 [시작](⊞)–[설정](⚙)–[시스템]–[전원 및 절전]에서 절전 모드를 '안 함'으로 지정하면 된다.

단답형 문제

01 (　　　)은 상용 소프트웨어가 출시되기 전에 미리 정해진 고객들에게 프로그램에 대한 평가를 수행하고자 제작한 소프트웨어이다.

02 메모장에서 현재 시스템의 시간과 날짜를 자동으로 추가하려면 시간과 날짜를 입력할 곳에 커서를 두고 F5를 누른다. (○, ×)

03 그림판은 간단한 그림을 그릴 수 있으며 파일 형식은 bmp, gif, jpg 등으로 저장할 수 있다. (○, ×).

객관식 문제

04 다음 중 컴퓨터 소프트웨어 버전과 관련하여 패치(Patch) 프로그램에 관한 설명으로 옳은 것은?

① 정식 프로그램의 기능을 홍보하기 위하여 사용 기간이나 기능을 제한하여 배포하는 프로그램이다.
② 베타 테스트를 하기 전에 제작 회사 내에서 테스트할 목적으로 제작하는 프로그램이다.
③ 이미 제작하여 배포된 프로그램의 오류 수정이나 성능 향상을 위해 프로그램의 일부를 변경해 주는 프로그램이다.
④ 정식 프로그램을 출시하기 전에 테스트를 목적으로 일반인에게 공개하는 프로그램이다.

05 다음 중 한글 Windows에서 [메모장]의 설명으로 옳지 않은 것은?

① 작성한 문서는 자동적으로 txt라는 확장자가 사용된다.
② 특정한 문자열을 찾을 수 있는 찾기 기능이 있다.
③ 그림, 차트 등의 OLE 개체를 삽입할 수 있다.
④ 현재 시간을 삽입하는 기능이 있다.

정답 01 베타 버전 02 ○ 03 ○ 04 ③ 05 ③

POINT 14

프로그래밍 언어

01 주요 고급 언어의 특징

고급 언어란 인간이 인식할 수 있고 이해하기 쉬운 문자로 구성된 언어를 말한다(기계어와 어셈블리어 제외).

COBOL	사무 처리용 언어로 영어 문장 형식으로 기술되어 이해와 사용이 쉬움
FORTRAN	과학 계산용 언어로 일반 공식이나 수식과 같은 형태로 프로그래밍을 할 수 있음
LISP	인공지능 개발을 위한 언어로 정의되어 있는 함수를 조합해 새로운 함수를 생성함
BASIC	초보자를 위한 교육용 언어로 개발 인터프리터를 사용하여 대화식 처리가 가능함
C	유닉스 운영체제 제작을 위해 개발됨. 고급 언어와 저급 언어의 특성을 모두 가진 중급 언어
ALGOL	수치 계산과 논리 연산을 위한 과학 기술 계산용 언어로 PASCAL과 C 언어의 모체가 된 언어
C++	C 언어에 객체 지향 개념을 도입한 언어
JAVA	• 파일 언어와 인터프리터 언어가 결합되어 있으며, 네트워크 환경에서 분산 작업이 가능하도록 설계되었음 • 플랫폼이 독립적인 프로그래밍 언어로 가상 바이트 머신 코드를 사용함

02 객체 지향 프로그래밍

클래스를 기본 단위로 클래스들 사이의 상호 작용(메서드 호출)을 통해 프로그램을 작성하는 것을 뜻한다.

- 소프트웨어 재사용성으로 프로그램 개발 시간을 단축할 수 있다.
- 객체는 GOTO문을 사용하지 않는다.
- 객체 지향 프로그래밍은 객체 지향 프로그램 개발에 적합한 기법이다.
- **특징** : 상속성, 캡슐화, 추상화, 다형성 등
- 객체는 데이터와 그 데이터에 관련되는 주체, 동작, 방법, 기능을 모두 포함하는 개념이며 객체를 중심으로 한 프로그래밍 기법이다.
- 객체가 메시지를 받아 실행해야 할 객체의 구체적인 동작이나 연산을 정의한 것을 메서드라고 한다.
- 하나 이상의 유사한 객체들을 묶어 공통된 속성과 연산을 표현한 객체의 집합을 클래스라고 한다.

03 언어 번역

언어 번역 과정

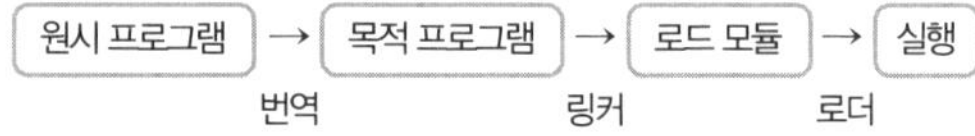

- **번역(Compiler)** : 컴파일러, 어셈블러, 인터프리터 등의 언어 번역 프로그램을 사용한다.
- **링커(Linker)** : 기계어로 번역된 목적 프로그램을 결합하여 실행 가능한 모듈(실행 파일)로 만드는 과정이다.
- **로더(Loader)** : 프로그램을 실행시키기 위해 주기억장치에 프로그램을 적재한다.

언어 번역 프로그램

- **컴파일러(Compiler)** : 포트란, 코볼, C 등의 고급 언어로 작성된 프로그램을 기계어로 번역하는 프로그램이다.
- **어셈블러(Assembler)** : 어셈블리어로 작성된 원시(소스) 프로그램을 기계어로 번역하는 프로그램이다.
- **인터프리터(Interpreter)** : BASIC, LISP 등으로 작성된 프로그램을 필요할 때마다 바로 기계어로 번역하여 실행해 주는 프로그램으로, 대화식 처리가 가능하다.

구분	컴파일러	인터프리터
처리 단위	전체	행
목적 프로그램	있음	없음
실행 속도	빠름	느림
번역 속도	느림	빠름
관련 언어	FORTRAN, C, COBOL 등	BASIC, LISP 등

WWW(World Wide Web)에서 사용되는 프로그래밍 언어이다.

04 웹 프로그래밍 언어

프로그램을 작성할 때 사용하는 프로그래밍 언어와는 달리, 웹에서 필요한 문서를 작성할 때 사용하는 언어이다.

HTML	웹에서 하이퍼텍스트를 작성하기 위해 개발된 언어로, 웹에서 사용하는 기본적인 프로그래밍 언어 중 하나임
XML	• HTML의 단점을 보완하여 웹에서 구조화된 문서를 전송할 수 있도록 설계되었음 • 서로 다른 데이터베이스 간 데이터 교환이 가능함 • 분산 처리에 적합하며 사용자 환경에 맞는 다양한 형식의 문서를 만듦
VRML	• 인터넷에서 3차원 물체와 가상공간을 표현하기 위한 프로그래밍 언어 • HTML을 기반으로 하며, 플러그 인을 이용하여 웹 브라우저에서 확인할 수 있음
애플릿	• HTML 내에 작성하거나 자바를 지원하는 웹 브라우저에서 실행되도록 작성한 자바 프로그램 • 안전성과 보안성을 위해 다운로드를 모두 완료해야 수행됨
자바 스크립트	• HTML 문장 안에 삽입되어 사용자와 상호 작용하는 데 사용되는 인터프리터 언어 • 간단한 프로그램 작성과 반복적인 작업에 적합함
CGI	• 웹 서버와 외부 응용 프로그램 간에 연결 역할을 함 • 주로 방명록, 카운터, 게시판 등을 HTML 문서와 연동하기 위해 사용함
ASP	• 서버 측에서 동적으로 처리되는 페이지를 만들기 위한 언어 • 서버에 과부하를 주고 실행 시간이 오래 걸린다는 CGI의 단점을 보완한 기술로 서버 측 스크립트 언어 • Windows 계열에서만 수행 가능함
PHP	서버 측 스크립트 언어로 서버에서 해석하여 HTML 문서를 만들며 Linux, Unix, Windows 운영체제에서 사용 가능함
JSP	• 웹 서버에서 동적으로 웹 브라우저를 관리하는 스크립트 언어 • 웹 어플리케이션을 개발할 수 있음 • 자바(JAVA) 언어를 기반으로 한 서버 측 스크립트 언어로 다양한 운영체제에서 사용 가능 • HTML 문서 내에서 〈% … %〉와 같은 형태로 작성 • 데이터베이스와 연결이 용이하며 재사용 가능
WML	무선 접속을 통해 휴대폰이나 PDA 등에 웹 페이지의 텍스트와 이미지 부분이 표시될 수 있도록 지원함

단답형 문제

01 어셈블리 언어는 어셈블러라고 하는 언어 번역기에 의해서 기계어로 번역된다. (○, ×)

02 인터프리터 언어는 전체 프로그램을 한 번에 처리하여 실행한다. (○, ×)

03 컴파일러는 실행 속도가 빠르고, 인터프리터는 실행 속도가 느리다. (○, ×)

객관식 문제

04 다음 중 객체 지향 프로그래밍 언어가 아닌 것은?
① COBOL
② JAVA
③ SmallTalk
④ C++

05 다음 중 컴퓨터에서 사용하는 객체 지향 언어의 특징으로 옳지 않은 것은?
① 그룹화
② 캡슐화
③ 다형성
④ 상속성

06 다음 중 추상화, 캡슐화, 상속성, 다형성 등의 특징을 지니고 있으며, 크고 복잡한 프로그램 구축이 어려운 절차형 언어의 문제점을 해결하기 위해 개발된 프로그래밍 기법은?
① 구조적 프로그래밍
② 객체 지향 프로그래밍
③ 하향식 프로그래밍
④ 비주얼 프로그래밍

정답 01 ○ 02 × 03 ○ 04 ① 05 ① 06 ②

POINT 15

정보 통신망

01 정보 전송 방식

단방향 전송	한쪽 방향으로만 데이터 전송이 가능한 방식(예 라디오, TV 방송)
반이중 전송	양쪽 방향에서 데이터를 전송하지만 동시 전송이 불가능한 방식(예 무전기)
전이중 전송	양쪽 방향에서 동시에 데이터를 전송하는 방식(예 전화)
베이스밴드 전송	디지털 데이터 신호를 변조하지 않고 직접 전송하는 방식(예 근거리 통신망)
브로드밴드 전송	한 전송 매체에 여러 개의 데이터 채널을 제공하는 방식(예 ADSL)

02 정보 통신망의 종류

통신망은 컴퓨터(기기)를 이용하여 정보를 주고받는 조직이나 체계로 네트워크라고도 하며, 통신이 연결된 거리, 전송 데이터의 형식 등에 따라 다음과 같이 분류할 수 있다.

근거리 통신망(LAN)	데이터의 공유와 작업의 분산 처리를 목적으로 회사, 학교 등 한정된 장소에서 정보 통신 기기들을 상호 연결한 정보 통신망
도시권 통신망(MAN)	여러 개의 LAN을 포함하며 도시와 도시를 연결하기 위해 만든 통신망
광대역 통신망(WAN)	넓은 구역이나 범위의 LAN을 통합한 환경을 제공하는 네트워크로 지방과 지방, 국가와 국가 등 지역 사이를 연결하는 통신망
부가 가치 통신망(VAN)	기존의 통신 사업자로부터 통신 회선을 빌려 컴퓨터나 정보 통신 단말기를 조합 연결하여 통신망에 구축하고 새로운 기능을 부가해 제 3자에게 서비스하는 통신망
종합 정보 통신망(ISDN)	기존의 음성, 데이터, 영상 등 서비스 마다 별개로 운용되던 통신망을 하나로 통합하여 제공하는 디지털 통신망
광대역 종합 정보 통신망(B-ISDN)	고속 데이터 전송을 위하여 광범위한 서비스를 제공하는 디지털 공중 통신망
초고속 디지털 가입자 회선(VDSL)	초고속 인터넷 서비스의 일종이며 다운로드와 업로드 속도가 빨라 대용량 파일을 주고받거나 고화질 동영상 콘텐츠를 즐기는 데 적합함
무선 가입자 통신망(WLL)	전화국과 가입자 단말기 사이의 회선을 무선 시스템을 이용하여 구성하는 통신망으로 음성, 영상, 데이터 등을 복합적으로 전송할 수 있음
비대칭 디지털 가입자 회선(ADSL) 다운로드와 업로드 속도가 달라서 비대칭이라고 한다.	• 별도의 통신 회선을 설치하지 않고 기존 전화선을 이용하여 통신이 가능한 방식으로 전화국과 각 가정이 1:1로 연결됨 • 전화는 낮은 주파수를, 데이터 통신은 높은 주파수를 이용하므로 혼선이 발생하지 않음
VoIP	IP 네트워크를 통해 음성을 전송하는 기술로 기존에 사용되고 있던 데이터 통신용 패킷 망을 인터넷 폰에 이용함으로써 기존 전화망에 비해 장거리 전화나 국제전화 등을 사용하더라도 통화 요금을 절감할 수 있음

03 정보 통신망의 구성 형태

스타(Star)형	• 중앙의 컴퓨터 또는 네트워크 장치를 중심으로 각 단말기가 포인트 투 포인트(Point to Point) 방식으로 연결되어 있는 구조로, 모든 단말기가 중앙의 컴퓨터에 연결되어 있는 형태 • 중앙 컴퓨터가 고장나면 모든 통신이 단절되는 단점이 있지만, 모든 단말기가 중앙 컴퓨터에 연결되어 있는 형태이므로 고장 발견이 쉽고 유지 보수가 용이함 • 단말기에서 다른 단말기로 정보를 전송하기 위해서는 중앙의 컴퓨터 또는 허브를 거쳐야 하므로 전송량이 집중되는 경향이 있음

링(Ring)형 (=루프형) 	• 컴퓨터와 단말기들을 서로 이웃하는 것끼리 연결함으로써 네트워크가 원의 형태로 구성되어 있는 구조 • 근거리 통신망에서 주로 채택하여 사용하며 양방향으로 데이터 전송이 가능함 • 컴퓨터나 단말기가 고장 나면 전체 네트워크가 손상될 수 있으므로 통신망의 재구성이 어려움
버스(Bus)형 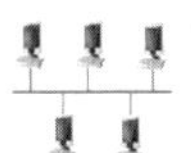	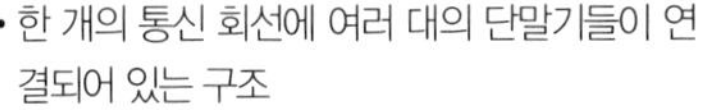 • 한 개의 통신 회선에 여러 대의 단말기들이 연결되어 있는 구조 • 한 단말기가 고장 나더라도 나머지 단말기들 간의 통신에는 아무런 영향을 주지 않지만, 통신 회선이 고장 나면 통신은 두절됨 • 통신 회선이 한 개이므로 물리적 구조가 간단함 • 단말기의 추가 및 삭제가 용이하며, 회선의 양 끝에는 종단 장치가 필요함
트리(Tree)형 (=계층형) 	• 중앙 컴퓨터와 일정한 지역의 단말기까지는 하나의 통신 회선으로 연결되어 있으며, 그 이후의 단말기를 다시 나뭇가지 형태로 연결시키는 형태 • 통신 경로가 분산되어 있으므로 어느 한 단말기가 고장 나더라도 전체 통신에는 크게 영향을 미치지 않음 • 통신 선로가 짧아 제어 및 관리, 확장이 쉽고, 분산 처리 시스템이 가능함
망(Mesh)형 (=그물형) 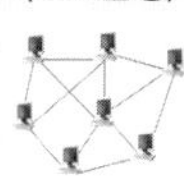	• 모든 지점의 컴퓨터와 단말기들이 포인트 투 포인트 형식으로 연결되었기 때문에 단말기의 연결성이 높고, 많은 양의 통신을 필요로 하는 경우에 유리한 구조 • 통신 회선의 길이가 다른 형태에 비해 가장 길고 전화 통신망과 같은 공중 데이터 통신망에 많이 이용됨

기적의 TIP

블루투스 & IMT-2000

- **블루투스(Bluetooth)** : 근거리에 놓여 있는 컴퓨터와 프린터, 전화, 팩스, 휴대폰, 개인 휴대 단말기(PDA) 등 정보 통신 기기는 물론 TV, 냉장고 등 가전제품까지 무선으로 연결하여 양방향으로 실시간 통신을 가능하게 해주는 기술 규격 혹은 그 규격에 맞는 제품을 이르는 말이다.
- **IMT-2000** : 기존 통신 시스템의 가장 큰 문제점인 단말기의 지역적 한계(글로벌 로밍의 한계)와 전송 속도의 한계(멀티미디어 통신 환경 구현의 한계)를 극복하기 위한 기술이다.

단답형 문제

01 컴퓨터에 이상이 발생하면 시스템 전체의 기능이 마비되는 통신망 형태는 (　　)이다.

02 전송거리가 짧은 건물 내에서 사용하는 통신망은 (　　)이고, 국가 간 또는 대륙 간의 넓은 지역을 연결하는 통신망은 (　　)이다.

03 무전기와 같이 한 번에 한 방향으로만 통신이 가능한 방식을 (　　) 방식이라 한다.

객관식 문제

04 다음 중 네트워크 연결 장치와 관련하여 패킷의 헤더 정보를 보고 목적지를 파악하여 다음 목적지로 전송하기 위한 최선의 경로를 선택할 수 있는 것으로 옳은 것은?

① 허브(Hub)
② 브리지(Bridge)
③ 스위치(Switch)
④ 라우터(Router)

05 정보 통신망의 범위를 기준으로 작은 것부터 큰 순서대로 옳게 나열한 것은?

① WAN – MAN – LAN
② LAN – MAN – WAN
③ MAN – LAN – WAN
④ LAN – WAN – MAN

06 다음 중 인터넷을 연결하기 위한 통신 서비스와 거리가 먼 것은?

① ISDN
② ADSL
③ VDSL
④ WML

정답 **01** 스타(Star)형 **02** LAN, WAN **03** 반이중 **04** ④ **05** ② **06** ④

POINT 16

인터넷 주소 체계

01 IP 주소(Address)

인터넷에 연결된 모든 컴퓨터에 부여되는 숫자로 된 고유 주소로, 수신처를 판단하기 위해 사용하는 컴퓨터의 주소를 일컫는다. 일반적인 IP 주소는 IPv4 방식을 말하고, 차세대 IP 주소 방식으로 IPv6가 있다.

◉ IP 주소의 종류와 형식

A 클래스는 255.0.0.0을, B 클래스는 255.255.0.0을, C 클래스는 255.255.255.0을 서브넷 마스크 값으로 사용한다.

호스트 부분이 24비트이므로 2^{24}이 되며, 호스트 비트가 전부 0이거나 1인 경우는 빼주므로 $2^{24}-2$가 된다.

종류	특징	IP 주소	호스트 수
A 클래스	국가나 대형 통신망	0~127	16,777,214개
B 클래스	중대형 통신망	128~191	65,534개
C 클래스	소규모 통신망	192~223	254개
D 클래스	IP 멀티캐스트용	224~239	
E 클래스	실험용	240~254	

기적의 TIP

서브넷 마스크(Subnet Mask)

네트워크를 서브넷(부분망)으로 나누면 IP 주소를 효과적으로 사용할 수 있다. 이러한 부분망을 식별하려면 IP 주소의 네트워크 ID 부분과 호스트 ID 부분을 구별해야 하는데, 그 역할을 서브넷 마스크가 수행한다.

◉ IPv4

10진수 숫자로 나타낸 인터넷 주소이며 점(.)으로 구분된 각 부분을 옥텟(Octet)이라고 한다. 하나의 옥텟은 8비트로 구성된다.

- 8비트씩 4개의 영역으로 구성되어 있으므로, 32비트 주소 체계이다(예 211.115.205.61).
- 각 자리는 0부터 255까지의 숫자를 사용한다.
- 네트워크에 접속할 수 있는 호스트 수와 사용 목적에 따라 5개의 클래스(A, B, C, D, E)로 나누며 네트워크 부분과 호스트 부분으로 구성된다.
- 인터넷에서는 주로 A, B, C 클래스가 사용되며 D 클래스는 멀티캐스트용, E 클래스는 실험용으로 사용된다.

◉ IPv6

IPv4를 개선한 차세대 IP 주소 체계로, 인터넷 IP 주소의 부족 현상을 해소하기 위해 개발한 주소이다.

- IPv4의 주소 공간을 4배 확장하여 128비트를 16비트씩 8개의 영역으로 구성되어 있고 16진수로 표시하며, 콜론(:)으로 구분한다.
  (예 2101:0320:abcd:ffff:0000:0000:ffff:1111)
- 실시간 흐름 제어로 향상된 멀티미디어 기능을 지원하며, 자료 전송 속도가 빠르다.
- 데이터 무결성 및 비밀 보장 등으로 보안에 좀 더 안전성을 가지게 되었다.
- 주소의 각 부분이 0으로 연속되는 경우 연속된 0은 '::'으로 생략할 수 있고, 주소의 한 부분이 0으로 연속된 경우 0을 ' : '으로 표시한다.
- 유니 캐스트, 멀티 캐스트, 애니 캐스트의 3가지 종류의 주소 체계로 분류된다.

02 URL(Uniform Resource Locator)

URL은 인터넷에서 정보의 위치를 알려주는 표준 주소 체계를 의미한다.

- **형식** : 프로토콜://서버의 호스트 주소[:포트 번호][/파일 경로]
- **포트 번호** : 일반적으로 컴퓨터나 통신 장비에서 다른 장치와 물리적으로 접속되는 부분을 포트라고 하며, 클라이언트-서버 네트워크 구조에서는 단말기에 접속하기 위한 논리적인 접속 위치를 의미한다. 즉, 인터넷을 사용할 때 클라이언트 프로그램은 서버의 프로그램이 지정하는 포트로 접속하게 되며, 포트에는 포트 번호라는 고유의 숫자가 부여되어 있기 때문에 이것을 사용하여 어떤 프로토콜에게 전달할지를 지정한다. HTTP는 80, FTP는 21, TELNET은 23, NEWS는 119, GOPHER는 70의 포트 번호를 사용한다.

• **프로토콜(Protocol)** : 컴퓨터와 단말기 또는 컴퓨터 간의 데이터 전송 및 정보 교환을 위해 필요한 여러 가지 통신 규칙과 방법에 대한 일련의 절차나 규범의 집합이다.

기적의 TIP

사물 인터넷

• IoT(Internet of Things)라고도 하며 개인 맞춤형 스마트 서비스를 지향한다.
• 사람과 사물 및 공간, 데이터 등을 이더넷(Ethernet)으로 서로 연결시켜주는 무선통신기술을 의미한다.
• 스마트센싱 기술과 무선통신기술을 융합하여 실시간으로 데이터를 주고받는 기술이다.
• 기반 서비스는 개방형 아키텍처를 필요로 하기 때문에 정보 공유에 대한 부작용을 최소화하기 위한 정보보안기술의 적용이 중요하다.

03 도메인 네임

• 도메인 네임은 숫자 중심의 IP 주소를 사람들이 이해하기 쉬운 단어로 표현한 것이다.
• 영문자 A~Z, 숫자 0~9, 하이픈(-)의 조합으로 표현한다.
• 첫 글자는 영문으로 시작할 수 있으며 하이픈(-)으로 끝날 수 없다.
• 단어와 단어 사이는 점(.)으로 분리된다.
• 인터넷에 연결된 컴퓨터를 네 자리로 구분된 문자로 표현한다.
• 도메인 네임은 전 세계를 통틀어 중복되지 않는 고유한 주소이다.
• 자신이 속하는 영역(도메인)을 계층 구조로 나타내며 오른쪽 항목으로 갈수록 그룹의 규모가 커진다.
• DNS(Domain Name System) : 문자로 된 도메인 네임을 숫자로 된 IP 주소로 바꾸어 주는 시스템이다.
• 국내 도메인은 KRNIC에서 관리하지만 전 세계 IP 주소는 ICANN이 총괄해서 관리한다.

기적의 TIP

도메인 vs 도메인 네임

도메인은 도메인 네임을 이루는 요소를, 도메인 네임은 위치를 나타내기 위한 경로이다(예 youngjin.co.kr이 하나의 도메인 네임이면 youngjin, co, kr 각각은 도메인에 해당한다).

단답형 문제

01 IPv4를 개선하여 설계된 차세대 IP 주소 체계로, 인터넷 IP 주소의 부족 현상을 해소하기 위해 개발한 주소는 (　　)이며, (　　) 비트로 구성되어 있다.

02 URL의 형식은 '프로토콜://호스트 서버 주소[:포트번호][/파일 경로]'이다. (○, ×)

03 (　　)는 인터넷과 관련하여 사람이 사용하는 도메인 네임을 컴퓨터가 인식할 수 있도록 IP 주소로 바꾸어 주는 시스템이다.

객관식 문제

04 다음 중 인터넷에서 사용하는 IPv6 주소 체계에 대한 설명으로 옳지 않은 것은?

① 16비트씩 8부분으로 총 128비트로 구성된다.
② 각 부분은 16진수로 표현하고, 세미콜론(;)으로 구분한다.
③ 유니캐스트, 멀티캐스트, 애니캐스트 등의 3가지 주소 체계로 나누어진다.
④ IPv4의 주소 부족 문제를 해결하여 줄 수 있다.

05 다음 중 인터넷에서 사용하는 도메인 네임에 대한 설명으로 옳지 않은 것은?

① 숫자로 구성된 IP 주소를 사람들이 기억하고 이해하기 쉽도록 문자열로 만든 주소이다.
② 우리나라에서 도메인 네임을 관리하는 기관은 KRNIC이다.
③ 인터넷의 모든 도메인 네임은 전 세계적으로 유일하게 존재해야 한다.
④ 도메인 네임을 사용자가 컴퓨터에서 임의로 설정하여 사용할 수 있다.

정답 **01** IPv6, 128 **02** ○ **03** DNS **04** ② **05** ④

POINT 17

인터넷 프로토콜

01 프로토콜

◉ 프로토콜(Protocol)의 개요

데이터를 주고받으려면 미리 정해 놓은 공통된 매뉴얼에 따라 연락을 취해야 하는데, 이 매뉴얼을 프로토콜이라고 하며 현재 전 세계적으로 공통된 통신 프로토콜로 채택된 것이 TCP/IP이다.

◉ TCP/IP(Transmission Control Protocol/ Inter-net Protocol)

TCP/IP는 인터넷의 기본적인 통신 프로토콜로서 인트라넷이나 엑스트라넷과 같은 사설망에서도 사용되며 TCP/IP의 상위 계층 프로토콜로 HTTP, Telnet, FTP, SMTP, SNMP 등이 있다.

- TCP : 통신 중에 패킷이 망의 오류로 인해 사라지거나 손상을 입거나 순서가 바뀌었을 때 바로잡아 주는 일을 수행한다.
- IP : 주로 인터넷 주소 지정에 대한 약속과 이 주소를 바탕으로 통신 상대방에게 자신의 메시지를 전송할 수 있는 경로 설정에 관련된 일을 수행한다.

◉ FTP(File Transfer Protocol)

FTP는 인터넷에 연결된 컴퓨터에 존재하는 파일을 송수신할 수 있는 프로토콜이다.

- 파일의 업로드와 다운로드 서비스를 제공하는 컴퓨터를 FTP 서버, 파일을 제공받은 컴퓨터를 FTP 클라이언트라고 한다.
- Anonymous FTP(익명 FTP)는 계정이 없는 사용자가 접근하여 사용할 수 있는 FTP 서비스이다.
  (예 자신의 이메일 주소를 이용하여 파일 다운로드)
- FTP를 이용하여 다양한 형태의 파일을 받고자 할 때 서버의 주소, 파일 전송 방식, 전송 받을 파일의 이름이 필요하다. 전송할 파일이 응용 프로그램의 실행 파일이나 그림 파일이면 Binary Mode로, 텍스트 문서면 ASCII Mode로 한다.
- 한 개의 파일을 다운로드 받을 때는 get 명령어를, 여러 개의 파일을 다운로드 받을 때는 mget 명령어를, 하나의 파일을 Remote 시스템에 올릴 때는 put 명령어를 사용한다.

◉ HTTP(HyperText Transfer Protocol)

HTTP는 하나의 요청에 대해 하나의 응답을 반환하는 간단한 프로토콜이다.

- 인터넷에서 하이퍼텍스트 문서를 교환하기 위해 사용된다.
- 웹상에서 파일(텍스트, 이미지, 사운드, 비디오 등)을 주고받는 데 필요하며, 현재 인터넷을 사용한다는 것은 대부분 HTTP를 사용함을 의미한다.

02 기타 프로토콜

TELNET	먼 거리에 있는 컴퓨터를 자신의 컴퓨터처럼 사용할 수 있는 프로토콜
SMTP	전자우편을 송신하기 위한 프로토콜
POP	전자우편을 수신하기 위한 프로토콜
DHCP	클라이언트가 필요할 때만 자동으로 IP 주소를 할당받을 수 있게 해주는 프로토콜
ARP	어떤 호스트의 IP를 알고 있는 경우에 그 호스트의 IP를 물리적 주소로 변환하는 프로토콜
ICMP	• 받는 사람에게 전달되지 않는 등의 문제가 발생할 경우, 보내는 사람에게 사실을 알려주는 메시지를 보내는 프로토콜 • 호스트나 라우터의 오류 상태 통지 및 예상치 못한 상황에 대한 정보를 제공할 수 있게 하는 프로토콜
SNMP	• 망 구성, 성능, 장비 관리 프로토콜로 브리지와 라우터망 환경에 이상적임 • TCP/IP 기반이었으나, 독립적인 프로토콜로 발전함
XTP	광통신 기술의 발전에 따라 수백 Mbps에서 수 Gbps의 전송 속도를 가진 초고속 전송 프로토콜

03 OSI 7계층

서로 다른 종류의 정보처리시스템 간의 정보 교환과 데이터 처리를 위해 국제적으로 표준화된 망 구조이다.

계층	설명
7 – 응용 계층	• 응용 프로그램과 네트워크 간의 연결 제공 • 메일 및 파일 전송, 가상터미널, 웹 등 응용서비스를 제공하는 계층으로 통신 상태, 서비스 품질, 사용자 인증 및 비밀을 고려하고 데이터 구문 제약을 정함
6 – 표현 계층	• 암호화, 데이터 압축 • 데이터 표현의 차이를 해결하기 위한 표현 형식을 변환하기 위해 암호화, 내용 압축, 형식변환 등의 기능을 제공(서로 다른 형식을 변환해주거나 공통 형식을 제공하는 계층)
5 – 세션 계층	• 응용 프로그램 사이의 작업 조정 • 응용 프로그램 계층 간 통신에 대한 제어구조를 제공하기 위해 응용 프로그램 계층 사이의 연결을 확립, 유지 및 단절시키는 수단을 제공(응용 프로그램 간의 작업 조정)
4 – 전송 계층	• 신뢰성 있는 데이터 전송 제공 • 종단 간에 신뢰성이 있는 데이터 전송을 제공하기 위해 종단 간 오류 복구와 흐름 제어, 다중화 기능을 담당하여 두 시스템 간의 신뢰성 있는 데이터 전송을 보장
3 – 네트워크 계층	• 데이터 전송을 위한 경로 배정 담당 • 상위 계층에 연결하는 데 필요한 데이터 전송과 교환 기능을 제공하고 경로 제어와 유통 제어를 수행(패킷이 정확한 수신자에게 보내지도록 경로를 올바르게 제어)
2 – 데이터링크 계층	• 순서 제어, 오류 제어, 흐름 제어 • 물리적인 링크를 통하여 신뢰성 있는 정보를 전송하는 기능으로 동기화, 오류 제어, 흐름 제어 기능을 담당하며 망을 통해 데이터가 전송될 때 각 교환기와 교환기 사이의 전송로 역할을 함
1 – 물리 계층	• 물리적인 연결의 설정 및 유지 • 실제로 데이터를 전송하기 위해 전송 매체를 통해 비트 스트림을 전송하고, 실제 회선의 연결 확립, 유지 및 단절하기 위한 기계적, 전기적, 기능적, 절차적 특성 등을 정의

기적의 TIP

OSI 7계층 사용 장비 및 프로토콜
- **물리 계층** : 허브, 리피터 / RS–X, FDDI
- **데이터링크 계층** : 스위치, 랜카드, 브리지 / SLIP, PPP
- **네트워크 계층** : 라우터 / IPv4, IPv6
- **전송 계층** : 게이트웨이 / TCP, UDP

단답형 문제

01 (　　　)은 멀리 떨어진 곳에 위치한 호스트 컴퓨터에 접속할 때 사용하는 서비스이다.

02 (　　　)는 인터넷에서 파일을 송수신할 때 사용하는 서비스이다.

객관식 문제

03 다음 중 네트워크 연결을 위하여 사용하는 프로토콜에 대한 설명으로 옳지 않은 것은?

① 통신을 원하는 두 개체 간에 무엇을, 어떻게, 언제 통신할 것인가에 대해 약속한 통신 규정이다.
② 프로토콜 전환이 필요한 다른 네트워크와 연결하기 위해서는 브리지가 사용된다.
③ 프로토콜에는 흐름 제어 기능, 동기화 기능, 에러 제어 기능이 있다.
④ 인터넷에서 사용하고 있는 대표적인 프로토콜은 TCP/IP이다.

04 다음 중 ISP(Internet Service Provider) 업체에서 각 컴퓨터의 IP 주소를 자동으로 할당해 주는 프로토콜은?

① HTTP　② TCP/IP
③ SMTP　④ DHCP

05 다음 중 이기종 단말 간 통신과 호환성 등 모든 네트워크상의 원활한 통신을 위해 최소한의 네트워크 구조를 제공하는 모델로 네트워크 프로토콜 디자인과 통신을 여러 계층으로 나누어 정의한 통신 규약 명칭은?

① ISO 7 계층
② Network 7 계층
③ TCP/IP 7 계층
④ OSI 7 계층

정답 **01** TELNET **02** FTP **03** ② **04** ④ **05** ④

POINT 18 인터넷 서비스

01 전자우편

◉ 전자우편

전자우편은 인터넷을 통해 실시간으로 텍스트, 이미지, 사운드, 동영상, 문서 파일을 전송할 수 있는 기능이다.

- 전자우편은 기본적으로 7비트의 ASCII 코드를 사용하여 전송한다.
- 전자우편은 동일한 메시지를 여러 사용자에게 보낼 수 있다.
- 전자우편은 메일 서버에 별도의 계정이 있어야 사용할 수 있다.
- 전자우편 주소는 '사용자 ID@호스트 주소'의 형식으로 이루어진다.

> • User ID@domain-name
> (예 youngjin@youngjin.co.kr)
> • User ID@IP-address
> (예 youngjin@211.115.255.24)

◉ 전자우편 구조

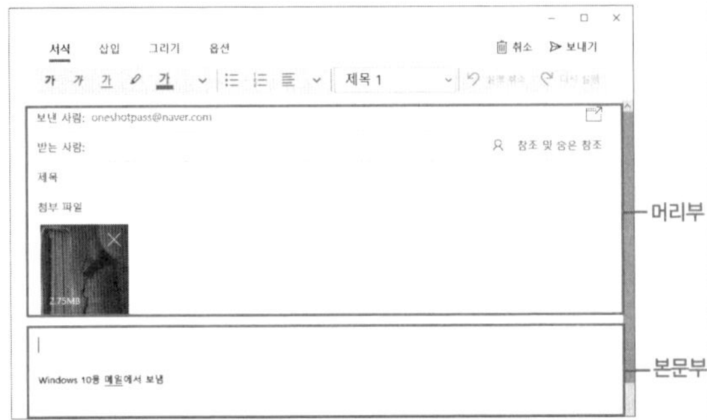

머리부 (Header)	• 받는 사람(To) : 메일을 수신할 사람의 주소를 지정할 때 • 참조(Cc) : 메일을 받는 사람뿐 아니라 동일한 내용을 여러 사람들이 참조 가능하도록 하려고 할 때 • 제목(Subject) : 메일의 제목을 지정할 때 • 첨부(Attach) : 메일에 파일 등을 첨부해 보낼 때
본문부 (Body)	• 본문 : 실제로 전송할 내용을 입력하는 영역 • 서명 : 보낸 사람의 서명이나 로고가 포함된 부분

◉ 전자우편 프로토콜

- SMTP : 전자우편 송신 담당 프로토콜이다.
- POP3 : 메일 서버로부터 메일을 꺼내오는 인터넷 표준 프로토콜의 하나이다.
- MIME : 텍스트, 이미지, 오디오, 비디오 등의 멀티미디어 파일을 확인하고 실행하는 프로토콜이다.
- IMAP : 메일 서버의 메일을 관리하고, 읽어 오는 인터넷 표준 프로토콜의 하나이다.

◉ 전자우편 관련 용어

동보 메일	동일한 내용의 전자우편을 여러 사람에게 전송함
웹 메일	특별한 설정 없이 해당 웹 사이트에 사용자의 ID와 패스워드만 있으면 전자우편을 송수신할 수 있음
폭탄 메일	용량이 큰 전자우편을 전송하여 상대방 메일 서버의 효율성을 저하시킴
스팸 메일	수신자의 의사와는 무관하게 받는 불필요한 광고성 메일을 말하며, 정크 메일 혹은 벌크 메일이라고도 함
옵트인 메일	광고성 전자우편이라는 점에서는 스팸 메일과 같으나, 스팸 메일이 불특정 다수에게 보내는 불법 메일인데 비해, 이 메일은 광고성 이메일을 받기로 사전에 수락한 것

기적의 TIP

전자우편이 반송되는 경우

- 수신자 메일 주소 형식이 틀린 경우
- 해당 메일 서버에 문제가 있을 경우
- 수신자의 메일 보관함이 가득 차 있을 경우

02 기타 인터넷 서비스

◉ 주요 인터넷 관련 용어

텔넷 (Telnet)	• 네트워크를 통해 원격으로 컴퓨터를 연결하며 인터넷을 통한 PC 통신 등에 활용될 수 있음(원격 접속) • 다른 컴퓨터에 접속하여 프로그램을 실행하거나 데이터 파일을 보고, 시스템 관리 등의 작업을 함
아키 (Archie)	Anonymous(익명) FTP 서버와 그 안의 파일 정보를 데이터베이스에 저장했다가 FTP 서버의 리스트와 파일을 제공할 때 사용됨
고퍼 (Gopher)	인터넷에 널려있는 수많은 정보들을 체계적으로 구조화하여 이를 메뉴 형태로 정리해 놓음으로써 사용자들이 메뉴를 쫓아가면서 정보에 접근할 때 사용됨
유즈넷 (Usenet)	공통의 관심사나 다양한 뉴스를 분야별로 그룹을 나누어 자신의 의견을 제시하거나 타인의 의견을 수렴할 수 있는 게시판으로 뉴스 그룹이라고도 하며 NNTP 프로토콜로 기사를 전송함
채팅 (IRC)	인터넷상에서 채팅을 할 수 있도록 지원하는 서비스로 어떤 주제에 관하여 실시간으로 다른 사람과 대화할 때 사용됨
웨이즈 (WAIS)	인터넷에 흩어져 있는 여러 곳의 데이터베이스로부터 데이터를 검색할 수 있으며 데이터베이스 목록을 관리하여 빠른 속도의 검색 환경을 제공함

◉ 기타 인터넷 관련 용어

유비쿼터스 (Ubiquitous)	• '편재하다'의 의미로 사용자가 컴퓨터나 네트워크를 의식하지 않고, 장소에 상관없이 자유롭게 네트워크에 접속할 수 있는 환경을 의미함 • 현실 세계의 기기나 사물과는 통합적이어야 하며, 컴퓨터는 물론 가전제품 등 다양한 기기가 네트워크에 접속되어야 함
블루투스 (Bluetooth)	• 근거리 무선 접속을 지원하는 대표적인 통신 기술로 노키아, 에릭슨, 인텔, 도시바 등 여러 회사가 추진하는 무선 랜용 프로토콜 • 전 세계적으로 사용할 수 있는 주파수 대역에서 송수신 가능한 마이크로 칩을 장착함
인트라넷 (Intranet)	• 기업 내부 업무 해결용 네트워크 환경으로, 회사 정보를 공유해 생산 효율성을 증대함 • 그룹 간 업무 및 화상 회의 등에 이용되며, 웹 브라우저로 사내 정보 검색이 가능함

단답형 문제

01 (   )는 특정 데이터베이스 등을 키워드로 고속 검색하는 환경을 제공하는 서비스를 의미한다.

02 (   )는 핸드폰, 노트북 등과 같은 단말장치의 근거리 무선 접속을 지원하기 위한 통신 기술이다.

객관식 문제

03 다음 중 인터넷을 이용한 전자우편에 관한 설명으로 옳지 않은 것은?

① 기본적으로 16비트의 유니코드를 사용하여 메시지를 전달한다.
② 전자우편 주소는 '사용자@호스트 주소' 형식으로 표현한다.
③ SMTP, POP3, MIME 등의 프로토콜을 사용한다.
④ 보내기, 받기, 첨부, 전달, 답장 등의 기능이 있다.

04 다음 중 스팸 메일(Spam Mail)에 관한 설명으로 옳지 않은 것은?

① 원하지 않거나 불필요한 수신 메일을 의미한다.
② 스팸 메일은 정크 메일(Junk Mail), 벌크 메일(Bulk Mail)이라고도 한다.
③ 다량의 메일을 발송하여 시스템이나 네트워크를 마비시킬 정도로 심각하기도 하다.
④ 사전에 허가를 받고 보내는 광고성 메일이다.

05 다음 중 인터넷을 사용하여 다른 사람에게 보낸 E-Mail이 반송되었을 경우에 원인으로 옳지 않은 것은?

① 수신자 개인용 컴퓨터에 고장이 발생한 경우
② 수신자 메일 주소의 형식이 틀린 경우
③ 해당 메일 서버가 문제가 있을 경우
④ 해당 사용사의 메일 보관함이 가득 차 있을 경우

정답 01 웨이즈(WAIS) 02 블루투스(Bluetooth) 03 ① 04 ④ 05 ①

엑스트라넷 (Extranet)	• 인트라넷을 외부의 사용자들에게 확대한 형태로 타 업체와 데이터를 공유함 • 기업 거래처뿐만 아니라 일반 고객과도 정보를 교류함
포털 사이트 (Portal Site)	• 사용자가 인터넷에 접속할 때 처음 나타나는 웹 페이지를 통상적으로 의미함 • 전자우편, 홈페이지, 채팅, 게시판, 쇼핑 등 종합 서비스를 제공함
미러 사이트 (Mirror Site)	전 세계 다른 사이트에 원본과 동일한 정보를 복사해두고 적절하게 네트워크를 분산 접속시켜 부하를 방지하는 것
메일링 리스트 (Mailing List)	특정 주제에 대한 정보 교환 및 토론을 위해 전자우편 형태로 운영되는 서비스
쿠키(Cookie)	웹 사이트의 방문 기록을 보관하여 사용자와 웹 사이트를 연결하는 역할을 함
캐싱 (Cashing)	자주 보는 사이트를 등록하여 해당 자료에 접근 시 등록해둔 자료를 빠르게 보여줌
블로그(Blog)	웹(Web) 로그(Log)의 줄임말로 네티즌들이 자신의 관심사에 따라 자유롭게 컬럼, 일기, 기사 등을 올릴수 있는 온라인 공간
로밍 서비스 (Roaming Service)	다른 국가 서비스 지역에서 통신을 가능하게 하는 것
핫 스왑 (Hot Swap)	전원을 끄지 않고 컴퓨터에 장착된 장비를 제거하거나 교환할 수 있는 기능
P2P	인터넷에서 개인 대 개인의 파일 공유 기술 및 행위를 말함
DMB	디지털 멀티미디어 방송으로 음성, 영상 등 다양한 멀티미디어 신호를 디지털 방식으로 변조하거나 휴대용 차량용 수신기에 제공함
그룹웨어	• 조직 내에서 정보 공유 및 실시간 커뮤니케이션을 원활히 하기 위한 시스템 • 메일, 전자 결재, 게시판, 문서 관리, 일정, 사내 메신저, 웹 하드 등을 포함한 서비스
RFID	• 무선 주파수(RF : Radio Frequency)를 이용하여 대상(물건, 사람 등)을 식별할 수 있는 기술 • 안테나와 칩으로 구성된 RF 태그의 정보를 RFID 리더로 인식함
WiBro	무선 광대역 인터넷, 무선 휴대 인터넷 서비스로, 휴대형 무선 단말기를 이용해 정지 및 이동 상태에서 인터넷에 접속하여 다양한 정보와 콘텐츠를 이용하는 서비스

◉ 모바일 기기 관련 용어

디바이스 (Device)	어떤 특정 목적을 위하여 구성한 기계적, 전기적, 전자적인 기기를 말하며, 스마트폰은 PDA와 휴대폰의 기능을 합친 모바일 디바이스라고 할 수 있음
태블릿 (Tablet) PC	평평한 판 위 임의의 위치를 입력 도구인 펜으로 접촉해 컴퓨터에 정보를 입력하는 휴대용 장치와 이를 가진 PC를 말함
테더링 (Tethering)	휴대폰 자체가 무선 모뎀 역할을 하는 것으로 인터넷 사용이 가능한 스마트폰 기기와 다른 기기를 연결하여 인터넷 사용이 가능하도록 하는 방법을 말함
핫스팟 (Hot Spot)	무선 랜 서비스 지역을 지칭하는 것으로, AP(무선 공유기) 주변의 통신이 가능한 구역을 핫스팟(Hotspot)이라고 함
Wi-Fi (Wireless-Fidelity)	무선 접속 장치(AP : Access Point)가 설치된 곳에서 전파나 적외선 전송 방식을 이용하여 일정 거리 안에서 무선 인터넷을 할 수 있는 근거리 통신망을 칭하는 기술
VPN (Virtual Private Network)	가상사설망이라 불리며 인터넷망과 같은 공중망을 전용선 같은 사설망처럼 이용할 수 있도록 특수한 통신체계와 암호화 기법을 제공하는 서비스로 비용 부담을 줄일 수 있음
LTE(Long Term Evolution)	3세대 이동통신 기술의 장기적 진화를 의미하며, 다운로드 속도는 100Mbps 정도임. 3세대 이동통신 기술 중 WCDMA(광대역부호분할다중접속)망을 기반으로 하기 때문에 기존 네트워크망을 활용할 수 있어 여러 비용을 대폭 절감할 수 있음
VoLTE(Voice over LTE)	LTE망을 이용한 음성통화를 말하며 3세대(3G) 음성통화에 비해 주파수 대역이 넓어지고 음질이 향상되어 통화 품질이 우수함
m-VoIP	3세대(3G) 이동통신망을 이용한 모바일 인터넷전화서비스를 말함. 스카이프(Skype), 프링(Fring), 님버즈(Nimbuzz) 등이 제공하는 인터넷전화서비스용 프로그램을 단말기에 다운받아 사용하며, 저렴한 요금으로 음성통화를 할 수 있음
탭(Tap)/더블탭 (Double Tap)	PC의 클릭, 더블클릭의 의미로 화면의 어플리케이션을 손가락으로 한 번 터치하면 탭, 두 번 터치하면 더블탭이 됨

핀치(Pinch), 핀치인(Pinch In)/핀치아웃(Pinch Out)	화면을 손가락으로 확대하거나 축소하는 기술을 말함. 두 손가락을 펼치면 확대(핀치아웃)되고 두 손가락을 오므리면 축소(핀치인)됨
푸시(Push)	이용자의 관심 목록을 자동적, 주기적으로 업데이트하여 잠금 화면에서도 최신 정보를 직접 밀어 넣어(Push) 알림 해주는 서비스
위치기반서비스(LBS; Location Based Service)	이동통신망이나 위성항법장치(GPS) 등을 통해 위치 정보를 얻어 그것을 토대로 이용자에게 여러 가지 서비스를 제공하는 시스템을 말함
증강현실(Augmented Reality)	현실세계에 가상물체를 겹쳐 보여주는 기술로 현실세계와 부가정보를 갖는 가상세계가 합쳐졌다 하여 혼합현실(MR : Mixed Reality)이라고도 함
QR코드(Quick Response Code)	특수기호나 상형문자 같은 격자무늬의 2차원 코드로 스마트폰의 QR코드 리더 애플리케이션으로 읽어 들이면 여러 가지 정보를 제공받을 수 있음
NFC(Near Field Communication)	무선태그(RFID) 기술 중 하나로 10cm 이내의 가까운 거리에서 다양한 무선 데이터를 주고받는(데이터 읽기 쓰기 가능) 비접촉식 통신 기술임. 13.56MHz의 주파수 대역을 사용함

◉ 무선 인터넷 플랫폼

WAP(Wireless Application Protocol)	• 무선 장치들이 전자우편, 웹, 뉴스 그룹, IRC 등의 인터넷 액세스에 사용될 수 있는 방법을 표준화하기 위한 프로토콜들의 규격 • 무선 LAN을 구성하기 위해서 필요함 • 라우터 기능을 포함하며 방화벽, 스위치 기능을 가지고 있음 • WAP이 도달할 수 있는 거리는 안테나와 장애물의 영향을 받음 • 더 많은 사용자를 처리하기 위해 확장 포인트(Extension Points)가 추가될 수 있음
WIP(Wireless Internet Platform for Interoperability)	이동 통신 업체들 간 같은 플랫폼을 사용함으로써 국가적 낭비를 줄이자는 목적으로 추진된 한국형 무선 인터넷 플랫폼
WML(Wireless Markup Language)	무선 접속을 통해 휴대 전화, PDA 등 이동 단말기에 웹 페이지의 텍스트와 이미지 부분이 표시될 수 있도록 해주는 언어
WTP(Wireless Transaction Protocol)	무선 인터넷에서 트랜잭션 형태의 데이터 전송 기능을 제공하는 프로토콜

단답형 문제

01 (　　　)는 인터넷상에서 접속이 너무 많거나 너무 원격지일 경우 과부하나 속도 저하를 막기 위해 동일한 사이트를 여러 곳에 복사해 놓는 사이트이다.

02 (　　　)는 웹에서 방문한 사이트에 아이디 등을 기억하게 설정하여 다시 해당 사이트를 방문하면 아이디가 자동으로 입력되도록 하는 웹 브라우저 기능이다.

03 (　　　)은 납품업체나 고객업체 등 관련 있는 기업 간의 원활한 통신을 위한 시스템이다.

객관식 문제

04 다음 중 인터넷 기술을 이용하여 기업 내부의 업무를 해결하려는 네트워크 환경으로, 인터넷과 동일한 TCP/IP 프로토콜을 사용한 LAN 기반 네트워크로 옳은 것은?

① 광대역 통신망(WAN)
② 인트라넷(Intranet)
③ 부가 가치 통신망(VAN)
④ 엑스트라넷(Extranet)

05 모든 사물에 전자 태그를 부착하고 무선 통신을 이용하여 사물의 정보 및 주변 상황 정보를 감지하는 센서 기술은?

① 텔레매틱스 서비스
② DMB 서비스
③ W-CDMA 서비스
④ RFID 서비스

정답 **01** 미러 사이트(Mirror Site) **02** 쿠키(Cookie) **03** 엑스트라넷(Extranet) **04** ② **05** ④

POINT 19

웹 브라우저, 검색 엔진

01 웹 브라우저

◉ 웹 브라우저(Web Browser)의 개요

인터넷상에서 원하는 정보의 내용을 화면에 표시하기 위해 개발된 프로그램이다.

- 화면에 나타난 웹 페이지 소스(HTML, 자바스크립트)를 볼 수 있다.
- 웹 브라우저는 웹 문서, 멀티미디어 정보뿐만 아니라 FTP 서버, Gopher 서버 등에서 제공하는 문서도 검색할 수 있다.
- 개인 정보, 보안 정보를 관리할 수 있다.
- 홈페이지(기본 페이지)로 사용할 페이지의 변경, 쿠키 삭제, 열어본 페이지(방문 기록, 히스토리) 목록 지우기 등을 할 수 있다.
- 자주 찾는 사이트는 웹 브라우저에 따라 즐겨찾기(Favorites)나 북마크(Bookmarks)의 이름으로 특정 폴더에 저장된다.
- 웹 브라우저에는 크롬(Chrome), 인터넷 익스플로러, 마이크로소프트 엣지(Edge), 파이어폭스(Firefox) 등이 있다.

크롬	• 구글에서 개발한 웹 브라우저 • 구글 크롬은 크로미엄(Chromium)이라는 오픈 소스 웹 브라우저 프로젝트를 바탕으로 개발되고 있음
인터넷 익스플로러	• 마이크로소프트사에서 개발한 웹 브라우저 • Windows 운영체제에 기본 포함하여 널리 보급됨
마이크로 소프트 엣지	• 마이크로소프트사에서 개발한 웹 브라우저 • 인터넷 익스플로러를 대체하기 위해 개발 • 새로운 마이크로소프트 엣지(2020년 1월 15일 릴리스 버전)는 크롬과 마찬가지로 크로미엄 오픈 소스 웹 브라우저 기반으로 개발 • Windows 10 이상 버전에 기본 포함됨
파이어폭스	비영리 단체인 모질라(Mozilla)에 의해 만들어진 웹 브라우저
웨일	크로미움 기반으로 네이버에서 개발된 웹 브라우저

기적의 TIP

쿠키(Cookie)
- 특정 웹 사이트 접속 시 반복적으로 사용되는 접속 정보를 가지고 있는 파일이다.
- 웹 사이트에 접속했던 기록 및 사용자의 기본 설정에 대한 정보를 저장하고 있는 텍스트 파일이다.
- 인터넷 접속 시 매번 아이디와 비밀번호를 입력하지 않아도 자동으로 로그인되게 할 수 있다.

◉ 웹 브라우저의 바로 가기 키

바로 가기 키	내용
Ctrl+N	새 창 표시
Ctrl+F	찾기
Alt+←	뒤로
Alt+→	앞으로
Alt+Home	홈페이지(기본 페이지)
Alt+D	주소 표시줄 편집 선택
F5	새로 고침
F11	전체 화면 표시

02 검색 엔진의 종류

주제별 (디렉터리형) 검색 엔진	정보를 주제별로 분류하여 제공함으로써 이용자들이 해당 분야의 세부 항목을 선택하여 정보를 얻는 방식 • 장점 : 정보를 검색하기 위한 특별한 검색어를 알기 힘들 때 최상위 분류 항목 정도로도 쉽게 하위 항목을 선택 가능함 • 단점 : 한 번 잘못된 항목을 선택하면 원하는 정보를 찾기 어려움
단어별 (키워드형) 검색 엔진	특정 단어 또는 검색어를 입력함으로써 원하는 정보를 찾는 방식 • 장점 : 사용자가 임의로 검색어를 지정하여 정보에 신속하게 접근할 수 있음 • 단점 : 검색어가 올바르지 못하면 자료를 찾기 어려움
메타 검색 엔진	자체 검색 엔진이 없이 다른 여러 검색 엔진을 통해 검색을 해서 결과를 보여주는 방식 • 장점 : 한 번의 검색어 입력으로 여러 검색 엔진을 이용할 수 있음 • 단점 : 여러 검색 엔진을 이용하기 때문에 검색 수행 속도가 느리며 검색을 의뢰한 곳의 성능에 따라 검색 속도 및 결과가 좌우됨

기적의 TIP

정보 검색 vs 검색 엔진

- **정보 검색** : 개인이나 조직이 의사 결정에 필요한 정보를 찾거나 특정 분야에 대한 정보를 수집하는 일련의 과정으로, 최소한의 비용과 시간을 투입해 최대한의 효과를 얻을 수 있는 서비스이다.
- **검색 엔진** : 인터넷상에 존재하는 무수히 많은 정보들 중에서 내가 필요한 정보만 찾을 수 있도록 도와주는 서비스이다.

기적의 TIP

클라우드 컴퓨팅

- **정의** : 클라우드라는 인터넷 서버에서 데이터 저장과 처리, 네트워크, 콘텐츠 사용 등 IT 관련 서비스를 한 번에 제공하는 기술이다.
- **장점** : 시스템 유지보수 비용 및 서버 · 소프트웨어 구매 비용, 인건비 등을 획기적으로 줄일 수 있고, 특히 자료가 외부에 저장되므로 손실을 방지할 수 있다.
- **단점** : 서버가 해킹을 당할 경우 개인정보 유출 우려가 있고, 서버 데이터 자체가 손상되면 복원하지 못할 수 있다.

단답형 문제

01 (　　　) 검색 엔진은 자체 검색 엔진이 없이 다른 여러 검색 엔진을 통해 검색을 해서 결과를 보여주는 방식이다.

02 (　　　)는 인터넷 브라우저를 이용하여 사용자가 열어 본 웹 사이트 주소들을 순서대로 보관하는 기능이다.

객관식 문제

03 다음 중 사용자의 기본 설정을 사이트가 인식하도록 하거나, 사용자가 웹 사이트로 이동할 때마다 로그인해야 하는 번거로움을 생략할 수 있도록 사용자 환경을 향상시키는 것은?

① 쿠키(Cookie)
② 즐겨찾기(Favorites)
③ 웹서비스(Web Service)
④ 히스토리(History)

04 다음 중 인터넷 익스플로러처럼 인터넷을 사용하기 위한 웹 브라우저가 아닌 것은?

① 크롬(Chrome)
② 마이크로소프트 엣지(Microsoft Edge)
③ 파이어폭스(Firefox)
④ 안드로이드(Android)

05 다음 중 웹 브라우저의 기능에 관한 설명으로 옳지 않은 것은?

① 인터넷 옵션에서 멀티미디어 편집기를 선택할 수 있다.
② 전자 우편을 보내거나 FTP 서버에 접속할 수 있다.
③ 웹 페이지를 사용자 컴퓨터에 저장하거나 인쇄할 수 있다.
④ 자주 방문하는 웹 사이트 주소를 관리할 수 있다.

정답 **01** 메타 **02** 히스토리 **03** ① **04** ④ **05** ①

POINT 20

멀티미디어의 개념

합격 강의

다중, 여러 가지라는 멀티와 매체, 매개 수단이라는 미디어가 합쳐진 합성어이다.

01 멀티미디어 개요

◉ 멀티미디어의 정의

멀티미디어란 텍스트, 그래픽, 동영상, 사운드 등 여러 매체를 통합하여 디지털로 전달하는 것을 의미한다.

◉ 멀티미디어의 특징

- **디지털화** : 컴퓨터로 처리하기 위해 디지털 방식으로 변환한다.
- **쌍방향성** : 사용자가 시공간의 제약을 초월하여 서로 대화하는 것처럼 작업을 처리한다.
- **비선형성** : 일정한 방향성을 띄지 않고 사용자의 다양한 선택에 따라 처리한다.
- **통합성** : 텍스트, 그래픽, 동영상, 사운드 등 여러 매체를 통합하여 처리한다.

기적의 TIP

멀티미디어의 발전 배경
- 네트워크의 속도 증가
- 하드웨어의 비약적인 발전
- 멀티미디어 데이터의 압축률 증가

◉ 하이퍼텍스트와 하이퍼미디어

- **하이퍼텍스트(Hypertext)** : 문서와 문서가 연결되어 있는 것으로, 문서 안의 특정 글자를 클릭하면 그 글자와 연결된 문서로 이동한다.
- **하이퍼미디어(Hypermedia)** : 하이퍼텍스트 개념에 멀티미디어 개념을 첨가한 것으로, 텍스트뿐만 아니라 그래픽, 사운드, 동영상 등의 정보를 연결해 놓은 미디어 형식이며 여러 명의 사용자가 하나의 데이터에 서로 다른 경로를 통해 접근할 수 있다.

◉ 멀티미디어의 활용 분야

- **주문형 비디오(VOD)** : 각종 영상 정보를 저장해 두었다가 가입자의 요구에 따라 통신을 통해 가정에서 원하는 영상 정보를 볼 수 있도록 해 주는 서비스이다.
- **화상 회의 시스템(VCS)** : 멀리 떨어져 있는 회의 참석자와 TV를 통해 상대방을 보면서 회의하는 시스템이다.
- **원격 진료 시스템(PACS)** : 화상을 통하여 환자를 진료할 수 있는 시스템이다.
- **전화 비디오 서비스(VDT)** : 전화 다이얼로 영화, 텔레비전 프로그램 등 원하는 다양한 영상 정보를 선택하여 받아 볼 수 있게 하는 서비스이다.
- **키오스크(Kiosk)** : 상호 대화식 멀티미디어 응용 제품으로 지하철 안내, 쇼핑 안내, 도서관 안내 등에 사용되는 각종 안내 시스템이다.
- **교육(CAI)** : 컴퓨터를 활용하여 여러 사람들을 동시에 교육할 수 있는 자동 교육 시스템 서비스이다.

멀티미디어 데이터들을 이용하며 멀티미디어 콘텐츠를 만들기 위해 필요한 하드웨어와 소프트웨어로 구성되어 있다.

02 멀티미디어 시스템

◉ 멀티미디어 하드웨어 – 동영상 관련 보드

- **TV 수신 카드** : 컴퓨터에서 TV를 시청하기 위한 장치이다.
- **MPEG 보드** : MPEG 파일을 빠른 속도로 복원해 주는 장치이다.
- **비디오 캡처 보드** : 동영상 데이터를 디지털 신호로 변환하여 저장하는 장치이다.
- **비디오 오버레이 보드** : TV나 비디오를 컴퓨터 작업과 동시에 볼 수 있도록 합성하는 장치이다.

◉ 멀티미디어 소프트웨어의 용어

스트리밍 (Streaming)	동영상 파일 및 음악 파일을 다운로드하면서 동시에 재생할 수 있는 기술로, 클라이언트의 데이터 수신 속도가 빠르면 여분의 데이터를 버퍼에 저장하여 스트리밍하게 되지만, 반대로 데이터 수신 속도가 느리면 데이터의 표현이 매끄럽지 않게 됨
플래시 (Flash)	스트리밍 방식을 지원하며 홈페이지나 배너 광고 등을 제작할 때 사용하며, 그래픽, 사운드 등의 멀티미디어 요소를 넣어 역동적인 표현을 할 수 있음. 완성된 파일의 확장자는 .swf임
Direct X	Microsoft사가 개발한 응용 프로그램 인터페이스로 Windows상에서 실행되는 게임 등과 같은 멀티미디어 응용 프로그램에서 그래픽 이미지와 멀티미디어 효과를 만들고 관리하는 데 사용함

기적의 TIP

스트리밍을 지원하는 프로그램

스트림웍스, 리얼 오디오, 비디오 라이브, 곰 플레이어 등이 있다.

◉ 그래픽 기법

디더링 (Dithering)	제한된 색상을 사용해야 할 경우 팔레트를 사용하는 것과 같이 제한된 색상들을 섞어서 다양한 색상을 만들어 내는 작업
인터레이싱 (Interlacing)	그림 파일을 표시할 때 이미지의 대략적인 모습을 먼저 보여준 후 점차 자세한 모습을 보여주는 작업
렌더링 (Rendering)	3차원 컴퓨터 그래픽에서 화면에 표시되는 3차원 물체의 각 면에 색깔이나 음영 효과를 넣어 화상의 입체감과 사실감을 나타내는 작업
메조틴트 (Mezzotint)	이미지에 많은 점을 찍은 듯한 효과를 나타내는 작업
모핑 (Morphing)	2개의 이미지를 부드럽게 연결하여 변환하거나 통합하는 방법
안티앨리어싱 (Anti-Aliasing)	이미지의 가장 자리가 톱니 모양으로 표현되는 계단 현상을 없애기 위하여 경계선을 부드럽게 해주는 필터링 방법
필터링 (Filtering)	작성된 그림을 필터 기능을 이용하여 다양한 형태의 이미지로 바꿔주는 작업
모델링 (Modeling)	렌더링 작업을 시작하기 전에 실행되는 작업

단답형 문제

01 (　　　)는 텍스트가 링크로 연결되어 있는 문서 형식이고, (　　　)는 텍스트 외에 그래픽, 사운드, 동영상 등의 정보를 연결해 놓은 미디어 형식이다.

02 (　　　)은 멀티미디어 파일을 다운받을 때 지연 시간을 줄이기 위해 데이터를 다운로드 받으면서 재생할 수 있는 기술이다.

03 (　　　)은 제한된 색을 조합하여 음영이나 색을 나타내는 것으로 여러 컬러의 색을 최대한 나타내는 기법을 말한다.

객관식 문제

04 다음 중 컴퓨터에서 사용하는 멀티미디어의 특징에 대한 설명으로 옳지 않은 것은?

① 디지털화 : 다양한 아날로그 데이터를 디지털 데이터로 변환하여 통합 처리한다.
② 양방향성 : 정보 제공자와 사용자 간의 소통을 통한 상호 작용에 의해 데이터가 전달된다.
③ 정보의 통합성 : 텍스트, 그래픽 사운드, 동영상, 애니메이션 등의 여러 미디어를 통합하여 처리한다.
④ 선형성 : 데이터가 일정한 방향으로 처리되고 순서에 관계없이 원하는 부분을 선택적으로 처리한다.

05 다음 중 비트맵 이미지를 확대하였을 때 이미지의 경계선이 매끄럽지 않고 계단 형태로 나타나는 현상을 의미하는 용어는?

① 디더링(Dithering)
② 앨리어싱(Aliasing)
③ 모델링(Modeling)
④ 렌더링(Rendering)

② 앨리어싱(Aliasing) : 화면의 해상도가 낮아 도형이나 문자를 그릴 때 각이 계단처럼 층이 나면서 테두리가 거칠게 표현되는 현상

정답 01 하이퍼텍스트(Hypertext), 하이퍼미디어(Hypermedia) 02 스트리밍(Streaming) 03 디더링(Dithering) 04 ④ 05 ②

POINT 21 멀티미디어 데이터

01 그래픽 데이터

그래픽 데이터의 표현 방식

비트맵 (Bitmap)	• 점의 최소 단위(Pixel)로 이미지를 표현하는 방식 • 이미지 확대 시 계단 모양(Alias)처럼 층이 나면서 테두리가 거칠게 표현되는 현상이 발생함 • 파일 확장자 : BMP, PCX, PNG, GIF, JPG, TIF 등(대표 프로그램 : 포토샵)
벡터 (Vector)	• 점과 점을 연결하는 직선이나 곡선을 이용하여 이미지를 표현하는 방식 • 이미지 확대 및 축소 시 화질에 손상이 없음 • 파일 확장자 : CDR, CGM, DRW, WMF 등(대표 프로그램 : 일러스트레이터)

그래픽 파일 형식

BMP	Windows 운영체제의 표준 이미지 형식으로 압축하지 않고 저장하므로 파일의 크기가 큼
JPEG(JPG)	• 정지 영상 압축 기술에 대한 국제 표준으로 인터넷상에서 파일의 크기를 적게 하여 전송 시간을 줄일 수 있음 • 무손실 압축 방식과 손실 압축 방식으로 분류되며 주로 손실 압축 방식이 사용됨
GIF	여러 장의 이미지를 합쳐서 움직이는 영상의 애니메이션 효과가 가능하며 최대 256가지 색상까지 표현할 수 있음
PNG	JPEG와 GIF의 장점을 가진 선명한 그래픽(트루컬러)으로 GIF보다 다양한 투명색 지정이 가능함
TIFF	흑백 또는 그레이 스케일의 이미지에서 널리 사용되는 표준 파일 포맷이며 응용 프로그램 간 그래픽 데이터 교환을 목적으로 개발되었음

그래픽 데이터 파일 크기 산출법

- **압축이 없는 경우** : 가로 픽셀 수 × 세로 픽셀 수 × 픽셀당 저장 용량(바이트)
- **압축이 있는 경우** : (가로 픽셀 수 × 세로 픽셀 수 × 픽셀당 저장 용량(바이트)) / 압축 비율

기적의 TIP

Pixel당 표현되는 색상 수 계산

사용 비트 수 : n, **색상 수** : 2^n

색상 수가 4면 사용 비트 수는 2^2이므로 사용 비트 수는 2가 되고, 색상 수가 256이면 2^8이므로 사용 비트 수는 8이 된다(8비트=1바이트).

02 오디오 데이터

오디오 파일 형식

WAVE	• 재생 장치와 관계없이 같은 소리를 내며 음성 표현이 가능함 • 음성이나 효과음을 저장할 수 있어 재생은 빠르지만 용량이 매우 큼
MIDI	• 컴퓨터 사이에서 음정과 같은 연주 정보를 교환하기 위한 데이터 전송 규격 • 재생 장치에 따라 음의 품질이 결정되며 음성 표현이 불가능함 • 음의 정보를 저장하기 때문에 용량이 매우 작음
MP3	• 음반 CD에 가까운 음질을 유지함 • MPEG에서 규정한 오디오 압축 방법을 따름

오디오 저장에 필요한 디스크 공간 크기 산출법

표본 추출률(Hz) × 샘플 크기(비트) / 8 × 재생 방식 × 지속 시간(s)

※ 재생 방식 : 모노는 1, 스테레오는 2이다.

03 비디오 데이터

◉ 비디오 파일 형식

MPEG	• 동영상 전문가 그룹에서 제정한 동영상 압축 기술의 국제 표준 규격으로 손실 압축 기법을 사용함 • 동영상과 음향을 모두 압축하는 방식
DVI	• 컴퓨터 동영상 전송을 목적으로, 각 픽셀에 대한 좌표와 RGB 신호 값을 부호화해서 전송함 • 하드웨어적인 동영상 압축 기술(최대 144 : 1 정도로 재생 속도가 느리고 호환성이 없음
AVI	• 마이크로소프트사에서 개발한 오디오 및 비디오 파일 포맷으로 PC에서 동영상을 재생함 • 대부분의 CD-ROM 타이틀에서 사용하는 Windows의 표준 동영상 파일 형식
MOV	애플사가 개발한 동영상 압축 형식으로 Quick Time에서 사용하는 파일 포맷이며 매킨토시와 Windows 환경 모두 사용 가능함
DivX	MPEG-4와 MP3을 재조합한 것으로 비표준 동영상 파일 형식이지만 수백 메가에서 기가대의 영화를 압축한 DVD 수준의 고화질 파일을 담을 수 있음
ASF	MS사에서 제안한 스트림 포맷으로 인터넷을 통해 오디오, 비디오 등을 지원하는 통합 멀티미디어 형식

◉ 비디오 데이터 파일 크기 산출법

해상도(가로 픽셀 수 × 세로 픽셀 수) × 픽셀당 저장 용량(바이트) × 초당 프레임 수

◉ MPEG 규격

MPEG-1	CD와 같은 디지털 저장 매체에 VHS(비디오 테이프) 수준의 동영상과 음향을 최대 1.5Mbps로 압축 및 저장할 수 있음
MPEG-2	ISO 13818로 규격화된 영상 압축 기술로 디지털 TV 방송에 필요한 고화질 영상 압축의 표준임
MPEG-4	방송, 인터넷, 영화, 이동통신, 게임 등에 필요한 모든 종류의 멀티미디어 데이터를 객체별로 부호화하는 표준으로 컴퓨터의 대화형 기능과 통신의 전송 기능을 동시에 수용할 수 있음
MPEG-7	동영상 데이터 검색 등 멀티미디어 정보 검색이 가능하도록 멀티미디어 정보에 대해 설명하는 메타 데이터를 붙여 넣은 것
MPEG-21	디지털 콘텐츠의 제작, 유통, 보안 등 전 과정을 관리

단답형 문제

01 (   ) 파일은 음반 CD에 가까운 음질을 유지하면서 MPEG에서 규정한 오디오 압축 방법을 따르는 소리 파일이다.

02 (   )는 동영상 전문가 그룹에서 제정한 동영상 압축 기술의 국제 표준 규격이다.

객관식 문제

03 다음 중 컴퓨터에서 그래픽 데이터 표현 방식인 비트맵(Bitmap) 방식에 관한 설명으로 옳지 않은 것은?

① 점과 점을 연결하는 직선이나 곡선을 이용하여 이미지를 표현한다.
② 이미지를 확대하면 테두리가 거칠어진다.
③ 파일 형식에는 BMP, GIF, JPEG 등이 있다.
④ 다양한 색상을 사용하여 사실적 이미지를 표현할 수 있다.

04 다음 중 정지 영상 데이터에 대한 설명으로 옳지 않은 것은?

① JPEG 파일 형식은 사진과 같은 정지 영상 표준 압축 기술이다.
② PNG 파일 형식은 GIF와 JPEG의 효과적인 기능들을 조합하여 만든 그래픽 파일 포맷이다.
③ BMP 파일 형식은 비트맵 방식으로 압축을 하지 않는다.
④ GIF 파일 형식은 이미지 표현 방식으로 벡터 방식의 손실 압축 방식을 이용한다.

05 다음에서 설명하는 MPEG 규격으로 옳은 것은?

> 차세대 텔레비전 방송이나 ISDN, 케이블망 등을 이용한 영상 전송을 위하여 제정된 것으로 HDTV, 위성방송, DVD 등이 이 규격을 따르고 있다.

① MPEG-2　② MPEG-3
③ MPEG-4　④ MPEG-7

정답 **01** MP3 **02** MPEG **03** ① **04** ④ **05** ①

POINT 22

정보 보안과 보안 기법

01 컴퓨터 범죄

◉ 데이터 침입의 형태

가로막기	시스템의 일부를 파괴하여 정보의 전달(정보의 흐름)을 가로막는 행위
가로채기	전송한 자료가 수신지로 가는 도중에 몰래 보거나 도청하는 행위
변조(수정)	인가 받지 않은 자가 시스템 자원에 접근하여 자료를 다른 내용으로 바꾸는 행위
위조	인가 받지 않은 자가 시스템에 틀린 정보를 정확한 정보인 것처럼 속여 기록하는 행위
워 드라이빙	차량으로 이동하면서 타인의 무선 구내 정보 통신망에 무단으로 접속하는 행위

◉ 보안 위협의 구체적인 형태

해킹	고의로 다른 컴퓨터 시스템에 침투하여 자료를 파괴 또는 변조하거나 불법적으로 자료를 가져가는 행위
트로이 목마	정상적인 프로그램에 숨어 있다가 해당 프로그램이 동작할 때 활성화되어 잘못된 동작을 유도하거나 정보를 유출시키는 행위
분산 서비스 거부 공격(DDoS)	여러 대의 장비를 이용하여 특정 서버에 대량의 데이터를 집중적으로 전송함으로써 서버의 정상적인 동작을 방해하는 행위
백 도어(트랩 도어)	정상적인 절차를 밟지 않고 시스템에 침입할 수 있는 경로로 해커의 침입 경로로도 사용됨
스푸핑(Spoofing)	검증된 사람이 네트워크를 통해 데이터를 보낸 것처럼 데이터를 변조하여 접속을 시도하는 행위
스니핑(Sniffing)	사용자가 전송하는 데이터를 훔쳐보는 것으로 네트워크의 패킷을 엿보면서 계정과 패스워드를 알아내는 행위
피싱(Phishing)	거짓 메일을 보내서 가짜 금융기관 등의 가짜 웹 사이트로 유인하여 정보를 빼내는 행위
키로거(Key Logger)	키 입력 캐치 프로그램을 사용하여 ID나 암호를 알아내는 행위

02 정보 보안

◉ 보안 요건

이메일을 받았을 때 수신자 이외의 사람들이 접근하여 메일을 읽을 수 없도록 기밀을 유지해야 한다.

인증	정보를 보내오는 사람의 신원을 확인함
접근 제어	시스템의 자원 이용에 대한 불법적인 접근을 방지 및 통제함
침입 탐지	시스템의 보안을 위협하는 침입 행위가 발생하면 이를 탐지함
기밀성	정보의 불법적인 공개로부터 정보를 보호함(인가 받은 당사자만 읽을 수 있도록)
무결성	정보 전달 도중에 정보가 훼손되지 않았는지 확인함(인가 받은 당사자만 수정 가능하도록)
부인 방지(봉쇄)	메시지를 송수신하거나 교환한 후 해당 사실을 나중에 증명함으로써 메시지의 송수신에 대한 사실의 부인을 방지함

이메일을 받고서도 받지 않았다고 부인하는 것을 방지할 수 있다.

◉ 방화벽(Firewall)

방화벽은 보안이 필요한 네트워크의 통로를 단일화하여 이 출입구를 보안 관리하며, 외부로부터의 불법적인 접근을 상당 부분 막을 수 있는 시스템이다.

- 외부로부터의 불법적인 접근은 봉쇄하지만, 내부에서 일어나는 해킹을 막을 수는 없다.
- 외부로부터 스팸 공격이 들어오면 방화벽에서 차단하여 방화벽 안쪽의 시스템을 보호한다.

◉ 프록시 서버(Proxy Server)

프록시 서버는 컴퓨터 시스템에 침입 차단 시스템을 설치하는 경우 외부와 연결하여 통신을 하도록 만들어 놓은 서버이다.

- PC 사용자와 인터넷 사이에서 중개자 역할을 하는 대리 서버로서 보안이나 관리적 차원의 규제, 캐시 서비스 등을 제공한다.
- HTTP, FTP, Gopher 프로토콜 등을 지원한다.
- 사용자가 방문했던 내용을 담고 있는 캐시 서버로서 방화벽의 기능까지 지원한다.

03 저작권 보호

◉ 저작권법

공표권	저작물을 공연 · 방송 또는 전시 그 밖의 방법을 이용하여 일반 공중에게 발표할 것인지 말 것인지를 결정할 권리
배포권	원작품 또는 복제물을 일반 공중에게 대가를 받거나 또는 받지 않고 양도하거나 대여할 수 있는 권리
전송권	저작물을 무선 또는 유선 통신의 방법을 이용하여 송신하거나 이용할 수 있도록 제공할 수 있는 권리
복제	사진, 인쇄, 복사, 녹음, 녹화 등 그 밖의 방법을 이용하여 유형물로 다시 제작하는 행위
발행	저작물을 일반 공중의 수요를 위하여 복제, 배포하는 행위

- 저작자는 저작인격권(공표권, 성명표시권 등)과 저작재산권(복제권, 공연권 등)을 가진다.
- 법인 등의 명의로 공표되는 업무상 저작물의 저작자는 계약 또는 근무 규칙 등에 다른 정함이 없는 때에는 그 법인 등이 된다. 다만, 컴퓨터프로그램 저작물의 경우 공표될 것을 요하지 아니한다.
- 저작권은 저작물을 창작한 때부터 발생하며 어떠한 절차나 형식의 이행을 필요로 하지 아니한다.

◉ 저작권의 보호 기간

- 저작재산권은 특별한 규정이 있는 경우를 제외하고는 저작자가 생존하는 동안과 사망한 후 70년간 존속한다.
- 공동저작물의 저작재산권은 맨 마지막으로 사망한 저작자가 사망한 후 70년간 존속한다.
- 보호기간을 산정할 때 초년을 포함시키지 않는다(다음해 1월 1일부터 산정).

◉ 보호받지 못하는 저작물

- 헌법 · 법률 · 조약 · 명령 · 조례 및 규칙
- 국가 또는 지방자치단체의 고시 · 공고 · 훈령 그 밖에 이와 유사한 것
- 법원의 판결 · 결정 · 명령 및 심판이나 행정심판절차 그 밖에 이와 유사한 절차에 의한 의결 · 결정 등
- 국가 또는 지방자치단체가 작성한 것으로서 상기 규정된 것의 편집물 또는 번역물
- 사실의 전달에 불과한 시사보도
- 프로그램 작성을 위해 사용되는 프로그램 언어, 규약 및 해법

단답형 문제

01 데이터 침해 형태 중에서 (　　　)는 송신 데이터가 수신지까지 전달되는 도중에 몰래 보거나 도청하여 정보를 유출하는 행위이다.

02 (　　　)은 검증된 사람이 네트워크를 통해 데이터를 보낸 것처럼 데이터를 변조하여 접속을 시도하는 것이다.

객관식 문제

03 다음 중 정보 보안을 위협하는 형태에 대한 설명으로 옳은 것은?

① 스니핑(Sniffing) : 검증된 사람이 네트워크를 통해 데이터를 보낸 것처럼 데이터를 변조하여 접속을 시도한다.

② 피싱(Phishing) : 적절한 사용자 동의 없이 사용자 정보를 수집하는 프로그램을 설치하여 사생활을 침해한다.

③ 스푸핑(Spoofing) : 실제로는 악성 코드로 행동하지 않으면서 겉으로는 악성 코드인 것처럼 가장한다.

④ 키로거(Key Logger) : 키보드상의 키 입력 캐치 프로그램을 이용하여 개인 정보를 빼낸다.

04 다음 중 인터넷에서의 저작권에 대한 설명으로 옳지 않은 것은?

① 다른 사람의 초상 사진을 사용하기 위해서는 사진 작가와 본인의 승낙을 동시에 받아야 하는 것이 원칙이다.

② 사람의 이름이나 단체의 명칭 또는 저작물의 제호 등은 사상 또는 감정의 창작적 표현이라고 볼 수 없기 때문에 저작물이 되지 않는다.

③ 국가 또는 지방자치단체의 홈페이지에 게시된 고시 · 공고 · 훈령 등은 저작권법의 보호를 받는다.

④ 원저작물을 번역, 편곡, 변경, 각색, 영상제작 그밖의 방법으로 작성한 창작물은 독자적인 저작물로 보호된다.

정답 **01** 가로채기 **02** 스푸핑(Spoofing) **03** ④ **04** ③

◉ 저작재산권의 제한

- 재판절차를 위하여 필요한 경우이거나 입법 · 행정의 목적을 위한 내부 자료로서 필요한 경우에는 그 한도 안에서 저작물을 복제할 수 있다.
- 공개적으로 행한 정치적 연설 및 법정 · 국회 또는 지방의회에서 공개적으로 행한 진술은 어떠한 방법으로도 이용할 수 있다.
- 고등학교 및 이에 준하는 학교 이하의 학교의 교육 목적상 필요한 교과용 도서에는 공표된 저작물을 게재할 수 있다.

04 개인정보 보호

◉ 개인정보

- 일반적으로 특정 개인을 식별하거나 식별할 수 있는 정보를 말한다.
- 성명, 주민등록번호 및 영상 등을 통하여 개인을 알아볼 수 있는 정보를 말한다.
- 식별 정보가 부족하더라도 다른 정보와 결부시켜 식별할 수 있는 것까지 포함한다.
- 개인에 대한 타인의 의견, 평가, 견해 등 제3자에 의해 생성된 간접적인 정보(예 신용평가 정보 등)도 해당될 수 있다.

◉ 개인정보 침해 유형

수집	이용자 동의 없이 과도하고 민감한 개인 정보 수집
저장 및 관리	개인정보에 대한 기술적, 관리적 조치 미비
이용 및 제공	• 이용자에게 고지하고 명시한 목적 범위를 벗어난 개인정보의 이용 • 동의 없이 제3자에게 개인정보 제공, 부당한 개인정보 공유(계열사, 자회사, 패밀리 사이트 등) • 개인정보 매매, 개인정보 이용 동의를 구하지 않거나 회원탈퇴 요구에 불응
파기	정당한 이유 없이 개인정보를 보유하거나 파기하지 않는 경우

◉ 개인정보 보호의 의미

- 정보주체의 동의에 의해 정보가 이용되고 제공되도록 개인정보에 대한 결정권을 보장하는 것이라 할 수 있다.
- 정보화 사회의 필수적인 요소로 기능하기 때문에 보호되어야 한다.
- 악의적인 목적으로 정보가 유출되거나 이용될 경우 개인의 안전과 재산에 피해를 끼칠 수 있기 때문이다.

◉ 법에서의 개인정보 정의

- 개인정보보호법

> "개인정보"란 살아 있는 개인에 관한 정보로서 성명, 주민등록번호 및 영상 등을 통하여 개인을 알아볼 수 있는 정보, 해당 정보만으로는 특정 개인을 알아볼 수 없더라도 다른 정보와 쉽게 결합하여 알아볼 수 있는 정보, 가명 정보를 말한다. –제2조–

- 위치정보의 보호 및 이용 등에 관한 법률

> "위치정보"라 함은 이동성이 있는 물건 또는 개인이 특정한 시간에 존재하거나 존재하였던 장소에 관한 정보로서 전기통신 사업법 제2조 제2호 및 제3호에 따른 전기통신설비 및 전기통신 회선설비를 이용하여 측위(測位)된 것을 말한다. –제2조–

◉ 개인정보 보호의 실제

정보통신망을 통해 개인정보에 불법적으로 접근하는 행위를 방지하기 위해서 침입차단시스템 · 침입탐지시스템 등 접근 통제장치를 설치하여야 한다.

- **접근 통제장치 구비** : 정보통신망을 통한 불법적인 접근을 차단 통제하는 시스템이다.

침입차단 시스템	• 일반적으로 방화벽(Firewall)이라 부름 • 접속 권한을 IP 주소 등으로 제한하여 인가받지 않은 접근을 차단 제한하는 시스템
침입탐지 시스템	• 사업자의 개인정보처리시스템에 접속한 IP, 트래픽 등을 재분석 • 불법적인 정보 유출 시도가 있었는지 탐지하는 시스템
침입방지 시스템, 기타	• 침입방지시스템(IPS; Intrusion Prevention System)을 통해 침입차단시스템과 침입탐지시스템이 동시에 구현됨 • 보안 운영체제(Secure OS) 등도 널리 이용됨

• 개인정보 보호를 위한 실천 방안

- 개인정보처리방침 및 이용약관 꼼꼼히 살피기
- 비밀번호는 문자와 숫자로 8자리 이상, 비밀번호는 주기적으로 변경하기
- 백신 프로그램, 윈도우즈 보안패치 최신으로 유지하기
- 회원가입은 주민번호 대신 I-PIN 사용하기
- 명의도용확인 서비스 이용하여 가입 정보 확인하기
- 개인정보는 친구에게도 알려주지 않기
- P2P 공유폴더에 개인 정보 저장하지 않기
- 금융거래는 PC방에서 이용하지 않기
- 출처가 불명확한 자료는 다운로드하지 않기
- 개인정보 침해신고 적극 활용하기

05 암호화 기법

◉ 비밀키(대칭키) 암호화 기법

- 암호화와 복호화 속도가 빠르며, 단일키 기법이므로 알고리즘이 단순하다.
- 암호화키와 복호화키가 같다.
- 사용자가 증가하면 관리할 키의 수가 상대적으로 많아진다.
- 송수신 측이 미리 약속된 키로 암호화 및 복호화를 하는 방식이다.
- 암호화해도 전송할 데이터의 용량이 늘지 않는다.
- **대표적 알고리즘** : DES

◉ 공개키(비대칭키) 암호화 기법

- 암호화와 복호화 속도가 느리며, 알고리즘이 복잡하다.
- 암호화키와 복호화키가 서로 다르다.
- 키의 분배가 용이하고 관리할 키의 수가 작다.
- 암호화키는 공개하고, 복호화키는 비밀로 하는 방식이다.
- **대표적 알고리즘** : RSA

단답형 문제

01 타인(제3자)이 개인에 대해 평가한 간접 정보는 개인정보라 할 수 없기 때문에 보호받기 힘들다. (○, ×)

02 침입차단 시스템과 침입탐지 시스템이 동시에 구현된 시스템으로 방화벽 역할과 접속 정보 분석 및 탐지활동을 하는 것을 (　　　)라 부른다.

03 공개키 암호화 기법에서는 암호화할 때 사용하는 키는 비밀로 하고, 복호화할 때 사용하는 키는 공개하는 방식을 사용하여, 키의 분배가 용이하고 관리해야 하는 키의 개수가 작다는 장점을 가진다. (○, ×)

객관식 문제

04 다음 중 비밀키 암호화 기법에 해당되지 않는 것은?

① 사용자의 증가에 따라 관리해야 하는 키의 수가 상대적으로 많아진다.
② 대표적으로 DES(Data Encryption Standard)가 있다.
③ 암호화와 복호화의 속도가 빠르다.
④ 이중키 방식이므로 알고리즘이 복잡하다.

05 다음 중 비대칭형(Public Key) 암호화 방식의 특징이 아닌 것은?

① 암호키와 해독키가 분리되어 있다.
② RSA 방식이 많이 사용된다.
③ 공개키만으로는 암호화된 내용을 복호화할 수 없다.
④ 송신자와 수신자 사이에 동일한 키를 사용한다.

정답 **01** × **02** 침입방지시스템(IPS) **03** × **04** ④ **05** ④

이론 1과목 컴퓨터 일반

06 보안 프로토콜

◉ 전자우편 보안

PEM (Privacy Enhanced Mail)	• 전자우편 전송 과정에서 탈취, 변조, 위조의 가능성이 있으므로 내용을 암호화하여 제3자가 알아볼 수 없게 함 • 특정한 키가 있어야 내용을 확인할 수 있음 • 비밀키/공개키 암호 방식으로 인증, 무결성, 부인 방지 등을 제공함
PGP (Pretty Good Prvacy)	• 전자우편을 다른 사람이 받아 볼 수 없도록 암호화하고, 받은 전자우편의 암호를 해석함 • PEM의 일부 기능만 수행하므로 보안성은 떨어지지만 사용은 용이함 • 공개키 암호 방식으로 자료 파일을 보호하기 위하여 사용함

◉ 웹 보안

SSL (Secure Socket Layer)	개인 정보를 보호하기 위한 보안 방법으로 RSA의 비대칭형 암호 시스템을 사용함
SET (Secure Electronic Transaction)	금융 거래 안전을 위한 보안 접근 방법
SEA (Security Extension Architecture)	전자서명, 암호 등을 통해 보안을 구현하며, SSL과 S-HTTP의 단점을 보완함
S-HTTP (Secure HTTP)	웹에서 안전하게 파일 교환을 할 수 있는 HTTP의 확장판

07 컴퓨터 바이러스

◉ 바이러스 특징

• 복제 기능
• 은폐 기능
• 파괴 기능

◉ 바이러스 분류

부트 바이러스	부트 섹터에 감염되어 부팅이 되지 않도록 함(예 미켈란젤로, 브레인, LBC 등)
파일 바이러스	실행 파일(EXE, COM)에 감염되어 파일을 손상시킴(예 예루살렘, 어둠의 복수자, CIH 등)
부트/파일 바이러스	부트 섹터와 파일을 손상시킴(예 침입자, 나타스, 테킬라 등)
매크로 바이러스	MS 엑셀과 워드의 매크로 파일을 손상시킴(예 라록스, 멜리사, 로보캅 등)

기적의 TIP

웜(Worm) 바이러스

컴퓨터 바이러스의 일종으로, 일반적인 의미의 컴퓨터 바이러스와 다르게 다른 프로그램을 감염시키지 않고 자기 자신을 복제하면서 통신망 등을 통해 널리 퍼진다.

◉ 바이러스 증상

• 컴퓨터가 부팅되지 않거나 부팅 시간이 오래 걸린다.
• 사용자가 실행하지 않은 이상한 메시지가 화면에 나타난다.
• 디스크의 볼륨 레이블을 변경하거나 시스템이 자주 다운된다.
• 프로그램이 실행되지 않거나 처리 속도가 현저하게 떨어진다.

기적의 TIP

랜섬웨어

• 시스템을 잠그거나 데이터를 암호화하여 사용할 수 없도록 하고 이를 인질로 금전을 요구하는 악성 프로그램을 의미한다.
• **랜섬웨어 피해 예방 5대 수칙**
  – 모든 소프트웨어는 최신 버전으로 업데이트하여 사용한다.
  – 백신을 설치하고, 최신 버전을 유지한다.
  – 출처가 불명확한 이메일과 URL 링크는 실행하지 않는다.
  – 파일 공유 사이트 등에서 파일 다운로드 및 실행에 주의한다.
  – 중요 자료는 정기적으로 백업한다.

◉ 바이러스 감염 경로

• 인터넷에서 바이러스에 감염된 파일을 다운로드한 경우
• 불법으로 복사한 소프트웨어에 감염되는 경우

• 공유 네트워크에 감염된 사용자가 접속하여 파일을 전송하는 경우
• 감염된 전자우편의 첨부 파일을 열어보는 경우
• 외부 디스크(이동 디스크 등)를 불특정 다수와 함께 사용하는 경우

◉ 바이러스 예방

• 백신 프로그램을 이용하여 주기적으로 검사하고, 항상 최신 버전을 유지한다.
• 인터넷이나 다른 컴퓨터에서 다운받은 파일은 백신 프로그램으로 반드시 검사한다.
• 발신지가 분명치 않거나 바이러스 감염이 의심되는 전자우편은 열어보지 않는다.
• 네트워크를 통한 바이러스 감염에 대비하여 공유 폴더를 수시로 검사한다.
• 중요한 프로그램이나 자료는 안전할 때 주기적으로 백업해둔다.
• 외부로부터의 불법적인 접근을 막을 수 있는 방화벽을 설정하여 사용한다.

◉ 바이러스 백신 프로그램

• 바이러스에 감염되거나 손상된 파일을 치료하고 예방하는 프로그램이다.
• 백신 기능에는 검사, 진단, 치료 등이 있으며, 메모리에 상주하여 경고 메시지를 표시한다.
• 종류로는 V3 제품군, 노턴 안티 바이러스, 카스퍼스키 제품군 등이 있다.

기적의 TIP

파일 바이러스 유형
• **연결형 바이러스** : 프로그램을 직접 감염시키지 않고 디렉터리 영역에 저장된 프로그램의 시작 위치를 바이러스의 시작 위치로 변경하는 파일 바이러스 유형이다.
• **기생형 바이러스** : 프로그램을 감염시키는 위치에 따라 원래 프로그램에 손상을 주지 않으면서 앞이나 뒷부분에서 공존하는 바이러스이다.
• **겹쳐쓰기형 바이러스** : 원래 프로그램의 일부에 겹쳐 씌어져 결과적으로 파일을 파괴하는 바이러스이다.
• **산란형 바이러스** : EXE 파일을 감염시키지 않고 같은 이름의 COM 파일을 만들어 바이러스 프로그램을 넣어두는 바이러스이다.

단답형 문제

01 컴퓨터 바이러스 특징에는 복제, 치료, 파괴 기능이 있다. (○, ×)

객관식 문제

02 다음 중 바이러스에 대한 설명으로 옳지 않은 것은?
① 사용자 몰래 스스로 복제하여 다른 프로그램을 감염시키고, 정상적인 프로그램이나 다른 데이터 파일 등을 파괴한다.
② 감염 부위에 따라 부트 바이러스와 파일 바이러스로 구분한다.
③ 컴퓨터 하드웨어와 무관하게 소프트웨어에만 영향을 미친다.
④ 주로 복제품을 사용하거나 통신 매체를 통하여 다운받은 프로그램에 의해 감염된다.

03 다음 중에서 제작자가 의도적으로 사용자에게 피해를 주기 위해 악의적 목적으로 만든 악성 코드에 해당하지 않는 것은?
① 웜(Worm)
② 트로이 목마(Trojan House)
③ 드로퍼(Dropper)
④ 방화벽(Fire Wall)

04 다음 중 컴퓨터 바이러스의 예방법으로 가장 거리가 먼 것은?
① 최신 버전의 백신 프로그램을 사용한다.
② 다운로드 받은 파일은 작업에 사용하기 전에 바이러스 검사 후 사용한다.
③ 전자우편에 첨부된 파일은 다른 이름으로 저장하고 사용한다.
④ 네트워크 공유 폴더에 있는 파일은 읽기 전용으로 지정한다.

③ : 전자우편에 첨부된 파일을 다른 이름으로 저장하더라도 컴퓨터 바이러스가 예방되지 않음

정답 01 × 02 ③ 03 ④ 04 ③

이론 1과목 컴퓨터 일반

POINT 23 데이터 입력

01 각종 데이터 입력

◉ 문자 데이터

- 문자, 기호, 숫자 등을 조합하여 만든 데이터를 말하며 기본적으로 셀의 왼쪽에 정렬된다.
- 문자와 숫자가 같이 입력되면 문자로 인식한다.
- 특수 문자와 문자 또는 특수 문자와 숫자가 같이 입력되면 문자로 인식한다.
- 한글 쌍자음「ㄸ」을 입력한 후 [한자]를 누르면 일본어를 입력할 수 있는 일본어 목록 상자가 나타난다.
- 한 셀에 두 줄 이상의 문자열을 입력할 때는 [Alt]+[Enter]를 누른다.
- 숫자 데이터를 문자 데이터로 입력하려면 입력할 숫자 데이터 앞에 문자 접두어(')를 입력한다.

◉ 숫자 데이터

- 숫자(0~9)와 +, −, ( ), 쉼표(,), /, $, %, 소수점(.), 지수 기호(E, e) 등으로만 이루어진 데이터를 말하며 기본적으로 셀의 오른쪽에 정렬된다.
- 숫자 데이터 1000에 통화 기호(₩)와 천 단위의 구분 기호(,)를 같이 입력해도 숫자로 인식된다.
- 자릿수가 11 자리를 넘으면 지수 형식으로 입력된다.
- 분수를 입력하려면 0과 공백을 입력한 후 분수 값을 입력한다.
- 음수를 입력하려면 숫자 데이터 앞에 음수(−) 기호를 붙이거나 숫자를 괄호( )로 묶는다.

◉ 날짜/시간 데이터

- 날짜는 일련번호로 저장되고, 시간은 하루에 대한 비율로 간주되어 소수로 저장된다.
- 셀의 오른쪽에 맞추어 입력되며, 연산 및 대소 비교가 가능하다.
- 날짜 데이터는 하이픈(−)이나 슬래시(/)를 이용하여 '연−월−일', '연/월/일' 형태로 입력한다.
- 시간 데이터는 콜론(:)을 이용하여 '시:분:초' 형태로 입력한다.
- 시간 입력 시 한 칸 띄우고「AM」 또는「PM」을 입력하면 12시각제로 표시된다.
- 날짜와 시간을 혼합하여 입력할 때는 날짜와 시간 사이를 한 칸 띄운다.
- [Ctrl]+[;]를 누르면 시스템에 설정된 오늘 날짜가 입력된다.
- [Ctrl]+[Shift]+[;]를 누르면 시스템에 설정된 현재 시간이 입력된다.
- 날짜를 입력할 때 연도를 00에서 29 사이의 숫자로 입력하면 2000년에서 2029년 사이의 연도가 표시된다.

◉ 수식 데이터

- 시트에 입력된 데이터를 계산하려면 반드시 '=, +'로 시작되어야 하며 숫자, 연산자, 함수 등으로 구성된다.
- 입력한 수식을 화면에 표시하려면 [Ctrl]+[~]를 누르거나 [수식]−[수식 분석]−[수식 표시]를 선택한다.

◉ 특수 문자

- [삽입]−[기호]−[기호]를 실행하거나 한글 자음(ㄱ, ㄴ, ㄷ, …) 중 하나를 입력하고 [한자]를 눌러 목록에서 해당 특수 문자를 선택한다.
- 각각의 한글 자음에 따라 화면에 표시되는 특수 문자가 다르다.

◉ 한자

- '진'과 같이 한자의 음이 되는 한 글자를 입력한 후 [한자]를 누르면 화면에 해당 글자에 대한 한자 목록이 표시된다.
- 등록된 단어 전체를 한자로 변경할 경우 해당 단어에 커서를 위치시키거나 블록 설정하여 [한자]를 누르면 [한글/한자 변환] 대화상자가 나타난다.

02 메모, 윗주, 하이퍼링크

◉ 메모(바로 가기 키 : Shift+F2)

- 셀의 데이터 내용에 대해 보충 설명이나 참고 사항 등을 기록할 때 사용한다.
- [검토]-[메모]-[새 메모]를 선택하거나 바로 가기 메뉴에서 [메모 삽입]을 선택하여 메모에 기재할 내용을 입력한다.
- 메모가 입력되면 오른쪽 위쪽에 빨간색 삼각형 표시가 나타나며, 메모 상자의 크기 조절 역시 가능하다.
- [검토]-[메모]-[메모 표시/숨기기]를 클릭하여 메모 내용이 항상 화면에 나타나도록 하거나 한 번 더 클릭하여 마우스 포인터를 가져가면 메모 내용이 나타나는 '메모 숨기기' 상태로 설정할 수 있다.
- 항상 화면에 표시된 상태에서 메모 개체의 바로 가기 메뉴 중 [메모 서식]을 클릭하여 간단한 서식 설정도 가능하다.

◉ 윗주

- 윗주는 셀 내부의 데이터 위쪽에 추가하는 주석문으로, 삽입된 셀의 데이터를 삭제하면 윗주의 내용도 같이 삭제된다.
- [홈]-[글꼴]-[윗주 필드 표시/숨기기]-[윗주 편집]을 선택한 후 윗주 입력 상자에 내용을 입력한다.
- 윗주를 삽입한 다음 [홈]-[글꼴]-[윗주 필드 표시/숨기기]-[윗주 필드 표시]를 선택하면 윗주가 화면에 표시된다.
- 윗주의 글꼴, 맞춤 등을 변경하려면 윗주가 삽입된 셀을 선택한 다음 [홈]-[글꼴]-[윗주 필드 표시/숨기기]-[윗주 설정]을 선택한 후 [윗주 속성] 대화상자에서 수정한다.
- 윗주는 문자 데이터에만 삽입이 가능하며, 숫자가 입력된 셀에 삽입할 수 없다.
- 윗주의 전체 서식은 바꿀 수 있지만 일부분만 지정하여 서식을 지정할 수 없다.

◉ 하이퍼링크(바로 가기 키 : Ctrl+K)

- 텍스트나 그래픽 개체를 사용하여 차트, 통합 문서, 웹 페이지, 기타 파일 등에 연결시키는 기능이다. 예를 들어 하이퍼링크로 설정한 메일 주소를 클릭하면 연결된 전자우편 프로그램이 자동으로 실행된다.
- [삽입]-[링크]-[링크]를 선택하거나 바로 가기 메뉴에서 [링크]를 선택한다.

단답형 문제

01 (　　)는 셀의 값이나 그래픽 개체에 다른 파일 또는 웹 페이지로 연결되게 하는 기능이다.

02 시간 데이터는 세미콜론(;)을 이용하여 시, 분, 초를 구분한다. (○, ×)

03 윗주에 입력된 텍스트 중 일부분의 서식을 별도로 변경할 수 있다. (○, ×)

객관식 문제

04 다음 셀에 입력한 내용 중 문자열로 인식되지 않는 것은?

① '2009　　② 120*20
③ 2.54E+04　　④ 4+5

05 다음 중 워크시트의 데이터 입력에 관한 설명으로 옳지 않은 것은?

① 문자열 데이터는 셀의 왼쪽에 정렬된다.
② 수치 데이터는 셀의 오른쪽으로 정렬되며 공백과 '&' 특수 문자를 사용할 수 있다.
③ 기본적으로 수식 데이터는 워크시트 상에 수식 결과값이 표시된다.
④ 특수 문자는 한글 자음(ㄱ, ㄴ, ㄷ 등)을 입력한 후 한자를 눌러 나타나는 목록 상자에서 원하는 문자를 선택하여 입력할 수 있다.

06 다음 중 셀의 메모 기능에 대한 설명으로 옳지 않은 것은?

① 셀에 입력된 데이터를 삭제해도 메모는 삭제되지 않는다.
② 메모를 기록할 때의 바로 가기 키는 Shift+F2이다.
③ 문자 데이터가 입력된 셀에만 메모를 입력할 수 있다.
④ 셀에 입력된 내용에 대한 보충 설명을 기록할 때 사용한다.

정답 **01** 하이퍼링크 **02** × **03** × **04** ③ **05** ② **06** ③

03 채우기 핸들을 이용한 자동 채우기

채우기 핸들을 마우스 끌기로 원하는 만큼 상/하/좌/우로 끌어다 놓으면 입력 데이터의 종류에 따라 자동으로 데이터 입력이 이루어진다.

문자 데이터	데이터가 복사됨
숫자 데이터	• 1개의 셀을 드래그하면 데이터가 복사됨 • 2개의 셀을 범위로 설정하여 드래그하면 두 셀의 차이 값만큼 증가함 • Ctrl 을 누른 채 드래그하면 1씩 증가함
혼합 데이터 (문자 + 숫자)	• 문자는 복사되고 숫자는 1씩 증가함 • 숫자가 2개 이상 섞여 있을 경우 마지막 숫자만 1씩 증가함 • Ctrl 을 누른 채 드래그하면 그대로 복사됨
날짜/시간 데이터	• 1개의 셀을 드래그하면 날짜는 1일 단위로, 시간은 1시간 단위로 증가함 • 2개의 셀을 범위로 설정하여 드래그하면 두 셀의 차이 값만큼 증가함
사용자 지정 목록 데이터	[파일]-[옵션]-[고급]-[사용자 지정 목록 편집]에 등록된 순서에 따라 데이터가 채워짐

기적의 TIP

범위를 지정하여 채우기

두 개 이상의 셀을 범위로 지정하여 채우기 핸들을 끌면 데이터 사이의 차이에 의해 증가 또는 감소하면서 채워진다.

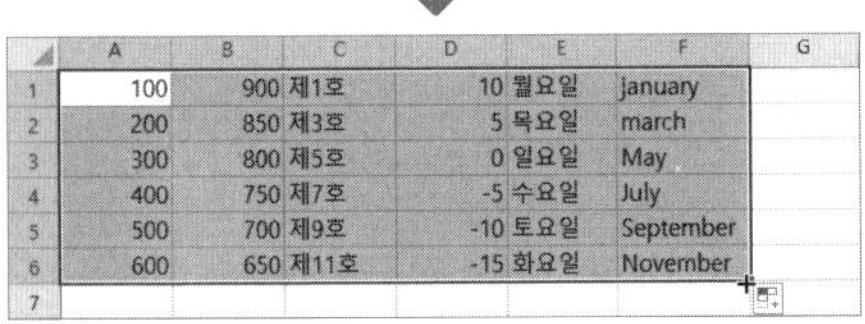

	A	B	C	D	E	F	G
1	100	900	제1호	10	월요일	january	
2	200	850	제3호	5	목요일	march	
3	300	800	제5호	0	일요일	May	
4	400	750	제7호	-5	수요일	July	
5	500	700	제9호	-10	토요일	September	
6	600	650	제11호	-15	화요일	November	
7							

04 선택하여 붙여넣기

- 복사한 데이터를 여러 가지 옵션으로 적용하여 붙여넣는 기능으로 서식, 값, 수식 등 일부 내용만 선택하여 붙여넣을 수 있다.
- [잘라내기]를 실행한 상태에서는 [선택하여 붙여넣기] 명령을 실행할 수 없다.
- 데이터를 복사한 후 [홈]-[클립보드]-[붙여넣기]-[선택하여 붙여넣기]를 선택하거나 바로 가기 메뉴에서 [선택하여 붙여넣기]를 선택하여 실행한다.

붙여넣기	• 모두 : 셀 내용과 수식, 값, 서식, 메모 등을 모두 붙여넣음 • 수식 : 서식을 제외하고 데이터와 수식 내용을 그대로 붙여넣음 • 값 : 셀에 표시되는 값만 붙여넣음 • 서식 : 셀 서식만 붙여넣음 • 메모 : 셀에 첨부된 메모만 붙여넣음 • 유효성 검사 : 유효성 검사만 붙여넣음 • 원본 테마 사용 : 원본에 적용된 문서 테마 서식으로 붙여넣음 • 테두리만 제외 : 테두리 서식만 제외하고 모든 내용(값, 서식, 메모)을 붙여넣음 • 열 너비 : 열의 너비(열 범위)를 붙여넣음 • 수식 및 숫자 서식 : 수식 및 숫자 서식만 붙여넣음 • 값 및 숫자 서식 : 수식 결과인 값과 숫자 서식만 붙여넣음 • 조건부 서식 모두 병합 : 조건부 서식의 규칙까지 포함하여 모두 붙여넣음
연산	복사 내용과 붙여넣을 위치에 있는 내용을 지정한 연산자를 사용하여 계산함
내용 있는 셀만 붙여넣기	데이터가 있는 셀만 붙여넣음
행/열 바꿈	행과 열의 위치를 바꾸어 붙여넣음
연결하여 붙여넣기	복사할 셀과 붙여넣기 할 셀을 연결시킴(원본 수정 시 복사본 자동 수정)

05 다양한 붙여넣기 옵션 사용

◉ [홈] 탭 – 클립보드 영역의 [붙여넣기]

- 기타 붙여넣기 옵션
  - 그림 : 복사한 데이터를 Excel에 그림으로 붙여넣기 한다.
  - 연결된 그림 : 복사한 셀의 데이터와 연결하여 Excel에 그림으로 붙여넣기한다.

기적의 TIP

그림으로 복사

- [홈] 탭–클립보드 영역의 [복사]–[그림으로 복사]에서 실행 가능하다.
- Excel에서 데이터를 그림으로 복사하는 기능으로 워크시트 또는 차트 시트에서 그림으로 복사할 셀을 선택하거나 차트 또는 개체를 클릭한 후 [그림으로 복사]를 선택한다.

06 [Excel 옵션]의 [고급] 탭

〈Enter〉키를 누른 후 다음 셀로 이동	Enter를 누를 때 셀 포인터의 이동 방향을 위쪽, 아래쪽, 왼쪽, 오른쪽 중에서 사용자가 원하는 방향으로 선택할 수 있음
소수점 자동 삽입	기본적으로 숫자에 소수점이 표시되도록 설정하는 것으로, '소수점 위치'에 입력된 숫자만큼 소수점 위치가 이동되어 설정됨
셀에서 직접 편집 허용	수식 입력줄뿐만 아니라 F2를 누르거나 셀을 더블클릭하여 셀 안에서도 데이터를 편집할 수 있도록 설정함
셀 내용을 자동 완성	입력하는 처음 몇 글자가 해당 열의 기존 항목과 일치할 경우 자동으로 나머지 문자가 채워지도록 설정함
자동 연결 업데이트 확인	연결된 항목을 업데이트하기 전에 확인할 수 있도록 메시지를 표시함

기적의 TIP

기타 입력 방법

- **같은 셀 내에서 줄 바꿈** : 같은 셀 내에서 텍스트의 줄을 바꾸려면 줄을 바꿀 위치를 클릭한 다음 Alt+Enter를 누른다.
- **동일 데이터 입력** : 범위를 지정하고 데이터를 입력한 후 Ctrl+Enter를 누르면 동일한 데이터가 한 번에 입력된다.

단답형 문제

01 임의의 셀에 날짜 데이터를 입력한 뒤 채우기 핸들을 아래로 드래그하면 1일 단위로 증가하여 나타난다. (○, ×)

02 ( ) 기능을 이용하면 데이터가 입력되어 있는 표의 행과 열을 바꾸어 붙여넣을 수 있다.

객관식 문제

03 아래 시트에서 [A1] 셀을 선택한 후 Ctrl을 누른 채 채우기 핸들을 [D1] 셀까지 드래그하였다. 다음 중 [D1] 셀에 입력되는 값으로 옳은 것은?

	A	B	C	D
1	1학년 A반			
2				

① 4학년 A반
② 1학년 D반
③ 1학년 A반
④ 4학년 D반

04 다음 중 채우기 핸들을 이용하여 데이터를 입력하는 방법으로 옳지 않은 것은?

① 인접한 셀의 내용으로 현재 셀을 빠르게 입력하려면 위쪽 셀의 내용은 Ctrl+D, 왼쪽 셀의 내용은 Ctrl+R을 누른다.
② 숫자와 문자가 혼합된 문자열이 입력된 셀의 채우기 핸들을 아래쪽으로 끌면 문자는 복사되고 숫자는 1씩 증가한다.
③ 숫자가 입력된 셀의 채우기 핸들을 Ctrl을 누른 채 아래쪽으로 끌면 똑같은 내용이 복사되어 입력된다.
④ 날짜가 입력된 셀의 채우기 핸들을 아래쪽으로 끌면 기본적으로 1일 단위로 증가한다.

정답 01 ○ 02 선택하여 붙여넣기 03 ③ 04 ③

POINT 24

데이터 편집

01 데이터 수정/삭제

데이터 수정	• 부분 수정 : F2를 누르거나 수식 입력줄에서 마우스로 클릭하여 커서를 표시한 후 데이터를 수정하고 Enter를 누름 • 전체 수정 : 여러 셀을 한번에 똑같은 데이터로 수정하려면 여러 셀을 선택하고 데이터를 입력한 후 Ctrl+Enter를 누름
데이터 삭제	• 내용 지우기 : [홈]–[편집]–[지우기]–[내용 지우기]를 선택하거나 Delete를 눌러 셀에 입력된 내용만 지움 • 서식 지우기 : [홈]–[편집]–[지우기]–[서식 지우기]를 선택하여 셀에 적용된 서식만 지움 • 모두 지우기 : [홈]–[편집]–[지우기]–[모두 지우기]를 선택하여 셀 내용과 서식, 메모 등을 한번에 지움

02 데이터 찾기/바꾸기

데이터 찾기	• 워크시트에서 특정 문자열을 찾아 셀포인터를 해당 셀로 이동시킴 • [홈]–[편집]–[찾기 및 선택]–[찾기]를 선택하거나 Ctrl+F를 눌러 찾을 내용을 입력하고 [다음 찾기]를 클릭하면 입력한 내용을 찾아 셀 포인터를 이동시킴 • 현재 활성 셀부터 찾기가 시작되며, 특정 영역을 범위로 지정하지 않았을 경우 워크시트 전체에서 찾기를 수행함 • 찾기 방향은 오른쪽이나 아래쪽으로 진행되지만 Shift를 누른 채 [다음 찾기]를 클릭하면 왼쪽이나 위쪽(역순)으로 찾기가 진행됨
데이터 바꾸기	• 워크시트에서 지정한 문자열을 찾은 후 다른 문자열로 바꿈 • [홈]–[편집]–[찾기 및 선택]–[바꾸기]를 선택하거나 Ctrl+H를 눌러 찾을 내용과 바꿀 내용을 입력하고 [바꾸기]를 클릭함

03 셀 포인터 이동

바로 가기 키	기능
↑/↓/←/→	상하좌우 한 칸씩 이동함
Page Up, Page Down	한 화면 위, 아래로 셀 포인터를 이동함
Tab, Shift+Tab	한 셀 오른쪽, 왼쪽으로 셀포인터를 이동함
Ctrl+↑/↓/←/→	현재 영역의 상하좌우 마지막 셀로 이동함
Home	해당 행의 [A] 열로 이동함
Ctrl+Home	워크시트의 시작 위치([A1] 셀)로 이동함
Ctrl+End	연속하여 입력된 데이터의 마지막 셀로 이동함
F5 또는 Ctrl+G	[이동] 대화상자에서 이동할 셀 주소를 입력해서 이동함

04 셀 선택과 범위 지정

연속적인 범위 선택	• 선택할 범위를 마우스로 드래그함 • 범위의 첫 번째 셀을 클릭하고 Shift를 누른 채 마지막 셀을 클릭함 • Shift를 누른 채 방향키를 이용하여 범위를 지정함
떨어져 있는 범위 선택	첫 번째 범위를 지정하고 두 번째 범위부터 Ctrl을 누른 채 드래그함
행/열 전체 선택	• 행 머리글이나 열 머리글을 클릭함 • Ctrl+Space Bar를 누르면 현재 열 전체를 선택하고, Shift+Space Bar를 누르면 현재 행 전체를 선택함
워크시트 전체 선택	• 워크시트 시작 부분의 [시트 전체 선택]( ) 단추를 클릭하거나 Ctrl+A 또는 Ctrl+Shift+Space Bar를 누름 • Ctrl+Space Bar를 눌러 현재 열 전체를 선택한 후 Shift+Space Bar를 눌러 현재 행 전체를 선택함

05 셀 삽입/삭제

셀 삽입	선택한 범위의 셀을 오른쪽이나 아래로 밀어내면서 새로운 셀을 삽입하는 것으로, 삽입 명령을 수행한 후에도 워크시트의 전체 행 개수와 열 개수는 변하지 않음 • 삽입할 범위를 지정하고 [홈]–[셀]–[삽입]–[셀 삽입]을 선택함 • 바로 가기 메뉴에서 [삽입]을 선택함 • Ctrl+＋를 누름
셀 삭제	선택한 범위의 셀을 삭제하고 오른쪽이나 아래에 있는 셀을 삭제된 영역으로 채움 • 삭제할 범위를 지정하고 [홈]–[셀]–[삭제]–[셀 삭제]를 선택함 • 바로 가기 메뉴에서 [삭제]를 선택함 • Ctrl+－를 누름

06 행 높이/열 너비 변경

행 높이	• 행 머리글의 구분선에서 마우스를 더블클릭하면 그 행의 가장 큰 글자 크기에 맞추어 행 높이가 조정됨 • 여러 개의 행을 범위로 설정한 상태에서 행의 높이를 조절하면 범위로 설정된 모든 행의 높이가 동일하게 설정됨 • 행 높이를 설정하려는 행에 셀 포인터를 위치시킨 후 [홈]–[셀]–[서식]–[행 높이]를 실행하여 표시되는 대화상자에 원하는 값을 입력함 • 행에 입력된 데이터의 글자 크기를 크게 설정하면 자동으로 행의 높이가 조절됨
열 너비	• 여러 개의 열을 범위로 설정한 상태에서 열의 높이를 조절하면 범위로 설정된 모든 열의 높이가 동일하게 설정됨 • 열 너비를 설정하려는 열에 셀 포인터를 위치시킨 후 [홈]–[셀]–[서식]–[열 너비]를 실행하여 표시되는 대화상자에 원하는 값을 입력함
행/열 숨기기	• 숨기려는 행이나 열을 선택한 후 [홈]–[셀]–[서식]–[숨기기 및 숨기기 취소]–[행 숨기기]/[열 숨기기]를 선택하거나 행의 높이나 열의 너비를 '0'으로 조정함 • 숨겨진 행/열을 다시 보이게 하려면 양쪽에 있는 행/열을 범위로 설정하고 [홈]–[셀]–[서식]–[숨기기 및 숨기기 취소]–[행 숨기기 취소]/[열 숨기기 취소]를 선택하거나 바로 가기 메뉴에서 [숨기기 취소]를 선택함

단답형 문제

01 데이터를 뒤에서부터 앞으로 역순으로 검색하려면 Ctrl을 누른 상태에서 [다음 찾기]를 눌러 검색하면 된다. (○, ×)

02 여러 셀에 동일한 내용을 입력하려면 해당 셀을 범위로 지정한 후 데이터를 입력하고 Shift+Enter를 누른다. (○, ×)

03 워크시트에서 숨겨져 있는 [C] 열과 [D] 열을 다시 보이도록 하려면 [B] 열부터 [E] 열까지 드래그한 다음 마우스 오른쪽 단추를 눌러 '숨기기 취소'를 선택한다. (○, ×)

객관식 문제

04 셀에서 직접 셀의 내용을 편집하거나 수식 입력줄에서 셀의 내용을 편집할 수 있도록 셀을 편집 모드로 전환하는 과정으로 옳지 않은 것은?

① 편집하려는 데이터가 들어 있는 셀을 두 번 클릭한다.
② 편집하려는 데이터가 들어 있는 셀을 클릭하고 수식 입력줄을 클릭한다.
③ 편집하려는 데이터가 들어 있는 셀을 클릭하고 F5를 누른다.
④ 편집하려는 데이터가 들어 있는 셀을 클릭하고 F2를 누른다.

05 다음 중 시트 전체를 범위로 선택하는 방법으로 옳지 않은 것은?

① 하나의 행이 선택되어 있는 상태에서 Shift+Space Bar를 누른다.
② 시트의 임의의 셀에서 Ctrl+A를 누른다.
③ 하나의 열이 선택되어 있는 상태에서 Shift+Space Bar를 누른다.
④ 시트 전체 선택 단추를 클릭한다.

정답 01 × 02 × 03 ○ 04 ③ 05 ①

POINT 25

통합 문서

01 통합 문서 저장

◉ 통합 문서(Workbook)

여러 형태의 워크시트가 한 개의 파일로 저장된 문서를 통합 문서라고 한다.

- 통합 문서의 확장자는 *.xlsx로 설정된다.
- 초기에 엑셀 파일명은 통합 문서1, 통합 문서2, …와 같이 자동으로 설정되며, 저장 명령으로 작업 내용에 맞는 새로운 이름을 지정하여 저장한다.
- 통합 문서는 여러 개의 시트를 포함할 수 있으며, 최소한 한 개 이상의 시트를 포함해야 한다.

◉ 다른 이름으로 저장 – 일반 옵션

[파일]–[다른 이름으로 저장]–[찾아보기]를 선택하면 [다른 이름으로 저장] 대화상자가 나타난다. 이 대화상자의 하단에서 [도구]–[일반 옵션]을 선택한다.

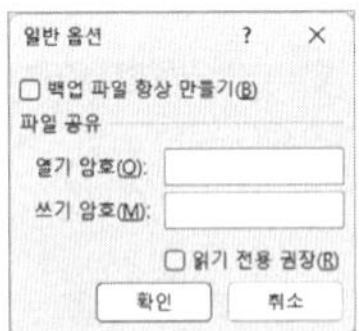

백업 파일 항상 만들기	통합 문서를 저장할 때마다 *.xlk 형식의 백업 복사본을 저장함
열기 암호	파일을 저장할 때 암호를 지정해 놓으면 암호를 모를 경우 파일을 열 수 없음
쓰기 암호	• 암호를 모를 경우 읽기 전용으로 불러와 수정할 수 있으나 원래 문서에는 저장할 수 없음 • 파일을 수정하려면 암호를 입력해야 하며 아니면 읽기 전용으로 열 수밖에 없음
읽기 전용 권장	• 읽기 전용이란 파일을 읽을 수만 있고 변경할 수 없는 상태를 말함 • 읽기 전용으로 파일을 열었을 경우 파일을 편집한 후 저장하려면 새 이름으로(다른 이름으로) 저장하거나 다른 위치에 복사본으로 저장해야 함 • 해당 문서를 열 때마다 읽기 전용으로 열 것인지 물어보는 경고창이 뜸

◉ 엑셀에서 지원하는 주요 파일 형식

- Excel 통합 문서(.xlsx) : XML 기반의 기본 파일 형식으로, VBA 매크로 코드나 Excel 4.0 매크로 시트(.xlm)는 저장할 수 없다.
- Excel 매크로 사용 통합 문서(.xlsm) : XML 기반의 파일 형식으로, 매크로 및 VBA 매크로 코드, Excel 4.0 매크로 시트를 저장할 수 있다.
- 서식 파일(.xltx) : 서식 파일의 기본 파일 형식으로, VBA 매크로 코드나 Excel 4.0 매크로 시트(.xlm)는 저장할 수 없다.
- 텍스트(.prn) : 공백으로 분리된 아스키 텍스트 파일 형식으로 현재 시트만 저장한다.
- 텍스트(.txt) : 탭으로 분리된 아스키 텍스트 파일 형식으로 현재 시트만 저장한다.
- CSV(.csv) : 쉼표로 분리된 텍스트 파일 형식으로 현재 시트만 저장한다.
- 웹 페이지(.htm, .html) : 웹에 게시할 수 있는 페이지 형태로 저장한다.

◉ 서식 파일

서식 파일이란 일정한 형식이나 스타일을 적용하여 미리 만들어 수록해 놓은 문서를 의미한다.

- 일반적인 서식 파일의 확장자는 xltx이고, 매크로가 포함된 서식 파일의 확장자는 xltm이다.
- 사용자가 작성한 서식 파일은 기본적으로 'C:\Users\[UserName]\Documents\사용자 지정 Office 서식 파일' 경로에 저장된다.
- 기본 서식 파일을 새로 만들려면 워크시트는 Sheet.xltx, 통합 문서는 Book.xltx로 파일명을 지정하여 XLStart 폴더에 저장한다.
- 모든 새 시트에 나타낼 서식, 스타일, 텍스트, 기타 정보 등을 서식 파일로 작성하는 파일에 넣는다.

- 새 통합 문서에서 보호되거나 숨긴 영역을 서식 파일에 넣을 수 있다.
- 시트 탭의 바로 가기 메뉴에서 [삽입]을 선택하면 나오는 대화상자에서 [스프레드시트 솔루션] 탭에는 엑셀 프로그램에서 제공하는 서식 파일이 표시된다.

02 시트 보호/해제 및 통합 문서 보호

◉ 시트 보호/해제

- 시트에서 잠긴 셀의 내용과 워크시트를 보호하기 위한 기능이다.
- '워크시트에서 허용할 내용'의 항목을 클릭하여 체크한다.
- [검토] 탭–[보호] 그룹–[시트 보호]를 실행한다.
- 시트 보호를 해제하려면 [홈] 탭–[셀] 그룹–[서식]–[시트 보호 해제]를 실행하거나 [검토] 탭–[보호] 그룹–[시트 보호 해제]를 실행한다. 암호를 지정하여 보호한 경우 보호를 해제할 때 암호를 입력해야 한다.
- 시트 보호 설정 시 암호 설정은 필수 사항이 아니다.
- 셀 보호(특정 셀에만 데이터 입력)를 하기 위해서는 [홈] 탭–[셀] 그룹–[서식]–[셀 잠금]이나 [셀 서식] 대화상자의 [보호] 탭에서 잠금을 해제하고 시트 보호를 설정하면 잠금이 해제된 특정 셀에만 데이터의 입력이 가능하고 나머지 셀은 보호된다.

◉ 통합 문서 보호

- 통합 문서를 보호하기 위한 기능이다.
- [검토] 탭–[보호] 그룹–[통합 문서 보호]–[구조 및 창 보호]를 실행한다.
- 보호할 대상으로는 구조가 있으며, 암호를 입력할 수 있다.
- 통합 문서의 구조를 보호하는 것으로 시트의 삽입, 삭제, 이름 변경, 이동, 숨기기, 숨기기 해제 등과 같은 작업을 할 수 없도록 한다.
- [통합 문서 보호]를 설정하더라도 포함된 차트, 도형 등의 그래픽 개체를 변경 및 이동/복사할 수 있다.
- 통합 문서 보호 설정 시 암호를 지정하더라도 워크시트에 입력된 내용을 수정할 수 있다.

단답형 문제

01 시트 보호는 시트에서 잠기지 않은 셀의 내용과 워크시트를 암호화하기 위한 기능이다. (○, ×)

02 시트 보호 설정 시 암호 설정은 필수 사항이 아니다. (○, ×)

03 [통합 문서 보호]를 설정하면 포함된 차트, 도형 등의 그래픽 개체를 변경 및 이동/복사할 수 없다. (○, ×)

객관식 문제

04 다음 중 시트 보호에 관한 설명으로 옳지 않은 것은?

① 차트 시트의 경우 차트 내용만 변경하지 못하도록 보호할 수 있다.
② '셀 서식' 대화상자의 '보호' 탭에서 '잠금'이 해제된 셀은 보호되지 않는다.
③ 시트 보호 설정 시 암호의 설정은 필수 사항이다.
④ 시트 보호가 설정된 상태에서 데이터를 수정하면 경고 메시지가 나타난다.

③ : 암호는 선택 사항이므로 암호를 지정하지 않으면 누구든지 시트 보호를 해제하고 보호된 요소를 변경할 수 있음

05 다음 중 통합 문서 보호에 대한 설명으로 옳지 않은 것은?

① [통합 문서 보호]를 설정하더라도 포함된 차트, 도형 등의 그래픽 개체를 변경 및 이동/복사할 수 있다.
② 통합 문서 보호 설정 시 암호를 지정하더라도 워크시트에 입력된 내용을 수정할 수 있다.
③ 통합 문서를 공개키 방식으로 암호화하기 위한 기능이다.
④ 보호할 대상으로는 구조가 있으며, 암호를 입력할 수 있다.

정답 01 × 02 ○ 03 × 04 ③ 05 ③

POINT 26

셀 서식 지정

01 셀 서식

◉ [표시 형식] 탭

숫자	소수점 이하 자릿수, 1000 단위 구분 기호(콤마), 음수의 표기 형식을 설정하고, 음수의 경우 빨간색이나 괄호로 표시함
통화	소수점 이하 자릿수, 통화 기호, 음수의 표시 형식을 설정함
회계	소수점 이하 자릿수와 통화 기호를 설정함
분수	셀에 입력된 소수를 분수 데이터로 표시하고자 할 때 사용함
텍스트	입력한 숫자에 텍스트 서식을 적용하여 입력한 그대로 표시함
기타	우편번호, 전화번호, 주민등록번호 등에 형식에 맞게 표시함
사용자 지정	기존의 형식을 직접 수정해서 사용함

◉ [맞춤] 탭 – 텍스트 조정

자동 줄 바꿈	셀의 내용이 한 줄로 모두 표시되지 않을 경우 여러 줄로 나누어 표시함
셀에 맞춤	셀의 내용이 한 셀에 모두 표시되지 않는 경우 글자의 크기를 줄여 모든 내용이 셀 안에 표시되도록 설정함
셀 병합	선택한 여러 셀을 하나의 셀로 병합함. 선택한 범위의 첫 번째 셀 또는 맨 위 셀의 데이터만 남고 나머지는 모두 지워짐

◉ [글꼴] 탭

- 선택한 텍스트의 글꼴 종류, 스타일, 크기 및 기타 서식 옵션을 지정한다.
- [파일]–[옵션]–[일반] 탭의 새 통합 문서 만들기에서 기본 글꼴과 크기를 설정할 수 있다.

◉ [테두리] 탭

선택한 셀의 외곽 테두리를 지정하고 테두리 단추나 미리 설정 단추를 클릭하여 테두리를 그린다.

◉ [채우기] 탭

- 선택한 셀의 배경에 색 또는 무늬를 채운다.
- '배경색' 항목에서 셀의 배경에 채울 색을 선택하고 '무늬 색' 항목에서 배경 무늬 색과 스타일을 지정한다.

◉ [보호] 탭

- 만약 특정 셀의 내용만 수정 가능하도록 하려면 [검토]–[보호]–[시트 보호]를 실행해서 시트 보호를 하기 전에 해당 셀의 잠금을 해제해 두어야 한다.
- 만약 특정 셀의 '잠금'이 해제되었고 시트가 보호된 상태면서 '잠금'이 해제된 또 다른 셀들이 존재한다면, 특정 셀에서 Tab을 누를 경우 잠금이 해제되지 않은 셀들은 건너뛰고 잠금이 해제된 다른 셀들로 이동한다.

02 사용자 지정 서식

- [셀 서식] 대화상자에서 기본으로 제공하는 '범주' 내용만으로는 원하는 형식을 표시할 수 없을 경우에, 서식 코드를 적절하게 활용하여 사용자가 원하는 서식 형태로 만들 수 있다.
- 사용자 지정 서식은 서식 코드(양수, 음수, 0, 텍스트)를 세미콜론(;)으로 구분된 4개의 구역으로 지정한다.

#,###;	[녹색](#,###);	0.00;	@"영진출판사"
양수	음수	0	텍스트

- 조건이 없을 경우 양수, 음수, 0, 텍스트에 대한 서식을 각 순서대로 정의하지만 조건이 있을 경우 조건이 지정된 순서대로 정의한다.
- 2항목만 지정하게 되면 첫째 항목은 양수와 0에 대해 사용되고 둘째 항목은 음수에 대해 사용된다.
- 사용자 지정은 하나의 구역만 설정하면 양수, 음수, 0의 값에 적용되어 사용된다.
- 조건이나 글자색의 설정은 대괄호([ ])안에 입력한다.
- [검정], [파랑], [자홍], [빨강], [청록], [녹색], [흰색], [노랑]으로 색을 지정할 수 있으며, 색 코드는 구역의 첫 항목이어야 한다.

숫자 서식	• # : 해당 자릿수에 숫자가 없을 경우에는 아무것도 표시하지 않음 • 0 : 해당 자릿수에 숫자가 없을 경우에는 그 자리에 0을 표시함 • % : 입력된 숫자에 100을 곱한 후 %를 붙임 • ? : 해당 자릿수가 없을 경우에는 그 빈자리를 빈칸으로 표시함 • , : 천 단위 구분 기호로, 이후에 더 이상 기호를 표시하지 않으면 숫자를 천 단위 배수로 표시함
날짜 서식	• mmm : 월을 Jan~Dec로 표시함 • mmmm : 월을 January~December로 표시함 • ddd : 요일을 Sun~Sat로 표시함 • dddd : 요일을 Sunday~Saturday로 표시함
문자 서식	문자의 앞뒤에 다른 문자를 넣고 싶을 때 @ 기호로 연결함. @ 앞뒤로 연결시킬 문자는 큰따옴표로 묶어서 처리함
기타	• [DBNum1] : 一百二十三 • [DBNum2] : 壹百貳拾參 • [DBNum3] : 百2十3 • [DBNum4] : 일백이십삼

03 조건부 서식

- 특정한 규칙을 만족하는 셀에 대해서만 각종 서식, 테두리, 셀 배경색 등의 서식을 설정한다.
- [홈]-[스타일]-[조건부 서식]에서 선택하여 적용한다.
- 조건부 서식은 기존의 셀 서식에 우선하여 적용된다.
- 규칙에 맞는 셀 범위는 해당 규칙에 따라 서식이 지정되고 규칙에 맞지 않는 셀 범위는 서식이 지정되지 않는다.
- 여러 개의 규칙이 모두 만족될 경우 지정한 서식이 충돌하지 않으면 규칙이 모두 적용되며, 서식이 충돌하면 우선순위가 높은 규칙의 서식이 적용된다.
- 규칙으로 설정된 해당 셀의 값들이 변경되어 규칙을 만족하지 않을 경우 적용된 서식이 해제된다.
- 고유 또는 중복 값에 대해서만 서식을 지정할 수도 있다.
- 규칙의 개수에는 제한이 없다.
- 서식이 적용된 규칙으로 셀 값 또는 수식을 설정할 수 있다. 규칙을 수식으로 입력할 경우 수식 앞에 등호(=)로 시작해야 한다.
- 규칙을 만족하는 데이터가 있는 행 전체에 서식을 지정할 때는 규칙 입력 시 열 이름 앞에만 '$'를 붙인다.
- 다른 시트의 데이터를 참조하여 서식을 적용할 수 있다.

단답형 문제

01 (   )은 선택한 셀이 사용자가 지정한 값이나 수식에 따른 조건을 만족할 때 서식을 적용할 수 있는 기능이다.

객관식 문제

02 엑셀의 [셀 서식]-[표시 형식] 탭의 사용자 지정을 설정할 때 사용되는 형식에 대한 설명 중 옳지 않은 것은?

① # : 하나의 자릿수를 의미하여 해당 자릿수에 숫자가 없을 경우 0을 표시한다.
② mmm : 월을 영문자로 표시한다.
③ @ : 입력된 문자열과 함께 특정 문자열을 항상 나타낼 때 사용한다.
④ % : 입력된 숫자에 100을 곱한 후 % 기호를 붙인다.

03 다음 중 워크시트에 2234543 숫자를 입력한 후 사용자 지정 표시 형식을 설정하였을 때, 화면에 표시되는 결과로 옳지 않은 것은?

① (형식) #,##0.00 (결과) 2,234,543.00
② (형식) 0.00 (결과) 2234543.00
③ (형식) #,###,"천원" (결과) 2,234천원
④ (형식) #% (결과) 223454300%

04 다음 중 조건부 서식에 관한 설명으로 옳은 것은?

① 좌측/우측 규칙의 사용이 가능하다.
② 셀 강조 규칙 중 '중복 값'은 지원되지 않는다.
③ 주어진 조건에 따라 데이터 막대, 색조 및 아이콘 집합을 사용할 수 있다.
④ [홈] 탭-[표시 형식] 그룹에서 사용할 수 있다.

- ① : 상위/하위 규칙이 있음
- ② : 셀 강조 규칙 중 '중복 값' 기능이 지원됨
- ④ : [홈] 탭-[스타일] 그룹에서 사용할 수 있음

정답 **01** 조건부 서식 **02** ① **03** ③ **04** ③

이론 2과목 스프레드시트 일반

POINT 27

수식의 기본

01 수식의 작성

◉ 수식 작성 규칙

- 셀에 입력된 데이터와 상수, 연산자 등으로 계산을 수행하여 결과값을 산출하는 것을 수식이라고 한다.
- 수식은 등호(=) 또는 더하기(+) 기호로 시작해야 하며 상수, 연산자, 함수, 함수의 인수 등으로 수식을 구성한다.
- 수식에 문자열이 사용될 때에는 큰 따옴표(" ")로 묶어줘야 한다.
- 수식이 입력된 셀은 계산 결과를 표시하고, 수식 입력줄에는 입력한 수식이 나타난다. 수식이 입력된 셀을 더블클릭한 다음 수식 일부를 범위 설정하고 F9를 누르면 선택한 부분의 결과를 미리 확인할 수 있으며 수식은 결과값으로 변경된다.
- Ctrl+~를 눌러 입력된 전체 수식을 볼 수 있다.

◉ 연산자의 종류

산술 연산자	• 숫자의 계산에 사용되는 연산자 • 곱하기(*), 나누기(/), 더하기(+), 백분율(%), 빼기(−), 지수(^)
비교 연산자	• 값을 비교하여 참(True) 또는 거짓(False)과 같은 논리값을 계산하는 연산자 • =(같음), < > (같지 않음), <=(작거나 같음), >=(크거나 같음), <(작음), >(큼)
텍스트 연산자	• 문자열을 연결할 때 사용하는 연산자 • &(문자열 연결)
참조 연산자	• 참조할 셀 영역을 지정할 때 사용하는 연산자 • 콜론(:) : 연속적인 셀 영역을 지정함 • 쉼표(,) : 연속적이지 않은 셀 영역을 지정함 • 공백 : 두 범위가 교차하는 셀 영역을 지정함

◉ 셀 참조

수식에서 다른 셀에 입력된 데이터를 사용할 경우 실제 데이터 대신 셀 주소를 사용한다.

상대 참조	변경된 셀에 맞게 해당 셀의 주소가 자동으로 바뀌는 것으로, 수식이 있는 셀의 상대적 위치를 기준으로 주소가 지정됨(예 A3 상대 열과 상대 행)
절대 참조	상대 참조와 달리 셀의 변경이 있더라도 해당 셀의 주소가 변경되지 않는 것으로, 특정 셀을 고정시키고자 할 경우에 사용하는 방식으로 열 문자와 행 번호 앞에 $를 붙여 표시함(예 $A$1 절대 열과 절대 행)
혼합 참조	행과 열 값 중 한 쪽만 바뀌는 것으로, 열이나 행만을 고정시켜 절대 주소로, 다른 하나는 상대 주소로 혼합해서 사용함(예 $A1, A$1)
시트 간 셀 참조 및 3차원 참조	• 시트의 이름과 셀 주소 사이는 느낌표(!)로 연결하며, 시트 이름에 공백이 있을 경우에는 간접 인용 부호(' ')로 시트 이름을 묶어주어야 함(예 =Sheet!A3) • 연속 나열된 시트의 같은 셀 주소를 참조할 경우(3차원 참조)에는 셀 주소를 한 번만 입력하면 됨(예 =SUM(Sheet1:Sheet4!A10)) • SUM, AVERAGE, COUNTA, STDEV.S 등의 함수를 사용할 수 있지만, 배열 수식에 3차원 참조를 사용할 수 없음
통합 문서 간 셀 참조	통합 문서의 이름을 대괄호([ ])로 구분하여 표시하며, 경로가 표시될 때에는 경로를 간접 인용 부호(' ')로 묶어주어야 함(예 ='C:₩[매출상품] Sheet3')

02 이름 정의

- 셀 주소 대신 직접 셀 이름을 사용하여 수식에 적용할 수 있다.
- 셀 범위를 설정한 후 이름 상자에 작성할 이름을 입력하고 Enter를 누르거나 [수식]-[정의된 이름]-[이름 정의]를 선택 또는 Ctrl+F3을 눌러 [이름 관리자]를 실행한다.
- 첫 문자는 문자, 밑줄(_), 역슬래시(＼)로 시작해야 하며, 이를 제외한 특수 문자는 사용할 수 없다.
- 숫자만을 단독으로 사용하거나 셀 주소 형식으로 사용할 수 없다.
- 최대 255자까지 지정할 수 있으며, 대/소문자는 구별하지 않는다.
- 상수나 수식에도 이름을 지정할 수 있고, 동일한 범위 혹은 동일한 통합 문서에서 중복된 이름은 허용되지 않는다.
- 기본적으로 절대 참조가 적용된다.
- 이름을 지정한 후에 지정된 이름을 제거할 수 있다.
- 공백을 이름의 일부로 사용할 수 없다.

03 오류 메세지

정상적인 결과를 출력할 수 없을 때 발생한다.

#####	숫자 데이터의 길이가 셀보다 길 때
#DIV/0!	수식에서 값을 0으로 나눌 때
#NAME?	인식할 수 없는 텍스트를 수식에 사용했을 때
#REF!	셀 참조가 유효하지 않을 때
#NUM!	• 수식이나 함수에 잘못된 숫자 값이 포함된 경우 • 수식 결과가 너무 크거나 작은 숫자라 Excel에 표시할 수 없는 경우
#VALUE!	수식에서 잘못된 인수나 피연산자를 사용했을 때 (수식 입력에 오류가 있거나 참조하는 셀이 잘못되었음을 알려줌)
#N/A	함수나 수식에 사용할 수 없는 값을 지정했을 때
#NULL!	교차하지 않는 두 영역의 교점을 지정했을 때

단답형 문제

01 같은 통합 문서 내의 다른 시트의 셀은 참조할 수 있으나 다른 통합 문서의 셀은 참조할 수 없다. (○, ×)

02 #NAME?는 입력된 글자의 맞춤법이 틀릴 경우 나타나는 오류값이다. (○, ×)

객관식 문제

03 현재 작업하고 있는 통합 문서의 'Sheet1' 시트에서 'Sheet3' 시트까지 [A1] 셀의 합을 구하고자 한다. 잘못된 참조 방법은?

① =SUM(Sheet1:Sheet3!A1)
② =SUM(Sheet1!Sheet3:A1)
③ =SUM(Sheet1!A1,Sheet2!A1,Sheet3!A1)
④ =SUM(Sheet1:Sheet2!A1,Sheet3!A1)

04 다음 중 셀에 수식을 입력하는 방법에 대한 설명으로 옳지 않은 것은?

① 수식을 입력할 경우에는 =, + 기호를 먼저 입력한다.
② 수식을 입력한 셀에는 수식의 결과값이 표시되며 수식 입력줄에는 입력한 수식이 표시된다.
③ 수식에 셀 주소를 사용하면 해당 주소에 입력된 데이터가 연산의 대상이 된다.
④ 일반적인 사칙 연산 기호 이외에 기타 다른 연산자는 사용할 수 없다.

05 다음 중 참조의 대상 범위로 사용하는 이름에 대한 설명으로 옳은 것은?

① 이름 정의 시 첫 글자는 반드시 숫자로 시작해야 한다.
② 시트가 다른 경우에는 이름 상자를 이용하여 동일한 이름을 지정할 수 있다.
③ 이름 정의 시 영문자는 대소문자를 구분하므로 주의하여야 한다.
④ 이름은 기본적으로 절대 참조로 대상 범위를 참조한다.

정답 01 × 02 × 03 ② 04 ④ 05 ④

이론 2과목 스프레드시트 일반

POINT 28

통계 함수, 수학/삼각 함수

01 통계 함수

MAX(인수1, 인수2, …)	인수 중에서 최대값을 구함(인수는 논리값과 텍스트 제외)
MAXA(인수, 인수2, …)	인수 중에서 최대값을 구함(인수에 논리값과 텍스트 포함)
MIN(인수1, 인수2, …)	인수 중에서 최소값을 구함(인수는 논리값과 텍스트 제외)
MINA(인수1, 인수2, …)	인수 중에서 최소값을 구함(인수에 논리값과 텍스트 포함)
LARGE(범위, n번째)	범위에서 n번째로 큰 값을 구함
SMALL(범위, n번째)	범위에서 n번째로 작은 값을 구함
MEDIAN(인수1, 인수2, …)	인수 중에서 중간값을 구함
MODE.SNGL(인수1, 인수2, …)	인수 중에서 가장 자주 발생한 값(최빈수)을 구함
VAR.S(인수1, 인수2, …)	인수의 분산을 구함
STDEV.S(인수1, 인수2, …)	인수의 표준 편차를 구함
RANK.EQ(인수, 범위, 정렬 방법)	• 범위에서 인수의 순위를 정렬 방법에 따라 구함 • 정렬 방법을 0이나 생략하면 내림차순, 0이 아닌 값이면 오름차순으로 순위 구함 • 범위에 중복 숫자로 인해 중복 순위가 발생하면 동일한 순위로 구함
AVERAGE(인수1, 인수2, …)	인수의 평균값을 구함
AVERAGEA(인수1, 인수2, …)	수치가 아닌 셀을 포함하는 인수의 평균값을 구함
AVERAGEIF(범위, 조건, 실제 계산 범위)	주어진 조건을 만족시키는 모든 셀의 평균을 구함
AVERAGEIFS(실제 계산 범위, 조건1 관련 범위, 조건1, 조건2 관련 범위, 조건2, …)	여러 조건(최대 127개)을 만족시키는 모든 셀의 평균을 구함
COUNT(범위)	범위에서 수치가 들어있는 셀의 개수를 구함
COUNTA(범위)	범위에서 비어있지 않은 셀의 개수를 구함
COUNTIF(범위, 조건)	범위에서 조건에 맞는 셀의 개수를 구함
COUNTIFS(조건1 관련 범위, 조건1, 조건2 관련 범위, 조건2, …)	여러 범위(최대 127개) 조건을 적용하여, 조건에 맞는 개수를 구함
COUNTBLANK(범위)	범위 중 비어있는 셀의 개수를 구함

02 수학/삼각 함수

SUM(인수1, 인수2, …)	인수의 합계를 구함
SUMIF(조건 범위, 조건, 합계 범위)	지정한 범위에서 조건에 맞는 셀에 대한 합을 구함
SUMIFS(합계 범위, 조건1 관련 범위, 조건1, 조건2 관련 범위, 조건2, …)	여러 조건(최대 127개)을 만족시키는 경우의 합계 범위를 구함
ROUND(인수, 반올림할 자릿수)	지정한 자릿수로 반올림함
ROUNDUP(인수, 올림할 자릿수)	지정한 자릿수로 올림함
ROUNDDOWN(인수, 내림할 자릿수)	지정한 자릿수로 내림함
ABS(인수)	인수의 절대값을 구함
INT(인수)	인수를 가장 가까운 정수로 내림함
MOD(인수1, 인수2)	인수1을 인수2로 나눈 나머지를 구함
RAND( )	0과 1 사이의 난수를 구함
POWER(수1, 수2)	수1을 수2(지수)만큼 거듭제곱한 값을 구함
TRUNC(인수, 소수점 이하 자릿수)	지정한 자릿수만을 소수점 아래에 남기고, 나머지 자리는 버린 값을 구함

기적의 TIP

반올림(올림, 내림) 함수

- ROUND, ROUNDUP, ROUNDDOWN 함수의 두 번째 인수는 자릿수를 나타낸다.
- 자릿수가 양수이면 반올림(올림, 내림)하여 지정한 소수 자릿수만큼 반환한다.
- 자릿수가 음수이면 소수점 왼쪽에서 반올림(올림, 내림)된다.
- 자릿수가 0이면 정수로 반올림(올림, 내림)된다.

예제

1 =ROUND(123.455, 2)

123.455를 소수점 아래 둘째 자리로 반올림한 값을 구한다. 따라서 소수점 아래 세 번째 자리의 숫자가 5이므로 반올림되어 123.460이 된다.

반올림할 자릿수

123.455 → 123.46

2 =ROUNDUP(123.454, 2)

123.454를 소수점 아래 둘째 자리로 올림한 값을 구한다. 따라서 소수점 아래 두 번째 자리의 숫자를 무조건 올림하여 123.460이 된다.

올림할 자릿수

123.454 → 123.46

3 =ROUNDDOWN(123.456, 2)

123.456을 소수점 아래 둘째 자리로 무조건 내리면 123.45가 된다.

단답형 문제

01 인수 목록에서 공백이 아닌 문자열이나 숫자가 입력된 셀의 개수를 계산하는 함수는 (　　　)이다.

02 다음 수식의 결과값을 구하시오.

1 =COUNT(1, "참", TRUE, "1")

2 =COUNTA(1, "거짓", TRUE, "1")

3 =MAX(TRUE, "10", 8, .3)

4 =ROUND(215.143, −2)

객관식 문제

03 다음 중 아래 시트를 이용한 수식의 실행 결과가 나머지와 다르게 나타나는 것은?

	A
1	3
2	7
3	5
4	3
5	0
6	2

① =MOD(A3,A6)
② =MODE.SNGL(A1:A6)
③ =MEDIAN(A1:A6)
④ =SMALL(A1:A6,3)

- ① =MOD(A3,A6) → 1
- ② =MODE.SNGL(A1:A6) → 3
- ③ =MEDIAN(A1:A6) → 3
- ④ =SMALL(A1:A6,3) → 3

04 다음 중 함수식과 그 결과로 옳지 않은 것은?

① =ODD(4) → 5
② =EVEN(5) → 6
③ =MOD(18,−4) → −2
④ =POWER(5,3) → 15

④ =POWER(5,3) → 125

정답 **01** COUNTA **02** 1 3 2 4 3 10 4 200
03 ① **04** ④

이론 2과목 스프레드시트 일반

POINT 29

텍스트(문자열) 함수, 논리 함수, 날짜/시간 함수

01 텍스트(문자열) 함수

LEFT(텍스트, 개수)	텍스트의 왼쪽부터 지정된 개수만큼 표시함
RIGHT(텍스트, 개수)	텍스트의 오른쪽부터 지정된 개수만큼 표시함
MID(텍스트, 시작 위치, 개수)	텍스트 중간의 지정된 위치에서부터 지정된 개수만큼 표시함
LOWER(텍스트)	텍스트를 모두 소문자로 표시함
UPPER(텍스트)	텍스트를 모두 대문자로 표시함
PROPER(텍스트)	텍스트에 있는 각 단어의 첫 글자만 대문자로 표시함
TRIM(텍스트)	텍스트에 포함된 공백 중 단어 사이에 있는 한 칸의 공백을 제외하고 모든 공백을 삭제함
CONCAT(텍스트1, 텍스트2, …)	여러 텍스트를 한 텍스트로 합침(조인)
REPLACE(텍스트1, 시작 위치, 개수, 텍스트2)	텍스트1(문자열)의 시작 위치부터 지정된 문자 개수만큼 텍스트2(문자열)로 바꿈
SUBSTITUTE(텍스트, 인수1, 인수2)	텍스트에서 인수1을 인수2로 변경함
EXACT(텍스트1, 텍스트2)	두 텍스트를 비교하여 정확하게 일치하면 True, 아니면 False를 반환함(대/소문자 구분)
FIND(찾을 텍스트, 문자열, 검색 시작 문자)	문자열에서 '찾을 텍스트'에 해당하는 문자를 검색(대/소문자 구분)하여 나타나는 위치를 구함
REPT(텍스트, 반복 횟수)	텍스트를 '반복 횟수'만큼 반복하여 구함

02 논리 함수

AND(인수1, 인수2, …)	인수가 모두 참이면 TRUE를 반환하고, 인수들 중 하나라도 거짓이면 FALSE를 반환함
OR(인수1, 인수2, …)	인수 중 하나라도 참이면 TRUE를 반환하고, 모두 거짓일 때만 FALSE를 반환함
IF(조건, 인수1, 인수2)	조건이 참이면 인수1을 반환하고, 거짓이면 인수2를 반환함
IFS(조건식1, 참인 경우 값1, 조건식2, 참인 경우 값2, …)	하나 이상의 조건이 충족되는지 확인하고 첫 번째 TRUE 조건에 해당하는 값을 반환함
SWITCH(변환할 값, 일치시킬 값 1…[2–126], 일치하는 경우 반환할 값 1…[2–126], 일치하는 값이 없는 경우 반환할 값)	값의 목록에 대한 하나의 값(식이라고 함)을 계산하고 첫 번째 일치하는 값에 해당하는 결과를 반환함
IFERROR(수식, 오류 시 반환할 값)	수식에서 오류가 발생할 경우 '오류 시 반환할 값'에 지정한 값이 반환되고, 그렇지 않으면 수식의 결과를 구함

03 날짜/시간 함수

DATE(년, 월, 일)	년, 월, 일에 대한 일련번호를 표시함
EDATE(시작 날짜, 개월 수)	'시작 날짜' 전이나 이후의 개월 수를 나타내며, '개월 수'가 양수면 이후 날짜, 음수면 전 날짜를 표시함
DAYS(종료 날짜, 시작 날짜)	종료 날짜와 시작 날짜 사이의 일(日) 수를 구함
TIME(시, 분, 초)	인수들을 조합하여 시간을 만들어 줌
HOUR(시간)	시간에서 시(0~23)만 추출함
NOW( )	시스템에 설정된 오늘 날짜와 현재 시간을 표시함(인수가 필요 없음)
TODAY( )	시스템에 설정된 오늘 날짜를 자동으로 삽입함(인수가 필요 없음)
YEAR(날짜)	입력된 날짜에서 연도를 구함(1900~9999년까지)

WEEKDAY(날짜, 유형)	• 날짜에 해당하는 요일 번호(0~7까지)를 구함 • 유형 : 1은 1(일요일)~7(토요일), 2는 1(월요일)~7(일요일), 3은 0(월요일)~6(일요일)까지의 숫자를 사용함
WORKDAY(시작 날짜, 날짜 수, 작업 제외 날짜)	'시작 날짜' 전이나 이후 날짜 중 평일의 날짜 수만 나타내며, '작업 제외 날짜'를 제외할 수 있음

1 IF 함수로 [A2] 셀의 값이 50 이상이면 '독도'라고 표시하고, 50 미만이면 '울릉도'라고 표시하시오.

B2 =IF(A2>=50,"독도","울릉도")

	A	B	C	D	E	F
1	값	표시				
2	65	독도				
3						

2 LEFT(B2,1)의 값이 1이면 '부장', 2이면 '과장', 나머지는 '대리'로 표시하시오.

• 중첩 IF문의 구조 분석

=IF(LEFT(B2,1)="1", "부장", IF(LEFT(B2, 1)="2","과장","대리"))
❶
❷
❸

❶ 조건식 : LEFT(B2,1)="1"
❷ 조건식이 참일 때 : "부장"
❸ 조건식이 거짓일 때 : IF(LEFT(B2,1)="2", "과장", "대리")
❸-1 조건식 : LEFT(B2,1)="2"
❸-2 조건식이 참일 때 : "과장"
❸-3 조건식이 거짓일 때 : "대리"

단답형 문제

01 다음은 함수 수식과 결과값이다.

❶ =RIGHT("Computer",5) → puter (○, ×)
❷ =AND(6<5, 7>5) → TRUE (○, ×)
❸ =PROPER("republic of korea") → REPUBLIC OF KOREA (○, ×)
❹ =LOWER("Republic of Korea") → republic of korea (○, ×)

객관식 문제

02 다음 중 시스템의 현재 날짜에서 연도를 구하는 수식으로 가장 올바른 것은?

① =year(days( )) ② =year(day( ))
③ =year(today( )) ④ =year(date( ))

03 다음 수식 중 2025년 6월 6일에서 오늘까지 경과한 날짜 수를 구하는 수식으로 올바른 것은?

① =DAY(2025,6,6)−TODAY( )
② =TODAY( )−DATE(2025,6,6)
③ =TODAY( )−DAYS(2025,6,6)
④ =NOW( )−DAYS(2025,6,6)

04 다음 중 문자열의 양끝 공백을 제거하는 함수는 무엇인가?

① LOWER( ) ② UPPER( )
③ PROPER( ) ④ TRIM( )

05 다음 중 아래 워크시트의 [A2] 셀에 수식을 작성하는 경우 수식의 결과가 다른 하나는?

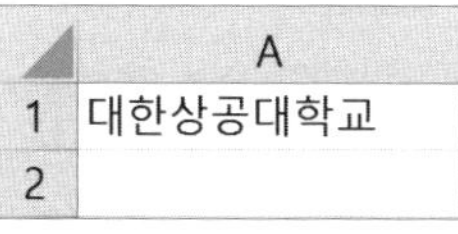

	A
1	대한상공대학교
2	

① =MID(A1,SEARCH("대",A1)+2,5)
② =RIGHT(A1,LEN(A1)−2)
③ =RIGHT(A1,FIND("대",A1)+5)
④ =MID(A1,FIND("대",A1)+2,5)

①, ②, ④ : 상공대학교, ③ : 한상공대학교

정답 01 ❶ ○ ❷ × ❸ × ❹ ○ 02 ③ 03 ② 04 ④ 05 ③

POINT 30

찾기/참조 함수와 데이터베이스 함수

'세로' 혹은 '수직'을 뜻하는 Vertical과 '찾다'의 의미인 Lookup으로 이루어진 이름이다.

01 VLOOKUP 함수

범위의 첫 번째 열에서 찾을 값을 검색하여, 지정한 열 번호의 같은 행에 있는 데이터를 구한다.

```
=VLOOKUP(찾을 값, 범위, 열 번호, 옵션)
```

- **찾을 값** : 데이터를 검색 및 추출할 범위의 첫째 열에서 찾고자 하는 값이다.
- **범위** : 첫 열 값에는 '찾을 값'이 검색되어 존재한다.
- **열 번호** : 찾을 값과 같은 행이면서 결과값을 반환할 열의 번호로, 열 번호가 1이면 범위의 첫째 열, 2이면 범위의 둘째 열을 의미한다.

02 HLOOKUP 함수

범위의 첫 번째 행에서 찾을 값을 검색하여, 지정한 행 번호의 같은 열에 있는 데이터를 구한다.

```
=HLOOKUP(찾을 값, 범위, 행 번호, 옵션)
```

- **찾을 값** : 데이터를 검색 및 추출할 범위의 첫째 행에서 찾고자 하는 값이다.
- **범위** : 첫 행 값에는 '찾을 값'이 검색되어 존재한다.
- **행 번호** : 찾을 값과 같은 열이면서 결과값을 반환할 행의 번호로, 행 번호가 1이면 범위의 첫째 행, 2이면 범위의 둘째 행을 의미한다.

기적의 TIP

VLOOKUP/HLOOKUP 옵션

FALSE(또는 0)를 사용하면 찾는 값과 정확하게 일치하는 값을, 생략하거나 TRUE(또는 1)를 사용하면 근사값을 찾는다. 근사값은 정확한 값이 없을 경우 찾을 값보다 작은 값들 중에서 최대값을 의미한다.

03 CHOOSE 함수

특정한 인수 목록 중에서 찾을 인수의 위치 번호에 해당하는 값을 찾는다(값은 1부터 254까지 지정 가능).

```
=CHOOSE(찾을 인수의 위치 번호, 인수1, 인수2, …)
```

- 찾을 인수의 위치 번호에 따라서 값이 선택된다. 즉 찾을 인수의 위치 번호가 1이면 인수1을, 2이면 인수2를 찾는 방식으로 계속해서 반환한다.
- 찾을 인수의 위치 번호가 1보다 작거나 목록의 최댓값보다 크면 #VALUE! 오류값을 표시한다.
- 찾을 인수의 위치 번호가 분수이면 소수점 이하를 잘라서 정수로 변환한다.

04 INDEX 함수

범위에서 지정한 행 번호, 열 번호가 교차하는 곳의 값을 반환한다. 범위에 행이나 열이 하나만 있을 때는 행 번호나 열 번호 인수를 생략할 수 있다.

```
=INDEX(범위, 행 번호, 열 번호)
```

05 데이터베이스 함수

통계 함수나 수학 함수의 이름 앞에 데이터베이스(Database)의 D가 붙어 있는 함수를 말한다.

DMAX(범위, 열 위치, 조건)	범위에서 조건에 맞는 필드 값의 최대값을 지정한 열 위치에서 구함
DMIN(범위, 열 위치, 조건)	범위에서 조건에 맞는 필드 값의 최소값을 지정한 열 위치에서 구함
DSUM(범위, 열 위치, 조건)	범위에서 조건에 맞는 필드 값의 합계를 지정한 열 위치에서 구함
DCOUNT(범위, 열 위치, 조건)	범위에서 조건에 맞는 필드 값의 숫자 포함 셀 개수를 지정한 열 위치에서 구함
DCOUNTA(범위, 열 위치, 조건)	범위에서 조건에 맞는 필드 값의 비어있지 않은 셀 개수를 지정한 열 위치에서 구함
DAVERAGE(범위, 열 위치, 조건)	범위에서 조건에 맞는 필드 값의 평균을 지정한 열 위치에서 구함
DVAR(범위, 열 위치, 조건)	범위에서 조건에 맞는 필드 값의 표본 집단 분산을 지정한 열 위치에서 구함
DSTDEV(범위, 열 위치, 조건)	범위에서 조건에 맞는 필드 값의 표본 집단 표준 편차를 지정한 열 위치에서 구함
DGET(범위, 열 위치, 조건)	범위에서 조건에 맞는 필드 값이 하나인 경우 그 값을 지정한 열 위치에서 구함
DPRODUCT(범위, 열 위치, 조건)	범위에서 조건에 맞는 필드 값의 곱을 지정한 열 위치에서 구함

단답형 문제

01 VLOOKUP 함수의 네 번째 인수를 'FALSE'로 사용하는 경우 참조 표의 첫 열의 값은 반드시 오름차순 정렬되어 있어야 한다. (○, ×)

반드시 오름차순으로 정렬되어 있지 않아도 됨

02 INDEX 함수는 표나 범위에서 값 또는 값에 대한 참조를 반환한다. (○, ×)

객관식 문제

03 다음 중 아래의 워크시트에서 '박지성'의 결석 값을 찾기 위한 함수식은?

	A	B	C	D
1	성적표			
2	이름	중간	기말	결석
3	김남일	86	90	4
4	이천수	70	80	2
5	박지성	95	85	5

① =VLOOKUP("박지성", $A$3:$D$5, 4, 1)
② =VLOOKUP("박지성", $A$3:$D$5, 4, 0)
③ =HLOOKUP("박지성", $A$3:$D$5, 4, 0)
④ =HLOOKUP("박지성", $A$3:$D$5, 4, 1)

04 [A1] 셀에 '951010-1234567'과 같이 주민등록번호가 입력되어 있을 때, 이 셀의 값을 이용하여 [B1] 셀에 성별을 '남' 또는 '여'로 표시하고자 한다. 다음 중 이를 위한 수식으로 옳은 것은? (단, 주민등록번호의 8번째 글자가 1이면 남자, 2이면 여자임)

① =CHOOSE(MID(A1,8,1), "남","여")
② =HLOOKUP(A1, 8, B1)
③ =INDEX(A1, B1, 8)
④ =IF(RIGHT(A1,8)="1", "남", "여")

정답 01 × 02 ○ 03 ② 04 ①

이론 | 2과목 스프레드시트 일반

POINT 31

차트 작성

01 차트의 구성 요소

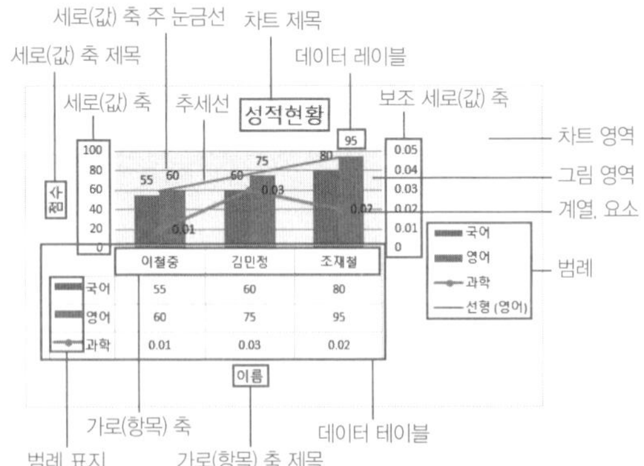

차트 영역	차트의 전체 영역을 의미하며, 차트의 모든 구성 요소를 포함함
그림 영역	가로(항목) 축과 세로(값) 축으로 형성된 영역
차트 제목	차트의 제목을 표시함
데이터 레이블	그려진 막대나 선이 나타내는 표식에 대한 데이터 요소 또는 값 등의 추가 정보를 표시함
데이터 계열	차트로 나타낼 값을 가진 항목으로 막대나 선으로 표현하며, 각 항목별 계열마다 서로 다른 색이나 무늬로 구분함(영어 계열)
데이터 요소	데이터 계열의 개별 데이터 요소를 표현(영어 계열의 조재철 요소)
가로(항목) 축	차트를 구성하는 데이터 항목을 나타냄
세로(값) 축	데이터 계열이 가진 값을 숫자로 표현
보조 세로(값) 축	데이터 계열 값의 편차가 크거나 데이터 형식이 혼합되어 있는 경우 사용됨
범례	차트를 구성하는 데이터 계열의 무늬 및 색상과 데이터 계열의 이름을 표시함
데이터 테이블	차트의 원본 데이터를 표시함
추세선	데이터의 추세를 표시하는 선으로, 데이터를 분석하고 예측하는 데 사용됨

원형(도넛형), 선버스트, 분산형(거품형), 방사형 차트에는 데이터 테이블을 표시할 수 없다.

02 차트의 특징

- 워크시트에 입력된 데이터를 막대나 선, 도형, 그림 등을 사용하여 시각적으로 표현한 것으로 데이터의 상호 관계나 경향 또는 추세를 쉽게 분석할 수 있다.
- 차트는 2차원과 3차원 차트로 구분할 수 있다. 2차원 차트는 차트의 원근감, 상하 회전(Y 회전), 좌우 회전(X 회전) 등을 변경할 수 없고, 3차원 차트는 '추세선 추가'가 불가능하다.
- '차트 이동' 기능으로 차트(Chart) 시트에 차트만 별도로 넣고 싶을 때는 '새 시트'를, 기존 워크시트에 넣고 싶을 때는 '워크시트에 삽입'을 선택하면 된다([차트 디자인]–[위치]–[차트 이동]).

03 차트 삽입

- 데이터 범위를 선택한 다음 [삽입]–[차트] 그룹에서 차트를 선택해 차트를 작성한다.
- 연속되지 않은 범위의 데이터로 차트를 작성하려면 Ctrl을 누르고 범위를 선택해야 한다.
- 차트를 작성할 데이터를 시트에 입력하지 않고 빈 차트를 삽입한 후 [데이터 원본 선택] 대화상자에서 직접 모든 원본 데이터를 입력할 수도 있다.
- 숨겨진 열이나 행은 차트에 표시되지 않는다.
- 원본 데이터가 바뀌면 차트에 자동으로 반영된다.
- 원본 데이터를 삭제하면 차트의 데이터 계열이 삭제되지만, 차트에서 데이터 계열을 삭제하면 원본 데이터에는 아무런 영향을 미치지 않는다.
- 차트에 두 개 이상의 차트 종류를 사용하여 혼합형 차트를 만들 수 있다.
- 차트를 선택하면 [차트 디자인], [서식] 탭이 표시된다.
- 차트 데이터 범위를 선택하고 F11을 누르면 별도의 차트(Chart) 시트에 기본 차트가 만들어지고, Alt+F1을 누르면 차트 데이터 범위가 있는 시트에 기본 차트가 만들어 진다.
- 피라미드형, 원통형, 원뿔형 막대 모양은 2차원 차트로는 만들 수 없고, 3차원 차트로만 만들 수 있다.

• 분산형 차트, 도넛형 차트, 주식형 차트는 3차원 차트로 작성할 수 없다.

04 차트 종류

세로 막대형 차트	• 시간에 따른 변화를 강조하며, 항목의 값들을 막대 길이로 비교, 분석하는 데 사용함 • 항목은 수평으로 구성되고, 값은 수직으로 구성됨
가로 막대형 차트	• 시간보다는 비교하는 개별 항목 값들을 강조하는 데 사용함 • 항목은 수직으로 구성되고, 값은 수평으로 구성됨
꺾은선형 차트	• 하나의 데이터 계열을 하나의 선으로 표현하여 시간에 따른 각 계열의 변화나 추세를 나타낼 때 사용함 • 일정 기간의 데이터 추세를 나타내며, 시간의 흐름과 변화율에 중점을 둠 • 원본 데이터 값이 빈 셀(Null 값)일 경우 해당되는 부분이 단절되어 표시됨
원형 차트	• 중요 요소를 강조하거나 각 항목의 구성 비율과 기여도를 확인할 때 사용함 • 각 항목 합계에 대한 크기 비율로 표시하며, 항상 한 개의 데이터 계열만을 가지고 있으므로 축이 없음 • 각각의 원 조각들은 모두 떼어내어 분리할 수 있음
도넛형 차트	• 원형 차트를 개선한 것으로 원형 차트는 하나의 계열을 가지는 데 비해 다중 계열을 가질 수 있음 • 원형 차트와는 달리 바깥쪽 고리의 조각만 끌어낼 수 있으며, 도넛 구멍의 크기 변경 값은 0%~90% 사이의 값임
선버스트 차트	• 계층 구조 데이터를 표시하는 데 적합 • 가장 안쪽에 있는 원이 계층 구조의 가장 높은 수준을 나타냄 • 계층 구조가 없는(하나의 범주 수준) 선버스트 차트는 도넛형 차트와 모양이 유사
분산형 차트	• XY 좌표로 된 계열로 두 개의 숫자 그룹을 표시함 • 항목의 값을 점으로 표시하여 여러 데이터 값들의 관계를 보여주는 것으로, 주로 과학, 공학용 데이터 분석에 사용함
표면형 차트	• 두 개의 데이터 집합에서 최적의 조합을 찾을 때 사용함 • 색과 무늬는 같은 값 범위에 있는 항목(영역)을 나타냄
거품형 차트	분산형 차트의 한 종류로 데이터 계열 간의 항목 비교에 유용하며, 데이터 값이 3개인 경우 사용함
주식형 차트	• 주가 흐름을 파악하고자 할 때 사용하거나, 온도 변화와 같은 과학 데이터의 입체적 표현에 사용함 • 고가, 저가, 종가 등 주식 거래 가격을 바탕으로 차트를 작성함

단답형 문제

01 다음은 차트의 종류에 대한 설명이다. 괄호 안에 설명하는 차트의 종류를 기입하시오.

❶ (   ) : 원형 차트를 개선한 것으로, 다중 계열을 가질 수 있으며 3차원 차트로 작성할 수 없다.

❷ (   ) : 분산형 차트의 한 종류로 세 값의 집합을 비교하는 것이다. 데이터 요소당 적어도 두 개의 값이 필요하며, 데이터 값이 세 개의 경우에만 사용할 수 있으며 첫 번째 값이 가로 축, 두 번째 값이 세로 축, 세 번째 값이 데이터 표식의 크기로 사용된다.

❸ (   ) : 각 항목의 값을 전체에 대한 백분율로 전환하여 차트를 생성하므로 항목별 기여도를 비교하고자 할 때 사용하며, 값 축 및 항목 축을 가지지 않으며 3차원 차트로 작성할 수 있다.

객관식 문제

02 일반적으로 항목은 세로 축을 따라 구성되고 값은 가로 축을 따라 구성되는 차트로 개별 항목을 비교하여 보여주며 축 레이블이 긴 경우나 표시되는 값이 기간인 경우에 사용되는 차트는?

① 꺾은선형 차트 ② 가로 막대형 차트
③ 분산형 차트 ④ 영역형 차트

03 다음 중 차트에 대한 설명으로 옳지 않은 것은?

① 워크시트의 내용이 바뀌면 그 내용이 차트에 자동으로 반영된다.
② 차트에서 데이터 계열을 삭제하면 원본 데이터에 있던 값들도 삭제된다.
③ 차트에 두 개 이상의 차트 종류를 사용하여 혼합형 차트를 만들 수 있다.
④ 차트를 만든 후 차트 제목, 축 제목, 범례 위치, 데이터 범위를 수정할 수 있다.

정답 01 ❶ 도넛형 차트 ❷ 거품형 차트 ❸ 원형 차트
02 ② 03 ②

POINT 32

차트 편집

01 차트 도구

◉ 차트 디자인

[차트 디자인] 탭에서 확인할 수 있다.

종류	• [추천 차트], [모든 차트] 탭에서 차트 종류 변경 • [모든 차트] 탭의 '서식 파일'에서 C:\Users\사용자\AppData\Roaming\Microsoft\Templates\Charts 경로에 있는 차트 서식 파일(crtx)을 선택할 수 있음 • [모든 차트] 탭에서 원하는 차트 선택 후 기본 차트로 설정(차트 데이터 범위 설정 후 Alt+F1을 누르면 나오는 기본 차트)
데이터	• 행/열 전환 : 가로(X) 축의 데이터를 세로(Y) 축으로, 세로(Y) 축의 데이터를 가로(X) 축으로 옮김 • 데이터 선택 : 차트에 포함된 데이터 범위를 변경함
차트 레이아웃	• 차트 요소 추가 : 차트 제목이나 데이터 표 같은 차트 요소 추가 • 빠른 레이아웃 : 차트의 전체 레이아웃을 빠르게 변경
차트 스타일	• 색 변경 : 색상형, 단색형 중에서 사용자가 지정 • 차트 스타일 : 미리 정의된 스타일을 차트에 빠르게 적용
위치	[차트 이동]으로 차트 위치를 '새 시트'나 '워크시트'로 이동

◉ 차트 서식

[서식] 탭에서 확인할 수 있다.

현재 선택 영역	• 차트 요소를 선택한 후 [선택 영역 서식]을 누르면 나타나는 서식 작업 창에서 세밀한 설정 가능 • [스타일에 맞게 다시 설정]을 누르면 사용자 지정 서식을 지우고 차트에 적용된 전체 표시 스타일로 되돌림
정렬	• [선택 창]을 누르면 선택 창이 표시되고 모든 개체가 목록으로 나타남 • 선택 창에서 개체 선택, 순서 변경(앞으로 가져오기, 뒤로 보내기), 개체 표시, 개체 숨기기 가능 • [앞으로 가져오기], [뒤로 보내기], [개체 맞춤], [개체 그룹화], [개체 회전]
크기	도형 높이와 도형 너비 설정

02 차트 편집

◉ 차트 위치/크기 조정

• **위치 조절** : 차트를 선택하고 마우스로 드래그해서 위치를 조절할 수 있다.
• **크기 조절** : 차트를 선택하고 크기 조절 핸들을 마우스로 드래그하여 상하좌우로 크기를 조절할 수 있다.
• Alt를 누른 상태에서 차트의 위치나 크기를 조절하면 셀 눈금선에 정확하게 맞출 수 있다.

◉ 차트 종류 변경

• 차트를 선택하고 [차트 디자인]–[종류]–[차트 종류 변경]을 선택하거나 차트 영역의 바로 가기 메뉴에서 [차트 종류 변경]을 선택한다.
• 특정한 데이터 계열을 선택하고 바로 가기 메뉴에서 '계열 차트 종류 변경'을 선택하거나 [차트 종류 변경]을 선택하면 [모든 차트] 종류 중에서 '혼합' 차트가 활성화되는데, 계열 이름을 선택하고 차트 종류를 바꿀 수 있다(보조 축 지정도 가능).

◉ 데이터 레이블 추가

차트(차트 영역)를 선택하고 [차트 디자인]–[차트 레이아웃]–[차트 요소 추가]–[데이터 레이블]에서 레이블 위치(없음, 가운데, 안쪽 끝에, 축에 가깝게, 바깥쪽 끝에, 데이터 설명선)를 설정하면 모든 계열에 데이터 레이블이 추가되고, 특정 계열에만 추가하려면 해당 계열의 바로 가기 메뉴에서 [데이터 레이블 추가]를 선택하면 된다.

◉ 추세선

- 데이터의 추세를 직선이나 곡선으로 표시하고, 예측 문제를 분석하는 데 사용된다.
- 회귀 분석을 사용하여 추세선을 실제 데이터 범위 밖으로 확장하면 미래 값을 예측할 수 있다.
- 하나의 데이터 계열에 두 개 이상의 추세선을 동시에 사용할 수도 있다.
- 추세선을 나타낼 데이터 계열을 선택하고 [차트 디자인]-[차트 레이아웃]-[차트 요소 추가]-[추세선]을 선택하거나, 해당 데이터 계열의 바로 가기 메뉴에서 [추세선 추가], 혹은 차트 오른쪽 위의 ⊞ 클릭하여 추세선을 체크한다.
- 사용된 수식을 추세선과 함께 나타나게 할 수 있다.
- 추세선 삭제 시 삭제할 추세선을 선택하고 Delete를 누른다.
- 엑셀 차트에서 사용 가능한 추세선의 종류는 지수, 선형, 로그, 다항식, 거듭제곱, 이동 평균이 있다.
- **추세선 추가 가능 차트** : 막대형, 꺾은선형, 영역형, 분산형(거품형, 3차원 거품형), 주식형 등
- **추세선 추가 불가능 차트** : 3차원(막대 모양이 상자, 피라미드형, 원통형, 원뿔형), 원형(도넛형), 방사형, 표면형 등

03 혼합 차트

- 여러 개의 데이터 계열을 가지고 있는 차트에서 특정 데이터 계열을 다른 차트로 표시한다.
- 두 종류 이상의 차트를 사용하여 차트에 다른 정보가 들어 있음을 강조하는 경우에 사용한다.
- 거품형, 주식형, 표면형, 3차원 차트는 혼합형 차트를 만들 수 없다.

04 보조 축이 있는 차트(이중 축 차트)

- 차트에 값 축을 추가하여 이중으로 값을 표시한다.
- 특정 데이터 계열 값의 범위가 다른 데이터 계열과 현저하게 차이가 날 때 사용한다.
- 해당 데이터 계열에서 보조 축을 설정하면 오른쪽에 보조 축 눈금이 나타난다.

기적의 TIP

보조 축

값의 차이가 많은 계열이 차트에 포함된 경우 사용되는 축을 말한다. 이중 차트에서 왼쪽 눈금이 기본 축이고, 오른쪽 눈금이 보조 축이다.

단답형 문제

01 차트 구성 요소(제목, 축, 눈금선, 범례 등)를 변경하려면 차트를 선택한 후 [차트 도구]-[디자인]-[차트 레이아웃] 탭에서 선택한다. (○, ×)

02 차트의 종류를 변경하려면 차트를 클릭한 후 [차트 도구]-[디자인]-[종류]-[차트 종류 변경]을 선택하거나, 차트 영역의 바로 가기 메뉴에서 [차트 종류 변경]을 선택한다. (○, ×)

03 이중 축 차트는 특정 계열의 값이 다른 계열과 크게 차이나는 경우에 주로 사용한다. (○, ×)

객관식 문제

04 차트 작업 중 추세선에 대한 설명으로 옳지 않은 것은?

① 추세선은 데이터의 추세를 그래픽으로 표시하여, 데이터를 분석하고 예측하는데 사용된다.
② 누적되지 않은 2차원 영역형, 가로 막대형, 세로 막대형, 꺾은선형 차트 등의 데이터 계열에는 추세선을 추가할 수 있다.
③ 방사형, 원형, 표면형, 3차원 차트에는 한 가지 계열에 대해서만 추세선 설정이 가능하다.
④ 추세선에 사용된 수식을 추세선과 함께 나타나게 할 수 있다.

05 엑셀의 차트 기능에서 두 종류의 차트를 혼합하여 혼합 차트를 만들려고 한다. 다음 중 혼합형 차트를 만들 수 없는 차트로 구성된 것은?

① 가로 막대형 차트와 세로 막대형 차트
② 세로 막대형 차트와 거품형 차트
③ 세로 막대형 차트와 도넛형 차트
④ 꺾은선형 차트와 원형 차트

정답 01 ○ 02 ○ 03 ○ 04 ③ 05 ②

이론 2과목 스프레드시트 일반

POINT 33

인쇄

01 인쇄 미리 보기

- [파일]-[인쇄]의 인쇄 미리 보기 상태에서 인쇄 시 사용할 머리글, 바닥글, 여백 등을 확인할 수 있다.
- [인쇄 미리 보기] 상태에서 [여백 표시]를 선택하면 여백 경계선과 열 너비 경계선이 표시된다. 마우스로 드래그하여 여백과 열 너비를 조절할 수 있지만, 행 높이는 조절할 수 없다.
- [페이지 레이아웃] 탭의 페이지 설정 그룹 우측 하단에 있는 대화상자 표시 아이콘을 클릭하면 [페이지 설정] 대화상자가 표시된다.
- [인쇄 미리 보기] 상태에서 [페이지 확대/축소]를 클릭하면 화면이 일정한 비율로 확대되어 표시되지만 인쇄 시에 적용되는 것은 아니다.
- 차트를 선택한 후 [파일]-[인쇄]를 선택하면 차트만 인쇄 미리 보기에 나타난다.
- 인쇄 미리 보기에서 벗어나려면 인쇄 미리 보기 창의 왼쪽 위에 있는 돌아가기 화살표를 클릭하거나 Esc를 누른다.

02 페이지 설정

◉ [페이지 설정] 대화상자

[페이지 설정] 대화상자에서 작업한 결과물을 출력하기 전에 출력 용지나 여백 등을 설정할 수 있다.

페이지	• 용지 방향(세로, 가로), 배율(확대/축소 배율, 자동 맞춤), 용지 크기, 인쇄 품질, 시작 페이지 번호 설정 • [자동 맞춤]의 용지 너비와 용지 높이를 1로 지정하면 여러 페이지가 한 페이지에 되도록 출력될 수 있게 확대/축소 배율(10%~400%)이 자동으로 조정됨
여백	여백(상하좌우, 머리글, 바닥글)과 페이지 가운데 맞춤(가로, 세로) 설정
머리글/바닥글	매 페이지의 상단이나 하단에 페이지 번호, 문서의 제목, 사용자 이름, 작성 날짜 등을 설정함 예 -&[페이지 번호]& - : -1- 형태로 페이지 번호를 표시함 예 &[페이지 번호]페이지 : 1페이지 형태로 해당 페이지 수를 표시함 예 &[전체 페이지 수] 페이지 : 4 페이지 형태로 전체 페이지 수를 표시함
시트	• 인쇄 영역, 인쇄 제목(반복할 행, 반복할 열), 인쇄(눈금선, 흑백으로, 간단하게 인쇄, 행/열 머리글, 메모, 셀 오류 표시), 페이지 순서(행 우선, 열 우선) • '간단하게 인쇄'를 체크하면 셀의 테두리, 문서에 삽입된 차트, 도형, 그림 등 모든 그래픽 요소를 제외하고 텍스트만 빠르게 인쇄됨 • '메모'에서 인쇄 위치를 '없음', '시트 끝', '시트에 표시된 대로'로 설정할 수 있음

◉ 머리글/바닥글 편집 도구 모음

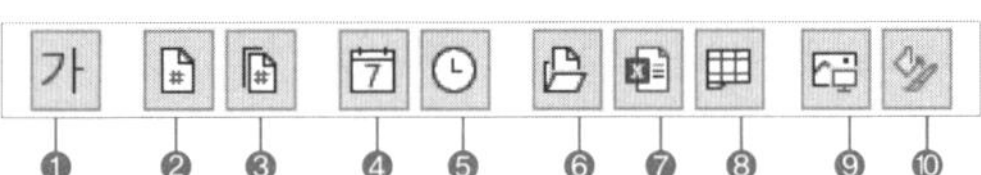

❶ 텍스트 서식	❻ 파일 경로 삽입
❷ 페이지 번호 삽입	❼ 파일 이름 삽입
❸ 전체 페이지 수 삽입	❽ 시트 이름 삽입
❹ 날짜 삽입	❾ 그림 삽입
❺ 시간 삽입	❿ 그림 서식

◉ 선택된 차트의 페이지 설정

- 차트를 선택한 상태에서 페이지 설정을 하면 [페이지 설정] 대화상자에서 [시트] 탭 대신 [차트] 탭이 나타난다.
- [차트] 탭에는 차트의 일부분을 인쇄하기 위한 인쇄 영역을 지정하는 기능이 없다.
- [차트] 탭에서 인쇄 품질을 '간단하게 인쇄' 또는 '흑백으로 인쇄'를 선택하여 출력을 할 수 있다.
- 머리글/바닥글을 이용하여 일반 시트 인쇄 방법과 동일하게 머리글 및 바닥글을 인쇄할 수 있다.

03 워크시트의 인쇄

◉ 인쇄 영역 설정

인쇄 영역을 선택한 다음 [페이지 레이아웃]-[페이지 설정]-[인쇄 영역]-[인쇄 영역 설정]을 클릭해서 인쇄 영역을 설정할 수 있다.

◉ 페이지 나누기 미리 보기

- [보기]-[통합 문서 보기]-[페이지 나누기 미리 보기]를 선택하여 실행하고, [보기]-[통합 문서 보기]-[기본]을 선택하여 페이지 나누기 미리 보기 상태를 해제할 수 있다.
- [페이지 나누기 미리 보기] 상태에서 데이터의 입력이나 편집을 할 수 있다.
- [페이지 나누기 미리 보기] 상태에서 페이지 나누기 선을 마우스로 드래그하면 구분선의 위치를 조절할 수 있다(셀의 크기는 조절 안 됨).
- [페이지 나누기 미리 보기] 상태에서 [기본] 보기로 전환해도 페이지 나누기 선을 표시할 수 있다.
- [페이지 나누기 미리 보기] 상태에서 바로 가기 메뉴의 [페이지 나누기 모두 원래대로]를 이용하여 설정된 모든 페이지를 해제할 수 있다.
- 페이지 구분선을 표시하려면 [Excel 옵션]의 [고급]에서 '이 워크시트의 표시 옵션' 항목의 [페이지 나누기 표시]에 체크한다.

◉ 페이지 나누기

자동 페이지 나누기	• 인쇄할 데이터의 분량이 많아 한 페이지가 넘어가면 자동으로 페이지 구분선이 삽입됨 • 페이지 구분선은 인쇄 영역, 용지 크기, 여백 설정을 기준으로 만들어짐 • [페이지 레이아웃]-[페이지 설정] 그룹에서 설정한 값들이 기준이 됨
수동 페이지 나누기	• 사용자 필요에 의해 페이지 구분선을 넣는 것으로 셀 포인터 기준 위쪽과 왼쪽으로 삽입됨 • [페이지 레이아웃]-[페이지 설정]-[나누기]-[페이지 나누기 삽입]을 선택함 • [페이지 나누기 미리 보기] 상태에서 강제로 페이지를 구분하려면 페이지를 구분할 셀을 선택하고 바로 가기 메뉴에서 [페이지 나누기 삽입]을 클릭하면 됨 • [페이지 레이아웃]-[페이지 설정]-[나누기]-[페이지 나누기 제거]를 선택해서 페이지 구분선을 제거할 수 있음

단답형 문제

01 [인쇄 미리 보기] 창에서 셀 너비를 조절할 수 있으나 워크시트에는 변경된 너비가 적용되지 않는다. (○, ×)

02 [인쇄 미리 보기]를 실행한 상태에서 [여백 표시]를 체크한 후 마우스 끌기를 통하여 여백을 조절할 수 있다. (○, ×)

객관식 문제

03 다음 중 '페이지 나누기'에 대한 설명으로 옳지 않은 것은?

① [페이지 나누기 미리 보기]에서 행 높이와 열너비를 변경하면 '자동 페이지 나누기'의 위치도 변경된다.
② [페이지 나누기 미리 보기]에서 수동으로 삽입된 페이지 나누기는 점선으로 표시된다.
③ 수동으로 삽입한 페이지 나누기를 제거하려면 페이지 나누기 선 아래 셀의 바로 가기 메뉴에서 [페이지 나누기 제거]를 선택한다.
④ 용지 크기, 여백 설정, 배율 옵션 등에 따라 자동 페이지 나누기가 삽입된다.

04 다음 중 [페이지 설정] 대화상자에서 워크시트에 포함된 메모의 인쇄 여부 및 인쇄 위치를 지정하기 위해 선택해야 할 탭은?

① [페이지] 탭
② [여백] 탭
③ [머리글/바닥글] 탭
④ [시트] 탭

정답 01 × 02 ○ 03 ② 04 ④

◉ [인쇄]

[파일]–[인쇄]에서 인쇄와 인쇄 미리 보기를 할 수 있다(Ctrl+P, Ctrl+F2).

인쇄	• [인쇄] 버튼을 클릭하여 준비된 프린터와 설정 값으로 인쇄함 • 몇 장씩 인쇄할 것인지 복사본을 설정할 수 있음
프린터	• 인쇄할 프린터를 직접 선택할 수 있고 [프린터 속성]을 확인할 수 있음 • '파일로 인쇄'를 선택하여 인쇄 파일을 만듦(확장자 *.prn)
설정	• 인쇄 대상과 범위 – 활성 시트 인쇄 : 활성 시트(현재 선택한 시트)만 인쇄함 – 전체 통합 문서 인쇄 : 현재 통합 문서 내의 모든 워크시트를 인쇄함 – 선택 영역 인쇄 : 현재 선택한 셀 범위 영역만 인쇄함 – 인쇄 영역 무시 : 정의된 인쇄 영역만 인쇄하지 않음 • 페이지, 위치 : 인쇄할 페이지 범위, 특정 페이지를 골라 인쇄함 • 페이지의 단면, 양면 인쇄 여부 설정 • 한 부씩 인쇄 : 복사본이 있을 때 한 부씩 인쇄할지 여부 선택

◉ 기타

- **도형을 제외한 인쇄** : 도형의 바로 가기 메뉴에서 [크기 및 속성]을 선택한 다음 도형 서식 작업 창의 [속성]에서 '개체 인쇄'를 해제한다.
- **차트만 인쇄** : 차트 선택 후 [파일]–[인쇄]를 실행한다.
- 숨기기한 행이나 열은 인쇄(표시)되지 않는다.

04 화면 제어

◉ 화면 확대/축소

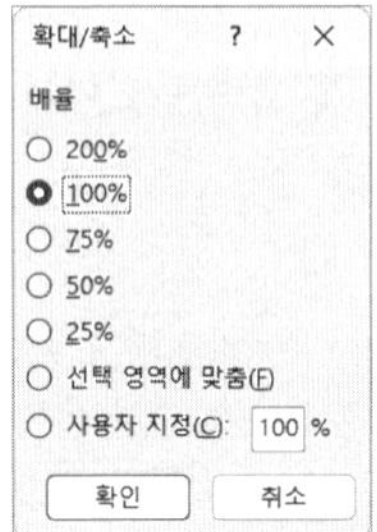

- 현재 워크시트를 확대 또는 축소시킨다.
- [보기]–[확대/축소]–[확대/축소]를 실행한 후 [확대/축소] 대화상자에서 배율을 선택한다.
- '사용자 지정' 옵션을 선택하고 배율을 10~400%까지 직접 지정할 수 있다.

◉ 창 정렬

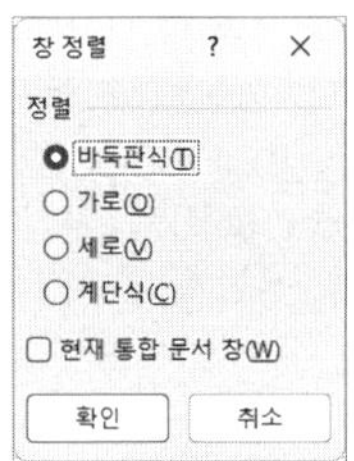

- 창 정렬은 여러 개의 통합 문서를 배열하여 비교하면서 작업할 수 있는 기능이다.
- [보기]–[창]–[모두 정렬]을 실행하여 정렬한다.
- 창을 정렬하는 방식은 4가지(바둑판식, 가로, 세로, 계단식)가 있다.

◉ 창 나누기

	A	B	C	D	E	F	G
1							
2			국어	영어	수학	과학	기술
3		유은지	80	80	70	80	90
4		임수진	70	80	90	85	80
5		장한길	60	60	50	92	60

- 창을 개별적으로 스크롤되는 여러 창으로 나누는 기능이다.
- [보기]–[창]–[나누기]를 실행하면 선택한 셀 좌측 상단을 기준으로 분할선이 표시된다.

- 현재 화면을 수평이나 수직 또는 수평/수직으로 나눈다. 최대 4개로 분할 가능하다.
- 분할선을 마우스로 드래그해서 분할된 지점을 이동할 수 있다.
- 분할선을 워크시트 바깥쪽으로 이동하거나 더블클릭하면 삭제된다.
- 창 나누기가 설정된 상태에서 [보기]–[창]–[나누기]를 선택하면 원래의 상태로 돌아간다.
- 창 나누기가 설정되어 있어도 인쇄에는 영향을 끼치지 않는다.

◉ 틀 고정

	A	B	C	D	E	F	G
1							
2			국어	영어	수학	과학	기술
3		유은지	80	80	70	80	90
4		임수진	70	80	90	85	80
5		장한길	60	60	50	92	60

- 워크시트에 입력된 내용이 많아 특정한 범위의 열 또는 행을 고정시켜 셀 포인터의 이동에 상관없이 항상 제목 행이나 제목 열을 화면에 표시하고자 할 때 사용한다.
- [보기]–[창]–[틀 고정]–[틀 고정]을 실행하면 선택한 셀 좌측 상단을 기준으로 행과 열을 동시에 고정시킬 수 있다.
- 틀 고정 위치는 틀 고정이 된 상태에서 수정할 수 없다. 따라서 틀 고정 위치를 변경하려면 틀 고정 취소 후 다시 설정해야 한다.
- [보기]–[창]–[틀 고정]–[틀 고정 취소]를 실행하여 원래대로 되돌릴 수 있다.
- 화면에 틀이 고정되어 있어도 인쇄에는 영향을 끼치지 않는다.

◉ 창 숨기기

- [보기]–[창]–[숨기기]를 실행하여 현재 통합 문서를 보이지 않게 숨긴다.
- 숨기기를 실행하면 [시트] 탭들도 모두 사라진다.
- [보기]–[창]–[숨기기 취소]를 실행하여 숨긴 문서를 열 수 있다.
- 숨기기를 실행한 상태에서 엑셀을 종료해도 되돌릴 수 있다.

단답형 문제

01 창 나누기를 수행하면 셀 포인트의 오른쪽과 아래쪽으로 창 구분선이 표시된다. (○, ×)

02 (   )는 데이터의 양이 많아 필요한 데이터를 한 화면으로 보기 어려운 경우, 서로 떨어져 있는 데이터를 한 화면에 표시하기 위해 이용되는 기능이다.

03 (   )은 데이터의 양이 많은 경우 특정 행이나 열을 고정시켜 시트를 스크롤하는 동안 항상 표시되도록 한다.

객관식 문제

04 다음 중 창 나누기에 대한 설명으로 옳지 않은 것은?

① 창 나누기를 실행하면 하나의 작업 창은 최대 4개 부분으로 나눌 수 있다.
② 첫 행과 첫 열을 제외한 나머지 셀에서 창 나누기를 수행하면 현재 셀의 위쪽과 왼쪽에 창 분할선이 생긴다.
③ 현재의 창 나누기 상태를 유지하면서 추가로 창 나누기를 지정할 수 있다.
④ 화면에 표시되는 창 나누기 형태는 인쇄 시 적용되지 않는다.

③ : 현재의 창 나누기 상태를 유지하면서 추가로 창 나누기를 지정할 수 없음

05 다음 중 워크시트의 [틀 고정] 기능에 관한 설명으로 옳지 않은 것은?

① 워크시트에서 화면을 스크롤할 때 행 또는 열레이블이 계속 표시되도록 설정하는 기능이다.
② 행과 열을 모두 잠그려면 창을 고정할 위치의 오른쪽 아래 셀을 클릭한 후 '틀 고정'을 실행한다.
③ [틀 고정] 기능에는 현재 선택 영역을 기준으로 하는 '틀 고정' 외에도 '첫 행 고정', '첫 열 고정' 등의 옵션이 있다.
④ 화면에 표시되는 틀 고정 형태는 인쇄 시에도 그대로 적용되어 출력된다.

정답 **01** × **02** 창 나누기 **03** 틀 고정 **04** ③ **05** ④

POINT 34

데이터 정렬

01 정렬

- 목록의 데이터를 특정 필드의 크기 순서에 따라 재배열하는 기능이다.
- 정렬 방식에는 오름차순과 내림차순이 있으며, 셀 값에 따라 정렬이 수행된다.
- 빈 셀(공백)은 정렬 순서와 관계없이 항상 마지막으로 정렬된다.

오름차순 정렬	숫자 – 기호 문자 – 영문 소문자 – 영문 대문자 – 한글 – 빈 셀 순서로 정렬함(단, 대/소문자 구분하도록 설정했을 때)
내림차순 정렬	한글 – 영문 대문자 – 영문 소문자 – 기호 문자 – 숫자 – 빈 셀 순서로 정렬함(단, 대/소문자 구분하도록 설정했을 때)

- 문자와 숫자가 혼합되어 있을 경우 왼쪽부터 비교하여 정렬시킨다(예 B1, B11, B100을 오름차순으로 정렬하면 B1, B100, B11순으로 정렬됨).
- 특정한 셀 범위를 설정하고 정렬을 실행하면 해당 범위만 정렬된다.
- 셀 범위를 지정하지 않고 정렬을 실행하면 현재 셀 포인터를 기준으로 인접한 데이터를 모든 범위로 자동 지정한다.
- 정렬 대화상자에서 정렬 기준을 셀 값, 셀 색, 글꼴 색, 조건부 서식 아이콘 중에서 설정하여 정렬할 수 있다.

02 [정렬] 대화상자

[데이터]–[정렬 및 필터]–[정렬]을 선택하여 [정렬] 대화상자를 실행한다.

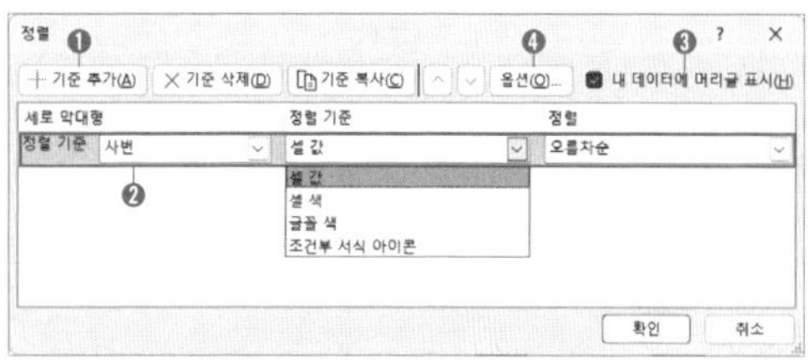

❶ 기준 추가	[기준 추가]를 통해서 정렬 조건을 최대 64개까지 지정할 수 있어 다양한 기준 설정이 가능함
❷ 정렬 기준	• 열의 정렬 기준에서 정렬할 열을 선택한 후 정렬 기준에 따라 정렬 설정 • 정렬 기준이 '셀 값'이면 정렬에 오름차순 · 내림차순 · 사용자 지정 목록이 나타나고, 정렬 기준이 셀 색 · 글꼴 색 · 조건부 서식 아이콘이면 정렬에 위에 표시 · 아래쪽에 표시로 나타남 • 사용자 지정 목록에 기본 제공되는 요일 또는 월을 기준으로 정렬할 수 있고 사용자가 직접 목록을 추가할 수도 있음
❸ 내 데이터에 머리글 표시	'내 데이터에 머리글 표시'에 체크하면 머리글 행(선택한 범위의 첫 행)은 정렬에서 제외됨
❹ 옵션	[옵션]을 클릭하면 [정렬 옵션] 대화상자가 표시됨. [정렬 옵션] 대화상자에서 대/소문자 구분과 정렬 방향(위쪽에서 아래쪽, 왼쪽에서 오른쪽)을 지정할 수 있음 • 위쪽에서 아래쪽 : 데이터가 열을 기준으로 행 단위로 정렬됨 • 왼쪽에서 오른쪽 : 데이터가 행을 기준으로 열 단위로 정렬됨

03 중복된 항목 제거

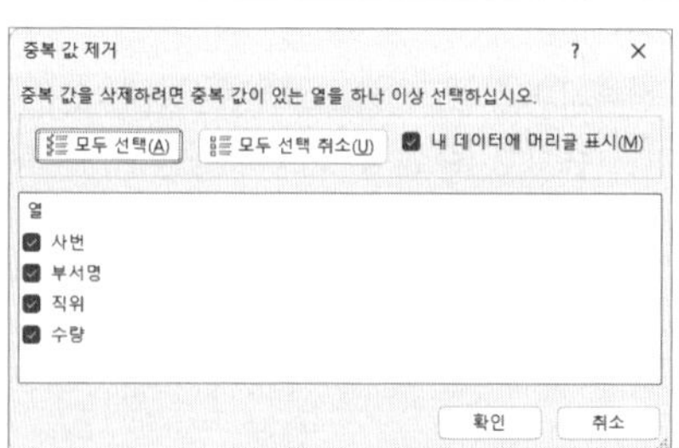

- 하나 이상의 행에 있는 모든 값이 다른 행의 모든 값과 동일한 '중복 값'을 제거한다(중복 값은 영구적으로 삭제됨).

- [데이터]-[데이터 도구]-[중복된 항목 제거]를 선택하여 실행한다.
- 개요선이나 부분합이 설정된 데이터의 중복 값은 제거할 수 없다.

04 데이터 유효성 검사

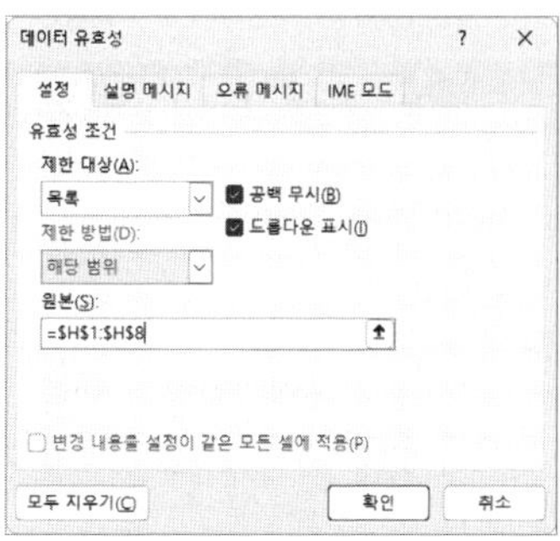

- 데이터의 형식을 제어하거나, 입력하는 값을 제어할 때 사용하는 기능이다.
- [데이터]-[데이터 도구]-[데이터 유효성 검사]를 선택하여 실행한다.
- 통합 문서를 공유하고 있거나 보호하고 있으면 데이터 유효성 검사 설정을 변경할 수 없다.
- 유효성 조건의 제한 대상에는 모든 값, 정수, 소수점, 목록, 날짜, 시간, 텍스트 길이, 사용자 지정이 있다.

[설정] 탭	유효성 조건에 '제한 대상'과 '제한 방법'을 정하고, 이에 따른 범위를 최소값, 최대값, 값, 원본, 시작 날짜, 끝 날짜, 시작 시간, 종료 시간, 수식 등으로 설정할 수 있음
[설명 메시지] 탭	해당 셀을 선택하면 나타낼 설명 메시지의 제목과 내용을 입력하고 표시할지 여부를 설정
[오류 메시지] 탭	• 유효하지 않은 데이터를 입력하면 나타낼 오류 메시지의 제목과 내용을 입력하고 이를 표시할지 여부를 설정 • 스타일을 통해 선택할 수 있는 오류 메시지 유형은 중지(다시 시도, 취소), 경고(예, 아니요, 취소), 정보(확인, 취소) 세 가지 아이콘 종류가 있음
[IME 모드] 탭	셀의 입력 모드를 지정하는 것으로 현재 상태 유지, 영문 전자, 영문, 한글 전자, 한글을 설정할 수 있음

단답형 문제

01 숫자는 가장 작은 음수에서 가장 큰 양수의 순서로 정렬된다. (○, ×)

02 공백(빈 셀)은 항상 가장 앞에 정렬된다. (○, ×)

03 워크시트의 열 단위로 데이터 입력 모드(한글/영문)를 다르게 지정할 수 있다. (○, ×)

객관식 문제

04 다음 중 정렬 기능에 대한 설명으로 옳지 않은 것은?

① 머리글의 값이 정렬 작업에 포함되거나 제외되도록 설정할 수 있다.
② 날짜가 입력된 필드의 정렬에서 내림차순을 선택하면 이전 날짜에서 최근 날짜 순서로 정렬할 수 있다.
③ 사용자 지정 목록을 사용하여 사용자가 정의한 순서대로 정렬할 수 있다.
④ 셀 범위나 표 열의 서식을 직접 또는 조건부 서식으로 설정한 경우 셀 색 또는 글꼴 색을 기준으로 정렬할 수 있다.

05 다음 중 데이터 유효성 검사에 대한 설명으로 옳지 않은 것은?

① 목록의 값들을 미리 지정하여 데이터 입력을 제한할 수 있다.
② 입력할 수 있는 정수의 범위를 제한할 수 있다.
③ 목록으로 값을 제한하는 경우 드롭다운 목록의 너비를 지정할 수 있다.
④ 유효성 조건 변경 시 변경 내용을 범위로 지정된 모든 셀에 적용할 수 있다.

정답 01 ○ 02 × 03 ○ 04 ② 05 ③

POINT 35

필터

01 자동 필터

- 자동 필터로 데이터를 빠르게 필터링하여 조건에 맞는 값을 찾아 표시하고 조건에 맞지 않는 값은 숨길 수 있다.
- 표를 선택하고 [데이터]–[정렬 및 필터]–[필터]를 클릭해서 실행한다.
- 추출 대상은 전체 필드이며, 추출 결과는 원본 데이터가 있는 위치에 표시된다.
- 열에 입력된 데이터가 숫자면 숫자 필터, 텍스트면 텍스트 필터, 날짜면 날짜 필터로 기준이 정해지며, 만약 섞여 있을 경우 가장 많은 데이터 형식의 필터로 표시된다.
- 열 머리글의 드롭다운 화살표를 누르면 해당 열에 가장 많은 데이터 형식의 필터 목록이 표시된다.
- 하나의 열에 필터가 설정되어 있는 상태에서 다른 열에 필터를 설정하면 두 열에 설정된 필터를 모두 만족하는 데이터만 표시된다.
- 두 개 이상의 필드에 조건을 설정하는 경우 필드 간에는 AND 조건으로 결합되어 필터링된다.
- 자동 필터가 설정되어 조건을 만족하는 행의 데이터만 표시된 상태(필터링된 상태)로 인쇄하면 현재 표시된(필터링된) 데이터만 인쇄된다.
- **상위 10** : 숫자 데이터에만 사용할 수 있고, 항목이나 백분율을 기준으로 상위 및 하위 500까지 표시할 수 있으며 지정한 범위 안에 들어가는 행(레코드)만 추출된다.
- **사용자 지정 필터** : 한 필드를 대상으로 두 가지 조건을 지정할 수 있다. 그리고(AND)나 또는(OR) 연산자와 비교 연산자(=, <>, >, >=, <, <=) 및 시작 문자, 제외할 시작 문자, 끝 문자, 제외할 끝 문자, 포함, 포함하지 않음 등을 사용하여 조건에 만족하는 레코드만 표시할 수 있으며, 물음표(?, 한 문자)나 별표(*, 여러 문자) 같은 와일드카드 문자를 이용하여 검색할 수 있다.
- 날짜 필터 목록의 필터링 기준에 '요일'은 없다.

02 고급 필터

◉ 고급 필터

- 데이터를 필터링하려면 복잡한 조건이 필요한 경우 고급 필터 대화상자가 사용된다.
- 필터링할 조건이 복잡하거나 여러 필드를 결합해서 조건을 지정할 때 사용한다.
- 추출 대상을 특정 필드만으로 제한할 수 있으며, 추출 결과를 다른 셀이나 워크시트에 표시할 수 있다.
- [고급 필터]를 실행하기 전에 필터 조건을 워크시트에 먼저 입력해야 한다.
- 조건 범위에 사용되는 필드 이름은 목록 범위에 있는 필드 이름과 같아야 한다. 단, 수식의 결과값을 조건 범위에 사용해야 할 경우에는 목록 범위에 없는 필드 이름을 사용해야 한다.
- 한 필드에 3개 이상의 조건을 지정할 수 있다.
- 중복되지 않게 고유 레코드만 추출할 수 있다.
- 수식이 포함된 논리식을 이용하여 레코드를 검색한다.

◉ [고급 필터] 대화상자

[데이터]–[정렬 및 필터]–[고급]을 선택하여 [고급 필터] 대화상자를 실행한다.

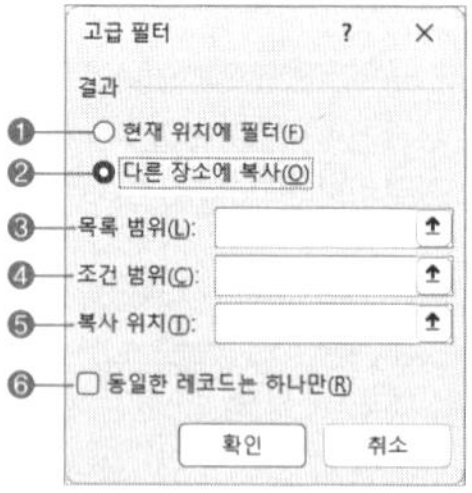

❶ **현재 위치에 필터** : 원본 데이터 목록에 추출된 결과를 표시(지정한 조건을 만족하지 않는 행을 숨김)한다.
❷ **다른 장소에 복사** : 다른 셀 범위에 추출된 결과를 표시한다.
❸ **목록 범위** : 추출하려는 원본 데이터 목록의 범위를 지정한다.
❹ **조건 범위** : 찾을 조건이 입력된 셀 범위를 지정한다. 이때 열 제목(레이블)도 함께 설정해야 한다.

⑤ **복사 위치** : '다른 장소에 복사'를 선택했을 경우 추출된 결과가 표시될 위치를 지정한다.

⑥ **동일한 레코드는 하나만** : 추출된 결과 중 같은 레코드가 있을 경우 하나만 표시한다.

◉ 고급 필터의 조건 지정

	A	B	C
1	이름	근무지역	직급
2	선풍기	서울	부장
3	세탁기	부산	과장
4	에어컨	서울	대리
5	오디오	광주	팀장
6	청소기	인천	사원
7	라디오	대전	부장
8	티브이	서울	과장
9	스피커	성남	부장
10	컴퓨터	안양	사원
11	냉장고	부천	대리

- **그리고(AND)** : 지정한 모든 조건을 만족하는 데이터만 출력하며, 그리고(AND) 조건으로 지정하기 위해서는 조건 범위의 조건을 같은 행에 입력해야 한다. 예 근무지역이 서울이면서 직급이 부장인 데이터

근무지역	직급
=서울	=부장

→

이름	근무지역	직급
선풍기	서울	부장

- **또는(OR)** : 지정한 조건 중 하나의 조건이라도 만족하는 데이터가 출력되며, 또는(OR) 조건으로 지정하기 위해서는 조건 범위의 조건을 다른 행에 입력해야 한다. 예 근무지역이 서울이거나 직급이 부장인 데이터

근무지역	직급
=서울	
	=부장

→

이름	근무지역	직급
선풍기	서울	부장
에어컨	서울	대리
라디오	대전	부장
티브이	서울	과장
스피커	성남	부장

- **수식의 결과값** : 수식의 결과값은 참(TRUE), 거짓(FALSE) 같은 논리값으로 나타나며, 이때 조건 범위의 열 이름은 공백으로 두거나 목록 범위에 없는 열 이름을 사용해야 한다. 예 이름이 '오'로 끝나면서 직급이 부장인 데이터

	직급
FALSE	=부장

→

이름	근무지역	직급
라디오	대전	부장

※ =서울, =부장으로 표시되었지만 셀에 실제로 입력한 값은 ="=서울", ="=부장"이다.

※ 논리값 FALSE는 =RIGHT(A2,1)="오" 수식의 결과값이다.

단답형 문제

01 고급 필터에서 다른 행에 입력된 조건은 AND 조건으로 결합된다. (○, ×)

02 자동 필터에서 여러 필드에 조건을 지정하는 경우 각 조건들은 AND 조건으로 설정된다. (○, ×)

객관식 문제

03 다음 중 아래의 고급 필터 조건에 대한 설명으로 옳은 것은?

국사	영어	평균
>=80	>=85	
		>=85

① 국사가 80 이상이거나, 영어가 85 이상이거나, 평균이 85 이상인 경우
② 국사가 80 이상이거나, 영어가 85 이상이면서 평균이 85 이상인 경우
③ 국사가 80 이상이면서 영어가 85 이상이거나, 평균이 85 이상인 경우
④ 국사가 80 이상이면서 영어가 85 이상이면서 평균이 85 이상인 경우

04 다음 중 자동 필터와 고급 필터에 대한 설명으로 옳은 것은?

① 자동 필터는 추출 대상을 전체 필드를 대상으로 하지만, 고급 필터는 특정 필드만으로 대상을 제한할 수 있다.
② 자동 필터는 다른 필드와 AND나 OR 조건으로 결합할 수 있으나, 고급 필터는 AND만 결합할 수 있다.
③ 정렬과 같이 필터는 목록을 다시 배열하여 표시한다.
④ 자동 필터는 추출한 결과를 다른 셀이나 워크시트에 표시할 수 있으나, 고급 필터는 원본 데이터 위치에서만 추출할 수 있다.

정답 01 × 02 ○ 03 ③ 04 ①

POINT 36

부분합, 데이터 표, 데이터 통합

01 부분합

많은 양의 데이터 목록을 관련 있는 그룹별로 나누어 각 그룹에 대한 계산을 수행하는 기능이다.

- 첫 행에는 열 이름표가 있어야 하며, 부분합을 실행하기 전 계산하고자 하는 그룹을 기준으로 정렬(오름차순이나 내림차순)되어 있어야 한다.
- SUBTOTAL 함수를 사용하여 합계나 평균 등의 요약 함수를 계산한다.
- 사용할 수 있는 함수 : 합계, 개수, 평균, 최대값, 최소값, 곱, 숫자 개수, 표준 편차, 표본 표준 편차, 표본 분산, 분산이 있다. 백분율, 중간값, 순위는 사용할 수 없다.
- 같은 열에 있는 자료에 대하여 여러 개의 함수를 중복 사용할 수 있다.
- 부분합을 작성하면 워크시트의 왼쪽에 부분합을 계산한 하위 그룹 단위로 개요 기호가 표시된다.
- 부분합을 제거하면 부분합과 함께 표에 삽입된 개요 및 페이지 나누기도 제거된다.
- [데이터]–[개요]–[부분합]을 선택하여 [부분합] 대화상자를 실행한다.

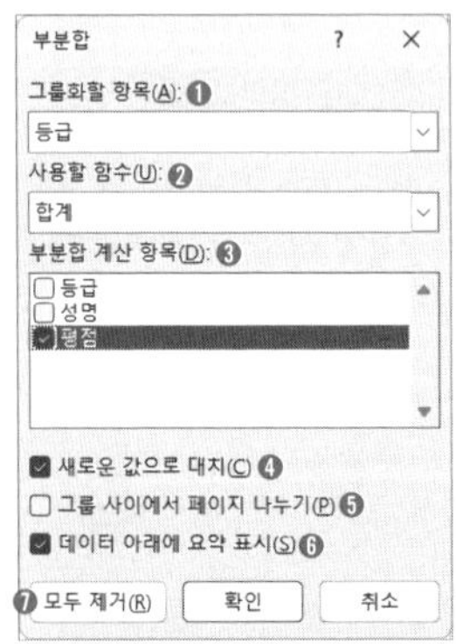

❶ 그룹화할 항목	다른 열 값의 부분합을 나타낼 기준이 되는 항목을 선택함(정렬된 항목)
❷ 사용할 함수	부분합 계산 항목에 사용할 함수를 선택함
❸ 부분합 계산 항목	함수를 적용할 항목을 선택함
❹ 새로운 값으로 대치	이전에 계산된 부분합을 지우고 새롭게 계산된 부분합으로 바꾸어 나타낼 경우 선택함
❺ 그룹 사이에서 페이지 나누기	부분합이 계산된 각 그룹을 페이지별로 분리할 경우 선택함(페이지 나누기 자동 삽입)
❻ 데이터 아래에 요약 표시	계산된 결과를 해당 그룹 아래에 표시할지 여부를 선택함
❼ 모두 제거	부분합의 결과를 해제하고 원래 데이터 목록을 표시함

02 데이터 표

수식의 특정 값을 변화시키면 결과값이 어떻게 변하는지를 표로 나타내는 도구이다.

- 데이터 표 기능을 이용하면 복잡한 형태의 상대 참조/혼합 참조 수식을 보다 편리하게 작성할 수 있다.
- 데이터 표를 실행한 후에 계산식이나 변화값이 바뀌면 데이터 표 내용도 갱신된다.
- 데이터 표의 결과는 일부분만 수정할 수 없다.
- [데이터]–[예측]–[가상 분석]–[데이터 표]를 선택하여 [데이터 표] 대화상자를 실행한다.

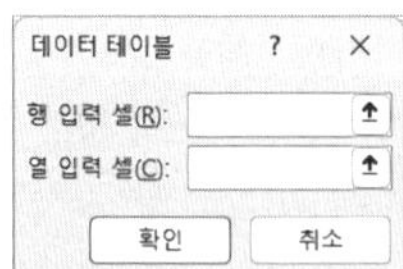

행 입력 셀	행에 입력되어 있는 변화값에 해당하는 셀 주소
열 입력 셀	열에 입력되어 있는 변화값에 해당하는 셀 주소

- 변화값 계열이 하나일 경우 행 또는 열에 하나만 입력한다.
- 계산식에 사용된 셀 주소를 입력해야 한다.

03 데이터 통합

비슷한 형식으로 입력된 여러 데이터를 하나의 표로 집계하는 기능이다.

- **사용할 수 있는 함수** : 합계, 개수, 평균, 최대값, 최소값, 곱, 숫자 개수, 표본 표준 편차, 표준 편차, 표본 분산, 분산이 있다.
- 원본 영역에서 데이터를 바꾸면 통합 영역에서도 데이터가 자동으로 고쳐지도록 설정할 수 있다.
- 데이터 통합은 다른 워크시트나 통합 문서의 데이터를 사용할 수 있으며, 통합할 문서가 열려 있지 않아도 사용할 수 있다.
- 통합할 데이터의 순서가 다르더라도 같은 이름표를 사용하는 경우 범주(항목)를 기준으로 통합할 수 있다.
- 통합할 여러 데이터의 순서와 위치가 동일할 경우 위치를 기준으로 통합할 수 있다.
- [데이터]–[데이터 도구]–[통합]을 선택하여 [통합] 대화상자를 실행한다.

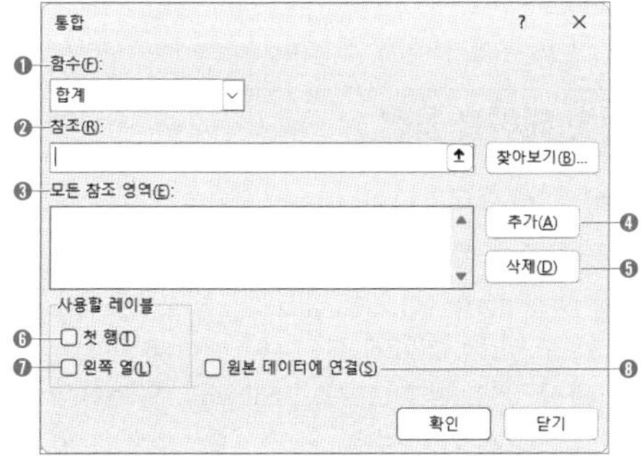

❶ 함수	사용할 함수를 선택함. 참조 영역에 대해 하나의 함수만을 적용할 수 있음
❷ 참조	통합할 데이터의 범위를 설정함
❸ 모든 참조 영역	지정한 모든 참조 영역이 표시됨
❹ 추가	'참조'에서 설정한 데이터 범위를 추가함
❺ 삭제	'모든 참조 영역'에서 범위를 선택하여 삭제함
❻ 첫 행	통합된 데이터의 '첫 행(열 이름)'으로 지정함
❼ 왼쪽 열	통합된 데이터의 '첫 열(행 이름)'로 지정함
❽ 원본 데이터에 연결	• 원본 데이터가 변경될 때 통합 테이블을 자동으로 업데이트하는 기능 • 원본 및 대상 영역이 동일한 시트에 있는 경우에는 연결을 만들 수 없음

단답형 문제

01 부분합은 워크시트에 입력된 자료들을 그룹별로 분류하고 해당 그룹별로 특정한 계산을 수행하는 기능이다. (○, ×)

02 부분합의 첫 행에는 열 이름표가 있어야 하며, 그룹으로 사용할 데이터는 반드시 오름차순으로 정렬되어야 한다. (○, ×)

객관식 문제

03 다음 중 아래 그림과 같이 연 이율과 월 적금액이 고정되어 있고, 적금 기간이 1년, 2년, 3년, 4년, 5년인 경우 각 만기 후의 금액을 확인하기 위한 도구로 적합한 것은?

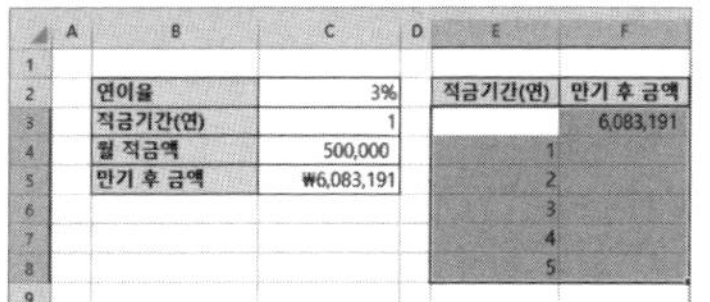

	A	B	C	D	E	F
1						
2		연이율	3%		적금기간(연)	만기 후 금액
3		적금기간(연)	1			6,083,191
4		월 적금액	500,000		1	
5		만기 후 금액	₩6,083,191		2	
6					3	
7					4	
8					5	
9						

① 고급 필터 ② 데이터 통합
③ 목표값 찾기 ④ 데이터 표

04 다음 중 데이터 통합에 관한 설명으로 옳지 않은 것은?

① 데이터 통합은 위치를 기준으로 통합할 수도 있고, 영역의 이름을 정의하여 통합할 수도 있다.
② '원본 데이터에 연결' 기능은 통합할 데이터가 있는 워크시트와 통합 결과가 작성될 워크시트가 같은 통합 문서에 있는 경우에만 적용할 수 있다.
③ 다른 원본 영역의 레이블과 일치하지 않는 레이블이 있는 경우에 통합하면 별도의 행이나 열이 만들어진다.
④ 여러 시트에 있는 데이터나 다른 통합 문서에 입력되어 있는 데이터를 통합할 수 있다.

정답 01 ○ 02 × 03 ④ 04 ②

POINT 37

피벗 테이블

01 피벗 테이블/피벗 차트 보고서

◉ 피벗 테이블

많은 양의 데이터를 한눈에 파악할 수 있도록 요약하거나 분석하여 보여주는 도구로, 피벗 차트와 함께 작성할 수 있다.

- 각 필드에 다양한 조건을 지정할 수 있으며, 일정한 그룹별로 데이터 집계가 가능하다.
- 합계, 평균, 최대값, 최소값, 표준 편차, 분산 등의 값을 구할 수 있다.
- 한번 작성된 피벗 테이블의 필드 위치를 필요에 따라 삭제하거나 이동하여 재배치할 수 있다.
- 피벗 테이블의 레이아웃은 마우스로 드래그하여 수정할 수 있다.
- 피벗 테이블의 작성 위치를 지정하지 않을 경우 '새 워크시트'에 피벗 테이블이 작성된다.
- 외부 데이터, 데이터베이스, 엑셀 목록, 다중 통합 범위 등의 데이터를 사용할 수 있다.
- 원본 데이터가 변경되면 [피벗 테이블 분석]–[데이터]–[새로 고침]을 클릭하여 피벗 테이블의 데이터도 변경할 수 있다.
- [삽입]–[표]–[피벗 테이블]을 선택하여 실행한다.
- 값 영역에 추가된 필드가 2개 이상이면 Σ 값 필드가 열 레이블 또는 행 레이블 영역에 추가된다.

◉ 피벗 차트 보고서

피벗 차트 보고서란 피벗 테이블의 데이터를 이용하여 만든 차트를 뜻한다.

- 피벗 테이블의 항목이나 필드가 변경되면 피벗 차트도 변경되며, 반대의 경우도 마찬가지다.
- 피벗 차트 작성 시 자동으로 피벗 테이블도 작성되며, 피벗 테이블을 작성하지 않고는 피벗 차트를 작성할 수 없다.
- 피벗 테이블과 피벗 차트를 함께 만든 후 피벗 테이블을 삭제하면 피벗 차트는 일반 차트로 변경된다.

02 피벗 테이블의 구성 요소

피벗 테이블은 보고서 필터 필드, 값 필드, 행 레이블, 열 레이블, 값 영역으로 구성된다.

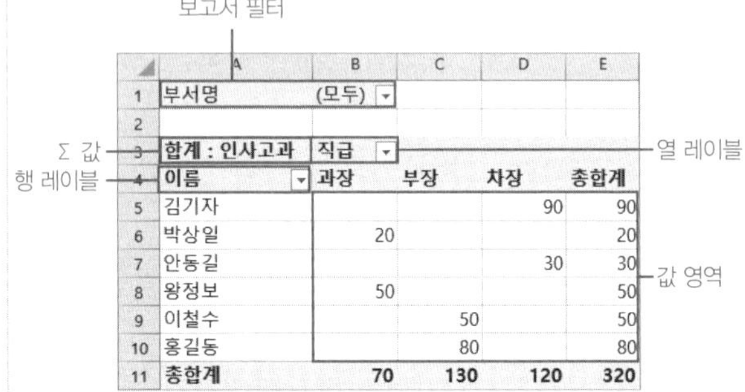

	A	B	C	D	E
1	부서명	(모두)			
2					
3	합계 : 인사고과	직급			
4	이름	과장	부장	차장	총합계
5	김기자			90	90
6	박상일	20			20
7	안동길			30	30
8	왕정보	50			50
9	이철수		50		50
10	홍길동		80		80
11	총합계	70	130	120	320

03 피벗 테이블 옵션

- 바로 가기 메뉴의 [피벗 테이블 옵션]을 선택하면 [피벗 테이블 옵션] 대화상자가 나타난다.
- '레이아웃 및 서식' 탭(오류 값 표시, 빈 셀 표시), '요약 및 필터' 탭(행 총합계 표시, 열 총합계 표시), '표시' 탭(확장/축소 단추 표시), '데이터' 탭(파일에 원본 데이터 저장, 하위 수준 표시 사용, 파일을 열 때 데이터 새로 고침), '대체 텍스트' 탭(화면 읽기 프로그램을 사용하여 문서를 보는 경우 대체 텍스트가 들림)에서 피벗 테이블 또는 피벗 차트 보고서의 관련 옵션을 설정할 수 있다.

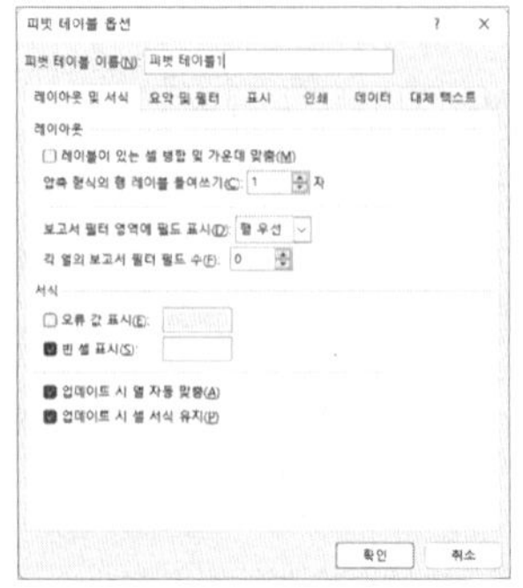

04 필드의 그룹 설정

그룹 만들기는 특정 필드를 일정한 단위로 묶어 표현할 때 사용하는 것으로 문자, 숫자, 날짜, 시간으로 된 필드에서 사용할 수 있다.

- [피벗 테이블 분석]-[그룹]이나 [데이터]-[개요]에서 그룹을 선택하고 해제할 수 있다.
- 숫자나 날짜 필드일 경우에는 [그룹화] 대화상자에서 시작, 끝, 단위를 지정한다.
- 문자 필드에서 그룹 만들기를 실행하면 그룹1, 그룹2, 그룹3, …과 같이 그룹 이름이 자동으로 만들어진다.
- 그룹을 설정하려면 그룹으로 묶고자 하는 데이터를 기준으로 먼저 정렬(오름 차순 또는 내림차순)해야 한다.
- 그룹이 설정되면 자동으로 개요 기호가 표시되며 개요 기호는 현재 보이는 데이터들의 수준을 조절하기 위해 사용된다.
- 그룹 및 개요 설정 기능은 행뿐만 아니라 열로도 그룹을 묶을 수 있다.
- 그룹을 만들려면 그룹을 지정할 필드의 바로 가기 메뉴에서 [그룹]을 선택하고, 그룹을 해제하려면 그룹으로 설정된 필드의 바로 가기 메뉴에서 [그룹 해제]를 선택한다.
- 하위 수준의 데이터 집합에도 필터와 정렬을 적용할 수 있으며, 원하는 정보만 강조하기 위해 조건부 서식도 적용할 수 있다.
- 필터링, 수준 숨기기, 수준 축소 및 확장, 필드 제거 등을 통해 피벗 테이블 보고서의 레이아웃을 변경하더라도 원본 데이터의 필드가 제거되지 않는 한 조건부 서식은 그대로 유지된다.

단답형 문제

01 (　　　)은 많은 양의 데이터를 신속하게 결합하고 비교하는 대화형 테이블로, 행과 열을 회전하여 원본 데이터에 대한 여러 가지 요약을 볼 수 있으며, 관심 분야를 상세하게 표시할 수 있는 기능이다.

02 피벗 테이블 결과가 표시되는 장소는 동일한 시트 내에만 지정된다. (○, ×)

객관식 문제

03 다음 중 피벗 테이블에 대한 설명으로 옳지 않은 것은?

① 원본의 자료가 변경되면 [모두 새로 고침] 기능을 이용하여 일괄 피벗 테이블에 반영할 수 있다.

② 작성된 피벗 테이블을 삭제하는 경우 함께 작성한 피벗 차트는 자동으로 삭제된다.

③ 피벗 테이블을 삭제하려면 피벗 테이블 전체를 범위로 지정한 후 Delete를 누른다.

④ 피벗 테이블의 삽입 위치는 새 워크시트뿐만 아니라 기존 워크시트에서 시작 위치를 선택할 수도 있다.

04 다음 중 피벗 테이블 보고서에 대한 설명으로 옳지 않은 것은?

① 피벗 테이블 보고서를 작성한 후에 사용자가 새로운 수식을 추가하여 표시할 수 있다.

② 원본 데이터가 변경되면 피벗 테이블 보고서의 데이터도 자동으로 변경된다.

③ 피벗 테이블 보고서는 현재 작업중인 워크시트나 새로운 워크시트에 작성할 수 있다.

④ 피벗 테이블을 삭제하더라도 피벗 테이블과 연결된 피벗 차트는 삭제되지 않고 일반 차트로 변경된다.

정답 **01** 피벗 테이블 **02** × **03** ② **04** ②

POINT 38

목표값 찾기, 시나리오

목표값 찾기는 하나의 값을 조정하여 특정한 목표값을 찾을 때 유용하며, 여러 개의 값을 조정하여 특정한 목표값을 찾을 때는 해 찾기를 사용해야 한다.

01 목표값 찾기

특정한 목표값을 정한 후 목표값을 달성하기 위해 입력값을 어떻게 바꾸어야 하는지 찾아주는 기능이다.

- 목표값 찾기는 주어진 목표값에 대해 하나의 입력값만 변경할 수 있다.
- 목표값은 입력값을 참조하는 수식으로 작성되어 있어야 한다.
- [데이터]-[예측]-[가상 분석]-[목표값 찾기]를 선택하여 [목표값 찾기] 대화상자를 실행한다.

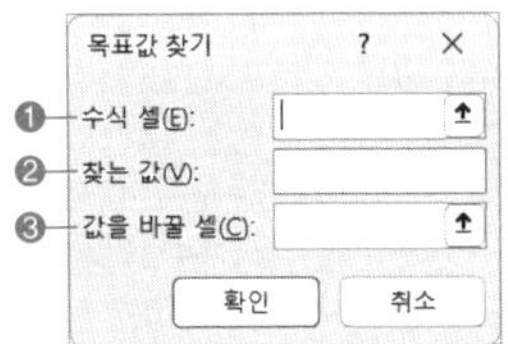

❶ 수식 셀	• 결과값이 표시되는 셀 주소로 해당 셀은 반드시 값을 바꿀 셀이 포함된 수식이어야 함 • 사용자가 직접 수식을 입력할 수 없고, 수식이 입력되어 있는 셀만 지정할 수 있음
❷ 찾는 값	• 찾는 숫자 데이터를 입력함 • 특정한 셀 주소를 지정할 수는 없고, 사용자가 특정한 값을 직접 입력해야 함
❸ 값을 바꿀 셀	• 목표값을 만들기 위해서 변경시킬 값이 있는 셀 주소를 선택함 • 수식 셀에 입력한 수식에서 참조하고 있는 셀을 지정함

예 평균 [D2] 셀의 값을 90으로 높이려면 수학 점수 [C2]가 얼마나 올라야 하는지를 구한다는 의미이다.

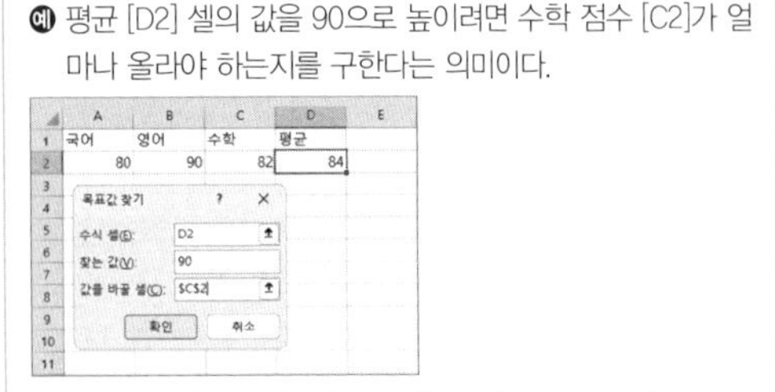

02 시나리오

◉ 시나리오의 개요

다양한 결과값의 변화를 예측하기 위해 가상의 상황을 만들어 분석하는 도구로써 셀 값의 변동에 따른 여러 시나리오를 만들어 결과값을 예측할 수 있다.

- 결과 셀은 반드시 변경 셀을 참조하는 수식으로 입력되어야 한다.
- 하나의 시나리오에 최대 32개까지 변경 셀을 지정할 수 있다.
- 시나리오의 결과는 요약 보고서나 피벗 테이블 보고서로 작성할 수 있다.
- 여러 상황에 따른 차트를 쉽게 만들 수 있다.
- 주가 분석, 손익 분기점 분석, 원가 분석, 이자율 분석 등에 사용할 수 있다.
- 시나리오는 별도의 파일로 저장되는 것이 아니라 워크시트에 저장되며, 변경할 값을 자동으로 입력한 것이 아니라 수동으로 입력한 것이다.

◉ [시나리오 관리자] 대화상자

[데이터]-[예측]-[가상 분석]-[시나리오 관리자] 대화상자에서 새 시나리오를 추가하거나 기존 시나리오를 편집, 삭제할 수 있다.

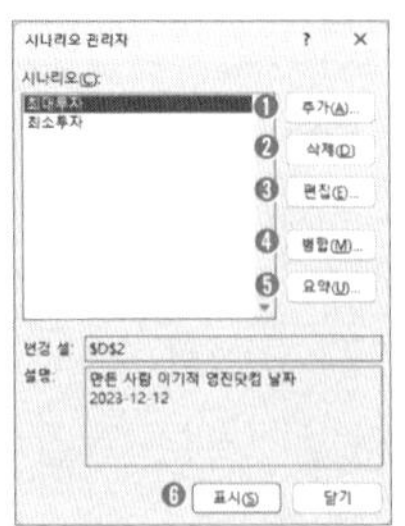

❶ **추가** : 시나리오를 추가하고 변경 셀을 입력할 수 있는 대화상자가 나타난다.
❷ **삭제** : 현재 시나리오를 삭제한다.
❸ **편집** : 선택한 시나리오를 변경할 수 있는 대화상자가 나타난다.
❹ **병합** : 열려있는 통합 문서에 선택한 워크시트의 시나리오들을 병합한다.

⑤ **요약** : 시나리오 요약이나 시나리오 피벗 테이블 보고서 중에서 선택하여 워크시트에 결과를 표시한다.
⑥ **표시** : 선택한 시나리오 결과값을 워크시트에 나타낸다.

◉ [시나리오 편집] 대화상자

[시나리오 관리자] 대화상자에서 [편집]을 클릭하면 [시나리오 편집] 대화상자가 나타난다.

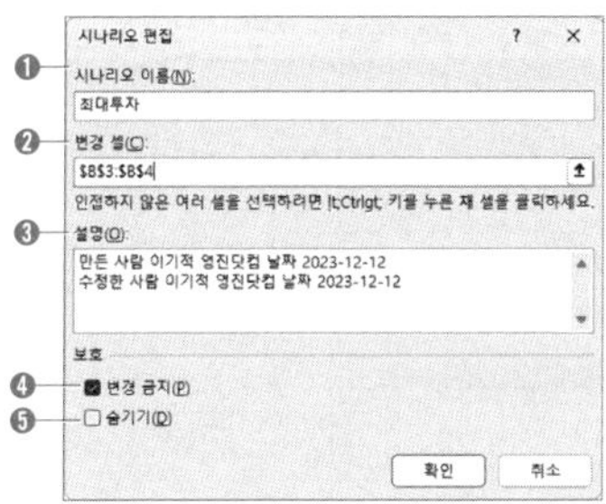

❶ **시나리오 이름** : 시나리오 이름을 입력한다.
❷ **변경 셀** : 변경할 영역을 지정한다.
❸ **설명** : 작성한 사람, 작성한 날짜가 기본으로 표시된다.
❹ **변경 금지** : 워크시트가 보호된 경우([검토]–[보호]–[시트 보호]에서 설정) 시나리오를 편집할 수 없게 한다.
❺ **숨기기** : 워크시트가 보호된 경우 시나리오가 표시되지 않도록 한다.

◉ [시나리오 요약] 대화상자

[시나리오 관리자] 대화상자에서 [요약]을 클릭하면 [시나리오 요약] 대화상자가 나타나며, 시나리오 요약 또는 피벗 테이블 보고서로 결과를 보여준다.

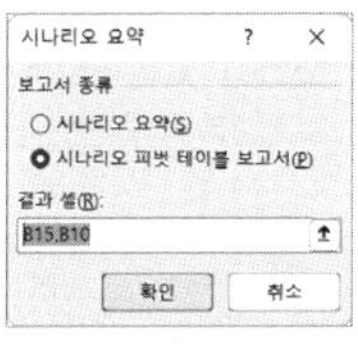

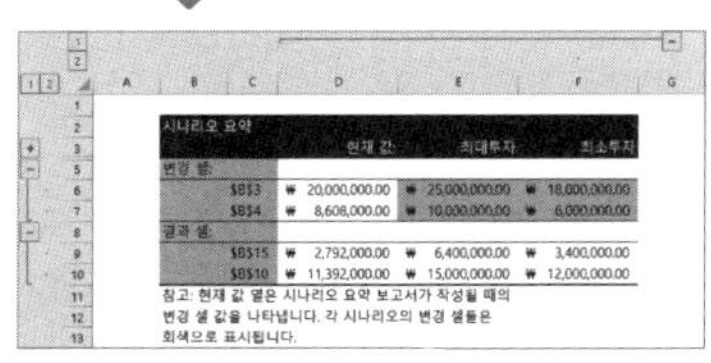

		현재 값:	최대투자	최소투자
시나리오 요약				
변경 셀:				
	$B$3	₩ 20,000,000.00	₩ 25,000,000.00	₩ 18,000,000.00
	$B$4	₩ 8,608,000.00	₩ 10,000,000.00	₩ 6,000,000.00
결과 셀:				
	$B$15	₩ 2,792,000.00	₩ 6,400,000.00	₩ 3,400,000.00
	$B$10	₩ 11,392,000.00	₩ 15,000,000.00	₩ 12,000,000.00

참고: 현재 값 열은 시나리오 요약 보고서가 작성될 때의 변경 셀 값을 나타냅니다. 각 시나리오의 변경 셀들은 회색으로 표시됩니다.

▲ 시나리오 요약을 선택한 경우

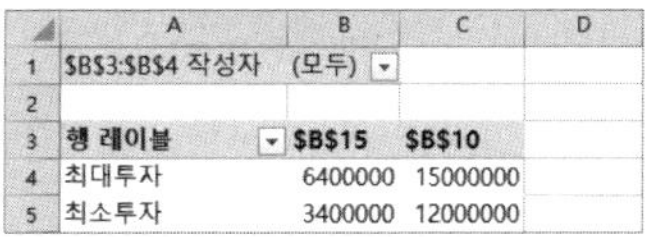

	A	B	C	D
1	$B$3:$B$4 작성자	(모두)		
2				
3	행 레이블	$B$15	$B$10	
4	최대투자	6400000	15000000	
5	최소투자	3400000	12000000	

▲ 시나리오 피벗 테이블 보고서를 선택한 경우

단답형 문제

01 (　　　)는 수식으로 계산된 결과값은 알고 있지만 결과값을 계산하기 위해 수식에 사용된 입력값을 모를 경우 사용하는 기능이다.

02 시나리오 관리자에서 시나리오를 삭제하면 시나리오 요약 보고서의 해당 시나리오도 자동으로 삭제된다. (○, ×)

객관식 문제

03 다음 중 시나리오에 관한 설명으로 옳지 않은 것은?

① 하나의 시나리오에 변경 셀을 최대 32개까지 지정할 수 있다.
② 요약 보고서나 피벗 테이블 보고서로 시나리오 결과를 작성할 수 있다.
③ 시나리오 병합을 통하여 다른 통합 문서나 다른 워크시트에 저장된 시나리오를 가져올 수 있다.
④ 입력된 자료들을 그룹별로 분류하고, 해당 그룹별로 원하는 함수를 이용한 계산 결과를 볼 수 있다.

④ : 부분합에 대한 설명임

04 아래 시트에서 할인율을 변경하여 "판매가격"의 목표값을 150000으로 변경하려고 할 때, [목표값 찾기] 대화상자의 수식 셀에 입력할 값으로 옳은 것은?

	A	B	C	D
1				
2	할인율	10%		
3	품명	단가	수량	판매가격
4	박스	1,000	200	180,000

목표값 찾기
수식 셀(E):
찾는 값(V): 150000
값을 바꿀 셀(C):
확인 취소

① D4　　② C4　　③ B2　　④ B4

정답 **01** 목표값 찾기 **02** × **03** ④ **04** ①

이론 2과목 스프레드시트 일반

POINT 39

매크로 작성

합격강의

01 매크로 개요 및 작성

매크로는 일련의 명령들을 한 명령처럼 사용할 수 있게 저장해둔 프로그램으로, 반복적으로 자주 수행하는 복잡한 작업 순서를 자동화함으로써 작업의 효율을 높일 수 있다.

- [보기]-[매크로]-[매크로 기록] 또는 [개발 도구]-[코드]-[매크로 기록]을 실행해서 이용하거나 개체에 직접 매크로를 지정할 수 있다.
- 매크로 기록 기능을 통해 작성된 매크로는 VBA(Visual Basic for Applications) 편집기에서 실행할 수 있다.
- 매크로 기록 작업 도중에 셀을 선택하면 셀은 절대 참조로 기록되지만, [상대 참조로 기록]을 선택하고 매크로를 기록하면 상대 참조로 기록된다. 상대 참조로 기록되면 현재 셀의 위치를 기준으로 상대적인 위치에서 실행된다.
- 매크로 기록을 시작하면 사용자가 일련의 명령을 수행함에 따라 각 단계에 대한 정보가 저장되며, 저장된 매크로를 실행하면 해당 명령들을 다시 수행할 수 있다.
- 매크로를 사용하면 Microsoft Excel에서 자주 수행하는 작업을 자동화할 수 있으며, 매크로는 해당 작업이 필요할 때마다 실행할 수 있도록 일련의 명령과 함수를 Microsoft Visual Basic 모듈로 저장해 놓은 것이다.
- [개발 도구]-[코드]-[Visual Basic]을 선택하거나 Alt+F11를 눌러 나오는 Visual Basic Editor 창의 Modual(모듈)에서 매크로를 편집하고 실행하고 삭제할 수 있다.
- 작성된 매크로를 엑셀이 실행될 때마다 모든 통합 문서에서 실행할 수 있도록 하려면 매크로를 저장할 때 저장 위치를 '개인용 매크로 통합 문서'로 하여 XLSTART 폴더에 Personal.xlsb 파일로 저장한다.
- Visual Basic 편집기에서 삭제할 매크로의 코딩 부분을 범위로 지정한 뒤 Delete를 눌러 여러 매크로를 한 번에 삭제할 수 있다.

02 [매크로 기록] 대화상자

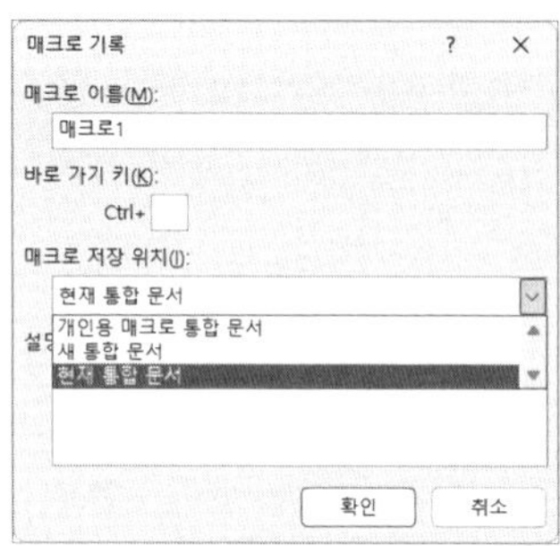

매크로 이름	• 기본적으로 '매크로1'... 등과 같이 자동으로 이름이 부여되며 사용자가 지정할 수도 있음 • 매크로 이름을 지정할 때 첫 글자는 반드시 문자로 지정해야 하고 두 번째 글자부터는 문자, 숫자 등을 사용할 수 있음 • 언더바(_)는 사용할 수 있지만 ?, −, 공백 등은 입력할 수 없음 • 서로 다른 매크로라도 하나의 통합 문서에서는 동일한 이름을 부여할 수 없음
바로 가기 키	• 영문 대/소문자로만 가능함. 꼭 설정하지 않아도 상관없음 • 영문 소문자 입력 시 Ctrl을 누른 채 해당 영문자를 누르고, 영문 대문자 입력 시 Ctrl+Shift를 누른 채 해당 영문자를 눌러 매크로를 실행함 • 엑셀에서 사용하는 단축키와 같은 키를 매크로 단축키로 지정하여 사용할 수 있음. 이런 경우 매크로 단축키가 우선하여 적용됨
매크로 저장 위치	• 현재 통합 문서 : 현재 작업하고 있는 통합 문서에만 적용시킬 때 사용하며, 매크로 기록 기능을 이용할 때 기본 저장 위치가 됨 • 개인용 매크로 통합 문서 : Personal. xlsb에 저장되어 엑셀을 실행시킬 때 사용할 수 있음 • 새 통합 문서 : 새로운 통합 문서에 매크로를 만들어 사용함
설명	매크로 실행과는 직접적인 관계가 없는 주석을 기록하는 곳

03 매크로 실행

리본 메뉴를 이용하여 실행할 경우에는 매크로가 들어있는 통합 문서를 연 다음 [보기]-[매크로]-[매크로 보기] 또는 [개발 도구]-[코드]-[매크로]를 선택하거나 Alt+F8을 눌러 실행할 매크로를 선택한 후 [실행]을 클릭한다.

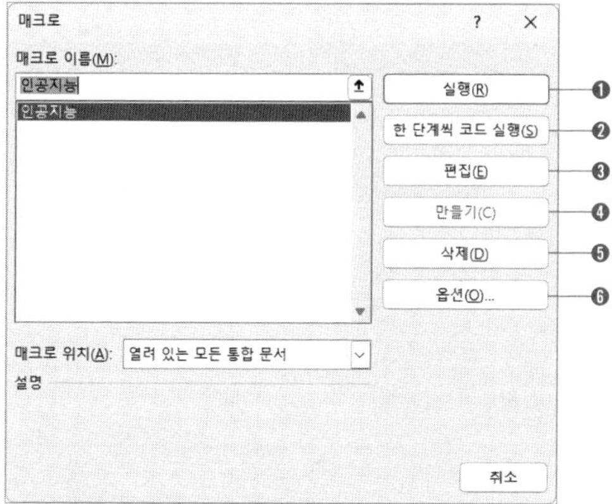

❶ **실행** : 매크로 이름에서 선택한 매크로를 실행한다.
❷ **한 단계씩 코드 실행** : 선택한 매크로의 코드를 한 번에 한 줄씩 실행한다.
❸ **편집** : 매크로 이름을 선택하고 [편집]을 클릭하면 매크로 기록 내용을 편집할 수 있는 매크로 모듈 창이 열린다(Visual Basic Editor에서 열 수 있음).
❹ **만들기** : Visual Basic Editor로 새 매크로를 생성한다(매크로 이름 상자에 새 이름을 입력해야 활성화됨).
❺ **삭제** : 매크로 이름에서 선택한 매크로를 삭제한다.
❻ **옵션** : 매크로 이름을 선택하고 [옵션]을 클릭하면 해당 매크로의 바로 가기 키나 설명을 수정할 수 있다.

단답형 문제

01 기록한 매크로는 편집할 수 없으므로 기능과 조작을 추가 또는 삭제할 수 없다. (○, ×)

02 매크로 이름은 대소문자를 구분하지 않으며, 공백이나 마침표를 포함하여 매크로 이름을 설정할 수 있다. (○, ×)

객관식 문제

03 다음 중 매크로를 실행하는 방법으로 옳지 않은 것은?

① 매크로 기록 시 Alt 조합 바로 가기 키를 지정하여 매크로를 실행한다.
② 빠른 실행 도구 모음에 매크로 아이콘을 추가하여 매크로를 실행한다.
③ Alt+F8을 눌러 매크로 대화상자를 표시한 후 매크로를 선택하고 [실행] 단추를 클릭하여 실행한다.
④ 그림, 클립아트, 도형 등의 그래픽 개체에 매크로 이름을 연결한 후 그래픽 개체 영역을 클릭하여 실행한다.

04 다음 중 매크로의 바로 가기 키에 대한 설명으로 옳지 않은 것은?

① 매크로 생성 시 설정한 바로 가기 키는 [매크로] 대화 상자의 [옵션]에서 변경할 수 있다.
② 기본적으로 바로 가기 키는 Ctrl과 조합하여 사용하지만 대문자로 지정하면 Shift가 자동으로 덧붙는다.
③ 바로 가기 키의 조합 문자는 영문자만 가능하고, 바로 가기 키를 설정하지 않아도 매크로를 생성할 수 있다.
④ 엑셀에서 기본적으로 지정되어 있는 바로 가기 키는 매크로의 바로 가기 키로 지정할 수 없다.

- 엑셀에서 기본적으로 지정되어 있는 바로 가기 키라도 매크로의 바로 가기 키로 지정할 수 있음
- 매크로의 바로 가기 키로 지정되면 엑셀의 기본 지정보다 우선함

정답 01 × 02 × 03 ① 04 ④

자격증은
이기적

필기 저자 홍태성

현 이기적 컴활 필기 저자 & 강사
현 강원교육과학정보원 SME
현 고용노동부 직훈 교사
현 이패스코리아 컴활 강의

컴활은 이기적

명품 저자진의 교재 & 강의로 빠르게 합격

실기 저자 박윤정

현 이기적 컴활 실기 저자 & 강사
현 이패스코리아 컴활 강의
현 경기도인재개발원 강의
현 서울데이터센터 강의

한번에 합격, 자격증은 이기적

이기적 스터디 카페

합격 전담마크! 핵심자료부터
실시간 Q&A까지 다양한 혜택 받기

365 이벤트

매일 매일 쏟아지는 이벤트!
기출복원, 리뷰, 합격후기, 정오표

100% 무료 강의

인증만 하면, 교재와 연계된
고퀄리티 강의가 무료

CBT 온라인 문제집

연습도 실전처럼!
시험 환경 100% 재현

이기적 스터디 카페

홈페이지 : license.youngjin.com
질문/답변 : cafe.naver.com/yjbooks

수험서 17,000원

ISBN 978-89-314-7624-8

YoungJin.com Y.
영진닷컴

이렇게
기막힌
적중률

컴퓨터활용능력 2급
필기 절대족보

2권 · 기출문제

"이" 한 권으로 합격의 "기적"을 경험하세요!

차례

2권 합격 강의

손에 잡히는 기출문제

자주 출제되는 기출문제 120선

상시 기출문제

구매 인증 PDF

[이기적 스터디 카페]에 접속한 후 구매 인증을 하면 추가 기출문제 5회분과 빈출 기출지문 족보(OX문제) PDF를 보내드립니다. 이기적은 여러분의 합격을 응원합니다!

손에 잡히는 기출문제

CBT 온라인 문제집

시험장과 동일한 환경에서 문제 풀이 서비스

- QR 코드를 찍으면 원하는 시험에 응시할 수 있습니다.
- 풀이가 끝나면 자동 채점되며, 해설을 즉시 확인할 수 있습니다.
- 마이페이지에서 풀이 내역을 분석하여 드립니다.
- 모바일과 PC로 이용 가능합니다.

자주 출제되는 기출문제 120선

과목 01 컴퓨터 일반

001 Windows의 특징 및 새로운 기능

합격 강의 

- 그래픽 사용자 인터페이스(GUI) 환경의 운영체제로 설치 시 32Bit와 64Bit 모두 지원됨
- 자동 감지 설치(PnP : Plug & Play) 지원 : 컴퓨터에 장치를 연결하면 자동으로 장치를 인식하여 장치 드라이버를 설치함
- 핫 스왑(Hot Swap) : 전원을 켠 상태에서 컴퓨터 시스템의 장치를 연결하거나 분리할 수 있는 기능
- 선점형 멀티태스킹(Preemptive Multi-Tasking) 지원 : 운영 체제가 CPU를 미리 선점하여 특정 프로그램에 문제가 발생해도 시스템 전체가 다운되지 않음
- NTFS 파일 시스템 지원 : 대용량의 하드디스크를 하나의 드라이브로 사용할 수 있고, 디스크 공간의 낭비를 줄일 수 있음
- 사용자 전환 기능 : 현재 사용자가 로그오프하지 않아도 다른 사용자 이름으로 로그온할 수 있음
- 원격 지원, 시스템 복원, 방화벽 내장 기능이 있음
- 에어로 피크 (Aero Peek) : 작업 표시줄에서 실행 중인 프로그램의 아이콘에 마우스 포인터를 위치시키면 축소 형태의 미리 보기가 나타나거나 작업 표시줄 오른쪽 끝의 [바탕 화면 보기]에 마우스를 위치시키면 바탕 화면이 나타나고 클릭하면 모든 창을 최소화하는 기능(⊞+D)

14년 3월

01 다음 중 Windows의 기능에 대한 설명으로 옳지 않은 것은?

① 하나의 컴퓨터를 사용하는 여러 사용자가 사용자마다 사용 환경을 다르게 설정할 수 있다.
② Windows Media Player를 이용하여 간단하게 동영상을 편집할 수 있다.
③ 소규모 네트워크를 구축할 수 있다.
④ 파일 시스템으로 FAT32와 NTFS 등을 지원한다.

② : Windows Media Player는 편집 기능은 제공되지 않음

15년 3월

02 다음 중 컴퓨터의 전원이 연결된 상태에서 장치를 연결하거나 분리할 수 있도록 하는 기능을 의미하는 것은?

① 플러그 앤 플레이(Plug and Play)
② 핫 스와핑(Hot swapping)
③ 채널(Channel)
④ 인터럽트(Interrupt)

23년 상시, 22년 상시, 20년 7월, 16년 6월

03 다음 중 Windows의 에어로 피크(Aero Peek) 기능에 대한 설명으로 옳은 것은?

① 파일이나 폴더의 저장된 위치에 상관없이 종류별로 파일을 구성하고 파일에 액세스할 수 있게 한다.
② 모든 창을 최소화할 필요 없이 바탕 화면을 빠르게 미리 보거나 작업 표시줄의 해당 아이콘을 가리켜서 열린 창을 미리 볼 수 있게 한다.
③ 바탕 화면의 배경으로 여러 장의 사진을 선택하여 슬라이드 쇼 효과를 주면서 번갈아 표시할 수 있게 한다.
④ 작업 표시줄에서 프로그램 아이콘을 마우스 오른쪽 단추로 클릭하여 최근에 열린 파일 목록을 확인할 수 있게 한다.

기적의 TIP

Windows의 특징과 새로운 기능에 대해 묻는 문제가 출제되므로 특징에 대해 이해하고 새로운 기능에 대해 혼돈하지 않도록 정확히 숙지해 두시기 바랍니다.

002 바로 가기 키(Shortcut Key)

합격 강의

F2	선택한 항목 이름 바꾸기
F3	파일 탐색기에서 파일 또는 폴더 검색
F4	파일 탐색기의 주소 표시줄 목록 표시
F5	활성 창 새로 고침
F6	창이나 바탕 화면의 화면 요소들을 순환
F10	활성 앱의 메뉴 모음 활성화
Alt+F4	활성 항목을 닫거나 활성 앱을 종료
Alt+Tab	열려 있는 앱 간 전환
Alt+Esc	항목을 열린 순서대로 선택
Alt+Enter	선택한 항목의 속성 창을 표시
Ctrl+Esc	시작 화면 열기
Ctrl+Shift+Esc	작업 관리자 열기
Shift+F10	선택한 항목에 대한 바로 가기 메뉴 표시
Shift+Delete	휴지통에 버리지 않고 바로 삭제
⊞	시작 화면 열기 또는 닫기
⊞+Pause	시스템 속성 대화 상자 표시
⊞+L	PC를 잠그거나 계정을 전환
⊞+D	바탕 화면 표시 및 숨김
⊞+T	작업 표시줄의 앱을 순환
⊞+E	파일 탐색기 열기
⊞+R	실행 대화 상자 열기

10년 6월

04 다음 중 한글 Windows에서 사용하는 바로 가기 키에 대한 설명으로 옳지 않은 것은?

① Shift+F10 : 선택된 항목의 바로 가기 메뉴 표시
② Shift+Delete : 휴지통에 버리지 않고 바로 삭제하기
③ Ctrl+Esc : 실행 메뉴 부르기
④ Ctrl+Shift+Esc : 작업 관리자

14년 3월, 12년 3월

05 다음 중 Windows에서 Ctrl+Esc를 눌러 수행되는 작업으로 옳은 것은?

① 시작 화면이 나타난다.
② 실행 창이 종료된다.
③ 작업 중인 항목의 바로 가기 메뉴가 나타난다.
④ 창 조절 메뉴가 나타난다.

23년 상시, 15년 6월

06 다음 중 Windows의 작업 표시줄에서 열려 있는 프로그램의 미리 보기를 차례대로 표시하는 바로 가기 키는?

① ⊞+L
② ⊞+D
③ ⊞+T
④ ⊞+F

기적의 TIP

Windows 로고 키(⊞)에 대한 바로 가기 키의 꾸준히 출제가 예상됩니다. 실습을 통해 각 기능에 대해 반드시 익혀 두시기 바랍니다.

003 바로 가기 아이콘

합격 강의 

- 원본 프로그램에 대한 연결 정보를 가지고 있는 아이콘으로 왼쪽 아래에 화살표가 표시됨

- 아이콘을 실행하면 연결된 프로그램이 실행되며, 바로 가기의 확장자는 '*.lnk'임
- 바로 가기를 삭제해도 연결된 프로그램은 삭제되지 않음
- 바로 가기 아이콘의 [속성]–[일반] 탭에는 바로 가기 아이콘의 위치, 이름, 크기, 수정된 날짜 등의 정보가 표시됨
- 바탕 화면에 바로 가기 아이콘을 만드는 방법 : [파일 탐색기] 창에서 실행 파일을 Ctrl+Shift를 누른 상태로 바탕 화면에 드래그 앤 드롭

23년 상시, 11년 7월

07 다음 중 한글 Windows의 바탕 화면에 있는 바로 가기 아이콘에 관한 설명으로 옳지 않은 것은?

① 바로 가기 아이콘의 왼쪽 아래에는 화살표 모양의 그림이 표시된다.
② 바로 가기 아이콘을 삭제하면 연결된 실제의 대상 파일도 삭제된다.
③ 바로 가기 아이콘의 속성 창에서 연결된 대상 파일을 변경할 수 있다.
④ 바로 가기 아이콘의 이름, 크기, 형식, 수정한 날짜 등의 순으로 정렬하여 표시할 수 있다.

12년 9월

08 다음 중 한글 Windows에서 바탕 화면에 바로 가기 아이콘을 만들기 위한 방법으로 옳지 않은 것은?

① 바탕 화면의 바로 가기 메뉴에서 [새로 만들기] → [바로 가기]를 선택한 후에 실행 파일을 찾아 바로 가기 아이콘을 생성한다.
② [파일 탐색기] 창에서 실행 파일을 마우스 오른쪽 버튼으로 누른 상태에서 바탕 화면으로 드래그한 후에 표시되는 바로 가기 메뉴에서 [여기에 바로 가기 만들기]를 선택한다.
③ [파일 탐색기] 창에서 실행 파일을 Shift를 누른 상태로 바탕 화면에 드래그한다.
④ [파일 탐색기] 창에서 실행 파일의 바로 가기 메뉴에서 [바로 가기 만들기]를 선택한 후에 같은 폴더 안에 만들어진 해당 바로 가기 아이콘을 바탕 화면으로 드래그한다.

15년 3월

09 다음 중 Windows에서 사용하는 바로 가기 아이콘에 관한 설명으로 옳지 않은 것은?

① 하나의 원본 파일에 대하여 하나의 바로 가기 아이콘만 만들 수 있다.
② 바로 가기 아이콘을 실행하면 연결된 원본 파일이 실행된다.
③ 다른 컴퓨터나 프린터 등에 대해서도 바로 가기 아이콘을 만들 수 있다.
④ 원본 파일이 있는 위치와 관계없이 만들 수 있다.

① : 하나의 원본 파일에 대하여 여러 개의 바로 가기 아이콘을 만들 수 있음

기적의 TIP

바로 가기 아이콘을 만드는 방법과 특징에 대해 자세히 숙지해 두시기 바랍니다. 특히, 바로 가기를 삭제해도 연결된 프로그램이 삭제되지 않는 점에 유의하시기 바랍니다.

004 휴지통

합격 강의 

- 작업 도중 삭제된 자료들이 임시로 보관되는 장소로, 필요한 경우 복원이 가능함
- 각 드라이브마다 따로 설정이 가능
- 복원시킬 경우, 경로 지정을 하지 않아도 자동으로 원래 위치로 복원됨
- 휴지통 내에서의 데이터 실행 작업은 불가능
- **휴지통에 보관되지 않고 완전히 삭제되는 경우**
  - 플로피 디스크나 USB 메모리, DOS 모드, 네트워크 드라이브에서 삭제한 경우
  - 휴지통 비우기를 한 경우
  - Shift+Delete로 삭제한 경우
  - [휴지통 속성]의 [파일을 휴지통에 버리지 않고 삭제할 때 바로 제거]를 선택한 경우
  - 바로 가기 메뉴에서 Shift를 누른 채 [삭제]를 선택한 경우
  - 같은 이름의 항목을 복사/이동 작업으로 덮어 쓴 경우

14년 3월

10 다음 중 Windows에서 휴지통에 관한 설명으로 옳지 않은 것은?

① 작업 도중 삭제된 자료들이 임시로 보관되는 장소로 필요한 경우 복원이 가능하다.
② 각 드라이브마다 휴지통의 크기를 다르게 설정하는 것이 가능하다.
③ 원하는 경우 휴지통에 보관된 폴더나 파일을 직접 실행할 수도 있고 복원할 수도 있다.
④ 지정된 휴지통의 용량을 초과하면 가장 오래전에 삭제되어 보관된 파일부터 지워진다.

14년 6월

11 **다음 중 Windows의 휴지통에 대한 설명으로 옳지 않은 것은?**

① 휴지통은 지워진 파일뿐만 아니라 시간, 날짜, 파일의 경로에 대한 정보까지 저장하고 있다.
② 휴지통은 Windows 파일 탐색기의 폴더와 유사한 창으로 열려, 파일의 보기 방식도 같은 방법으로 변경하여 볼 수 있다.
③ 휴지통에 들어 있는 파일은 명령을 통해 되살리거나 실행할 수 있다.
④ 휴지통에 파일이나 폴더가 없으면 휴지통 아이콘은 빈 휴지통 모양으로 표시된다.

22년 상시, 20년 7월, 14년 10월

12 **다음 중 파일 삭제 시 파일이 [휴지통]에 임시 보관되어 복원이 가능한 경우는?**

① 바탕 화면에 있는 파일을 [휴지통]으로 드래그 앤 드롭하여 삭제한 경우
② USB 메모리에 저장되어 있는 파일을 Delete로 삭제한 경우
③ 네트워크 드라이브의 파일을 바로 가기 메뉴의 [삭제]를 클릭하여 삭제한 경우
④ [휴지통 속성]의 [파일을 휴지통에 버리지 않고 삭제할 때 바로 제거]를 선택한 경우

기적의 TIP

휴지통의 기능과 특징, 휴지통에 보관되지 않고 완전히 삭제되는 경우에 대해 잘 기억해 두시기 바랍니다.

005 설정

합격 강의 

- 개인 설정 : 바탕 화면 아이콘 설정, 마우스 포인터 변경, 테마, 바탕 화면 배경, 창색, 소리, 화면 보호기
- 디스플레이 : 화면 해상도 조정, 텍스트 및 기타 항목의 크기 변경
- 시스템의 정보 : 컴퓨터 시스템 정보 확인(Windows 버전, 프로세서(CPU)의 종류, RAM 용량, 시스템 종류, 컴퓨터 이름, Windows 정품 인증 등)
- 접근성 : 사용자의 시력, 청력, 기동성에 따라 컴퓨터 설정을 조정하고 음성 인식을 사용하여 음성 명령으로 컴퓨터를 조정함

14년 3월

13 **다음 중 Windows의 [개인 설정]에서 설정할 수 있는 기능으로 옳지 않은 것은?**

① 화면 보호기 ② 마우스 포인터 변경
③ 바탕 화면 배경 ④ 화면 해상도 조정

16년 3월

14 **다음 중 Windows의 [디스플레이]에서 설정할 수 없는 것은?**

① 테마 기능을 이용하여 바탕 화면의 배경, 창 색, 소리 및 화면 보호기 등을 한 번에 변경할 수 있다.
② 연결되어 있는 모니터의 개수를 감지한다.
③ 모니터의 방향과 해상도를 설정할 수 있다.
④ 텍스트 및 기타 항목의 크기를 변경할 수 있다.

24년 상시, 17년 3월, 14년 6월

15 **다음 중 Windows의 [설정]에서 시각 장애가 있는 사용자가 컴퓨터를 사용하기에 편리하도록 설정할 수 있는 기능은?**

① 개인 설정 ② 계정
③ 접근성 ④ 장치

기적의 TIP

개인 설정, 디스플레이, 시스템의 정보 등은 자주 출제되는 항목이므로 기능과 특징에 대해 잘 숙지해 두셔야 합니다. 아울러 접근성에 대해 꾸준히 출제되는 경향을 보이고 있습니다.

006 네트워크 명령어

합격 강의 

- ⊞+R [실행]에서 『CMD』를 입력하여 실행
- 명령어는 대 · 소문자 상관없이 사용할 수 있음

명령	기능
ipconfig	사용자 자신의 컴퓨터 IP 주소를 확인하는 명령
ping	네트워크의 현재 상태나 다른 컴퓨터의 네트워크 접속 여부를 확인하는 명령
tracert	네트워크에 연결된 컴퓨터의 경로(라우팅 경로)를 추적할 때 사용하는 명령

12년 6월

16 다음 중 한글 Windows의 [명령 프롬프트] 창에서 인터넷 서버까지의 경로를 추적하기 위해 사용하는 네트워크 관련 명령어로 옳은 것은?

① telnet ② winipcfg
③ tracert ④ ipconfig

13년 6월

17 다음 중 한글 Windows의 [명령 프롬프트] 창에서 ping 명령을 실행한 후 확인할 수 있는 내용으로 옳지 않은 것은?

① 대상이 되는 IP 주소의 호스트 이름
② 전송 신호의 손실률
③ 전송 신호의 응답 시간
④ 게이트웨이와 DNS의 IP 주소

④ : 게이트웨이와 DNS의 IP 주소는 ipconfig 명령으로 확인할 수 있음

18년 9월, 14년 3월

18 다음 중 Windows의 [명령 프롬프트] 창에서 원격 장비의 네트워크 연결 상태 및 작동 여부를 확인할 때 사용하는 명령어로 옳은 것은?

① echo ② ipconfig
③ regedit ④ ping

기적의 TIP

네트워크 명령들의 기능을 묻는 문제가 자주 출제되므로 명령 프롬프트 창을 통한 실습으로 각 기능에 대해 잘 이해하고 숙지해 두셔야 합니다.

007 연산 속도 단위

합격 강의

연산 속도(느린 순 → 빠른 순) : ms → μs → ns → ps → fs → as

- ms(milli second, 밀리세컨) : 10^{-3}초
- μs(micro second, 마이크로세컨) : 10^{-6}초
- ns(nano second, 나노세컨) : 10^{-9}초
- ps(pico second, 피코세컨) : 10^{-12}초
- fs(femto second, 펨토세컨) : 10^{-15}초
- as(atto second, 아토세컨) : 10^{-18}초

22년 상시, 05년 5월

19 다음 중 컴퓨터의 처리 시간 단위가 빠른 것에서 느린 순서로 바르게 나열된 것은?

① ps – as – fs – ns – ms – μs
② as – fs – ps – ns – μs – ms
③ ms – μs – ns – ps – fs – as
④ fs – ns – ps – μs – as – ms

23년 상시, 13년 6월

20 다음 중 처리 속도의 단위에 대한 설명으로 옳지 않은 것은?

① ps = 10^{-12} sec ② ns = 10^{-6} sec
③ ms = 10^{-3} sec ④ fs = 10^{-15} sec

18년 3월, 16년 3월, 14년 6월

21 다음 중 컴퓨터의 연산 속도 단위로 가장 빠른 것은?

① 1 ms ② 1 μs
③ 1 ns ④ 1 ps

기적의 TIP

각 연산 속도와 순서에 관해 묻는 문제가 출제됩니다. 혼돈하지 않게 정확히 암기해 두도록 하세요.

008 취급 데이터에 따른 분류

합격 강의

분류	디지털 컴퓨터	아날로그 컴퓨터	하이브리드 컴퓨터
취급 데이터	숫자, 문자 등의 셀 수 있는 데이터	전류, 온도, 속도 등의 연속적인 물리량	디지털 컴퓨터와 아날로그 컴퓨터의 장점만을 조합한 컴퓨터
구성 회로	논리 회로	증폭 회로	
주요 연산	사칙 연산	미적분 연산	
연산 속도	느림	빠름	
정밀도	필요한 한도까지	제한적(0.01%까지)	
기억 장치/프로그램	필요함	필요 없음	

23년 상시, 14년 3월, 10년 3월

22 **다음 중 디지털 컴퓨터의 특성을 설명한 것으로 옳지 않은 것은?**

① 부호화된 숫자와 문자, 이산 데이터 등을 사용한다.
② 산술 논리 연산을 주로 한다.
③ 증폭 회로를 사용한다.
④ 연산 속도가 아날로그 컴퓨터보다 느리다.

15년 10월

23 **다음 중 처리하는 데이터 형태에 따른 컴퓨터의 분류에 해당하지 않는 것은?**

① 하이브리드 컴퓨터
② 디지털 컴퓨터
③ 슈퍼 컴퓨터
④ 아날로그 컴퓨터

23년 상시, 17년 3월

24 **다음 중 디지털 컴퓨터와 아날로그 컴퓨터의 차이점에 관한 설명으로 옳은 것은?**

① 디지털 컴퓨터는 전류, 전압, 온도 등 다양한 입력값을 처리하며, 아날로그 컴퓨터는 숫자 데이터만을 처리한다.
② 디지털 컴퓨터는 증폭 회로로 구성되며, 아날로그 컴퓨터는 논리 회로로 구성된다.
③ 아날로그 컴퓨터는 미분이나 적분 연산을 주로 하며, 디지털 컴퓨터는 산술이나 논리 연산을 주로 한다.
④ 아날로그 컴퓨터는 범용이며, 디지털 컴퓨터는 특수 목적용으로 많이 사용된다.

기적의 TIP

디지털 컴퓨터와 아날로그 컴퓨터의 분류별 특징과 차이점에 대해 자주 출제되고 있습니다. 정확한 암기가 요구되며 하이브리드 컴퓨터의 개념에 대해서도 파악해 두시기 바랍니다.

009 자료의 단위

합격 강의 

- 자료의 크기 : 비트(Bit) < 니블(Nibble) < 바이트(Byte) < 워드(Word) < 필드(Field) < 레코드(Record) < 파일(File) < 데이터베이스(Database)
- 비트(Bit) : 정보 표현의 최소 단위로 2진수 0 또는 1을 나타냄
- 니블(Nibble) : 4개의 Bit로 구성, 2^4(=16)개의 정보를 표현할 수 있음
- 바이트(Byte) : 문자를 표현하는 기본 단위로, 8개의 Bit로 구성됨
- 워드(Word) : 바이트의 모임으로 컴퓨터 내부의 명령 처리 단위

Half Word	2Byte
Full Word	4Byte(=1Word)
Double Word	8Byte

- 필드(Field) : 파일 구성의 최소 단위로, 아이템(Item) 또는 항목이라고 함
- 레코드(Record) : 하나 이상의 필드들이 모여서 구성된 자료 처리 단위
- 파일(File) : 여러 개의 레코드가 모여 구성되며, 디스크의 저장 단위로 사용함
- 데이터베이스(Database) : 파일들의 집합으로 중복을 제거한 통합된 상호 관련 있는 데이터의 집합

12년 6월

25 **다음 중 컴퓨터에서 사용하는 자료의 표현 단위가 작은 것부터 큰 순서대로 표시한 것으로 옳은 것은?**

① 바이트 – 워드 – 필드 – 레코드
② 바이트 – 필드 – 레코드 – 워드
③ 바이트 – 워드 – 레코드 – 필드
④ 워드 – 바이트 – 필드 – 레코드

16년 6월

26 **다음 중 4비트로 나타낼 수 있는 정보 단위는?**

① Character
② Nibble
③ Word
④ Octet

16년 10월

27 다음 중 컴퓨터에서 사용하는 자료 표현 형식에 관한 설명으로 옳지 않은 것은?

① 비트(Bit)는 자료 표현의 최소 단위이며, 8Bit가 모여 니블(Nibble)이 된다.
② 워드(Word)는 바이트 모임으로 하프워드, 풀워드, 더블 워드로 분류된다.
③ 필드(Field)는 자료 처리의 최소 단위이며, 여러 개의 필드가 모여 레코드(Record)가 된다.
④ 데이터베이스(Database)는 레코드 모임인 파일(File) 들의 집합을 말한다.

기적의 TIP

자료 단위별 특성에 대해 숙지해야 하며 자료 단위의 크기 순서에 대해 헷갈리지 않게 암기해 두시기 바랍니다.

010 문자 표현 코드

합격 강의

BCD 코드 (2진화 10진)	• Zone은 2비트, Digit는 4비트로 구성됨 • 6비트로 2^6=64가지의 문자 표현이 가능함 • 영문자의 대소문자를 구별하지 못함
ASCII 코드 (미국 표준)	• Zone은 3비트, Digit는 4비트로 구성됨 • 7비트로 2^7=128가지의 표현이 가능함 • 일반 PC용 컴퓨터 및 데이터 통신용 코드 • 대소문자 구별이 가능함 • 확장 ASCII 코드는 8비트를 사용하여 256가지의 문자를 표현함
EBCDIC 코드 (확장 2진화 10진)	• Zone은 4비트, Digit는 4비트로 구성됨 • 8비트로 2^8=256가지의 표현이 가능함 • 확장된 BCD 코드로 대형 컴퓨터에서 사용되는 범용 코드
유니코드 (Unicode)	• 2바이트 코드로 세계 각 나라의 언어를 표현할 수 있는 국제 표준 코드 • 한글의 경우 조합, 완성, 옛 글자 모두 표현 가능함 • 16비트이므로 2^{16}인 65,536자까지 표현 가능함

※ 해밍 코드(Hamming Code) : 에러 검출과 교정이 가능한 코드로, 최대 2비트까지 에러를 검출하고 1비트의 에러 교정이 가능한 방식

14년 10월

28 ASCII 코드는 한 문자를 표시하는데 7개의 데이터 비트와 1개의 패리티 비트를 사용한다. 다음 중 ASCII 코드로 표현 가능한 문자 수는?

① 32
② 64
③ 128
④ 256

18년 3월, 15년 3월

29 다음 중 개인용 컴퓨터에서 정보통신용으로 가장 많이 사용되는 코드로 3개의 Zone 비트와 4개의 Digit 비트로 구성된 코드는?

① BINARY
② BCD
③ EBCDIC
④ ASCII

23년 상시, 18년 3월, 15년 6월

30 다음 중 컴퓨터에서 사용하는 ASCII 코드에 관한 설명으로 옳은 것은?

① 패리티 비트를 이용하여 오류 검출과 오류 교정이 가능하다.
② 표준 ASCII 코드는 3개의 존 비트와 4개의 디지트 비트로 구성되며, 주로 대형 컴퓨터의 범용 코드로 사용된다.
③ 표준 ASCII 코드는 7비트를 사용하여 영문 대소문자, 숫자, 문장 부호, 특수 제어 문자 등을 표현한다.
④ 확장 ASCII 코드는 8비트를 사용하며 멀티미디어 데이터 표현에 적합하도록 확장된 코드표이다.

기적의 TIP

문자 표현 코드는 매우 잘 출제되는 문제입니다. 코드별 기능과 특징에 대해 잘 기억해 두시기 바랍니다.

011 제어 장치

합격 강의

구성 장치	기능
프로그램 카운터 (Program Counter)	다음에 수행할 명령어의 번지(주소)를 기억하는 레지스터
명령 해독기 (Instruction Decoder)	수행해야 할 명령어를 해석하여 부호기로 전달하는 회로
번지 해독기 (Address Decoder)	명령 레지스터로부터 보내온 번지(주소)를 해석하는 회로
부호기 (Encoder)	명령 해독기에서 전송된 명령어를 제어에 필요한 신호로 변환하는 회로
명령 레지스터 (IR : Instruction Register)	현재 수행 중인 명령어를 기억하는 레지스터
번지 레지스터 (MAR : Memory Address Register)	주소를 기억하는 레지스터
기억 레지스터 (MBR : Memory Buffer Register)	내용(자료)을 기억하는 레지스터

12년 3월

31 다음 중 컴퓨터 구조에서 제어 장치(Control Unit)의 구성 요소로 옳지 않은 것은?

① 부호기(Encoder)
② 프로그램 카운터(Program Counter)
③ 보수기(Complementor)
④ 명령 해독기(Instruction Decoder)

15년 3월

32 다음 컴퓨터의 기본 기능 중에서 제어 기능에 대한 설명으로 옳은 것은?

① 자료와 명령을 컴퓨터에 입력하는 기능
② 입출력 및 저장, 연산 장치들에 대한 지시 또는 감독 기능을 수행하는 기능
③ 입력된 자료들을 주기억 장치나 보조 기억 장치에 기억하거나 저장하는 기능
④ 산술적/논리적 연산을 수행하는 기능

15년 6월

33 다음 중 컴퓨터에 관련된 용어의 설명으로 옳지 않은 것은?

① GIGO : 입력 자료가 좋지 않으면 출력 자료도 좋지 않다는 것으로 컴퓨터에 불필요한 정보를 입력하면 불필요한 정보가 출력된다는 의미
② ALU : CPU 내에서 주기억 장치로부터 읽어 들인 명령어를 해독하여 해당 장치에게 제어 신호를 보내 정확하게 수행하도록 지시하는 장치
③ ADPS : 자동적으로 다량의 데이터를 처리하는 시스템으로 전자정보처리시스템인 EDPS와 같이 컴퓨터를 정의하는 용어로 사용
④ CPU : 컴퓨터의 가장 중요한 부분으로 명령을 해독하고 산술 논리 연산이나 데이터 처리를 실행하는 장치

기적의 TIP

제어 장치와 연산 장치의 구성 장치에 대한 구분과 기능에 대해 묻는 문제가 자주 출제됩니다. 각 장치별 기능을 반드시 암기해 두셔야 합니다.

012 연산 장치

합격 강의

구성 장치	기능
가산기(Adder)	2진수 덧셈을 수행하는 회로
보수기(Complementor)	뺄셈을 수행하기 위하여 입력된 값을 보수로 변환하는 회로
누산기(ACCumulator)	중간 연산 결과를 일시적으로 기억하는 레지스터
데이터 레지스터(Data Register)	연산한 데이터를 기억하는 레지스터
프로그램 상태 워드 (PSW : Program Status Word)	명령어 실행 중에 발생하는 CPU의 상태 정보를 저장하는 상태 레지스터(Status Register)

23년 상시, 11년 3월

34 다음 중 산술 논리 연산 장치(Arithmetic and Logic Unit)의 구성 요소가 아닌 것은?

① 상태 레지스터 ② 누산기
③ 프로그램 카운터 ④ 보수기

12년 9월

35 **다음 중 컴퓨터에서 산술 논리 연산의 결과를 일시적으로 저장하는 임시 기억 장소로 옳은 것은?**

① 프로그램 카운터 ② 누산기
③ 가산기 ④ 스택 포인터

24년 상시, 23년 상시, 22년 상시, 16년 6월, 14년 3월

36 **다음 중 컴퓨터의 연산 장치에 있는 누산기(Accumulator)에 관한 설명으로 옳은 것은?**

① 연산 결과를 일시적으로 기억하는 장치이다.
② 명령의 순서를 기억하는 장치이다.
③ 명령어를 기억하는 장치이다.
④ 명령을 해독하는 장치이다.

기적의 TIP

연산 장치의 기능과 역할에 대해 묻는 문제가 자주 출제됩니다. 각 장치별 기능을 반드시 암기해 두셔야 합니다.

013 주기억 장치

합격 강의 

- **ROM(Read Only Memory)**
  - 한 번 기록한 정보에 대해 오직 읽기만을 허용하도록 설계된 비휘발성 기억 장치
  - 수정이 필요 없는 기본 입출력 프로그램이나 글꼴 등의 펌웨어(Firmware)를 저장
  - EPROM : 자외선을 이용, EEPROM : 전기를 이용
- **RAM(Random Access Memory)**
  - 실행 중인 프로그램이나 데이터를 저장하며, 자유롭게 읽고 쓰기가 가능한 주기억 장치
  - 전원이 공급되지 않으면 기억된 내용이 사라지는 휘발성(소멸성) 메모리

종류	특징
SRAM (Static RAM)	• 정적인 램으로, 전원이 공급되는 한 내용이 그대로 유지됨 • 가격이 비싸고, 용량이 적으나 속도가 빨라 캐시(Cache) 메모리 등에 이용됨
DRAM (Dynamic RAM)	• 구조는 단순하지만 가격이 저렴하고 집적도가 높아 PC의 메모리로 이용됨 • 일정 시간이 지나면 전하가 방전되므로 재충전(Refresh) 시간이 필요함

21년 상시, 11년 7월

37 **다음 중 컴퓨터에서 사용하는 펌웨어(Firmware)에 관한 설명으로 옳은 것은?**

① 컴퓨터 운영에 필수적인 하드웨어 구성 요소이다.
② 주로 RAM에 저장되어 하드웨어를 제어하거나 관리한다.
③ 내용을 변경하거나 추가 또는 삭제할 수 있다.
④ 업그레이드를 위하여 하드웨어를 교체하여야 한다.

16년 3월

38 **다음 중 EPROM에 관한 설명으로 옳은 것은?**

① 제조 과정에서 한 번만 기록이 가능하며, 수정할 수 없다.
② 자외선을 이용하여 기록된 내용을 여러 번 수정할 수 있다.
③ 특수 프로그램을 이용하여 한 번만 기록할 수 있다.
④ 전기적 방법으로 기록된 내용을 여러 번 수정할 수 있다.

21년 상시, 16년 6월

39 **다음 중 컴퓨터의 롬(ROM)에 기록되어 하드웨어를 제어하며, 하드웨어의 성능 향상을 위해 업그레이드 할 수 있는 마이크로프로그램의 집합을 의미하는 것은?**

① 프리웨어(Freeware)
② 셰어웨어(Shareware)
③ 미들웨어(Middleware)
④ 펌웨어(Firmware)

기적의 TIP

주기억 장치인 ROM과 RAM은 매우 중요합니다. 각 장치별 특징과 역할, 종류에 대해 반드시 이해하고 암기해 두셔야 합니다.

014 기타 기억 장치

- **캐시 메모리(Cache Memory)**
  - 휘발성 메모리로, 속도가 빠른 CPU와 상대적으로 속도가 느린 주기억 장치 사이에 있는 고속의 버퍼 메모리
  - 자주 참조되는 데이터나 프로그램을 메모리에 저장
  - 컴퓨터의 처리 속도를 향상시켜 메모리 접근 시간을 감소시키는 데 목적이 있음
  - 캐시 메모리는 SRAM 등이 사용되며, 주기억 장치보다 소용량으로 구성
- **연관 메모리(Associative Memory)**
  - 저장된 내용의 일부를 이용하여 기억 장치에 접근하여 데이터를 읽어오는 기억 장치
  - 캐시 메모리에서 특정 내용을 찾는 방식 중 매핑 방식에 주로 사용됨
  - CAM(Content Addressable Memory)이라고도 함
  - 메모리에 기억된 정보를 찾는데 저장된 내용에 의하여 접근함(병렬 탐색 가능)
- **가상 메모리(Virtual Memory)**
  - 보조 기억 장치의 일부, 즉 하드디스크의 일부를 주기억 장치처럼 사용하는 메모리 사용 기법으로, 기억 장소를 주기억 장치의 용량으로 제한하지 않고, 보조 기억 장치까지 확대하여 사용함
  - 주기억 장치보다 큰 프로그램을 로드하여 실행할 경우에 유용함
  - 기억 공간의 확대에 목적이 있음(처리 속도 향상 아님)
  - 가상 기억 장치로는 임의 접근이 가능한 자기 디스크를 많이 사용함
- **플래시 메모리(Flash Memory)**
  - RAM과 같은 ROM으로 기억된 내용은 전원이 나가도 지워지지 않고 쉽게 쓰기가 가능함
  - 읽기/쓰기가 수만 번 가능한 메모리(블록 단위로 기록됨)

14년 6월

40 다음 중 컴퓨터에서 사용하는 캐시 메모리(Cache Memory)에 대한 설명으로 옳지 않은 것은?

① 기억 용량은 적으나 속도가 빠른 버퍼 메모리이다.
② 가능한 최대 속도를 얻기 위해 소프트웨어로 구성한다.
③ 기본적인 성능은 히트율(Hit Ratio)로 표현한다.
④ CPU와 주기억 장치 사이에 위치한다.

22년 상시, 19년 3월, 15년 6월

41 다음 중 주기억 장치의 크기보다 큰 프로그램을 실행하기 위해 디스크의 일부 영역을 주기억 장치처럼 사용하게 하는 메모리 관리 방식으로 옳은 것은?

① 캐시 메모리
② 버퍼 메모리
③ 연관 메모리
④ 가상 메모리

24년 상시, 16년 6월

42 다음 중 컴퓨터 보조 기억 장치로 사용되는 플래시 메모리에 관한 설명으로 옳지 않은 것은?

① EEPROM의 일종이다.
② 비휘발성 메모리이다.
③ 트랙 단위로 저장된다.
④ 전력 소모가 적고 데이터 전송 속도가 빠르다.

기적의 TIP

각 장치의 기능에 대한 개념을 파악하고 특징과 쓰임새에 대해 반드시 숙지하여 각 장치의 역할을 혼동하지 않게 정리해 두셔야 합니다. 특히, 캐시와 가상 메모리는 자주 출제되는 내용이므로 주의하셔야 합니다.

015 저작권에 따른 소프트웨어의 구분

합격 강의 

상용 소프트웨어 (Commercial Software)	정식 대가를 지불하고 사용하는 프로그램으로 해당 프로그램의 모든 기능을 사용할 수 있음
공개 소프트웨어 (Freeware)	개발자가 무료로 자유로운 사용을 허용한 소프트웨어
셰어웨어 (Shareware)	정식 프로그램의 구매를 유도하기 위해 기능이나 사용 기간에 제한을 두어 무료로 배포하는 프로그램
애드웨어 (Adware)	광고가 소프트웨어에 포함되어 이를 보는 조건으로 무료로 사용할 수 있는 소프트웨어
데모 버전 (Demo Version)	정식 프로그램의 기능을 홍보하기 위해 사용 기간이나 기능을 제한하여 배포하는 프로그램
트라이얼 버전 (Trial Version)	상용 소프트웨어를 일정 기간 동안 사용해 볼 수 있는 체험판 소프트웨어
알파 버전 (Alpha Version)	베타 테스트를 하기 전에 제작 회사 내에서 테스트할 목적으로 제작하는 프로그램
베타 버전 (Beta Version)	정식 프로그램을 발표하기 전에 테스트를 목적으로 일반인에게 공개하는 프로그램
패치 프로그램 (Patch Program)	이미 제작하여 배포된 프로그램의 오류 수정이나 성능 향상을 위하여 프로그램 일부를 변경해 주는 프로그램
번들 프로그램 (Bundle Program)	특정한 하드웨어나 소프트웨어를 구매하였을 때 끼워주는 소프트웨어

22년 상시, 12년 3월

43 다음 중 컴퓨터 소프트웨어 버전과 관련하여 패치(Patch) 프로그램에 관한 설명으로 옳은 것은?

① 정식 프로그램의 기능을 홍보하기 위하여 사용 기간이나 기능을 제한하여 배포하는 프로그램이다.
② 베타 테스트를 하기 전에 제작 회사 내에서 테스트할 목적으로 제작하는 프로그램이다.
③ 이미 제작하여 배포된 프로그램의 오류 수정이나 성능 향상을 위해 프로그램의 일부를 변경해 주는 프로그램이다.
④ 정식 프로그램을 출시하기 전에 테스트를 목적으로 일반인에게 공개하는 프로그램이다.

18년 9월, 15년 10월

44 다음 중 아래의 ㉠, ㉡, ㉢에 해당하는 소프트웨어의 종류를 올바르게 짝지어 나열한 것은?

> 홍길동은 어떤 프로그램이 좋은지 알아보기 위해 ㉠ 누구나 임의의 용도로 사용할 수 있는 프로그램과 ㉡ 주로 일정 기간 동안 일부 기능을 제한한 상태로 사용하는 프로그램을 먼저 사용해 보고, 가장 적합한 ㉢ 프로그램을 구입하여 사용하려고 한다.

① ㉠-프리웨어, ㉡-셰어웨어, ㉢-상용 소프트웨어
② ㉠-셰어웨어, ㉡-프리웨어, ㉢-상용 소프트웨어
③ ㉠-상용 소프트웨어, ㉡-셰어웨어, ㉢-프리웨어
④ ㉠-셰어웨어, ㉡-상용 소프트웨어, ㉢-프리웨어

22년 상시, 16년 3월

45 다음 중 버전에 따른 소프트웨어에 대한 설명으로 옳지 않은 것은?

① 트라이얼 버전(Trial Version)은 특정한 하드웨어나 소프트웨어를 구매하였을 때 무료로 주는 프로그램이다.
② 베타 버전(Beta Version)은 소프트웨어의 정식 발표 전 테스트를 위하여 사용자들에게 무료로 배포하는 시험용 프로그램이다.
③ 데모 버전(Demo Version)은 정식 프로그램을 홍보하기 위해 사용기간이나 기능을 제한하여 배포하는 프로그램이다.
④ 패치 버전(Patch Version)은 이미 제작하여 배포된 프로그램의 오류 수정이나 성능 향상을 위해 프로그램의 일부 파일을 변경해 주는 프로그램이다.

기적의 TIP

저작권에 따른 소프트웨어는 영어 단어가 갖는 의미대로 소프트웨어의 목적과 특징을 유추하면 쉽게 이해하고 암기하실 수 있습니다.

016 웹 프로그래밍 언어

자바 (Java)	특정 컴퓨터 구조와 무관한 가상 바이트 머신 코드를 사용하므로 플랫폼이 독립적임. 바이트 머신 코드를 생성함
ASP (Active Server Page)	• Windows 환경에서 동적인 웹 페이지를 제작할 수 있는 스크립트 언어 • HTML 문서에 명령어를 삽입하여 사용하며, 자바 스크립트와는 달리 서버 측에서 실행됨
PHP(Professional Hypertext Preprocessor)	웹 서버에서 작동하는 스크립트 언어로, UNIX, Linux, Windows 등의 환경에서 작동함
JSP (Java Server Page)	ASP, PHP와 동일하게 웹 서버에서 작동하는 스크립트 언어
HTML5(HyperText Markup Language 5)	• 인터넷의 정보 검색 시스템인 월드와이드 웹(WWW)의 홈페이지를 작성하는 데 사용되는 생성언어 • 액티브X나 플러그인 등의 프로그램 설치 없이 동영상이나 음악 재생을 실행할 수 있는 웹 표준 언어
DHTML (Dynamic HTML)	동적 HTML로 스타일 시트를 도입하여 텍스트의 폰트와 크기, 색상, 여백 형식 등 웹 페이지 관련 속성을 지정할 수 있음

12년 9월

46 다음 중 객체 지향 프로그래밍 언어가 아닌 것은?

① COBOL ② JAVA
③ SmallTalk ④ C++

① COBOL : 최초로 개발된 고급 언어이며 사무 처리용 언어로 사용

20년 7월, 16년 3월

47 다음 중 W3C에서 제안한 표준안으로 문서 작성 중심으로 구성된 기존 표준에 비디오, 오디오 등 다양한 부가 기능과 최신 멀티미디어 콘텐츠를 액티브X 없이 브라우저에서 쉽게 볼 수 있도록 한 웹의 표준 언어는?

① XML
② VRML
③ HTML5
④ JSP

22년 상시, 16년 6월

48 다음 중 HTML의 단점을 보완하여 이미지의 애니메이션을 지원하며, 사용자와의 상호 작용에 따른 동적인 웹 페이지의 제작이 가능한 언어는?

① JAVA ② DHTML
③ VRML ④ WML

기적의 TIP

웹 프로그래밍 언어는 각 언어별 특징과 차이점에 대한 정확한 이해가 중요합니다. 특히 언어의 적용 분야에 대해 정확히 알아두시기 바랍니다.

017 IPv6 주소

- 인터넷에 연결된 컴퓨터의 고유한 주소
- IPv6 주소 체계는 128비트를 16비트씩 8부분으로 나누어 각 부분을 콜론(:)으로 구분함
- IPv6은 IPv4와 호환이 되며 16진수로 표기, 각 블록에서 선행되는 0은 생략할 수 있으며 연속된 0의 블록은 ::으로 한 번만 생략 가능함
- IPv6의 주소 개수는 약 43억의 네제곱임
- 주소 체계는 유니캐스트(Unicast), 애니캐스트(Anycast), 멀티캐스트(Multicast) 등 세 가지로 나뉨
- 인증 서비스, 비밀성 서비스, 데이터 무결성 서비스를 제공함으로써 보안 문제를 해결할 수 있음

15년 10월

49 다음 중 인터넷 주소 체계에 대한 설명으로 옳지 않은 것은?

① 인터넷 연결을 위해서는 IP 주소 또는 도메인 네임 중 하나를 배정받아야 하며, 인터넷에 연결된 컴퓨터의 고유 주소는 도메인 네임으로 이는 IP 주소와 동일하다.
② 국제 인터넷 주소 관리 기구는 ICANN이며, 한국에서는 한국인터넷진흥원(KISA)에서 관리하고 있다.
③ 현재는 인터넷 주소 체계인 IPv4 주소와 IPv6 주소가 함께 사용되고 있으며, IPv6 주소가 점차 확대되고 있다.
④ IPv6는 IPv4와의 호환성이 뛰어나고, 128비트의 주소를 사용하여 주소 부족 문제 및 보안 문제를 해결할 수 있다.

22년 상시, 16년 10월

50 다음 중 인터넷에서 사용하는 IPv6 주소 체계에 대한 설명으로 옳지 않은 것은?

① 16비트씩 8부분으로 총 128비트로 구성된다.
② 각 부분은 16진수로 표현하고, 세미콜론(;)으로 구분한다.
③ 유니캐스트, 멀티캐스트, 애니캐스트 등의 3가지 주소 체계로 나누어진다.
④ IPv4의 주소 부족 문제를 해결해 줄 수 있다.

17년 3월

51 다음 중 인터넷에서 사용하는 IPv6에 관한 설명으로 옳은 것은?

① IPv4의 주소 부족 문제를 해결하기 위하여 개발되었다.
② 64비트의 주소 체계를 가진다.
③ IPv4와는 호환성이 낮아 상호 전환이 어렵다.
④ IPv4에 비해 자료 전송 속도가 느리다.

기적의 TIP

IPv6의 주소 체계와 주소 개수, 목적 등에 대한 정확한 이해와 숙지가 필요합니다.

018 그래픽 데이터의 표현 방식

합격 강의

비트맵 (Bitmap)	• 이미지를 점(Pixel, 화소)의 집합으로 표현하는 방식 • 래스터(Raster) 이미지라고도 함 • 고해상도를 표현하는 데 적합하지만 파일 크기가 커지고, 이미지를 확대하면 계단 현상이 발생함 • 다양한 색상을 이용하기 때문에 사실적 이미지 표현이 용이함 • Photoshop, Paint Shop Pro 등이 대표적인 소프트웨어임 • 비트맵 형식으로는 BMP, JPG, PCX, TIF, PNG, GIF 등이 있음
벡터 (Vector)	• 이미지를 점과 점을 연결하는 직선이나 곡선을 이용하여 표현하는 방식 • 그래픽의 확대/축소 시 계단 현상이 발생하지 않지만 고해상도 표현에는 적합하지 않음 • Illustrator, CorelDraw, 플래시 등이 대표적인 소프트웨어 • 벡터 파일 형식으로는 WMF, AI, CDR 등이 있음

18년 9월, 10년 6월

52 다음 중 컴퓨터에서 그래픽 데이터 표현 방식인 비트맵(Bitmap) 방식에 관한 설명으로 옳지 않은 것은?

① 점과 점을 연결하는 직선이나 곡선을 이용하여 이미지를 표현한다.
② 이미지를 확대하면 테두리가 거칠어진다.
③ 파일 형식에는 BMP, GIF, JPEG 등이 있다.
④ 다양한 색상을 사용하여 사실적 이미지를 표현할 수 있다.

11년 7월

53 다음 중 컴퓨터 그래픽과 관련하여 벡터(Vector) 이미지에 관한 설명으로 옳지 않은 것은?

① 점과 점을 연결하는 직선이나 곡선을 이용하여 이미지를 표현하는 방식이다.
② 픽셀을 이용하여 다양하고 사실적인 이미지를 표현할 수 있다.
③ 대표적으로 WMF 파일 형식이 있다.
④ 이미지를 확대해도 테두리가 거칠어지지 않고 매끄럽게 표현된다.

14년 10월

54 다음 중 컴퓨터에 저장되는 이미지 파일 포맷인 래스터(Raster) 방식에 대한 설명으로 옳지 않은 것은?

① 주로 스캐너나 디지털 카메라를 이용해서 생성된다.
② 픽셀 단위로 이미지를 저장한다.
③ WMF는 Windows에서 기본으로 사용되는 래스터 파일 형식이다.
④ 파일의 크기는 이미지의 해상도에 비례해서 커진다.

기적의 TIP

비트맵과 벡터는 자주 출제되므로 특징과 쓰임새, 해당 소프트웨어, 파일 형식 확장자에 대해 혼돈하지 않게 구분하여 정확히 암기해 두셔야 합니다.

019 그래픽 관련 용어

합격 강의

렌더링(Rendering)	컴퓨터 그래픽에서 3차원 질감(그림자, 색상, 농도 등)을 줌으로써 사실감을 추가하는 과정
디더링(Dithering)	표현할 수 없는 색상이 존재할 경우, 다른 색상들을 섞어서 비슷한 색상을 내는 효과
인터레이싱(Interlacing)	화면에 이미지를 표시할 때 한 번에 표시하지 않고 천천히 표시되면서 선명해지는 효과
모핑(Morphing)	사물의 형상을 다른 모습으로 서서히 변화시키는 기법으로 영화의 특수 효과에서 많이 사용함
모델링(Modeling)	물체의 형상을 컴퓨터 내부에서 3차원 그래픽으로 어떻게 표현할 것인지를 정하는 과정
안티 앨리어싱(Anti-Aliasing)	3D의 텍스처에서 몇 개의 샘플을 채취해서 사물의 색상을 변경하므로 계단 부분을 뭉개고 곧게 이어지는 듯한 화질을 형성하게 만드는 것

18년 3월, 15년 10월

55 다음 중 이미지 가장자리의 계단 현상을 최소화해 주는 그래픽 기법은?

① 모핑(Morphing)
② 디더링(Dithering)
③ 렌더링(Rendering)
④ 안티앨리어싱(Anti-Aliasing)

20년 7월, 16년 3월

56 다음 중 멀티미디어 기법에 대한 설명으로 옳지 않은 것은?

① 안티앨리어싱(Anti-Aliasing)은 2차원 그래픽에서 개체 색상과 배경 색상을 혼합하여 경계면 픽셀을 표현함으로써 경계면을 부드럽게 보이도록 하는 기법이다.
② 모델링(Modeling)은 컴퓨터 그래픽에서 명암, 색상, 농도의 변화 등과 같은 3차원 질감을 넣음으로써 사실감을 더하는 기법을 말한다.
③ 디더링(Dithering)은 제한된 색을 조합하여 음영이나 색을 나타내는 것으로 여러 컬러의 색을 최대한 나타내는 기법을 말한다.
④ 모핑(Morphing)은 한 이미지가 다른 이미지로 서서히 변화하는 과정을 나타내는 기법이다.

16년 10월

57 다음 중 애니메이션에서의 모핑(Morphing) 기법에 대한 설명으로 옳은 것은?

① 종이에 그린 그림을 셀룰로이드에 그대로 옮긴 뒤 채색 하고 촬영하는 기법이다.
② 2개의 이미지나 3차원 모델 간에 부드럽게 연결하여 서서히 변하는 모습을 보여주는 기법이다.
③ 키 프레임을 이용하여 애니메이션을 만드는 기법이다.
④ 점토를 사용하여 애니메이션을 만드는 기법이다.

기적의 TIP

그래픽 관련 기법에 대한 처리 기술과 쓰임새, 기법별 효과에 대해 혼돈하지 않도록 정확히 암기해 두시기 바랍니다.

020 네트워크 접속 장비

합격 강의

허브(Hub)	네트워크에서 연결된 각 회선이 모이는 집선 장치로서 각 회선을 통합적으로 관리하는 방식
라우터(Router)	데이터 전송을 위한 최적의 경로를 찾아 통신망에 연결하는 장치
브리지(Bridge)	독립된 두 개의 근거리 통신망(LAN)을 연결하는 접속 장치
리피터(Repeater)	장거리 전송을 위해 신호를 새로 재생시키거나 출력 전압을 높여 전송하는 장치
게이트웨이(Gateway)	네트워크에서 다른 네트워크로 들어가는 관문의 기능을 수행하는 지점을 말하며, 서로 다른 프로토콜을 사용하는 네트워크를 연결할 때 사용하는 장치

13년 10월

58 네트워크에서 디지털 신호를 일정한 거리 이상으로 전송시키면 신호가 감쇠되므로 디지털 신호의 장거리 전송을 위해 수신한 신호를 재생하거나 출력 전압을 높여 전송하는 네트워크 장비는?

① 라우터　② 리피터
③ 브리지　④ 게이트웨이

16년 3월

59 **다음 중 네트워크 장비인 게이트웨이(Gateway)에 관한 설명으로 옳은 것은?**

① 1:1 통신을 통하여 리피터(Repeater)와 동일한 역할을 하는 장비이다.
② 데이터의 효율적인 전송 속도를 제어하는 장비이다.
③ 컴퓨터와 네트워크를 연결하는 장비이다.
④ 서로 다른 네트워크 간에 데이터를 주고받기 위한 장비이다.

18년 9월, 16년 6월

60 **다음 중 정보통신에서 네트워크 관련 장비에 대한 설명으로 옳지 않은 것은?**

① 라우터 : 네트워크를 구성하기 위해 반드시 필요한 장비로 정보 전송을 위한 최적의 경로를 찾아 통신망에 연결하는 장치
② 허브 : 네트워크를 구성할 때 여러 대의 컴퓨터를 연결하고, 각 회선들을 통합 관리하는 장치
③ 브리지 : 네트워크를 구성할 때 디지털 신호를 아날로그 신호로 변환하여 전송하고 다시 수신된 신호를 원래대로 변환하기 위한 전송 장치
④ 게이트웨이 : 한 네트워크에서 다른 네트워크로 들어가는 입구 역할을 하는 장치로 근거리통신망(LAN)과 같은 하나의 네트워크를 다른 네트워크와 연결할 때 사용되는 장치

기적의 TIP

네트워크 접속 장비에 대한 기능과 역할에 대해 구분하여 정확히 암기해 두시기 바랍니다.

과목 02 스프레드시트 일반

021 데이터 입력 방법

합격 강의 

Enter	• 다음 행으로 셀 포인터를 이동 • [Excel 옵션]의 '고급', '편집 옵션'에서 Enter를 누를 때 이동할 셀의 방향을 지정할 수 있음
Shift+Enter	윗 행으로 셀 포인터를 이동
Esc	입력 중인 데이터를 취소
강제로 줄 바꿈	• 데이터 입력 후 Alt+Enter를 누르면 동일한 셀에서 줄이 바뀌며, 이 때 두 줄 이상의 데이터를 입력할 수 있음 • [셀 서식]의 [맞춤] 탭에서 [자동 줄 바꿈] 확인란을 선택하면 셀 너비에 맞추어 자동으로 줄이 바뀜
동일한 데이터 입력하기	범위를 지정하고 데이터 입력 후 Ctrl+Enter나 Ctrl+Shift+Enter를 누르면 선택 영역에 동일한 데이터가 한꺼번에 입력됨

12년 3월

61 **다음 중 셀에 데이터를 입력할 때 사용하는 Enter에 대한 설명으로 옳지 않은 것은?**

① [Excel 옵션]의 '고급', '편집 옵션'에서 Enter를 누를 때 이동할 셀의 방향을 지정할 수 있다.
② 여러 셀을 선택하고 값을 입력한 후 Ctrl+Enter를 누르면 선택된 셀에 동일한 값을 입력할 수 있다.
③ 셀에 값을 입력하고 Alt+Enter를 누르면 해당 셀 내에서 줄을 바꿔 입력할 수 있다.
④ 셀에 값을 입력하고 Shift+Enter를 누르면 셀을 한 번에 두 칸 씩 빨리 이동할 수 있다.

16년 3월

62 **다음 중 셀에 데이터를 입력하는 방법에 대한 설명으로 옳지 않은 것은?**

① [A1] 셀에 값을 입력하고 Esc를 누르면 [A1] 셀에 입력한 값이 취소된다.
② [A1] 셀에 값을 입력하고 오른쪽 방향키 →를 누르면 [A1] 셀에 값이 입력된 후 [B1] 셀로 셀 포인터가 이동한다.
③ [A1] 셀에 값을 입력하고 Enter를 누르면 [A1] 셀에 값이 입력된 후 [A2] 셀로 셀 포인터가 이동한다.
④ [C5] 셀에 값을 입력하고 Home를 누르면 [C5] 셀에 값이 입력된 후 [C1] 셀로 셀 포인터가 이동한다.

④ : [C5] 셀에 값을 입력하고 Home을 누르면 [C5] 셀에 값이 입력된 후 [A5] 셀로 셀 포인터가 이동함

17년 3월

63 **다음 중 데이터 입력에 대한 설명으로 옳지 않은 것은?**

① 셀 안에서 줄 바꿈을 하려면 Alt+Enter를 누른다.
② 한 행을 블록 설정한 상태에서 Enter를 누르면 블록 내의 셀이 오른쪽 방향으로 순차적으로 선택되어 행 단위로 데이터를 쉽게 입력할 수 있다.
③ 여러 셀에 숫자나 문자 데이터를 한 번에 입력하려면 여러 셀이 선택된 상태에서 데이터를 입력한 후 바로 Shift+Enter를 누른다.
④ 열의 너비가 좁아 입력된 날짜 데이터 전체를 표시하지 못하는 경우 셀의 너비에 맞춰 '#'이 반복 표시된다.

기적의 TIP

데이터 입력 방법은 자주 출제되는 내용이며 기본 작업에 해당하므로 반드시 실습을 통해 익혀 두시기 바랍니다.

022 각종 데이터 입력

합격 강의 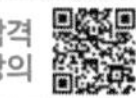

- 한자 입력 : 한자의 음을 한글로 입력한 다음 한자를 누르고 목록에서 원하는 한자를 선택함
- 특수 문자 : [삽입] 탭–[기호] 그룹–[기호]를 실행하거나 한글 자음(ㄱ,ㄴ,ㄷ,…,ㅎ) 중의 하나를 누르고 한자를 눌러 목록에서 원하는 특수 문자를 선택함
- 분수는 숫자와 공백으로 시작하여(한 칸 띄운 다음에) 입력(예 0 2/3)
- 숫자로만 된 데이터를 문자 데이터로 입력하려면 데이터 앞에 작은 따옴표(')를 먼저 입력(예 '010, '007)
- 날짜 및 시간 데이터는 자동으로 오른쪽을 기준으로 정렬됨
- Ctrl+; : 시스템의 오늘 날짜, Ctrl+Shift+; : 현재 시간이 입력됨
- 숫자가 입력된 셀의 채우기 핸들을 Ctrl을 누른 채 아래쪽으로 끌면 1씩 증가함
- Ctrl+R : 왼쪽 셀의 내용과 서식을 복사
- Ctrl+D : 윗쪽 셀의 내용과 서식을 복사
- Ctrl+Q : 빠른 분석(서식, 차트, 합계, 테이블, 스파크라인)

19년 3월, 10년 3월

64 **다음 중 날짜 및 시간 데이터에 관한 설명으로 옳지 않은 것은?**

① 날짜를 입력할 때 일을 입력하지 않으면 자동으로 해당 월의 1일로 입력된다.
② 셀에 4/9를 입력하고 Enter를 누르면 셀에 04월 09일로 표시된다.
③ 날짜 및 시간 데이터는 자동으로 왼쪽을 기준으로 정렬된다.
④ Ctrl+;을 누르면 시스템의 오늘 날짜, Ctrl+Shift+;을 누르면 현재 시간이 입력된다.

12년 6월

65 **다음 중 워크시트의 데이터 입력에 관한 설명으로 옳지 않은 것은?**

① 문자열 데이터는 셀의 왼쪽에 정렬된다.
② 수치 데이터는 셀의 오른쪽으로 정렬되며 공백과 '&' 특수 문자를 사용할 수 있다.
③ 기본적으로 수식 데이터는 워크시트 상에 수식 결과값이 표시된다.
④ 특수 문자는 한글 자음(ㄱ, ㄴ, ㄷ 등)을 입력한 후 [한자]를 눌러 나타나는 목록 상자에서 원하는 문자를 선택하여 입력할 수 있다.

19년 3월, 16년 6월

66 **다음 중 채우기 핸들을 이용하여 데이터를 입력하는 방법으로 옳지 않은 것은?**

① 인접한 셀의 내용으로 현재 셀을 빠르게 입력하려면 위쪽 셀의 내용은 [Ctrl]+[D], 왼쪽 셀의 내용은 [Ctrl]+[R]을 누른다.
② 숫자와 문자가 혼합된 문자열이 입력된 셀의 채우기 핸들을 아래쪽으로 끌면 문자는 복사되고 숫자는 1씩 증가한다.
③ 숫자가 입력된 셀의 채우기 핸들을 [Ctrl]을 누른 채 아래쪽으로 끌면 똑같은 내용이 복사되어 입력된다.
④ 날짜가 입력된 셀의 채우기 핸들을 아래쪽으로 끌면 기본적으로 1일 단위로 증가하여 자동 채우기가 된다.

기적의 TIP

문자, 숫자, 날짜/시간, 수식 데이터, 한자, 특수 문자의 입력 방법을 묻는 문제는 꾸준히 출제되고 있습니다. 각 데이터의 입력 방법에 대해 정확히 숙지해 두시기 바랍니다.

023 메모, 윗주

합격 강의 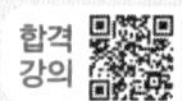

- 메모 입력 바로 가기 키 : [Shift]+[F2]
- 셀에 입력된 데이터를 삭제해도 메모가 삭제되지 않으므로 메모를 삭제하려면 [검토] 탭-[메모] 그룹-[삭제]를 선택하거나 바로 가기 메뉴에서 [메모 삭제]를 선택함
- 셀의 데이터를 삭제하면 윗주도 함께 삭제됨
- 숫자 데이터 위에 윗주를 입력한 경우 표시되지 않음
- 윗주에 입력된 텍스트 중 일부분의 서식을 별도로 변경할 수 없음

24년 상시, 11년 7월

67 **다음 중 윗주에 대한 설명으로 옳지 않은 것은?**

① 윗주는 셀에 대한 주석을 설정하는 것으로 문자열 데이터가 입력되어 있는 셀에만 표시할 수 있다.
② 윗주는 삽입해도 바로 표시되지 않고 [글꼴]-[윗주 필드]-[표시/숨기기]를 선택해야만 표시된다.
③ 윗주에 입력된 텍스트 중 일부분의 서식을 별도로 변경할 수 있다.
④ 셀의 데이터를 삭제하면 윗주도 함께 삭제된다.

21년 상시, 15년 10월

68 **다음 중 메모에 대한 설명으로 옳지 않은 것은?**

① 통합 문서에 포함된 메모를 시트에 표시된 대로 인쇄하거나 시트 끝에 인쇄할 수 있다.
② 메모에는 어떠한 문자나 숫자, 특수 문자도 입력 가능하며, 텍스트 서식도 지정할 수 있다.
③ 시트에 삽입된 모든 메모를 표시하려면 [검토] 탭의 [메모] 그룹에서 '메모 모두 표시'를 선택한다.
④ 셀에 입력된 데이터를 [Delete]로 삭제한 경우 메모도 함께 삭제된다.

16년 3월

69 **다음 중 메모에 관한 설명으로 옳지 않은 것은?**

① 메모를 삭제하려면 메모가 삽입된 셀을 선택한 후 [검토] 탭 [메모] 그룹의 [삭제]를 선택한다.
② [서식 지우기] 기능을 이용하여 셀의 서식을 지우면 설정된 메모도 함께 삭제된다.
③ 메모가 삽입된 셀을 이동하면 메모의 위치도 셀과 함께 변경된다.
④ 작성된 메모의 내용을 수정하려면 메모가 삽입된 셀의 바로 가기 메뉴에서 [메모 편집]을 선택한다.

기적의 TIP

메모와 윗주의 사용 용도와 기능, 입력 방법에 대한 문제가 출제되므로 각 내용에 대해 정확히 기억해 두시기 바랍니다.

024 찾기/바꾸기

합격 강의 

• 찾기 : Ctrl+F, Shift+F5
• 바꾸기 : Ctrl+H
• 와일드카드 문자(?, *)를 사용할 수 있음
• +, −, #, $ 등과 같은 특수 문자를 찾을 수 있음
• 영문자의 경우 대문자와 소문자를 구분함
• 찾는 위치 : 수식, 값, 메모
• 열을 선택하면 열에서 아래쪽으로, 행을 선택하면 행에서 오른쪽으로 검색함
• 열에서 위쪽으로 검색하거나 행에서 왼쪽으로 검색하려면 Shift를 누른 채 [다음 찾기]를 클릭함
• 별표(*), 물음표(?) 및 물결표(~) 등의 문자가 포함된 내용을 찾으려면 '찾을 내용'에 물결표(~) 뒤에 해당 문자를 붙여 입력함
• 찾는 위치를 '수식', '값', '메모'로 설정할 수 있으며 '메모'로 설정한 경우 메모 안의 텍스트도 찾을 수 있음

21년 상시, 11년 7월

70 **다음 중 워크시트에 입력된 데이터 중 특정한 내용을 찾거나 바꾸는 [찾기 및 바꾸기] 기능에 대한 설명으로 옳지 않은 것은?**

① 와일드카드 문자(?, *)를 사용할 수 있다.
② +, − 와 같은 특수 문자를 찾을 수 있다.
③ 와일드카드 문자(?, *) 자체를 찾을 경우는 % 기호를 와일드카드 문자 앞에 사용하면 된다.
④ 행 방향으로 먼저 검색할지, 열 방향으로 먼저 검색할지를 사용자가 설정할 수 있다.

18년 3월, 14년 10월

71 **다음 중 [찾기 및 바꾸기] 대화상자의 각 항목에 대한 설명으로 옳지 않은 것은?**

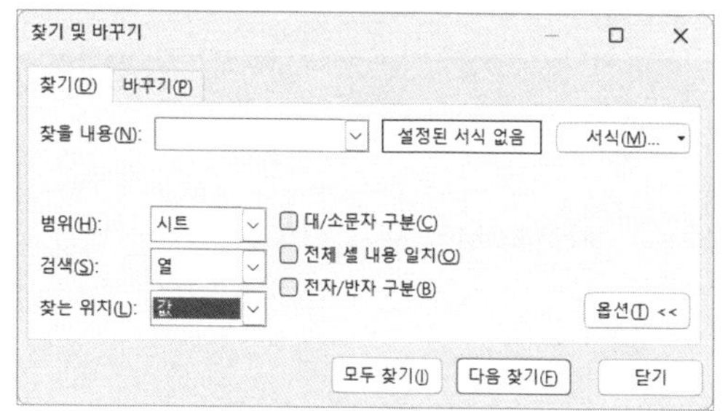

① 찾을 내용 : 검색할 내용을 입력할 곳으로 와일드카드 문자를 검색 문자열에 사용할 수 있다.
② 서식 : 숫자 셀을 제외한 특정 서식이 있는 텍스트 셀을 찾을 수 있다.
③ 범위 : 현재 워크시트에서만 검색하는 '시트'와 현재 통합 문서의 모든 시트를 검색하는 '통합 문서' 중 선택할 수 있다.
④ 모두 찾기 : 검색 조건에 맞는 모든 항목이 나열된다.

② 서식 : 특정 서식이 있는 텍스트나 숫자를 찾을 수 있음

16년 10월, 14년 6월

72 다음 중 [찾기 및 바꾸기] 대화상자에서 설정 가능한 기능으로 옳지 않은 것은?

① 대/소문자를 구분하여 찾을 수 있다.
② 수식이나 값을 찾을 수 있지만, 메모 안의 텍스트는 찾을 수 없다.
③ 이전 항목을 찾으려면 Shift를 누른 상태에서 [다음 찾기] 단추를 클릭한다.
④ 와일드카드 문자인 '*' 기호를 이용하여 특정 글자로 시작하는 텍스트를 찾을 수 있다.

기적의 TIP

찾기/바꾸기는 매우 유용한 기능으로 옵션에 대한 옳고 그름에 대한 문제가 자주 출제되는 경향을 보이고 있습니다. 옵션별 기능에 대해 정확히 숙지해 두시면 됩니다.

025 사용자 지정 표시 형식

합격 강의

코드	기능
;	양수, 음수, 0값을 세미콜론(;)으로 구분함
,	• 천 단위 구분 기호로 쉼표를 삽입 • ,(쉼표) 이후에 더 이상 코드를 사용하지 않으면 천 단위 배수로 표시 • 12345 → #,##0, → 12
#	• 유효 자릿수만 나타내고 유효하지 않은 0은 표시하지 않음 • 012345 → #,### → 12,345
0	• 유효하지 않은 자릿수를 0으로 표시 • 12345 → 0.00 → 12345.00
yy	• 연도를 끝 두 자리만 표시 • 2015 → yy → 15
mmm	• 월을 Jan~Dec로 표시 • 06 → mmm → Jun
dd	• 일을 01~31로 표시 • 25 → dd → 25
@	• 문자 뒤에 특정한 문자열을 함께 표시 • 컴활 → @@"**" → 컴활컴활**
[글꼴색]	각 구역의 첫 부분에 지정하며 대괄호 안에 글꼴 색을 입력함
[조건]	조건과 일치하는 숫자에만 서식을 적용하고자 할 때 사용. 조건은 대괄호로 묶어 입력하며 비교 연산자와 값으로 이루어짐

14년 6월, 12년 9월

73 다음 중 원 단위로 입력된 숫자를 백만원 단위로 표시하기 위한 사용자 지정 표시 형식으로 옳은 것은?

① #,###
② #,###,
③ #,###,,
④ #,###,,,

16년 6월, 14년 3월

74 다음 중 원본 데이터를 지정된 서식으로 설정하였을 때, 결과가 옳지 않은 것은?

① 원본 데이터 : 5054.2, 서식 : ### → 결과 데이터 : 5054
② 원본 데이터 : 대한민국, 서식 : @"화이팅" → 결과 데이터 : 대한민국화이팅
③ 원본 데이터 : 15:30:22, 서식 : hh:mm:ss AM/PM → 결과 데이터 : 3:30:22 PM
④ 원본 데이터 : 2013-02-01, 서식 : yyyy-mm-ddd → 결과 데이터 : 2013-02-Fri

• ③ 원본 데이터 : 15 : 30 : 22, 서식 : hh : mm : ss AM/PM → 결과 데이터 : 03 : 30 : 22 PM
• hh이므로 03으로 되어야 함

17년 3월

75 다음 중 입력 자료에 주어진 표시 형식으로 지정한 경우 그 결과가 옳지 않은 것은?

① 표시 형식 : #,##0, 입력 자료 : 12345 표시 결과 : 12
② 표시 형식 : 0.00 입력 자료 : 12345 표시 결과 : 12345.00
③ 표시 형식 : dd-mmm-yy 입력 자료 : 2015/06/25 표시 결과 : 25-June-15
④ 표시 형식 : @@"**" 입력 자료 : 컴활 표시 결과 : 컴활컴활**

③ : 2015/06/25 → dd-mmm-yy → 25-Jun-15

기적의 TIP

사용자 지정 표시 형식은 매우 잘 출제되는 내용으로 숫자 서식을 응용한 여러 문제를 가지고 이해를 통한 반복적 학습이 필수입니다.

026 조건부 서식

합격 강의 

- [홈] 탭-[스타일] 그룹-[조건부 서식]에서 선택하여 적용함
- 조건부 서식은 특정한 규칙을 만족하는 셀에 대해서만 각종 서식, 테두리, 셀 배경색 등의 서식을 설정함
- 규칙을 만족하는 데이터가 있는 행 전체에 서식을 지정할 때는 규칙 입력 시 열 이름 앞에만 '$'를 붙임
- 조건부 서식은 기존의 셀 서식에 우선하여 적용됨
- 여러 개의 규칙이 모두 만족될 경우 지정한 서식이 충돌하지 않으면 규칙이 모두 적용되며, 서식이 충돌하면 우선순위가 높은 규칙의 서식이 적용됨
- 규칙의 개수에는 제한이 없음
- 서식이 적용된 규칙으로 셀 값 또는 수식을 설정할 수 있음. 규칙을 수식으로 입력할 경우 수식 앞에 등호(=)를 반드시 입력해야 함

12년 9월

76 다음 중 조건부 서식에 대한 설명으로 옳지 않은 것은?

① 조건부 서식에서 사용하는 수식은 등호(=)로 시작해야 한다.
② 규칙에 맞는 셀 범위는 해당 규칙에 따라 서식이 지정되고 규칙에 맞지 않는 셀 범위는 서식이 지정되지 않는다.
③ 조건부 서식이 적용된 후 셀 값이 바뀌어 규칙과 일치하지 않아도 셀 서식 설정은 해제되지 않는다.
④ 고유 또는 중복 값에 대해서만 서식을 지정할 수도 있다.

13년 10월

77 다음 중 조건부 서식에 대한 설명으로 옳지 않은 것은?

① 조건부 서식의 규칙별로 다른 서식을 적용할 수 있다.
② 해당 셀이 여러 개의 조건을 동시에 만족하는 경우 가장 나중에 만족된 조건부 서식이 적용된다.
③ 조건을 수식으로 입력할 경우 수식 앞에 등호(=)를 반드시 입력해야 한다.
④ 조건부 서식에 의해 서식이 설정된 셀에서 값이 변경되어 조건에 만족하지 않을 경우 적용된 서식은 바로 해제된다.

17년 3월

78 아래 워크시트와 같이 평점이 3.0 미만인 행 전체에 셀 배경색을 지정하고자 한다. 다음 중 이를 위해 조건부 서식 설정에서 사용할 수식으로 옳은 것은?

	A	B	C	D
1	학번	학년	이름	평점
2	20959446	2	강혜민	3.38
3	21159458	1	김경식	2.60
4	21059466	2	김병찬	3.67
5	21159514	1	장현정	1.29
6	20959476	2	박동현	3.50
7	21159467	1	이승현	3.75
8	20859447	4	이병훈	2.93
9	20859461	3	강수빈	3.84

① =$D2 < 3
② =$D&2 < 3
③ =D2 < 3
④ =D$2 < 3

- [홈] 탭-[스타일] 그룹-[조건부 서식]에서 [새 규칙] 선택하여 적용함
- [A2 : D9] 영역을 마우스로 드래그하여 범위로 설정한 다음 [조건부 서식]-[새 규칙]-"수식을 사용하여 서식을 지정할 셀 결정"에서 수식과 서식을 설정함
- 평점이 3.0 미만인 행 전체에 셀 배경색을 지정 → =$D2<3

기적의 TIP

조건부 서식의 기능과 특징을 물어보는 문제에서 [수식을 사용하여 서식을 지정할 셀 결정]을 이용하는 문제까지 다양한 형태로 출제되는 경향을 보이고 있습니다. 실습을 병행한 학습이 필수입니다.

027 수식의 오류값

합격 강의 

####	데이터나 수식의 결과를 셀에 모두 표시할 수 없을 경우(열의 너비를 늘려주면 정상적으로 표시됨)
#VALUE!	• 수치를 사용해야 할 장소에 다른 데이터를 사용하는 경우 • 함수의 인수로 잘못된 값을 사용한 경우
#DIV/0!	0으로 나누기 연산을 시도한 경우
#NAME?	• 함수 이름이나 정의되지 않은 셀 이름을 사용한 경우 • 수식에 잘못된 문자열을 지정하여 사용한 경우
#N/A	• 수식에서 잘못된 값으로 연산을 시도한 경우 • 찾기 함수에서 결과값을 찾지 못한 경우
#REF!	셀 참조를 잘못 사용한 경우
#NUM!	숫자가 필요한 곳에 잘못된 값을 지정한 경우
#NULL!	교점 연산자(공백)를 사용했을 때 교차 지점을 찾지 못한 경우
순환 참조 경고	수식에서 직접 또는 간접으로 자체 셀을 참조하는 경우 발생

18년 9월, 13년 3월

79 다음 중 오류 값의 표시 내용에 대한 설명으로 옳지 않은 것은?

① #NUM! : 수식이나 함수에 잘못된 숫자 값을 사용할 때 발생한다.
② #VALUE : 셀에 입력된 숫자 값이 너무 커서 셀 안에 나타낼 수 없음을 의미한다.
③ #REF! : 유효하지 않은 셀 참조를 지정할 때 발생한다.
④ #NAME : 수식의 텍스트를 인식하지 못할 때 발생한다.

18년 3월, 15년 3월, 14년 10월

80 다음 중 잘못된 인수나 피연산자를 사용하였거나 수식 자동 고침 기능으로 수식을 고칠 수 없을 때 나타나는 오류 메시지는 무엇인가?

① #NAME? ② #NUM!
③ #DIV/0! ④ #VALUE!

24년 상시, 22년 상시, 16년 6월, 14년 3월

81 다음 중 '=SUM(A3:A9)' 수식이 '=SUM(A3A9)'와 같이 범위 참조의 콜론(:)이 생략된 경우 나타나는 오류 메시지로 옳은 것은?

① #N/A ② #NULL!
③ #REF! ④ #NAME?

기적의 TIP

수식 오류의 영문 의미대로 발생 원인과 연관지어 학습하시면 기억하시는 데 도움이 됩니다. 아울러 순환 참조 경고에 대한 문제도 잘 출제됨에 유의하시기 바랍니다.

028 수학/통계 함수

합격 강의

ABS(수)	수의 절대값(부호 없는 수)을 구함
INT(수)	수를 가장 가까운 정수로 내린 값을 구함
SUM(수1, 수2, …)	인수로 지정한 숫자의 합계를 구함(인수는 1~255개까지 사용)
AVERAGE(수1, 수2, …)	인수로 지정한 숫자의 평균을 구함
MOD(수1, 수2)	수1을 수2로 나눈 나머지 값(수2가 0이면 #DIV/0! 오류 발생)을 구함
POWER(수1, 수2)	수1을 수2만큼 거듭 제곱한 값을 구함
ROUND(수1, 수2)	수1을 반올림하여 자릿수(수2)만큼 반환함
COUNT(인수1, 인수2 …)	인수 중에서 숫자의 개수를 구함
COUNTA(인수1, 인수2 …)	공백이 아닌 인수의 개수를 구함
MAX(수1, 수2, …)	인수 중에서 최대값을 구함
MIN(수1, 수2, …)	인수 중에서 최소값을 구함
SMALL(배열, k)	인수로 지정한 숫자 중 k번째로 작은 값을 구함
LARGE(배열, k)	인수로 지정한 숫자 중 k번째로 큰 값을 구함
MODE.SNGL(수1, 수2, …)	주어진 수들 중 가장 빈번하게 발생하는 수(최빈수)를 구함
MEDIAN(수1, 수2, …)	주어진 수들의 중간값(중위수)을 구함
ODD(수)	주어진 수를 가장 가까운 홀수로, 양수인 경우 올림하고 음수인 경우 내림함
EVEN(수)	가장 가까운 짝수인 정수로 양수는 올림하고 음수는 내림함

13년 10월

82 다음 중 아래 시트를 이용한 수식의 실행 결과가 나머지와 다르게 나타나는 것은?

	A
1	3
2	7
3	5
4	3
5	0
6	2

① =MOD(A3,A6) ② =MODE.SNGL(A1:A6)
③ =MEDIAN(A1:A6) ④ =SMALL(A1:A6,3)

① =MOD(A3,A6) → 1 : 5를 2로 나눈 나머지 값

오답 피하기

- ② =MODE.SNGL(A1 : A6) → 3 : 범위에서 가장 빈번하게 발생하는 수(최빈수)
- ③ =MEDIAN(A1 : A6) → 3 : 범위에서 주어진 수들의 중간값(중위수)를 구함
- ④ =SMALL(A1 : A6,3) → 3 : 범위에서 3번째로 작은 값을 구함

18년 9월, 16년 3월

83 다음 중 함수의 결과가 옳은 것은?

① =COUNT(1, "참", TRUE, "1") → 1
② =COUNTA(1, "거짓", TRUE, "1") → 2
③ =MAX(TRUE, "10", 8, ,3) → 10
④ =ROUND(215.143, -2) → 215.14

③ =MAX(TRUE, "10", 8, ,3) → 10 : 인수 중 가장 큰 값을 구함

오답 피하기

- ① =COUNT(1, "참", TRUE, "1") → 3 : "참"을 제외한 숫자 인수의 개수를 구함
- ② =COUNTA(1, "거짓", TRUE, "1") → 4 : 모든 인수의 개수를 구함
- ④ =ROUND(215.143, -2) → 200 : 자리수가 -2 음수이므로 소수점 왼쪽 2번째 자리에서 반올림 됨

18년 9월, 16년 6월

84 다음 중 함수식과 그 결과로 옳지 않은 것은?

① =ODD(4) → 5
② =EVEN(5) → 6
③ =MOD(18,-4) → -2
④ =POWER(5,3) → 15

④ =POWER(5,3) → 125 : 5를 3만큼 거듭 제곱한 값을 구함(5X5X5)

오답 피하기

- ① =ODD(4) → 5 : 주어진 수를 가장 가까운 홀수로, 양수인 경우 올림하고 음수인 경우 내림함
- ② =EVEN(5) → 6 : 가장 가까운 짝수인 정수로 양수는 올림하고 음수는 내림함
- ③ =MOD(18,-4) → -2 : 18을 -4로 나눈 나머지 값을 구함

기적의 TIP

수학/통계 함수는 실무에서도 많이 사용되고 시험에도 자주 출제되는 함수이므로 실습을 병행하여 이해를 통한 숙지가 중요합니다. 특히, 여러 함수가 중첩되어 결과를 묻는 문제에 잘 대비하시기 바랍니다.

029 논리, 문자열 함수

합격 강의 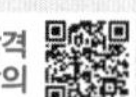 

함수	설명
IF(조건, 참, 거짓)	조건식이 참이면 값1, 거짓이면 값2를 반환함
IFS(조건식1, 참인 경우 값1, 조건식2, 참인 경우 값2, ……)	하나 이상의 조건이 충족되는지 확인하고 첫 번째 TRUE 조건에 해당하는 값을 반환함
SWITCH(변환할 값, 일치시킬 값 1...[2-126], 일치하는 경우 반환할 값 1...[2-126], 일치하는 값이 없는 경우 반환할 값)	값의 목록에 대한 하나의 값(식이라고 함)을 계산하고 첫 번째 일치하는 값에 해당하는 결과를 반환함
AND(조건1, 조건2, …)	모든 조건이 참이면 TRUE, 나머지는 FALSE를 반환함
OR(조건1, 조건2, …)	조건 중 하나 이상이 참이면 TRUE, 나머지는 FALSE를 반환함
LEFT(문자열, 개수)	문자열의 왼쪽에서 지정한 개수만큼 문자를 추출함
RIGHT(문자열, 개수)	문자열의 오른쪽에서 지정한 개수만큼 문자를 추출함
MID(문자열, 시작위치, 개수)	문자열의 시작 위치에서부터 지정한 개수만큼 문자를 추출함
TRIM(문자열)	단어 사이에 있는 한 칸의 공백을 제외하고, 문자열의 공백을 모두 삭제함
LOWER(문자열)	문자열을 모두 소문자로 변환함
UPPER(문자열)	문자열을 모두 대문자로 변환함
PROPER(문자열)	단어 첫 글자만 대문자로, 나머지는 소문자로 변환함
SEARCH(찾을텍스트, 문자열, 시작위치)	문자열에서 찾을 텍스트의 시작 위치를 반환함(시작 위치 생략시 1로 간주함)

11년 7월

85 다음 시트에서 1행의 데이터에 따라 2행처럼 표시하려고 할 때, 다음 중 [A2] 셀에 입력된 함수식으로 옳은 것은?

	A	B
1	1	-1
2	양	음

① =IF(A1>=0,"양","음")
② =IF(A1>=0, THEN "양" ELSE "음")
③ =IF(A1 IS POSITIVE THEN "양" ELSE "음")
④ =IF(A1>=0 THEN "양","음")

14년 6월

86 다음 중 아래 워크시트에서 가입일이 2000년 이전이면 회원등급을 '골드회원' 아니면 '일반회원'으로 표시하려고 할 때 [C19] 셀에 입력할 수식으로 옳은 것은?

	A	B	C
17	회원가입현황		
18	성명	가입일	회원등급
19	강민호	2000-01-15	골드회원
20	김보라	1996-03-07	골드회원
21	이수연	2002-06-20	일반회원
22	황정민	2006-11-23	일반회원
23	최경수	1998-10-20	골드회원
24	박정태	1999-12-05	골드회원

① =TODAY(IF(B19<=2000,"골드회원","일반회원")
② =IF(TODAY(B19)<=2000,"일반회원","골드회원")
③ =IF(DATE(B19)<=2000,"골드회원","일반회원")
④ =IF(YEAR(B19)<=2000,"골드회원","일반회원")

17년 3월

87 다음 중 각 함수식과 그 결과가 옳지 않은 것은?

① =TRIM(" 1/4분기 수익") → 1/4분기 수익
② =SEARCH("세","세금 명세서", 3) → 5
③ =PROPER("republic of korea") → REPUBLIC OF KOREA
④ =LOWER("Republic of Korea") → republic of korea

③ =PROPER("republic of korea") → Republic Of Korea : 각 단어의 첫 글자만 대문자로, 나머지는 소문자로 변환함

오답 피하기

- ① =TRIM(" 1/4분기 수익") → 1/4분기 수익 : 단어 사이에 있는 한 칸의 공백을 제외하고, 문자열의 공백을 모두 삭제함
- ② =SEARCH("세","세금 명세서", 3) → 5 : "세"를 3번째 공백부터 시작하여 그 위치를 찾아서 위치값(5)을 표시함
- ④ =LOWER("Republic of Korea") → republic of korea : 문자열을 모두 소문자로 변환하여 표시함

기적의 TIP

논리 함수는 여러 함수와 중첩되어 자주 출제되며 꾸준한 출제가 예상됩니다. 함수의 기능에 대한 정확한 이해와 숙지가 필요합니다.

030 찾기, 참조 함수

합격 강의 

- VLOOKUP(값, 범위, 열 번호, 방법) : 범위의 첫 번째 열에서 값을 찾아 지정한 열에서 대응하는 값을 반환함
- HLOOKUP(값, 범위, 행 번호, 방법) : 범위의 첫 번째 행에서 값을 찾아 지정한 행에서 대응하는 값을 반환함
- CHOOSE(인덱스 번호, 인수1, 인수2, …) : 인덱스 번호에 의해 인수를 순서대로 선택함
- INDEX(셀 범위, 행 번호, 열 번호) : 셀 범위에서 행, 열 번호 값을 산출함

17년 3월

88 다음 중 아래의 워크시트를 참조하여 작성한 수식 '=INDEX(B2:D9,2,3)'의 결과는?

	A	B	C	D
1	코드	정가	판매수량	판매가격
2	L-001	25,400	503	12,776,200
3	D-001	23,200	1,000	23,200,000
4	D-002	19,500	805	15,697,500
5	C-001	28,000	3,500	98,000,000
6	C-002	20,000	6,000	120,000,000
7	L-002	24,000	750	18,000,000
8	L-003	26,500	935	24,777,500
9	D-003	22,000	850	18,700,000

① 19,500 ② 23,200,000
③ 1,000 ④ 805

- 셀 범위 → B2 : D9, 행 번호 → 2, 열 번호 → 3
- =INDEX(B2 : D9,2,3) → 23,200,000

16년 3월

89 [A1] 셀에 '851010-1234567'과 같이 주민등록번호가 입력되어 있을 때, 이 셀의 값을 이용하여 [B1] 셀에 성별을 '남' 또는 '여'로 표시하고자 한다. 다음 중 이를 위한 수식으로 옳은 것은? (단, 주민등록번호의 8번째 글자가 1이면 남자, 2이면 여자임)

① =CHOOSE(MID(A1,8,1), "남","여")
② =HLOOKUP(A1, 8, B1)
③ =INDEX(A1, B1, 8)
④ =IF(RIGHT(A1,8)="1", "남", "여")

24년 상시, 22년 상시, 17년 3월

90 다음 중 아래의 워크시트에서 '박지성'의 결석 값을 찾기 위한 함수식은?

	A	B	C	D
1	성적표			
2	이름	중간	기말	결석
3	김남일	86	90	4
4	이천수	70	80	2
5	박지성	95	85	5

① =VLOOKUP("박지성", $A$3:$D$5, 4, 1)
② =VLOOKUP("박지성", $A$3:$D$5, 4, 0)
③ =HLOOKUP("박지성", $A$3:$D$5, 4, 0)
④ =HLOOKUP("박지성", $A$3:$D$5, 4, 1)

- 찾을 값 → 박지성, 범위 → $A$3 : $D$5, 열 번호 → 4(결석), 방법 → 0(정확한 값을 찾음), 1이면 찾을 값의 아래로 근사값
- =VLOOKUP("박지성", $A$3 : $D$5, 4, 0) → 5

기적의 TIP

찾기, 참조 함수는 이해하기 어렵고 까다로운 함수이므로 문제 예를 가지고 실습을 통해 함수의 중첩을 분리하여 결과를 확인하는 학습이 중요합니다.

031 D 함수

합격 강의 

- DSUM(데이터베이스, 필드, 조건 범위) : 조건을 만족하는 필드의 합계를 구함
- DAVERAGE(데이터베이스, 필드, 조건 범위) : 조건을 만족하는 필드의 평균을 구함
- DCOUNT(데이터베이스, 필드, 조건 범위) : 조건을 만족하는 필드의 개수(수치)를 구함
- DCOUNTA(데이터베이스, 필드, 조건 범위) : 조건을 만족하는 모든 필드의 개수를 구함
- DMAX(데이터베이스, 필드, 조건 범위) : 조건을 만족하는 필드의 최대값을 구함
- DMIN(데이터베이스, 필드, 조건 범위) : 조건을 만족하는 필드의 최소값을 구함

11년 10월

91 다음 그림과 같이 [C9] 셀에 =DSUM(A1:C7, C1, A9:A10) 함수를 입력했을 때 결과로 옳은 것은?

	A	B	C
1	이름	직급	상여금
2	장기동	과장	1,200,000
3	이승연	대리	900,000
4	김영신	차장	1,300,000
5	공경호	대리	850,000
6	한나리	사원	750,000
7	이미연	과장	950,000
8			
9	상여금		
10	>=1000000		

① 5,950,000
② 2,500,000
③ 1,000,000
④ 3,450,000

기출 자주 출제되는 기출문제

23년 상시, 15년 6월

92 다음 중 아래의 워크시트에서 몸무게가 70Kg 이상인 사람의 수를 구하고자 할 때 [E7] 셀에 입력할 수식으로 옳지 않은 것은?

	A	B	C	D	E	F
1	번호	이름	키(Cm)	몸무게(Kg)		
2	12001	홍길동	165	67		몸무게(Kg)
3	12002	이대한	171	69		>=70
4	12003	한민국	177	78		
5	12004	이우리	162	80		
6						
7	몸무게가 70Kg 이상인 사람의 수?				2	

① =DCOUNT(A1:D5,2,F2:F3)
② =DCOUNTA(A1:D5,2,F2:F3)
③ =DCOUNT(A1:D5,3,F2:F3)
④ =DCOUNTA(A1:D5,3,F2:F3)

① =DCOUNT(A1 : D5,2,F2 : F3) → 0 : 2열의 이름 필드는 문자라 카운트를 못 함

18년 3월, 15년 10월

93 다음 중 아래의 워크시트에서 수식 '=DAVERAGE(A4:E10, "수확량", A1:C2)'의 결과로 옳은 것은?

	A	B	C	D	E
1	나무	높이	높이		
2	배	>10	<20		
3					
4	나무	높이	나이	수확량	수익
5	배	18	17	14	105
6	배	12	20	10	96
7	체리	13	14	9	105
8	사과	4	15	10	75
9	배	9	8	8	76.8
10	사과	8	9	6	45

① 15 ② 12
③ 14 ④ 18

② : 배나무 높이가 11~19 사이에 있는 수확량의 평균 → 12

기적의 TIP

D 함수는 데이터베이스에서 조건 범위에 따른 필드의 D 함수 결과를 얻는 개념 파악만 하시면 어렵지 않게 풀 수 있는 문제입니다.

032 정렬

합격 강의 

- 오름차순 정렬은 숫자일 경우 작은 값에서 큰 값 순서로 정렬되며, 내림차순 정렬은 그 반대로 재배열됨
- 영문 대/소문자를 구분하여 정렬하는 기능을 제공하며, 오름차순 정렬 시 소문자가 우선순위를 가짐
- 오름차순 정렬 : 숫자 – 기호 문자 – 영문 소문자 – 영문 대문자 – 한글 – 빈 셀(단, 대/소문자 구분하도록 설정했을 때)
- 내림차순 정렬 : 한글 – 영문 대문자 – 영문 소문자 – 기호 문자 – 숫자 – 빈 셀(단, 대/소문자 구분하도록 설정했을 때)
- 정렬 전에 숨겨진 행 및 열 표시 : 숨겨진 열이나 행은 정렬 시 이동되지 않음
- 최대 64개의 열을 기준으로 정렬할 수 있음

22년 상시, 18년 3월, 14년 3월

94 다음 중 오름차순 정렬에 관한 설명으로 옳지 않은 것은?

① 숫자는 가장 작은 음수에서 가장 큰 양수의 순서로 정렬된다.
② 영숫자 텍스트는 왼쪽에서 오른쪽으로 정렬된다. 예를 들어, 텍스트 "A100"이 들어 있는 셀은 "A1"이 있는 셀보다 뒤에, "A11"이 있는 셀보다 앞에 정렬된다.
③ 논리값은 TRUE보다 FALSE가 앞에 정렬되며 오류값의 순서는 모두 같다.
④ 공백(빈 셀)은 항상 가장 앞에 정렬된다.

24년 상시, 15년 10월

95 다음 중 정렬에 관한 설명으로 옳지 않은 것은?

① 특정 글꼴 색이 적용된 셀을 포함한 행이 위에 표시되도록 정렬할 수 있다.
② 사용자 지정 목록을 사용하여 사용자가 정의한 순서대로 정렬할 수 있다.
③ 최대 64개의 열을 기준으로 정렬할 수 있다.
④ 위쪽에서 아래쪽으로 정렬 시 숨겨진 행도 포함하여 정렬할 수 있다.

16년 10월

96 다음 중 정렬 기능에 대한 설명으로 옳지 않은 것은?

① 머리글의 값이 정렬 작업에 포함되거나 제외되도록 설정할 수 있다.
② 날짜가 입력된 필드의 정렬에서 내림차순을 선택하면 이전 날짜에서 최근 날짜 순서로 정렬할 수 있다.
③ 사용자 지정 목록을 사용하여 사용자가 정의한 순서대로 정렬할 수 있다.
④ 셀 범위나 표 열의 서식을 직접 또는 조건부 서식으로 설정한 경우 셀 색 또는 글꼴 색을 기준으로 정렬할 수 있다.

기적의 TIP

정렬은 매회 출제되는 매우 중요한 내용입니다. 개념과 기능을 확실히 알아두시기 바랍니다.

033 필터

합격 강의 

- 자동 필터 : 자동 필터를 이용하여 추출한 데이터는 항상 레코드(행) 단위로 표시, 같은 열에 여러 개의 항목을 동시에 선택하여 데이터를 추출할 수 있음
- 자동 필터는 워크시트의 다른 영역에 결과 테이블을 자동 생성할 수 없으며 고급 필터를 이용하여 다른 영역에 결과 테이블을 생성할 수 있음
- 고급 필터 : 조건 범위와 복사 위치는 고급 필터 명령을 실행하기 전에 설정해 놓아야 함. 결과를 '현재 위치에 필터'로 선택한 경우 복사 위치를 지정할 필요가 없으며, [자동 필터]처럼 현재 데이터 범위 위치에 고급 필터 결과를 표시함
- 단일 조건 : 첫 행에 필드명을 입력하고, 필드명 아래에 검색할 값을 입력
- AND 조건 : 첫 행에 필드명을 나란히 입력하고, 동일한 행에 조건을 입력(그리고)
- OR 조건 : 첫 행에 필드명을 나란히 입력하고, 서로 다른 행에 조건을 입력(이거나, 또는)
- 복합 조건(AND, OR 결합) : 첫 행에 필드명을 나란히 입력하고, 동일한 행에 조건을 입력, 그리고 다음 동일한 행에 두 번째 조건을 입력
- 고급 필드에서 조건 범위를 만들 때 만능 문자(?, *)를 사용할 수 있음

15년 6월

97 다음 중 필터에 대한 설명으로 옳지 않은 것은?

① 필터 기능을 이용하면 워크시트에 입력된 자료들 중 특정한 조건에 맞는 자료들만을 워크시트에 표시할 수 있다.
② 자동 필터에서 여러 필드에 조건을 지정하는 경우 각 조건들은 AND 조건으로 설정된다.
③ 고급 필터를 실행하는 경우 조건을 만족하는 데이터를 다른 곳에 추출할 수 있다.
④ 고급 필터가 적용된 결과표를 정렬할 경우 숨겨진 레코드도 정렬에 포함된다.

16년 3월

98 다음 중 고급 필터를 이용하여 전기세가 '3만원 이하'이거나 가스비가 '2만원 이하'인 데이터 행을 추출하기 위한 조건으로 옳은 것은?

①

전기세	가스비
<=30000	<=20000

②

전기세	가스비
<=30000	
	<=20000

③

전기세	<=30000
가스비	<=20000

④

전기세	<=30000	
가스비		<=20000

16년 6월

99 **다음 중 데이터 관리 기능인 자동 필터에 대한 설명으로 옳지 않은 것은?**

① 필터는 데이터 목록에서 설정된 조건에 맞는 데이터만을 추출하여 나타내기 위한 기능으로 워크시트의 다른 영역으로 결과 테이블을 자동 생성할 수 있다.
② 두 개 이상의 필드(열)로 필터링 할 수 있으며, 필터는 누적 적용되므로 추가하는 각 필터는 현재 필터 위에 적용된다.
③ 필터는 필요한 데이터 추출을 위해 조건을 만족하지 않는 데이터를 잠시 숨기는 것이므로 목록 자체의 내용은 변경되지 않는다.
④ 자동 필터를 사용하여 추출한 데이터는 레코드(행) 단위로 표시된다.

기적의 TIP

필터는 자동 필터와 고급 필터 모두 꾸준히 출제되고 있으며 특히, 고급 필터에서 검색 조건과 만능 문자, 수식을 이용한 조건을 사용하여 검색하는 문제에 대한 학습이 필요합니다.

034 부분합

합격 강의 

- 워크시트에 있는 데이터를 일정한 기준으로 요약하여 통계 처리를 수행함
- 기준이 될 필드(열)로 먼저 정렬(오름차순 또는 내림차순)해야 함
- 그룹화할 항목 : 부분합을 계산할 기준 필드
- 사용할 함수 : 합계, 개수, 평균, 최대값, 최소값, 곱, 숫자 개수, 표본 표준 편차, 표준 편차, 표본 분산, 분산 등 계산 항목에서 선택한 필드를 계산할 방식을 지정함
- 새로운 값으로 대치 : 이미 부분합이 작성된 목록에서 이전 부분합을 지우고 현재 설정대로 새로운 부분합을 작성하여 삽입함
- 모두 제거 : 목록에 삽입된 부분합이 삭제되고, 원래 데이터 상태로 돌아감

18년 3월, 11년 3월

100 **다음 중 부분합에 대한 설명으로 옳지 않은 것은?**

① 부분합의 첫 행에는 열 이름표가 있어야 하며, 그룹으로 사용할 데이터는 반드시 오름차순으로 정렬되어야 한다.
② 부분합이 실행되면 개요 기호가 표시되므로 각 수준의 데이터를 편리하게 볼 수 있다.
③ 부분합이 적용된 각 그룹을 페이지로 분리할 수 있다.
④ 부분합을 해제하고 원래의 목록으로 표시할 때는 [부분합] 대화 상자에서 [모두 제거] 단추를 클릭한다.

12년 9월, 11년 10월

101 **다음 중 부분합의 계산 항목에 사용할 수 있는 함수의 종류로 옳지 않은 것은?**

① 최대값
② 표준 편차
③ 중앙값
④ 수치 개수

14년 6월

102 **다음 중 부분합에 관한 설명으로 옳지 않은 것은?**

① 부분합을 작성할 때 기준이 되는 필드가 반드시 정렬되어 있지 않아도 제대로 된 부분합을 실행할 수 있다.
② 부분합에 특정한 데이터만 표시된 상태에서 차트를 작성하면 표시된 데이터에 대해서만 차트가 작성된다.
③ [부분합] 대화상자에서 '새로운 값으로 대치'는 이미 작성한 부분합을 지우고, 새로운 부분합으로 실행할 경우에 설정한다.
④ 부분합 계산에 사용할 요약 함수를 두 개 이상 사용하기 위해서는 함수의 종류 수만큼 부분합을 반복 실행해야 한다.

기적의 TIP

부분합은 정렬 작업이 선행되어야 하는 점에 유의하시고 부분합의 기능별 특징에 대해 정확히 숙지해 두시기 바랍니다.

035 피벗 테이블/피벗 차트 보고서

합격 강의 

- 피벗 테이블은 방대한 양의 자료를 빠르게 요약하여 보여 주는 대화형 테이블
- 피벗 테이블 보고서는 각 필드에 다양한 조건을 지정할 수 있으며, 일정한 그룹별로 데이터 집계가 가능함
- 피벗 차트 작성 시 자동으로 피벗 테이블도 함께 만들어짐. 즉, 피벗 테이블을 만들지 않고는 피벗 차트를 만들 수 없음
- 피벗 테이블과 피벗 차트를 함께 만든 후에 작성된 피벗 테이블을 삭제하면 피벗 차트는 일반 차트로 변경됨
- 데이터 새로 고침 : 피벗 테이블은 원본 데이터와 연결되어 있지만 원본 데이터가 변경될 때 자동으로 피벗 테이블 내용을 변경하지 못함

21년 상시, 13년 3월

103 다음 중 피벗 테이블에 대한 설명으로 옳지 <u>않은</u> 것은?

① 피벗 테이블 결과가 표시되는 장소는 동일한 시트 내에만 지정된다.
② 피벗 테이블로 작성된 목록에서 행 필드를 열 필드로 편집할 수 있다.
③ 피벗 테이블 작성 후에도 사용자가 새로운 수식을 추가하여 표시할 수 있다.
④ 피벗 테이블은 많은 양의 데이터를 손쉽게 요약하기 위해 사용되는 기능이다.

18년 3월/9월, 15년 3월

104 다음 중 피벗 테이블에 대한 설명으로 옳지 <u>않은</u> 것은?

① 원본의 자료가 변경되면 [모두 새로 고침] 기능을 이용하여 피벗 테이블에 반영할 수 있다.
② 작성된 피벗 테이블을 삭제하면 함께 작성한 피벗 차트도 삭제된다.
③ 피벗 테이블을 삭제하려면 피벗 테이블 전체를 범위로 지정하고 Delete를 누른다.
④ 피벗 테이블 보고서에서는 값 영역에 표시된 데이터를 삭제하거나 수정할 수 없다.

16년 6월

105 다음 중 피벗 테이블 보고서에 대한 설명으로 옳지 <u>않은</u> 것은?

① 피벗 테이블 보고서를 작성한 후에 사용자가 새로운 수식을 추가하여 표시할 수 있다.
② 원본 데이터가 변경되면 피벗 테이블 보고서의 데이터도 자동으로 변경된다.
③ 피벗 테이블 보고서는 현재 작업 중인 워크시트나 새로운 워크시트에 작성할 수 있다.
④ 피벗 테이블을 삭제하더라도 피벗 테이블과 연결된 피벗 차트는 삭제되지 않고 일반 차트로 변경된다.

기적의 TIP

피벗 테이블/피벗 차트 보고서의 개념과 구성 요소, 레이아웃, 도구 모음에 대한 전반적인 숙지가 필요합니다. 특히, 새로 고침에 대한 부분은 반드시 숙지해 두시기 바랍니다.

036 목표값 찾기

합격 강의 

- 수식의 결과값은 알고 있으나 그 결과값을 얻기 위한 입력값을 모를 때 목표값 찾기 기능을 이용함
- 수식에서 참조한 특정 셀의 값을 계속 변화시켜 수식의 결과값을 원하는 값으로 찾음
- [데이터] 탭 – [예측] 그룹 – [가상 분석]을 클릭한 후 [목표값 찾기] 메뉴를 선택하여 수식 셀, 찾는 값, 값을 바꿀 셀을 지정함
- 찾는 값 : 수식 셀의 결과로, 원하는 특정한 값을 숫자 상수로 입력함

22년 상시, 21년 상시, 10년 10월

106 다음 중 수식으로 계산된 결과값은 알고 있지만 그 결과값을 계산하기 위해 수식에 사용된 입력값을 모를 경우 사용하는 기능으로 옳은 것은?

① 목표값 찾기 ② 피벗 테이블
③ 시나리오 ④ 레코드 관리

13년 6월

107 **아래 시트에서 할인율을 변경하여 "판매가격"의 목표 값을 150000으로 변경하려고 할 때, [목표값 찾기] 대화 상자의 수식 셀에 입력할 값으로 옳은 것은?**

	A	B	C	D	E
1					
2	할인율	10%			
3	품명	단가	수량	판매가격	
4	박스	1,000	200	180,000	

목표값 찾기 ? ×

수식 셀(E):

찾는 값(V): 150000

값을 바꿀 셀(C):

확인 취소

① D4
② C4
③ B2
④ B4

22년 상시, 16년 10월

108 **다음 중 판매관리표에서 수식으로 작성된 판매액의 총합계가 원하는 값이 되기 위한 판매수량을 예측하는데 가장 적절한 데이터 분석 도구는? (단, 판매액의 총합계를 구하는 수식은 판매수량을 참조하여 계산된다.)**

① 시나리오 관리자
② 데이터 표
③ 피벗 테이블
④ 목표값 찾기

기적의 TIP

목표값 찾기의 쓰임새에 대한 이해와 기능을 정확히 파악하고 찾는 값에 숫자 상수가 입력되어야 하는 점에 주의하시기 바랍니다.

037 시나리오

합격 강의 

- 변경 요소가 많은 작업표에서 가상으로 수식이 참조하고 있는 셀의 값을 변화시켜 작업표의 결과를 예측하는 기능
- 변경 요소가 되는 값의 그룹을 '변경 셀'이라고 하며, 하나의 시나리오에 최대 32개까지 변경 셀을 지정할 수 있음
- 변경 셀로 지정한 셀에 계산식이 포함되어 있으면 자동으로 상수로 변경되어 시나리오가 작성됨
- '결과 셀'은 변경 셀 값을 참조하는 수식으로 입력되어야 함
- 병합 : 열려 있는 다른 통합 문서의 워크시트에서 시나리오를 가져와 현재 시트의 시나리오에 추가함

22년 상시, 10년 3월

109 **다음 중 시나리오에 대한 설명으로 옳지 <u>않은</u> 것은?**

① 시나리오는 별도의 파일로 저장하고 자동으로 바꿀 수 있는 값의 집합이다.
② 시나리오를 사용하여 워크시트 모델의 결과를 예측할 수 있다.
③ 여러 시나리오를 비교하기 위해 시나리오를 한 페이지의 피벗 테이블로 요약할 수 있다.
④ 시나리오 요약 보고서는 작업 시트의 값을 참조하지 않기 때문에 원본 데이터 값이 변경되어도 자동으로 바꿀 수 없다.

18년 9월, 14년 3월

110 **다음 중 시나리오에 관한 설명으로 옳지 <u>않은</u> 것은?**

① 하나의 시나리오에 최대 32개까지 변경 셀을 지정할 수 있다.
② 시나리오의 결과는 요약 보고서나 피벗 테이블 보고서로 작성할 수 있다.
③ 시나리오 병합을 통하여 다른 통합문서나 다른 워크시트에 저장된 시나리오를 가져올 수 있다.
④ 시나리오는 입력된 자료들을 그룹별로 분류하고 해당 그룹별로 특정한 계산을 수행하는 기능이다.

24년 상시, 17년 3월, 14년 6월

111 다음 중 다양한 상황과 변수에 따른 여러 가지 결과 값의 변화를 가상의 상황을 통해 예측하여 분석할 수 있는 도구는?

① 시나리오 관리자
② 목표값 찾기
③ 부분합
④ 통합

기적의 TIP

시나리오는 사용 목적에 대해 이해하고 목표값 찾기와 혼돈하지 않도록 차이점을 파악해 두시기 바랍니다.

038 페이지 설정

합격 강의 

- [페이지] 탭에서 '자동 맞춤'의 용지 너비와 용지 높이를 각각 1로 지정하면 여러 페이지가 한 페이지에 인쇄됨
- 배율은 워크시트 표준 크기의 10%에서 400%까지 설정함
- 머리글/바닥글은 [머리글/바닥글] 탭에서 설정함
- 셀에 설정된 메모는 '시트에 표시된 대로' 인쇄할 수 있음

24년 상시, 23년 상시, 21년 상시, 13년 3월

112 [페이지 설정] 대화상자의 [시트] 탭에서 '반복할 행'에 [$4:$4]을 지정하고 워크시트 문서를 출력하였다. 다음 중 출력 결과에 대한 설명으로 옳은 것은?

① 첫 페이지만 1행부터 4행의 내용이 반복되어 인쇄된다.
② 모든 페이지에 4행의 내용이 반복되어 인쇄된다.
③ 모든 페이지에 4열의 내용이 반복되어 인쇄된다.
④ 모든 페이지에 4행과 4열의 내용이 반복되어 인쇄된다.

14년 10월

113 다음 중 워크시트의 [머리글/바닥글] 설정에 대한 설명으로 옳지 않은 것은?

① '페이지 레이아웃' 보기 상태에서는 워크시트 페이지 위쪽이나 아래쪽을 클릭하여 머리글/바닥글을 추가할 수 있다.
② 첫 페이지, 홀수 페이지, 짝수 페이지의 머리글/바닥글 내용을 다르게 지정할 수 있다.
③ 머리글/바닥글에 그림을 삽입하고, 그림 서식을 지정할 수 있다.
④ '페이지 나누기 미리 보기' 상태에서는 미리 정의된 머리글이나 바닥글을 선택하여 쉽게 추가할 수 있다.

16년 6월

114 다음 중 [페이지 설정] 대화상자의 [시트] 탭에 대한 설명으로 옳지 않은 것은?

① 셀에 삽입된 메모를 시트 끝에 인쇄되도록 설정할 수 있다.
② 셀 구분선이나 그림 개체 등은 제외하고 셀에 입력된 데이터만 인쇄되도록 설정할 수 있다.
③ 워크시트의 행/열 머리글과 눈금선이 인쇄되도록 설정할 수 있다.
④ 페이지를 기준으로 가운데에 인쇄되도록 '페이지 가운데 맞춤'을 설정할 수 있다.

기적의 TIP

페이지 설정의 각 탭의 기능을 묻는 문제가 자주 출제됩니다. 각 기능별 특징에 대해 정확히 숙지해 두시기 바랍니다.

039 차트

합격 강의 

- 분산형(XY 차트) : 데이터의 불규칙한 간격이나 묶음을 보여주는 것으로, 데이터 요소 간의 차이점보다는 큰 데이터 집합 간의 유사점을 표시하려는 경우에 사용함
  - 각 항목이 값을 점으로 표시함
  - 두 개의 숫자 그룹을 XY 좌표로 이루어진 한 계열로 표시(XY 차트라고도 함)
  - 주로 과학, 공학용 데이터 분석에서 사용함
  - 3차원 차트로 작성할 수 없음
  - 가로 축은 항목 축이 아닌 값 축 형식으로 나타남
- 주식형 차트 : 주식 가격, 온도 변화와 같은 과학 데이터를 나타내는 데 사용하며 3차원 차트로 작성할 수 없음
- 영역형 차트 : 일정한 시간에 따라 데이터의 변화 추세(데이터 세트의 차이점을 강조)를 표시, 데이터 계열값의 합계를 표시하여 전체 값에 대한 각 값의 관계를 표시함
- 방사형 차트 : 많은 데이터 계열의 합계 값을 비교할 때 사용하며 각 항목마다 가운데 요소에서 뻗어나온 값 축을 갖고, 선은 같은 계열의 모든 값을 연결, 3차원 차트로 작성할 수 없음
- 추세선 가능한 차트 : 비누적 2차원 영역형, 가로막대형, 세로막대형, 꺾은선형, 주식형, 분산형, 거품형 차트
- 추세선 불가능한 차트 : 누적 2차원 영역형, 3차원 효과의 영역형, 원형, 도넛형, 방사형, 표면형 차트

22년 상시, 15년 3월

115 다음 중 항목 레이블이 월, 분기, 연도와 같이 일정한 간격의 값을 나타내는 경우에 적합한 차트로 일정 간격에 따라 데이터의 추세를 표시하는 데 유용한 것은?

① 분산형 차트
② 원형 차트
③ 꺾은선형 차트
④ 방사형 차트

22년 상시, 17년 3월

116 다음 중 추세선을 추가할 수 있는 차트 종류는?

① 방사형
② 분산형
③ 원형
④ 표면형

23년 상시, 17년 3월

117 다음 중 차트의 데이터 계열 서식에 대한 설명으로 옳지 않은 것은?

① 계열 겹치기 수치를 양수로 지정하면 데이터 계열 사이가 벌어진다.
② 차트에서 데이터 계열의 간격을 넓게 또는 좁게 지정할 수 있다.
③ 특정 데이터 계열의 값이 다른 데이터 계열 값과 차이가 많이 나거나 데이터 형식이 혼합되어 있는 경우 하나 이상의 데이터 계열을 보조 세로 (값) 축에 표시할 수 있다.
④ 보조 축에 그려지는 데이터 계열을 구분하기 위하여 보조 축의 데이터 계열만 선택하여 차트 종류를 변경할 수 있다.

① : 계열 겹치기 수치를 양수로 지정하면 데이터 계열이 겹치게 됨

기적의 TIP

차트의 기본 개념과 구성 요소, 차트 종류별 사용 용도에 대해 정확히 숙지해 두셔야 합니다. 아울러 차트 선택 및 차트 도구와 추세선에 대한 부분도 자주 출제되오니 반드시 기능과 특징에 대해 파악해 두시기 바랍니다.

040 매크로

합격 강의

- 자주 사용하는 명령, 반복적인 작업 등을 매크로로 기록하여 해당 작업이 필요할 때마다 바로 가기 키(단축 키)나 실행 단추를 클릭하여 쉽고, 빠르게 작업을 수행할 수 있음
- 매크로는 해당 작업에 대한 일련의 명령과 함수를 Microsoft Visual Basic 모듈로 저장한 것으로 Visual Basic 언어를 기반으로 함
- 매크로 이름 : 기록할 매크로 이름을 지정하는 것으로 기본적으로는 매크로1, 매크로2와 같이 붙여짐, 첫 글자는 반드시 문자이어야 하며, 나머지는 문자, 숫자, 밑줄 등을 사용하여 입력할 수 있음
- 매크로 이름에 공백이나 #, @, $, %, & 등의 기호 문자를 사용할 수 없음
- 매크로 실행 : F5
- 한 단계씩 코드 실행 : F8
- [매크로 보기]의 바로 가기 키 : Alt+F8
- 모듈 창의 커서 위치까지 실행 : Ctrl+F8
- Visual Basic Editor(Alt+F11)를 사용하여 매크로를 편집할 수 있음
- 기록한 매크로는 [보기] 탭-[매크로] 그룹-[매크로]-[매크로 보기]에서 [편집]을 클릭하여 수정할 수 있음

24년 상시, 15년 3월

118 다음 중 새 매크로를 기록할 때의 과정에 대한 설명으로 옳지 않은 것은?

① Alt+F8을 눌러 매크로 기록 대화상자를 실행시켰다.
② 매크로 이름을 '서식변경'으로 지정하였다.
③ 바로 가기 키를 Ctrl+Shift+C로 지정하였다.
④ 매크로 저장 위치를 '새 통합 문서'로 지정하였다.

22년 상시, 15년 6월

119 다음 중 매크로에 관한 설명으로 옳지 않은 것은?

① 서로 다른 매크로에 동일한 이름을 부여할 수 없다.
② 매크로는 반복적인 작업을 자동화하여 복잡한 작업을 단순한 명령으로 실행할 수 있도록 한다.
③ 매크로 기록 시 사용자의 마우스 동작은 기록되지만 키보드 작업은 기록되지 않는다.
④ 현재 셀의 위치를 기준으로 매크로가 실행되도록 하려면 '상대 참조로 기록'을 설정한 후 매크로를 기록한다.

23년 상시, 17년 3월

120 다음 중 매크로의 특징에 대한 설명으로 옳지 않은 것은?

① 매크로 기록을 시작한 후의 키보드나 마우스 동작은 VBA 언어로 작성된 매크로 프로그램으로 자동 생성된다.
② 기록한 매크로는 편집할 수 없으므로 기능과 조작을 추가 또는 삭제할 수 없다.
③ 매크로 실행의 바로 가기 키가 엑셀의 바로 가기 키보다 우선한다.
④ 도형을 이용하여 작성된 텍스트 상자에 매크로를 지정한 후 매크로를 실행할 수 있다.

기적의 TIP

매크로는 매회 시험에 출제되는 부분입니다. 매크로 이름과 바로 가기 키, 저장 위치, 실행, 편집 등에 대한 전반적인 학습이 필요합니다.

2024년 상시 기출문제 01회

자동 채점 서비스 합격 강의

• 제한시간 : 40분 • 소요시간 : 시간 분 • 전체 문항 수 : 40문항 • 맞힌 문항 수 : 문항

과목 01 컴퓨터 일반

합격 강의

01 다음 중 정당한 사용자가 정상적으로 시스템을 종료하지 않고 자리를 떠났을 때 비인가된 사용자가 바로 그 자리에서 계속 작업을 수행하여 불법적 접근을 행하는 범죄 행위는?

① 스패밍(Spamming)
② 스푸핑(Spoofing)
③ 스니핑(Sniffing)
④ 피기배킹(Piggybacking)

02 다음 중 Windows 10에서 실행 중인 프로그램 사이의 작업 전환을 위해 사용되는 바로 가기 키로 옳은 것은?

① Alt + Tab
② Alt + Enter
③ Alt + F4
④ Shift + Delete

합격 강의

03 다음 중 컴퓨터의 인터럽트에 관한 설명으로 옳지 않은 것은?

① 프로그램 실행 중에 현재의 처리 순서를 중단시키고 다른 동작을 수행하도록 하는 것이다.
② 인터럽트 수행을 위한 인터럽트 서비스 루틴 프로그램이 따로 있다.
③ 하드웨어 결함이 생긴 경우에는 인터럽트가 발생하지 않는다.
④ 인터럽트 서브루틴이 끝나면 주프로그램으로 돌아간다.

04 다음 중 IPv6 주소에 대한 설명으로 옳지 않은 것은?

① 각 부분은 세미콜론(;)으로 구분되어 있다.
② 각 부분은 16진수로 표현된다.
③ 총 128비트로 구성된다.
④ 8개 부분으로 구성된다.

05 다음 중 웹 서버와 사용자의 인터넷 브라우저 간에 하이퍼텍스트 문서 전송을 위해 사용되는 통신 규약으로 옳은 것은?

① FTP
② HTTP
③ SMTP
④ TCP

06 다음 중 가상현실(Virtual Reality)에 대한 설명으로 옳은 것은?

① 복잡한 데이터를 단순 가상화하여 컴퓨터 화면에 나타내는 기술이다.
② 여러 영상을 분해, 통합하여 2차원 그래픽으로 표현하는 기술이다.
③ 고화질 영상을 제작하여 TV로 전송하는 기술이다.
④ 고도의 컴퓨터 그래픽 기술과 3차원 기법을 통하여 현실의 세계처럼 구현하는 기술이다.

합격강의

07 다음 중 롬(ROM)에 기록되어 하드웨어를 제어하는 기능을 수행하며, 하드웨어의 성능 향상을 위해 업그레이드할 수 있는 마이크로 프로그램의 집합은?

① 프리웨어(Freeware)
② 셰어웨어(Shareware)
③ 펌웨어(Firmware)
④ 에드웨어(Adware)

08 다음 중 컴퓨터의 하드웨어가 올바르게 작동하는지 확인할 수 있고, 문제가 있거나 불필요한 하드웨어 장치를 제거할 수 있는 항목으로 옳은 것은?

① 앱 및 기능
② 장치 관리자
③ 디스플레이
④ 개인 설정

합격강의

09 다음 중 정보의 기밀성을 저해하는 데이터 보안 침해 형태로 옳은 것은?

① 가로채기
② 가로막기
③ 변조/수정
④ 위조

10 다음 중 추상화, 캡슐화, 상속성, 다형성 등의 특징을 지니고 있으며, 크고 복잡한 프로그램 구축이 어려운 절차형 언어의 문제점을 해결하기 위해 개발된 프로그래밍 기법은?

① 구조적 프로그래밍
② 객체 지향 프로그래밍
③ 하향식 프로그래밍
④ 비주얼 프로그래밍

11 다음 중 컴퓨터의 특징에 관한 설명으로 옳지 않은 것은?

① 컴퓨터에서 사용되는 용어 중 'GIGO'는 입력 데이터가 옳지 않으면 출력 결과도 옳지 않다는 의미의 용어로 'Garbage In Garbage Out'의 약자이다.
② 호환성은 컴퓨터 기종에 상관없이 데이터 값을 동일하게 공유하여 처리할 수 있는 것을 의미한다.
③ 컴퓨터의 처리 속도 단위는 KB, MB, GB, TB 등으로 표현된다.
④ 컴퓨터 사용에는 사무 처리, 학습, 과학 계산 등 다양한 분야에서 이용될 수 있는 특징이 있으며, 이러한 특징을 범용성이라고 한다.

12 다음 중 컴퓨터의 보조 기억 장치로 사용하는 SSD(Solid State Drive)의 특징으로 옳지 않은 것은?

① HDD보다 빠른 속도로 데이터의 읽기나 쓰기가 가능하다.
② 물리적인 외부 충격에 약하며 불량 섹터가 발생할 수 있다.
③ 작동 소음이 없으며 전력 소모가 적다.
④ 자기 디스크가 아닌 반도체를 이용하여 데이터를 저장한다.

13 다음 중 컴퓨터의 연산 장치에 있는 누산기(Accumulator)에 관한 설명으로 옳은 것은?

① 연산 결과를 일시적으로 기억하는 장치이다.
② 명령의 순서를 기억하는 장치이다.
③ 명령어를 기억하는 장치이다.
④ 명령을 해독하는 장치이다.

14 다음 중 운영체제의 기능에 대한 설명으로 옳지 않은 것은?

① 자원의 효율적 관리를 위해 자원의 스케줄링 기능을 지원한다.
② 데이터 및 자원을 공유할 수 있는 기능을 제공한다.
③ 컴퓨터 시스템과 사용자 간에 시각적이고 편리한 인터페이스 기능을 제공한다.
④ 운영체제는 제어 프로그램과 감시 프로그램, 응용 프로그램으로 구성된다.

합격강의

15 다음 중 아래 내용이 설명하는 네트워크 장비는?

> 네트워크에서 디지털 신호를 일정한 거리 이상으로 전송시키면 신호가 감쇠하므로 디지털 신호의 장거리 전송을 위해 수신한 신호를 재생하거나 출력 전압을 높여 전송한다.

① 라우터　　② 리피터
③ 브리지　　④ 게이트웨이

16 다음 중 컴퓨터 바이러스의 예방법으로 가장 거리가 먼 것은?

① 최신 버전의 백신 프로그램을 사용한다.
② 다운로드 받은 파일은 작업에 사용하기 전에 바이러스 검사 후 사용한다.
③ 전자우편에 첨부된 파일은 다른 이름으로 저장하고 사용한다.
④ 네트워크 공유 폴더에 있는 파일은 읽기 전용으로 지정한다.

17 다음 중 외부로부터의 손상이나 변형을 대비할 수 있어 최근에 저작권을 보호하기 위한 기술 중 하나로 많이 사용되는 것은?

① 디지털 워터마크(Digital Watermark)
② 방화벽
③ 펌웨어(Firmware)
④ 트랩 도어(Trap Door)

18 다음 중 TCP/IP 프로토콜에서 IP 프로토콜의 개요 및 기능에 관한 설명으로 옳은 것은?

① 메시지를 송수신의 주소와 정보로 묶어 패킷 단위로 나눈다.
② 패킷 주소를 해석하고 경로를 결정하여 다음 호스트로 전송한다.
③ 전송 데이터의 흐름을 제어하고 데이터의 에러 유무를 검사한다.
④ OSI 7계층 중 전송(Transport) 계층에 해당한다.

합격강의

19 다음 중 컴퓨터에서 사용하는 USB 장치에 대한 설명으로 옳지 않은 것은?

① 최대 127개의 주변 기기 연결이 가능하다.
② 전원이 연결된 상태에서도 연결 및 제거가 가능하다.
③ 기존의 직렬, 병렬, PS/2 포트 등을 하나의 포트로 대체하기 위한 범용 직렬 버스 장치이다.
④ 한 번에 8비트의 데이터가 동시에 전송되는 방식이다.

20 다음 중 삭제된 파일이 [휴지통]에 임시 보관되어 복원이 가능한 경우는?

① 바탕 화면에 있는 파일을 [휴지통]으로 드래그 앤 드롭하여 삭제한 경우
② USB 메모리에 저장되어 있는 파일을 Delete로 삭제한 경우
③ 네트워크 드라이브의 파일을 바로 가기 메뉴의 [삭제]를 클릭하여 삭제한 경우
④ Shift+Delete로 삭제한 경우

과목 02 스프레드시트 일반

21 다음 중 함수식에 대한 결과가 옳지 않은 것은?

① =Trunc(−5.6) → −5
② =Power(2,3) → 6
③ =Int(−7.2) → −8
④ =Mod(−7,3) → 2

22 다음 중 아래의 워크시트에서 '=INDEX(B2:D11, 3,3)' 수식을 실행한 결과로 옳은 것은?

	A	B	C	D
1	코드	정가	판매수량	판매가격
2	a-001	12,500	890	11,125,000
3	a-002	23,000	690	15,870,000
4	a-003	32,000	300	9,600,000
5	a-004	44,000	500	22,000,000
6	a-005	19,000	120	2,280,000
7	b-001	89,000	300	26,700,000
8	b-002	25,000	90	2,250,000
9	b-003	26,000	110	2,860,000
10	b-004	11,000	210	2,310,000
11	b-005	33,000	500	16,500,000

① 690
② 15,870,000
③ 9,600,000
④ 22,000,000

23 다음 중 아래의 차트에 대한 설명으로 옳지 않은 것은?

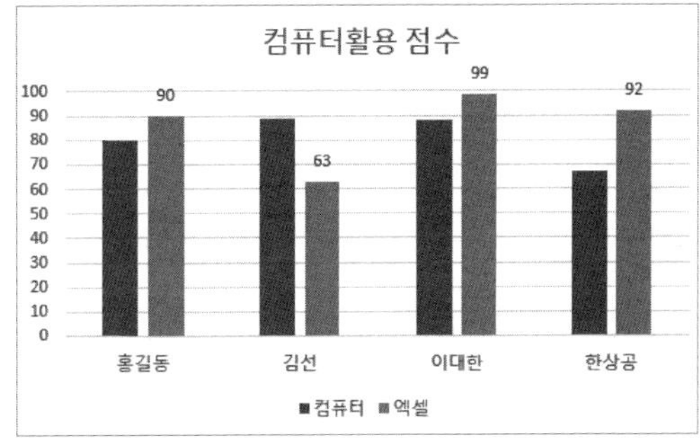

① 엑셀 계열에만 데이터 레이블이 표시되어 있다.
② '계열 겹치기' 값이 음수로 설정되어 있다.
③ [차트 디자인] 탭–[데이터] 그룹에서 '행/열 전환'을 실행하면 세로(값) 축과 가로(항목) 축이 상호 변경된다.
④ 범례는 아래쪽으로 설정되어 있다.

24 다음 중 정렬에 관한 설명으로 옳지 않은 것은?

① 특정 글꼴 색이 적용된 셀을 포함한 행이 위에 표시되도록 정렬할 수 있다.
② 사용자 지정 목록을 사용하여 사용자가 정의한 순서대로 정렬할 수 있다.
③ 최대 64개의 열을 기준으로 정렬할 수 있다.
④ 위쪽에서 아래쪽으로 정렬 시 숨겨진 행도 포함하여 정렬할 수 있다.

25 다음 중 워크시트에서 셀에 데이터를 입력하는 중에 Alt + Enter 를 누른 경우 발생하는 현상으로 옳은 것은?

① 다음 입력할 셀로 이동한다.
② 데이터의 입력이 종료된다.
③ 현재 입력하는 셀에서 줄 바꿈이 일어난다.
④ 이미 입력 중인 데이터가 삭제된다.

26 다음 중 3차원 차트로 작성이 가능한 차트로 옳은 것은?

① 주식형 차트
② 방사형 차트
③ 도넛형 차트
④ 표면형 차트

27 다음 중 피벗 테이블에 대한 설명으로 옳지 않은 것은?

① 예상 값을 계산하는 데 유용하다.
② 원본 데이터가 변경되어도 피벗 테이블은 자동으로 변경되지 않는다.
③ 합계, 평균, 최대값, 최소값을 구할 수 있다.
④ 원본 데이터 목록의 행이나 열의 위치를 변경하여 다양한 형태로 표시할 수 있다.

28 다음 중 자동 필터가 설정된 표에서 사용자 지정 필터를 사용하여 검색이 불가능한 조건은?

① 성별이 '남자'인 데이터
② 성별이 '남자'이고, 주소가 '서울'인 데이터
③ 나이가 '20'세 이하이거나 '60'세 이상인 데이터
④ 주소가 '서울'이거나 직업이 '학생'인 데이터

29 다음 중 워크시트의 [틀 고정] 기능에 관한 설명으로 옳지 않은 것은?

① 워크시트에서 화면을 스크롤할 때 행 또는 열 레이블이 계속 표시되도록 설정하는 기능이다.
② 행과 열을 모두 잠그려면 창을 고정할 위치의 오른쪽 아래 셀을 클릭한 후 '틀 고정'을 실행한다.
③ [틀 고정] 기능에는 현재 선택 영역을 기준으로 하는 '틀 고정' 외에도 '첫 행 고정', '첫 열 고정' 등의 옵션이 있다.
④ 화면에 표시되는 틀 고정 형태는 인쇄 시에도 그대로 적용되어 출력된다.

30 다음 중 새 매크로를 기록할 때의 과정에 대한 설명으로 옳지 않은 것은?

① Alt+F8을 눌러 매크로 기록 대화 상자를 실행시켰다.
② 매크로 이름을 '서식변경'으로 지정하였다.
③ 바로 가기 키를 Ctrl+Shift+C로 지정하였다.
④ 매크로 저장 위치를 '새 통합 문서'로 지정하였다.

합격강의 **31** 다음 중 아래 워크시트에서 [A1:A2] 영역은 '범위1', [B1:B2] 영역은 '범위2'로 이름이 정의되어 있는 경우 각 수식의 결과로 옳지 않은 것은?

	A	B
1	1	2
2	3	4

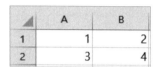

① =COUNT(범위1, 범위2) → 4
② =AVERAGE(범위1, 범위2) → 2.5
③ =MODE.SNGL(범위1, 범위2) → 4
④ =SUM(범위1, 범위2) → 10

32 다음 중 메모에 대한 설명으로 옳지 않은 것은?

① 통합 문서에 포함된 메모를 시트에 표시된 대로 인쇄하거나 시트 끝에 인쇄할 수 있다.
② 메모에는 어떠한 문자나 숫자, 특수 문자도 지정하여 표현할 수 있다.
③ 모든 메모를 표시하려면 [검토] 탭의 [메모] 그룹에서 '메모 모두 표시'를 클릭한다.
④ 셀에 입력된 데이터를 지우면 메모도 자동으로 삭제된다.

33 다음 중 [페이지 설정] 대화 상자에서 실행 가능한 작업이 아닌 것은?

① [페이지] 탭에서 '자동 맞춤' 옵션을 이용하여 한 장에 모아서 인쇄할 수 있다.
② [여백] 탭에서 '페이지 나누기' 옵션을 이용하여 새 페이지가 시작되는 위치를 설정할 수 있다.
③ [머리글/바닥글] 탭에서 머리말과 꼬리말이 짝수와 홀수 페이지에 다르게 표시되도록 설정할 수 있다.
④ [시트] 탭에서 '간단하게 인쇄' 옵션을 이용하여 워크시트에 삽입된 차트나 일러스트레이션 개체 등이 인쇄되지 않도록 설정할 수 있다.

34 아래 워크시트에서 할인율을 변경하여 '판매가격'의 목표값을 800,000으로 변경하려고 할 때, [목표값 찾기] 대화 상자의 수식 셀에 입력할 값으로 옳은 것은?

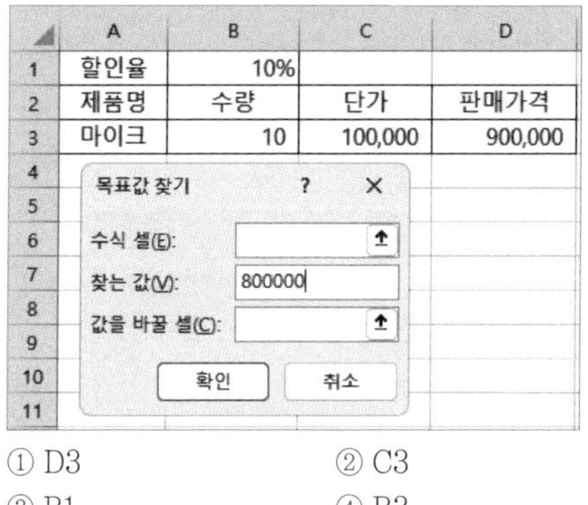

	A	B	C	D
1	할인율	10%		
2	제품명	수량	단가	판매가격
3	마이크	10	100,000	900,000

① D3　　② C3
③ B1　　④ B3

35 다음 중 워크시트 관리에 대한 설명으로 옳지 않은 것은?

① Shift 를 이용하여 시트 그룹을 설정할 수 있다.
② 여러 개의 워크시트를 선택한 후 Ctrl 을 누른 채 시트 탭을 드래그하면 선택된 시트들이 복사된다.
③ 시트 이름에는 공백을 사용할 수 없으며, 최대 256자까지 지정할 수 있다.
④ 시트 보호를 설정해도 시트의 이름 바꾸기 및 숨기기 작업을 수행할 수 있다.

36 다음 중 근무 기간이 15년 이상이면서 나이가 50세 이상인 직원의 데이터를 조회하기 위한 고급 필터의 조건으로 옳은 것은?

①

근무 기간	나이
>=15	>=50

②

근무 기간	나이
>=15	
	>=50

③

근무 기간	>=15
나이	>=50

④

근무 기간	>=50	
나이		>=50

37 다음 중 부분합에 대한 설명으로 옳지 않은 것은?

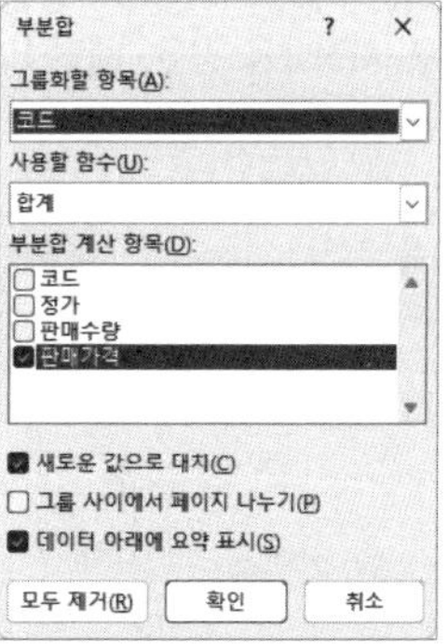

① 부분합을 실행하면 각 부분합에 대한 정보 행을 표시하거나 숨길 수 있도록 목록에 개요가 자동으로 설정된다.
② 부분합은 한 번에 한 개의 함수만 계산할 수 있으므로 두 개 이상의 함수를 이용하려면 함수의 개수만큼 부분합을 중첩해서 삽입해야 한다.
③ '새로운 값으로 대치'를 선택하면 이전의 부분합의 결과는 제거되고 새로운 부분합의 결과로 변경된다.
④ 그룹화할 항목으로 선택된 필드는 자동으로 오름차순 정렬하여 부분합이 계산된다.

38 다음 중 학점 [B3:B10]을 이용하여 [E3:E7] 영역에 학점별 학생 수만큼 '♣' 기호를 표시하고자 할 때, [E3] 셀에 입력해야 할 수식으로 옳은 것은?

	A	B	C	D	E
1	엑셀 성적 분포				
2	이름	학점		학점	성적그래프
3	김현미	A		A	♣
4	조미림	B		B	♣♣♣♣
5	심기훈	F		C	♣
6	박원석	C		D	
7	이영준	B		F	♣♣
8	최세종	F			
9	김수현	B			
10	이미도	B			
11					

① =REPT("♣", COUNTIF(D3, $B$3:$B$10))
② =REPT(COUNTIF(D3, $B$3:$B$10), "♣")
③ =REPT("♣", COUNTIF($B$3:$B$10, D3))
④ =REPT(COUNTIF($B$3:$B$10, D3), "♣")

39 다음 중 엑셀에서 사용하는 바로 가기 키와 같은 키로 매크로의 바로 가기 키를 지정했을 경우, 해당 바로 가기 키를 눌렀을 때 실행되는 것은?

① 충돌하므로 오류 메시지가 표시된다.
② 매크로의 바로 가기 키가 동작한다.
③ 엑셀의 바로 가기 키가 동작한다.
④ 아무런 동작도 수행되지 않는다.

40 아래 표에서 원금 [C4:F4]과 이율 [B5:B8]을 각각 곱하여 수익금액 [C5:F8]을 계산하기 위해서, [C5] 셀에 수식을 입력하고 나머지 모든 셀은 [자동 채우기] 기능으로 채우려고 한다. 다음 중 [C5] 셀에 입력할 수식으로 옳은 것은?

	A	B	C	D	E	F
1	이율과 원금에 따른 수익금액					
2						
3			원금			
4			5,000,000	10,000,000	30,000,000	500,000,000
5	이율	1.5%				
6		2.3%				
7		3.0%				
8		5.0%				

① =C4*B5
② =$C4*B$5
③ =C$4*$B5
④ =$C$4*$B$5

2024년 상시 기출문제 01회 빠르게 정답 확인하기!
스마트폰으로 QR 코드를 찍어 보세요.
정답표를 통해 편리하게 채점할 수 있습니다.

2024년 상시 기출문제 02회

자동 채점 서비스 합격 강의

• 제한시간 : 40분 • 소요시간 : 시간 분 • 전체 문항 수 : 40문항 • 맞힌 문항 수 : 문항

과목 01 컴퓨터 일반

합격 강의

01 다음 중 비정상적 접근을 탐지할 위장 서버를 의도적으로 설치하여 해커를 유인한 뒤, 추적 장치를 통해 해킹에 대비하고 사이버 테러를 방지하는 기술은?

① 방화벽
② DDoS
③ 허니팟(Honeypot)
④ 루트킷(Rootkit)

02 다음 중 마이크로소프트 사의 엑셀이나 워드와 같은 파일을 매개로 하고 특정 응용 프로그램으로 매크로가 사용되면 감염이 확산하는 형태의 바이러스는?

① 부트(Boot) 바이러스
② 파일(File) 바이러스
③ 부트(Boot) & 파일(File) 바이러스
④ 매크로(Macro) 바이러스

03 다음 중 컴퓨터 내부에서 중앙 처리 장치와 메모리 사이의 데이터 전송을 위해 사용되는 버스(Bus)로 옳지 않은 것은?

① 제어 버스(Control Bus)
② 프로그램 버스(Program Bus)
③ 데이터 버스(Data Bus)
④ 주소 버스(Address Bus)

04 다음 중 멀티미디어 파일 형식 중에서 형식이 다른 것은?

① .wmv ② .png
③ .gif ④ .jpg

합격 강의

05 다음 중 플래시 메모리(Flash Memory)에 관한 설명으로 옳지 않은 것은?

① 비휘발성 메모리이다.
② 전송 속도가 빠르다.
③ 트랙 단위로 저장된다.
④ 전력 소모가 적다.

06 다음 중 모니터 화면의 이미지를 얼마나 세밀하게 표시할 수 있는가를 나타내는 정보로 픽셀 수에 따라 결정되는 것은?

① 재생률(Refresh Rate)
② 해상도(Resolution)
③ 색깊이(Color Depth)
④ 색공간(Color Space)

07 다음 중 컴퓨터 범죄에 해당하지 않는 것은?

① 인터넷 쇼핑몰 상품 가격 비교표 작성
② 전자 문서의 불법 복사
③ 전산망을 이용한 개인 정보 유출
④ 컴퓨터 시스템 해킹을 통한 중요 정보의 위조나 변조

08 다음 중 한글 Windows에서 하드디스크에 저장된 파일을 다시 정렬하는 단편화 제거 과정을 통해 디스크의 파일 읽기/쓰기 성능을 향상시키는 프로그램으로 옳은 것은?

① 디스크 검사
② 디스크 정리
③ 디스크 포맷
④ 드라이브 조각 모음 및 최적화

09 다음 중 디지털 컴퓨터와 아날로그 컴퓨터의 차이점에 대한 설명으로 옳은 것은?

① 아날로그 컴퓨터는 미분이나 적분 연산을 수행한다.
② 디지털 컴퓨터는 전류, 전압, 온도 등 다양한 입력값을 처리한다.
③ 아날로그 컴퓨터는 범용이다.
④ 디지털 컴퓨터는 증폭 회로로 구성된다.

10 다음 중 컴퓨터에서 문자 데이터를 표현하는 코드로 옳지 않은 것은?

① BCD
② ASCII
③ EBCDIC
④ Hamming Code

11 다음 중 한글 Windows 10에서 하드디스크를 포맷하기 위한 [포맷] 창에서 수행 가능한 작업으로 옳지 않은 것은?

① 파일 시스템 선택
② 볼륨 레이블 입력
③ 파티션 제거
④ 빠른 포맷

12 다음 중 컴퓨터에서 사용하는 캐시 메모리에 관한 설명으로 옳은 것은?

① RAM의 종류 중 DRAM이 캐시 메모리로 사용된다.
② 주기억 장치의 용량보다 큰 프로그램을 로딩하여 실행시킬 경우에 사용된다.
③ 보조 기억 장치의 일부를 주기억 장치처럼 사용하는 메모리이다.
④ 중앙 처리 장치와 주기억 장치 사이에 위치하여 컴퓨터의 처리 속도를 향상시키는 역할을 한다.

13 다음 중 한글 Windows 10의 [설정]-[접근성]에서 설정할 수 없는 기능은?

① 다중 디스플레이 설정으로 두 대의 모니터에 화면을 확장하여 표시할 수 있다.
② 돋보기를 사용하여 화면에서 원하는 영역을 확대하여 크게 표시할 수 있다.
③ 내레이터를 사용하여 화면의 모든 텍스트를 소리 내어 읽도록 설정할 수 있다.
④ 키보드가 없어도 입력 가능한 화상 키보드를 표시할 수 있다.

14 다음 중 컴퓨터에서 사용하는 일반 하드디스크에 비하여 속도가 빠르고 기계적 지연이나 에러의 확률 및 발열 소음이 적으며, 소형화, 경량화할 수 있는 하드디스크 대체 저장 장치로 옳은 것은?

① DVD
② HDD
③ SSD
④ ZIP

합격강의

15 다음 중 한글 Windows 10의 파일 탐색기에서 파일이나 폴더를 선택하는 방법으로 옳은 것은?

① 폴더 내의 모든 항목을 선택하려면 Alt+A를 누른다.
② 선택한 항목 중에서 하나 이상의 항목을 제외하려면 Ctrl을 누른 상태에서 제외할 항목을 클릭한다.
③ 연속되어 있지 않은 파일이나 폴더를 선택하려면 Shift를 누른 상태에서 선택하려는 각 항목을 클릭한다.
④ 연속되는 여러 개의 파일이나 폴더 그룹을 선택하려면 첫째 항목을 클릭한 다음 Ctrl을 누른 상태에서 마지막 항목을 클릭한다.

16 다음 중 사물인터넷(IoT)에 대한 설명으로 옳지 않은 것은?

① 전기 생산부터 소비까지 전 과정에 정보 통신 기술을 접목하여 에너지 효율성을 높인다.
② 스마트 센싱 기술과 무선통신 기술을 융합하여 실시간으로 데이터를 주고받는다.
③ 모든 사물을 네트워크로 연결하여 소통하는 정보통신 환경을 의미한다.
④ 개방형 정보 공유에 대한 부작용을 최소화하기 위해 정보 보안 기술의 적용이 필요하다.

17 다음 중 인터넷상에 존재하는 각종 자원들의 위치를 같은 형식으로 나타내기 위한 표준 주소 체계를 뜻하는 용어로 옳은 것은?

① DNS ② URL
③ HTTP ④ NIC

18 다음 중 소형화, 경량화 등 음성과 동작을 인식하는 기술이 적용되어 장소에 구애받지 않고 컴퓨터를 이용할 수 있도록 몸에 착용하는 컴퓨터를 의미하는 것으로 옳은 것은?

① 인공 지능 컴퓨터 ② 마이크로 컴퓨터
③ 서버 컴퓨터 ④ 웨어러블 컴퓨터

19 다음 중 [메모장]의 기능에 대한 설명으로 옳지 않은 것은?

① 자동 줄 바꿈 기능이 지원된다.
② 머리글/바닥글을 설정할 수 있다.
③ F5를 눌러 시간과 날짜를 입력할 수 있다.
④ 문단 정렬과 문단 여백을 설정할 수 있다.

20 다음 중 차세대 웹 표준으로 텍스트와 하이퍼링크를 이용한 문서 작성 중심으로 구성된 기존 표준에 비디오, 오디오 등의 다양한 부가 기능을 추가하여 최신 멀티미디어 콘텐츠를 ActiveX 없이도 웹 서비스로 제공할 수 있는 언어는?

① XML
② VRML
③ HTML5
④ JSP

과목 02 스프레드시트 일반

21 다음 중 매크로의 바로 가기 키에 관한 설명으로 옳지 않은 것은?

① 기본적으로 조합키 Ctrl과 함께 사용할 영문자를 지정한다.
② 바로 가기 키 지정 시 영문자를 대문자로 입력하면 조합키는 Ctrl+Shift로 변경된다.
③ 바로 가기 키로 영문자와 숫자를 함께 지정할 때는 조합키로 Alt를 함께 사용해야 한다.
④ 바로 가기 키를 지정하지 않아도 매크로를 기록할 수 있다.

22 다음 중 워크시트에 대한 설명으로 옳지 않은 것은?

① 여러 개의 시트를 한 번에 선택하면 제목 표시줄의 파일명 뒤에 [그룹]이 표시된다.
② 선택된 시트의 왼쪽에 새로운 시트를 삽입하려면 Ctrl+F11을 누른다.
③ 마지막 작업이 시트 삭제인 경우 빠른 실행 도구 모음의 '실행 취소(↶)'를 클릭하여 되살릴 수 있다.
④ 동일한 통합 문서 내에서 시트를 복사하면 원래의 시트 이름에 '(일련번호)' 형식이 추가되어 시트 이름이 만들어진다.

23 다음 중 하이퍼링크에 대한 설명으로 옳지 않은 것은?

① 단추에는 하이퍼링크를 지정할 수 있지만 도형에는 하이퍼링크를 지정할 수 없다.
② 다른 통합 문서에 있는 특정 시트의 특정 셀로 하이퍼링크를 지정할 수 있다.
③ 특정 웹 사이트로 하이퍼링크를 지정할 수 있다.
④ 현재 사용 중인 통합 문서의 다른 시트로 하이퍼링크를 지정할 수 있다.

24 다음 중 [A7] 셀에 수식 '=SUMIFS(D2:D6, A2:A6, "연필", B2:B6, "서울")'을 입력한 경우 그 결과값은?

	A	B	C	D
1	품목	대리점	판매계획	판매실적
2	연필	경기	150	100
3	볼펜	서울	150	200
4	연필	서울	300	300
5	볼펜	경기	300	400
6	연필	서울	300	200

① 100 ② 500
③ 600 ④ 750

25 워크시트의 [F8] 셀에 수식 "=E8/$F5"를 입력하는 중 '$'를 한글 'ㄴ'으로 잘못 입력하였다. 이 경우 [F8] 셀에 나타나는 오류 메시지로 옳은 것은? (단, [E8] 셀과 [F5] 셀에는 숫자 100과 20이 입력되어 있다.)

① #N/A
② #NAME?
③ #NULL!
④ #VALUE!

26 다음 차트는 엑셀 점수에 대한 예측을 표시한 것이다. 이때 사용한 기능으로 옳은 것은?

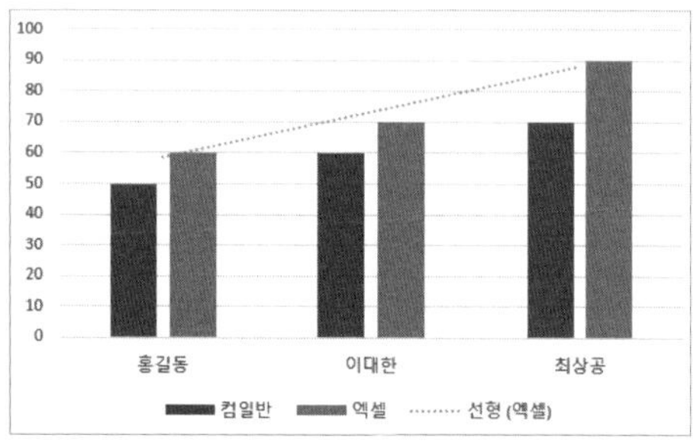

① 자동 합계
② 추세선
③ 오차 막대
④ 평균 구하기

27 다음 중 [페이지 설정] 대화 상자의 [시트] 탭에 대한 설명으로 옳지 않은 것은?

① [행/열 머리글] 항목은 행/열 머리글이 인쇄되도록 설정하는 기능이다.
② [인쇄 제목] 항목을 이용하면 특정 부분을 페이지마다 반복적으로 인쇄할 수 있다.
③ [눈금선] 항목을 선택하여 체크 표시하면 작업시트의 셀 구분선은 인쇄되지 않는다.
④ [메모] 항목에서 '(없음)'을 선택하면 셀에 메모가 있더라도 인쇄되지 않는다.

28 다음 아래의 왼쪽 시트에서 번호 열의 3행을 삭제하더라도 오른쪽 시트처럼 번호 순서가 1, 2, 3, 4, 5처럼 유지되도록 하는 방법으로 옳은 것은?

	A	B
1	번호	
2	1	
3	2	
4	3	
5	4	
6	5	
7	6	
8		

▶

	A	B
1	번호	
2	1	
3	2	
4	3	
5	4	
6	5	
7		
8		

① [A2] 셀에 =row()를 입력하고 채우기 핸들을 [A7] 셀까지 복사한다.
② [A2] 셀에 =column()을 입력하고 채우기 핸들을 [A7] 셀까지 복사한다.
③ [A2] 셀에 =row()−1을 입력하고 채우기 핸들을 [A7] 셀까지 복사한다.
④ [A2] 셀에 =column()−1을 입력하고 채우기 핸들을 [A7] 셀까지 복사한다.

29 다음 중 정렬 기능에 대한 설명으로 옳지 않은 것은?

① 워크시트에 입력된 자료들을 특정한 순서에 따라 재배열하는 기능이다.
② 정렬 옵션 방향은 '위쪽에서 아래쪽' 또는 '왼쪽에서 오른쪽' 중 선택하여 정렬할 수 있다.
③ 오름차순 정렬과 내림차순 정렬에서 공백은 맨 처음에 위치하게 된다.
④ 선택한 데이터 범위의 첫 행을 머리글 행으로 지정할 수 있다.

합격강의 **30** 다음 중 아래 워크시트에서 [E2] 셀의 함수식이 =CHOOSE(RANK.EQ(D2, $D$2:$D$5), "천하", "대한", "영광", "기쁨")일 때 결과값으로 옳은 것은?

	A	B	C	D	E
1	성명	이론	실기	합계	수상
2	김나래	47	45	92	
3	이석주	38	47	85	
4	박명호	46	48	94	
5	장영민	49	48	97	

① 천하　② 대한
③ 영광　④ 기쁨

31 다음 중 아래의 워크시트에서 '박지성'의 결석 값을 찾기 위한 함수식은?

	A	B	C	D
1	성적표			
2	이름	중간	기말	결석
3	김남일	86	90	4
4	이천수	70	80	2
5	박지성	95	85	5

① =VLOOKUP("박지성", $A$3:$D$5, 4, 1)
② =VLOOKUP("박지성", $A$3:$D$5, 4, 0)
③ =HLOOKUP("박지성", $A$3:$D$5, 4, 0)
④ =HLOOKUP("박지성", $A$3:$D$5, 4, 1)

32 다음 중 입력 데이터에 주어진 표시 형식으로 지정한 경우 그 결과가 옳지 않은 것은?

	원본 데이터	표시 형식	표시 결과
①	7.5	#.00	7.50
②	44.398	???.???	044.398
③	12,200,000	#,##0,	12,200
④	상공상사	@ "귀중"	상공상사 귀중

33 다음 중 통합 문서 저장 시 설정할 수 있는 [일반 옵션]에 대한 설명으로 옳지 않은 것은?

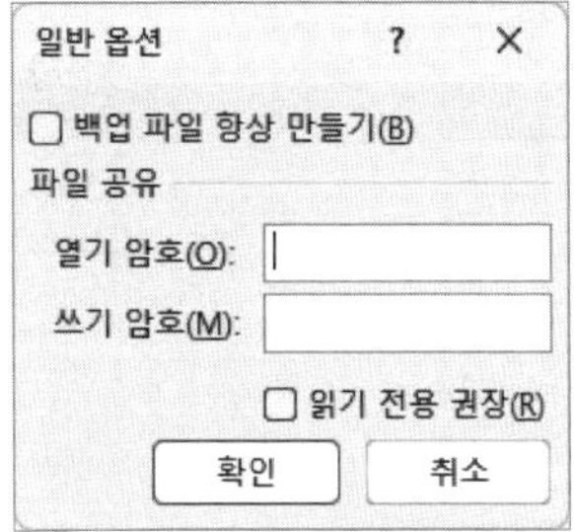

① '백업 파일 항상 만들기'에 체크 표시한 경우에는 파일 저장 시 자동으로 백업 파일이 만들어진다.
② '열기 암호'를 지정한 경우에는 열기 암호를 입력해야 파일을 열 수 있고 암호를 모르면 파일을 열 수 없다.
③ '쓰기 암호'가 지정된 경우에는 파일을 수정하고 다른 이름으로 저장 시 '쓰기 암호'를 입력해야 한다.
④ '읽기 전용 권장'에 체크 표시한 경우에는 파일을 열 때 읽기 전용으로 열지 여부를 묻는 메시지가 표시된다.

34 다음 중 [데이터 유효성] 대화 상자의 [설정] 탭에서 '제한 대상' 목록에 해당하지 않는 것은?

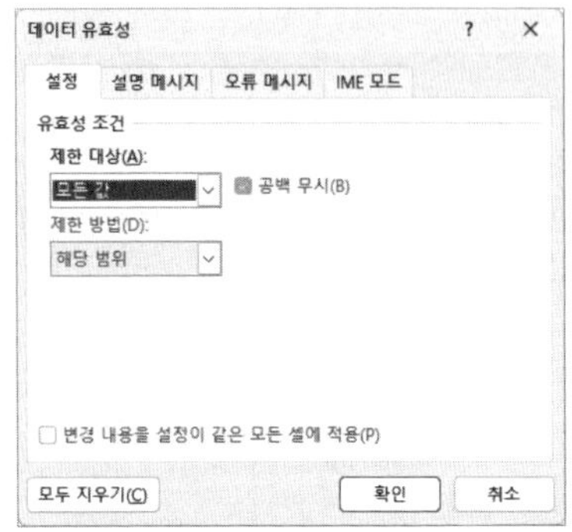

① 정수
② 소수점
③ 목록
④ 텍스트 형식

35 [페이지 설정] 대화 상자의 [시트] 탭에서 '반복할 행'에 [$4:$4]을 지정하고 워크시트 문서를 출력하였다. 다음 중 출력 결과에 대한 설명으로 옳은 것은?

① 첫 페이지만 1행부터 4행의 내용이 반복되어 인쇄된다.
② 모든 페이지에 4행의 내용이 반복되어 인쇄된다.
③ 모든 페이지에 4열의 내용이 반복되어 인쇄된다.
④ 모든 페이지에 4행과 4열의 내용이 반복되어 인쇄된다.

합격 강의

36 다음 중 항목의 구성비를 표현하는 데 적합한 원형 차트와 도넛형 차트에 대한 설명으로 옳지 않은 것은?

① 원형 차트는 첫째 조각의 각을 0도에서 360도 사이의 값을 이용하여 회전시킬 수 있으나 도넛형 차트는 첫째 조각의 각을 회전시킬 수 없다.
② 도넛형 차트의 도넛 구멍 크기는 0%에서 90% 사이의 값으로 변경할 수 있다.
③ 도넛형 차트는 원형 차트와 마찬가지로 전체에 대한 각 부분의 구성비를 보여 주지만 데이터 계열이 두 개 이상 포함될 수 있다는 점이 다르다.
④ 원형 차트의 모든 조각을 차트 중심에서 끌어낼 수 있다.

37 다음 중 [시트 보호] 기능에 대한 설명으로 옳지 않은 것은?

① 워크시트에 있는 셀을 보호하기 위해서는 먼저 셀의 '잠금' 속성을 해제해야 한다.
② 새 워크시트의 모든 셀은 기본적으로 '잠금' 속성이 설정되어 있다.
③ 시트 보호를 설정하면 셀에 데이터를 입력하거나 수정하려고 했을 때 경고 메시지가 나타난다.
④ 셀의 '잠금' 속성과 '숨김' 속성은 시트를 보호하기 전까지는 아무런 효과를 내지 못한다.

38 다음 중 아래 시트에서 [A1] 셀을 선택하고 채우기 핸들을 [A4] 셀까지 드래그했을 때 [A4] 셀에 입력되는 값은?

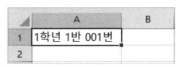

	A	B
1	1학년 1반 001번	
2		

① 1학년 1반 001번
② 1학년 1반 004번
③ 1학년 4반 001번
④ 4학년 4반 004번

39 다음 중 피벗 테이블과 피벗 차트에 대한 설명으로 옳지 않은 것은?

① 새 워크시트에 피벗 테이블을 생성하면 보고서 필터의 위치는 [A1] 셀, 행 레이블은 [A3] 셀에서 시작한다.
② 피벗 테이블과 연결된 피벗 차트가 있는 경우 피벗 테이블에서 [피벗 테이블 분석]의 [모두 지우기] 명령을 사용하면 피벗 테이블과 피벗 차트의 필드, 서식 및 필터가 제거된다.
③ 하위 데이터 집합에도 필터와 정렬을 적용하여 원하는 정보만 강조할 수 있으나 조건부 서식은 적용되지 않는다.
④ [피벗 테이블 옵션] 대화 상자에서 오류 값을 빈 셀로 표시하거나 빈 셀에 원하는 값을 지정하여 표시할 수도 있다.

40 다음 중 윗주에 대한 설명으로 옳지 않은 것은?

① 윗주에 입력된 텍스트 중 일부분의 서식을 별도로 변경할 수 있다.
② 윗주는 삽입해도 바로 표시되지 않고 [홈] 탭-[글꼴] 그룹-[윗주 필드 표시/숨기기]를 선택해야만 표시된다.
③ 윗주는 셀에 대한 주석을 설정하는 것으로 문자열 데이터가 입력되어 있는 셀에만 표시할 수 있다.
④ 셀의 데이터를 삭제하면 윗주도 함께 삭제된다.

2024년 상시 기출문제 02회
빠르게 정답 확인하기!
스마트폰으로 QR 코드를 찍어 보세요.
정답표를 통해 편리하게 채점할 수 있습니다.

2024년 상시 기출문제 03회

자동 채점 서비스 합격 강의

• **제한시간 :** 40분 • **소요시간 :** 시간 분 • **전체 문항 수 :** 40문항 • **맞힌 문항 수 :** 문항

과목 01 컴퓨터 일반

합격 강의

01 다음 중 컴퓨터에서 사용하는 언어 번역 프로그램으로 옳지 않은 것은?

① 인터프리터
② 유틸리티
③ 컴파일러
④ 어셈블러

02 다음 중 프로그램이 실행될 때 발생하는 메인 메모리 부족 문제를 보완하기 위해 하드디스크의 일부를 메인 메모리처럼 사용하게 하는 메모리 관리 기법을 의미하는 것은?

① 캐시 메모리
② 디스크 캐시
③ 연관 메모리
④ 가상 메모리

합격 강의

03 다음 중 유니코드(Unicode)에 대한 설명으로 옳은 것은?

① 문자를 2Byte로 표현한다.
② 표현 가능한 문자 수는 최대 256자이다.
③ 영문자를 7비트, 한글이나 한자를 16비트로 처리한다.
④ 한글은 KB 완성형으로 표현한다.

04 다음 중 미디(MIDI)에 대한 설명으로 틀린 것은?

① 미디는 전자 악기와 컴퓨터 간의 상호 정보 교환을 위한 규약이다.
② 미디는 음을 어떻게 연주할 것인지에 대한 정보, 즉 음의 높이 및 음표의 길이, 음의 강약 등에 대한 정보를 표현한다.
③ 실제 음을 듣기 위해서는 그 음을 발생시켜 주는 장치(신디사이저)가 필요하다.
④ 미디 파일은 음성이나 효과음을 저장할 수 있어 재생이 빠르지만 용량이 크다는 단점이 있다.

05 다음 중 영상 신호와 음향 신호를 압축하지 않고 통합하여 전송하는 고선명 멀티미디어 인터페이스로 S-비디오, 컴포지트 등의 아날로그 케이블보다 고품질의 음향 및 영상을 감상할 수 있는 것은?

① DVI
② USB
③ HDMI
④ IEEE-1394

06 다음 중 한글 Windows 10에서 시각 장애가 있는 사용자가 컴퓨터를 사용하기에 편리하도록 설정할 수 있는 기능은?

① 동기화 센터
② 사용자 정의 문자 편집기
③ 접근성
④ 프로그램 호환성 마법사

07 유틸리티에 대한 설명 중 가장 옳지 않은 것은?

① 알집 프로그램은 파일을 압축하거나 압축을 풀 때 사용하는 프로그램이다.
② FTP는 파일 전송 프로토콜로 서버에 파일을 올릴 때 사용하는 프로그램이다.
③ V3 유틸리티는 파일 감염 여부를 점검은 하지만 치료는 하지 못한다.
④ PDF 뷰어는 PDF(Portable Document Format) 형식의 파일을 볼 수 있는 프로그램이다.

합격 강의 **08** 다음 중 인터넷을 이용한 전자우편에 관한 설명으로 옳지 않은 것은?

① 기본적으로 8비트의 유니코드를 사용하여 메시지를 전달한다.
② 전자우편 주소는 '사용자ID@호스트 주소'의 형식으로 이루어진다.
③ SMTP, POP3, MIME 등의 프로토콜을 사용한다.
④ 보내기, 회신, 첨부, 전달, 답장 등의 기능이 있다.

09 다음 중 한글 Windows의 [폴더 옵션] 창에서 할 수 있는 작업으로 옳지 않은 것은?

① 선택된 폴더에 암호를 설정할 수 있다.
② 한 번 클릭해서 창 열기를 하도록 설정할 수 있다.
③ 새 창에서 폴더 열기를 할 수 있게 설정할 수 있다.
④ 알려진 파일 형식의 파일 확장명 숨기기를 설정할 수 있다.

10 다음 중 국제 표준화 기구에서 네트워크 통신의 접속에서부터 완료까지의 과정을 구분하여 정의한 통신 규약 명칭은?

① Network 3계층
② Network 7계층
③ OSI 3계층
④ OSI 7계층

합격 강의 **11** 다음 중 중앙 컴퓨터와 일정 지역의 단말 장치까지는 하나의 통신 회선으로 연결시키고, 이웃하는 단말 장치는 일정 지역 내에 설치된 중간 단말 장치로부터 다시 연결시키는 형태로 분산 처리 환경에 적합한 망의 구성 형태는?

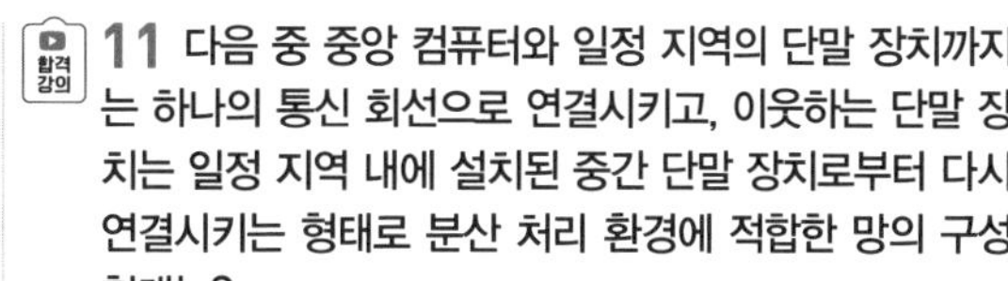

① 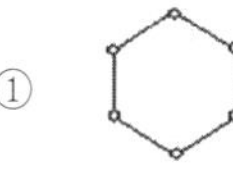
②  
③
④ 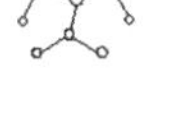

12 다음 중 처리할 데이터를 일정한 분량이 될 때까지 모아서 한꺼번에 처리하는 시스템으로 옳은 것은?

① 일괄 처리 시스템
② 실시간 처리 시스템
③ 시분할 시스템
④ 분산 처리 시스템

합격 강의 **13** 다음 중 가로 300픽셀, 세로 200픽셀 크기의 256 색상으로 표현된 정지 영상을 10:1로 압축하여 JPG 파일로 저장하였을 때 이 파일의 크기는 얼마인가?

① 3KB
② 4KB
③ 5KB
④ 6KB

14 TCP/IP 프로토콜의 설정에 있어 서브넷 마스크(Subnet Mask)의 역할은?

① 호스트의 수를 식별
② 사용자의 수를 식별
③ 네트워크 ID 부분과 호스트 ID 부분을 구별
④ 도메인명을 IP 주소로 변환해 주는 서버를 지정

15 다음 중 전시장이나 쇼핑 센터 등에 설치하여 방문객이 각종 안내를 받을 수 있도록 한 것으로, 터치 패널을 이용해 메뉴를 손가락으로 선택해서 정보를 얻을 수 있는 것이 특징인 것은?

① 킨들
② 프리젠터
③ 키오스크
④ UPS

16 다음 중 인터넷 기능을 결합한 TV로 각종 앱을 설치하여 웹 서핑, VOD 시청, 게임 등 다양한 기능을 활용할 수 있는 다기능 TV를 의미하는 용어는?

① HDTV　② Cable TV
③ IPTV　④ Smart TV

17 정보 전송 방식 중 반이중 방식(Half-Duplex)에 해당하는 것은?

① 라디오
② TV
③ 전화
④ 무전기

합격 강의

18 다음 중 멀티미디어와 관련된 기술인 VOD(Video On Demand)에 대한 설명으로 옳지 않은 것은?

① 비디오를 디지털로 압축하여 비디오 서버에 저장하고, 가입자가 원하는 콘텐츠를 제공하며 재생, 제어, 검색, 질의 등이 가능하다.
② 사용자의 요구에 따라 영화나 뉴스 등의 콘텐츠를 통신 케이블을 통하여 서비스하는 영상 서비스이다.
③ 사용자 간 커뮤니케이션을 목적으로 원거리에서 영상을 공유하며, 공간적 시간적 제약을 극복할 수 있다.
④ VCR 같은 기능의 셋톱박스는 비디오 서버로부터 압축되어 전송된 디지털 영상과 소리를 복원, 재생하는 역할을 한다.

19 다음 중 네트워크 연결 장치와 관련하여 패킷의 헤더 정보를 보고 목적지를 파악하여 다음 목적지로 전송하기 위한 최선의 경로를 선택할 수 있는 것으로 옳은 것은?

① 허브(Hub)
② 브리지(Bridge)
③ 스위치(Switch)
④ 라우터(Router)

20 다음 중 공개키 암호 기법의 설명으로 옳지 않은 것은?

① 메시지를 암호화할 때와 복호화할 때 사용되는 키가 서로 다르다.
② 복호화할 때 사용되는 키는 공개하고 암호키는 비공개한다.
③ 비대칭키 또는 이중키 암호 기법이라고도 한다.
④ 많이 사용되는 기법은 RSA 기법이다.

과목 02 스프레드시트 일반

21 다음 중 다양한 상황과 변수에 따른 여러 가지 결과값의 변화를 가상의 상황을 통해 예측하여 분석할 수 있는 도구는?

① 시나리오 관리자
② 목표값 찾기
③ 부분합
④ 통합

22 다음 중 [통합] 데이터 도구에 대한 설명으로 옳지 않은 것은?

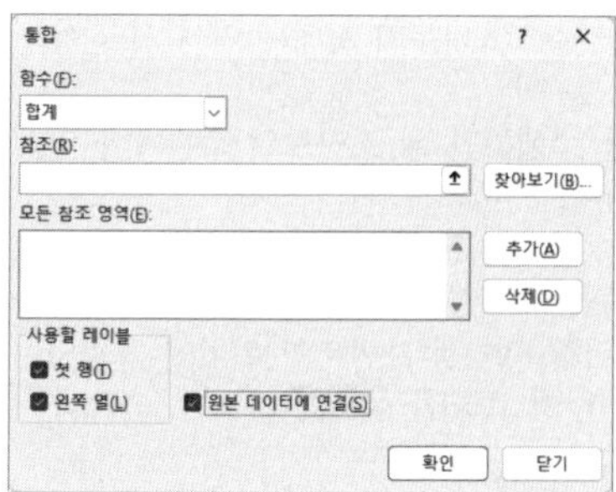

① '모든 참조 영역'에 다른 통합 문서의 워크시트를 추가하여 통합할 수 있다.
② '사용할 레이블'을 모두 선택한 경우 각 참조 영역에 결과표의 레이블과 일치하지 않은 레이블이 있으면 통합 결과표에 별도의 행이나 열이 만들어진다.
③ 지정한 영역에 계산될 요약 함수는 '함수'에서 선택하며, 요약 함수로는 합계, 개수, 평균, 최대값, 최소값 등이 있다.
④ '원본 데이터에 연결' 확인란을 선택하여 통합한 경우 통합에 참조된 영역에서의 행 또는 열이 변경될 때 통합된 데이터 결과도 자동으로 업데이트된다.

합격강의 **23** 다음 중 아래 그림의 표에서 조건 범위로 [A9:B11] 영역을 선택하여 고급 필터를 실행한 결과의 레코드 수는 얼마인가?

	A	B	C	D
1	성명	이론	실기	합계
2	김진아	47	45	92
3	이은경	38	47	85
4	장영주	46	48	94
5	김시내	40	25	65
6	홍길동	49	48	97
7	박승수	37	43	80
8				
9	합계	합계		
10	<95	>90		
11		<70		

① 0 ② 3
③ 4 ④ 6

24 다음 중 매크로와 관련된 바로 가기 키에 대한 설명으로 옳지 않은 것은?

① Alt+M을 누르면 [매크로 기록] 대화 상자가 표시되어 매크로를 기록할 수 있다.
② Alt+F11을 누르면 Visual Basic Editor가 실행되며, 매크로를 수정할 수 있다.
③ Alt+F8을 누르면 [매크로] 대화 상자가 표시되어 매크로 목록에서 매크로를 선택하여 실행할 수 있다.
④ 매크로 기록 시 Ctrl과 영문 문자를 조합하여 해당 매크로의 바로 가기 키를 지정할 수 있다.

25 다음 중 [페이지 설정] 대화 상자의 [시트] 탭에 대한 설명으로 옳은 것은?

① '메모'는 셀에 설정된 메모의 인쇄 여부를 설정하는 것으로 '없음'과 '시트에 표시된 대로' 중 하나를 선택하여 인쇄할 수 있다.
② 워크시트의 셀 구분선을 그대로 인쇄하려면 '눈금선'에 체크하여 표시하면 된다.
③ '간단하게 인쇄'를 체크하면 설정된 글꼴색은 모두 검정으로, 도형은 테두리 색만 인쇄하여 인쇄 속도를 높인다.
④ '인쇄 영역'에 범위를 지정하면 특정 부분만 인쇄할 수 있으며, 지정한 범위에 숨겨진 행이나 열도 함께 인쇄된다.

합격강의 **26** 다음 수식의 결과값으로 옳은 것은?

```
=ROUNDDOWN(165.657,2) – ABS(POWER(–2,3))
```

① 156.65
② 157.65
③ 156.66
④ 157.66

합격 강의

27 다음 시트에서 =SUM(INDEX(B2:C6,4,2),LARGE(B2:C6,2))의 결과값으로 옳은 것은?

	A	B	C
1	지원자명	필기	실기
2	이상공	67	76
3	홍범도	90	88
4	엄지홍	50	60
5	신정미	80	100
6	김민서	69	98

① 190 ② 198
③ 200 ④ 210

28 다음 중 괄호 안에 들어갈 바로 가기 키로 옳은 것은?

> 통합 문서 내에서 (ㄱ)키는 다음 워크시트로 이동, (ㄴ)키는 이전 워크시트로 이동할 때 사용된다.

① (ㄱ) Home, (ㄴ) Ctrl+Home
② (ㄱ) Ctrl+Page Down, (ㄴ) Ctrl+Page Up
③ (ㄱ) Ctrl+←, (ㄴ) Ctrl+→
④ (ㄱ) Shift+↑, (ㄴ) Shift+↓

합격 강의

29 아래 그림과 같이 차트에서 '전기난로' 계열의 직선을 부드러운 선으로 나타내는 방법으로 옳은 것은?

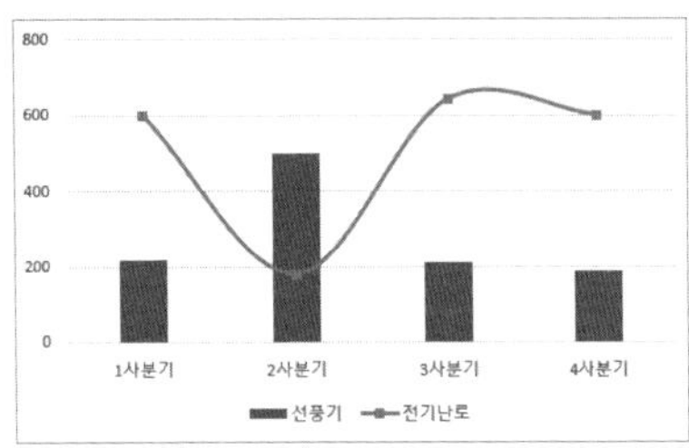

① [데이터 계열 서식] 대화 상자의 [채우기 및 선]에서 [완만한 선]을 설정한다.
② [데이터 계열 서식] 대화 상자의 [효과]에서 [완만한 선]을 설정한다.
③ [데이터 계열 서식] 대화 상자의 [계열 옵션]에서 [곡선]을 설정한다.
④ [데이터 계열 서식] 대화 상자의 [계열 옵션]에서 [부드러운 선]을 설정한다.

30 다음 중 틀 고정 및 창 나누기에 대한 설명으로 옳지 않은 것은?

① 화면에 나타나는 창 나누기 형태는 인쇄 시 적용되지 않는다.
② 창 나누기를 수행하면 셀 포인트의 오른쪽과 아래쪽으로 창 구분선이 표시된다.
③ 창 나누기는 셀 포인트의 위치에 따라 수직, 수평, 수직/수평 분할이 가능하다.
④ 첫 행을 고정하려면 셀 포인트의 위치에 상관없이 [틀 고정]-[첫 행 고정]을 선택한다.

31 다음 중 수식의 결과값이 옳지 않은 것은?

① =RIGHT("Computer",5) → puter
② =POWER(2,3) → 8
③ =TRUNC(5.96) → 5
④ =AND(6〈5, 7〉5) → TRUE

32 다음 중 셀 참조에 관한 설명으로 옳은 것은?

① 수식 작성 중 마우스로 셀을 클릭하면 기본적으로 해당 셀이 절대 참조로 처리된다.
② 수식에 셀 참조를 입력한 후 셀 참조의 이름을 정의한 경우에는 참조 에러가 발생하므로 기존 셀 참조를 정의된 이름으로 수정한다.
③ 셀 참조 앞에 워크시트 이름과 마침표(.)를 차례로 넣어서 다른 워크시트에 있는 셀을 참조할 수 있다.
④ 셀을 복사하여 붙여 넣은 다음 [붙여넣기 옵션]의 [연결하여 붙여넣기] 명령을 사용하여 셀 참조를 만들 수도 있다.

33 **다음 중 목표값 찾기 기능에 대한 설명으로 옳지 않은 것은?**

① 목표값 찾기는 특정한 결과를 얻기 위해 데이터가 어떻게 변하는지 알아보는 기능이다.
② 목표값 찾기에서 변하는 데이터를 여러 개 지정할 수 있다.
③ 목표값은 사용자가 원하는 데이터를 입력해야 한다.
④ 목표값은 사용자가 원하는 데이터의 셀 주소를 입력할 수 없다.

34 **다음 중 데이터 입력에 대한 설명으로 옳지 않은 것은?**

① 데이터를 입력하는 도중에 입력을 취소하려면 Esc를 누른다.
② 셀 안에서 줄을 바꾸어 데이터를 입력하려면 Alt+Enter를 누른다.
③ 텍스트, 텍스트/숫자 조합, 날짜, 시간 데이터는 셀에 입력하는 처음 몇 자가 해당 열의 기존 내용과 일치하면 자동으로 입력된다.
④ 여러 셀에 동일한 데이터를 입력하려면 해당 셀을 범위로 지정하여 데이터를 입력한 후 Ctrl+Enter를 누른다.

35 **다음 중 피벗 테이블에 대한 설명으로 옳지 않은 것은?**

① 원본의 자료가 변경되면 [모두 새로 고침] 기능을 이용하여 일괄 피벗 테이블에 반영할 수 있다.
② 작성된 피벗 테이블을 삭제하는 경우 함께 작성한 피벗 차트는 자동으로 삭제된다.
③ 피벗 테이블을 삭제하려면 피벗 테이블 전체를 범위로 지정한 후 Delete를 누른다.
④ 피벗 테이블의 삽입 위치는 새 워크시트뿐만 아니라 기존 워크시트에서 시작 위치를 선택할 수도 있다.

36 **다음 중 문서를 인쇄했을 때 문서의 위쪽에 '-1 Page-' 형식으로 페이지 번호를 표시하는 방법으로 옳은 것은?**

① -#[페이지 번호] Page-
② #-[페이지 번호] Page-
③ -&[페이지 번호] Page-
④ &-[페이지 번호] Page-

합격강의

37 **다음 중 아래 시트에서 각 수식을 실행했을 때의 결과값으로 옳은 것은?**

	A	B	C	D	E
1	이름	국어	영어	수학	평균
2	홍길동	83	90	73	82
3	이대한	65	87	91	81
4	한민국	80	75	100	85
5	평균	76	84	88	82.66667

① =SUM(COUNTA(B2:D4), MAXA(B2:D4)) → 102
② =AVERAGE(SMALL(C2:C4, 2), LARGE(C2:C4, 2)) → 75
③ =SUM(LARGE(B3:D3, 2), SMALL(B3:D3, 2)) → 174
④ =SUM(COUNTA(B2,D4), MINA(B2,D4)) → 109

38 **다음 중 날짜 및 시간 데이터에 관한 설명으로 옳지 않은 것은?**

① 날짜 데이터를 입력할 때 연도와 월만 입력하면 일자는 자동으로 해당 월의 1일로 입력된다.
② 셀에 '4/9'를 입력하고 Enter를 누르면 셀에는 '04월 09일'로 표시된다.
③ 날짜 및 시간 데이터의 텍스트 맞춤은 기본 왼쪽 맞춤으로 표시된다.
④ Ctrl+;을 누르면 시스템의 오늘 날짜, Ctrl+Shift+;을 누르면 현재 시간이 입력된다.

39 다음 중 [B3:E6] 영역에 대해 아래 시트와 같이 배경색을 설정하기 위한 조건부 서식의 규칙으로 옳은 것은?

	A	B	C	D	E
1					
2		자산코드	내용연수	경과연수	취득원가
3		YJ7C	10	8	660,000
4		S2YJ	3	9	55,000
5		TS1E	3	6	134,000
6		KS4G	8	3	58,000

① =MOD(COLUMNS($B3),2)=0
② =MOD(COLUMNS(B3),2)=0
③ =MOD(COLUMN($B3),2)=0
④ =MOD(COLUMN(B3),2)=0

40 아래 시트에서 [표1]의 할인율 [B3]을 적용한 할인가 [B4]를 이용하여 [표2]의 각 정가에 해당하는 할인가 [E3:E6]를 계산하고자 한다. 다음 중 이때 가장 적합한 데이터 도구는?

	A	B	C	D	E	F
1	[표1] 할인 금액			[표2] 할인 금액표		
2	정가	₩ 10,000		정가	₩ 9,500	
3	할인율	5%		₩ 10,000		
4	할인가	₩ 9,500		₩ 15,000		
5				₩ 24,000		
6				₩ 30,000		
7						

① 통합
② 데이터 표
③ 부분합
④ 시나리오 관리자

2024년 상시 기출문제 03회
빠르게 정답 확인하기!
스마트폰으로 QR 코드를 찍어 보세요.
정답표를 통해 편리하게 채점할 수 있습니다.

2024년 상시 기출문제 04회

자동 채점 서비스 합격 강의

• **제한시간 :** 40분 • **소요시간 :** 시간 분 • **전체 문항 수 :** 40문항 • **맞힌 문항 수 :** 문항

과목 01 컴퓨터 일반

합격강의

01 다음 중 데이터 분산 처리 기술을 이용한 '공공 거래 장부'로 비트코인, 이더리움 같은 가상 암호 화폐가 탄생한 기반 기술이며 거래할 때 발생할 수 있는 불법적인 해킹을 막는 기술로 옳은 것은?

① 핀테크(FinTech)
② 블록체인(Block Chain)
③ 전자봉투(Digital Envelope)
④ 암호화 파일 시스템(Encrypting File System)

02 TCP/IP는 인터넷의 기본적인 통신 프로토콜로서, 인트라넷이나 엑스트라넷과 같은 사설망에서도 사용된다. 다음 중 TCP/IP의 상위 계층 프로토콜로 볼 수 없는 것은?

① SMTP
② HTTP
③ FTP
④ SNA

합격강의

03 다음 중 터치 스크린(Touch Screen)의 작동 방식으로 옳지 않은 것은?

① 저항식
② 정전식
③ 광학식
④ 래스터 방식

04 다음 중 한글 Windows 10에서 '하드디스크 여유 공간이 부족하다.'는 메시지가 표시되는 경우의 해결 방법으로 가장 옳지 않은 것은?

① [휴지통 비우기]를 수행하여 여유 공간을 확보한다.
② [디스크 정리]를 통해 임시 파일들을 지운다.
③ 시스템에서 사용하지 않는 응용 프로그램을 하드디스크에서 삭제하여 여유 공간을 확보한다.
④ 시스템을 완전히 종료하고 다시 부팅한다.

05 다음 중 컴퓨터 출력 장치인 모니터에 관한 용어의 설명으로 옳지 않은 것은?

① 픽셀(Pixel) : 화면을 이루는 최소의 단위로서 그림의 화소라는 뜻을 의미하며 픽셀 수가 많을수록 해상도가 높아진다.
② 해상도(Resolution) : 모니터 화면의 명확성을 나타내는 것으로 1인치(Inch) 사각형에 픽셀의 수가 많을수록 표시할 수 있는 색상의 수가 증가한다.
③ 점 간격(Dot Pitch) : 픽셀들 사이의 공간을 나타내는 것으로 간격이 가까울수록 영상은 선명하다.
④ 재생률(Refresh Rate) : 픽셀들이 밝게 빛나는 것을 유지하도록 하기 위한 1초당 재충전 횟수를 의미한다.

06 다음 중 Serial ATA 방식의 장점으로 옳지 않은 것은?

① 정교하게 Master/Slave 점퍼 설정을 할 수 있다.
② 프로토콜 전체 단계에 CRC를 적용하여 데이터의 신뢰성이 높아졌다.
③ 데이터 선이 얇아 내부에 통풍이 잘된다.
④ 핫 플러그인 기능으로 시스템 운용 도중에 자유롭게 부착이 가능하다.

07 다음 중 컴퓨터에서 가상 기억 장치를 사용할 때 장점으로 옳은 것은?

① 컴퓨터의 구조가 간편해지고 손쉽게 구현할 수 있다.
② 보조 기억 장치의 실제 용량이 증대된다.
③ 주기억 장치의 용량보다 큰 프로그램을 실행할 수 있다.
④ 명령을 수행하는 시간이 단축된다.

08 다음 중 기억 용량 단위가 가장 큰 것으로 옳은 것은?

① 1TB ② 1GB
③ 1PB ④ 1EB

합격강의 **09** 다음 중 멀티미디어의 특징에 관한 설명으로 옳지 않은 것은?

① 데이터 처리의 선형성
② 데이터 전달의 쌍방향성
③ 데이터의 디지털화
④ 정보의 통합성

합격강의 **10** 다음 중 2진수 001010011100을 8진수로 변환한 것으로 옳은 것은?

① 0123 ② 3210
③ 1234 ④ 4321

11 다음 중 디지털 데이터 신호를 변조하지 않고 직접 전송하는 방식으로 일반적으로 근거리통신망에 사용되는 것은?

① 단방향 전송
② 반이중 전송
③ 베이스밴드 전송
④ 브로드밴드 전송

합격강의 **12** 다음 중 폴더의 [속성] 창에서 수행할 수 있는 기능으로 옳지 않은 것은?

① 폴더의 특성을 '읽기 전용'으로 설정하거나 해제할 수 있다.
② 폴더 안에 있는 하위 폴더 중 특정 폴더를 삭제할 수 있다.
③ 폴더 안에 있는 파일과 하위 폴더의 개수를 알 수 있다.
④ 폴더를 다른 컴퓨터에서 네트워크를 통해 접근할 수 있도록 공유시킬 수 있다.

13 다음 중 컴퓨터 보안을 위한 관련된 기술에 해당하지 않는 것은?

① 인증(Authentication)
② 브리지(Bridge)
③ 방화벽(Firewall)
④ 암호화(Encryption)

14 공용 업무를 위한 컴퓨터에서 A 사용자와 B 사용자는 모두 계정이 등록된 상태이다. 이때 A 사용자가 공용 컴퓨터를 사용하는 도중에 잠시 B 사용자가 사용할 수 있도록 하는 방법으로 옳은 것은?

① 전원을 종료한 다음 재부팅한다.
② 로그오프를 수행한다.
③ 사용자 전환을 수행한다.
④ 시스템을 다시 시작한다.

합격강의 **15** 다음 중 컴퓨터에서 사용하는 운영체제의 목적으로 옳지 않은 것은?

① 반환 시간(Turnaround Time) 증가
② 처리 능력(Throughput) 증가
③ 신뢰도(Reliability) 증가
④ 사용 가능도(Availability) 증가

16 다음 중 컴퓨터 하드웨어를 업그레이드하고자 할 때 수치가 작을수록 성능이 좋은 것은?

① RAM 접근 속도
② CPU 클럭 속도
③ 모뎀 전송 속도
④ SSD 용량

17 다음 중 정식 프로그램의 구매를 유도하기 위해 특정 기능이나 사용 기간에 제한을 두어 무료로 공개하고 배포하는 프로그램은?

① 상용 소프트웨어(Commercial Software)
② 셰어웨어(Shareware)
③ 애드웨어(Adware)
④ 알파 버전(Alpha Version)

18 다음 중 한글 Windows 10에서 활성 항목을 닫거나 활성 앱을 종료하는 바로 가기 키로 옳은 것은?

① Alt + Enter
② Alt + F4
③ Shift + Delete
④ Alt + Tab

19 다음 중 전자우편에서 사용하는 POP3 프로토콜에 대한 설명으로 옳은 것은?

① 사용자의 컴퓨터에서 작성한 메일을 다른 사람의 계정이 있는 곳으로 전송해 주는 전자우편을 송신하기 위한 프로토콜이다.
② 사용자가 메일 서버에서 메일을 관리하고 수신하기 위한 프로토콜로 전자우편의 헤더(머리글) 부분만 수신한다.
③ 메일 서버에 도착한 E-mail을 사용자 컴퓨터로 가져올 수 있도록 메일 서버에서 제공하는 전자우편을 수신하기 위한 프로토콜이다.
④ 전자우편으로 멀티미디어 정보를 전송할 수 있도록 해 주는 멀티미디어 지원 프로토콜이다.

20 인터넷 부정 행위에 대한 설명으로 옳지 않은 것은?

① 스니핑(Sniffing)은 특정한 호스트에서 실행되어 호스트에 전송되는 정보(계정, 패스워드 등)를 엿보는 행위를 의미한다.
② DDoS는 MS-DOS 운영체제를 이용하여 어떤 프로그램이 정상적으로 실행되는 것처럼 위장하는 것이다.
③ 키로거(Key Logger)는 악성 코드에 감염된 시스템의 키보드 입력을 저장 및 전송하여 개인 정보를 빼내는 크래킹 행위이다.
④ 트로이 목마는 자기 복제를 하지 않는다는 점에서 바이러스와는 구별되며, 상대방의 컴퓨터 화면을 볼 수도 있고, 입력 정보 취득, 재부팅, 파일 삭제 등을 할 수 있다.

과목 02 스프레드시트 일반

합격강의

21 다음 워크시트는 '부서명'을 기준으로 오름차순 정렬을 수행한 결과이다. 이후 '사원명'을 기준으로 내림차순 정렬을 수행할 경우 '일련번호'가 그대로 유지되도록 하기 위해 [A2] 셀에 입력할 수식으로 옳은 것은? (단, 수식이 입력된 [A2] 셀의 채우기 핸들을 [A7] 셀까지 드래그하여 복사함)

	A	B	C
1	일련번호	사원명	부서명
2	1	한대한	기획부
3	2	이기적	기획부
4	3	김선	상담부
5	4	나예지	상담부
6	5	홍길동	홍보부
7	6	김상공	홍보부

① =ROW()-1
② =ROWS()-1
③ =COLUMN()-1
④ =COLUMNS()-1

22 다음 중 아래의 기능을 수행하는 차트로 옳은 것은?

- 데이터를 시각적으로 표현하는 워크시트 셀의 작은 차트이다.
- 계절별 증감이나 경기 순환과 같은 값 계열의 추세를 표시할 수 있다.
- 최대값 및 최소값을 강조 표시할 수 있다.

① 히스토그램 차트
② 트리맵 차트
③ 스파크라인 차트
④ 선버스트 차트

23 다음 중 아래 워크시트의 [A] 열을 오름차순으로 정렬하는 경우 결과로 옳은 것은?

	A	B
1	TRUE	
2	1	
3	FALSE	
4	0	
5	#DIV/0!	
6	Y	
7	#	

①

	A	B
1	#DIV/0!	
2	TRUE	
3	FALSE	
4	Y	
5	#	
6	1	
7	0	

②

	A	B
1	TRUE	
2	FALSE	
3	1	
4	0	
5	#DIV/0!	
6	#	
7	Y	

③

	A	B
1	0	
2	1	
3	#	
4	Y	
5	FALSE	
6	TRUE	
7	#DIV/0!	

④

	A	B
1	Y	
2	#	
3	FALSE	
4	0	
5	#DIV/0!	
6	1	
7	TRUE	

24 다음 중 매크로 기록에 대한 설명으로 옳지 않은 것은?

① 매크로 기록 시 매크로 이름에는 공백이 포함될 수 없다.
② 매크로는 반복적인 작업을 자동화하여 복잡한 작업을 단순하게 실행할 수 있도록 한다.
③ 바로 가기 키는 기본적으로 Ctrl과 조합하여 사용하지만 대문자를 사용하는 경우는 Shift가 자동으로 추가된다.
④ 엑셀에서 기존에 사용하는 바로 가기 키는 매크로의 바로 가기 키로 지정할 수 없다.

25 다음 워크시트는 문자열 형식으로 입력된 '판매입력'에서 '개수'만 따로 추출하기 위해 [C2] 셀에 '=LEFT(B2,2)' 수식을 입력하고 채우기 핸들을 이용하여 수식을 [C6] 셀까지 복사한 경우이다. '개수'의 합계를 구하기 위해 [C7] 셀에 '=SUM(C2:C6)' 수식을 입력했을 때의 결과로 옳은 것은?

C2 | =LEFT(B2,2)

	A	B	C	D	E
1	성명	판매입력	개수		
2	이대한	60개	60		
3	한상공	70개	70		
4	김선	89개	89		
5	지혜원	90개	90		
6	이기적	88개	88		
7	합계				

① 397
② #VALUE!
③ #REF!
④ 0

26 다음 중 '상위 10 자동 필터'에 대한 설명으로 옳지 않은 것은?

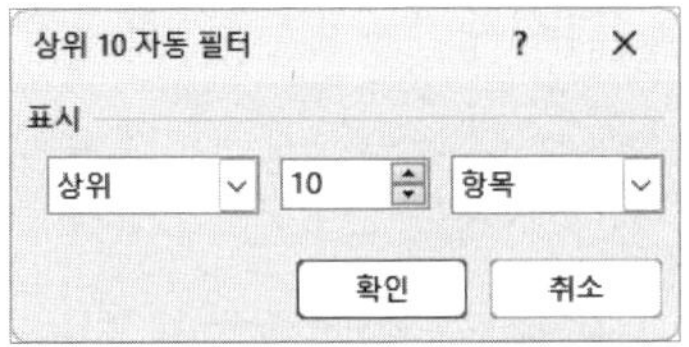

① 숫자 데이터에서만 사용할 수 있다.
② 상위/하위 및 항목, %(백분율) 값의 방식을 지정하여 필터링할 수 있다.
③ 데이터 범위는 1부터 500까지 설정할 수 있다.
④ '상위 10 자동 필터'의 결과는 자동으로 정렬되어 표시된다.

27 다음 중 워크시트에서 [A1] 셀부터 아래로 각 셀에 (c), (e), (ks), (r), (tel)을 입력했을 때 결과가 아래 워크시트처럼 표시되도록 하는 기능은?

	A
1	©
2	€
3	㉿
4	®
5	☎

① 자동 교정 기능　　② 빠른 교정 동작 기능
③ 자동 고침 기능　　④ 맞춤법 검사 기능

28 다음 중 시나리오에 대한 설명으로 옳지 않은 것은?

① 시나리오 결과는 요약 보고서나 피벗 테이블 보고서로 작성할 수 있다.
② 하나의 시나리오에는 최대 32개까지 변경 셀을 지정할 수 있다.
③ 입력된 데이터를 정렬하여 그룹별로 분류하고, 해당 그룹별로 지원되는 함수를 선택하여 계산 결과를 산출한다.
④ 다른 통합 문서나 다른 워크시트에 저장된 시나리오를 가져올 수 있는 기능은 시나리오 병합 기능이다.

합격 강의

29 다음 시트에서 [B2:D6] 영역이 '점수'로 이름이 정의되었을 경우 =AVERAGE(INDEX(점수,2,1),MAX(점수))의 결과값으로 옳은 것은?

	A	B	C	D
1	성명	필기	실기	면접
2	지호영	88	90	77
3	고동기	75	90	68
4	이진아	90	80	70
5	차은서	56	78	69
6	이경아	77	100	99

① 75　　② 87.5
③ 100　　④ 86.5

30 다음 중 엑셀의 기능과 바로 가기 키에 대한 연결이 옳지 않은 것은?

① 찾기 : Shift+F5
② 바꾸기 : Shift+H
③ 함수 마법사 : Shift+F3
④ 이름 관리자 : Ctrl+F3

31 다음 중 [데이터 표]에 관한 설명으로 옳지 않은 것은?

① [데이터 표] 기능을 이용하여 계산된 결과는 참조하고 있는 셀의 데이터가 수정되더라도 자동으로 갱신되지 않는다.
② 수식이 입력될 범위를 반드시 먼저 설정한 후 [데이터 표] 기능을 실행해야 올바른 결과를 얻을 수 있다.
③ [데이터 표] 기능을 통해 입력된 셀의 일부분만 수정하거나 삭제할 수 없다.
④ '열 입력 셀'만 지정되는 경우는 수식에서 참조되어야 하는 데이터가 하나의 열에 입력되어 있는 경우이다.

32 다음 중 엑셀의 오차 막대에 대한 설명으로 옳지 않은 것은?

① 3차원 세로 막대형에서 사용 가능하다.
② 차트에 고정 값, 백분율, 표준 편차, 표준 및 오차, 사용자 지정 중 선택하여 오차량을 표시할 수 있다.
③ 오차 막대를 화면에 표시하는 방법에는 3가지로 모두, 음의 값, 양의 값이 있다.
④ 세로형 막대 차트는 세로 오차 막대만 사용할 수 있다.

합격강의

33 다음 중 [A6] 셀에서 학과명을 입력할 때 [A2:A5] 영역에 입력된 학과명의 목록을 표시하여 입력하기 위한 바로 가기 키와 바로 가기 메뉴가 옳게 짝지어진 것은?

	A	B
1	학과명	
2	인공지능학과	
3	컴퓨터공학과	
4	전자공학과	
5	드론응용학과	
6		
7	드론응용학과	
8	인공지능학과 전자공학과	
9	컴퓨터공학과	
10	학과명	

① Alt + ↑, 선택하여 붙여넣기
② Alt + ↓, 드롭다운 목록에서 선택
③ Shift + ↑, 표/범위에서 데이터 가져오기
④ Shift + ↓, 윗주 필드 표시

34 서식 코드를 데이터에 사용자 지정 표시 형식으로 설정한 후 표시된 결과이다. 다음 중 결과로 옳지 않은 것은? (단, 열의 너비는 기본 값인 '8.38'로 설정되어 있음)

	서식 코드	데이터	결과
①	*-#,##0	123	--------123
②	*0#,##0	123	*******123
③	**#,##0	123	*******123
④	**#,##0	-123	-******123

35 다음 중 빠른 실행 도구 모음에 대한 설명으로 옳지 않은 것은?

① [빠른 실행 도구 모음 사용자 지정]을 클릭한 후 추가할 도구를 선택한다.
② 리본 메뉴에서 추가할 도구를 선택한 후 마우스 오른쪽 단추를 클릭하여 [빠른 실행 도구 모음에 추가]를 클릭한다.
③ [빠른 실행 도구 모음]에서 삭제할 도구를 선택한 후 마우스 오른쪽 단추를 클릭하여 [빠른 실행 도구 모음에서 제거]를 클릭한다.
④ [보기] 탭 [표시] 그룹에서 [기타] 명령을 선택하여 [빠른 실행 도구 모음]을 편집한다.

36 다음 중 엑셀에서 날짜 데이터의 입력 방법을 설명한 것으로 옳지 않은 것은?

① 날짜 데이터는 하이픈(-)이나 슬래시(/)를 이용하여 년, 월, 일을 구분한다.
② 날짜의 연도를 생략하고 월과 일만 입력하면 자동으로 올해의 연도가 추가되어 입력된다.
③ 날짜의 연도를 두 자리로 입력할 때 연도가 30 이상이면 1900년대로 인식하고, 29 이하면 2000년대로 인식한다.
④ 오늘의 날짜를 입력하고 싶으면 Ctrl + Shift + ; (세미콜론)을 누르면 된다.

37 다음 중 엑셀의 틀 고정에 대한 기능 설명으로 옳지 않은 것은?

① 틀 고정은 특정 행 또는 열을 고정할 때 사용하는 기능으로 주로 표의 제목 행 또는 제목 열을 고정한 후 작업할 때 유용하다.
② 선택된 셀의 왼쪽 열과 바로 위의 행이 고정된다.
③ 틀 고정 구분선을 마우스로 잡아끌어 틀 고정 구분선을 이동시킬 수 있다.
④ 틀 고정 방법으로 첫 행 고정을 실행하면 선택된 셀의 위치와 상관없이 첫 행이 고정된다.

합격강의

38 다음 중 아래의 워크시트에서 지원자가 0이 아닌 셀의 평균을 구하는 [B9] 셀의 수식으로 옳지 않은 것은?

	A	B
1	지원부서	지원자
2	개발	450
3	영업	261
4	마케팅	880
5	재무	0
6	기획	592
7	생산	0
8	전체 평균	364
9	0 제외 평균	

① =SUMIF(B2:B7,"<>0")/COUNTIF(B2:B7, "<>0")
② =SUMIF(B2:B7,"<>0")/COUNT(B2:B7)
③ =AVERAGEIF(B2:B7,"<>0")
④ =AVERAGE(IF(B2:B7<>0,B2:B7))

39 다음 중 [인쇄 미리 보기]에 관한 설명으로 옳지 않은 것은?

① [인쇄 미리 보기] 창에서 셀 너비를 조절할 수 있으나 워크시트에는 변경된 너비가 적용되지 않는다.
② [인쇄 미리 보기]를 실행한 상태에서 [페이지 설정]을 클릭하여 [여백] 탭에서 여백을 조절할 수 있다.
③ [인쇄 미리 보기] 상태에서 '확대/축소'를 누르면 화면에는 적용되지만 실제 인쇄 시에는 적용되지 않는다.
④ [인쇄 미리 보기]를 실행한 상태에서 [여백 표시]를 체크한 후 마우스 끌기를 통하여 여백을 조절할 수 있다.

40 다음 중 동일한 통합 문서에서 Sheet1의 [C5] 셀, Sheet2의 [C5] 셀, Sheet3의 [C5] 셀의 평균을 구하는 수식으로 옳은 것은?

① =AVERAGE([Sheet1:Sheet3]!C5)
② =AVERAGE(Sheet1:Sheet3![C5])
③ =AVERAGE(Sheet1:Sheet3!C5)
④ =AVERAGE(['Sheet1:Sheet3'!C5])

2024년 상시 기출문제 04회
빠르게 정답 확인하기!
스마트폰으로 QR 코드를 찍어 보세요.
정답표를 통해 편리하게 채점할 수 있습니다.

2024년 상시 기출문제 05회

자동 채점 서비스 합격 강의

• **제한시간 :** 40분 • **소요시간 :** 시간 분 • **전체 문항 수 :** 40문항 • **맞힌 문항 수 :** 문항

과목 01 컴퓨터 일반

합격강의

01 다음 중 인터넷 관련 기술의 실생활 사용 사례에 대한 설명으로 옳은 것은?

① RFID : 도서관에서 도서에 태그를 부착하여 도서의 대출이나 반납 등을 실시간으로 관리한다.
② NFC : 핫스팟 기능을 이용하여 노트북을 인터넷에 연결한다.
③ Bluetooth : 내장된 태그를 이용하여 회사에서 출 · 퇴근의 근태를 관리한다.
④ WiFi : 무선 이어폰과 스마트폰을 연결한다.

02 다음 중 한글 Windows 10의 [설정]–[시스템]–[정보]에서 확인이 가능한 내용으로 옳지 않은 것은?

① 현재 로그인한 사용자 계정 및 로그인 옵션
② 설치된 운영체제인 Windows의 사양(에디션 및 버전)
③ 장치(컴퓨터) 이름 및 프로세서의 종류와 설치된 RAM의 용량
④ Windows의 설치 날짜 및 시스템의 종류(32, 64비트 운영체제 등)

03 다음 중 보기의 네트워크 장비와 관련된 OSI 7계층으로 옳은 것은?

• 허브나 리피터 등의 전기적 신호를 재발생시키는 장비
• MODEM, CODEC 등 디지털/아날로그 신호 변환기

① 데이터 링크 계층 ② 물리 계층
③ 네트워크 계층 ④ 전송 계층

04 다음 중 한글 Windows 10에서 인쇄 시 지원되는 인쇄 기능에 대한 설명으로 옳은 것은?

① 인쇄 대기 중인 경우 작업을 취소할 수 없다.
② 기본 프린터는 사용자의 필요에 따라 2대 이상을 동시에 지정할 수 있다.
③ 프린터 속성 창에서 공급 용지의 종류, 공유, 포트 등을 설정할 수 있다.
④ 인쇄 중인 작업은 취소할 수는 없으나 잠시 중단시킬 수 있다.

05 다음 중 압축 파일을 사용하는 이유로 거리가 먼 것은?

① 디스크 저장 공간을 효율적으로 활용하기 위해
② 연관된 여러 파일을 하나로 묶어 관리하기 위해
③ 디스크의 논리적인 결함이나 물리적인 결함을 발견하기 위해
④ 파일 전송 시 시간 및 비용을 절약하기 위해

06 다음 중 고급 언어로 작성된 프로그램을 한 줄씩 번역하여 실행하며, 목적 프로그램을 만들지 않는 언어 번역 프로그램은?

① 컴파일러
② 어셈블러
③ 프리프로세서
④ 인터프리터

07 다음 중 Shift를 이용한 작업에 대한 설명으로 옳지 않은 것은?

① Shift+F10 : 선택한 항목에 대한 바로 가기 메뉴를 표시한다.
② Shift+Delete : 삭제한 파일을 휴지통에 임시로 보관한다.
③ Ctrl+Shift+Esc : 작업 관리자를 실행한다.
④ Shift+Insert : 선택한 항목을 붙여 넣는다.

08 다음 중 감염 대상을 갖고 있지는 않으나 연속으로 자신을 복제하여 시스템의 부하를 높이는 악성 프로그램은?

① 웜(Worm)
② 해킹(Hacking)
③ 스푸핑(Spoofing)
④ 스파이웨어(Spyware)

09 다음 중 컴퓨터 시스템에서 사용하는 채널(Channel)에 관한 설명으로 옳지 않은 것은?

① 주변 장치에 대한 제어 권한을 CPU로부터 넘겨받아 CPU 대신 입출력을 관리한다.
② 입출력 작업이 끝나면 CPU에게 인터럽트 신호를 보낸다.
③ CPU와 주기억 장치의 속도 차이를 해결하기 위하여 사용된다.
④ 채널에는 셀렉터(Selector), 멀티플랙서(Multiplexer), 블록 멀티플랙서(Block Multiplexer) 등이 있다.

10 다음 중 한글 Windows 10에서 설치된 모든 하드웨어와 소프트웨어의 실행 정보를 모아 관리하는 계층적인 시스템 데이터베이스를 의미하는 것은?

① Registry
② File System
③ Zip Drive
④ Partition

11 다음 중 애니메이션의 모핑(Morphing)에 대한 설명으로 옳은 것은?

① 찰흙 및 지점토를 사용하는 애니메이션 기법이다.
② 키 프레임을 사용하는 애니메이션 기법이다.
③ 사물의 형상을 다른 모습으로 서서히 변화시키는 기법으로 영화의 특수 효과에서 많이 사용한다.
④ 종이에 그린 그림에 셀룰로이드를 이용하여 수작업으로 채색하고 촬영하는 기법이다.

12 다음 중 [파일 탐색기]에서 파일을 선택한 다음 Ctrl+Shift를 누른 채 다른 위치로 드래그 앤 드롭한 결과로 옳은 것은?

① 선택한 파일의 바로 가기 아이콘이 만들어진다.
② 선택한 파일이 휴지통으로 보내진다.
③ 선택한 파일이 이동된다.
④ 선택한 파일이 복사된다.

13 다음 중 네트워크를 통해 전송되는 멀티미디어 데이터 파일의 용량이 크기 때문에 생겨난 기술로, 사용자가 전체 파일을 다운로드 받을 때까지 기다릴 필요 없이 전송되는 대로 재생시키는 기술을 무엇이라고 하는가?

① MPEG 기술
② 디더링(Dithering) 기술
③ VOD(Video On Demand) 기술
④ 스트리밍(Streaming) 기술

14 다음 중 레지스터에 관한 설명으로 옳은 것은?

① CPU 내부에서 특정한 목적에 사용되는 일시적인 기억 장소이다.
② 메모리 중에서 가장 속도가 느리며, 플립플롭이나 래치 등으로 구성된다.
③ 컴퓨터의 유지 보수를 위한 시스템 정보를 저장한다.
④ 시스템 부팅 시 운영체제가 로딩되는 메모리이다.

합격 강의 **15** **다음 중 컴퓨터에서 사용되는 바이트(Byte)에 대한 설명으로 옳지 않은 것은?**

① 1바이트는 8비트로 구성된다.
② 일반적으로 영문자나 숫자는 1Byte로 한 글자를 표현하고, 한글 및 한자는 2Byte로 한 글자를 표현한다.
③ 1바이트는 컴퓨터에서 각종 명령을 처리하는 기본 단위이다.
④ 1바이트로는 256가지의 정보를 표현할 수 있다.

16 **다음 중 시퀀싱(Sequencing)에 대한 설명으로 옳은 것은?**

① 컴퓨터를 이용하여 오디오 파일이나 여러 연주, 악기 소리 등을 프로그램에 입력하여 녹음하는 방법으로 음악을 제작, 녹음, 편집하는 작업을 의미한다.
② 전자 악기 사이의 데이터 교환을 위한 규약으로 음의 강도, 악기 종류 등과 같은 정보를 기호화하여 코드화한 방식이다.
③ 아날로그 신호를 디지털화하여 나타내는 것으로, 소리의 파장이 그대로 저장되며, 자연의 음향과 사람의 음성 표현이 가능하다.
④ 오디오 데이터 압축 파일 형식으로 무손실 압축 포맷이며 원본 오디오의 음원 손실이 없다.

합격 강의 **17** **다음 중 LAN(Local Area Network)에 대한 설명으로 옳지 않은 것은?**

① 근거리 통신망으로 비교적 전송 거리가 짧아 에러 발생률이 낮다.
② 자원 공유를 목적으로 컴퓨터들을 상호 연결하여 사용한다.
③ 프린터나 보조 기억 장치 등의 주변 장치들을 공유하여 사용할 수 있다.
④ 전송 방식으로 반이중 방식을 사용하여 상호 동시에 통신할 수 있다.

합격 강의 **18** **다음 중 실감 미디어에 대한 설명으로 옳지 않은 것은?**

① 가상현실(VR) : 컴퓨터를 이용하여 특정 상황을 설정하고 구현하는 기술인 모의실험(Simulation)을 통해 실제 주변 상황처럼 경험하고 상호 작용하는 것처럼 느끼게 할 수 있는 인터페이스 시스템이다.
② 혼합현실(MR) : 현실 세계에 가상현실(VR)을 접목한 것으로 현실적인 물리적 객체와 가상 객체가 상호 작용할 수 있는 환경을 구현한다.
③ 증강현실(AR) : 가상 세계에서 현실 세계와 같은 사회적, 경제적, 문화적 활동 및 일상생활이 이뤄지는 가상 온라인 시공간을 의미한다.
④ 홀로그램(Hologram) : 빛의 간섭 원리를 이용하는 기술로 레이저와 같이 간섭성이 있는 광원을 이용, 간섭 패턴을 기록한 결과물로 3차원 이미지를 만들거나 광원을 이용하여 재생하면 3차원 영상으로 표현이 가능한 기술이다.

19 **다음 중 컴퓨터나 정보기기, 스마트폰 등을 사용하기 위해서 반드시 설치되어야 하는 프로그램으로 가장 대표적인 시스템 소프트웨어는?**

① 유틸리티
② 운영체제
③ 컴파일러
④ 라이브러리

20 **다음 중 사용자의 기본 설정을 사이트가 인식하도록 하거나, 사용자가 웹 사이트로 이동할 때마다 로그인해야 하는 번거로움을 생략할 수 있도록 사용자 환경을 향상시키는 것은?**

① 쿠키
② 즐겨찾기
③ 웹 서비스
④ 히스토리

과목 02 스프레드시트 일반

21 다음 중 차트의 기능에 대한 설명으로 옳은 것은?

① 차트는 데이터가 입력되어 있는 같은 워크시트나 별도의 차트 시트에 만들 수 있다.
② 3차원 차트에 추세선을 추가하여 데이터의 흐름을 쉽게 파악할 수 있다.
③ 차트 작성 후에 원본 데이터가 변경되더라도 이미 작성된 차트의 모양은 변경되지 않는다.
④ Ctrl을 누른 상태에서 차트의 크기를 변경하면 워크시트의 셀에 맞춰서 조절된다.

22 다음 중 부분합에 대한 설명으로 옳지 않은 것은?

① 부분합에서는 합계, 평균, 개수 등의 함수 이외에도 다양한 함수를 선택할 수 있다.
② 부분합에서 그룹으로 사용할 데이터는 반드시 오름차순으로 정렬되어 있어야 한다.
③ 부분합에서 데이터 아래에 요약을 표시할 수 있다.
④ 부분합에서 그룹 사이에 페이지를 나눌 수 있다.

23 아래 워크시트에서 [D2] 셀에 사원의 실적에 따른 평가를 구하고자 한다. 각 사원의 실적이 전체 실적의 평균 이상이면 평가는 "실적우수", 그렇지 않으면 "실적미달"로 표시할 경우 [D2] 셀에 입력할 수식으로 옳은 것은? (단, [D2] 셀에 수식을 입력한 후 [D6] 셀까지 채우기 핸들을 이용하여 수식을 복사함)

	A	B	C	D
1	사원번호	사원명	실적	평가
2	11a	홍길동	89	
3	22b	이대한	70	
4	33c	한상공	65	
5	44d	지호영	90	
6	55e	안예지	100	

① =IF(C2>=AVERAGE(C2:C6),"실적우수","실적미달")
② =AVERAGEIF(C2:C6, ">=", "실적우수","실적미달")
③ =IF(C2>=AVERAGE($C$2:$C$6),"실적우수","실적미달")
④ =AVERAGEIF($C$2:$C$6, ">=", "실적우수","실적미달")

24 다음 중 조건부 서식에 대한 설명으로 옳지 않은 것은?

① 조건부 서식은 기존에 적용된 셀 서식보다 우선하여 적용된다.
② 조건에 맞는 경우와 조건에 맞지 않는 경우에 대한 서식을 함께 지정할 수 있다.
③ 조건을 수식으로 입력할 경우 수식 앞에는 반드시 등호(=)를 입력해야 한다.
④ 조건부 서식이 적용된 후에 셀의 값이 변경되어 규칙에 맞지 않으면 적용된 서식이 해제된다.

25 다음 중 함수식에 대한 결과가 옳지 않은 것은?

① =TRUNC(8.79) → 8
② =MOD(11, 2) → 1
③ =POWER(5, 3) → 15
④ =COLUMN(C6) → 3

26 매크로 기록 시 매크로 실행을 위한 바로 가기 키를 Y로 지정하고자 한다. 다음 중 사용되는 키로 옳지 않은 것은?

① Y
② Ctrl
③ Shift
④ Alt

기출 상시 기출문제

27 다음 중 '=SUM(A3:A9)' 수식이 '=SUM(A3A9)'와 같이 범위 참조의 콜론(:)이 생략된 경우 나타나는 오류 메시지로 옳은 것은?

① #N/A
② #NULL!
③ #REF!
④ #NAME?

28 다음 중 [페이지 설정] 대화 상자의 [시트] 탭에 대한 설명으로 옳지 않은 것은?

① 인쇄 영역을 지정하지 않으면 기본적으로 워크시트의 모든 내용을 인쇄한다.
② 반복할 행은 "$1:$3"과 같이 행 번호로 나타낸다.
③ 메모의 인쇄 방법을 '시트 끝'으로 선택하면 원래 메모가 속한 각 페이지의 끝에 모아 인쇄된다.
④ 여러 페이지가 인쇄될 경우 열 우선을 선택하면 오른쪽 방향으로 인쇄를 마친 후에 아래쪽 방향으로 진행된다.

합격강의

29 다음 중 아래의 워크시트에서 연수점수와 고과점수가 각각 90점 이상인 평균의 최대값을 구하는 수식으로 옳은 것은?

	A	B	C	D
1	사원명	연수점수	고과점수	평균
2	김선	89	63	76
3	지혜원	98	100	99
4	한상공	77	79	78
5	이대한	95	90	93
6				
7	연수점수	고과점수		
8	>=90	>=90		
9				

① =MIN(A1:D5,4,A7:B8)
② =MAX(A1:D5,4,A7:B8)
③ =DMIN(A1:D5,4,A7:B8)
④ =DMAX(A1:D5,4,A7:B8)

30 다음 중 하나의 계열만 표시할 수 있는 차트로 옳은 것은?

① 원형
② 분산형
③ 영역형
④ 방사형

31 다음과 같은 셀 서식이 지정된 셀에 −23456을 입력하였을 때 셀에 나타나는 결과값으로 옳은 것은?

0.0,

① −23456.0
② −23.0
③ −23.4
④ −23.5

32 다음 워크시트처럼 셀 값을 입력하기 위해서 [A1] 셀에 숫자 1.5를 입력하고, [A1] 셀에서 채우기 핸들을 아래로 드래그하려고 한다. 이때 숫자가 증가하여 입력되도록 하기 위해 함께 눌러줘야 하는 키로 옳은 것은?

	A	B
1	1.5	
2	2.5	
3	3.5	
4	4.5	
5	5.5	
6	6.5	
7	7.5	
8	8.5	
9	9.5	
10	10.5	

① Alt
② Ctrl
③ Shift
④ Tab

합격강의 **33** 다음 중 워크시트에서 함수식 '=COUNTIFS(B2:B8,B3,C2:C8,C3)'을 사용한 결과값으로 옳은 것은?

	A	B	C
1	성명	부서	직급
2	김선	상담부	실장
3	홍길동	홍보부	과장
4	이대한	상담부	대리
5	한상공	기획부	부장
6	지호영	홍보부	대리
7	박정영	상담부	과장
8	차은서	홍보부	과장

① 1 ② 2
③ 3 ④ 4

34 다음 중 데이터 입력 및 바로 가기 키 기능에 대한 설명으로 옳은 것은?

① 시트를 실수로 삭제하더라도 Ctrl+Z를 눌러서 취소하면 복원시킬 수 있다.
② 숫자는 입력 시 기본적으로 오른쪽으로 정렬되지만 숫자 데이터를 문자로 취급하도록 하려면 숫자 앞에 큰따옴표(")를 입력해야 한다.
③ Alt+Enter를 누르면 빠른 채우기가 수행된다.
④ Ctrl+;(세미콜론)을 누르면 시스템의 오늘 날짜가 입력된다.

35 다음 중 아래의 괄호 안에 들어갈 기능으로 옳게 짝지어진 것은 ?

> • (㉠)은/는 특정 값의 변화에 따른 결과값의 변화 과정을 한 번의 연산으로 빠르게 계산하여 표의 형태로 표시해 주는 도구이다.
> • (㉡)은/는 비슷한 형식의 여러 데이터의 결과를 하나의 표로 통합하여 요약해 주는 도구이다.

① ㉠ : 데이터 표 ㉡ : 통합
② ㉠ : 정렬 ㉡ : 시나리오 관리자
③ ㉠ : 부분합 ㉡ : 피벗 테이블
④ ㉠ : 해 찾기 ㉡ : 데이터 유효성 검사

합격강의 **36** 인쇄할 때 페이지의 바닥글로 1/5과 같이 '페이지 번호/전체 페이지 수'가 표시되도록 하기 위해 바닥글 편집에서 "/"의 앞뒤에 선택해야 할 아이콘을 순서대로 나열한 것은?

① ㉮, ㉯
② ㉰, ㉱
③ ㉯, ㉮
④ ㉱, ㉰

37 다음 중 카메라 기능에 대한 설명으로 옳지 않은 것은?

① 카메라는 특정 셀 범위를 그림으로 복사하여 붙여넣는 기능이다.
② 카메라를 이용한 경우, 원본 셀 내용이 변경되어도 그림은 변하지 않는다.
③ 카메라 기능은 기본적으로 메뉴 또는 도구 모음에 표시되지 않는다.
④ 복사하려는 셀 범위를 선택하고, [카메라] 도구 단추를 누르면 자동으로 붙여넣기 된다.

38 다음 중 워크시트에 숫자 데이터 24600을 입력한 후 아래의 표시 형식을 적용했을 때 표시되는 결과로 옳은 것은?

> #0.0,"천원";(#0.0,"천원");0.0;@"님"

① 24.6천원
② 24,600
③ 25,000천원
④ (25.0천원)

39 다음 중 열려 있는 통합 문서의 모든 워크시트를 재계산하기 위한 바로 가기 키로 옳은 것은?

① F1
② F2
③ F4
④ F9

40 인쇄해야 할 범위가 2페이지 이상이 되는 표를 인쇄하고자 한다. 첫 페이지에 있는 표의 제목줄 [A1:H1] 셀을 2쪽 이후에도 인쇄하려면, 다음 중 어떠한 순서로 작업을 해야 하는가?

① [페이지 설정]–[시트] 탭의 '반복할 행'에서 제목줄의 범위 지정
② [페이지 설정]–[시트] 탭의 '반복할 열'에서 제목줄의 범위 지정
③ [페이지 설정]–[시트] 탭의 '인쇄 영역'에서 제목줄의 범위 지정
④ [페이지 설정]–[시트] 탭의 '행/열 머리글'에서 체크 표시

2024년 상시 기출문제 05회
빠르게 정답 확인하기!
스마트폰으로 QR 코드를 찍어 보세요.
정답표를 통해 편리하게 채점할 수 있습니다.

2023년 상시 기출문제 01회

자동 채점 서비스 합격 강의

• **제한시간** : 40분　• **소요시간** : 시간 분　• **전체 문항 수** : 40문항　• **맞힌 문항 수** : 문항

과목 01 컴퓨터 일반

01 다음 중 웹상에서 정보를 효과적으로 나타내기 위해 문서와 문서를 연결하여 관련된 정보를 쉽게 찾아볼 수 있도록 하는 기능으로 옳은 것은?

① 멀티미디어
② 프레젠테이션
③ 하이퍼링크
④ 인덱스

02 다음 중 현재 수행 중인 명령어의 내용을 기억하는 레지스터는?

① 명령 레지스터(Instruction Register)
② 명령 해독기(Instruction Decoder)
③ 부호기(Encoder)
④ 프로그램 계수기(Program Counter)

03 다음 중 한글 Windows 10에서 cmd 명령의 사용 용도로 옳은 것은?

① 실행 명령 목록을 표시한다.
② 명령 프롬프트 창을 표시한다.
③ 작업 표시줄을 표시한다.
④ 하드디스크를 포맷한다.

04 다음 중 사물에 전자 태그를 부착하고 무선 통신을 이용하여 사물의 정보 및 주변 상황 정보를 감지하는 센서 기술로 옳은 것은?

① 텔레매틱스 서비스
② DMB 서비스
③ W-CDMA 서비스
④ RFID 서비스

05 다음 중 컴퓨터 보조 기억 장치로 자기디스크 방식의 HDD와는 달리 반도체를 이용하여 데이터를 저장, 크기가 작고 충격에 강하며, 소음 발생이 없는 대용량 저장 장치에 해당하는 것은?

① BIOS
② DVD
③ SSD
④ CD-RW

06 다음 중 인터넷을 이용한 전자우편에 관한 설명으로 옳지 않은 것은?

① 인터넷에 접속하여 사용자들끼리 서로 편지를 주고 받을 수 있는 서비스를 말한다.
② 전자우편 주소는 '사용자ID@호스트' 주소의 형식으로 이루어진다.
③ 일반적으로 SMTP는 메일을 수신하는 용도로, MIME는 송신하는 용도로 사용되는 프로토콜이다.
④ POP3를 이용하면 전자메일 클라이언트를 통해 전자메일을 받아 볼 수 있다.

07 다음 중 멀티미디어의 특징에 대한 설명으로 옳지 않은 것은?

① 멀티미디어(Multimedia)는 다중 매체의 의미를 가지며 다양한 매체를 통해 정보를 전달한다는 의미이다.
② 멀티미디어 데이터는 정보량이 크기 때문에 일반적으로 압축하여 저장한다.
③ 대용량의 멀티미디어 데이터를 저장하기 위해 CD-ROM, DVD, 블루레이 디스크 등의 저장 장치가 발전하였다.
④ 멀티미디어 동영상 정보는 용량이 크고 통합 처리하기 어려워 사운드와 영상이 분리되어 전송된다.

08 다음 중 컴퓨터 바이러스의 예방법으로 적절하지 않은 것은?

① 최신 버전의 백신 프로그램을 사용한다.
② 다운로드 받은 파일은 사용하기 전에 바이러스 검사 후 사용한다.
③ 전자우편에 첨부된 파일은 파일명을 다른 이름으로 저장하여 사용한다.
④ 네트워크 공유 폴더에 있는 파일을 사용하기 전에 바이러스 검사 후 사용한다.

합격강의 **09** 다음 중 플래시 메모리에 대한 설명으로 옳지 않은 것은?

① 블록 단위로 저장된다.
② 전력 소모가 적다.
③ 정보의 입출력이 자유로우며 전송 속도가 빠르다.
④ 전원이 끊어지면 그 안에 저장된 정보가 지워지는 휘발성 기억 장치이다.

합격강의 **10** 다음 중 인터넷에 존재하는 정보나 서비스에 대해 접근 방법, 존재 위치, 자료 파일명 등의 요소를 표시하는 것은?

① DHCP ② CGI
③ DNS ④ URL

11 다음 중 한글 Windows 10에서 프린터 인쇄에 대한 설명으로 옳지 않은 것은?

① 특정한 지정 없이 문서의 인쇄를 선택하면 기본 프린터로 인쇄된다.
② 인쇄 관리자 창에서 파일의 인쇄 진행 상황을 파악할 수 있다.
③ 인쇄 관리자 창에서 인쇄 대기 중인 문서를 편집할 수 있다.
④ 인쇄 관리자 창에서 문서 파일의 인쇄 작업을 취소할 수 있다.

12 다음 중 컴퓨터에서 사용하는 유니코드(Unicode)에 대한 설명으로 옳은 것은?

① 문자를 2Byte로 표현한다.
② 표현 가능한 최대 문자수는 256자이다.
③ 영문자는 7Bit, 한글이나 한자는 16Bit로 표현한다.
④ 한글은 KS 완성형으로 표현한다.

13 다음 중 컴퓨터 내부의 디지털 신호를 전화선을 통해 전송할 수 있도록 아날로그 신호로 변조해 주고 전화선을 통해 전송된 아날로그 신호를 컴퓨터 내부에서 처리할 수 있도록 디지털 신호로 복조해 주는 역할을 담당하는 것은?

① 모뎀 장치
② 게이트웨이 장치
③ 라우터 장치
④ 허브 장치

합격강의 **14 다음 중 컴퓨터에서 가상 기억 장치를 사용할 때 장점으로 옳은 것은?**

① 컴퓨터의 구조가 간편해지고 손쉽게 구현할 수 있다.
② 보조 기억 장치의 실제 용량이 증대된다.
③ 주기억 장치의 용량보다 큰 프로그램을 실행할 수 있다.
④ 명령을 수행하는 시간이 단축된다.

15 다음 중 한글 Windows의 스풀(SPOOL) 기능에 관한 설명으로 옳지 않은 것은?

① 스풀 기능을 설정하면 보다 인쇄 속도가 빨라지고 동시 작업 처리도 가능하다.
② 인쇄할 내용을 하드디스크 장치에 임시로 저장한 후에 인쇄 작업을 수행한다.
③ 컴퓨터 내부 장치에 비해 상대적으로 처리 속도가 느린 프린터 작업을 효율적으로 처리하기 위하여 사용하는 기능이다.
④ 스풀 기능을 선택하면 문서 전체 또는 일부를 스풀한 다음 인쇄를 시작할 수 있게 하는 기능을 선택할 수 있다.

합격강의 **16 다음 중 패치 프로그램에 대한 설명으로 옳은 것은?**

① 컴퓨터 하드웨어 및 소프트웨어 성능을 비교 평가하는 프로그램이다.
② 프로그램의 오류 수정이나 성능 향상을 위해 프로그램의 일부를 변경해 주는 프로그램이다.
③ 베타 테스트를 하기 전에 프로그램 개발사 내부에서 미리 평가하고 오류를 찾아 수정하기 위해 시험해 보는 프로그램이다.
④ 정식으로 프로그램을 공개하기 전에 한정된 집단 또는 일반인에게 공개하여 기능을 시험하는 프로그램이다.

17 다음 중 디지털 컴퓨터의 특성을 설명한 것으로 옳지 않은 것은?

① 부호화된 숫자와 문자, 이산 데이터 등을 사용한다.
② 산술 논리 연산을 주로 한다.
③ 증폭 회로를 사용한다.
④ 연산 속도가 아날로그 컴퓨터보다 느리다.

18 다음 중 컴퓨터 범죄에 해당하지 않는 것은?

① 전산망을 이용하여 개인 정보를 유출한다.
② 전자문서를 불법 복사한다.
③ 인터넷 쇼핑몰에서 상품 가격을 비교하여 가격 비교표를 작성한다.
④ 해킹을 통해 중요 정보를 위조하거나 변조시킨다.

19 다음 중 컴퓨터 운영체제에 관한 설명으로 옳지 않은 것은?

① 운영체제는 컴퓨터가 작동하는 동안 하드디스크에 위치하여 실행된다.
② 프로세스, 기억 장치, 주변 장치, 파일 등의 관리가 주요 기능이다.
③ 운영체제의 평가 항목으로 처리 능력, 응답 시간, 사용 가능도, 신뢰도 등이 있다.
④ 사용자들 간의 하드웨어 공동 사용 및 자원의 스케줄링을 수행한다.

20 다음 중 영상의 표현과 압축 방식들에 대해서는 관여하지 않으며 특징 추출을 통해 디지털 방송과 전자도서관, 전자상거래 등에서 멀티미디어 데이터를 효과적으로 검색할 수 있는 영상 압축 기술은?

① MPEG-1
② MPEG-4
③ MPEG-7
④ MPEG-21

과목 02 스프레드시트 일반

21 다음 중 시스템의 현재 날짜에서 연도를 구하는 수식으로 가장 올바른 것은?

① =year(days( ))
② =year(day( ))
③ =year(today( ))
④ =year(date( ))

22 다음 중 엑셀의 화면 제어에 관한 설명으로 옳지 않은 것은?

① 화면의 확대/축소는 화면에서 워크시트를 더 크게 또는 작게 표시하는 것으로 실제 인쇄할 때도 설정된 화면의 크기로 인쇄된다.
② 리본 메뉴는 화면 해상도와 엑셀 창의 크기에 따라 다른 형태로 표시될 수 있다.
③ 워크시트에서 특정 영역을 마우스로 드래그하여 블록을 설정한 후 '선택 영역 확대/축소'를 클릭하면 워크시트가 확대/축소되어 블록으로 지정한 영역이 전체 창에 맞게 보인다.
④ 리본 메뉴가 차지하는 공간 때문에 작업이 불편한 경우 리본 메뉴의 활성 탭 이름을 더블클릭하여 리본 메뉴를 최소화할 수 있다.

23 다음 중 매크로에 대한 설명으로 옳지 않은 것은?

① 매크로 이름의 첫 글자는 반드시 문자여야 한다.
② 매크로란 반복적인 작업을 단순화하기 위해 작업 과정을 기록하였다가 그대로 재생하는 기능이다.
③ 한 번 기록된 매크로는 수정하여 편집할 수 없다.
④ 매크로 이름에는 공백이 포함될 수 없다.

합격강의

24 다음 중 아래의 워크시트에서 [A1:B2] 영역을 선택한 후 채우기 핸들을 이용하여 [B4] 셀까지 드래그했을 때 [A4:B4] 영역의 값으로 옳은 것은?

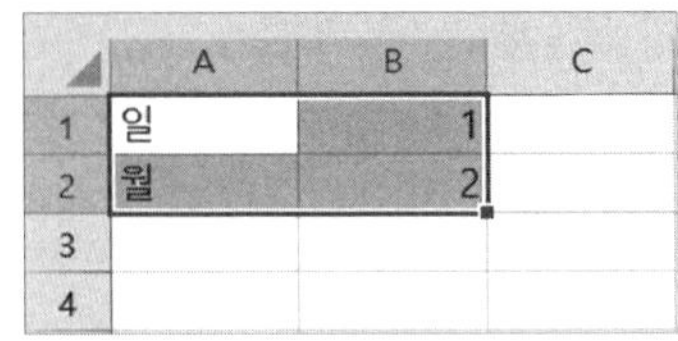

	A	B	C
1	일	1	
2	월	2	
3			
4			

① 월, 4
② 수, 4
③ 월, 2
④ 수, 2

25 다음 중 시트 보호에 관한 설명으로 옳지 않은 것은?

① 차트 시트의 경우 차트 내용만 변경하지 못하도록 보호할 수 있다.
② '셀 서식' 대화상자의 '보호' 탭에서 '잠금'이 해제된 셀은 보호되지 않는다.
③ 시트 보호 설정 시 암호의 설정은 필수 사항이다.
④ 시트 보호가 설정된 상태에서 데이터를 수정하면 경고 메시지가 나타난다.

합격강의

26 다음 중 정렬에 대한 설명으로 옳은 것은?

① 최대 24개의 열을 기준으로 정렬할 수 있다.
② 글꼴 색을 기준으로 정렬할 수 있다.
③ 정렬 대상 범위에 병합된 셀이 포함되어 있어도 정렬할 수 있다.
④ 숨겨진 행은 정렬 결과에 포함되나 숨겨진 열은 정렬 결과에 포함되지 않는다.

합격 강의

27 고급 필터에서 다음과 같은 조건을 적용하였을 때 선택되는 데이터들은 어느 것인가?

목표액	목표액
>4500	<5000
	<4000

① [목표액]이 4000 미만이거나 [목표액]이 4500 넘는 데이터를 모두 나타낸다.
② [목표액]이 4000 미만이거나 [목표액]이 5000 넘는 데이터를 모두 나타낸다.
③ [목표액]이 4500을 초과하고 5000 미만이거나 [목표액]이 4000 미만인 데이터를 모두 나타낸다.
④ [목표액]이 5000 미만인 데이터를 모두 나타낸다.

합격 강의

28 아래 [A1] 셀과 같이 한 셀에 두 줄 이상의 데이터를 입력하려고 할 때 사용하는 키는?

	A	B
1	대한 상공회의소	
2		

① Tab
② Ctrl + Enter
③ Shift + Enter
④ Alt + Enter

29 다음 중 아래 그림의 시나리오 요약 보고서에 대한 설명으로 옳지 않은 것은?

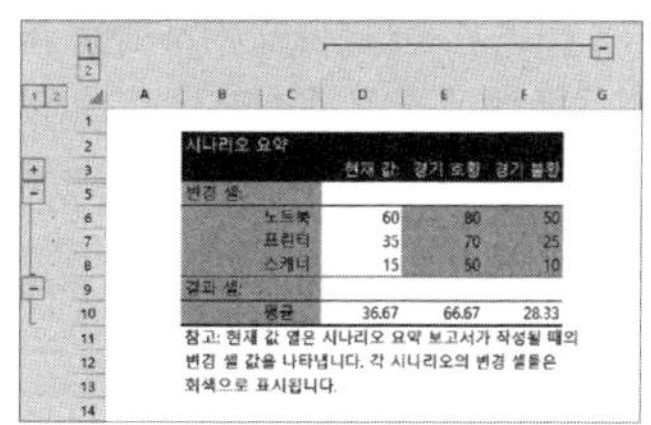

	현재 값:	경기 호황	경기 불황
시나리오 요약			
변경 셀:			
노트북	60	80	50
프린터	35	70	25
스캐너	15	50	10
결과 셀:			
평균	36.67	66.67	28.33

참고: 현재 값 열은 시나리오 요약 보고서가 작성될 때의 변경 셀 값을 나타냅니다. 각 시나리오의 변경 셀들은 회색으로 표시됩니다.

① 노트북, 프린터, 스캐너 값의 변화에 따른 평균값을 확인할 수 있다.
② '경기 호황'과 '경기 불황' 시나리오에 대한 시나리오 요약 보고서이다.
③ 시나리오의 값을 변경하면 해당 변경 내용이 기존 요약 보고서에 자동으로 다시 계산되어 표시된다.
④ 시나리오 요약 보고서를 실행하기 전에 변경 셀과 결과 셀에 대해 이름을 정의하였다.

30 다음 중 [셀 서식] 대화상자에서 '표시 형식'의 각 범주에 대한 설명으로 옳지 않은 것은?

① '일반' 서식은 각 자료형에 대한 특정 서식을 지정하는 데 사용된다.
② '숫자' 서식은 일반적인 숫자를 나타나는 데 사용된다.
③ '회계' 서식은 통화 기호와 소수점에 맞추어 열을 정렬하는 데 사용된다.
④ '기타' 서식은 우편번호, 전화번호, 주민등록번호 등의 형식을 설정하는 데 사용된다.

31 다음 차트는 기대수명 20년에 대한 예측을 표시한 것이다. 이때 사용한 기능으로 옳은 것은?

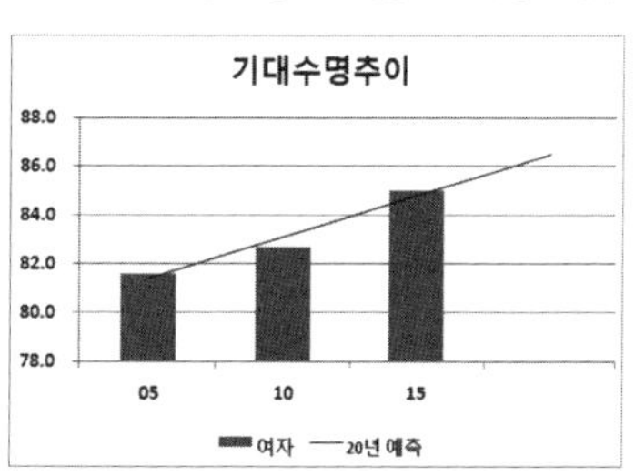

① 자동 합계 ② 추세선
③ 오차 막대 ④ 평균 구하기

기출 상시 기출문제

32 다음 중 입력한 수식에서 발생한 오류 메시지와 그 발생 원인으로 옳지 않은 것은?

① #VALUE! : 잘못된 인수나 피연산자를 사용했을 때
② #DIV/0! : 특정 값(셀)을 0 또는 빈 셀로 나누었을 때
③ #NAME? : 함수 이름을 잘못 입력하거나 인식할 수 없는 텍스트를 수식에 사용했을 때
④ #REF! : 숫자 인수가 필요한 함수에 다른 인수를 지정했을 때

33 다음 중 함수식에 대한 결과가 옳지 않은 것은?

① =Trunc(−5.6) → −5
② =Power(2,3) → 6
③ =Int(−7.2) → −8
④ =Mod(−7,3) → 2

34 다음 중 원본 데이터를 지정된 서식으로 설정하였을 때 결과가 옳지 않은 것은?

	원본 데이터	서식	결과 데이터
①	314826	#,##0,	314,826,
②	281476	#,##0.0	281,476.0
③	12:00:00 AM	0	0
④	2018-03-25	yyyy-mmmm	2018-March

합격강의 **35** 다음 중 아래의 차트와 같이 데이터를 선으로 표시하여 데이터 계열의 총 값을 비교하고, 상호 관계를 살펴보고자 할 때 사용하는 차트 종류는?

① 도넛형 차트
② 방사형 차트
③ 분산형 차트
④ 주식형 차트

36 [페이지 설정] 대화상자의 [시트] 탭에서 '반복할 행'에 [$4:$4]을 지정하고 워크시트 문서를 출력하였다. 다음 중 출력 결과에 대한 설명으로 옳은 것은?

① 첫 페이지만 1행부터 4행의 내용이 반복되어 인쇄된다.
② 모든 페이지에 4행의 내용이 반복되어 인쇄된다.
③ 모든 페이지에 4열의 내용이 반복되어 인쇄된다.
④ 모든 페이지에 4행과 4열의 내용이 반복되어 인쇄된다.

37 다음 중 매크로 이름으로 지정할 수 없는 것은?

① 매크로_1
② Goal2024
③ 3사분기
④ 매출평균

38 다음 중 틀 고정 및 창 나누기에 대한 설명으로 옳지 않은 것은?

① 화면에 나타나는 창 나누기 형태는 인쇄 시 적용되지 않는다.
② 창 나누기를 수행하면 셀 포인트의 오른쪽과 아래쪽으로 창 구분선이 표시된다.
③ 창 나누기는 셀 포인트의 위치에 따라 수직, 수평, 수직 · 수평 분할이 가능하다.
④ 첫 행을 고정하려면 셀 포인트의 위치에 상관없이 [틀 고정]–[첫 행 고정]을 선택한다.

39 다음 중 부분합 계산에서 사용할 수 없는 함수는 어느 것인가?

① 절대 표준 편차
② 표준 편차
③ 최대값
④ 평균

합격강의 **40** 다음 중 아래의 워크시트에서 몸무게가 70Kg 이상인 사람의 수를 구하고자 할 때 [E7] 셀에 입력할 수식으로 옳지 않은 것은?

	A	B	C	D	E	F
1	번호	이름	키(Cm)	몸무게(Kg)		
2	12001	홍길동	165	67		몸무게(Kg)
3	12002	이대한	171	69		>=70
4	12003	한민국	177	78		
5	12004	이우리	162	80		
6						
7	몸무게가 70Kg 이상인 사람의 수?				2	
8						

① =DCOUNT(A1:D5,2,F2:F3)
② =DCOUNTA(A1:D5,2,F2:F3)
③ =DCOUNT(A1:D5,3,F2:F3)
④ =DCOUNTA(A1:D5,3,F2:F3)

2023년 상시 기출문제 01회
빠르게 정답 확인하기!
스마트폰으로 QR 코드를 찍어 보세요.
정답표를 통해 편리하게 채점할 수 있습니다.

기출

상시 기출문제

2023년 상시 기출문제 02회

자동 채점 서비스 합격 강의

• **제한시간** : 40분 • **소요시간** : 시간 분 • **전체 문항 수** : 40문항 • **맞힌 문항 수** : 문항

과목 01 컴퓨터 일반

합격 강의

01 다음 중 네트워크 주변을 지나다니는 패킷을 엿보면서 계정과 비밀번호를 알아내는 보안 위협 행위는?

① 스푸핑(Spoofing)
② 스니핑(Sniffing)
③ 키로거(Key Logger)
④ 백도어(Back Door)

02 정보 통신망의 범위를 기준으로 작은 것부터 큰 순서대로 옳게 나열한 것은?

① WAN – MAN – LAN
② LAN – MAN – WAN
③ MAN – LAN – WAN
④ LAN – WAN – MAN

03 다음 중 USB 인터페이스에 대한 설명으로 옳지 않은 것은?

① 직렬포트보다 USB 포트의 데이터 전송 속도가 더 빠르다.
② USB는 컨트롤러당 최대 127개까지 포트의 확장이 가능하다.
③ 핫 플러그인(Hot Plug In)과 플러그 앤드 플레이(Plug & Play)를 지원한다.
④ USB 커넥터를 색상으로 구분하는 경우 USB 3.0은 빨간색, USB 2.0은 파란색을 사용한다.

04 다음 중 폴더의 [속성] 창에 대한 설명으로 옳지 않은 것은?

① 폴더 안 파일의 개수를 알 수 있다.
② 폴더를 만든 날짜를 알 수 있다.
③ '읽기 전용'과 '숨김' 속성을 설정하거나 해제할 수 있다.
④ 폴더의 저장 위치를 변경할 수 있다.

05 다음 중 컴퓨터의 처리 속도를 높이기 위한 가장 효율적인 방법은?

① EIDE 포트 확장
② 모니터 교체
③ RAM 확장
④ CD-ROM 교체

합격 강의

06 다음 중 처리 속도의 단위에 대한 설명으로 옳지 않은 것은?

① ps = 10^{-12} sec ② ns = 10^{-6} sec
③ ms = 10^{-3} sec ④ fs = 10^{-15} sec

07 다음 중 누산기(ACC)에 대한 설명으로 옳은 것은?

① 연산의 결과를 일시적으로 기억하는 장치이다.
② 명령어를 기억하는 장치이다.
③ 명령을 해독하는 장치이다.
④ 다음에 실행할 명령의 주소를 갖는 장치이다.

08 다음 중 한글 Windows의 인쇄 작업에 대한 설명으로 옳지 않은 것은?

① 프린터에서 인쇄 작업이 시작된 경우라도 잠시 중지시켰다가 다시 이어서 인쇄할 수 있다.
② 여러 개의 출력 파일들의 출력 대기 상태를 확인할 수 있다.
③ 여러 개의 출력 파일들이 출력 대기할 때 출력 순서를 임의로 조정할 수 있다.
④ 일단 프린터에서 인쇄 작업에 들어간 것은 프린터 전원을 끄기 전에는 강제로 종료시킬 수 없다.

합격 강의

09 다음 중 전시장이나 쇼핑 센터 등에 설치하여 방문객이 각종 안내를 받을 수 있도록 한 것으로, 터치 패널을 이용해 메뉴를 손가락으로 선택해서 정보를 얻을 수 있는 것이 특징인 것은?

① 킨들
② 프리젠터
③ 키오스크
④ UPS

10 다음 중 인터넷 주소 체계인 IPv6에 대한 설명으로 옳은 것은?

① 주소는 8비트씩 16개 부분으로 총 128비트로 구성되어 있다.
② 주소를 네트워크 부분의 길이에 따라 A클래스에서 E클래스까지 총 5단계로 구분한다.
③ IPv4와의 호환성은 낮으나 IPv4에 비해 품질 보장은 용이하다.
④ 주소의 단축을 위해 각 블록에서 선행되는 0은 생략할 수 있다.

11 다음 중 컴퓨터를 이용한 가상현실(Virtual Reality)에 관한 설명으로 옳은 것은?

① 고화질 영상을 제작하여 텔레비전에 나타내는 기술이다.
② 고도의 컴퓨터 그래픽 기술과 3차원 기법을 통하여 현실의 세계처럼 구현하는 기술이다.
③ 여러 영상을 통합하여 2차원 그래픽으로 표현하는 기술이다.
④ 복잡한 데이터를 단순화시켜 컴퓨터 화면에 나타내는 기술이다.

12 다음 중 한글 Windows에서 사용하는 바로 가기 키의 기능이 옳지 못한 것은?

① F2 : 이름 바꾸기
② F3 : 파일이나 폴더 검색
③ F4 : 주소 표시줄 목록 표시
④ F5 : 창이나 바탕 화면의 화면 요소들을 순환

합격 강의

13 다음 중 아날로그 컴퓨터와 비교하여 디지털 컴퓨터의 특징으로 옳지 않은 것은?

① 데이터의 각 자리마다 0 혹은 1의 비트로 표현한 이산적인 데이터를 처리한다.
② 데이터 처리를 위한 명령어들로 구성된 프로그램에 의해 동작된다.
③ 온도, 전압, 진동 등과 같이 연속적으로 변하는 데이터를 효율적으로 처리할 수 있다.
④ 산술 및 논리 연산을 처리하는 회로에 기반을 둔 범용 컴퓨터로 사용된다.

14 다음 중 컴퓨터에서 사용하는 데이터의 논리적 구성 단위를 작은 것에서 큰 것 순으로 바르게 나열한 것은?

① 비트 – 바이트 – 워드 – 필드
② 워드 – 필드 – 바이트 – 레코드
③ 워드 – 필드 – 파일 – 레코드
④ 필드 – 레코드 – 파일 – 데이터베이스

15 다음 중 네트워크 연결 장치와 관련하여 패킷의 헤더 정보를 보고 목적지를 파악하여 다음 목적지로 전송하기 위한 최선의 경로를 선택할 수 있는 것으로 옳은 것은?

① 허브(Hub)
② 브리지(Bridge)
③ 스위치(Switch)
④ 라우터(Router)

16 다음 중 Windows의 드라이브 최적화(디스크 조각 모음) 기능에 관한 설명으로 옳지 않은 것은?

① 하드디스크에 단편화되어 조각난 파일들을 모아준다.
② USB 플래시 드라이브와 같은 이동식 저장 장치도 조각화 될 수 있다.
③ 수행 후에는 디스크 공간의 최적화가 이루어져 디스크의 용량이 증가한다.
④ 일정을 구성하여 드라이브 최적화(디스크 조각 모음)를 예약 실행할 수 있다.

17 인터넷의 보안에 대한 해결책으로 공개키(Public Key)를 이용한 암호화 기법이 있다. 이 기법에서는 암호키(Encryption Key)와 해독키(Decryption Key) 두 개의 키를 사용하는데, 공개 여부에 대한 설명으로 맞는 것은?

① 암호키와 해독키를 모두 공개한다.
② 암호키와 해독키를 모두 비공개한다.
③ 암호키는 공개하고 해독키는 비공개한다.
④ 해독키는 공개하고 암호키는 비공개한다.

18 다음 아래의 〈보기〉에서 설명하는 기억 장치로 옳은 것은?

〈보기〉

- 보조 기억 장치인 하드디스크의 일부를 주기억 장치처럼 사용함
- 주기억 장치보다 큰 프로그램을 로드하여 실행할 경우에 유용함
- 기억 공간의 확대에 목적이 있음

① 플래시 메모리(Flash Memory)
② 캐시 메모리(Cache Memory)
③ 연관 메모리(Associative Memory)
④ 가상 메모리(Virtual Memory)

19 다음 중 정보의 기밀성을 저해하는 데이터 보안 침해 형태는?

① 수정
② 가로채기
③ 위조
④ 가로막기

20 다음 중 컴퓨터에서 사용하는 ASCII 코드에 관한 설명으로 옳은 것은?

① 패리티 비트를 이용하여 오류 검출과 오류 교정이 가능하다.
② 표준 ASCII 코드는 3개의 존 비트와 4개의 디지트 비트로 구성되며, 주로 대형 컴퓨터의 범용 코드로 사용된다.
③ 표준 ASCII 코드는 7비트를 사용하여 영문 대소문자, 숫자, 문장 부호, 특수 제어 문자 등을 표현한다.
④ 확장 ASCII 코드는 8비트를 사용하며 멀티미디어 데이터 표현에 적합하도록 확장된 코드표이다.

과목 02 스프레드시트 일반

21 다음 중 엑셀의 [데이터] 탭–[데이터 도구] 그룹에 있는 [빠른 채우기]는 패턴에 대한 값을 자동으로 채워주는 기능이다. 바로 가기 키로 옳은 것은?

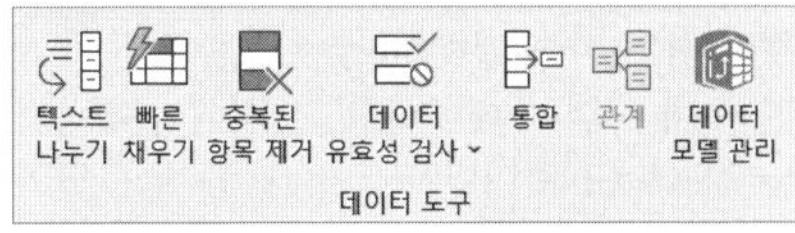

① Ctrl+E
② Ctrl+F
③ Ctrl+T
④ Ctrl+Shift+L

22 다음 중 자동 필터에 관한 설명으로 옳지 않은 것은?

① 날짜가 입력된 열에서 요일로 필터링하려면 '날짜 필터' 목록에서 필터링 기준으로 사용할 요일을 하나 이상 선택하거나 취소한다.
② 두 개 이상의 필드에 조건을 설정하는 경우 필드 간에는 AND 조건으로 결합하여 필터링된다.
③ 열 머리글에 표시되는 드롭다운 화살표에는 해당 열에서 가장 많이 나타나는 데이터 형식에 해당하는 필터 목록이 표시된다.
④ 검색 상자를 사용하여 텍스트와 숫자를 검색할 수 있으며, 배경 또는 텍스트에 색상 서식이 적용된 경우 셀의 색상을 기준으로 필터링할 수도 있다.

23 다음 중 [찾기 및 바꾸기] 대화상자에 대한 설명으로 옳지 않은 것은?

① [서식] 단추를 이용하면 특정 셀의 서식을 선택하여 동일한 셀 서식이 적용된 셀을 찾을 수도 있다.
② [범위]에서 행 방향을 우선하여 찾을 것인지 열 방향을 우선하여 찾을 것인지를 지정할 수 있다.
③ [찾기] 탭에서 찾는 위치는 '수식, 값, 메모'를 사용할 수 있고, [바꾸기] 탭에서는 '수식'만 사용할 수 있다.
④ [찾기]의 바로 가기 키는 Ctrl+F, [바꾸기]의 바로 가기 키는 Ctrl+H를 사용한다.

24 아래의 워크시트에서 보기의 수식을 [A3:D3] 셀에 순서대로 입력하려고 한다. 다음 중 입력된 수식의 결과가 다른 것은?

	A	B	C	D	E
1	컴퓨	터활용	컴퓨터활용		
2	컴퓨	퓨	터	활	용

① =LEFT(B1,2)&E2
② =MID(C1,3,2)
③ =RIGHT(C1,3)
④ =C2&D2&E2

25 다음 중 워크시트에서 계산을 원하는 셀 영역을 선택한 후 상태 표시줄의 바로 가기 메뉴인 [상태 표시줄 사용자 지정]에서 선택할 수 있는 자동 계산에 해당되지 않는 것은?

① 합계
② 평균
③ 숫자 셀 수
④ 표준 편차

26 다음 중 'Sheet1'에서 'Sheet1'의 [A10] 셀과 '2월 매출' 시트의 [A1] 셀을 곱하는 수식으로 옳은 것은?

① =A1*2월 매출!A1
② =A10*[2월 매출]!A1
③ =A10*'2월 매출'!A1
④ =A10*"2월 매출"!A1

27 다음 표는 어린이 비타민 한 알에 포함된 비타민의 성분표이다. 전체 항목의 합에 대한 각 항목의 비율을 보기 위해서 다음 중 어떤 차트로 나타내는 것이 가장 적당한가?

비타민 성분	함량(mg)
A	0.1
B1	0.35
B2	0.45
B3	4.5
B6	0.1
C	3
E	2

① 방사형 차트
② 주식형 차트
③ 원형 차트
④ 표면형 차트

28 다음 중 [페이지 설정] 대화상자의 [시트] 탭에 대한 설명으로 옳지 않은 것은?

① [행/열 머리글] 항목은 행/열 머리글이 인쇄되도록 설정하는 기능이다.
② [인쇄 제목] 항목을 이용하면 특정 부분을 매 페이지 마다 반복적으로 인쇄할 수 있다.
③ [눈금선] 항목을 선택하여 체크 표시하면 작업 시트의 셀 구분선은 인쇄되지 않는다.
④ [메모] 항목에서 '(없음)'을 선택하면 셀에 메모가 있더라도 인쇄되지 않는다.

29 다음 중 데이터 입력에 대한 설명으로 옳지 않은 것은?

① 동일한 문자를 여러 개의 셀에 입력하려면 셀에 문자를 입력한 후 채우기 핸들을 드래그한다.
② 숫자 데이터의 경우 두 개의 셀을 선택하고 채우기 핸들을 선택 방향으로 드래그하면 두 값의 차이만큼 증가/감소하며 자동 입력된다.
③ 일정 범위 내에 동일한 데이터를 한 번에 입력하려면 범위를 지정하여 데이터를 입력한 후 바로 이어서 Shift+Enter를 누른다.
④ 사용자 지정 연속 데이터 채우기를 사용하여 데이터를 입력하는 경우 사용자 지정 목록에는 텍스트나 텍스트/숫자 조합만 포함될 수 있다.

30 다음 중 가상 분석 도구인 [데이터 표]에 대한 설명으로 옳지 않은 것은?

① 테스트 할 변수의 수에 따라 변수가 한 개이거나 두 개인 데이터 표를 만들 수 있다.
② 데이터 표를 이용하여 입력된 데이터는 부분적으로 수정 또는 삭제할 수 있다.
③ 워크시트가 다시 계산될 때마다 데이터 표도 변경 여부에 관계없이 다시 계산된다.
④ 데이터 표의 결과값은 반드시 변화하는 변수를 포함한 수식으로 작성해야 한다.

합격강의 **31** 다음 시트에서 함수식의 결과가 잘못된 것은?

	A	B	C	D
1	5	10	15	20
2	10	0.02	0.51	0.78
3	15	0.88	0.44	2.22
4	20	4.33	1.27	3.33
5	25	1.95	2.35	4.44

① =VLOOKUP(28,A1:D5,3) → 2.35
② =VLOOKUP(22,A1:D5,3) → 2.22
③ =HLOOKUP(17,A1:D5,4) → 1.27
④ =INDEX(A1:D5,3,4) → 2.22

32 다음 중 윗주에 대한 설명으로 옳은 것은?

① 윗주의 서식은 변경할 수 없다.
② 윗주는 데이터를 삭제하면 같이 삭제된다.
③ 문자, 숫자 데이터 모두 윗주를 표시할 수 있다.
④ 윗주 필드 표시는 인쇄 미리 보기에서는 표시되지만 인쇄할 때는 같이 인쇄되지 않는다.

33 다음 중 매크로와 관련된 바로 가기 키에 대한 설명으로 옳지 않은 것은?

① Alt+M을 누르면 [매크로 기록] 대화상자가 표시되어 매크로를 기록할 수 있다.
② Alt+F11을 누르면 Visual Basic Editor가 실행되며, 매크로를 수정할 수 있다.
③ Alt+F8을 누르면 [매크로] 대화상자가 표시되어 매크로 목록에서 매크로를 선택하여 실행할 수 있다.
④ 매크로 기록 시 Ctrl과 영문 문자를 조합하여 해당 매크로의 바로 가기 키를 지정할 수 있다.

합격 강의 **34** 다음 중 [데이터 유효성] 기능의 오류 메시지 스타일에 해당하지 않는 것은?

① 경고()
② 중지()
③ 정보()
④ 확인()

35 워크시트의 [F8] 셀에 수식 "=E8/$F5"를 입력하는 중 '$'를 한글 'ㄴ'으로 잘못 입력하였다. 이 경우 [F8]셀에 나타나는 오류 메시지로 옳은 것은? (단, [E8] 셀과 [F5] 셀에는 숫자 100과 20이 입력되어 있다.)

① #N/A
② #NAME?
③ #NULL!
④ #VALUE!

36 다음 중 아래의 고급 필터 조건에 대한 설명으로 옳은 것은?

국사	영어	평균
>=80	>=85	
		>=85

① 국사가 80 이상이거나, 영어가 85 이상이거나, 평균이 85 이상인 경우
② 국사가 80 이상이거나, 영어가 85 이상이면서 평균이 85 이상인 경우
③ 국사가 80 이상이면서 영어가 85 이상이거나, 평균이 85 이상인 경우
④ 국사가 80 이상이면서 영어가 85 이상이면서 평균이 85 이상인 경우

37 다음 중 날짜 데이터의 입력에 대한 설명으로 옳은 것은?

① 날짜는 1900년 1월 1일을 1로 시작하는 일련번호로 저장된다.
② 날짜 데이터는 슬래시(/)나 점(.) 또는 하이픈(–)으로 연, 월, 일을 구분하여 입력한다.
③ 수식에서 날짜 데이터를 직접 입력할 때에는 작은따옴표(')로 묶어서 입력한다.
④ 단축키 Ctrl+Alt+;을 누르면 오늘 날짜가 입력된다.

38 다음 중 입사일이 1989년 6월 3일인 직원의 오늘 현재까지의 근속 일수를 구하려고 할 때 가장 적당한 함수 사용법은?

① =TODAY( )−DAY(1989,6,3)
② =TODAY( )−DATE(1989,6,3)
③ =DATE(6,3,1989)−TODAY( )
④ =DAY(6,3,1989)−TODAY( )

39 다음 중 차트의 데이터 계열 서식에 대한 설명으로 옳지 않은 것은?

① 계열 겹치기 수치를 양수로 지정하면 데이터 계열 사이가 벌어진다.
② 차트에서 데이터 계열의 간격을 넓게 또는 좁게 지정할 수 있다.
③ 특정 데이터 계열의 값이 다른 데이터 계열 값과 차이가 많이 나거나 데이터 형식이 혼합되어 있는 경우 하나 이상의 데이터 계열을 보조 세로 (값) 축에 표시할 수 있다.
④ 보조 축에 그려지는 데이터 계열을 구분하기 위하여 보조 축의 데이터 계열만 선택하여 차트 종류를 변경할 수 있다.

40 다음 중 부분합에 대한 설명으로 옳지 않은 것은?

① 부분합은 SUBTOTAL 함수를 사용하여 합계나 평균 등의 요약 값을 계산한다.
② 첫 행에는 열 이름표가 있어야 하며, 데이터는 그룹화할 항목을 기준으로 정렬되어 있어야 한다.
③ 항목 및 하위 항목별로 데이터를 요약하며, 사용자 지정 계산과 수식을 만들 수 있다.
④ 부분합을 제거하면 부분합과 함께 표에 삽입된 개요 및 페이지 나누기도 제거된다.

2023년 상시 기출문제 02회
빠르게 정답 확인하기!
스마트폰으로 QR 코드를 찍어 보세요.
정답표를 통해 편리하게 채점할 수 있습니다.

2023년 상시 기출문제 03회

자동 채점 서비스 합격 강의

• 제한시간 : 40분 • 소요시간 : 시간 분 • 전체 문항 수 : 40문항 • 맞힌 문항 수 : 문항

과목 01 컴퓨터 일반

합격강의 **01 다음 중 각 소프트웨어에 대한 설명으로 옳지 않은 것은?**

① 패치 버전(Patch Version) : 이미 제작하여 배포된 프로그램의 오류 수정이나 성능 향상을 위해 프로그램의 일부 파일을 변경해 주는 프로그램
② 데모 버전(Demo Version) 정식 프로그램의 기능을 홍보하기 위해 사용 기간이나 기능을 제한하여 배포하는 프로그램
③ 셰어웨어(Shareware) : 정식 프로그램의 구매를 유도하기 위해 기능이나 사용 기간에 제한을 두어 무료로 배포하는 프로그램
④ 공개 소프트웨어(Freeware) : 특정한 하드웨어나 소프트웨어를 구매하였을 때 끼워주는 소프트웨어

합격강의 **02 다음 중 아래 설명에 해당하는 네트워크 구성 장비는?**

> • 두 개의 근거리 통신망(LAN) 시스템을 이어주는 접속 장치이다.
> • 양쪽 방향으로 데이터의 전송만 해줄 뿐 프로토콜 변환 등 복잡한 처리는 불가능하다.
> • 네트워크 프로토콜과는 독립적으로 작용하므로 네트워크에 연결된 여러 단말들의 통신 프로토콜을 바꾸지 않고도 네트워크를 확장할 수 있다.

① 라우터
② 스위칭 허브
③ 브리지
④ 모뎀

03 다음 중 산술 논리 연산 장치(Arithmetic and Logic Unit)의 구성 요소가 아닌 것은?

① 상태 레지스터
② 누산기
③ 프로그램 카운터
④ 보수기

04 다음 중 개인용 컴퓨터(PC)에서 문자를 표현하기 위해 일반적으로 사용하는 코드 형식에 해당하는 것은?

① ASCII 코드
② BCD 코드
③ ISO 코드
④ EBCDIC 코드

05 다음 중 IPv6에서 사용하는 주소의 비트 수로 옳은 것은?

① 32비트
② 64비트
③ 128비트
④ 256비트

06 다음 중 비트맵 이미지를 확대하였을 때 이미지의 경계선이 매끄럽지 않고 계단 형태로 나타나는 현상을 의미하는 용어는?

① 엘리어싱(Aliasing)
② 디더링(Dithering)
③ 모델링(Modeling)
④ 렌더링(Rendering)

07 다음 중 중앙 처리 장치와 주기억 장치 사이의 속도 차를 해결하기 위해 사용하는 기억 장치는?

① 가상 기억 장치
② 캐시 메모리
③ 플래시 메모리
④ 연상 기억 장치

08 다음 중 그래픽 파일 형식 중 GIF에 대한 설명으로 옳지 않은 것은?

① 비손실 압축과 손실 압축을 모두 지원한다.
② 여러 번 압축을 하여도 원본과 비교해 화질의 손상은 없다.
③ 최대 256색상까지만 표현할 수 있다.
④ 배경을 투명하게 처리할 수 있다.

09 다음 중 ⓐ와 ⓑ에 대한 답으로 옳은 것은?

> 컴퓨터의 처리 대상이 되는 것으로 어떤 조건이나 상황을 나타내는 문자, 숫자, 그림, 음성, 영상 등을 (ⓐ)(이)라고 하며, (ⓐ)를 가공한 것으로 유용하게 사용되는 것을 (ⓑ)(이)라고 한다.

① ⓐ : 파일 ⓑ : 미디어
② ⓐ : 멀티미디어 ⓑ : 미디어
③ ⓐ : 데이터베이스 ⓑ : 소프트웨어
④ ⓐ : 자료 ⓑ : 정보

10 다음 중 한글 Windows 10에서 사용 중인 프로그램을 닫거나 실행 중인 프로그램을 끝내기 위한 바로 가기 키는?

① Ctrl + R ② Alt + Enter
③ Alt + Tab ④ Alt + F4

11 다음 중 컴퓨터 시스템을 안정적으로 사용하기 위한 관리 방법으로 적절하지 않은 것은?

① 컴퓨터를 이동하거나 부품을 교체할 때에는 반드시 전원을 끄고 작업하는 것이 좋다.
② 직사광선을 피하고 습기가 적으며 통풍이 잘되고 먼지 발생이 적은 곳에 설치한다.
③ 시스템 백업 기능을 자주 사용하면 시스템 바이러스 감염 가능성이 높아진다.
④ 디스크 조각 모음에 대해 예약 실행을 설정하여 정기적으로 최적화시킨다.

12 다음은 운영 체제 구성 중 언어 번역 프로그램에 대한 설명이다. 다음 중 설명이 잘못된 것은?

① 입력되는 프로그램을 원시 프로그램이라 하고, 출력되는 프로그램을 목적 프로그램이라 한다.
② 인터프리터는 원시 프로그램을 입력으로 받아 기계어로 변환하고 이를 실행해서 그 결과를 출력하여 주는 프로그램이다.
③ 어셈블리 언어는 어셈블러라고 하는 언어 번역기에 의해서 기계어로 번역된다.
④ 여러 형태의 컴퓨터 언어에 따라 프로그램 언어는 각각의 언어 번역 프로그램을 갖고 있다.

13 다음 중 레지스터에 관한 설명으로 옳은 것은?

① CPU 내부에서 특정한 목적에 사용되는 일시적인 기억 장소이다.
② 메모리 중에서 가장 속도가 느리며, 플립플롭이나 래치 등으로 구성된다.
③ 컴퓨터의 유지 보수를 위한 시스템 정보를 저장한다.
④ 시스템 부팅 시 운영체제가 로딩되는 메모리이다.

14 다음 중 한글 Windows 10에서 휴지통에 저장되지 않는 경우로 옳은 것은?

① Shift를 누른 상태에서 삭제한 파일
② Ctrl을 누른 상태에서 삭제한 파일
③ Alt를 누른 상태에서 삭제한 파일
④ 바로 가기 메뉴에서 [삭제] 메뉴를 눌러서 삭제한 바로 가기 아이콘

15 다음 중 문자 형태로 된 도메인 네임을 컴퓨터가 인식할 수 있는 숫자로 된 IP 어드레스로 변환해 주는 것은?

① DHCP ② CGI
③ DNS ④ URL

16 다음 중 Windows의 [명령 프롬프트] 창에서 사용하는 PING 서비스에 대한 설명으로 옳은 것은?

① 원격으로 다른 컴퓨터를 사용할 수 있는 서비스이다.
② 인터넷이 정상적으로 연결되었는지 확인하는 서비스이다.
③ 인터넷 서버까지의 경로를 추적하는 서비스이다.
④ 특정 시스템을 사용하고 있는 사용자 정보를 알아보는 서비스이다.

17 다음 중 한글 Windows 10에서 재생할 수 있는 표준 동영상 파일의 형식으로 옳은 것은?

① JPG 파일
② GIF 파일
③ BMP 파일
④ AVI 파일

18 다음 중 한 대의 시스템을 여러 사용자가 공동으로 이용하는 경우 각 사용자들에게 CPU에 대한 사용권을 일정 시간 동안 할당하여 마치 각자가 컴퓨터를 독점하여 사용하고 있는 것처럼 느끼게 하는 시스템 운영방식은?

① 일괄 처리 시스템
② 다중 프로그래밍 시스템
③ 다중 처리 시스템
④ 시분할 시스템

19 다음 중 이미지를 트루 컬러로 표현하기 위해서 필요한 비트(Bit) 수로 옳은 것은?

① 4
② 8
③ 16
④ 24

20 다음 중 컴퓨터의 펌웨어(Firmware)에 관한 설명으로 옳은 것은?

① 주로 하드디스크에 저장되며 부팅 시 동작한다.
② 펌웨어 업데이트만으로도 시스템의 성능을 향상시킬 수 있다.
③ 컴퓨터 바이러스 백신과 관련이 있는 프로그램이다.
④ 컴퓨터 연산 속도를 빠르게 도와주는 하드웨어이다.

과목 02 스프레드시트 일반

21 다음 중 함수를 실행한 결과가 옳지 않은 것은?

① =ROUNDUP(3.2,0) → 3
② =MOD(3,2) → 1
③ =ABS(−2) → 2
④ =MID("2026 월드컵",6,3) → 월드컵

22 다음 중 셀 범위를 선택한 후 그 범위에 이름을 정의하여 사용하는 것에 대한 설명으로 옳지 않은 것은?

① 이름은 기본적으로 상대 참조를 사용한다.
② 이름에는 공백이 없어야 한다.
③ 이름은 대소문자를 구별하지 않는다.
④ 정의된 이름은 다른 시트에서도 사용할 수 있다.

23 다음 중 [매크로] 대화상자에 대한 설명으로 옳지 않은 것은?

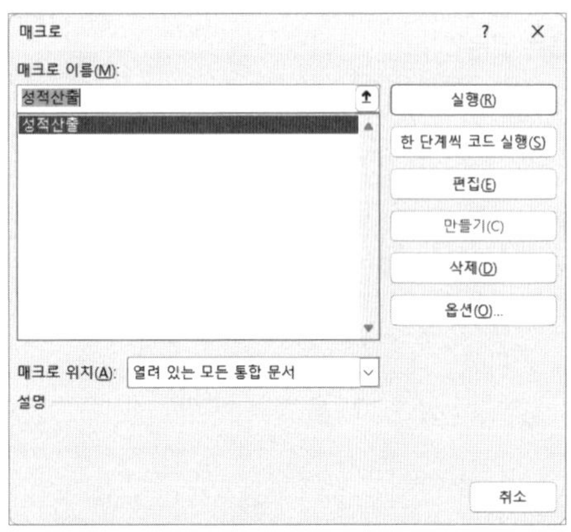

① [실행] 단추를 클릭하면 선택한 매크로를 실행한다.
② [한 단계씩 코드 실행] 단추를 클릭하면 선택한 매크로의 코드를 한 단계씩 실행할 수 있도록 Visual Basic 편집기를 실행한다.
③ [편집] 단추를 클릭하면 선택한 매크로의 명령을 수정할 수 있도록 Visual Basic 편집기를 실행한다.
④ [옵션] 단추를 클릭하면 선택한 매크로의 매크로 이름과 설명을 수정할 수 있는 [매크로 옵션] 대화상자를 표시한다.

24 다음 중 필터에 대한 설명으로 옳지 않은 것은?

① 필터 기능을 이용하면 워크시트에 입력된 자료들 중 특정한 조건에 맞는 자료들만을 워크시트에 표시할 수 있다.
② 자동 필터에서 여러 필드에 조건을 지정하는 경우 각 조건들은 AND 조건으로 설정된다.
③ 고급 필터를 실행하는 경우 조건을 만족하는 데이터를 다른 곳에 추출할 수 있다.
④ 고급 필터가 적용된 결과 표를 정렬할 경우 숨겨진 레코드도 정렬에 포함된다.

25 다음 중 데이터 유효성 검사에 대한 설명으로 옳지 않은 것은?

① 목록의 값들을 미리 지정하여 데이터 입력을 제한할 수 있다.
② 입력할 수 있는 정수의 범위를 제한할 수 있다.
③ 목록으로 값을 제한하는 경우 드롭다운 목록의 너비를 지정할 수 있다.
④ 유효성 조건 변경 시 변경 내용을 범위로 지정된 모든 셀에 적용할 수 있다.

26 다음 중 엑셀에서 정렬 기준으로 사용할 수 없는 것은?

① 셀 값
② 셀 색
③ 글꼴 색
④ 글꼴 크기

27 다음 중 현재의 화면을 수평이나 수직 또는 수평/수직으로 나누어 볼 수 있는 화면 제어 기능은?

① 창 정렬
② 확대/축소
③ 창 나누기
④ 창 숨기기

합격강의 **28** 다음 중 시트 전체를 범위로 선택하는 방법으로 옳지 않은 것은?

① 하나의 행이 선택된 상태에서 Shift + Space Bar 를 누른다.
② 시트의 임의의 셀에서 Ctrl + A 를 누른다.
③ 하나의 열이 선택된 상태에서 Shift + Space Bar 를 누른다.
④ 시트 전체 선택 단추를 클릭한다.

합격강의 **29** 다음 시트에서 [B11] 셀에 "영업1부"의 인원수를 구하는 수식으로 옳은 것은?

	A	B	C
1	성명	부서	
2	이대한	영업3부	
3	한상공	영업1부	
4	김선	영업2부	
5	지유환	영업1부	
6	이상영	영업2부	
7	이선훈	영업1부	
8	홍범도	영업3부	
9	곽기은	영업1부	
10			
11	영업1부 인원수		
12			

① =SUM(B2:B9,"영업1부")
② =SUMIF(B2:B9,"영업1부")
③ =COUNT(B2:B9,"영업1부")
④ =COUNTIF(B2:B9,"영업1부")

30 다음 중 매크로 작성 시 [매크로 기록] 대화상자에서 선택할 수 있는 매크로의 저장 위치로 옳지 않은 것은?

① 새 통합 문서
② 개인용 매크로 통합 문서
③ 현재 통합 문서
④ 작업 통합 문서

합격강의 **31** 다음 중 아래의 차트에 표시되지 않은 차트의 구성 요소는?

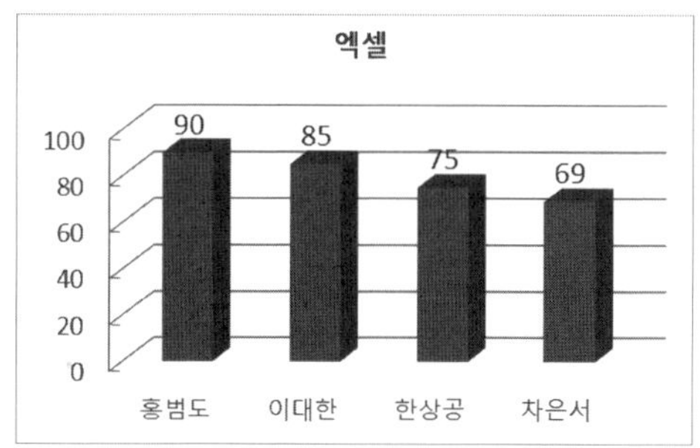

① 데이터 레이블
② 데이터 계열
③ 데이터 테이블
④ 눈금선

32 다음 중 시나리오에 대한 설명으로 옳지 않은 것은?

① 시나리오는 작업 시트에 입력되어 있는 데이터들에 대해 가상의 상황을 만들어서 그 결과를 분석하고 예측하는 기능이다.
② 시나리오를 사용하여 작업 시트에 입력된 값을 변경시키면 원래의 값은 되살릴 수 없다.
③ 하나의 시나리오에 최대 24개까지 변경 셀을 지정할 수 있다.
④ 시나리오 이름은 사용자가 직접 입력해야 하며, 설명은 꼭 입력하지 않아도 된다.

33 다음 중 [찾기 및 바꾸기] 대화 창에서 찾을 내용에 만능 문자(와일드카드)인 '?' 나 '*' 문자 자체를 찾는 방법은?

① 찾으려는 만능 문자 앞 · 뒤에 큰따옴표("") 기호를 입력한다.
② 찾으려는 만능 문자 앞에 퍼센트(%) 기호를 입력한다.
③ 찾으려는 만능 문자 앞에 느낌표(!) 기호를 입력한다.
④ 찾으려는 만능 문자 앞에 물결표(~) 기호를 입력한다.

34 다음 설명하는 차트의 종류로 옳은 것은?

- 가로 축의 값이 일정한 간격이 아닌 경우
- 가로 축의 데이터 요소 수가 많은 경우
- 데이터 요소 간의 차이점보다는 데이터 집합 간의 유사점을 표시하려는 경우

① 주식형 차트
② 영역형 차트
③ 분산형 차트
④ 방사형 차트

합격강의

35 다음 시트에서 [A1:F3] 영역을 제목으로 설정하여 매 페이지마다 반복 인쇄하기 위한 페이지 설정 방법으로 옳은 것은?

	A	B	C	D	E	F
1		컴퓨터 활용능력 필기 상시 검정 점수 현황				
2						
3		응시자명	컴퓨터일반	스프레드시트	데이터베이스	평균
4		최영진	60	75	86	74
5		왕상공	78	88	90	85
6		성정희	37	80	72	63
7		이수정	58	69	33	53
8		허은혜	77	62	56	65

① [페이지 설정] 대화상자의 [머리글/바닥글] 탭에서 '머리글'에 A:G를 입력한다.
② [페이지 설정] 대화상자의 [시트] 탭에서 '반복할 행'에 $1:$3을 입력한다.
③ [페이지 설정] 대화상자의 [머리글/바닥글] 탭에서 '머리글'에 $1:$3을 입력한다.
④ [페이지 설정] 대화상자의 [시트] 탭에서 '인쇄 영역'에 A:G를 입력한다.

36 다음 워크시트에서 [A1] 셀에서 Ctrl을 누른 채 채우기 핸들을 이용하여 드래그했을 때 [C1] 셀에 표시되는 값은?

	A	B	C	D
1	29.5			
2				

① 29.5
② 29.7
③ 31.5
④ 32.5

37 다음 중 목표값 찾기에 관한 설명으로 옳지 않은 것은?

① 수식에서 원하는 결과를 알고 있지만 그 결과를 얻기 위해 필요한 입력값이 확실하지 않은 경우 목표값 찾기 기능을 사용한다.
② 여러 개의 변수를 조정하여 특정한 목표값을 찾을 때 사용한다.
③ 찾는 값은 수식 셀의 결과로, 원하는 특정한 값을 숫자 상수로 입력한다.
④ 값을 바꿀 셀은 찾는 값(목표값)에 입력한 결과를 얻기 위해 데이터를 조절할 단일 셀로서, 반드시 수식에서 이 셀을 참조하고 있어야 한다.

38 다음 중 열려 있는 통합 문서의 모든 워크시트를 재계산하기 위한 기능키로 옳은 것은?

① F1
② F2
③ F4
④ F9

39 다음 중 아래 괄호(   )에 해당하는 바로 가기 키의 연결이 옳은 것은?

> Visual Basic Editor에서 매크로를 한 단계씩 실행하기 위한 바로 가기 키는 (㉮)이고, 모듈 창의 커서 위치까지 실행하기 위한 바로 가기 키는 (㉯)이며, 매크로를 바로 실행하기 위한 바로 가기 키는 (㉰)이다.

① ㉮ – F5 ㉯ – Ctrl+F5 ㉰ – F8
② ㉮ – F5 ㉯ – Ctrl+F8 ㉰ – F8
③ ㉮ – F8 ㉯ – Ctrl+F5 ㉰ – F5
④ ㉮ – F8 ㉯ – Ctrl+F8 ㉰ – F5

합격강의 **40** 다음 SmartArt의 텍스트 창에 대한 설명으로 옳지 않은 것은?

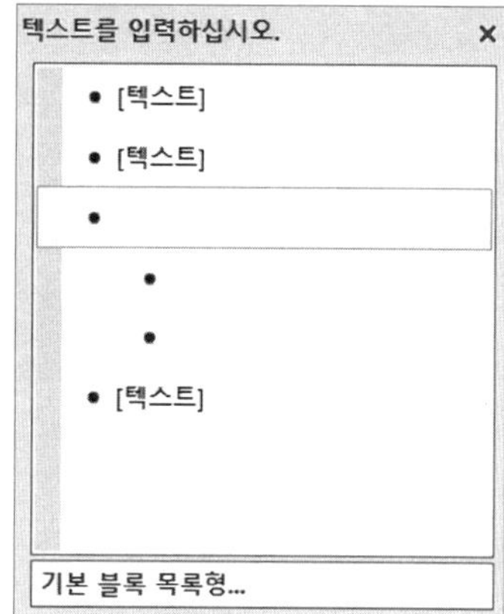

① 텍스트 창에 수식을 입력하는 경우 SmartArt에 결과값이 계산되어 표시된다.
② 글머리 기호를 추가하여 사용할 수 있다.
③ 텍스트 창의 텍스트를 수정하면 SmartArt도 자동으로 수정된다.
④ 도형의 수가 고정되어 있는 SmartArt의 텍스트 창에서 고정된 도형보다 많은 수의 텍스트를 입력하면 SmartArt에 표시되지 못한 텍스트의 글머리 기호는 빨간색 ×로 표시된다.

2023년 상시 기출문제 03회 빠르게 정답 확인하기!

스마트폰으로 QR 코드를 찍어 보세요.
정답표를 통해 편리하게 채점할 수 있습니다.

2023년 상시 기출문제 04회

자동 채점 서비스 합격 강의

• **제한시간 :** 40분 • **소요시간 :** 시간 분 • **전체 문항 수 :** 40문항 • **맞힌 문항 수 :** 문항

과목 01 컴퓨터 일반

01 다음 중 운영체제를 구성하는 제어 프로그램의 종류에 해당하지 않는 것은?

① 감시 프로그램 ② 언어 번역 프로그램
③ 작업 관리 프로그램 ④ 데이터 관리 프로그램

합격 강의

02 다음 중 컴퓨터의 특징에 관한 설명으로 옳지 않은 것은?

① 컴퓨터에서 사용되는 용어 중 'GIGO'는 입력 데이터가 옳지 않으면 출력 결과도 옳지 않다는 의미의 용어로 'Garbage In Garbage Out'의 약자이다.
② 호환성은 컴퓨터 기종에 상관없이 데이터 값을 동일하게 공유하여 처리할 수 있는 것을 의미한다.
③ 컴퓨터의 처리 속도 단위는 KB, MB, GB, TB 등으로 표현된다.
④ 컴퓨터 사용에는 사무 처리, 학습, 과학 계산 등 다양한 분야에서 이용될 수 있는 특징이 있으며, 이러한 특징을 범용성이라고 한다.

합격 강의

03 다음 중 멀티미디어와 관련하여 그래픽 처리 기법에 관한 설명으로 옳은 것은?

① 제한된 색상을 조합하여 복잡한 색이나 새로운 색을 만드는 작업을 필터링(Filtering)이라고 한다.
② 3차원 애니메이션을 만드는 과정 중의 하나로 물체의 모형에 명암과 색상을 입혀서 사실감을 더해 주는 작업을 렌더링(Rendering)이라고 한다.
③ 2개의 이미지를 부드럽게 연결하여 변환하거나 통합하는 작업을 모델링(Modelling)이라고 한다.
④ 이미지의 가장자리 부분에 발생한 계단 현상을 제거하는 것을 디더링(Dithering)이라고 한다.

04 다음 중 Windows의 에어로 피크(Aero Peek) 기능에 대한 설명으로 옳은 것은?

① 파일이나 폴더의 저장된 위치에 상관없이 종류별로 파일을 구성하고 액세스할 수 있게 한다.
② 모든 창을 최소화할 필요 없이 바탕 화면을 빠르게 미리 보거나 작업 표시줄의 해당 아이콘을 가리켜서 열린 창을 미리 볼 수 있게 한다.
③ 바탕 화면의 배경으로 여러 장의 사진을 선택하여 슬라이드 쇼 효과를 주면서 번갈아 표시할 수 있게 한다.
④ 작업 표시줄에서 프로그램 아이콘을 마우스 오른쪽 단추로 클릭하여 최근에 열린 파일 목록을 확인할 수 있게 한다.

05 다음 중 ASCII 코드에 대한 설명으로 옳은 것은?

① 2비트 에러를 검출하고 1비트의 에러 교정이 가능한 코드이다.
② Zone 4비트, Digit 4비트로 구성된다.
③ BCD 코드의 확장 코드로 대형 컴퓨터에서 사용된다.
④ 확장 ASCII 코드는 8비트를 사용하여 256가지의 문자를 표현한다.

06 다음 중 Windows의 작업 표시줄에서 열려 있는 프로그램의 미리 보기를 차례대로 표시하는 바로 가기 키는?

① ⊞+L ② ⊞+D
③ ⊞+T ④ ⊞+F

07 다음 중 Windows의 파일 탐색기에 대한 설명으로 옳지 않은 것은?

① 컴퓨터에 설치된 디스크 드라이브, 파일 및 폴더 등을 관리하는 기능을 가진다.
② 폴더와 파일을 계층 구조로 표시하며, 폴더 앞의 [>] 기호는 하위 폴더가 있음을 의미한다.
③ 현재 폴더에서 상위 폴더로 이동하려면 바로 가기 키인 [Home]을 누른다.
④ 검색 상자를 사용하여 파일이나 폴더를 찾을 수 있으며, 검색은 입력과 동시에 시작된다.

08 두 개 이상의 CPU를 가지고 동시에 여러 개의 작업을 처리하는 방식은?

① 일괄 처리 시스템(Batch Processing System)
② 다중 처리 시스템(Multiprocessing System)
③ 듀플렉스 시스템(Duplex System)
④ 다중 프로그래밍 시스템(Multiprogramming System)

합격강의 **09** 다음 중 모든 사물을 네트워크로 연결하여 인간과 사물, 사물과 사물 간에 언제 어디서나 서로 소통할 수 있게 하는 새로운 정보통신 환경을 의미하는 것은?

① 클라우드 컴퓨팅(Cloud Computing)
② RSS(Rich Site Summary)
③ IoT(Internet of Things)
④ 빅 데이터(Big Data)

10 다음 중 정보 통신 장비와 관련하여 리피터(Repeater)에 관한 설명으로 옳은 것은?

① 적절한 전송 경로를 선택하여 데이터를 전달하는 장비이다.
② 프로토콜이 다른 네트워크를 결합하는 장비이다.
③ 감쇠된 전송 신호를 증폭하여 다음 구간으로 전달하는 장비이다.
④ 같은 프로토콜을 사용하는 독립적인 2개의 근거리 통신망에 상호 접속하는 장비이다.

11 다음 중 컴퓨터 소프트웨어에서 셰어웨어(Shareware)에 관한 설명으로 옳은 것은?

① 정상 대가를 지불하고 사용하는 소프트웨어이다.
② 특정 기능이나 사용 기간에 제한을 두고 무료로 배포하는 소프트웨어이다.
③ 개발자가 소스를 공개한 소프트웨어이다.
④ 배포 이전의 테스트 버전의 소프트웨어이다.

합격강의 **12** 다음 중 인터넷에 존재하는 정보나 서비스에 대해 접근 방법, 존재 위치, 자료 파일명 등의 요소를 표시하는 것은?

① DHCP ② CGI
③ DNS ④ URL

합격강의 **13** 다음 중 인터넷을 이용한 전자우편에 관한 설명으로 옳지 않은 것은?

① 기본적으로 8비트의 유니코드를 사용하여 메시지를 전달한다.
② 전자우편 주소는 '사용자ID@호스트 주소'의 형식으로 이루어진다.
③ SMTP, POP3, MIME 등의 프로토콜을 사용한다.
④ 보내기, 회신, 첨부, 전달, 답장 등의 기능이 있다.

14 다음 중 데이터 침입 행위와 관련된 '위조(Fabrication)'에 대한 옳은 설명은 무엇인가?

① 자료가 수신 측으로 전달되는 것을 방해하는 행위
② 전송한 자료가 수신지로 가는 도중에 몰래 보거나 도청하는 행위
③ 원래의 자료를 다른 내용으로 바꾸는 행위
④ 자료가 다른 송신자로부터 전송된 것처럼 꾸미는 행위

15 다음 중 컴퓨터 바이러스의 특징으로 옳지 않은 것은?

① 디스크의 부트 영역이나 프로그램 영역에 숨어 있다.
② 자신을 복제할 수 있으며, 다른 프로그램을 감염시킬 수 있다.
③ 인터넷과 같은 통신 매체를 통해서만 감염된다.
④ 소프트웨어뿐만 아니라 하드웨어의 성능에도 영향을 미칠 수 있다.

16 다음 중 [개인 설정]에서 설정할 수 있는 기능으로 옳지 않은 것은?

① 테마
② 글꼴
③ 내레이터
④ 배경

17 다음 중 정보 사회의 특징으로 적절하지 않은 것은?

① 정보 자원에 의해서 주도되는 사회를 정보화 사회라고 한다.
② 획기적인 기술 혁신에 의하여 등장한 컴퓨터와 통신 기술을 원동력으로 하고 있다.
③ 정보의 생성, 가공, 유통이 종래의 물품이나 재화의 생산 활동 이상으로 가치를 지니는 새로운 사회이다.
④ 처리하고자 하는 정보의 종류와 양이 감소하였다.

18 다음 중 컴퓨터에서 사용하는 레이저 프린터에 관한 설명으로 옳지 않은 것은?

① 회전하는 드럼에 토너를 묻혀서 인쇄하는 방식이다.
② 비충격식이라 비교적 인쇄 소음이 적고 인쇄 속도가 빠르다.
③ 인쇄 방식에는 드럼식, 체인식, 밴드식 등이 있다.
④ 인쇄 해상도가 높으며 복사기와 같은 원리를 사용한다.

19 다음 중 폴더의 [속성] 창에 대한 설명으로 옳지 않은 것은?

① 폴더가 포함하고 있는 하위 폴더 및 파일의 개수를 알 수 있다.
② 폴더의 특정 하위 폴더를 삭제할 수 있다.
③ 폴더를 네트워크와 연결된 다른 컴퓨터에서 접근할 수 있도록 공유시킬 수 있다.
④ 폴더에 '읽기 전용' 속성을 설정하거나 해제할 수 있다.

합격강의 **20** 다음 중 네트워크 연결을 위한 동배간 처리(Peer-To-Peer) 방식에 대한 설명으로 옳지 않은 것은?

① 컴퓨터와 컴퓨터가 동등하게 연결되는 방식이다.
② 각각의 컴퓨터는 클라이언트인 동시에 서버가 될 수 있다.
③ 워크스테이션이나 PC를 단말기로 사용하는 작은 규모의 네트워크에 많이 사용된다.
④ 유지 보수가 쉽고 데이터의 보안이 우수하며 주로 데이터의 양이 많을 때 사용한다.

과목 02 스프레드시트 일반

21 다음 중 엑셀의 화면 구성 요소를 설명한 것으로 옳지 않은 것은?

① 엑셀에서 열 수 있는 통합 문서 개수는 사용 가능한 메모리와 시스템 리소스에 의해 제한된다.
② 워크시트란 숫자, 문자와 같은 데이터를 입력하고 입력된 결과가 표시되는 작업 공간이다.
③ 각 셀에는 행 번호와 열 번호가 있으며, [A1] 셀은 A행과 1열이 만나는 셀로 그 셀의 주소가 된다.
④ 하나의 통합 문서에는 최대 255개의 워크시트를 포함할 수 있다.

22 다음 중 통합 문서 저장 시 설정할 수 있는 [일반 옵션]에 대한 설명으로 옳지 않은 것은?

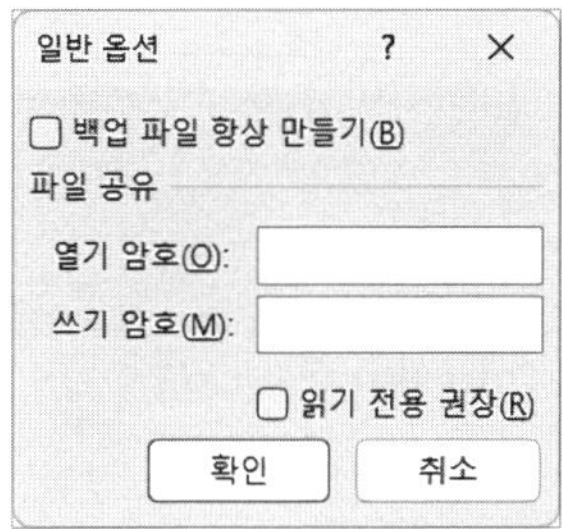

① '백업 파일 항상 만들기'에 체크 표시한 경우에는 파일 저장 시 자동으로 백업 파일이 만들어진다.
② '열기 암호'를 지정한 경우에는 열기 암호를 입력해야 파일을 열 수 있고 암호를 모르면 파일을 열 수 없다.
③ '쓰기 암호'가 지정된 경우에는 파일을 수정하고 다른 이름으로 저장 시 '쓰기 암호'를 입력해야 한다.
④ '읽기 전용 권장'에 체크 표시한 경우에는 파일을 열 때 읽기 전용으로 열지를 묻는 메시지가 표시된다.

23 다음 중 워크시트에서 셀 포인터의 이동 및 범위를 설정하는 방법에 대한 설명으로 옳지 않은 것은?

① [A1] 셀로 이동할 경우에는 Alt+Home을 누른다.
② 행이나 열 단위를 지정할 경우에는 행 번호나 열 문자를 누른다.
③ Shift를 누른 채로 방향키를 이동하면 연속된 범위를 설정할 수 있다.
④ F5를 누른 후 이동할 셀 주소를 입력하여 셀 포인터를 이동할 수 있다.

24 다음 중 하이퍼링크에 대한 설명으로 옳지 않은 것은?

① 단추에는 하이퍼링크를 지정할 수 있지만 도형에는 하이퍼링크를 지정할 수 없다.
② 다른 통합 문서에 있는 특정 시트의 특정 셀로 하이퍼링크를 지정할 수 있다.
③ 특정 웹사이트로 하이퍼링크를 지정할 수 있다.
④ 현재 사용 중인 통합 문서의 다른 시트로 하이퍼링크를 지정할 수 있다.

25 다음 중 수식에 잘못된 인수나 피연산자를 사용하였을 때 표시되는 오류 메시지는?

① #DIV/0!
② #NUM!
③ #NAME?
④ #VALUE!

합격 강의 **26 다음 중 수식의 결과값이 옳지 않은 것은?**

① =RIGHT("Computer",5) → puter
② =ABS(−5) → 5
③ =TRUNC(5.96) → 5
④ =AND(6<5, 7>5) → TRUE

27 다음 중 아래 워크시트에서 [D4] 셀에 입력한 수식의 실행 결과로 옳은 것은? (단, [D4] 셀에 설정된 표시 형식은 '날짜'임)

PERCENT... | =EOMONTH(D2,1)

	A	B	C	D	E
1	사원번호	성명	직함	생년월일	
2	101	구민정	영업과장	1980-12-08	
3					
4				=EOMONTH(D2,1)	
5					

① 1980-11-30　　② 1980-11-08
③ 1981-01-31　　④ 1981-01-08

28 다음 중 매크로에 대한 설명으로 옳지 않은 것은?

① 매크로 실행을 위한 바로 가기 키는 엑셀에서 이미 사용하고 있는 바로 가기 키를 사용할 수 없다.
② 매크로 기록 도중에 선택한 셀은 절대 참조로 기록할 수도 있고 상대 참조로 기록할 수도 있다.
③ 양식 도구에 있는 명령 단추에 매크로를 지정하여 매크로를 실행할 수 있다.
④ Visual Basic Editor에서 코드 편집을 통해 매크로의 이름이나 내용을 바꿀 수 있다.

29 다음 중 3차원 원형 차트에서 '데이터 레이블'의 레이블 내용으로 옳지 않은 것은?

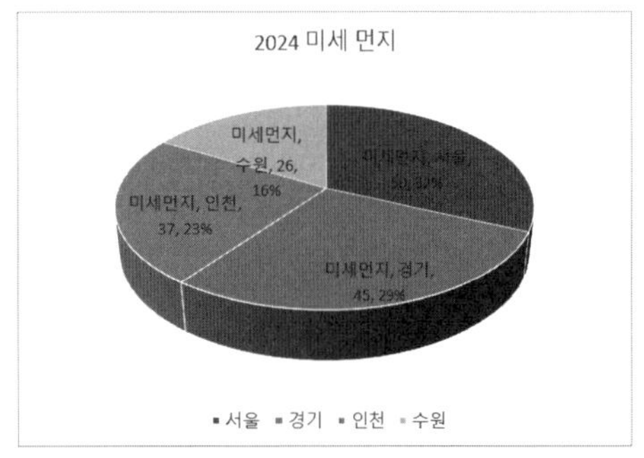

① 차트 제목　　② 계열 이름
③ 항목 이름　　④ 값, 백분율

30 다음 중 엑셀의 각종 데이터 입력에 관한 설명으로 옳지 않은 것은?

① 수식은 등호(=)로 시작해야 한다.
② 시간 데이터는 콜론(:)으로 시, 분, 초를 구분하여 입력한다.
③ 오늘 날짜를 입력하기 위해서는 TODAY() 함수나 Ctrl+; 을 누르면 된다.
④ 범위를 지정하고 데이터를 입력한 후 Alt+Enter 를 누르면 동일한 데이터가 한꺼번에 입력된다.

31 다음 중 [페이지 설정]에서 아래처럼 인쇄에 대한 옵션을 설정할 수 있는 탭은?

① [페이지] 탭　　② [여백] 탭
③ [머리글/바닥글] 탭　　④ [시트] 탭

32 다음 중 자동 필터에 관한 설명으로 옳지 않은 것은?

① 날짜가 입력된 열에서 요일로 필터링하려면 '날짜 필터' 목록에서 필터링 기준으로 사용할 요일을 하나 이상 선택하거나 취소한다.
② 두 개 이상의 필드에 조건을 설정하는 경우 필드 간에는 AND 조건으로 결합하여 필터링된다.
③ 열 머리글에 표시되는 드롭다운 화살표에는 해당 열에서 가장 많이 나타나는 데이터 형식에 해당하는 필터 목록이 표시된다.
④ 자동 필터를 사용하면 목록 값, 서식 또는 조건 등 세 가지 유형의 필터를 만들 수 있으며, 각 셀의 범위나 표 열에 대해 한 번에 한 가지 유형의 필터만 사용할 수 있다.

33 다음 중 아래에서 설명하는 엑셀의 기능으로 옳은 것은?

> • 특정 항목의 구성 비율을 살펴보기 위하여 워크시트에 입력된 수치 값들을 막대나 선, 도형, 그림 등을 사용하여 시각적으로 표현한 것이다.
> • 데이터의 상호 관계나 경향 또는 추세를 쉽게 분석할 수 있다.

① 피벗 테이블
② 시나리오
③ 차트
④ 매크로

합격강의 **34** 다음 중 셀에 입력한 자료를 숨기고자 할 때의 사용자 지정 표시 형식으로 옳은 것은?

① @@@@
② ;;;
③ #0000
④ ####0

35 다음 중 부분합에 관한 설명으로 옳지 않은 것은?

① 여러 함수를 이용하여 부분합을 작성하려면 두 번째부터 실행하는 [부분합] 대화상자에서 '새로운 값으로 대치'가 반드시 선택되어 있어야 한다.
② 부분합을 작성한 후 개요 기호를 눌러 특정한 데이터가 표시된 상태에서 차트를 작성하면 화면에 표시된 데이터만 차트에 표시된다.
③ 부분합을 실행하기 전에 그룹시키고자 하는 필드를 기준으로 정렬되어 있어야 올바른 결과를 얻을 수 있다.
④ 그룹별로 페이지를 달리하여 인쇄하기 위해서는 [부분합] 대화상자에서 '그룹 사이에서 페이지 나누기'를 선택한다.

합격강의 **36** 다음 중 셀 영역을 선택한 후 상태 표시줄의 바로 가기 메뉴인 [상태 표시줄 사용자 지정]에서 선택할 수 있는 자동 계산에 해당되지 않는 것은?

① 선택한 영역 중 숫자 데이터가 입력된 셀의 수
② 선택한 영역 중 문자 데이터가 입력된 셀의 수
③ 선택한 영역 중 데이터가 입력된 셀의 수
④ 선택한 영역의 합계, 평균, 최소값, 최대값

37 다음 중 피벗 테이블 보고서와 피벗 차트 보고서에 대한 설명으로 옳지 않은 것은?

① 피벗 테이블 보고서에서는 값 영역에 표시된 데이터 일부를 삭제하거나 추가할 수 없다.
② 피벗 차트 보고서를 만들 때마다 동일한 데이터로 관련된 피벗 테이블 보고서가 자동으로 생성된다.
③ 피벗 차트 보고서는 분산형, 주식형, 거품형 등 다양한 차트 종류로 변경할 수 있다.
④ 행 또는 열 레이블에서의 데이터 정렬은 수동(항목을 끌어 다시 정렬), 오름차순, 내림차순 중 선택할 수 있다.

38 다음 중 시나리오에 대한 설명으로 옳지 않은 것은?

① 시나리오는 별도의 파일로 저장하고 자동으로 바꿀 수 있는 값의 집합이다.
② 시나리오를 사용하여 워크시트 모델의 결과를 예측할 수 있다.
③ 여러 시나리오를 비교하기 위해 시나리오를 한 페이지의 피벗 테이블로 요약할 수 있다.
④ 시나리오 피벗 테이블 보고서에는 결과 셀이 반드시 있어야 한다.

39 다음 중 정렬 기능에 대한 설명으로 옳지 않은 것은?

① 워크시트에 입력된 자료들을 특정한 순서에 따라 재배열하는 기능이다.
② 정렬 옵션 방향은 '위쪽에서 아래쪽' 또는 '왼쪽에서 오른쪽' 중 선택하여 정렬할 수 있다.
③ 오름차순 정렬과 내림차순 정렬에서 공백은 맨 처음에 위치하게 된다.
④ 선택한 데이터 범위의 첫 행을 머리글 행으로 지정할 수 있다.

40 다음 중 아래 시트에서 [C2:G3] 영역을 참조하여 [C5] 셀의 점수 값에 해당하는 학점을 [C6] 셀에 구하기 위한 함수식으로 옳은 것은?

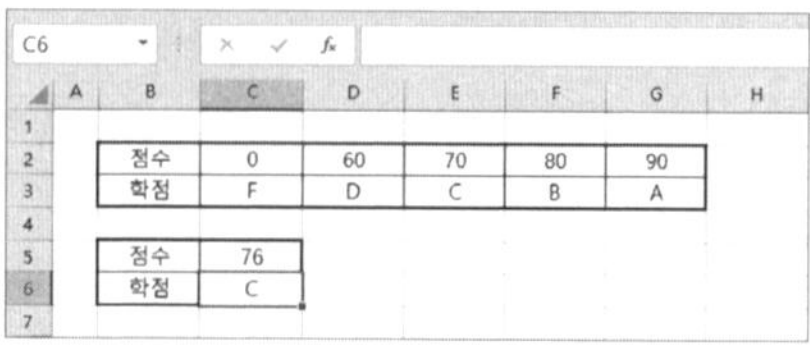

	A	B	C	D	E	F	G	H
1								
2		점수	0	60	70	80	90	
3		학점	F	D	C	B	A	
4								
5		점수	76					
6		학점	C					
7								

① =VLOOKUP(C5,C2:G3,2,TRUE)
② =VLOOKUP(C5,C2:G3,2,FALSE)
③ =HLOOKUP(C5,C2:G3,2,TRUE)
④ =HLOOKUP(C5,C2:G3,2,FLASE)

2023년 상시 기출문제 04회 빠르게 정답 확인하기!
스마트폰으로 QR 코드를 찍어 보세요.
정답표를 통해 편리하게 채점할 수 있습니다.

2023년 상시 기출문제 05회

자동 채점 서비스 합격 강의

• **제한시간 :** 40분 • **소요시간 :** 시간 분 • **전체 문항 수 :** 40문항 • **맞힌 문항 수 :** 문항

과목 01 컴퓨터 일반

합격강의

01 다음 중 1TB(Tera Byte)에 해당하는 것은?

① 1024Bytes
② 1024 × 1024Bytes
③ 1024 × 1024 × 1024Bytes
④ 1024 × 1024 × 1024 × 1024Bytes

02 다음 중 아래의 기능이 의미하는 용어는?

> 다중 처리 시스템에서 특정 처리기에 과중한 부하가 걸리지 않도록 시간을 조정하여 부하를 골고루 분배하는 것

① Load Map
② Load Segent
③ Load Balancing
④ Loading Address

03 다음 중 컴퓨터 프로그래밍 언어인 Java 언어에 대한 설명으로 옳은 것은?

① 비객체 지향 언어로 순서적, 선택적, 반복적인 구조의 특징을 가진다.
② 수식 처리를 비롯하여 기호 처리 분야에 사용되고 있으며 특히 AI 분야에서 널리 사용되고 있다.
③ 네트워크 환경이 아닌 오프라인 상태에서 분산 작업이 가능하도록 설계되었다.
④ 특정 컴퓨터 구조와 무관한 가상 바이트 머신코드를 사용하므로 플랫폼이 독립적이다.

04 다음 중 컴퓨터의 기억 장치에 관한 설명으로 옳지 않은 것은?

① 캐시 메모리(Cache Memory)는 CPU와 주기억 장치 사이에 위치하여 컴퓨터의 처리 속도를 향상하는 역할을 하며 주로 동적 램(DRAM)을 사용한다.
② 가상 메모리(Virtual Memory)는 하드디스크 일부를 주기억 장치처럼 사용하는 것으로 주기억 장치보다 큰 프로그램을 실행시킬 수 있다.
③ 버퍼 메모리(Buffer Memory)는 두 개의 장치가 데이터를 주고받을 때 생기는 속도 차이를 해결하기 위하여 중간에 데이터를 임시로 저장해 두는 공간이다.
④ 연관 메모리(Associative Memory)는 저장된 내용 일부를 이용하여 기억 장치에 접근하여 데이터를 읽어오는 기억 장치이다.

05 다음 중 운영체제의 목적으로 가장 거리가 먼 것은?

① 처리 능력 증대
② 신뢰도 향상
③ 응답 시간 단축
④ 언어 번역 및 파일 전송

06 다음 중 Windows의 특징인 핫 스왑(Hot Swap)에 대한 설명으로 옳은 것은?

① 사용을 위해 요구된 만큼 프로그램의 필요한 부분을 메모리에 적재하는 것
② 전원을 끄지 않고도 컴퓨터에 장착된 장비를 제거하거나 교환할 수 있는 기능
③ 응용 프로그램이 운영체제의 서비스를 요구할 때 사용하는 기능
④ 필요한 만큼의 공간을 만들기 위해 메모리로부터 불필요한 부분을 삭제하는 것

07 다음 중 컴퓨터 통신 기술을 이용한 멀티미디어 자료 전송 방법에서 스트리밍(Streaming) 기술에 관한 설명으로 옳지 않은 것은?

① 파일을 완전히 다운로드하지 않고도 오디오 및 비디오 파일을 재생할 수 있다.
② 스트리밍 기술을 적용한 것으로는 인터넷 방송이나 원격 교육 등이 있다.
③ 스트리밍 기술로 재생 가능한 데이터 형식에는 *.ram, *.asf, *.wmf 등이 있다.
④ 스트리밍 기술을 이용하면 쌍방향 의사소통을 원활하게 할 수 있다.

08 다음 중 멀티미디어 콘텐츠에서 각 객체의 배치나 출력의 타이밍, 사용자의 조작에 대한 응답 방법 등을 기술하는 언어의 표준을 책정하는 ISO의 전문가 위원회의 명칭 및 그 규격 명을 의미하는 것으로 옳은 것은?

① MPEG
② ASF
③ MHEG
④ SGML

09 다음 중 컴퓨터를 이용한 자료 처리 방식을 발달 과정 순서대로 올바르게 나열한 것은?

① 실시간 처리 시스템 – 일괄 처리 시스템 – 분산 처리 시스템
② 일괄 처리 시스템 – 실시간 처리 시스템 – 분산 처리 시스템
③ 분산 처리 시스템 – 실시간 처리 시스템 – 일괄 처리 시스템
④ 실시간 처리 시스템 – 분산 처리 시스템 – 일괄 처리 시스템

10 다음 중 한글 Windows의 바탕 화면에 있는 바로 가기 아이콘에 관한 설명으로 옳지 않은 것은?

① 바로 가기 아이콘의 왼쪽 아래에는 화살표 모양의 그림이 표시된다.
② 바로 가기 아이콘의 이름, 크기, 항목 유형, 수정한 날짜 등의 순으로 정렬하여 표시할 수 있다.
③ 바로 가기 아이콘의 속성 창에서 연결된 대상 파일을 변경할 수 있다.
④ 바로 가기 아이콘을 삭제하면 연결된 실제의 대상 파일도 삭제된다.

11 다음 중 Windows에서 작업 표시줄의 바로 가기 메뉴에서 설정할 수 있는 항목으로 옳지 않은 것은?

① 계단식 창 배열
② 창 가로 정렬 보기
③ 작업 표시줄 잠금
④ 아이콘 자동 정렬

12 다음 중 사물에 전자 태그를 부착하고 무선 통신을 이용하여 사물의 정보 및 주변 상황 정보를 감지하는 센서 기술은?

① 텔레매틱스 ② DMB
③ W–CDMA ④ RFID

13 다음 중 디지털 컴퓨터와 아날로그 컴퓨터의 차이점에 관한 설명으로 옳은 것은?

① 디지털 컴퓨터는 전류, 전압, 온도 등 다양한 입력값을 처리하며, 아날로그 컴퓨터는 숫자 데이터만을 처리한다.
② 디지털 컴퓨터는 증폭 회로로 구성되며, 아날로그 컴퓨터는 논리 회로로 구성된다.
③ 아날로그 컴퓨터는 미분이나 적분 연산을 주로 하며, 디지털 컴퓨터는 산술이나 논리 연산을 주로 한다.
④ 아날로그 컴퓨터는 범용이며, 디지털 컴퓨터는 특수 목적용으로 많이 사용된다.

14 다음 중 Windows의 [휴지통]에 관한 설명으로 옳지 않은 것은?

① 휴지통에 지정된 최대 크기를 초과하면 보관된 파일 중 가장 용량이 큰 파일부터 자동 삭제된다.
② 휴지통에 보관된 실행 파일은 복원은 가능하지만 휴지통에서 실행하거나 이름을 변경할 수는 없다.
③ 휴지통 속성에서 파일이나 폴더가 삭제될 때마다 삭제 확인 대화상자가 표시되지 않도록 설정할 수 있다.
④ 휴지통의 파일이 실제 저장된 폴더 위치는 일반적으로 C:₩$Recycle.Bin이다.

15 다음 중 컴퓨터와 컴퓨터 사이에서 파일을 주고받을 수 있도록 하는 원격 파일 전송 프로토콜은?

① SSL
② FTP
③ Telnet
④ Usenet

16 다음 파일 형식 중에서 압축 파일 형식으로 옳지 않은 것은?

① SAS ② ZIP
③ ARJ ④ RAR

합격 강의

17 다음 중 패치 프로그램에 대한 설명으로 옳은 것은?

① 컴퓨터 하드웨어 및 소프트웨어 성능을 비교 평가하는 프로그램이다.
② 프로그램의 오류 수정이나 성능 향상을 위해 프로그램의 일부를 변경해 주는 프로그램이다.
③ 베타 테스트를 하기 전에 프로그램 개발사 내부에서 미리 평가하고 오류를 찾아 수정하기 위해 시험해 보는 프로그램이다.
④ 정식으로 프로그램을 공개하기 전에 한정된 집단 또는 일반인에게 공개하여 기능을 시험하는 프로그램이다.

18 다음 멀티미디어 파일 형식 중에서 이미지 형식에 해당하지 않는 것은?

① BMP
② GIF
③ TIFF
④ WAV

합격 강의

19 다음 중 인터넷을 이용할 때 자주 방문하게 되는 웹사이트로 전자우편, 뉴스, 쇼핑, 게시판 등 다양한 서비스를 통합하여 제공하는 사이트는?

① 미러 사이트
② 포털 사이트
③ 커뮤니티 사이트
④ 멀티미디어 사이트

20 다음 중 인터넷에서 사용하는 TCP/IP 프로토콜에서 TCP에 해당하는 설명으로 옳지 않은 것은?

① TCP는 메시지를 송수신자의 주소와 정보를 묶어서 패킷(Packet) 단위로 나누어 데이터를 전송한다.
② TCP는 전송 데이터의 흐름을 제어하고 데이터의 에러 유무를 검사한다.
③ TCP는 패킷의 주소를 해석하고 경로를 결정하여 다음 호스트로 전송한다.
④ TCP는 OSI 7계층에서 전송(Transport) 계층에 해당한다.

과목 02 스프레드시트 일반

21 다음 중 엑셀에서 사용할 수 있는 파일 형식과 그에 대한 설명이 바르게 연결된 것은?

① *.txt : 공백으로 분리된 텍스트 파일
② *.prn : 탭으로 분리된 텍스트 파일
③ *.xlsm : Excel 매크로 사용 통합 문서
④ *.xltm : Excel 추가 기능

합격강의 **22** 다음 중 아래 워크시트에서 [E2] 셀의 함수식이 '=CHOOSE(RANK.EQ (D2,$D$2:$D$5), "천하","대한","영광","기쁨")'일 때 결과로 옳은 것은?

	A	B	C	D	E	F
1	성명	이론	실기	합계	수상	
2	김나래	47	45	92		
3	이석주	38	47	85		
4	박명호	46	48	94		
5	장영민	49	48	97		
6						

① 천하
② 대한
③ 영광
④ 기쁨

23 다음 중 메모에 대한 설명으로 옳지 않은 것은?

① 새 메모를 작성하려면 바로 가기 키 Shift + F2를 누른다.
② 작성된 메모가 표시되는 위치를 자유롭게 지정할 수 있고, 메모가 항상 표시되도록 설정할 수 있다.
③ 피벗 테이블의 셀에 메모를 삽입한 경우 데이터를 정렬하면 메모도 데이터와 함께 정렬된다.
④ 메모의 텍스트 서식을 변경하거나 메모에 입력된 텍스트에 맞도록 메모 크기를 자동으로 조정할 수 있다.

24 다음 중 아래의 워크시트에서 [A1:B2] 영역을 선택한 후 채우기 핸들을 이용하여 [B4] 셀까지 드래그했을 때 [A4:B4] 영역의 값으로 옳은 것은?

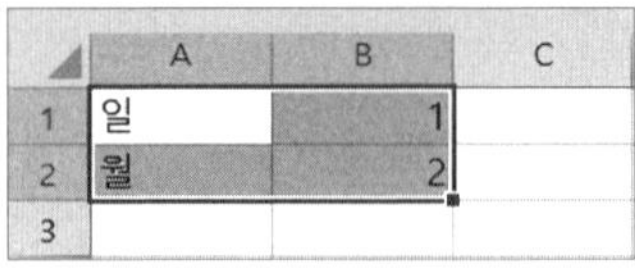

	A	B	C
1	일	1	
2	월	2	
3			

① 월, 4
② 수, 4
③ 월, 2
④ 수, 2

25 현재 작업하고 있는 통합 문서의 시트 'Sheet1', 'Sheet2', 'Sheet3'의 [A2] 셀의 합을 구하고자 한다. 다음 중 참조 방법이 옳지 않은 것은?

① =SUM(Sheet1:Sheet3!A2)
② =SUM(Sheet1!A2:Sheet3!A2)
③ =SUM(Sheet1!A2,Sheet2!A2,Sheet3!A2)
④ =SUM('Sheet1'!A2,'Sheet2'!A2,'Sheet3'!A2)

합격강의 **26** 어떤 시트의 [D2] 셀에 문자열 '123456-1234567'이 입력되어 있을 때 수식의 결과가 다른 하나는 무엇인가?

① =IF(MOD(MID(D2,8,1),2)=1,"남","여")
② =IF(OR(MID(D2,8,1)="2",MID(D2,8,1)="4"),"여","남")
③ =IF(AND(MID(D2,8,1)=1,MID(D2,8,1)=3),"남","여")
④ =CHOOSE(MID(D2,8,1),"남","여","남","여")

합격 강의

27 **다음 중 아래의 <수정 전> 차트를 <수정 후> 차트와 같이 변경하려고 할 때 사용해야 할 서식은?**

〈수정 전〉

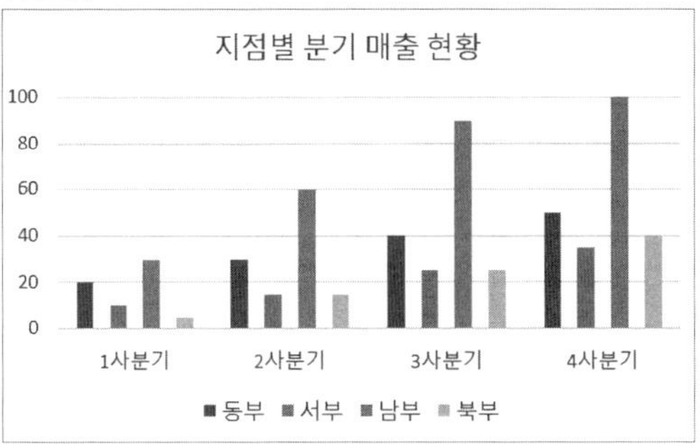

〈수정 후〉

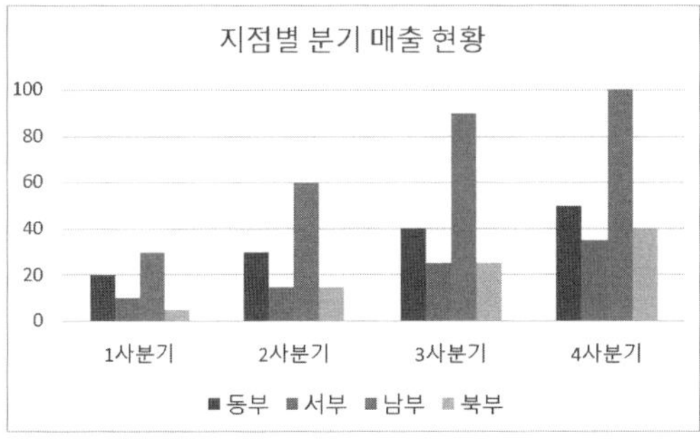

① 차트 영역 서식
② 그림 영역 서식
③ 데이터 계열 서식
④ 축 서식

합격 강의

28 **성명 필드에 아래와 같이 [사용자 지정 자동 필터]의 조건을 설정하였다. 다음 중 결과로 표시되는 성명으로 옳지 않은 것은?**

사용자 지정 자동 필터 ? X

찾을 조건:
성명
= | 이*
○ 그리고(A) ● 또는(O)
= | *연*

? 기호를 사용하여 한 문자를 나타낼 수 있습니다.
* 기호를 사용하여 여러 문자를 나타낼 수 있습니다.

확인 취소

① 남이수 ② 이연
③ 연지혜 ④ 홍지연

29 **다음 중 인쇄할 시트의 이름이 'Sheet6'인 경우 아래와 같이 머리글에 시트 이름을 표시하는 방법으로 옳은 것은?**

Sheet6

	A	B	C	D	E	F	G	H
1	판매실적	2021년	2022년	2023년	2024년			
2	노트북	1000	2000	1500	2000			
3	냉장고	900	1000	1200	1500			
4	에어컨	500	1000	1500	2000			
5								
6								

① [페이지 설정] 대화상자의 [시트] 탭에서 [행/열 머리글]을 선택한다.
② [페이지 설정] 대화상자의 [머리글/바닥글] 탭에서 [머리글 편집]을 선택한다.
③ [페이지 설정] 대화상자의 [머리글/바닥글] 탭에서 [행/열 머리글]을 선택한다.
④ [인쇄] 대화상자에서 [시트명 포함]을 선택한다.

30 **다음 워크시트에서 [A1] 셀에서 Ctrl을 누른 채 채우기 핸들을 이용하여 드래그했을 때 [C1] 셀에 표시되는 값은?**

	A	B	C	D
1	29.5			
2				

① 29.5 ② 31.5
③ 29.7 ④ 49.5

31 **다음 중 매크로의 특징에 대한 설명으로 옳지 않은 것은?**

① 키보드나 마우스 동작에 의해 매크로를 작성하면 VBA 언어로 작성된 매크로 프로그램이 자동으로 생성된다.
② 기록한 매크로는 편집할 수 없으므로 기능과 조작을 추가 또는 삭제할 수 없다.
③ 매크로 실행의 바로 가기 키가 엑셀의 바로 가기 키보다 우선이다.
④ 도형을 이용하여 작성된 텍스트 상자에 매크로를 지정한 후 매크로를 실행할 수 있다.

32 다음 중 메모에 대한 설명으로 옳지 않은 것은?

① 통합 문서에 포함된 메모를 시트에 표시된 대로 인쇄하거나 시트 끝에 인쇄할 수 있다.
② 메모에는 어떠한 문자나 숫자, 특수 문자도 지정하여 표현할 수 있다.
③ 모든 메모를 표시하려면 [검토] 탭의 [메모] 그룹에서 '메모 모두 표시'를 클릭한다.
④ 셀에 입력된 데이터를 지우면 메모도 자동으로 삭제된다.

33 아래 시트에서 할인율을 변경하여 "판매가격"의 목표값을 150000으로 변경하려고 할 때, [목표값 찾기] 대화상자의 수식 셀에 입력할 값으로 옳은 것은?

	A	B	C	D
1				
2	할인율	10%		
3	품명	단가	수량	판매가격
4	박스	1000	200	180,000

목표값 찾기 ? ×
수식 셀(E):
찾는 값(V): 150000
값을 바꿀 셀(C):
확인 취소

① D4　　② C4
③ B2　　④ B4

34 다음 중 시트 관리에 대한 설명으로 옳지 않은 것은?

① Shift를 이용하여 시트 그룹을 설정할 수 있다.
② 여러 개의 워크시트를 선택한 후 Ctrl을 누른 채 시트 탭을 드래그하면 선택된 시트들이 복사된다.
③ 시트 이름에는 공백을 사용할 수 없으며, 최대 255자까지 지정할 수 있다.
④ 시트 보호를 설정해도 시트의 이름 바꾸기 및 숨기기 작업을 수행할 수 있다.

합격 강의

35 아래 시트에서 고급 필터 기능을 이용하여 TOEIC 점수 상위 5위까지의 데이터를 추출하고자 한다. 다음 중 고급 필터의 조건식으로 옳은 것은?

	A	B	C	D
1	학과명	성명	TOEIC	
2	경영학과	김영민	790	
3	영어영문학과	박찬진	940	
4	컴퓨터학과	최우석	860	
5	물리학과	황종규	750	
6	역사교육과	서진동	880	
7	건축학과	강석우	900	
8	기계공학과	한경수	740	
9				

①

TOEIC
=RANK.EQ(C2,$C$2:$C$8)<=5

②

TOEIC
=LARGE($C$2:$C$8,5)

③

점수
=RANK.EQ(C2,$C$2:$C$8)<=5

④

점수
=LARGE($C$2:$C$8,5)

36 아래 시트를 이용하여 차트를 작성할 때 데이터를 제대로 표현할 수 없는 차트는 어느 것인가?

	A	B	C	D	E	F
1	분기	강남	강동	강서	강북	
2	1사분기	1,300	2,040	1,900	2,000	
3	2사분기	2,100	3,200	2,400	1,950	
4	3사분기	2,300	2,790	2,500	2,200	
5	4사분기	1,200	1,300	2,000	22,000	
6						

① 세로 막대 그래프
② 꺾은선형 그래프
③ 원형 차트
④ 도넛형 차트

37 다음 중 시나리오에 대한 설명으로 옳지 않은 것은?

① 시나리오 관리자에서 시나리오를 삭제하면 시나리오 요약 보고서의 해당 시나리오도 자동으로 삭제된다.
② 특정 셀의 변경에 따라 연결된 결과 셀의 값이 자동으로 변경되어 결과값을 예측할 수 있다.
③ 여러 시나리오를 비교하기 위해 시나리오를 피벗 테이블로 요약할 수 있다.
④ 변경 셀과 결과 셀에 이름을 지정한 후 시나리오 요약 보고서를 작성하면 결과에 셀 주소 대신 지정한 이름이 표시된다.

38 다음 중 1을 넣으면 화면에 1000이 입력되는 것처럼 일정한 소수점의 위치를 지정하여 입력을 빠르게 하기 위한 방법으로 옳은 것은?

① [Excel 옵션]-[수식]-[데이터 범위의 서식과 수식을 확장]에서 소수점의 위치를 지정한다.
② [Excel 옵션]-[고급]-[소수점 자동 삽입]에서 소수점의 위치를 지정한다.
③ [Excel 옵션]-[편집]-[셀에서 직접 편집]에서 소수점의 위치를 지정한다.
④ [Excel 옵션]-[고급]-[셀 내용 자동 완성]에서 소수점의 위치를 지정한다.

39 다음 중 한자와 특수 문자 입력에 대한 설명으로 옳지 않은 것은?

① 한글 자음 중 하나를 입력한 후 [한자]를 누르면 화면 하단에 특수 문자 목록이 표시된다.
② '국'과 같이 한자의 음이 되는 글자를 한 글자를 입력한 후 [한자]를 누르면 화면 하단에 해당 글자에 대한 한자 목록이 표시된다.
③ 한글 모음을 입력한 후 [한자]를 이용하면 그리스 문자를 편리하게 사용할 수 있다.
④ 한글 자음에 따라서 화면 하단에 표시되는 특수 문자가 다르다.

합격강의 **40** 아래 워크시트에서 코드표[E3:F6]를 참조하여 과목코드에 대한 과목명[B3:B5]을 구하되 코드표에 과목코드가 존재하지 않으면 과목명을 공백으로 표시하고자 한다. 다음 중 [B3] 셀에 수식을 입력한 후 나머지 셀은 채우기 핸들을 이용하여 입력하고자 할 때 [B3] 셀의 수식으로 옳은 것은?

	A	B	C	D	E	F	G
1	시험 결과				코드표		
2	과목코드	과목명	점수		코드	과목명	
3	W		85		W	워드	
4	P		90		E	엑셀	
5	X		75		P	파워포인트	
6					A	액세스	
7							

① =IFERROR(VLOOKUP(A3,E3:F6,2,TRUE),"")
② =IFERROR(VLOOKUP(A3,$E$3:$F$6,2,FALSE),"")
③ =IFERROR("",VLOOKUP(A3,$E$3:$F$6,2,TRUE))
④ =IFERROR("",VLOOKUP(A3,E3:F6,2,FALSE))

2023년 상시 기출문제 05회
빠르게 정답 확인하기!
스마트폰으로 QR 코드를 찍어 보세요.
정답표를 통해 편리하게 채점할 수 있습니다.

2022년 상시 기출문제 01회

자동 채점 서비스 ▶ 합격 강의

• **제한시간** : 40분 • **소요시간** : 시간 분 • **전체 문항 수** : 40문항 • **맞힌 문항 수** : 문항

과목 01 컴퓨터 일반

01 다음 중 컴퓨터의 연산 속도 단위가 가장 빠른 것은?

① 1ms ② 1μs
③ 1ns ④ 1ps

합격 강의 **02** 다음 중 클립보드(Clipboard)에 대한 설명으로 옳지 않은 것은?

① 복사나 잘라내기(이동), 캡처 등의 작업을 저장하는 임시 기억 장소이다.
② 클립보드 기록은 25개 항목으로 제한되며, 클라우드에 동기화할 수도 있다.
③ 항목의 크기는 제한이 없으며 텍스트만 지원된다.
④ [삭제], [고정], [모두 지우기] 기능이 지원되며 [고정]은 클립보드 검색 기록을 삭제하거나 PC를 다시 시작하는 경우에도 항목을 유지한다.

03 다음 중 기억 장치의 접근 속도를 빠른 순에서 느린 순으로 옳게 나열한 것은?

① 레지스터 → 캐시 메모리 → 주기억 장치 → 보조 기억 장치
② 캐시 메모리 → 주기억 장치 → 보조 기억 장치 → 레지스터
③ 주기억 장치 → 보조 기억 장치 → 레지스터 → 캐시 메모리
④ 보조 기억 장치 → 주기억 장치 → 캐시 메모리 → 레지스터

합격 강의 **04** 다음 중 아래의 설명에 해당하는 것은?

> • 국제 표준화 기구(ISO)가 규정
> • 잉크젯 프린터의 속도 측정 방식으로 일반(보통) 모드에서 출력 속도를 측정
> • 1분 동안 출력할 수 있는 흑백/컬러 인쇄의 최대 매수를 의미

① CPS ② PPM
③ LPM ④ IPM

05 다음 중 컴파일러와 인터프리터에 대한 설명으로 옳지 않은 것은?

① 컴파일러는 목적 프로그램을 생성한다.
② 인터프리터의 번역 단위는 프로그램의 행 단위이다.
③ 컴파일러의 번역 속도는 인터프리터보다 빠르다.
④ 인터프리터는 컴파일러보다 실행 속도가 느리다.

합격 강의 **06** 다음 중 바로 가기 키의 기능으로 옳지 않은 것은?

① [Windows] + [E] : 파일 탐색기를 연다.
② [Windows] + [D] : 바탕 화면을 표시하거나 숨긴다.
③ [Windows] + [I] : 설정을 연다.
④ [Windows] + [L] : 모든 창을 최소화한다.

07 다음 중 인터넷 전자우편에 관한 설명으로 옳지 않은 것은?

① 한 사람이 동시에 여러 사람에게 전자우편을 보낼 수 있다.
② 기본적으로 8비트의 EBCDIC 코드를 사용하여 메시지를 보내고 받는다.
③ SMTP, POP3, MIME 등의 프로토콜이 사용된다.
④ 전자우편 주소는 '사용자 ID@호스트 주소'의 형식이 사용된다.

08 **다음 중 지역별로 발생된 자료를 분산 처리하는 방식으로 시스템의 과부하를 방지할 수 있으며 시스템의 확장성, 유연성, 안전성, 신뢰성 등에서 유리한 것은?**

① 클라이언트/서버 시스템
② 다중 처리 시스템
③ 일괄 처리 시스템
④ 실시간 처리 시스템

합격 강의

09 **다음 중 디스크 정리에 대한 설명으로 옳지 않은 것은?**

① [시작]-[Windows 관리 도구]-[디스크 정리]를 클릭하여 실행할 수 있다.
② 디스크 정리는 디스크에 단편화되어 저장된 파일들을 모아서 디스크를 최적화한다.
③ 디스크 정리 대상에 해당하는 파일은 임시 파일, 휴지통에 있는 파일, 다운로드한 프로그램 파일, 임시 인터넷 파일 등이다.
④ 디스크 정리는 디스크의 사용 가능한 공간을 늘리기 위하여 불필요한 파일들을 삭제할 때 사용한다.

10 **다음 중 저작권에 따른 소프트웨어의 분류에 대한 설명으로 틀린 것은?**

① 트라이얼 버전(Trial Version) : 상용 소프트웨어를 일정 기간 동안 사용해 볼 수 있는 체험판 소프트웨어
② 애드웨어 : 광고를 보는 대가로 무료로 사용하는 소프트웨어
③ 번들 : 이미 제작하여 배포된 프로그램의 오류 수정이나 성능 향상을 위하여 프로그램 일부를 변경해 주는 프로그램
④ 베타 버전(Beta Version) : 정식 프로그램을 발표하기 전에 테스트를 목적으로 일반인에게 공개하는 프로그램

11 **다음 중 아래의 내용을 수행하는 시스템은?**

- 지리적으로 분산된 원거리에 있는 사람들끼리 사용한다.
- 화상 및 음성 데이터를 실시간으로 양방향 전송을 할 수 있다.
- TV 화면을 통한 화상을 통해 원격으로 회의를 할 수 있다.

① AR ② VR
③ VOD ④ VCS

12 **다음 중 WAVE 형식에 대한 설명으로 옳지 않은 것은?**

① 자연의 음향과 사람의 음성 표현이 가능하다.
② 아날로그 신호를 디지털화하여 나타내는 것으로, 소리의 파장이 그대로 저장된다.
③ 음질이 뛰어나고 파일의 용량이 MIDI보다 작다.
④ 확장자는 *.wav이며, 직접 재생이 가능한 파일 형식이다.

13 **다음 중 데이터의 입출력을 빠르게 하여 CPU의 처리 효율을 높여주는 입출력 전용 처리기는?**

① 포트
② 채널
③ 데드락
④ DMA

14 **다음 중 매크로 바이러스에 해당하는 것은?**

① 웜(Worm) 바이러스
② 예루살렘 바이러스
③ CIH 바이러스
④ 멜리사 바이러스

합격강의

15 **다음 중 레지스트리(Registry)에 대한 설명으로 옳지 않은 것은?**

① 레지스트리를 잘못 편집하면 운영체제를 완전하게 다시 설치해야 하는 심각한 문제가 발생할 수 있으나 데이터의 손실은 방지해 준다.
② Windows에서 사용하는 환경 설정 및 각종 시스템과 관련된 정보가 저장된 계층 구조식 데이터베이스이다.
③ [시작] 단추(⊞)에서 마우스 오른쪽 단추를 클릭한 후 [실행]을 선택한 다음 열기 상자에 regedit를 입력, 확인을 클릭하여 실행할 수 있다.
④ 작업 표시줄의 검색 상자에 regedit를 입력한 다음 결과에서 레지스트리 편집기를 선택하여 실행할 수 있다.

16 **다음 중 영상 신호와 음향 신호를 압축하지 않고 통합하여 전송하는 고선명 멀티미디어 인터페이스로 S-비디오, 컴포지트 등의 아날로그 케이블보다 고품질의 음향 및 영상을 감상할 수 있는 것은?**

① HDMI
② DVI
③ USB
④ IEEE-1394

17 **다음 중 인터넷에서 사용하는 DNS에 관한 설명으로 옳은 것은?**

① 네트워크 계층에서 망을 연결하며, 다양한 전송 경로 중 가장 효율적인 최적의 경로를 선택하여 패킷을 전송하는 장치이다.
② 디지털 신호를 아날로그 신호로 변환하는 변조 과정과 아날로그 신호를 디지털 신호로 변환하는 복조 과정을 수행하는 장치이다.
③ 기억하기 쉬운 문자로 만들어진 도메인 이름을 컴퓨터가 처리할 수 있는 숫자로 된 IP 주소로 바꾸는 시스템이다.
④ 독립된 두 개의 근거리 통신망(LAN)을 연결하는 접속 장치이다.

합격강의

18 **다음 중 파일이나 폴더의 복사, 이동 방법에 대한 결과가 옳지 않은 것은?**

① 파일을 마우스로 선택한 후 Ctrl을 누른 채 같은 드라이브의 다른 폴더로 끌어서 놓으면 해당 파일이 복사된다.
② 폴더를 마우스로 선택한 후 Alt를 누른 채 같은 드라이브의 다른 폴더로 끌어서 놓으면 해당 폴더가 이동된다.
③ USB 안에 저장된 파일을 마우스로 선택한 후 바탕화면으로 끌어서 놓으면 해당 파일이 복사된다.
④ 폴더를 마우스로 선택한 후 같은 드라이브의 다른 폴더로 끌어서 놓으면 해당 폴더가 이동된다.

19 **다음 중 컴퓨터의 연산 장치에 있는 누산기(Accumulator)에 관한 설명으로 옳은 것은?**

① 연산 결과를 일시적으로 기억하는 장치이다.
② 명령의 순서를 기억하는 장치이다.
③ 명령어를 기억하는 장치이다.
④ 명령을 해독하는 장치이다.

20 **다음 중 컴퓨터 프로그래밍 언어인 Java 언어에 대한 설명으로 옳지 않은 것은?**

① 특정 컴퓨터 구조와 무관한 가상 바이트 머신코드를 사용하므로 플랫폼이 독립적이다.
② 네트워크 환경에서 분산 작업이 가능하도록 설계되었다.
③ 객체 지향 언어로 추상화, 상속화, 다형성과 같은 특징을 가진다.
④ 객체 지향 방법론에서 분석 및 설계를 위해 사용하는 모델링 언어이다.

과목 02 스프레드시트 일반

21 다음 중 함수식에 대한 결과가 옳지 않은 것은?

① =Trunc(-5.6) → -5
② =Power(2,3) → 6
③ =Int(-7.2) → -8
④ =Mod(-7,3) → 2

합격 강의

22 다음 아래의 시트처럼 같은 열에 이미 입력한 데이터를 다시 입력할 때 드롭다운 목록에서 선택하여 입력하는 바로 가기 키는?

	A	B	C
1	지점명	분기	
2	동부	1사분기	
3	서부	2사분기	
4	남부	3사분기	
5	북부	4사분기	
6			
7	남부		
8	동부		
9	북부		
10	서부 지점명		

① Alt + ↓ ② Ctrl + ↓
③ Tab + ↓ ④ Shift + ↓

23 다음 중 부분합 기능에서 사용할 수 있는 함수 목록으로 올바르지 않은 것은?

① 곱
② 분산
③ 최빈수
④ 표준 편차

합격 강의

24 다음 시트에서 함수식의 결과가 잘못된 것은?

	A	B	C	D
1	5	10	15	20
2	10	0.02	0.51	0.78
3	15	0.88	0.44	2.22
4	20	4.33	1.27	3.33
5	25	1.95	2.35	4.44

① =VLOOKUP(28,A1:D5,3) → 2.35
② =VLOOKUP(22,A1:D5,3) → 2.22
③ =HLOOKUP(17,A1:D5,4) → 1.27
④ =INDEX(A1:D5,3,4) → 2.22

합격 강의

25 다음 〈보기〉에서 설명하고 있는 차트로 옳은 것은?

- 많은 데이터 계열의 합계 값을 비교할 때 사용한다.
- 각 항목마다 가운데 요소에서 뻗어나온 값 축을 갖고, 선은 같은 계열의 모든 값을 연결한다(가로, 세로 축 없음).
- 3차원 차트로 작성할 수 없다.

① 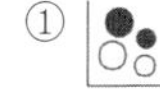
② 
③ 
④ 

26 [A1] 셀에 '123'을 입력하면 다음과 같이 나타나게 하는 사용자 지정 서식으로 옳은 것은?

A1 : 123

	A	B	C	D
1	일백이십삼			
2				

① [DBNum1]G/표준
② [DBNum2]G/표준
③ [DBNum3]G/표준
④ [DBNum4]G/표준

27 다음 중 엑셀 창의 우측 하단에서 지원되는 페이지 보기 방식으로 옳지 않은 것은?

① 기본
② 전체 화면
③ 페이지 레이아웃
④ 페이지 나누기 미리 보기

28 다음 중 [매크로 기록]에 대한 설명으로 옳지 않은 것은?

① 바로 가기 키를 's'로 입력하였다.
② 매크로 이름을 '매크로 연습'으로 입력하였다.
③ 매크로 저장 위치를 '새 통합 문서'로 저장하였다.
④ 매크로 설명에 매크로 기록자의 이름, 기록한 날짜, 간단한 설명 등을 기록하였다.

29 아래의 그림과 같이 [C] 열과 [1] 행을 틀 고정하려고 한다. 셀 포인터를 어디에 위치시킨 후 [보기]-[창]-[틀 고정]-[틀 고정]을 실행해야 하는가?

	C	D	E	F	G
1	총점	태도	수행	중간	기말
2	90	10	30	30	20
3	99	15	20	34	30
4	100	20	25	23	32
5	96	11	15	42	28
6					

① [C1] 셀
② [D1] 셀
③ [C2] 셀
④ [D2] 셀

합격 강의

30 다음 중 [A1:A2] 영역을 선택한 후 채우기 핸들을 이용하여 아래쪽으로 드래그하였을 때, [A5] 셀의 결과로 옳은 것은?

	A	B
1	월요일	
2	수요일	
3		
4		
5		

① 금요일 ② 일요일
③ 화요일 ④ 목요일

31 다음 중 워크시트에 2234543 숫자를 입력한 후 각 보기 문항처럼 사용자 지정 표시 형식을 설정하였을 때 화면에 표시되는 결과로 옳지 않은 것은?

① (형식) #,##0.00 → 2,234,543.00
② (형식) 0.00 → 2234543.00
③ (형식) #,###,"천원" → 2,234천원
④ (형식) #% → 223454300%

32 다음 중 아래의 고급 필터 조건에 대한 설명으로 옳은 것은?

문법	회화	평균
>=80	>=80	
		>=80

① 문법이 80 이상이거나, 회화가 80 이상이거나, 평균이 80 이상인 경우
② 문법이 80 이상이거나, 회화가 80 이상이면서 평균이 80 이상인 경우
③ 문법이 80 이상이면서 회화가 80 이상이면서 평균이 80 이상인 경우
④ 문법이 80 이상이면서 회화가 80 이상이거나, 평균이 80 이상인 경우

33 일반적으로 항목은 세로 축을 따라 구성되고 값은 가로 축을 따라 구성되는 차트로 개별 항목을 비교하여 보여주며 축 레이블이 긴 경우나 표시되는 값이 기간인 경우에 사용되는 차트는?

① 꺾은선형 차트　② 가로 막대형 차트
③ 분산형 차트　④ 영역형 차트

34 다음 중 엑셀 파일의 암호 설정에 관한 설명으로 옳지 않은 것은?

① 암호는 대소문자를 구별하지 않는다.
② 암호를 분실할 경우 Excel에서 복구할 수 없다.
③ 쓰기 암호가 설정된 파일을 읽기 전용으로 열어 수정한 경우 같은 파일명으로는 저장할 수 없다.
④ 암호는 파일 저장 시 [일반 옵션]에서 열기 암호와 쓰기 암호로 구분하여 설정할 수 있다.

합격 강의 **35** 다음 워크시트처럼 [D2] 셀에 평균을 구하기 위한 수식 =AVERAGE(A2:C2)에서 범위 참조의 콜론(:)이 누락된 경우 발생되는 오류는?

	A	B	C	D	E
1	정보	과학	기술	평균	
2	100	88	69	=AVERAGE(A2C2)	
3					

① ##### 오류　② #NAME? 오류
③ #REF! 오류　④ #VALUE! 오류

36 다음 중 정렬 기능에 대한 설명으로 옳지 않은 것은?

① 선택한 데이터 범위의 첫 행을 머리글 행으로 지정할 수 있다.
② 정렬 옵션 방향은 '위쪽에서 아래쪽' 또는 '왼쪽에서 오른쪽' 중 선택하여 정렬할 수 있다.
③ 워크시트에 입력된 자료들을 특정한 순서에 따라 재배열하는 기능이다.
④ 오름차순 정렬과 내림차순 정렬에서 공백은 맨 처음에 위치하게 된다.

합격 강의 **37** 다음은 시트 탭에서 원하는 시트를 선택하는 방법이다. 빈칸 ⓐ, ⓑ에 들어갈 키로 알맞은 것은?

> • 연속적인 여러 개의 시트를 선택할 경우에는 첫 번째 시트를 클릭하고, (ⓐ)을/를 누른 채 마지막 시트를 클릭한다.
> • 서로 떨어져 있는 여러 개의 시트를 선택할 경우에는 첫 번째 시트를 클릭하고, (ⓑ)을/를 누른 채 원하는 시트를 차례로 클릭한다.

① ⓐ Shift, ⓑ Ctrl
② ⓐ Ctrl, ⓑ Shift
③ ⓐ Alt, ⓑ Ctrl
④ ⓐ Ctrl, ⓑ Alt

38 다음 중 목표값 찾기에 대한 설명으로 옳지 않은 것은?

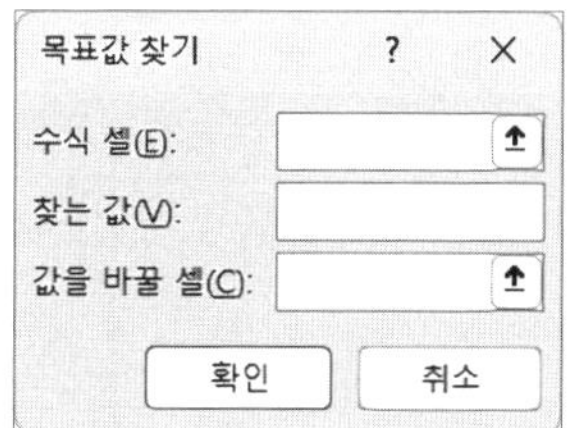

① '찾는 값'에는 셀 주소가 입력될 수 없다.
② 목표값 찾기는 여러 개의 값을 조정하여 특정한 목표값을 찾을 때 유용하다.
③ '수식 셀'은 값을 바꿀 셀을 참조하고 있는 수식이 입력된 셀을 선택해야 한다.
④ 수식의 원하는 결과만 알고 그 결과를 확인하기 위해 수식에 필요한 입력값을 결정하고자 할 때 사용할 수 있다.

39 [페이지 설정]–[시트] 탭에서 '반복할 행'에 [$3:$3]을 지정하고 워크시트 문서를 출력했다. 다음 중 출력 결과에 대한 설명으로 옳은 것은?

① 처음 쪽만 [1] 행부터 [3] 행의 필드명이 반복되어 인쇄된다.
② 모든 쪽마다 [3] 행의 필드명이 반복되어 인쇄된다.
③ 모든 쪽마다 [3] 열의 필드명이 반복되어 인쇄된다.
④ 모든 쪽마다 [1] 행, [2] 행, [3] 행의 필드명이 반복되어 인쇄된다.

40 다음 중 피벗 테이블에 대한 설명으로 옳지 않은 것은?

① 피벗 테이블 보고서를 넣을 위치는 기존 워크시트에서만 가능하다.
② 피벗 테이블로 작성된 목록에서 행 필드를 열 필드로 편집할 수 있다.
③ 피벗 테이블 작성 후에도 사용자가 새로운 수식을 추가하여 표시할 수 있다.
④ 피벗 테이블은 많은 양의 데이터를 손쉽게 요약하기 위해 사용되는 기능이다.

2022년 상시 기출문제 01회
빠르게 정답 확인하기!
스마트폰으로 QR 코드를 찍어 보세요.
정답표를 통해 편리하게 채점할 수 있습니다.

2022년 상시 기출문제 02회

자동 채점 서비스 합격 강의

• **제한시간 :** 40분 • **소요시간 :** 시간 분 • **전체 문항 수 :** 40문항 • **맞힌 문항 수 :** 문항

과목 01 컴퓨터 일반

01 다음 중 컴퓨터에서 사용되는 자료를 크기가 작은 순서부터 나열한 것으로 옳은 것은?

① Bit – Nibble – Byte – Word
② Bit – Byte – Nibble – Word
③ Bit – Nibble – Word – Byte
④ Bit – Byte – Word – Nibble

02 다음 중 컴퓨터 소프트웨어 버전과 관련하여 패치(Patch) 프로그램에 관한 설명으로 옳은 것은?

① 정식 프로그램의 기능을 홍보하기 위하여 사용 기간이나 기능을 제한하여 배포하는 프로그램이다.
② 베타 테스트를 하기 전에 제작 회사 내에서 테스트할 목적으로 제작하는 프로그램이다.
③ 이미 제작하여 배포된 프로그램의 오류 수정이나 성능 향상을 위해 프로그램의 일부를 변경해 주는 프로그램이다.
④ 정식 프로그램을 출시하기 전에 테스트를 목적으로 일반인에게 공개하는 프로그램이다.

03 다음 중 초고속 무선 인터넷의 발달로 다운로드받지 않고도 스트리밍 방식으로 음악 파일이나 음원을 주문하여 실시간으로 들을 수 있는 주문형 음악 서비스는?

① VOD ② MOD
③ VCS ④ PACS

합격강의 **04 컴퓨터가 현재 실행하고 있는 명령을 끝낸 후 다음에 실행할 명령의 주소를 기억하고 있는 레지스터는?**

① 명령 계수기(Program Counter)
② 명령 레지스터(Instruction Register)
③ 부호기(Encoder)
④ 명령 해독기(Instruction Decoder)

05 다음 중 전자우편(E-mail)에 대한 설명으로 옳지 않은 것은?

① 불특정 다수에게 대량으로 보내는 광고성 메일을 스팸메일이라 한다.
② 전자우편을 통해 한 사람이 동시에 여러 사람에게 동일한 전자우편을 보낼 수 있다.
③ 송신자가 작성한 메일을 수신자의 계정에 전송하는 역할을 담당하는 프로토콜은 SMTP이다.
④ 멀티미디어 파일의 내용을 확인하고 실행시켜주는 프로토콜은 POP3이다.

06 다음 중 한글 Windows 10에서 하드디스크에 저장된 파일을 다시 정렬하는 단편화 제거 과정을 통해 디스크의 파일 읽기/쓰기 성능을 향상하는 프로그램으로 옳은 것은?

① 디스크 검사
② 디스크 정리
③ 디스크 포맷
④ 드라이브 조각 모음 및 최적화

07 다음 중 인터프리터 언어에 대한 설명으로 올바르지 않은 것은?

① 대화형 언어로서 컴파일러와는 다르게 목적 프로그램을 생성하지 않는다.
② 디버깅이 컴파일러보다 쉬우나 실행 속도가 느리다.
③ 전체 프로그램을 한 번에 처리하여 실행한다.
④ 인터프리터 언어에는 APL, BASIC, LISP과 같은 언어가 있다.

08 다음 중 컴퓨터 범죄와 거리가 먼 것은?

① 전자문서의 불법 복사
② 전산망을 이용한 개인 정보 유출
③ 컴퓨터 시스템 해킹을 통한 중요 정보의 위조 또는 변조
④ 인터넷 쇼핑몰의 상품 가격을 분석하여 비교표를 작성

합격강의

09 다음 중 한글 Windows 10의 [실행] 창에서 'cmd' 명령을 입력한 결과로 옳은 것은?

① 문자표가 실행된다.
② 명령 프롬프트 창이 실행된다.
③ 설정이 실행된다.
④ 파티션 설정이 실행된다.

10 다음 중 데이터 종류에 따른 컴퓨터의 분류로 올바르지 않은 것은?

① 하이브리드 컴퓨터
② 디지털 컴퓨터
③ 슈퍼 컴퓨터
④ 아날로그 컴퓨터

11 다음 중 [삭제] 명령 후 휴지통에서 [복원] 명령으로 되살릴 수 없는 파일은 무엇인가?

① 네트워크 드라이브에서 삭제한 파일
② 파일 탐색기에서 [삭제] 명령으로 삭제한 하드디스크 파일
③ Delete 로 삭제한 하드디스크 파일
④ 마우스를 이용하여 휴지통으로 드래그하여 삭제한 하드디스크 파일

12 다음 중 인터넷 설정에 사용되는 DNS의 역할에 관한 설명으로 옳은 것은?

① 루트 도메인으로 국가를 구별해 준다.
② 최상위 도메인으로 국가 도메인을 관리한다.
③ 도메인 네임을 숫자로 된 IP 주소로 바꾸어 준다.
④ 현재 설정된 도메인의 하위 도메인을 관리해 준다.

13 다음 중 컴퓨터에서 사용하는 일반 하드디스크에 비하여 속도가 빠르고 기계적 지연이나 에러의 확률 및 발열 소음이 적으며, 소형화, 경량화할 수 있는 하드디스크 대체 저장 장치로 옳은 것은?

① DVD ② HDD
③ SSD ④ ZIP

합격강의

14 다음 중 멀티미디어 자료와 관련하여 압축 기술에 관한 설명으로 옳지 않은 것은?

① JPEG은 사진과 같은 정지 영상 압축 표준 기술이다.
② PNG 포맷은 비손실 그래픽 파일 포맷의 하나로 GIF 포맷의 문제점을 개선하기 위해 고안되었다.
③ MPEG은 동영상 데이터를 압축하여 실시간 재생 가능한 동영상 표준 압축 기술이다.
④ GIF 포맷은 이미지 표현 방식으로 벡터 방식의 손실 압축 방식을 이용한다.

15 다음 중 컴퓨터에서 문자 데이터를 표현하는 방법으로 옳지 않은 것은?

① EBCDIC
② Unicode
③ ASCII
④ Parity bit

16 모든 사물에 전자 태그를 부착하고 무선 통신을 이용하여 사물의 정보 및 주변 상황 정보를 감지하는 센서 기술은?

① RFID 서비스
② DMB 서비스
③ W-CDMA 서비스
④ 텔레매틱스 서비스

합격 강의

17 다음 중 컴퓨터에서 사용하는 기억 장치에 관한 설명으로 옳지 않은 것은?

① EEPROM은 기록된 내용을 전기를 이용하여 반복해서 여러 번 정보를 기록할 수 있는 ROM이다.
② 하드디스크 인터페이스 방식은 EIDE, SATA, SCSI 방식 등이 있다.
③ 연관(Associative) 메모리는 CPU와 주기억 장치 사이에 위치하여 두 장치 간의 속도 차이를 줄여 컴퓨터의 처리 속도를 빠르게 하기 위한 메모리이다.
④ 가상 메모리(Virtual Memory)는 보조 기억 장치를 마치 주기억 장치와 같이 사용하여 실제 주기억 장치 용량보다 기억 용량을 확대하여 사용하는 방법이다.

18 다음 중 인터넷 환경에서 파일을 송수신할 때 사용되는 원격 파일 전송 프로토콜로 옳은 것은?

① FTP
② DHCP
③ HTTP
④ TCP

합격 강의

19 다음 중 아래 내용이 설명하는 네트워크 장비는?

> 네트워크에서 디지털 신호를 일정한 거리 이상으로 전송시키면 신호가 감쇠되므로 디지털 신호의 장거리 전송을 위해 수신한 신호를 재생하거나 출력 전압을 높여 전송한다.

① 라우터
② 리피터
③ 브리지
④ 게이트웨이

합격 강의

20 다음 중 한글 Windows 10에서 프린터 설정과 관련된 설명으로 옳지 않은 것은?

① 여러 개의 프린터를 한 대의 컴퓨터에 설치할 수 있다.
② 스풀(SPOOL) 기능이 설정되면 인쇄 도중에도 다른 작업을 할 수 있는 병행 처리 기능을 갖게 되어 컴퓨터의 활용성을 높여준다.
③ 로컬 프린터와 네트워크 프린터 모두 기본 프린터로 설정이 가능하다.
④ 기본 프린터는 두 대까지 설치할 수 있으며 기본 프린터로 설정된 프린터는 삭제할 수 없다.

과목 02 스프레드시트 일반

21 다음 시트에서 [D1] 셀에 아래와 같이 함수식을 입력하고, [D2] 셀까지 자동 채우기를 했을 경우 [D2] 셀의 결과값으로 옳은 것은?

=IF(NOT(A1>B1),MAX(A1:C1),MIN(A1:C1))

	A	B	C	D	E
1	100	77	66	66	
2	88	89	68		
3					

① 88 ② 89
③ 68 ④ 66

22 다음 중 필터의 기능에 대한 설명으로 옳지 않은 것은?

① 데이터에 필터를 적용하면 지정한 조건에 맞는 행만 표시되고 나머지 행은 숨겨진다.
② 자동 필터를 사용하여 데이터를 필터링하면 셀 범위나 표 열에서 원하는 데이터를 쉽고 빠르게 찾아 작업할 수 있다.
③ 자동 필터에서는 여러 열에 동시에 조건을 설정하고 '또는(OR)'으로 결합시킬 수는 없다.
④ 필터를 사용하려면 기준이 되는 필드를 반드시 오름차순이나 내림차순으로 정렬해야 한다.

23 다음 아래의 시트처럼 비연속적인 범위를 설정할 때 사용하는 키는?

	A	B	C	D	E
1	제품명	단가	수량	금액	
2	스마트폰	1,000,000	2	2,000,000	
3	에어컨	2,500,000	1	2,500,000	
4	냉장고	1,550,000	3	4,650,000	
5	노트북	1,340,000	5	6,700,000	
6					

① Alt ② Tab
③ Ctrl ④ Shift

24 다음 중 [페이지 설정]-[시트] 탭에 대한 설명으로 옳지 않은 것은?

① '행/열 머리글' 항목은 행/열 머리글이 인쇄되도록 설정하는 기능이다.
② '인쇄 제목' 항목을 이용하면 특정 부분을 매 페이지마다 반복적으로 인쇄할 수 있다.
③ '눈금선' 항목을 선택하면 작업 시트의 셀 구분선은 인쇄되지 않는다.
④ '메모' 항목에서 '없음'을 선택하면 셀에 메모가 있더라도 인쇄되지 않는다.

25 통합 문서를 열 때마다 특정 작업이 자동으로 수행되는 매크로를 작성하려고 한다. 이때 사용해야 할 매크로 이름으로 옳은 것은?

① Auto_Open
② Auto_Exec
③ Auto_Macro
④ Auto_Start

26 다음 중 엑셀의 데이터 입력에 관한 설명으로 옳지 않은 것은?

① 한 셀에 여러 줄로 데이터를 입력하려면 Alt+Enter를 누르면 된다.
② 데이터 입력 도중 입력을 취소하려면 Esc나 [빠른 실행 도구 모음]의 '취소' 버튼을 클릭한다.
③ 여러 셀에 동일한 내용을 입력하려면 해당 셀을 범위로 지정한 후 데이터를 입력하고 Shift+Enter를 누른다.
④ 특정 부분을 범위로 지정한 후 데이터를 입력하고 Enter를 누르면 셀 포인터가 지정한 범위 안에서만 이동한다.

27 다음 중 시나리오에 대한 설명으로 옳지 않은 것은?

① 시나리오 관리자에서 시나리오를 삭제하면 시나리오 요약 보고서의 해당 시나리오도 자동으로 삭제된다.
② 특정 셀의 변경에 따라 연결된 결과 셀의 값이 자동으로 변경되어 결과값을 예측할 수 있다.
③ 여러 시나리오를 비교하기 위해 시나리오를 피벗 테이블로 요약할 수 있다.
④ 변경 셀과 결과 셀에 이름을 지정한 후 시나리오 요약 보고서를 작성하면 결과에 셀 주소 대신 지정한 이름이 표시된다.

28 다음 중 엑셀에서 정렬 기준으로 사용할 수 없는 것은?

① 셀 색
② 조건부 서식 아이콘
③ 글꼴 색
④ 글꼴 크기

합격강의 **29 다음 워크시트에서 [E2] 셀에 함수식을 아래와 같이 입력했을 때의 결과로 옳은 것은?**

=CHOOSE(RANK.EQ(D2,$D$2:$D$7),"금메달","은메달","동메달","","","")

	A	B	C	D	E	F
1	성명	필기	실기	총점	수상	
2	홍범도	100	98	198		
3	이대한	85	80	165		
4	한상공	90	92	182		
5	진선미	80	90	170		
6	최정암	67	76	143		
7	김선수	89	63	152		
8						

① 공백
② 금메달
③ 은메달
④ 동메달

30 다음 중 항목 레이블이 월, 분기, 연도와 같이 일정한 간격의 값을 나타내는 경우에 적합한 차트로 일정 간격에 따라 데이터의 추세를 표시하는 데 유용한 것은?

① 분산형 차트
② 원형 차트
③ 꺾은선형 차트
④ 방사형 차트

31 셀의 서식은 기본 설정인 'G/표준'으로 설정되어 있다. 셀에 입력된 값을 다음과 같이 표시하고자 한다. 다음 중 사용자 지정 서식으로 옳은 것은?

값이 10000을 초과하면 파란색으로 표시하고, 음수이면 빨간색으로 부호는 생략하고 괄호 안에 수치 표시

① [파랑][>=10000]#,###_-;[빨강][<0](#,###);
② [파랑][>10000]#,###;[빨강][<0](#,###)
③ [빨강](#,###):[파랑][>10000}#,###_-
④ [파랑][>10000]#,###_-;[빨강](#,###)

합격강의 **32 다음 아래의 차트에서 설정된 구성 요소로 옳지 않은 것은?**

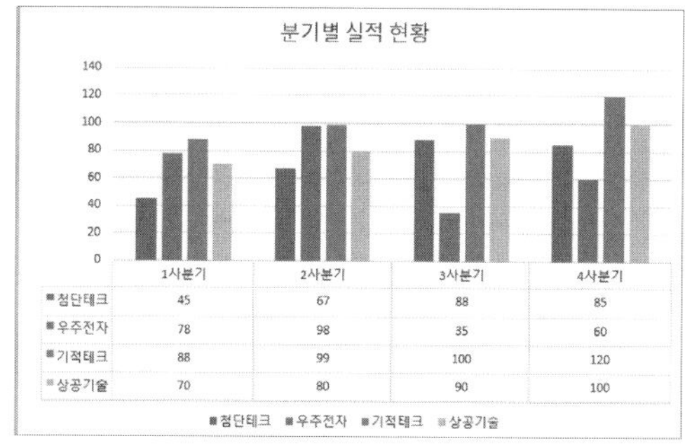

① 범례
② 차트 제목
③ 데이터 테이블
④ 데이터 레이블

33 다음 중 조건부 서식을 이용하여 [A2:C5] 영역에 EXCEL과 ACCESS 점수의 합계가 170 이하인 행 전체에 셀 배경색을 지정하기 위한 수식으로 옳은 것은?

	A	B	C
1	이름	EXCEL	ACCESS
2	김경희	75	73
3	원은형	89	88
4	나도향	65	68
5	최은심	98	96

① =B$2+C$2<=170
② =$B2+$C2<=170
③ =$B$2+$C$2<=170
④ =B2+C2<=170

34 다음 중 작성된 매크로를 실행하는 방법으로 옳지 않은 것은?

① 매크로 대화상자에서 매크로를 선택하여 실행한다.
② 매크로를 작성할 때 지정한 바로 가기 키를 이용하여 실행한다.
③ 매크로를 지정한 도형을 클릭하여 실행한다.
④ 매크로가 적용되는 셀의 바로 가기 메뉴를 이용하여 실행한다.

35 다음 중 판매관리표에서 수식으로 작성된 판매액의 총합계가 원하는 값이 되기 위한 판매 수량을 예측하는 데 가장 적절한 데이터 분석 도구는? (단, 판매액의 총합계를 구하는 수식은 판매 수량을 참조하여 계산됨)

① 데이터 표
② 목표값 찾기
③ 고급 필터
④ 데이터 통합

36 다음 중 이미 부분합이 계산된 상태에서 새로운 부분합을 추가하고자 할 때 수행해야 할 작업으로 옳은 것은?

① [모두 제거] 단추를 클릭
② '새로운 값으로 대치' 설정을 해제
③ '그룹 사이에 페이지 나누기'를 설정
④ '데이터 아래에 요약 표시' 설정을 해제

37 다음 중 피벗 테이블에 대한 설명으로 옳지 않은 것은?

① 예상 값을 계산하는 데 유용하다.
② 원본 데이터가 변경되어도 피벗 테이블은 자동으로 변경되지 않는다.
③ 합계, 평균, 최대값, 최소값을 구할 수 있다.
④ 원본 데이터 목록의 행이나 열의 위치를 변경하여 다양한 형태로 표시할 수 있다.

합격강의 **38** 다음 중 아래 그림에서 수식 =DMIN(A1:C6,2,E2:E3)을 실행하였을 때의 결과값으로 옳은 것은?

	A	B	C	D	E
1	성명	키	몸무게		
2	이대한	165	67		몸무게
3	한상공	170	69		>=60
4	홍길동	177	78		
5	정민국	162	58		
6	이우리	180	80		

① 165
② 170
③ 177
④ 162

39 다음 중 아래의 괄호(　　) 안에 들어갈 기능으로 옳은 것은?

> (㉠)은/는 특정 값의 변화에 따른 결과값의 변화 과정을 한 번의 연산으로 빠르게 계산하여 표의 형태로 표시해 주는 도구이고, (㉡)은/는 비슷한 형식의 여러 데이터의 결과를 하나의 표로 통합하여 요약해 주는 도구이다.

① ㉠ : 데이터 표 ㉡ : 통합
② ㉠ : 정렬 ㉡ : 시나리오 관리자
③ ㉠ : 부분합 ㉡ : 피벗 테이블
④ ㉠ : 해 찾기 ㉡ : 데이터 유효성 검사

합격강의 **40** 다음 중 [페이지 나누기] 기능에 대한 설명으로 옳지 않은 것은?

① [보기] 탭의 [페이지 나누기 미리 보기]를 클릭하면 페이지가 나누어진 상태가 더 명확하게 구분된다.
② [페이지 나누기 미리 보기] 상태에서는 페이지 구분선을 마우스로 드래그하여 페이지 나눌 위치를 조정할 수 있다.
③ [페이지 레이아웃] 탭의 [나누기]-[페이지 나누기 모두 원래대로]를 클릭하여 페이지 나누기 전 상태로 원상 복귀할 수 있다.
④ [페이지 나누기 미리 보기] 상태에서는 데이터를 입력하거나 편집할 수 없으므로 [기본] 보기 상태로 변경해야 한다.

2022년 상시 기출문제 02회
빠르게 정답 확인하기!
스마트폰으로 QR 코드를 찍어 보세요.
정답표를 통해 편리하게 채점할 수 있습니다.

2022년 상시 기출문제 03회

자동 채점 서비스 합격 강의

• **제한시간 :** 40분 • **소요시간 :** 시간 분 • **전체 문항 수 :** 40문항 • **맞힌 문항 수 :** 문항

과목 01 컴퓨터 일반

합격강의 **01 다음 중 한글 Windows 10의 [메모장]에 대한 설명으로 옳지 않은 것은?**

① 작성한 문서를 저장할 때 확장자는 기본적으로 .txt가 부여된다.
② 특정한 문자열을 찾을 수 있는 찾기 기능이 있다.
③ 그림, 차트 등의 OLE 개체를 삽입할 수 있다.
④ 현재 시간을 삽입하는 기능이 있다.

02 다음 중 정보 보안을 위협하는 형태에 대한 설명으로 옳은 것은?

① 스니핑(Sniffing) : 검증된 사람이 네트워크를 통해 데이터를 보낸 것처럼 데이터를 변조하여 접속을 시도한다.
② 피싱(Phishing) : 적절한 사용자 동의 없이 사용자 정보를 수집하는 프로그램을 설치하여 사생활을 침해한다.
③ 스푸핑(Spoofing) : 실제로는 악성 코드로 행동하지 않으면서 겉으로는 악성 코드인 것처럼 가장한다.
④ 키로거(Key Logger) : 키보드상의 키 입력 캐치 프로그램을 이용하여 개인 정보를 빼낸다.

합격강의 **03 다음은 IPv4와 IPv6를 비교한 것이다. 다음 중 옳지 않은 것은?**

	항목	IPv4	IPv6
①	크기	32비트 (8비트씩 4부분)	128비트 (16비트씩 8부분)
②	표현	10진수	16진수
③	주소 개수	약 43억	약 43억의 네제곱
④	구분	콜론(:)	점(.)

합격강의 **04 다음 중 하드웨어 장치의 설치나 드라이버 확장 시 사용자의 편의를 돕기 위해 사용자가 직접 설정할 필요 없이 운영체제가 자동으로 인식하게 하는 기능은?**

① 원격 지원
② 플러그 앤 플레이
③ 핫 플러그인
④ 멀티스레딩

05 다음 중 연결 프로그램에 대한 설명으로 옳지 않은 것은?

① 연결 프로그램을 삭제하면 연결된 데이터 파일도 함께 삭제된다.
② 서로 다른 확장명의 파일들이 하나의 연결 프로그램에 지정될 수 있고, 필요에 따라 연결 프로그램을 바꿀 수 있다.
③ 파일의 확장명에 따라 연결 프로그램이 자동으로 결정된다.
④ 연결 프로그램은 파일을 열어서 보여주는 해당 프로그램을 의미한다.

06 다음 중 한글 Windows 10에서 작업 표시줄의 바로 가기 메뉴에서 설정할 수 있는 항목으로 옳지 않은 것은?

① 계단식 창 배열
② 창 가로 정렬 보기
③ 작업 표시줄 잠금
④ 아이콘 자동 정렬

07 다음 중 전자우편과 관련하여 스팸(SPAM)에 관한 설명으로 옳은 것은?

① 바이러스를 유포시키는 행위이다.
② 수신인이 원하지 않는 메시지나 정보를 일방적으로 보내는 행위이다.
③ 다른 사용자의 개인 정보를 허락없이 가져가는 행위이다.
④ 고의로 컴퓨터 프로그램 파일이나 데이터를 파괴하는 행위이다.

08 다음 중 한글 Windows 10의 [폴더 옵션] 창에서 할 수 있는 작업으로 옳지 않은 것은?

① 선택된 폴더에 암호를 설정할 수 있다.
② 한 번 클릭해서 창 열기를 하도록 설정할 수 있다.
③ 새 창에서 폴더 열기를 할 수 있게 설정할 수 있다.
④ 알려진 파일 형식의 파일 확장명 숨기기를 설정할 수 있다.

09 다음 중 한글 Windows 10의 인쇄 기능에 대한 설명으로 옳지 않은 것은?

① 기본 프린터란 인쇄 시 특정 프린터를 지정하지 않아도 자동으로 인쇄되는 프린터를 말한다.
② 프린터 속성 창에서 공급용지의 종류, 공유, 포트 등을 설정할 수 있다.
③ 인쇄 대기 중인 작업은 취소시킬 수 있다.
④ 인쇄 중인 작업은 취소할 수는 없으나 잠시 중단시킬 수 있다.

합격강의

10 다음 중 이미지를 트루 컬러로 표현하기 위해서 필요한 비트(Bit) 수로 옳은 것은?

① 4
② 8
③ 16
④ 24

11 다음 중 컴퓨터를 이용한 가상현실(Virtual Reality)에 관한 설명으로 옳은 것은?

① 고화질 영상을 제작하여 텔레비전에 나타내는 기술이다.
② 고도의 컴퓨터 그래픽 기술과 3차원 기법을 통하여 현실의 세계처럼 구현하는 기술이다.
③ 여러 영상을 통합하여 2차원 그래픽으로 표현하는 기술이다.
④ 복잡한 데이터를 단순화시켜 컴퓨터 화면에 나타내는 기술이다.

12 다음 중 컴퓨터에서 사용하는 캐시 메모리에 관한 설명으로 옳은 것은?

① 중앙 처리 장치와 주기억 장치 사이에 위치하여 컴퓨터의 처리 속도를 향상시키는 역할을 한다.
② RAM의 종류 중 DRAM이 캐시 메모리로 사용된다.
③ 보조 기억 장치의 일부를 주기억 장치처럼 사용하는 메모리이다.
④ 주기억 장치의 용량보다 큰 프로그램을 로딩하여 실행할 경우에 사용된다.

합격 강의

13 **다음 중 개인용 컴퓨터의 메인 보드의 구성 요소와 관련된 설명으로 옳지 않은 것은?**

① 칩셋(Chip Set)의 종류에는 사우스 브리지와 노스 브리지 칩이 있으며, 메인 보드를 관리하기 위한 정보와 각 장치를 지원하기 위한 정보가 들어 있다.
② 메인 보드의 버스(Bus)는 컴퓨터에서 데이터를 주고받는 통로로, 사용 용도에 따라 내부 버스, 외부 버스, 확장 버스가 있다.
③ 포트(Port)는 메인 보드와 주변 장치를 연결하기 위한 접속 장치로 직렬 포트, 병렬 포트, PS/2 포트, USB 포트 등이 있다.
④ 바이오스(BIOS)는 컴퓨터의 기본 입출력 장치나 메모리 등의 하드웨어 작동에 필요한 명령을 모아 놓은 프로그램으로 RAM에 위치한다.

14 **다음 중 인터넷에서 제공되는 서비스로 옳지 않은 것은?**

① FTP ② TELNET
③ USB ④ WWW

합격 강의

15 **다음 중 사용자의 기본 설정을 사이트가 인식하도록 하거나, 사용자가 웹 사이트로 이동할 때마다 로그인해야 하는 번거로움을 생략할 수 있도록 사용자 환경을 향상시키는 것은?**

① 쿠키(Cookie)
② 즐겨찾기(Favorites)
③ 웹서비스(Web Service)
④ 히스토리(History)

16 **다음 중 Windows에서 [디스크 정리]를 수행할 때 정리 대상 파일에 해당하지 않는 것은?**

① 임시 인터넷 파일
② 사용하지 않은 폰트(*.TTF) 파일
③ 휴지통에 있는 파일
④ 다운로드한 프로그램 파일

17 **다음 중 컴퓨터 시스템을 안정적으로 사용하기 위한 관리 방법으로 적절하지 않은 것은?**

① 컴퓨터를 이동하거나 부품을 교체할 때에는 반드시 전원을 끄고 작업하는 것이 좋다.
② 직사광선을 피하고 습기가 적으며 통풍이 잘되고 먼지 발생이 적은 곳에 설치한다.
③ 시스템 백업 기능을 자주 사용하면 시스템 바이러스 감염 가능성이 높아진다.
④ 디스크 조각 모음에 대해 예약 실행을 설정하여 정기적으로 최적화시킨다.

18 **다음 중 7개의 데이터 비트(Data Bit)와 1개의 패리티 비트(Parity Bit)를 사용하며, 128개의 문자를 표현할 수 있는 코드로 옳은 것은?**

① BCD 코드
② ASCII 코드
③ EBCDIC 코드
④ UNI 코드

19 **다음 중 Windows의 에어로 피크(Aero Peek) 기능에 대한 설명으로 옳은 것은?**

① 파일이나 폴더의 저장된 위치에 상관없이 종류별로 파일을 구성하고 파일에 액세스할 수 있게 한다.
② 모든 창을 최소화할 필요 없이 바탕 화면을 빠르게 미리 보거나 작업 표시줄의 해당 아이콘을 가리켜서 열린 창을 미리 볼 수 있게 한다.
③ 바탕 화면의 배경으로 여러 장의 사진을 선택하여 슬라이드 쇼 효과를 주면서 번갈아 표시할 수 있게 한다.
④ 작업 표시줄에서 프로그램 아이콘을 마우스 오른쪽 단추로 클릭하여 최근에 열린 파일 목록을 확인할 수 있게 한다.

20 다음 중 USB 인터페이스에 대한 설명으로 옳지 않은 것은?

① 직렬 포트보다 USB 포트의 데이터 전송 속도가 더 빠르다.
② USB는 컨트롤러 당 최대 127개까지 포트의 확장이 가능하다.
③ 핫 플러그 인(Hot Plug In)과 플러그 앤 플레이(Plug & Play)를 지원한다.
④ USB 커넥터를 색상으로 구분하는 경우 USB 3.0은 빨간색, USB 2.0은 파란색을 사용한다.

과목 02 스프레드시트 일반

21 다음 중 수식으로 계산된 결과값은 알고 있지만 그 결과값을 계산하기 위해 수식에 사용된 입력값을 모를 경우 사용하는 기능으로 옳은 것은?

① 목표값 찾기 ② 피벗 테이블
③ 시나리오 ④ 레코드 관리

합격강의

22 다음 아래의 시트에서 채우기 핸들을 [F1] 셀까지 드래그했을 때 [F1] 셀의 결과로 옳은 것은?

	A	B	C	D	E	F
1	5		1			
2						

① 3 ② 7
③ −3 ④ −7

23 다음 중 피벗 테이블에 대한 설명으로 옳지 않은 것은?

① 원본의 자료가 변경되면 [모두 새로 고침] 기능을 이용하여 일괄 피벗 테이블에 반영할 수 있다.
② 작성된 피벗 테이블을 삭제하는 경우 함께 작성한 피벗 차트는 자동으로 삭제된다.
③ 피벗 테이블을 삭제하려면 피벗 테이블 전체를 범위로 지정한 후 Delete를 누른다.
④ 피벗 테이블의 삽입 위치는 새 워크시트뿐만 아니라 기존 워크시트에서 시작 위치를 선택할 수도 있다.

24 다음 중 부분합 기능을 이용하여 구할 수 있는 각 집단의 특성 값이 아닌 것은?

① 합계
② 평균
③ 중앙값
④ 개수

25 다음 중 데이터 유효성 검사에 대한 설명으로 옳지 않은 것은?

① 목록의 값들을 미리 지정하여 데이터 입력을 제한할 수 있다.
② 입력할 수 있는 정수의 범위를 제한할 수 있다.
③ 목록으로 값을 제한하는 경우 드롭다운 목록의 너비를 지정할 수 있다.
④ 유효성 조건 변경 시 변경 내용을 범위로 지정된 모든 셀에 적용할 수 있다.

26 다음 중 아래의 고급 필터 조건에 대한 설명으로 옳은 것은?

국사	영어	평균
>=80	>=85	
		>=85

① 국사가 80 이상이거나, 영어가 85 이상이거나, 평균이 85 이상인 경우
② 국사가 80 이상이거나, 영어가 85 이상이면서 평균이 85 이상인 경우
③ 국사가 80 이상이면서 영어가 85 이상이거나, 평균이 85 이상인 경우
④ 국사가 80 이상이면서 영어가 85 이상이면서 평균이 85 이상인 경우

27 다음 중 오름차순 정렬에 관한 설명으로 옳지 않은 것은?

① 숫자는 가장 작은 음수에서 가장 큰 양수의 순서로 정렬된다.
② 영숫자 텍스트는 왼쪽에서 오른쪽으로 정렬된다. 예를 들어, 텍스트 "A100"이 들어 있는 셀은 "A1"이 있는 셀보다 뒤에, "A11"이 있는 셀보다 앞에 정렬된다.
③ 논리값은 TRUE보다 FALSE가 앞에 정렬되며 오류값의 순서는 모두 같다.
④ 공백(빈 셀)은 항상 가장 앞에 정렬된다.

합격 강의 **28** 다음 중 아래의 워크시트에서 '박지성'의 결석 값을 찾기 위한 함수식은?

	A	B	C	D
1	성적표			
2	이름	중간	기말	결석
3	김남일	86	90	4
4	이천수	70	80	2
5	박지성	95	85	5

① =VLOOKUP("박지성", $A$3:$D$5, 4, 1)
② =VLOOKUP("박지성", $A$3:$D$5, 4, 0)
③ =HLOOKUP("박지성", $A$3:$D$5, 4, 0)
④ =HLOOKUP("박지성", $A$3:$D$5, 4, 1)

합격 강의 **29** 다음 중 시스템의 현재 날짜에서 연도를 구하는 수식으로 가장 올바른 것은?

① =year(days( ))　② =year(day( ))
③ =year(today( ))　④ =year(date( ))

30 다음 중 '=SUM(A3:A9)' 수식이 '=SUM(A3A9)'와 같이 범위 참조의 콜론(:)이 생략된 경우 나타나는 오류 메시지로 옳은 것은?

① #N/A　② #NULL!
③ #REF!　④ #NAME?

합격 강의 **31** 다음 중 동일한 통합 문서에서 Sheet1의 [C5] 셀, Sheet2의 [C5] 셀, Sheet3의 [C5] 셀의 합을 구하는 수식으로 옳은 것은?

① =SUM([Sheet1:Sheet3]!C5)
② =SUM(Sheet1:Sheet3![C5])
③ =SUM(Sheet1:Sheet3!C5)
④ =SUM(['Sheet1:Sheet3'!C5])

32 다음 중 셀에 입력한 자료를 숨기고자 할 때의 사용자 지정 표시 형식으로 옳은 것은?

① @@@
② ;;;
③ 000
④ ### 2

33 다음 중 데이터가 입력된 셀에서 Delete를 눌렀을 때의 상황에 대한 설명으로 옳지 않은 것은?

① 셀에 설정된 서식은 지워지지 않고 내용만 지워진다.
② 셀에 설정된 내용, 서식이 함께 모두 지워진다.
③ [홈] 탭-[편집] 그룹-[지우기]-[내용 지우기]를 실행한 것과 동일하다.
④ 마우스 오른쪽 단추를 클릭한 후 표시되는 단축 메뉴에서 [내용 지우기]를 선택해도 된다.

합격 강의 **34** 다음 중 하이퍼링크에 대한 설명으로 옳지 않은 것은?

① 단추에는 하이퍼링크를 지정할 수 있지만 도형에는 하이퍼링크를 지정할 수 없다.
② 다른 통합 문서에 있는 특정 시트의 특정 셀로 하이퍼링크를 지정할 수 있다.
③ 특정 웹 사이트로 하이퍼링크를 지정할 수 있다.
④ 현재 사용 중인 통합 문서의 다른 시트로 하이퍼링크를 지정할 수 있다.

35 다음 중 날짜 및 시간 데이터에 관한 설명으로 옳지 않은 것은?

① 날짜 데이터를 입력할 때 연도와 월만 입력하면 일자는 자동으로 해당 월의 1일로 입력된다.
② 셀에 '4/9'를 입력하고 [Enter]를 누르면 셀에는 '04월 09일'로 표시된다.
③ 날짜 및 시간 데이터의 텍스트 맞춤은 기본 왼쪽 맞춤으로 표시된다.
④ [Ctrl]+[;]을 누르면 시스템의 오늘 날짜, [Ctrl]+[Shift]+[;]을 누르면 현재 시간이 입력된다.

36 다음 중 아래의 데이터를 이용하여 각 데이터 간 값을 비교하는 차트를 작성하려고 할 때 가장 적절하지 않은 차트는?

	A	B	C	D	E
1	성명	1사분기	2사분기	3사분기	4사분기
2	홍길동	83	90	95	70
3	성춘향	91	70	70	88
4	이몽룡	93	98	91	93

① 세로 막대형 ② 꺾은선형
③ 원형 ④ 방사형

37 다음 중 다른 엑셀 통합 문서로 작업 화면을 전환할 때 사용되는 바로 가기 키로 옳은 것은?

① [Ctrl]+[Tab] ② [Shift]+[Tab]
③ [Home] ④ [Ctrl]+[Enter]

38 다음 중 시트 관리에 대한 설명으로 옳지 않은 것은?

① [Shift]를 이용하여 시트 그룹을 설정할 수 있다.
② 여러 개의 워크시트를 선택한 후 [Ctrl]을 누른 채 시트 탭을 드래그하면 선택된 시트들이 복사된다.
③ 시트 이름에는 공백을 사용할 수 없으며, 최대 31자까지 지정할 수 있다.
④ 시트 보호를 설정해도 시트의 이름 바꾸기 및 숨기기 작업을 수행할 수 있다.

39 [다른 이름으로 저장] 메뉴 중 [도구]-[일반 옵션] 메뉴에서 설정할 수 있는 기능이 아닌 것은?

① 백업 파일 항상 만들기
② 열기/쓰기 암호 설정
③ 읽기 전용 권장
④ 통합 문서 공유

40 다음 차트에서 무, 배추, 시금치 순서를 시금치, 배추, 무 순서로 변경하려고 할 때 사용하는 것은?

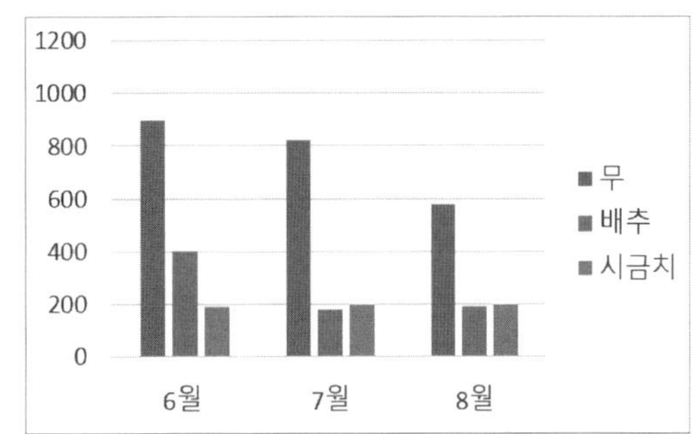

① 차트 영역 서식
② 그림 영역 서식
③ 데이터 선택
④ 축 서식

2022년 상시 기출문제 03회 빠르게 정답 확인하기!
스마트폰으로 QR 코드를 찍어 보세요.
정답표를 통해 편리하게 채점할 수 있습니다.

2022년 상시 기출문제 04회

자동 채점 서비스 합격 강의

• **제한시간 :** 40분 • **소요시간 :** 시간 분 • **전체 문항 수 :** 40문항 • **맞힌 문항 수 :** 문항

과목 01 컴퓨터 일반

01 다음 중 컴퓨터를 처리 능력에 따라 분류할 때, 분류 범주에 속하지 않는 것은?

① 미니 컴퓨터(Mini Computer)
② 범용 컴퓨터(General Computer)
③ 마이크로 컴퓨터(Micro Computer)
④ 슈퍼 컴퓨터(Super Computer)

합격 강의

02 다음 중 정보통신망의 네트워크 관련 장비에 대한 설명으로 옳지 않은 것은?

① 허브(Hub) : 네트워크를 구성할 때 한꺼번에 여러 대의 컴퓨터를 연결하는 장치로, 각 회선을 통합적으로 관리하는 장치
② 라우터(Router) : LAN을 연결해 주는 장치로서 정보에 담긴 수신처 주소를 읽고 가장 적절한 통신 통로를 이용하여 다른 통신망으로 전송하는 장치
③ MAN(Metropolitan Area Network) : LAN의 기능을 포함하면서 WAN보다 넓은 범위의 지역에서 고속으로 전송할 수 있는 통신망
④ 리피터(Repeater) : 디지털 방식의 통신선로에서 전송 신호를 재생하여 전달하는 전자 통신 장치

03 인터넷상에서 비디오 데이터를 전송하려고 한다. 이때 사용되는 비디오 데이터 포맷으로 옳지 않은 것은?

① AVI ② MOV
③ JPEG ④ MPEG

합격 강의

04 다음은 기억 장치에서 사용하는 기억 용량 단위이다. 이 중에서 기억 용량 단위로 가장 큰 것은 무엇인가?

㉮ TB ㉯ GB ㉰ MB ㉱ KB

① ㉮ ② ㉯
③ ㉰ ④ ㉱

05 한글 Windows 10에서 하드웨어 장치를 추가할 때 운영체제가 이를 자동적으로 인식하여 설치 및 환경 설정을 용이하게 하는 기능 혹은 규약을 무엇이라 부르는가?

① 가상 디바이스 마법사
② 플러그인
③ 장치 관리자
④ 플러그 앤 플레이

06 인터넷 주소(IP Address)를 물리적 하드웨어 주소(MAC Address)로 변환하는 프로토콜은?

① SNMP ② ARP
③ ICMP ④ DHCP

합격 강의

07 다음의 한글 Windows 10에서 사용하는 바로 가기 키에 대한 설명으로 가장 옳지 않은 것은?

① Alt + Space Bar : 시작 메뉴를 표시한다.
② Alt + Tab : 실행 중인 앱 간에 작업 전환을 한다.
③ Alt + Print Screen : 활성 창을 갈무리(Capture)하여 클립보드에 복사한다.
④ Alt + Enter : 선택한 항목에 대한 속성을 표시한다.

08 컴퓨터 그래픽에서 그림자나 색상과 농도의 변화 등과 같은 3차원 질감을 넣음으로써 사실감을 추가하는 과정을 의미하는 용어로 가장 적절한 것은?

① 디더링(Dithering)
② 렌더링(Rendering)
③ 블러링(Blurring)
④ 모핑(Morphing)

09 컴퓨터의 특징을 나타내는 다음 용어들 중 "다른 컴퓨터나 매체에서 작성한 자료도 공유하여 처리할 수 있다."는 의미로 가장 적절하게 사용될 수 있는 것은?

① 선점형 멀티태스킹(Preemptive Multi-Tasking)
② 범용성(General-purpose)
③ 신뢰성(Reliability)
④ 호환성(Compatibility)

10 영상(Image)은 픽셀의 2차원 배열로 구성되는데 한 픽셀이 4비트를 사용한다면 한 픽셀은 몇 가지 색을 표현할 수 있는가?

① 16 ② 8
③ 4 ④ 2

11 다음 중 연산 장치에 사용되는 레지스터나 회로가 아닌 것은?

① 인덱스 레지스터(Index Register)
② 프로그램 카운터(Program Counter)
③ 누산기(Accumulator)
④ 보수기(Complementor)

12 다음 중 삭제된 파일이 [휴지통]에 임시 보관되어 복원이 가능한 경우는?

① Shift+Delete로 삭제한 경우
② USB 메모리에 저장된 파일을 Delete로 삭제한 경우
③ 네트워크 드라이브의 파일을 바로 가기 메뉴의 [삭제]를 클릭하여 삭제한 경우
④ 바탕 화면에 있는 파일을 [휴지통]으로 드래그 앤 드롭하여 삭제한 경우

13 다음 중 Windows의 사용자 계정을 통해 사용할 수 있는 기능으로 옳지 않은 것은?

① 관리자 계정의 사용자는 다른 계정의 컴퓨터 사용 시간을 제어할 수 있다.
② 관리자 계정의 사용자는 다른 계정의 등급 및 콘텐츠, 제목별로 게임을 제어할 수 있다.
③ 표준 계정의 사용자는 컴퓨터 보안에 영향을 주는 설정을 변경할 수 있다.
④ 표준 계정의 사용자는 컴퓨터에 설치된 대부분의 프로그램을 사용할 수 있고, 자신의 계정에 대한 암호 등을 설정할 수 있다.

합격 강의

14 다음은 외부로부터의 데이터 침입 행위에 관한 유형이다. 이 중에서 가로채기(Interception)에 관한 설명으로 옳은 것은?

① 자료가 수신 측으로 전달되는 것을 방해하는 행위
② 전송한 자료가 수신지로 가는 도중에 몰래 보거나 도청하는 행위
③ 원래의 자료를 다른 내용으로 바꾸는 행위
④ 자료가 다른 송신자로부터 전송된 것처럼 꾸미는 행위

합격강의

15 다음 중 비대칭형(Public Key) 암호화 방식의 특징이 아닌 것은?

① 암호키와 해독키가 분리되어 있다.
② RSA 방식이 많이 사용된다.
③ 공개키만으로는 암호화된 내용을 복호화할 수 없다.
④ 송신자와 수신자 사이에 동일한 키를 사용한다.

16 다음 중 주기억 장치의 크기보다 큰 프로그램을 실행하기 위해 디스크의 일부 영역을 주기억 장치처럼 사용하게 하는 메모리 관리 방식으로 옳은 것은?

① 캐시 메모리
② 버퍼 메모리
③ 연관 메모리
④ 가상 메모리

17 다음 중 HTML의 단점을 보완하여 이미지의 애니메이션을 지원하며, 사용자와의 상호 작용에 따른 동적인 웹 페이지의 제작이 가능한 언어는?

① JAVA ② DHTML
③ VRML ④ WML

18 다음 중 버전에 따른 소프트웨어에 대한 설명으로 옳지 않은 것은?

① 트라이얼 버전(Trial Version)은 특정한 하드웨어나 소프트웨어를 구매하였을 때 무료로 주는 프로그램이다.
② 베타 버전(Beta Version)은 소프트웨어의 정식 발표 전 테스트를 위하여 사용자들에게 무료로 배포하는 시험용 프로그램이다.
③ 데모 버전(Demo Version)은 정식 프로그램을 홍보하기 위해 사용 기간이나 기능을 제한하여 배포하는 프로그램이다.
④ 패치 버전(Patch Version)은 이미 제작하여 배포된 프로그램의 오류 수정이나 성능 향상을 위해 프로그램의 일부 파일을 변경해 주는 프로그램이다.

19 다음 중 인터넷에서 사용하는 IPv6 주소 체계에 대한 설명으로 옳지 않은 것은?

① 16비트씩 8부분으로 총 128비트로 구성된다.
② 각 부분은 16진수로 표현하고, 세미콜론(;)으로 구분한다.
③ 유니캐스트, 멀티캐스트, 애니캐스트 등의 3가지 주소 체계로 나누어진다.
④ IPv4의 주소 부족 문제를 해결해 줄 수 있다.

합격강의

20 기업 내에서 업무에 활용되는 전자결재, 전자우편, 게시판 등으로 여러 사람이 공통의 업무를 수행하는 데 있어 공동으로 사용할 수 있는 프로그램을 무엇이라고 하는가?

① 방화벽(Firewall)
② 그룹웨어(GroupWare)
③ 블루투스(Bluetooth)
④ 운영체제(Operating System)

과목 02 스프레드시트 일반

합격강의

21 아래의 시트에서 총무팀의 컴퓨터 일반 점수의 평균을 구하는 수식으로 옳은 것은?

	A	B	C	D	E
1	이름	소속	컴퓨터일반	스프레드시트	평균
2	한상공	총무팀	70	60	65
3	이대한	영업팀	75	75	75
4	왕정보	총무팀	86	50	68
5	최첨단	영업팀	90	80	85
6	진선미	총무팀	88	90	89
7					
8	소속	평균			
9	총무팀				
10					

① =DAVERAGE(A1:E6, 3, A8:A9)
② =DAVERAGE(A1:E6, 2, A8:A9)
③ =DAVERAGE(A8:A9, 3, A1:E6)
④ =DAVERAGE(A8:A9, 2, A1:E6)

22 아래의 시트에서 급여총액은 기본급+기타수당으로 구할 때, 목표값 찾기를 이용하여 급여총액이 1,000,000이 되기 위해서는 기타수당이 얼마가 되어야 하는지를 알아보기 위한 설명으로 옳지 않은 것은?

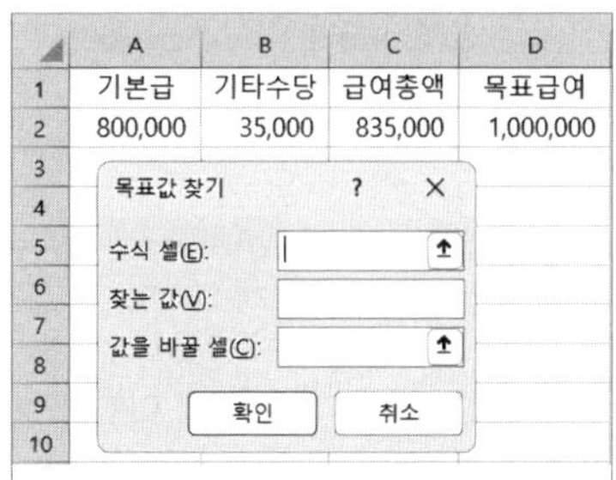

	A	B	C	D
1	기본급	기타수당	급여총액	목표급여
2	800,000	35,000	835,000	1,000,000

① 수식 셀은 [C2] 셀을 입력한다.
② 찾는 값에는 [D2] 셀을 입력한다.
③ 값을 바꿀 셀에서는 [B2] 셀을 입력한다.
④ 목표값 찾기는 하나의 변수 입력값에서만 작동한다.

23 다음 중 주어진 함수식에 대한 실행 결과로 옳지 않은 것은?

① =RIGHT("COMMUNICATION",6), 실행 결과 : CATION
② =OR(4<5,8>9), 실행 결과 : FALSE
③ =INT(35.89), 실행 결과 : 35
④ =COUNT(7,8,"컴활"), 실행 결과 : 2

24 다음 중 시트를 복사하는 방법에 대한 설명으로 올바른 것은?

① Shift를 누른 상태로 해당 시트의 탭을 클릭하여 원하는 위치까지 드래그한다.
② Ctrl을 누른 상태로 해당 시트의 탭을 클릭하여 원하는 위치까지 드래그한다.
③ Alt를 누른 상태로 해당 시트의 탭을 클릭하여 원하는 위치까지 드래그한다.
④ Tab을 누른 상태로 해당 시트의 탭을 클릭하여 원하는 위치까지 드래그한다.

25 다음 중 원형 차트와 비슷하지만 다중 계열을 설정할 수 있는 차트 종류는?

① 원형 대 가로 막대형
② 원통형
③ 거품형
④ 도넛형

26 다음 중 매크로 작성에 대한 설명으로 옳지 않은 것은?

① 매크로 이름은 공백을 포함하여 작성할 수 있으며 항상 문자로 시작하여야 한다.
② 바로 가기 키는 기본적으로 Ctrl이 지정되어 있다.
③ 매크로 이름은 첫 글자 외에는 문자, 숫자 등을 혼합하여 사용할 수 있다.
④ 바로 가기 키 지정 시 대문자를 입력하면 자동으로 Shift가 붙여진다.

27 고급 필터 기능을 활용하기 위해 다음과 같이 필터 조건을 지정하였을 때의 검색 결과에 대한 설명으로 올바른 것은?

	A	B
1	거주지	연령
2	서울	<=25
3		

① 거주지가 서울이거나 연령이 25세 이하인 사람
② 거주지가 서울이면서 연령이 25세 이하인 사람
③ 거주지가 서울이거나 연령이 25세 이상인 사람
④ 거주지가 서울이면서 연령이 25세 이상인 사람

28 다음 중 화면 제어 방법에 대한 설명으로 옳지 않은 것은?

① 창 나누기는 워크 시트의 내용이 많은 경우 하나의 화면으로는 모두 표시하기 어려울 때 워크시트를 여러 개의 창으로 분리하는 기능으로 화면은 최대 4개로 분할할 수 있다.
② 창 나누기를 위해서는 셀 포인터를 창을 나눌 기준 위치로 옮긴 후 [창]-[나누기]를 클릭하면 셀 포인터의 위치에 따라 화면을 수평/수직으로 분할해 준다.
③ 틀 고정은 셀 포인터의 이동과 관계 없이 항상 제목 행이나 제목 열을 표시하고자 할 때 설정한다.
④ 통합 문서 창을 [창]-[숨기기]를 이용하여 숨긴 채로 엑셀을 종료하면 다음에 파일을 열 때 숨겨진 창에 대해 숨기기 취소를 할 수 없으므로 주의하여야 한다.

29 다음 워크시트에서 아래의 [수당기준표]를 이용하여 각 직급별 근속 수당을 구하는 수식을 [C2] 셀에 작성한 후 채우기 핸들로 나머지 근속수당을 계산하기 위한 수식으로 올바른 것은?

	A	B	C	D
1	성명	직급	근속수당	
2	홍길동	이사		
3	김민수	부장		
4	박기철	과장		
5				
6	[수당기준표]			
7	직급	과장	부장	이사
8	식대	75,000	95,000	100,000
9	근속수당	50,000	70,000	80,000

① =VLOOKUP(B2,$B$7:$D$9,2,FALSE)
② =VLOOKUP(B2,$B$7:$D$9,3,FALSE)
③ =HLOOKUP(B2,$B$7:$D$9,2,FALSE)
④ =HLOOKUP(B2,$B$7:$D$9,3,FALSE)

30 다음 중 날짜/시간 데이터를 입력하는 방법에 관한 설명으로 틀린 것은?

① 현재의 날짜를 입력하려면 Ctrl+;을 누른다.
② 현재 시간을 입력하려면 Ctrl+Shift+;을 누른다.
③ 시간을 입력할 때는 슬래시(/)나 하이픈(-)을 사용한다.
④ 서식에 AM이나 PM이 있으면 시간을 12시간제로 나타내는 것이다.

31 다음 중 셀 범위를 선택한 후 그 범위에 이름을 정의하여 사용하는 것에 대한 설명으로 옳지 않은 것은?

① 이름은 기본적으로 상대 참조를 사용한다.
② 이름에는 공백이 없어야 한다.
③ 이름은 대소문자를 구별하지 않는다.
④ 정의된 이름은 다른 시트에서도 사용할 수 있다.

32 아래 숫자의 아이콘 표시가 순서대로 바르게 연결된 것은?

① ㉮ 페이지 번호 삽입, ㉯ 전체 페이지 수 삽입, ㉰ 파일 경로 삽입, ㉱ 파일 이름 삽입
② ㉮ 전체 페이지 수 삽입, ㉯ 페이지 번호 삽입, ㉰ 시트 이름 삽입, ㉱ 파일 이름 삽입
③ ㉮ 페이지 번호 삽입, ㉯ 전체 페이지 수 삽입, ㉰ 날짜 삽입, ㉱ 시간 삽입
④ ㉮ 전체 페이지 수 삽입, ㉯ 페이지 번호 삽입, ㉰ 그림 삽입, ㉱ 그림 서식

33 아래 워크시트에서 [A] 열에 [셀 서식]-[표시 형식]-[사용자 지정]을 이용하여 [C]열과 같이 나타내고자 한다. 다음 중 입력하여야 할 사용자 지정 형식으로 옳은 것은?

	A	B	C
1	김대일		김대일님
2	김보람	➡	김보람님
3	홍길동		홍길동님
4	남일동		남일동님

① #님
② @'님'
③ #'님'
④ @님

34 시트를 그룹화한 상태에서 [A1] 셀에 '스프레드시트' 단어를 입력하였을 때 나타나는 결과로 옳은 것은?

① 첫 번째 시트에만 입력되어 나타난다.
② 선택한 시트의 [A1] 셀에 모두 입력되어 나타난다.
③ 오류가 나타난다.
④ 마지막 시트에만 입력되어 나타난다.

35 모두 10페이지 분량의 문서를 매 페이지마다 제목 행 부분을 반복하여 인쇄하려고 한다. 다음 중 설정 방법으로 옳은 것은?

① [페이지 설정]-[페이지]에서 '반복할 행'을 지정한다.
② [페이지 설정]-[여백]에서 '반복할 행'을 지정한다.
③ [페이지 설정]-[머리글/바닥글]에서 '반복할 행'을 지정한다.
④ [페이지 설정]-[시트]에서 '반복할 행'을 지정한다.

36 다음 중 아래의 <수정 전> 차트를 <수정 후> 차트와 같이 변경하려고 할 때 사용해야 할 서식은?

〈수정 전〉

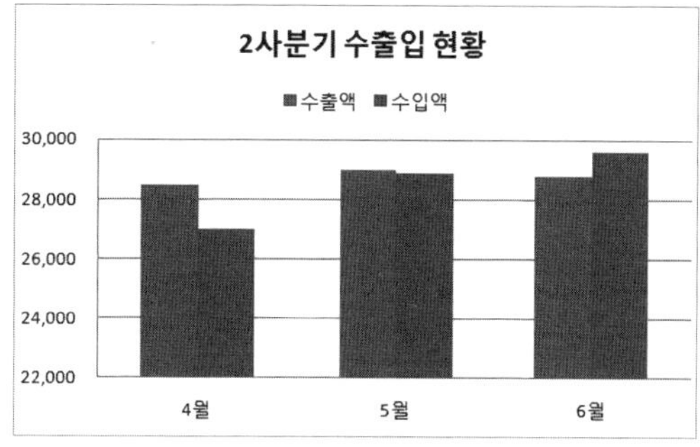

〈수정 후〉

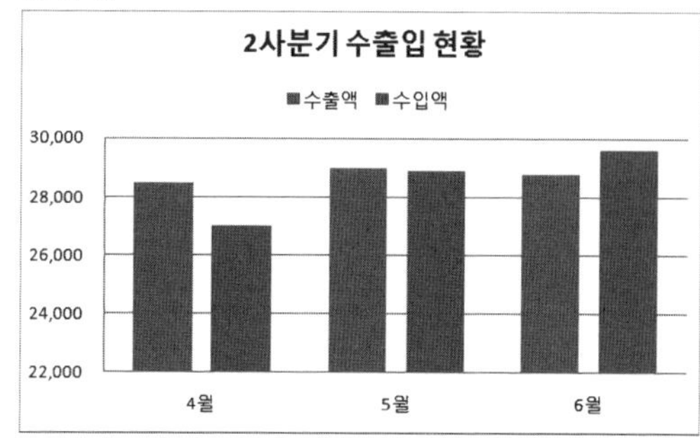

① 차트 영역 서식
② 그림 영역 서식
③ 데이터 계열 서식
④ 축 서식

37 엑셀에서 오름차순과 내림차순이 아닌 사용자 지정 목록 기준으로 정렬이 가능하다. 이러한 새로운 정렬 방법은 어디서 미리 정의해 주어야 하는가?

① [Excel 옵션]-[고급]-[사용자 지정 목록 편집]
② [Excel 옵션]-[일반]-[사용자 지정 목록 편집]
③ [Excel 옵션]-[수식]-[등록 정보]
④ [Excel 옵션]-[고급]-[데이터 정렬]-[사용자 지정 목록 편집]

38 워크시트상에 천 단위 수치를 많이 다루는 회사에서, 수치 데이터를 입력할 때 5를 입력하면 셀에 5000으로 입력되게 하려고 한다. 다음 중 [Excel 옵션]-[고급]에서 어떤 항목을 선택하여야 하는가?

① 자동 % 입력 사용
② 셀에서 직접 편집
③ 소수점 자동 삽입
④ 셀 내용을 자동 완성

39 아래의 시트에서 채우기 핸들을 끌었을 때 [A3] 셀에 입력되는 값으로 올바른 것은?

	A	B
1	10.3	
2	10	
3		
4		

① 10.3
② 9.7
③ 10
④ 11

40 다음 중 통합 문서 공유에 대한 설명으로 옳지 않은 것은?

① 병합된 셀, 조건부 서식, 데이터 유효성 검사, 차트, 그림과 같은 일부 기능은 공유 통합 문서에서 추가하거나 변경할 수 없다.
② 공유된 통합 문서는 여러 사용자가 동시에 변경할 수 없다.
③ 통합 문서를 공유하는 경우 저장 위치는 웹 서버가 아니라 공유 네트워크 폴더를 사용해야 한다.
④ 셀을 잠그고 워크시트를 보호하여 액세스를 제한하지 않으면 네트워크 공유에 액세스할 수 있는 모든 사용자가 공유 통합 문서에 대한 모든 액세스 권한을 갖게 된다.

2022년 상시 기출문제 04회
빠르게 정답 확인하기!
스마트폰으로 QR 코드를 찍어 보세요.
정답표를 통해 편리하게 채점할 수 있습니다.

2022년 상시 기출문제 05회

자동 채점 서비스 합격 강의

• 제한시간 : 40분 • 소요시간 : 시간 분 • 전체 문항 수 : 40문항 • 맞힌 문항 수 : 문항

과목 01 컴퓨터 일반

합격강의 **01** 다음 중 컴퓨터의 처리 시간 단위가 빠른 것에서 느린 순서로 바르게 나열된 것은?

① ps – as – fs – ns – ms – ㎲
② as – fs – ps – ns – ㎲ – ms
③ ms – ㎲ – ns – ps – fs – as
④ fs – ns – ps – ㎲ – as – ms

02 네트워크 간에 물리적, 논리적으로 연결해 주기 위해서는 네트워크 간을 연결해 주는 인터넷 워킹 기기가 필요하다. 다음 중에서 이와 관련이 없는 것은 어느 것인가?

① 리피터(Repeater)
② 라우터(Router)
③ 브리지(Bridge)
④ 패킷(Packet)

합격강의 **03** 다음 중 컴퓨터의 Windows 환경을 최적화시켜 효과적으로 운영하는 방법으로 가장 적절하지 못한 것은?

① 바탕 화면에 불필요한 아이콘을 많이 만들지 않는다.
② 불필요한 프로그램이나 파일은 지우고 부품에 맞는 드라이버를 선택한다.
③ 레지스트리를 크게 설정하고 IP 주소가 충돌하지 않도록 신경을 쓴다.
④ 디스크를 검사하고 파일 조각을 모으는 작업을 한다.

04 다음에 제시하는 압축 기술 가운데, 프레임 중에 중복되는 정보를 삭제하여 컬러 정지 화상의 데이터를 압축하는 방식으로 대표적인 것은?

① JPEG ② MPEG
③ AVI ④ MOV

합격강의 **05** 중앙 처리 장치의 성능을 나타내는 단위가 아닌 것은?

① MIPS
② FLOPS
③ 클럭 속도(Hz)
④ RPM

06 1기가 바이트(Giga Byte)는 몇 바이트(Byte)인가?

① 1024Byte
② 1024 × 1024Byte
③ 1024 × 1024 × 1024Byte
④ 1024 × 1024 × 1024 × 1024Byte

합격강의 **07** 한글 Windows 10은 다수의 프로그램을 동시에 실행시킬 수 있다. 이때 한 프로그램이 잘못 실행되어 도중에 강제 종료시킬 때 처음 사용하는 키는 어떤 것인가?

① Ctrl + Shift + Esc
② Ctrl + Alt + Shift
③ Ctrl + Alt + Space Bar
④ Ctrl + Alt + Esc

합격강의

08 일반적으로 주기억 장치로 사용하는 RAM을 보조 기억 장치로는 사용하고 있지 않다. 그 이유를 바르게 설명한 것은?

① RAM은 접근 속도가 너무 빨라 보조 기억 장치로 사용할 수 없기 때문이다.
② RAM의 제품 생산량이 수요에 미치지 못하기 때문이다.
③ RAM에 기억된 정보를 유지하려면 지속적으로 전원 공급이 필요하기 때문이다.
④ RAM의 수명이 짧기 때문이다.

09 원격지에 있는 다른 시스템과의 원활한 통신이 가능하도록 상호 간에 준수해야 하는 규범을 무엇이라고 하는가?

① 프로토콜
② 데이터 통신
③ 프로그램
④ 인터페이스

10 다음 중 정전이 발생한 경우 사용자가 작업 중인 데이터를 잃어버리지 않도록 해 주는 장치는?

① AVR
② CVCF
③ UPS
④ 항온 항습 장치

11 다음은 컴퓨터 세대와 주요 회로를 연결한 것이다. 잘못 연결된 것은?

① 1세대 – 진공관
② 2세대 – 트랜지스터
③ 3세대 – 자기드럼
④ 4세대 – 고밀도 집적 회로

12 디스크의 논리적, 물리적 오류를 검사하고 논리적 오류를 수정할 수 있는 것은?

① 디스크 검사
② 바이러스 검사
③ 디스크 압축
④ 디스크 포맷

13 정보 통신망의 범위를 기준으로 작은 것부터 큰 순서대로 옳게 나열한 것은?

① WAN – MAN – LAN
② LAN – MAN – WAN
③ MAN – LAN – WAN
④ LAN – WAN – MAN

14 컴퓨터 장애로 인한 작업 중단을 방지하고 업무 처리의 신뢰도를 높이기 위해 2개의 CPU가 같은 업무를 동시에 처리하여 그 결과를 상호 점검하면서 운영하는 시스템을 무엇이라 부르는가?

① 듀얼 시스템
② 듀플렉스 시스템
③ 다중 처리 시스템
④ 다중 프로그래밍 시스템

15 컴퓨터 주변 장치에서 CPU의 관심을 끌기 위해 발생하는 신호로서 발생한 장치 중 우선 순위가 가장 높은 장치에 이것을 허용한다. 두 개 이상의 하드웨어가 동일한 이것을 사용하면 충돌이 발생하게 되는데 이때 이것을 무엇이라고 하는가?

① DMA
② I/O
③ IRQ
④ Plug & Play

16 한글 Windows에서 [프린터 설치]에 관련된 설명 중 옳지 않은 것은?

① 로컬 프린터와 네트워크 프린터로 구분하여 설치할 수 있다.
② PC에 직접 연결되지 않고 네트워크상에 연결된 프린터도 기본 프린터로 설정할 수 있다.
③ 하나의 시스템에 여러 대의 프린터를 모두 설치할 수 있다.
④ 두 대 이상의 프린터를 기본 프린터로 지정할 수 있으며, 기본 프린터로 설정된 프린터도 삭제할 수 있다.

합격강의 **17** 다음 중 일반적으로 RAID(Redundant Array of Inexpensive Disk)를 사용하는 목적으로 볼 수 없는 것은?

① 전송 속도 향상
② 한 개의 대용량 디스크를 여러 개의 디스크처럼 나누어 관리
③ 안정성 향상
④ 데이터 복구의 용이성

18 다음 중 Windows [설정]의 [접근성]에서 설정할 수 없는 기능은?

① 다중 디스플레이를 설정하여 두 대의 모니터에 화면을 확장하여 표시할 수 있다.
② 돋보기를 사용하여 화면에서 원하는 영역을 확대하여 크게 표시할 수 있다.
③ 내레이터를 사용하여 화면의 모든 텍스트를 소리 내어 읽어 주도록 설정할 수 있다.
④ 키보드가 없어도 입력 가능한 화상 키보드를 표시할 수 있다.

19 다음 중 시스템 보안을 위해 사용하는 방화벽(Firewall)에 대한 설명으로 적절하지 않은 것은?

① IP 주소 및 포트 번호를 이용하거나 사용자 인증을 기반으로 접속을 차단하여 네트워크의 출입로를 단일화한다.
② '명백히 허용되지 않은 것은 금지한다.'라는 적극적 방어 개념을 가지고 있다.
③ 방화벽을 운영하면 바이러스와 내/외부의 새로운 위험에 효과적으로 대처할 수 있다.
④ 로그 정보를 통해 외부 침입의 흔적을 찾아 역추적할 수 있다.

20 다음 중 웹 프로그래밍 언어에 대한 설명으로 옳지 않은 것은?

① ASP는 서버 측에서 동적으로 수행되는 페이지를 만들기 위한 언어로 Windows 계열의 운영체제에서 실행 가능하다.
② PHP는 클라이언트 측에서 동적으로 수행되는 스크립트 언어로 Unix 운영체제에서 실행 가능하다.
③ XML은 HTML의 단점을 보완하여 웹에서 구조화된 폭넓고 다양한 문서들을 상호 교환할 수 있도록 설계된 언어이다.
④ JSP는 자바로 만들어진 서버 스크립트로 다양한 운영체제에서 사용 가능하다.

과목 02 스프레드시트 일반

21 다음 중 날짜 데이터의 자동 채우기 옵션에 포함되지 않는 내용은?

① 일 단위 채우기
② 주 단위 채우기
③ 월 단위 채우기
④ 평일 단위 채우기

합격강의

22 다음 중 고급 필터 실행을 위한 조건 지정 방법에 대한 설명으로 옳지 않은 것은?

① 함수나 식을 사용하여 조건을 입력하면 셀에는 비교되는 현재 대상의 값에 따라 TRUE나 FALSE가 표시된다.
② 함수를 사용하여 조건을 입력하는 경우 원본 필드명과 동일한 필드명을 조건 레이블로 사용해야 한다.
③ 다양한 함수와 식을 혼합하여 조건을 지정할 수 있다.
④ 고급 필터에서 다른 필드와의 결합을 OR 조건으로 지정하려면 조건을 다른 행에 입력한다.

23 다음 중 데이터 표에 대한 설명으로 옳지 않은 것은?

① 표 기능은 특정한 값이나 수식을 입력한 후 이를 이용하여 표를 자동으로 만들어 주는 기능이다.
② 표 기능은 수식이 입력될 범위를 설정한 후 표 기능을 실행해야 한다.
③ 표 기능을 이용하여 수식을 입력하는 방법에는 [열 입력 셀]만 지정하는 경우, [행 입력 셀]만 지정하는 경우, [행 입력 셀]과 [열 입력 셀]을 모두 지정하는 경우가 있다.
④ 표 기능을 통해 입력된 셀 중에서 표 범위의 일부분만 수정할 수 있다.

24 다음 중 엑셀에서 기본 오름차순 정렬 순서에 대한 설명으로 옳지 않은 것은?

① 날짜는 가장 이전 날짜에서 가장 최근 날짜의 순서로 정렬된다.
② 논리값의 경우 TRUE 다음 FALSE의 순서로 정렬된다.
③ 숫자는 가장 작은 음수에서 가장 큰 양수의 순서로 정렬된다.
④ 빈 셀은 오름차순과 내림차순 정렬에서 항상 마지막에 정렬된다.

합격강의

25 아래의 워크시트를 참조하여 작성된 수식에 대한 계산 결과값이 옳지 않은 것은?

	A	B	C
1	2	3	324.754
2	2	7	
3		6	247
4	4	4	
5		2	

① =COUNTA(A1:A5), 결과값 : 3
② =LARGE(B1:B5,3), 결과값 : 4
③ =ROUNDUP(C1,2), 결과값 : 324.76
④ =MODE.SNGL(A1:B5), 결과값 : 4

합격강의

26 다음 워크시트에서 [B6] 셀에 =B2*B4의 수식이 입력되어 있을 때, 목표값 찾기를 이용해서 주행거리가 450Km가 되려면 주행시간이 얼마가 되어야 하는지를 찾는 대화상자의 '수식 셀', '찾는 값', '값을 바꿀 셀'의 내용을 순서대로 올바르게 나열한 것은 어느 것인가?

	A	B	C
1		주행시간	단위
2		1	시간
3		시속	
4		80	Km
5		주행거리	
6		80	Km
7			
8		목표 주행거리	
9		450	Km
10			

목표값 찾기 ? ×
수식 셀(E):
찾는 값(V):
값을 바꿀 셀(C):
확인 취소

① $B$6, 450, $B$9
② $B$6, $B$9, $B$2
③ $B$6, $B$9, $B$4
④ $B$6, 450, $B$2

27 다음 중 선택 가능한 매크로 보안 설정으로 옳지 않은 것은?

① 알림이 없는 매크로 사용 안 함
② 알림이 포함된 VBA 매크로 사용 안 함
③ 디지털 서명된 매크로를 제외하고 VBA 매크로 사용 안 함
④ VBA 매크로 사용 안 함(권장, 위험한 코드가 시행되지 않음)

28 다음 중 데이터 유효성 검사에서 유효성 조건의 제한 대상으로 '목록'을 설정하였을 때의 설명으로 옳지 않은 것은?

① 목록의 원본으로 정의된 이름의 범위를 사용하려면 등호(=)와 범위의 이름을 입력한다.
② 유효하지 않은 데이터를 입력할 때 표시할 메시지 창의 내용은 [오류 메시지] 탭에서 설정한다.
③ 드롭다운 목록의 너비는 데이터 유효성 설정이 있는 셀의 너비에 의해 결정된다.
④ 목록 값을 입력하여 원본을 설정하려면 세미콜론(;)으로 구분하여 입력한다.

29 다음 중 [인쇄 미리 보기]에 관한 설명으로 옳지 않은 것은?

① [인쇄 미리 보기] 창에서 셀 너비를 조절할 수 있으나 워크시트에는 변경된 너비가 적용되지 않는다.
② [인쇄 미리 보기]를 실행한 상태에서 [페이지 설정]을 클릭하여 [여백] 탭에서 여백을 조절할 수 있다.
③ [인쇄 미리 보기] 상태에서 '확대/축소'를 누르면 화면에는 적용되지만 실제 인쇄 시에는 적용되지 않는다.
④ [인쇄 미리 보기]를 실행한 상태에서 [여백 표시]를 체크한 후 마우스 끌기를 통하여 여백을 조절할 수 있다.

30 왼쪽 워크시트의 성명 데이터를 오른쪽 워크시트와 같이 성과 이름 두 개의 열로 분리하기 위해 [텍스트 나누기] 기능을 사용하고자 한다. 다음 중 [텍스트 나누기]의 분리 방법으로 가장 적절한 것은?

	A
1	김철수
2	박선영
3	최영희
4	한국인

	A	B
1	김	철수
2	박	선영
3	최	영희
4	한	국인

① 열 구분선을 기준으로 내용 나누기
② 구분 기호를 기준으로 내용 나누기
③ 공백을 기준으로 내용 나누기
④ 탭을 기준으로 내용 나누기

합격강의 **31** 다음 중 아래의 수식을 [A7] 셀에 입력한 경우 표시되는 결과값으로 옳은 것은?

=IFERROR(VLOOKUP(A6,$A$1:$B$4,2),"입력오류")

	A	B	C
1	0	미흡	
2	10	분발	
3	20	적정	
4	30	우수	
5			
6	-5		
7			
8			

① 미흡
② 분발
③ 입력오류
④ #N/A

32 다음 중 사용자가 자주 사용하거나 원하는 기능에 해당하는 명령들을 버튼으로 표시하며, 리본 메뉴의 위쪽이나 아래에 표시하는 엑셀의 화면 구성 요소는?

① [파일] 탭
② 빠른 실행 도구 모음
③ 리본 메뉴
④ 제목 표시줄

합격 강의

33 다음 중 아래 차트와 같이 X축을 위쪽에 표시하기 위한 방법으로 옳은 것은?

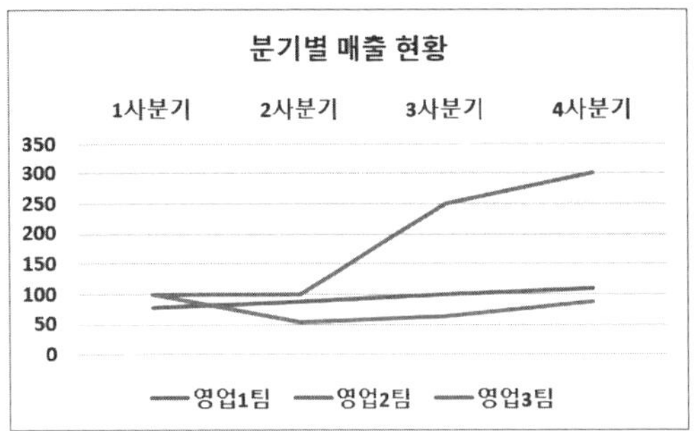

① 가로 축을 선택한 후 [축 서식]의 축 옵션에서 세로 축 교차를 '최대 항목'으로 설정한다.
② 가로 축을 선택한 후 [축 서식]의 축 옵션에서 '항목을 거꾸로'를 설정한다.
③ 세로 축을 선택한 후 [축 서식]의 축 옵션에서 가로 축 교차를 '축의 최대값'으로 설정한다.
④ 세로 축을 선택한 후 [축 서식]의 축 옵션에서 '값을 거꾸로'를 설정한다.

34 다음 중 셀의 내용을 편집할 수 있는 셀 편집 모드로 전환하는 방법에 대한 설명으로 옳지 않은 것은?

① 편집하려는 데이터가 입력된 셀을 두 번 클릭한다.
② 편집하려는 데이터가 입력된 셀을 클릭하고 수식 입력줄을 클릭한다.
③ 편집하려는 데이터가 입력된 셀의 바로 가기 메뉴에서 [셀 편집]을 클릭한다.
④ 편집하려는 데이터가 입력된 셀을 클릭하고 F2를 누른다.

35 다음 중 [페이지 설정] 대화상자에 대한 설명으로 옳지 않은 것은?

① [페이지] 탭 '자동 맞춤'에서 용지 너비와 용지 높이를 모두 1로 설정하면 확대/축소 배율이 항상 100%로 인쇄된다.
② [여백] 탭 '페이지 가운데 맞춤'의 가로 및 세로를 체크하면 인쇄 내용이 용지의 가운데에 맞춰 인쇄된다.
③ [머리글/바닥글] 탭의 '페이지 여백에 맞추기'를 체크하면 머리글이나 바닥글을 표시하기에 충분한 머리글 또는 바닥글 여백이 확보된다.
④ [시트] 탭 '페이지 순서'에서 행 우선을 선택하면 여러 장에 인쇄될 경우 행 방향으로 인쇄된 후 나머지 열들을 인쇄한다.

36 다음 중 엑셀의 바로 가기 키 및 기능 키에 대한 설명으로 옳지 않은 것은?

① Ctrl+Shift+U : 수식 입력줄이 확장되거나 축소된다.
② Ctrl+1 : 셀 서식 대화 상자를 표시한다.
③ Ctrl+F1 : 리본 메뉴가 표시되거나 숨겨진다.
④ F12 : 새 워크시트가 삽입된다.

37 다음 중 [셀 서식] 대화상자의 [맞춤] 탭에 '텍스트 방향'에서 설정할 수 없는 항목은?

① 텍스트 방향대로
② 텍스트 반대 방향으로
③ 왼쪽에서 오른쪽
④ 오른쪽에서 왼쪽

38 다음 중 수식에 잘못된 인수나 피연산자를 사용한 경우 표시되는 오류 메시지는?

① #DIV/0!
② #NUM!
③ #NAME?
④ #VALUE!

39 다음 중 매크로에 관한 설명으로 옳지 않은 것은?

① 서로 다른 매크로에 동일한 이름을 부여할 수 없다.
② 매크로는 반복적인 작업을 자동화하여 복잡한 작업을 단순한 명령으로 실행할 수 있도록 한다.
③ 매크로 기록 시 사용자의 마우스 동작은 기록되지만 키보드 작업은 기록되지 않는다.
④ 현재 셀의 위치를 기준으로 매크로가 실행되도록 하려면 '상대 참조로 기록'을 설정한 후 매크로를 기록한다.

합격강의 **40** 다음 중 추세선을 추가할 수 있는 차트 종류는?

① 방사형
② 분산형
③ 원형
④ 표면형

2022년 상시 기출문제 05회
빠르게 정답 확인하기!
스마트폰으로 QR 코드를 찍어 보세요.
정답표를 통해 편리하게 채점할 수 있습니다.

상시 기출문제 정답 & 해설

2024년 상시 기출문제 01회 2-36P

01 ④	02 ①	03 ③	04 ①	05 ②
06 ④	07 ③	08 ②	09 ①	10 ②
11 ③	12 ②	13 ①	14 ④	15 ②
16 ③	17 ①	18 ②	19 ④	20 ①
21 ②	22 ③	23 ③	24 ④	25 ③
26 ④	27 ①	28 ④	29 ④	30 ①
31 ③	32 ④	33 ②	34 ①	35 ③
36 ①	37 ④	38 ③	39 ②	40 ③

과목 01 컴퓨터 일반

01 ④

피기배킹(Piggybacking) : 정상 계정을 비인가된 사용자가 불법적으로 접근하여 정보를 빼내는 편승식 불법적 공격 방법으로 주로 PC방이나 도서관, 사무실 등에서 정상적으로 시스템을 종료하지 않고 자리를 떠난 경우 타인이 그 시스템으로 불법적 접근을 행하는 범죄 행위를 의미함

오답 피하기

- 스패밍(Spamming) : 불특정 다수에게 스팸 메일을 보내는 행위
- 스푸핑(Spoofing) : '속임수'의 의미로 어떤 프로그램이 정상적으로 실행되는 것처럼 위장하는 것
- 스니핑(Sniffing) : 특정한 호스트에서 실행되어 호스트에 전송되는 정보(계정, 패스워드 등)를 엿보는 행위

02 ①

Alt+Tab : 열려 있는 앱 간 전환

오답 피하기

- Alt+Enter : 선택한 항목에 대해 속성 표시
- Alt+F4 : 활성 항목을 닫거나 활성 앱을 종료
- Shift+Delete : 휴지통을 사용하지 않고 완전 삭제

03 ③

하드웨어의 결함이 생긴 경우라도 인터럽트가 발생하며 기계가 고장인 경우도 해당

04 ①

IPv6 주소 체계 : 128비트를 16비트씩 8부분으로 나누어 각 부분을 콜론(:)으로 구분하며 16진수로 표기함

05 ②

HTTP(HyperText Transfer Protocol) : 인터넷상에서 하이퍼텍스트를 주고받기 위한 프로토콜

오답 피하기

- FTP : 파일을 송수신하는 서비스
- SMTP : 사용자의 컴퓨터에서 작성한 메일을 다른 사람의 계정이 있는 곳으로 전송해 주는 전자우편을 송신하기 위한 프로토콜
- TCP : 메시지를 송수신의 주소와 정보로 묶어 패킷 단위로 나누고 전송 데이터의 흐름을 제어하고 데이터의 에러 유무를 검사함

06 ④

가상현실(VR : Virtual Reality) : 컴퓨터를 이용하여 특정 상황을 설정하고 구현하는 기술인 모의실험(Simulation)을 통해 실제 주변 상황처럼 경험하고 상호 작용하는 것처럼 느끼게 할 수 있는 인터페이스 시스템

07 ③

펌웨어(Firmware) : 비휘발성 메모리인 ROM에 저장된 프로그램으로, 하드웨어의 교체 없이 소프트웨어의 업그레이드만으로 시스템의 성능을 높일 수 있으며, 내용을 변경하거나 추가 또는 삭제할 수 있음

오답 피하기

- 프리웨어(Freeware) : 개발자가 무료로 자유로운 사용을 허용한 소프트웨어
- 셰어웨어(Shareware) : 정식 프로그램의 구매를 유도하기 위해 기능이나 사용 기간에 제한을 두어 무료로 배포하는 프로그램
- 애드웨어(Adware) : 광고가 소프트웨어에 포함되어 이를 보는 조건으로 무료로 사용할 수 있는 소프트웨어

08 ②

장치 관리자 : 하드웨어의 올바른 작동 여부를 확인할 수 있고, 하드웨어 장치를 제거할 수 있으며 컴퓨터에 설치된 디바이스 하드웨어 설정 및 드라이버 소프트웨어를 관리함

오답 피하기

- 앱 및 기능 : 앱을 이동하거나 수정 및 제거함
- 디스플레이 : 해상도, 디스플레이 방향 등을 설정함
- 개인 설정 : 배경, 색, 잠금 화면, 테마, 글꼴, 시작, 작업 표시줄 등에 대해 설정함

09 ①

가로채기 : 전송되는 데이터를 가는 도중에 도청 및 몰래 보는 행위로 정보의 기밀성을 저해함

오답 피하기

- 가로막기 : 데이터의 전달을 가로막아 수신자 측으로 정보가 전달되는 것을 방해하는 행위로 정보의 가용성을 저해함
- 변조/수정 : 원래의 데이터가 아닌 다른 내용으로 수정하여 변조시키는 행위로 정보의 무결성을 저해함
- 위조 : 사용자 인증과 관계되어 다른 송신자로부터 데이터가 온 것처럼 꾸미는 행위로 정보의 무결성을 저해함

10 ②

객체 지향 프로그래밍 : 프로그램에서 사용하는 데이터 구조의 데이터형과 사용하는 함수까지 정의하는 프로그래밍 기법으로 C++, Actor, SmallTalk, JAVA 등이 있음

오답 피하기

- 구조적 프로그래밍 : 하나의 입력과 출력을 갖는 구조로 GOTO문을 사용하지 않는 기법
- 하향식 프로그래밍 : 프로그램을 작성할 때 상위에서 하위 모듈순으로 작성해 나가는 기법
- 비주얼 프로그래밍 : GUI 환경에서 아이콘과 마우스를 이용하여 대화 형식으로 효율적이고 쉽게 프로그래밍하는 기법

11 ③

KB, MB, GB, TB 등은 기억 용량 단위임

오답 피하기

컴퓨터의 처리 속도 단위 : ㎳(milli second) → ㎲(micro second) → ㎱(nano second) → ps(pico second) → fs(femto second) → as(atto-second)

12 ②

HDD보다 외부로부터의 충격에 강하며 불량 섹터가 발생하지 않음

13 ①

누산기(Accumulator) : 중간 연산 결과를 일시적으로 기억하는 레지스터

오답 피하기

- ② : 프로그램 카운터(Program Counter) → 다음에 수행할 명령어의 번지(주소)를 기억하는 레지스터
- ③ : 명령 레지스터(IR : Instruction Register) → 현재 수행 중인 명령어를 기억하는 레지스터
- ④ : 명령 해독기(Instruction Decoder) → 수행해야 할 명령어를 해석하여 부호기로 전달하는 회로

14 ④

운영체제는 제어 프로그램(Control Program)과 처리 프로그램(Process Program)으로 구성됨

15 ②

오답 피하기

- 라우터(Router) : 데이터 전송을 위한 최적의 경로를 찾아 통신망에 연결하는 장치
- 브리지(Bridge) : 독립된 두 개의 근거리 통신망(LAN)을 연결하는 접속 장치
- 게이트웨이(Gateway) : 서로 구조가 다른 두 개의 통신 네트워크를 연결하는 데 쓰이는 장치

16 ③

전자우편에 첨부된 파일을 다른 이름으로 저장하더라도 컴퓨터 바이러스가 예방되지 않음

17 ①

디지털 워터마크(Digital Watermark) : 이미지(Image), 사운드(Sound), 영상, MP3, 텍스트(Text) 등의 디지털 콘텐츠에 사람이 식별할 수 없게 삽입해 놓은 비트 패턴 등을 말함

오답 피하기

- 방화벽 : 외부 네트워크에서 내부로 들어오는 패킷을 체크하여 인증된 패킷만 통과시킴
- 펌웨어(Firmware) : 비휘발성 메모리인 ROM에 저장된 프로그램으로, 하드웨어의 교체 없이 소프트웨어의 업그레이드만으로 시스템의 성능을 높일 수 있으며, 내용을 변경하거나 추가 또는 삭제할 수 있음
- 트랩 도어(Trap Door) : 백도어(Back Door)라고도 부르며, 시스템에서 보안이 제거되어 있는 통로

18 ②

IP 프로토콜 : 패킷 주소를 해석하고 경로를 결정하여 다음 호스트로 전송하며 OSI 7계층 중 네트워크(Network) 계층에 해당함

오답 피하기

①, ③, ④ : TCP 프로토콜의 기능

19 ④

병렬 포트 : 한 번에 8비트의 데이터가 동시에 전송되는 방식으로, 주로 프린터 등의 연결에 사용함

20 ①

휴지통에 보관되지 않고 완전히 삭제되어 복원이 불가능한 경우

- USB 메모리나 네트워크 드라이브에서 삭제한 경우
- 휴지통 비우기를 한 경우
- [Shift]+[Delete]로 삭제한 경우
- [휴지통 속성]의 [파일을 휴지통에 버리지 않고 삭제할 때 바로 제거]를 선택한 경우
- 같은 이름의 항목을 복사/이동 작업으로 덮어쓴 경우

과목 02 스프레드시트 일반

21 ②

- =POWER(수1,수2) : 수1을 수2만큼 거듭 제곱한 값을 구함
- =POWER(2,3) → 2^3(= 2×2×2) = 8

오답 피하기

- =Trunc(−5.6) → −5 : 음수에서 소수점 이하를 버리고 정수 부분(−5)을 반환함
- =Int(−7.2) → −8 : 소수점 아래를 버리고 가장 가까운 정수로 내리므로 −7.2를 내림. 음수는 0에서 먼 방향으로 내림
- =Mod(−7,3) → 2 : 나눗셈의 나머지를 구함

22 ③

- INDEX(범위, 행, 열) : 범위에서 지정한 행, 열에 있는 값을 반환함
- [B2:D11] 범위에서 3행 3열의 값을 반환하므로 결과는 9,600,000이 됨

23 ③

[차트 디자인] 탭–[데이터] 그룹에서 '행/열 전환'을 실행하면 아래와 같이 가로(항목) 축 레이블과 범례 항목(계열)이 상호 변경됨

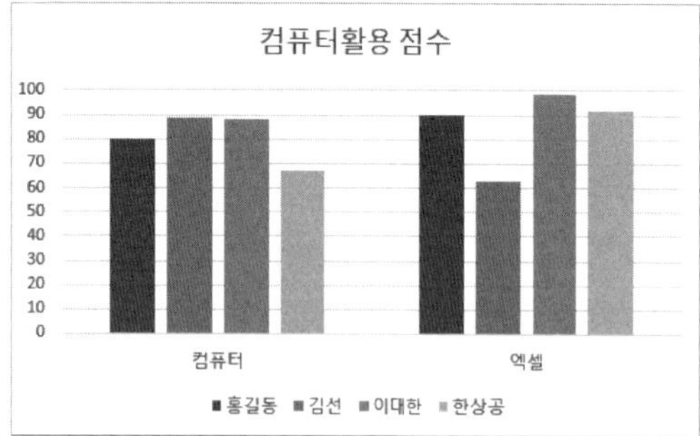

24 ④

숨겨진 열이나 행은 정렬 시 이동되지 않으므로 데이터를 정렬하기 전에 숨겨진 열과 행을 표시해야 됨

25 ③

Alt+Enter : 자동 줄 바꿈

26 ④

표면형 차트

- 두 개의 데이터 집합에서 최적의 조합을 찾을 때 사용함
- 표면형 차트는 데이터 계열이 두 개 이상일 때만 작성 가능함
- 3차원 표면형(골격형)으로 작성 가능함

오답 피하기

3차원 모양이 불가능한 차트 : 분산형, 도넛형, 방사형, 주식형 차트

27 ①

예상 값을 계산하는 데 사용하는 것은 시나리오임

28 ④

④ : 자동 필터가 설정된 표에서 사용자 지정 필터를 사용하여 검색할 때 서로 다른 열(주소, 직업)의 경우 '이거나'에 해당하는 데이터는 검색이 불가능함

29 ④

화면에 표시되는 틀 고정 형태는 인쇄 시에 나타나지 않음

30 ①

- 새 매크로 기록 : [개발 도구] 탭–[코드] 그룹–[매크로 기록]을 선택하여 매크로를 기록함
- Alt+F8 : [매크로] 대화 상자 실행

31 ③

=MODE.SNGL(범위1, 범위2) → #N/A : 최빈수가 존재하지 않으므로 #N/A가 발생함

오답 피하기

- =COUNT(범위1, 범위2) → 4 : 범위1, 범위2의 숫자의 개수를 구함
- =AVERAGE(범위1, 범위2) → 2.5 : 범위1, 범위2의 산술평균을 구함
- =SUM(범위1, 범위2) → 10 : 범위1, 범위2의 합을 구함

32 ④

- 메모 입력 : Shift+F2
- 메모는 셀에 입력된 데이터를 지울 경우 자동으로 삭제되지 않음
- [검토]–[메모]–[삭제]에서 삭제할 수 있음
- [홈]–[편집]–[지우기]–[메모 지우기]에서도 삭제할 수 있음

33 ②

[여백] 탭에서는 위쪽, 아래쪽, 왼쪽, 오른쪽, 머리글, 바닥글, 페이지 가운데 맞춤 등의 설정 작업을 수행함

34 ①

수식 셀은 수량과 단가의 곱에 할인율이 적용된 판매가격이므로 [D3] 셀이 수식 셀에 입력되어야 함

35 ③

시트 이름은 공백을 포함하여 31자까지 사용 가능하며 :, ₩, /, ?, *, [ ]는 사용할 수 없음

36 ①

고급 필터의 AND(이고, 이면서) 조건

- 첫 행에 필드명을 나란히 입력하고 다음 동일한 행에 조건을 입력함
- 따라서, 근무 기간이 15년 이상(>=)이면서 나이가 50세 이상(>=)인 조건은 다음과 같이 작성됨

근무 기간	나이
>=15	>=50

오답 피하기

- ② : 근무 기간이 15년 이상이거나(또는) 나이가 50세 이상인 경우 (OR 조건)
- ③, ④ : 첫 행에 필드명을 나란히 입력하고 다음 동일한 행에 조건을 입력해야 함

37 ④

그룹화할 항목은 부분합을 실행하기 전에 오름차순이나 내림차순으로 정렬되어 있어야 함

38 ③

③ =REPT("♣", COUNTIF($B$3:$B$10, D3)) → ♣

- COUNTIF(검색 범위, 조건) : 검색 범위에서 조건을 만족하는 셀의 개수를 구함
- COUNTIF($B$3:$B$10, D3)) : [$B$3:$B$10] 범위에서 [D3] 셀의 값인 "A"의 개수를 구하므로 결과는 1이 됨
- REPT(반복할 텍스트, 반복 횟수) : 반복 횟수만큼 반복할 텍스트를 표시함
- REPT("♣", 1) : "♣" 기호를 1번 나타냄

39 ②

매크로 실행 바로 가기 키가 엑셀의 바로 가기 키보다 우선함

40 ③

- 원금이 [C4], [D4], [E4], [F4] 셀에 입력되어 있으므로 C, D, E, F열은 상대 참조로 하고 공통인 4행을 절대 참조($4)로 함 → C$4
- 이율이 [B5], [B6], [B7], [B8] 셀에 입력되어 있으므로 공통인 B열을 절대 참조($B)로 하고 5, 6, 7, 8행은 상대 참조로 함 → $B5
- 따라서, [C5] 셀에 입력할 수식은 =C$4*$B5가 됨

	A	B	C	D	E	F
1	이율과 원금에 따른 수익금액					
2						
3			원금			
4			5000000	10000000	30000000	500000000
5	이율	0.015	=C$4*$B5	=D$4*$B5	=E$4*$B5	=F$4*$B5
6		0.023	=C$4*$B6	=D$4*$B6	=E$4*$B6	=F$4*$B6
7		0.03	=C$4*$B7	=D$4*$B7	=E$4*$B7	=F$4*$B7
8		0.05	=C$4*$B8	=D$4*$B8	=E$4*$B8	=F$4*$B8

2024년 상시 기출문제 02회 2-43P

01 ③	02 ④	03 ②	04 ①	05 ③
06 ②	07 ①	08 ④	09 ①	10 ④
11 ③	12 ④	13 ①	14 ③	15 ②
16 ①	17 ②	18 ④	19 ④	20 ③
21 ③	22 ③	23 ①	24 ②	25 ②
26 ②	27 ③	28 ③	29 ③	30 ③
31 ②	32 ②	33 ③	34 ④	35 ②
36 ①	37 ①	38 ②	39 ③	40 ①

과목 01 컴퓨터 일반

01 ③

오답 피하기

- 방화벽 : 외부로부터의 불법적인 침입을 막을 수는 있으나 내부의 해킹 행위에는 무방비하다는 단점이 있음
- DDoS : 분산 서비스 거부 공격
- 루트킷(Rootkit) : 해커가 시스템의 해킹 여부를 사용자가 알 수 없도록 하기 위해 사용하는 프로그램

02 ④

매크로(Macro) 바이러스 : Microsoft 사에서 개발된 엑셀과 워드 프로그램에서 사용하는 문서 파일에 감염되는 바이러스로, 일반 응용 프로그램에서 사용하는 매크로를 통하여 문서를 읽을 때 감염됨(예 Laroux, Extras)

오답 피하기

- 부트(Boot) 바이러스 : 메모리 상주형 바이러스로, 컴퓨터가 처음 가동될 때 하드디스크의 가장 처음 부분인 부트 섹터에 감염되는 바이러스(예 브레인, 미켈란젤로 등)
- 파일(File) 바이러스 : 실행 가능한 프로그램에 감염되는 바이러스를 말하며, COM, EXE, SYS 등의 확장자를 가진 파일에 감염됨(예 CIH, 예루살렘 등)
- 부트(Boot) & 파일(File) 바이러스 : 부트 섹터와 파일에 모두 감염되는 바이러스로, 스스로 복제가 가능하게 설계된 바이러스(예 Ebola, 데킬라)

03 ②

버스(Bus)는 컴퓨터 내에서 중앙 처리 장치와 주기억 장치, 입출력 장치 간에 정보를 전송하는 데 사용되는 전기적 공통 선로이며 사용 용도에 따라 내부, 외부(시스템), 확장 버스로 분류되며 외부(시스템) 버스는 주소 버스(Address Bus), 데이터 버스(Data Bus), 제어 버스(Control Bus)로 나누어 짐

04 ①

WMV(Windows Media Video) : MS 사가 개발한 스트리밍이 가능한 오디오 및 비디오 포맷

오답 피하기

②, ③, ④ : 그래픽 파일 형식

05 ③

플래시 메모리(Flash Memory) : 비휘발성 EEPROM의 일종으로 PROM 플래시라고도 하며 전기적으로 내용을 변경하거나 일괄 소거도 가능함. 전력 소모가 적고 데이터 전송 속도가 빨라 디지털카메라, MP3 Player와 같은 디지털 기기에서 사용됨. 데이터를 저장하는 최소 단위는 셀(Cell)이며 블록 단위로 기록되므로 수정이 쉬움

06 ②

해상도(Resolution)

- 디스플레이 모니터 내에 포함되어 있는 픽셀(Pixel)의 숫자
- 일반적으로 그래픽 화면의 선명도를 나타내는 것으로, 픽셀의 수가 많아질수록 해상도는 높아짐

07 ①

인터넷 쇼핑몰 상품 가격 비교표 작성은 컴퓨터 범죄에 해당하지 않음

08 ④

드라이브 조각 모음 및 최적화 : 디스크에 프로그램이 추가되거나 제거되고 파일들이 수정되거나 읽기, 쓰기가 반복되면서 디스크에 비연속적으로 분산 저장된 단편화된 파일들을 모아서 디스크를 최적화함

오답 피하기

- 디스크 검사 : 파일과 폴더 및 디스크의 논리적, 물리적인 오류를 검사하고 수정함
- 디스크 정리 : 디스크의 사용 가능한 공간을 늘리기 위하여 불필요한 파일들을 삭제하는 작업
- 디스크 포맷 : 하드디스크나 플로피 디스크를 초기화하는 것으로 트랙과 섹터로 구성하는 작업

09 ①

- 아날로그 컴퓨터의 특징 : 연속적인 물리량(전류, 온도, 속도 등), 증폭 회로, 미적분 연산, 특수 목적용 등
- 디지털 컴퓨터의 특징 : 숫자, 문자 등의 셀 수 있는 데이터를 취급, 구성 회로는 논리 회로, 주요 연산은 사칙 연산 등을 수행, 기억 장치와 프로그램이 필요, 범용 등

10 ④

Hamming Code : 에러 검출과 교정이 가능한 코드로, 최대 2비트까지 에러를 검출하고 1비트의 에러 교정이 가능한 방식

오답 피하기

- BCD : Zone은 2비트, Digit는 4비트로 구성됨. 6비트로 64가지의 문자 표현이 가능함
- ASCII : Zone은 3비트, Digit는 4비트로 구성됨. 7비트로 128가지의 표현이 가능함
- EBCDIC : Zone은 4비트, Digit는 4비트로 구성됨. 8비트로 256가지의 표현이 가능함

11 ③

[포맷] 창에서 파티션 제거 기능은 지원되지 않음

오답 피하기

용량, 파일 시스템, 할당 단위 크기, 장치 기본 값 복원, 볼륨 레이블, 빠른 포맷 등이 지원됨

12 ④

캐시 메모리(Cache Memory) : CPU와 주기억 장치 사이에 있는 고속의 버퍼 메모리, 자주 참조되는 데이터나 프로그램을 메모리에 저장, 메모리 접근 시간을 감소시키는 데 그 목적이 있음

오답 피하기

RAM의 종류 중 SRAM이 캐시 메모리로 사용됨

13 ①

다중 디스플레이 설정 : [설정]–[시스템]–[디스플레이]의 '여러 디스플레이'에서 설정함

14 ③

SSD(Solid State Drive) : 기존 HDD에서 발생하는 기계적 소음이 없는 무소음이며, 소비 전력이 저전력이고, 고효율의 속도를 보장해 주는 보조 기억 장치

15 ②

오답 피하기

- 폴더 내의 모든 항목을 선택하려면 Ctrl+A를 누름
- 연속되어 있지 않은 파일이나 폴더를 선택하려면 Ctrl을 누른 상태에서 선택하려는 각 항목을 클릭함
- 연속되는 여러 개의 파일이나 폴더 그룹을 선택하려면 첫째 항목을 클릭한 다음 Shift를 누른 상태에서 마지막 항목을 클릭함

16 ①

스마트 그리드(Smart Grid) : 전기 생산부터 소비까지 전 과정에 정보통신기술(ICT)을 결합한 지능형 전력망으로 공급자와 소비자가 쌍방간 실시간으로 정보를 교환하여 고품질의 전력을 제공받고 에너지 효율을 최적화하는 차세대 지능형 전력망 시스템

오답 피하기

사물인터넷(IoT) : Internet Of Things의 약어로 인간 대 사물, 사물 대 사물 간에 인터넷으로 연결되어 정보의 소통이 가능한 기술

17 ②

URL(Uniform Resource Locator) : 인터넷에서 정보의 위치를 알려주는 표준 주소 체계

오답 피하기

- DNS : 문자 형태로 된 도메인 네임을 컴퓨터가 인식할 수 있는 숫자로 된 IP 어드레스로 변환해 주는 컴퓨터 체계
- HTTP : 인터넷상에서 하이퍼텍스트를 주고받기 위한 프로토콜
- NIC : 인터넷 정보 센터(Network Information Center)

18 ④

웨어러블 디바이스(Wearable Device) : 컴퓨터 칩이 내장되어 있는 입거나 몸에 착용 가능한 형태의 기기나 액세서리(시계, 안경 등)로 인터넷이 가능하며 스마트기기와의 정보 공유가 가능한 서비스

19 ④

문단 정렬과 문단 여백 설정 기능은 지원되지 않음

20 ③

HTML5(HyperText Markup Language 5) : 액티브X나 플러그인 등의 프로그램 설치 없이 동영상이나 음악 재생을 실행할 수 있는 웹 표준 언어

오답 피하기

- XML(eXtensible Markup Language) : 기존 HTML의 단점을 보완하고 문서의 구조적인 특성들을 고려하여 문서들을 상호 교환할 수 있도록 설계된 프로그래밍 언어
- VRML(Virtual Reality Modeling Language) : 입체적인 이미지를 갖는 3차원의 가상적 세계를 인터넷상에 구축하는 언어
- JSP(Java Server Page) : ASP, PHP와 동일하게 웹 서버에서 작동하는 스크립트 언어로 작성된 프로그램은 자바 서블릿 코드로 변환되어서 실행됨

과목 02 스프레드시트 일반

21 ③

바로 가기 키는 기본적으로 Ctrl이 지정되며 영문자만 가능함

22 ③

삭제한 시트는 실행 취소 명령으로 되살릴 수 없음

23 ①

도형이나 그림 등에 하이퍼링크를 지정할 수 있음

24 ②

- =SUMIFS(합계 구할 범위, 셀범위1, 조건1, 셀범위2, 조건2) : 셀범위1에서 조건1이 만족하고, 셀범위2에서 조건2가 만족되는 경우 합계를 구할 범위에서 합을 구함
- =SUMIFS(D2:D6, A2:A6, "연필", B2:B6, "서울") → 500

A7 =SUMIFS(D2:D6, A2:A6, "연필", B2:B6, "서울")

	A	B	C	D	E	F	G	H
1	품목	대리점	판매계획	판매실적				
2	연필	경기	150	100				
3	볼펜	서울	150	200				
4	연필	서울	300	300				
5	볼펜	경기	300	400				
6	연필	서울	300	200				
7	500							

25 ②

#NAME? : 함수 이름이나 정의되지 않은 셀 이름을 사용한 경우, 수식에 잘못된 문자열을 지정하여 사용한 경우

오답 피하기

- #N/A : 수식에서 잘못된 값으로 연산을 시도한 경우나 찾기 함수에서 결과값을 찾지 못한 경우
- #NULL! : 교점 연산자(공백)를 사용했을 때 교차 지점을 찾지 못한 경우
- #VALUE! : 수치를 사용해야 할 장소에 다른 데이터를 사용하는 경우

26 ②

- 추세선은 계열의 추세에 대한 예측 가능한 흐름을 표시한 것
- 추세선의 종류에는 지수, 선형, 로그, 다항식, 거듭 제곱, 이동 평균 등 6가지 종류로 구성됨
- 방사형, 원형, 도넛형 차트에는 추세선을 사용할 수 없음
- 하나의 데이터 계열에 두 개 이상의 추세선을 동시에 사용할 수 있음

27 ③

[눈금선] 항목을 선택하여 체크 표시하면 작업시트의 셀 구분선이 인쇄됨

28 ③

- ROW(행 번호를 구할 셀) : 참조의 행 번호를 반환함
- [A2] 셀에 =row()-1을 입력하고 채우기 핸들을 [A7] 셀까지 복사하면 해당 행 번호에서 1을 뺀 결과가 번호가 되므로 3행을 삭제하더라도 번호 1, 2, 3, 4, 5가 유지됨

29 ③

오름차순 정렬과 내림차순 정렬에서 공백은 맨 마지막에 위치하게 됨

30 ③

성적이 높은 순(내림차순)으로 석차를 구하는 수식 RANK.EQ(D2, $D$2:$D$5)에 의해 1, 2, 3, 4가 결과로 나오게 되면 CHOOSE 함수에 의해 1등인 경우 "천하", 2등인 경우 "대한", 3등인 경우 "영광", 4등인 경우 "기쁨"이 되므로 [E2] 셀의 김나래는 석차가 3등, 즉 "영광"이 결과 값이 됨

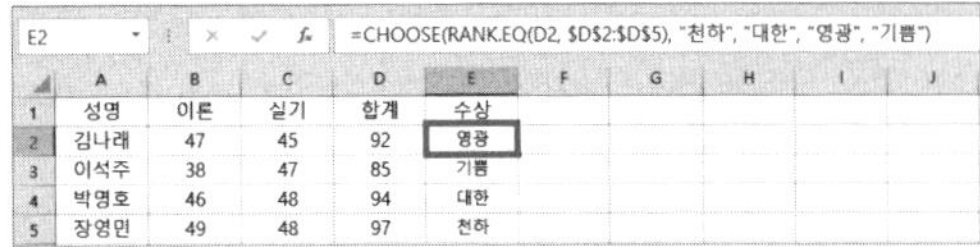
E2 =CHOOSE(RANK.EQ(D2, $D$2:$D$5), "천하", "대한", "영광", "기쁨")

	A	B	C	D	E
1	성명	이론	실기	합계	수상
2	김나래	47	45	92	영광
3	이석주	38	47	85	기쁨
4	박명호	46	48	94	대한
5	장영민	49	48	97	천하

31 ②

- =VLOOKUP(찾을 값, 범위, 열 번호, 방법) : 범위의 첫 번째 열에서 찾을 값을 찾아서 지정한 열에서 같은 행에 있는 값을 표시함
- 찾을 값 → 박지성, 범위 → $A$3:$D$5, 열 번호 → 4(결석), 방법 → 0(정확한 값을 찾음), 1이면 찾을 값의 아래로 근사 값
- =VLOOKUP("박지성", $A$3:$D$5, 4, 0) → 5

32 ②

- ? : 소수점 왼쪽 또는 오른쪽에 있는 유효하지 않은 0 대신 공백을 추가하여 소수점을 맞춤
- 따라서, 입력 데이터 44.398에 표시 형식 ???.???을 지정하면 표시 결과는 44.398이 됨

오답 피하기

- ① 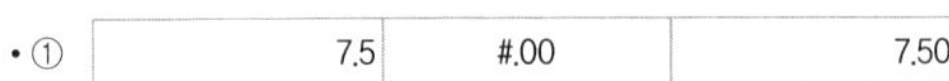

7.5	#.00	7.50

  – # : 유효 자릿수만 나타내고 유효하지 않은 0은 표시하지 않음
  – 0 : 유효하지 않은 자릿수를 0으로 표시함

- ③ 

12,200,000	#,##0,	12,200

  – , : 천 단위 구분 기호로 쉼표를 삽입하거나 쉼표 이후 더 이상 코드를 사용하지 않으면 천 단위 배수로 표시함

- ④ 

상공상사	@ "귀중"	상공상사 귀중

  – @ : 문자 뒤에 특정한 문자열을 함께 나타나게 함

33 ③

'쓰기 암호'가 지정된 경우라도 파일을 수정하고 다른 이름으로 저장하는 경우는 '쓰기 암호'를 입력하지 않아도 됨

34 ④

제한 대상 : 모든 값, 정수, 소수점, 목록, 날짜, 시간, 텍스트 길이, 사용자 지정 등

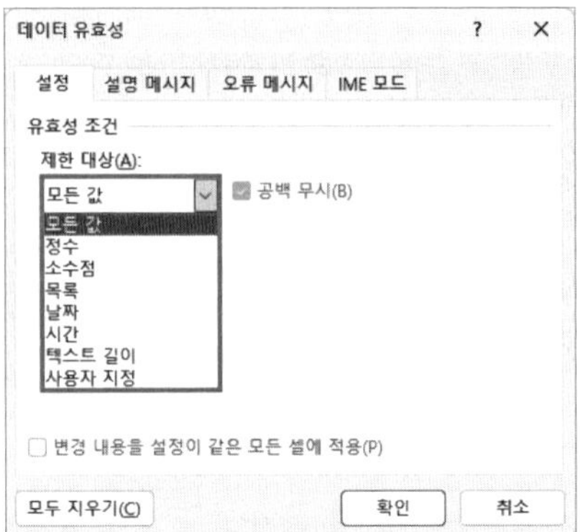

35 ②

[시트] 탭에서 '반복할 행'에 [$4:$4]을 지정한 경우 모든 페이지에 4행의 내용이 반복되어 인쇄됨

36 ①

도넛형 차트 : 첫째 조각의 각 0~360도 회전 가능

37 ①

셀 잠금 또는 수식 숨기기를 적용하려면 워크시트를 보호해야 하며, 워크시트를 보호하려면 [검토] 탭에서 [변경 내용] 그룹을 선택한 다음 [시트 보호] 단추를 클릭함

38 ②

1학년 1반은 복사되며 마지막의 001번이 1씩 증가함

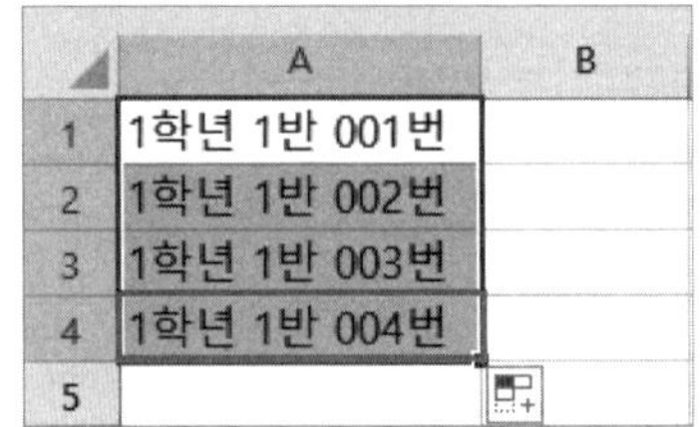

	A	B
1	1학년 1반 001번	
2	1학년 1반 002번	
3	1학년 1반 003번	
4	1학년 1반 004번	
5		

39 ③

하위 데이터 집합에도 필터와 정렬을 적용하여 원하는 정보만 강조할 수 있으며 조건부 서식 역시 적용 가능하므로 데이터를 시각적으로 탐색 및 분석할 수 있음

40 ①

윗주에 입력된 텍스트 중 일부분의 서식을 별도로 변경할 수 없음

2024년 상시 기출문제 03회				2-50P
01 ②	02 ④	03 ①	04 ④	05 ③
06 ③	07 ③	08 ①	09 ①	10 ④
11 ④	12 ①	13 ④	14 ③	15 ③
16 ④	17 ④	18 ③	19 ④	20 ②
21 ①	22 ④	23 ②	24 ①	25 ②
26 ②	27 ②	28 ②	29 ①	30 ②
31 ④	32 ④	33 ②	34 ③	35 ②
36 ③	37 ③	38 ③	39 ④	40 ②

과목 01 컴퓨터 일반

01 ②

유틸리티(Utility) : 컴퓨터를 더 효율적으로 사용하기 위한 프로그램(예 압축 소프트웨어)

오답 피하기

- 인터프리터(Interpreter) : 대화식 언어로 작성된 프로그램을 필요할 때마다 매번 기계어로 번역하여 실행하는 프로그램
- 컴파일러(Compiler) : 고급 언어를 기계어로 번역하는 프로그램
- 어셈블러(Assembler) : 어셈블리 언어를 기계어로 번역하는 프로그램

02 ④

가상 메모리(Virtual Memory) : 보조 기억 장치의 일부, 즉 하드디스크의 일부를 주기억 장치처럼 사용하는 메모리 사용 기법으로 기억 장소를 주기억 장치의 용량으로 제한하지 않고, 보조 기억 장치까지 확대하여 사용함

03 ①

유니코드(Unicode)
- 2바이트 코드로 세계 각 나라의 언어를 표현할 수 있는 국제 표준 코드
- 한글의 경우 조합, 완성, 옛 글자 모두 표현 가능함
- 16비트이므로 2^{16}인 65,536자까지 표현 가능함
- 한글은 초성 19개, 중성 21개, 종성 28개가 조합된 총 11,172개의 코드로 모든 한글을 표현함

04 ④

MIDI(Musical Instrument Digital Interface) : 용량이 작으며 사람의 목소리나 자연음을 재생할 수 없음

오답 피하기

WAVE : 자연의 음향과 사람의 음성 표현이 가능하며 음질이 뛰어나기 때문에 파일의 용량이 큼

05 ③

HDMI(High-Definition Multimedia Interface)
- 고선명 멀티미디어 인터페이스로 비압축 방식이므로 영상이나 음향 신호 전송 시 소프트웨어나 디코더 칩(Decoder Chip) 같은 별도의 디바이스가 필요 없음
- 기존의 아날로그 케이블보다 고품질의 음향이나 영상을 전송함

오답 피하기

- DVI(Digital Video Interactive) : 디지털 TV를 만들기 위해 개발되었던 것을 인텔에서 인수하여 동영상 압축 기술(최대 144:1 정도)로 개발함
- USB(Universal Serial Bus) : 허브(Hub)를 사용하면 최대 127개의 주변 기기 연결이 가능한 범용 직렬 버스 장치
- IEEE-1394 : 미국전기전자학회(IEEE)가 표준화한 직렬 인터페이스 규격의 포트

06 ③

접근성 : 사용자의 시력, 청력, 기동성에 따라 컴퓨터 설정을 조정하고 음성 인식을 사용하여 음성 명령으로 컴퓨터를 조정함

오답 피하기

- 동기화 센터 : 컴퓨터의 파일이 네트워크 서버의 파일(오프라인 파일)과 동기화되도록 설정한 경우 동기화 센터를 사용하여 최신 동기화 작업의 결과를 확인할 수 있음
- 사용자 정의 문자 편집기 : 문자를 직접 만들어서 문자표로 문서에 삽입할 수 있음
- 프로그램 호환성 관리자 : 이전 프로그램에서 알려진 호환성 문제를 검색, 이 Windows 버전에서 이전 프로그램을 실행하면 프로그램 호환성 관리자는 문제가 있는지 알려주고 다음에 프로그램을 실행할 때 문제를 해결할 수 있게 해 줌

07 ③

V3 유틸리티는 파일 감염 여부의 점검과 치료를 담당함

08 ①

전자우편은 기본적으로 7비트의 ASCII 코드를 사용하여 전송함

09 ①

한글 Windows의 [폴더 옵션] 창에서 선택된 폴더에 암호를 설정하는 기능은 지원되지 않음

10 ④

OSI 7 계층 : 물리 계층, 데이터 링크 계층, 네트워크 계층, 전송 계층, 세션 계층, 표현 계층, 응용 계층

11 ④

④ 트리(Tree)형 : 중앙의 컴퓨터와 일정 지역의 단말기까지는 하나의 통신 회선으로 연결되어 이웃 단말기는 이 단말기로부터 근처의 다른 단말기로 회선이 연장되는 형태, 분선 처리 시스템이 가능하고 통신 선로가 가장 짧음, 단방향 전송에 적합, CATV망 등에 사용, 성(Star)형이 아님에 주의해야 함

오답 피하기

① : 링(Ring)형, ② : 망(Mesh)형, ③ : 버스(Bus)형에 대한 설명임

12 ①

일괄 처리 시스템(Batch Processing System) : 발생한 자료를 일정 기간 모아 두었다가 한꺼번에 처리하는 방식

오답 피하기

- 실시간 처리 시스템 : 발생한 자료를 바로 처리하는 시스템
- 시분할 시스템 : 다수의 이용자가 여러 개의 입출력 장치를 동시에 사용할 수 있는 방식
- 분산 처리 시스템 : 각 지역별로 발생한 자료를 분산 처리하는 방식

13 ④

- (300 × 200 × 1)/10 = 6,000Byte = 6KB
- 256색상은 8비트(2^8)로 표현이 가능하며, 8비트는 1바이트이므로 픽셀당 저장 용량은 1이 됨

14 ③

서브넷 마스크(Subnet Mask)
- 네트워크 ID와 호스트 ID를 구분해 주는 역할을 함
- Subnet은 여러 개의 LAN에 접속하는 경우 하나의 LAN을 의미함
- Subnet Mask는 IP 수신자에게 제공하는 32비트 주소
- 대부분 255.255.255.0의 C 클래스(Class)로 정의함

15 ③

키오스크(Kiosk) : 고객의 편의를 위하여 공공장소에 설치된 컴퓨터 자동화 시스템

16 ④

Smart TV : TV 안에 중앙 처리 장치(CPU)가 설치되고 운영체제(OS)에 의해 구동되며 TV 방송뿐만 아니라 PC처럼 인터넷이 가능하여 검색 기능과 게임, VOD 등이 가능한 TV로 '쌍방향 TV, 인터넷 TV 또는 커넥티드 TV'라고도 함

오답 피하기

- HDTV(High Definition TeleVision) : 고화질 텔레비전
- Cable TV : 유선 방송 텔레비전
- IPTV(Internet Protocol TV) : 초고속 인터넷을 이용한 TV로 방송 등 다양한 콘텐츠를 제공받는 TV

17 ④

반이중(Half Duplex) 방식 : 양쪽 방향에서 데이터 전송은 가능하지만 동시 전송은 불가능한 방식(예 무전기)

오답 피하기

- 단방향(Simplex) 방식 : 한쪽 방향으로만 데이터 전송이 가능한 방식(예 라디오, TV 방송)
- 전이중(Full Duplex) 방식 : 양쪽 방향에서 동시에 데이터 전송이 가능한 방식(예 전화)

18 ③

VOD(Video On Demand)는 사용자의 주문에 의해 데이터베이스로 구축되어 있는 영화나 드라마, 뉴스 등의 비디오 정보를 실시간으로 즉시 전송해 주는 서비스로 사용자 간의 커뮤니케이션을 목적으로 하지 않음

19 ④

라우터(Router) : 데이터 전송을 위한 최적의 경로를 선택함

오답 피하기

- 허브(Hub) : 집선 장치로서 각 회선을 통합적으로 관리함
- 브리지(Bridge) : 독립된 두 개의 근거리 통신망을 연결하는 접속 장치

20 ②

복호화는 비밀키로 하고 암호화는 공개키로 함

과목 02 스프레드시트 일반

21 ①

시나리오 관리자 : 변경 요소가 많은 작업표에서 가상으로 수식이 참조하고 있는 셀의 값을 변화시켜 작업표의 결과를 예측하는 기능

오답 피하기

- 목표값 찾기 : 수식의 결과값은 알고 있으나 그 결과값을 얻기 위한 입력값을 모를 때 사용함
- 부분합 : 워크시트에 있는 데이터를 일정한 기준으로 요약하여 통계 처리를 수행하며 정렬 작업이 선행되어야 함
- 통합 : 데이터 통합은 하나 이상의 원본 영역을 지정하여 하나의 표로 데이터를 요약함

22 ④

원본 데이터에 연결 : 원본 데이터가 변경될 때 통합된 데이터 결과가 자동으로 업데이트됨

오답 피하기

- 범위의 범위를 변경해야 하는 경우(또는 범위를 바꾸려면) 통합 팝업에서 범위를 클릭하고 통합 단계를 사용하여 업데이트하며, 이 경우 새 범위 참조가 만들어지므로 다시 통합하기 전에 이전 참조를 삭제해야 함(이전 참조를 선택하고 Delete 를 누름)
- 원본 및 대상 영역이 동일한 시트에 있는 경우에는 연결을 만들 수 없음

23 ②

- AND 조건 : 첫 행에 필드명을 나란히 입력하고, 동일한 행에 조건을 입력함
- OR 조건 : 첫 행에 필드명을 나란히 입력하고, 서로 다른 행에 조건을 입력함
- 조건 범위 [A9:B11]에 의해 합계가 '90보다 크고 95보다 작은' 김진아(합계 92), 장영주(합계 94)와 '70보다 작은' 김시내(합계 65)가 필터링되므로 결과의 레코드 수는 3이 됨

성명	이론	실기	합계
김진아	47	45	92
장영주	46	48	94
김시내	40	25	65

24 ①

Alt+M을 누르면 [수식] 탭이 선택됨

25 ②

눈금선
- 워크시트 눈금선을 인쇄에 포함하려면 눈금선 확인란을 선택함
- 눈금선은 워크시트에 표시할지 여부에 관계 없이 기본적으로 인쇄되지 않음

오답 피하기
- ① 메모 : '(없음)', '시트 끝', '시트에 표시된 대로' 중 하나를 선택하여 인쇄할 수 있음
- ③ 간단하게 인쇄 : 인쇄 시 테두리나 그래픽 등을 생략하고 데이터만 인쇄함
- ④ 인쇄 영역 : 숨겨진 행이나 열은 인쇄되지 않음

26 ②

- ROUNDDOWN(수1, 수2) : 수1을 무조건 내림하여 자릿수(수2)만큼 반환함
- ROUNDDOWN(165.657, 2) : 165.657을 무조건 내림하여 2자릿수만큼 반환함 → 165.65
- POWER(−2, 3) : −2의 3제곱을 구함 → −8
- ABS(−8) : −8의 절대값을 구함 → 8
- 따라서 165.65 − 8 = 157.65가 됨

27 ②

- INDEX(B2:C6,4,2) : [B2:C6] 범위에서 4행 2열의 값 → 100
- LARGE(B2:C6,2) : [B2:C6] 범위에서 2번째로 큰 값 → 98
- =SUM(100,98) : 합을 구함 → 198

28 ②

Ctrl+Page Up / Ctrl+Page Down : 활성 시트의 앞/뒤 시트로 이동함

오답 피하기
- ① (ㄱ) Home : 해당 행의 A열로 이동함. (ㄴ) Ctrl+Home : 워크시트의 시작 셀(A1)로 이동함
- ③ (ㄱ) Ctrl+← : 현재 영역의 좌측 마지막 셀로 이동함. (ㄴ) Ctrl+→ : 현재 영역의 우측 마지막 셀로 이동함
- ④ (ㄱ) Shift+↑ : 위쪽으로 범위가 설정됨. (ㄴ) Shift+↓ : 아래쪽으로 범위가 설정됨

29 ①

[계열 차트 종류 변경]을 이용하여 꺾은선형으로 변경한 다음 [데이터 계열 서식] 대화 상자의 [채우기 및 선]에서 [완만한 선]을 설정함

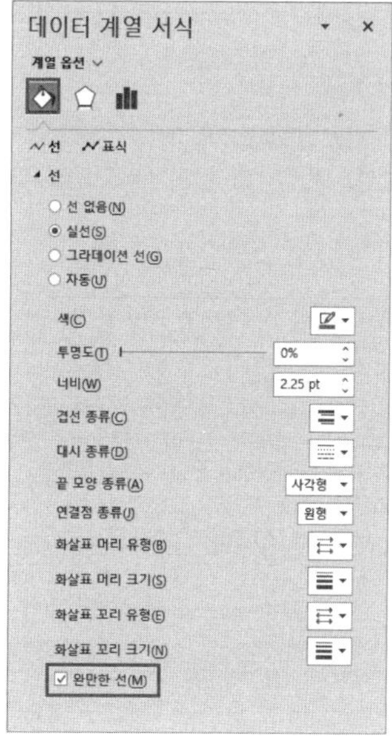

30 ②

창 나누기를 수행하면 셀 포인트의 왼쪽과 위쪽으로 창 구분선이 표시됨

31 ④

=AND(6<5, 7>5) → FALSE(AND 함수는 두 조건이 모두 만족할 때만 TRUE가 됨)

오답 피하기
- =RIGHT("Computer",5) → puter(오른쪽에서 5개를 추출)
- =POWER(2,3) → 8(2의 세제곱)
- =TRUNC(5.96) → 5(=TRUNC(수1, 수2)는 수1을 무조건 내림하여 수2만큼 반환함. 수2 생략 시 0으로 처리되므로 5가 됨)

32 ④

오답 피하기

- ① : 수식 작성 중 마우스로 셀을 클릭하면 기본적으로 해당 셀이 상대 참조로 처리됨
- ② : 수식에 셀 참조를 입력한 후 셀 참조의 이름을 정의한 경우에는 참조 에러가 발생하지 않음
- ③ : 셀 참조 앞에 워크시트 이름과 느낌표(!)를 차례로 넣어서 다른 워크시트에 있는 셀을 참조함

33 ②

목표값 찾기에서 변하는 데이터는 한 개만 지정해야 함

오답 피하기

목표값 찾기 : 수식의 결과값은 알고 있으나 그 결과값을 얻기 위한 입력값을 모를 때 이용하는 기능

34 ③

텍스트, 텍스트/숫자 조합은 셀에 입력하는 처음 몇 자가 해당 열의 기존 내용과 일치하면 자동으로 입력되지만 날짜, 시간 데이터는 자동으로 입력되지 않음

35 ②

작성된 피벗 테이블을 삭제하는 경우 함께 작성한 피벗 차트는 일반 차트로 변경됨

36 ③

- [페이지 설정]–[머리글/바닥글] 탭–[머리글 편집]에서 설정함
- &[페이지 번호] : 현재 페이지 번호를 자동으로 삽입함
- –&[페이지 번호] Page–의 결과는 '–1 Page–'처럼 표시됨

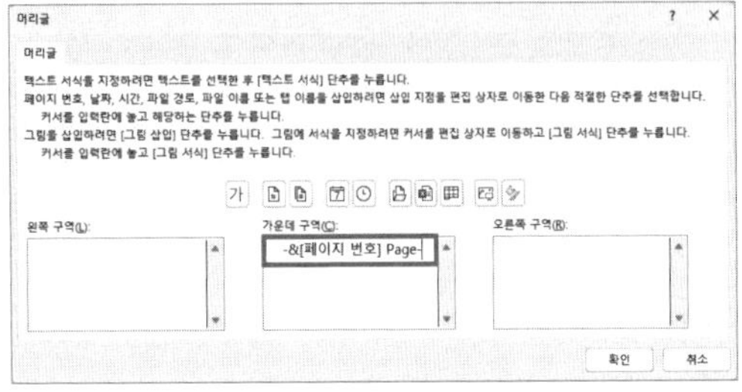

37 ③

③ **=SUM(LARGE(B3:D3, 2), SMALL(B3:D3, 2)) → 174**
- LARGE(B3:D3, 2) → 87(B3:D3 범위에서 2번째로 큰 수를 구함)
- SMALL(B3:D3, 2) → 87(B3:D3 범위에서 2번째로 작은 수를 구함)
- SUM(87,87) → 174(인수로 지정한 숫자의 합계를 구함)

오답 피하기

① **=SUM(COUNTA(B2:D4), MAXA(B2:D4)) → 109**
- COUNTA(B2:D4) → 9(B2:D4 범위에서 공백이 아닌 인수의 개수를 구함)
- MAXA(B2:D4) → 100(B2:D4 범위의 인수 중에서 최대값을 구함)
- SUM(9,100) → 109(인수로 지정한 숫자의 합계를 구함)

② **=AVERAGE(SMALL(C2:C4, 2), LARGE(C2:C4, 2)) → 87**
- SMALL(C2:C4, 2) → 87(C2:C4 범위에서 2번째로 작은 수를 구함)
- LARGE(C2:C4, 2) → 87(C2:C4 범위에서 2번째로 큰 수를 구함)
- AVERAGE(87,87) → 87(인수로 지정한 숫자의 평균을 구함)

④ **=SUM(COUNTA(B2,D4), MINA(B2,D4)) → 85**
- COUNTA(B2,D4) → 2(B2와 D4, 2개의 인수 개수를 구함)
- MINA(B2,D4) → 83(B2셀의 값 83, D4셀의 값 100에서 작은 값을 구함)
- SUM(2,83) → 85(인수로 지정한 숫자의 합계를 구함)

38 ③

날짜 및 시간 데이터의 텍스트 맞춤은 기본 오른쪽 맞춤으로 표시됨

39 ④

- MOD(수1, 수2) : 수1을 수2로 나눈 나머지 값을 구함
- COLUMN(열 번호를 구하려는 셀) : 참조의 열 번호를 반환함
- =MOD(COLUMN(B3),2)=0 : COLUMN(B3)에 의해 B열의 열 번호 2를 가지고 2로 나눈 나머지가 0이면 참이 되므로 조건부 서식이 적용됨. 따라서 B열과 D열(열 번호 4)은 나머지가 0이 되어 조건부 서식이 적용됨

오답 피하기

COLUMNS(배열이나 배열 수식 또는 열 수를 구할 셀 범위에 대한 참조) : 배열이나 참조에 들어 있는 열의 수를 반환함

40 ②

데이터 표 : 워크시트에서 특정 데이터를 변화시켜 수식의 결과가 어떻게 변하는지 보여주는 셀 범위를 데이터 표라고 함

오답 피하기

- 통합 : 하나 이상의 원본 영역을 지정하여 하나의 표로 데이터를 요약
- 부분합 : 워크시트에 있는 데이터를 일정한 기준으로 요약하여 통계 처리를 수행
- 시나리오 관리자 : 변경 요소가 많은 작업표에서 가상으로 수식이 참조하고 있는 셀의 값을 변화시켜 작업표의 결과를 예측하는 기능

2024년 상시 기출문제 04회				2-57P
01 ②	02 ④	03 ④	04 ④	05 ②
06 ①	07 ③	08 ④	09 ①	10 ③
11 ③	12 ②	13 ②	14 ③	15 ①
16 ①	17 ②	18 ②	19 ③	20 ②
21 ①	22 ③	23 ③	24 ④	25 ④
26 ④	27 ③	28 ③	29 ②	30 ②
31 ①	32 ①	33 ②	34 ②	35 ④
36 ④	37 ③	38 ②	39 ①	40 ③

과목 01 컴퓨터 일반

01 ②

블록체인(Block Chain) : '공공 거래 장부'로 불리며 데이터를 블록이라는 형태로 분산시켜 저장하고 각 블록을 체인으로 묶는 방식으로 임의로 수정이 불가능한 분산 컴퓨터 기반의 기술

오답 피하기

- 핀테크(FinTech) : '금융(Finance)'과 '기술(Technology)'의 합성어로 기존 정보기술을 금융업에 도입 및 융합시킨 것으로 핀테크에는 단순 결제 서비스나 송금, 대출 및 주식 업무, 모바일 자산 관리 등 다양한 종류가 있음
- 전자봉투(Digital Envelope) : 전자서명의 확장 개념으로 데이터를 비밀키로 암호화하고 비밀키를 수신자의 공개키로 암호화하여 전달하는 방식으로 기밀성(Confidentiality)까지 보장함
- 암호화 파일 시스템(Encrypting File System) : NTFS 버전 3.0부터 지원되는 파일 시스템 암호화 기능으로 파일이나 폴더를 암호화하여 보호할 수 있음

02 ④

SNA(System Network Architecture) : IBM Host와 Terminal 간의 통신을 위한 네트워크 구조로 OSI 7계층과는 대응되는 형태이므로 TCP/IP의 상위 계층 프로토콜과는 상관 없음

오답 피하기

- SMTP(Simple Mail Transfer Protocol) : 인터넷에서 전자우편을 송신하기 위한 표준 프로토콜
- HTTP(HyperText Transfer Protocol) : WWW에서 사용하며 하이퍼텍스트 문서를 송수신하기 위한 프로토콜
- FTP(File Transfer Protocol) : 인터넷에서 파일을 전송하기 위한 파일 전송 규약

03 ④

래스터 방식(Raster Method) : 전자빔을 주사하여 미세한 점으로 분해하는 방법으로 음극선관(CRT) 등에서 화상을 만들 때 사용함

오답 피하기

- 저항식 : 투명한 전극 사이에 압력을 가하여 터치를 감지하는 방식
- 정전식 : 몸의 정전기를 이용하여 터치를 감지하는 방식
- 광학식 : 빛을 이용하여 터치를 감지하는 방식

04 ④

시스템을 완전히 종료하고 다시 부팅하여도 하드디스크의 여유 공간 부족을 해결할 수 없음

05 ②

해상도는 모니터 등 출력 장치의 선명도를 나타내는 것으로, 픽셀 수에 따라 그 정밀도와 선명도가 결정되며 색상의 수가 증가하는 것이 아님

06 ①

직렬 ATA(Serial AT Attachment)는 한 개의 케이블에 하나의 하드디스크만 연결하므로 마스터/슬레이브의 점퍼 설정을 할 필요가 없음

오답 피하기

직렬 ATA(Serial AT Attachment)는 에러 체크 기능(CRC), 냉각 효과, 핫 플러그(Hot Plug)의 기능이 있음

07 ③

가상 기억 장치 : 보조 기억 장치를 주기억 장치처럼 사용하여 주기억 장치 용량의 기억 용량을 확대하여 사용하는 방식으로 주기억 장치의 용량보다 큰 프로그램을 실행할 수 있음

08 ④

KB(Kilo Byte) → MB(Mega Byte) → GB(Giga Byte) → TB(Tera Byte) → PB(Peta Byte) → EB(Exa Byte)

09 ①

선형성이 아니라 비선형성이 멀티미디어의 특징임

10 ③

2진수를 001010011100을 오른쪽부터 3자리씩 묶어서 가중치 421을 적용하면 1234가 됨

2진수	001	010	011	100
가중치	421	421	421	421
8진수	1	2	3	4

11 ③

베이스밴드(Baseband) 전송 : 디지털 신호를 직접 전송하는 방식

오답 피하기

- 단방향 전송 : 한쪽 방향으로만 데이터를 전송함(예 라디오, TV 방송)
- 반이중 전송 : 양쪽 방향에서 데이터를 전송하지만 동시 전송은 불가능함(예 무전기)
- 브로드밴드(Broadband) 전송 : 통신 경로를 여러 개의 주파수 대역으로 나누어 쓰는 방식

12 ②

폴더 안에 있는 하위 폴더 중 특정 폴더를 삭제하는 기능은 지원되지 않음

13 ②

브리지(Bridge) : 독립된 두 개의 근거리 통신망(LAN)을 연결하는 접속 장치로 컴퓨터 보안을 위한 관련된 기술에 해당하지 않음

오답 피하기

- 인증(Authentication) : 네트워크 보안 기술로 전송된 메시지가 확실히 보내졌는지 확인하는 것과 사용자 또는 발신자가 본인인지 확인하는 것
- 방화벽(Firewall) : 인터넷의 보안 문제로부터 특정 네트워크를 격리하는 데 사용되는 시스템으로 내부망과 외부망 사이의 상호 접속이나 데이터 전송을 안전하게 통제하기 위한 보안 기능
- 암호화(Encryption) : 데이터에 암호 알고리즘을 적용하여 허가받지 않은 사람들이 정보를 쉽게 이해할 수 없도록 데이터를 암호문이라고 불리는 형태로 변환하는 기법

14 ③

사용자 전환 : 실행 중인 앱을 닫지 않고 사용자를 전환함

15 ①

반환 시간(Turnaround Time)은 작업을 완료하는 데 걸리는 시간을 의미하며, 반환 시간은 짧을수록 좋음

16 ①

RAM 접근 속도(ns)는 수치가 작을수록 성능이 좋음

오답 피하기

- CPU 클럭 속도 : MHz, GHz
- 모뎀 전송 속도 : bps
- SSD 용량 : GB, TB

17 ②

오답 피하기

- 상용 소프트웨어(Commercial Software) : 정식 대가를 지불하고 사용하는 프로그램으로 해당 프로그램의 모든 기능을 사용할 수 있음
- 애드웨어(Adware) : 광고가 소프트웨어에 포함되어 이를 보는 조건으로 무료로 사용할 수 있는 소프트웨어
- 알파 버전(Alpha Version) : 베타 테스트를 하기 전에 제작 회사 내에서 테스트할 목적으로 제작하는 프로그램

18 ②

오답 피하기

- Alt+Enter : 선택한 항목에 대해 속성 표시
- Shift+Delete : 휴지통을 사용하지 않고 완전 삭제
- Alt+Tab : 열려 있는 앱 간 전환

19 ③

오답 피하기

- ① : SMTP
- ② : IMAP
- ④ : MIME

20 ②

DDoS(Distributed Denial of Service, 분산 서비스 거부 공격) : 여러 분산된 형태로 동시에 DoS(서비스 거부) 공격을 하는 기법으로 공격의 근원지를 색출하기가 어려움

오답 피하기

스푸핑(Spoofing) : '속임수'의 의미로 어떤 프로그램이 정상적으로 실행되는 것처럼 위장하는 것

과목 02 스프레드시트 일반

21 ①

=ROW()-1 : ROW() 함수는 행 번호를 구하므로 [A2] 셀의 행 번호 2에서 1을 빼면 1이 되고 수식을 복사하면 각 행 번호에서 1을 뺀 결과가 일련번호가 되므로 정렬을 수행하더라도 일련번호는 그대로 유지됨

오답 피하기

- ROWS() : 참조 영역이나 배열에 있는 행 수를 구함
- COLUMN() : 참조 영역의 열 번호를 구함
- COLUMNS() : 참조 영역이나 배열에 있는 열 수를 구함

22 ③

오답 피하기

- 히스토그램 차트 : 히스토그램 차트에 그려진 데이터는 분포 내의 빈도를 나타내며, 계급구간이라고 하는 차트의 각 열을 변경하여 데이터를 더 세부적으로 분석할 수 있음
- 트리맵 차트 : 색과 근접성을 기준으로 범주를 표시하며 다른 차트 유형으로 표시하기 어려운 많은 양의 데이터를 쉽게 표시할 수 있음
- 선버스트 차트 : 계층적 데이터를 표시하는 데 적합하며, 하나의 고리 또는 원이 계층 구조의 각 수준을 나타내며 가장 안쪽에 있는 원이 계층 구조의 가장 높은 수준을 나타냄

23 ③

오름차순으로 정렬하는 경우 '숫자(0, 1) → 특수문자(#) → 영문(Y) → 한글 → 논리 값(FALSE, TRUE) → 오류 값(#DIV/0!) → 빈 셀(공백)' 순으로 정렬되므로 ③처럼 정렬됨

오답 피하기

① : 내림차순으로 정렬한 경우의 결과임

24 ④

엑셀에서 기존에 사용하는 바로 가기 키를 매크로의 바로 가기 키로 지정할 수 있으며 지정된 매크로 기능이 우선함

25 ④

LEFT 함수는 텍스트 함수이므로 추출된 개수는 문자 데이터로 취급되어 합계의 결과는 0이 됨

C7 =SUM(C2:C6)

	A	B	C	D	E
1	성명	판매입력	개수		
2	이대한	60개	60		
3	한상공	70개	70		
4	김선	89개	89		
5	지혜원	90개	90		
6	이기적	88개	88		
7	합계		0		

오답 피하기

[C2] 셀에 텍스트 문자열 인수를 숫자로 바꿔주는 VALUE 함수를 사용하여 '=VALUE(LEFT(B2,2))'처럼 입력하는 경우 합계의 결과는 397이 됨

26 ④

'상위 10 자동 필터'의 결과는 자동으로 정렬되어 표시되지 않음

27 ③

[Excel 옵션]–[언어 교정]–[자동 고침 옵션]–[자동 고침] 기능

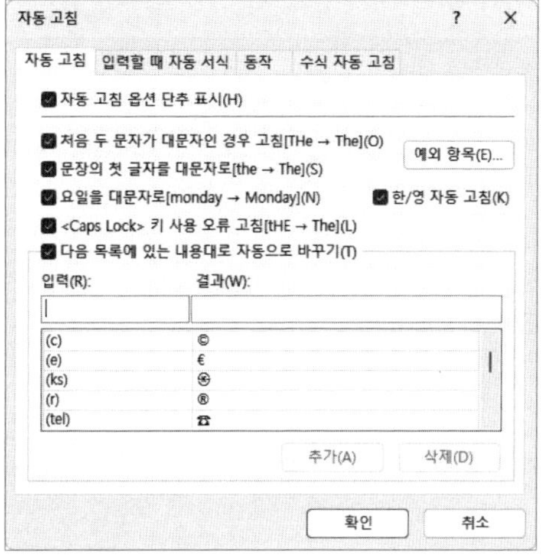

28 ③

③ : 부분합에 대한 기능임

29 ②

- AVERAGE는 평균, INDEX는 행과 열이 교차하는 곳의 값, MAX는 최대값을 반환함
- '=평균(점수의 2행 1열, 점수의 최대값)'이므로 =AVERAGE(75,100)이 됨
- 결과값은 (75+100)/2=87.5가 됨

30 ②

바꾸기의 바로 가기 키는 Ctrl+H임

31 ①

[데이터 표] 기능을 이용하여 계산된 결과는 참조하고 있는 셀의 데이터가 수정되면 자동으로 갱신됨

32 ①

3차원 차트는 오차 막대를 표시할 수 없음

33 ②

드롭다운 목록에서 선택하여 입력

- 같은 열에 이미 입력한 데이터를 다시 입력할 때 드롭다운 목록에서 선택하여 입력함
- 바로 가기 키 : Alt+↓
- 마우스 오른쪽 단추를 클릭하고 [드롭다운 목록에서 선택]을 선택한 후 입력할 데이터를 선택함

34 ②

123에 *0#,##0 서식 코드를 설정하면 * 다음의 0이 반복되므로 결과는 00000 123이 됨

35 ④

• [보기] 탭 [표시] 그룹에는 [기타] 명령이 없음
• [파일]–[옵션]–[빠른 실행 도구 모음] 탭에서 [빠른 실행 도구 모음]을 편집함

36 ④

오늘의 날짜를 입력하고 싶으면 Ctrl+;(세미콜론)을 누르면 됨

오답 피하기

Ctrl+Shift+;(세미콜론) : 시간 입력

37 ③

틀 고정 구분선을 마우스로 잡아끌어 틀 고정 구분선을 이동시킬 수 없음

38 ②

=SUMIF(B2:B7,"<>0")/COUNT(B2:B7) → COUNT 함수는 숫자가 포함된 셀의 개수를 구하므로 0도 포함되어 전체 평균과 같은 결과가 나오게 됨

39 ①

[인쇄 미리 보기] 창에서 셀 너비를 조절하는 경우 워크시트에 변경된 너비가 적용됨

40 ③

• 다른 워크시트의 셀 참조 시 워크시트 이름과 셀 주소 사이는 느낌표(!)로 구분함(예 =AVERAGE(Sheet1:Sheet3!C5))
• 다른 통합 문서의 셀 참조 시 통합 문서의 이름은 대괄호([ ])로 묶음(예 =AVERAGE([성적표.xlsx]Sheet1:Sheet3!C5))

2024년 상시 기출문제 05회 2-64P

01 ①	02 ①	03 ②	04 ③	05 ③
06 ④	07 ②	08 ①	09 ③	10 ①
11 ③	12 ①	13 ④	14 ①	15 ③
16 ①	17 ④	18 ③	19 ②	20 ①
21 ①	22 ②	23 ③	24 ②	25 ③
26 ④	27 ④	28 ③	29 ④	30 ①
31 ④	32 ②	33 ②	34 ④	35 ①
36 ①	37 ②	38 ①	39 ④	40 ①

과목 01 컴퓨터 일반

01 ①

RFID(Radio Frequency IDentification) : 무선 인식이라고도 하며 모든 사물에 반도체 칩이 내장된 태그(Tag)를 부착하여 언제 어디서나 정보를 처리, 제공할 수 있도록 지원하는 유비쿼터스 서비스로 서점이나 도서관에서 재고 및 도서 관리 등에 사용됨

오답 피하기

• NFC(Near Field Communication) : 근거리 무선 통신 기술로 스마트폰을 이용하여 신용카드나 교통카드 대용으로 사용할 수 있으며 다른 기기와 데이터를 주고 받을 수 있는 기술
• 블루투스(Bluetooth) : 무선 기기(이동 전화, 컴퓨터, PDA 등) 간 정보 전송을 목적으로 하는 근거리 무선 접속 프로토콜로 IEEE 802.15.1 규격을 사용하는 PANs(Personal Area Networks)의 산업 표준
• WiFi(Wireless Fidelity) : 일정 영역의 공간에서 무선 인터넷의 사용이 가능한 근거리 무선 통신 기술

02 ①

현재 로그인한 사용자 계정 및 로그인 옵션은 [설정]–[계정]에서 확인이 가능

03 ②

물리 계층은 OSI 7계층에서 최하위 계층으로 데이터 전송을 위하여 물리적인 링크를 설정하고 유지 등과 관련된 층으로 트랜시버, DSU, CSU, 리피터, 허브, 모뎀 등이 있음

04 ③

오답 피하기

• ① : 인쇄 대기 중인 경우 작업을 취소할 수 있음
• ② : 기본 프린터는 1대만 지정할 수 있음
• ④ : 인쇄 중인 작업도 취소할 수 있으며 잠시 중단시킬 수 있음

05 ③

압축 파일을 사용하더라도 디스크의 논리적인 결함이나 물리적인 결함을 발견하지 못함

오답 피하기

디스크 검사 : 파일과 폴더 및 디스크의 논리적, 물리적인 오류를 검사하고 수정함

06 ④

인터프리터(Interpreter) : 대화식 언어로 작성된 프로그램을 필요할 때마다 매번 기계어로 번역하여 실행하는 프로그램

오답 피하기

- 컴파일러 : 고급 언어로 작성된 프로그램을 기계어로 번역하는 언어 번역기로 목적프로그램 생성함
- 어셈블러 : 어셈블리 언어로 작성된 프로그램을 기계어로 번역하는 언어 번역기
- 프리프로세서 : 프로그램을 컴파일하기 전에 필요한 작업을 수행해 주는 전처리기

07 ②

Shift+Delete : 휴지통을 사용하지 않고 완전 삭제

08 ①

오답 피하기

- 해킹(Hacking) : 컴퓨터 시스템에 불법적으로 접근, 침투하여 정보를 유출하거나 파괴하는 행위
- 스푸핑(Spoofing) : '속임수'의 의미로 어떤 프로그램이 정상적으로 실행되는 것처럼 위장하는 것
- 스파이웨어(Spyware) : 사용자의 동의 없이 광고 등을 목적으로 무분별하게 배포되는 것

09 ③

③은 캐시 메모리(Cache Memory)에 대한 설명임

10 ①

레지스트리(Registry) : 운영체제에서 환경 설정 및 각종 시스템 구성 정보를 모아 관리하는 계층적인 시스템 데이터베이스

오답 피하기

- 파일 시스템(File System) : 파일에 이름을 붙이고, 저장이나 검색을 위해 파일을 어디에 배치해야 할 것인지 등을 나타내는 방법
- 집 드라이브(Zip Drive) : 파일을 백업하거나 보관할 때 사용하는 휴대용 디스크 드라이브
- 파티션(Partition) : 하드디스크 한 개의 공간을 여러 개로 나눠 사용하는 것을 말하며, 분할된 파티션은 포맷해야 사용할 수 있고 운영체제에서는 파티션이 하나의 드라이브로 인식됨

11 ③

오답 피하기

- ① : 클레이 애니메이션
- ② : 키 프레임 애니메이션
- ④ : 셀 애니메이션

12 ①

Ctrl+Shift를 누른 채 다른 위치로 드래그 앤 드롭하면 선택한 파일의 바로 가기 아이콘이 생성됨

13 ④

스트리밍(Streaming) : 오디오 및 비디오 파일을 모두 다운로드 받기 전이라도 다운을 받으면서 파일을 재생할 수 있는 기술로, 멀티미디어의 실시간 처리가 가능함

오답 피하기

- MPEG 기술 : 동화상 전문가 그룹에서 제정한 동영상 압축 기술에 관한 국제 표준 규격으로, 동영상뿐만 아니라 오디오 데이터도 압축할 수 있음
- 디더링(Dithering) 기술 : 표현할 수 없는 색상이 존재할 경우, 다른 색상들을 섞어서 비슷하거나 새로운 색상을 내는 효과
- VOD(Video On Demand) 기술 : 사용자의 주문에 의해 데이터베이스로 구축된 영화나 드라마, 뉴스 등의 비디오 정보를 실시간으로 즉시 전송해 주는 서비스

14 ①

레지스터(Register) : CPU에서 명령이나 연산 결과값을 일시적으로 저장하는 임시 기억 장소로 기본 소자인 플립플롭(Flip-Flop)이나 래치(Latch) 등으로 구성되며 메모리 중에서 가장 속도가 빠름

15 ③

컴퓨터에서 각종 명령을 처리하는 기본 단위는 워드(Word)임

오답 피하기

바이트(Byte) : 문자를 표현하는 기본 단위로 8개의 비트로 구성되며 256개의 정보를 표현함

16 ①

시퀀싱(Sequencing) : 오디오 파일이나 여러 연주, 악기 소리 등을 프로그램에 입력하여 녹음하는 방법으로 음의 수정이나 리듬 변형 등의 여러 편집 작업이 가능함

오답 피하기

② : MIDI 형식, ③ : WAVE 형식, ④ : FLAC(Free Lossless Audio Codec)에 대한 설명임

17 ④

근거리 통신망(LAN)은 상호 동시에 통신이 가능한 전이중 방식을 사용함

18 ③

③은 메타버스(Metaverse)를 의미하며 '초월(Meta)'과 '우주'를 뜻하는 유니버스(Universe)의 합성어로, VR(가상현실)이나 AR(증강현실)의 상위 개념으로서 가상 자아인 아바타를 통해 사회 경제적 활동 등이 가능한 4차원의 가상 온라인 시공간을 의미함

오답 피하기

증강현실(AR : Augmented Reality) : 사람이 눈으로 볼 수 있는 실세계와 관련된 3차원의 부가 정보를 제공받을 수 있는 기술

19 ②

운영체제(Operating System) : 컴퓨터 시스템의 각종 하드웨어적인 자원과 소프트웨어적인 자원을 효율적으로 운영, 관리함으로써 사용자가 시스템을 이용하는 데 편리함을 제공하는 시스템 소프트웨어

오답 피하기

- 유틸리티 : 사용자가 컴퓨터를 쉽고 편리하게 사용할 수 있도록 유용한 기능을 제공하는 프로그램
- 컴파일러 : 고급 언어를 기계어로 번역하는 프로그램으로 목적 프로그램을 생성함
- 라이브러리 : 컴퓨터 프로그램에서 자주 사용되는 부분들을 모아 놓은 관련된 파일의 집합

20 ①

쿠키(Cookie) : 인터넷 웹 사이트의 방문 정보를 기록하는 텍스트 파일로, 인터넷 사용자가 웹 사이트에 접속한 후 이 사이트 내에서 어떤 정보를 읽고 어떤 정보를 남겼는지에 대한 정보가 사용자의 PC에 저장되며, 고의로 사용자의 정보를 빼낼 수 있는 통로 역할을 할 수도 있음

과목 02 스프레드시트 일반

21 ①

- Alt+F1 : 데이터가 입력되어 있는 같은 워크시트에 차트를 생성함
- F11 : 별도의 차트 시트에 차트를 생성함

오답 피하기

- ② : 3차원 차트에는 추세선을 추가할 수 없음
- ③ : 원본 데이터가 변경되면 작성된 차트의 모양이 자동으로 변경됨
- ④ : Alt를 누른 상태에서 차트의 크기를 변경하면 워크시트의 셀에 맞춰서 조절됨

22 ②

부분합을 실행하기 전에 오름차순 또는 내림차순 관계없이 정렬해야 함

23 ③

- 형식 : =IF(조건, 참, 거짓)
- 조건은 C2>=AVERAGE($C$2:$C$6), 참일 경우 "실적우수", 거짓일 경우는 "실적미달"이므로 [D2] 셀에 입력될 수식은 =IF(C2>=AVERAGE($C$2:$C$6),"실적우수","실적미달")이 되며 수식을 채우기 핸들로 복사하기 위해서 각 사원의 실적은 상대 참조(C2)로, 평균을 구하는 범위는 절대 참조($C$2:$C$6)로 작성함

D2 =IF(C2>=AVERAGE($C$2:$C$6),"실적우수","실적미달")

	A	B	C	D
1	사원번호	사원명	실적	평가
2	11a	홍길동	89	실적우수
3	22b	이대한	70	실적미달
4	33c	한상공	65	실적미달
5	44d	지호영	90	실적우수
6	55e	안예지	100	실적우수

24 ②

조건에 맞지 않는 경우에 대한 서식은 지정할 수 없음

25 ③

- POWER(수1, 수2) : 수1을 수2만큼 거듭 제곱한 값을 구함
- =POWER(5, 3) → 5×5×5=125가 됨

오답 피하기

- TRUNC(수1, 수2) : 수1의 소수점 이하(수2)를 버리고 정수로 변환(수2를 생략하면 0으로 처리)함
- =TRUNC(8.79, 0)이 되어 소수점 이하를 모두 버리므로 결과는 8이 됨

- MOD(수1, 수2) : 수1을 수2로 나눈 나머지 값(수2가 0이면 #DIV/0! 오류 발생)을 구함
- =MOD(11, 2)는 11을 2로 나눠서 몫은 5가 되고 나머지는 1이므로 결과는 1이 됨

- COLUMN(열 번호를 구하려는 셀이나 셀 범위) : 참조의 열 번호를 반환함
- =COLUMN(C6)의 결과는 C열이므로 3이 됨

26 ④

바로 가기 키가 Y처럼 대문자인 경우는 Ctrl+Shift+Y가 되므로 Alt는 해당되지 않음

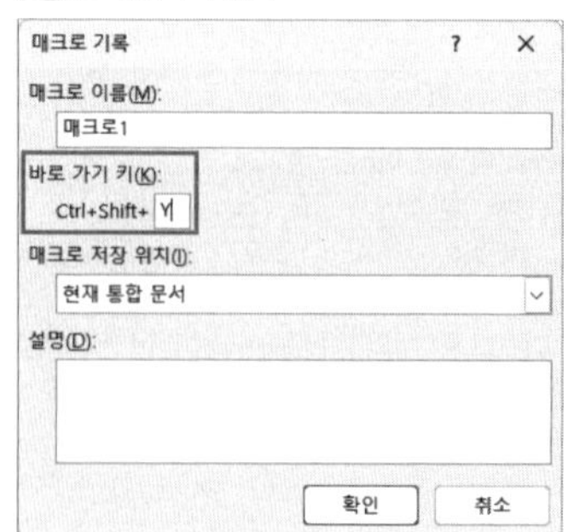

27 ④

#NAME? : 잘못된 함수명이나 정의되지 않은 셀 이름을 사용한 경우, 수식에 잘못된 문자열을 지정하여 사용한 경우

오답 피하기

- #N/A : 수식에서 잘못된 값으로 연산을 시도한 경우, 찾기 함수에서 결과값을 찾지 못한 경우
- #NULL! : 교점 연산자(공백)를 사용했을 때 교차 지점을 찾지 못한 경우
- #REF! : 셀 참조를 잘못 사용한 경우

28 ③

'시트 끝'을 선택하면 각 페이지의 메모가 문서의 마지막에 한꺼번에 인쇄됨

29 ④

- =DMAX(범위, 열 번호, 조건) : 범위에서 조건에 맞는 데이터 중 지정된 열에서 숫자가 있는 셀의 최대값을 구함
- =DMAX(A1:D5,4,A7:B8) → 결과는 99가 산출됨
- 범위 : 데이터가 있는 범위 → [A1:D5]
- 열 번호 : '평균'이 있는 열 번호 → 4
- 조건 : 조건이 있는 범위 → [A7:B8]

30 ①

원형 차트

- 항상 한 개의 데이터 계열만을 가지고 있으므로 축이 없음
- 전체에 대한 각 값의 기여도를 표시함
- 항목의 값들이 합계의 비율로 표시되므로 중요한 요소를 강조할 때 사용함

오답 피하기

- 분산형 : 데이터의 불규칙한 간격이나 묶음을 보여주는 것으로, 데이터 요소 간의 차이점보다는 큰 데이터 집합 간의 유사점을 표시하려는 경우에 사용함
- 영역형 : 데이터 계열 값의 합계를 표시하여 전체 값에 대한 각 값의 관계를 표시함
- 방사형 : 많은 데이터 계열의 합계 값을 비교할 때 사용함

31 ④

- 0 : 유효하지 않은 자릿수를 0으로 표시
- , : 천 단위 구분 기호로 ,(쉼표) 이후에 더 이상 코드를 사용하지 않으면 천 단위 배수로 표시
- 0.0,을 적용한 경우 : −23.5

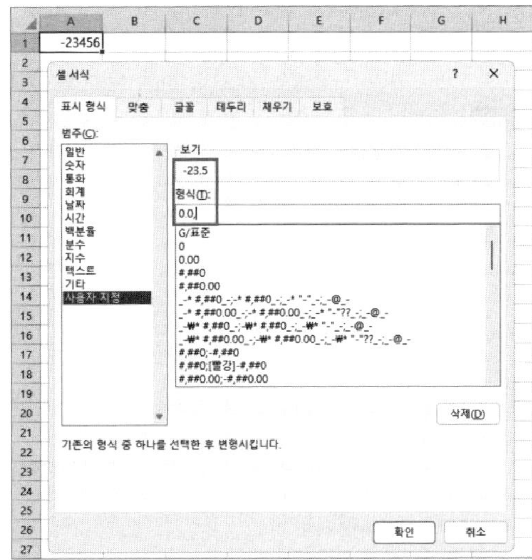

오답 피하기

0.0을 적용한 경우 : −23456.0

32 ②

채우기 핸들을 사용할 때 Ctrl을 함께 누르면 숫자가 증가하면서 입력됨

오답 피하기

Ctrl을 누르지 않고 채우기 핸들을 드래그하면 숫자가 복사됨

33 ②

- =COUNTIFS(범위1, 조건1, 범위2, 조건2) : 범위1에서 조건1을 만족하고 범위2에서 조건2를 만족하는 경우의 개수를 구함
- =COUNTIFS(B2:B8,B3,C2:C8,C3) : 부서([B2:B8])에서 홍보부([B3])이고 직급([C2:C8])에서 과장([C3])인 경우의 인원수를 구함 → 2(홍길동, 차은서)

34 ④

Ctrl+;(세미콜론) : 시스템의 오늘 날짜가 입력됨

오답 피하기

- ① : 삭제된 시트는 Ctrl+Z를 눌러서 취소할 수 없음
- ② : 작은따옴표(')를 입력해야 됨
- ③ : Alt+Enter를 누르면 자동 줄 바꿈이 실행됨

35 ①

- 데이터 표 : 워크시트에서 특정 데이터를 변화시켜 수식의 결과가 어떻게 변하는지 보여 주는 셀 범위를 데이터 표라 하며 데이터 표의 수식은 데이터 표를 작성하기 위해 필요한 변수가 하나인지 두 개인지에 따라 수식의 작성 위치가 달라짐
- 통합 : 하나 이상의 원본 영역을 지정하여 하나의 표로 데이터를 요약하는 기능

36 ①

- 가 : &[페이지 번호] → 현재 페이지 번호를 자동으로 삽입
- 나 : &[전체 페이지 수] → 인쇄 범위의 전체 페이지 수를 삽입

오답 피하기

- 다 : &[파일] → 통합 문서 파일의 이름을 삽입
- 라 : &[탭] → 해당 워크시트의 이름을 삽입

37 ②

카메라는 원본 셀 범위에 입력한 값이 변경되면 함께 변경됨

38 ①

- 양수 서식;음수 서식;0 서식;텍스트 서식
- # : 하나의 자릿수를 의미하며 해당 자릿수에 숫자가 없을 경우 표시하지 않음
- 0 : 하나의 자릿수를 의미하여 해당 자릿수에 숫자가 없을 경우 0을 표시함
- . : 소수점의 자리 표시에 사용
- , : 천 단위 구분 기호로 쉼표를 삽입하거나 ,(쉼표) 이후 더 이상 코드를 사용하지 않으면 천 단위 배수로 표시함
- 24600은 양수이므로 #0.0,"천원"이 적용되고 ,(쉼표)에 의해 24600.0이 24.6으로 되며 텍스트 "천원"이 붙어서 24.6천원이 됨

39 ④

F9 : 열려 있는 통합 문서의 모든 워크시트를 재계산함

40 ①

첫 페이지에 있는 표의 제목줄 [A1:H1] 셀을 2쪽 이후에도 인쇄하려면 [페이지 설정]-[시트] 탭의 '반복할 행'에서 제목줄의 범위를 지정하면 됨

2023년 상시 기출문제 01회 2-71P

01 ③	02 ①	03 ②	04 ④	05 ③
06 ③	07 ④	08 ③	09 ④	10 ④
11 ③	12 ①	13 ①	14 ③	15 ①
16 ②	17 ③	18 ③	19 ①	20 ③
21 ③	22 ①	23 ③	24 ②	25 ③
26 ②	27 ③	28 ④	29 ③	30 ①
31 ②	32 ④	33 ②	34 ①	35 ②
36 ②	37 ③	38 ②	39 ①	40 ①

과목 01 컴퓨터 일반

01 ③

하이퍼링크(HyperLink) : 문서와 문서 간에 연결(링크)점을 가지고 있어서 관련 정보를 쉽게 찾을 수 있게 하는 기능

02 ①

오답 피하기

- 명령 해독기(Instruction Decoder) : 명령 레지스터에 있는 명령어를 해독하는 회로
- 부호기(Encoder) : 명령 레지스터에 있는 명령어를 암호화하는 회로
- 프로그램 계수기(Program Counter) : 현재 실행하고 있는 명령을 끝낸 후 다음에 실행할 명령의 주소를 기억하고 있는 레지스터

03 ②

cmd : 명령 프롬프트 창을 표시하기 위한 명령

04 ④

RFID(Radio Frequency IDentification) 서비스 : 모든 사물에 센싱, 컴퓨터 및 통신 기능을 탑재하여 언제 어디서나 정보를 처리, 제공할 수 있도록 지원하는 유비쿼터스 서비스(비접촉 ID 시스템)

오답 피하기

- 텔레매틱스 서비스 : 통신망을 통해 확보된 위치 정보를 기반으로 교통 안내, 긴급 구난, 물류 정보 등을 제공하는 이동형 정보 활용 서비스
- DMB 서비스 : 고속 이동 시청, 초고화질 방송 등 기존 방송의 한계를 극복하고 통신망과 연계된 멀티미디어 서비스
- W-CDMA 서비스 : 광대역의 디지털 이동 통신 시스템 방식으로 코드를 분할하여 다중 접속하는 기법

05 ③

SSD(Solid State Drive) : 반도체를 이용하여 정보를 저장하는 장치이며 기존의 하드디스크 드라이브에 비하여 속도가 빠르고 기계적 지연이나 실패율, 발열이나 소음도 적어, 소형화 · 경량화할 수 있는 장점이 있는 저장 장치

오답 피하기

- BIOS(Basic Input Output System) : 컴퓨터의 기본 입출력 시스템을 부팅과 컴퓨터 운영에 대한 정보를 보유하고 있으며 펌웨어(Firmware)라고도 함
- DVD(Digital Versatile Disk) : 광디스크의 일종으로 기존의 다른 매체와는 달리 4.7GB의 기본 용량(최대 17GB)을 가짐
- CD-RW(Compact Disc Rewritable) : 여러 번에 걸쳐 기록과 삭제를 할 수 있는 CD

06 ③

- SMTP : 전자우편을 송신하기 위한 프로토콜
- MIME : 전자우편으로 멀티미디어 정보를 전송할 수 있도록 해주는 멀티미디어 지원 프로토콜임

07 ④

멀티미디어 동영상 정보는 사운드와 영상이 통합되어 전송됨

08 ③

전자우편에 첨부된 파일을 다른 이름으로 저장하여도 바이러스가 예방되지 않으며 반드시 최신 버전의 백신 프로그램으로 바이러스 검사를 한 후 사용해야 함

09 ④

전원이 끊어져도 그 안에 저장된 정보가 지워지지 않는 비휘발성 기억 장치임

10 ④

URL(Uniform Resource Locator) : 인터넷에서 정보의 위치를 알려주는 표준 주소 체계, 인터넷의 정보에 대한 접근 방법, 위치, 파일명 등으로 구성됨

오답 피하기

- DHCP(Dynamic Host Configuration Protocol) : IP 주소를 자동으로 할당해 주는 동적 호스트 설정 통신 규약
- CGI(Common Gateway Interface) : 웹 서버에 있어 사용자의 요구를 응용 프로그램에 전달하고 그 결과를 사용자에게 되돌려 주기 위한 표준적인 방법
- DNS(Domain Name System) : 문자 형태로 된 도메인 네임을 컴퓨터가 인식할 수 있는 숫자로 된 IP 주소로 변환해 주는 시스템

11 ③

인쇄 관리자 창에서 인쇄 대기 중인 문서는 편집할 수 없음

12 ①

유니코드(Unicode)

- 2바이트 코드로 세계 각 나라의 언어를 표현할 수 있는 국제 표준 코드
- 한글의 경우 조합, 완성, 옛 글자 모두 표현 가능함
- 16비트이므로 2의 16제곱인 65,536자까지 표현 가능함
- 한글은 초성 19개, 중성 21개, 종성 28개가 조합된 총 11,172개의 코드로 모든 한글을 표현함

13 ①

오답 피하기

- 게이트웨이(Gateway) : 서로 다른 네트워크를 상호 접속하거나 다른 프로토콜을 사용하는 경우에 변환 작업을 수행하는 장치
- 라우터(Router) : 랜을 연결하여 정보를 주고받을 때 송신 정보에 포함된 수신처의 주소를 읽고 가장 적절한 통신 통로를 이용하여 다른 통신망으로 전송하는 장치
- 허브(Hub) : 여러 대의 컴퓨터를 연결하여 네트워크를 구성하게 해 주는 장치

14 ③

가상 기억 장치 : 보조 기억 장치를 주기억 장치처럼 사용하여 주기억 장치 용량의 기억 용량을 확대하여 사용하는 방법

오답 피하기

- 가상 기억 장치는 주기억 장치보다 컴퓨터 구조가 복잡해지고 수행 시간은 길어짐
- 가상 기억 장치를 사용하여 주기억 장치를 확장하는 것이지, 보조 기억 장치의 용량이 늘어나지는 않음

15 ①

스풀 기능을 설정하면 인쇄 속도가 스풀 설정 이전보다 느려짐

16 ②

패치 프로그램(Patch Program) : 이미 제작하여 배포된 프로그램의 오류 수정이나 성능 향상을 위하여 프로그램 일부를 변경해 주는 프로그램

오답 피하기

- ① : 벤치마크 프로그램(Benchmark Program)
- ③ : 알파 테스트(Alpha Test) 버전
- ④ : 베타 테스트(Beta Test) 버전

17 ③

디지털 컴퓨터는 논리 회로를 사용하고 아날로그 컴퓨터는 증폭 회로를 사용함

18 ③

인터넷 쇼핑몰에서 상품 가격을 비교하여 가격 비교표를 작성하는 것은 컴퓨터 범죄에 해당하지 않음

19 ①

운영체제는 컴퓨터가 작동하는 동안 주기억 장치인 RAM에 위치하여 실행됨

20 ③

MPEG-7 : 인터넷 상에서 멀티미디어 동영상의 정보 검색이 가능, 정보 검색 등을 효율적으로 사용하기 위한 콘텐츠 저장 및 검색을 위한 표준

오답 피하기

- MPEG-1 : 비디오 CD나 CD-I의 규격, 저장 매체나 CD 재생의 용도로 이용함
- MPEG-4 : 멀티미디어 통신을 위해 만들어진 영상 압축 기술, 동영상의 압축 표준안 중에서 IMT-2000 멀티미디어 서비스, 차세대 대화형 인터넷 방송의 핵심 압축 방식으로 비디오/오디오를 압축하기 위한 표준
- MPEG-21 : MPEG 기술을 통합한 디지털 콘텐츠의 제작, 유통, 보안 등 모든 과정을 관리할 수 있는 규격

과목 02 스프레드시트 일반

21 ③

- =Year(날짜) : 날짜의 연도만 따로 추출함
- =Today( ) : 현재 컴퓨터 시스템의 날짜만 반환함

22 ①

실제 인쇄할 때는 설정된 화면의 크기대로 인쇄되지 않음

23 ③

[개발 도구] 탭-[코드] 그룹-[매크로]를 실행하면 나타나는 [매크로] 대화 상자에서 등록된 매크로를 편집, 수정할 수 있음

24 ②

두 개 이상의 셀을 범위로 지정하여 채우기 핸들을 끌면 데이터 사이의 차이에 의해 증가 또는 감소하면서 채워지므로 [B4] 셀까지 드래그했을 때 "일, 월, 화, 수", "1, 2, 3, 4"처럼 값이 변경됨

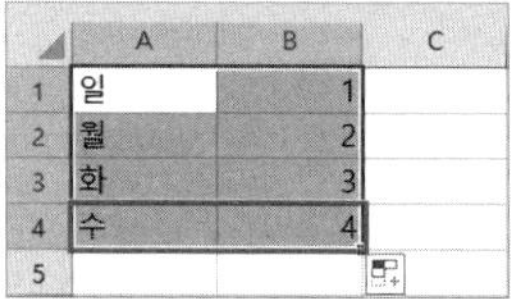

	A	B	C
1	일	1	
2	월	2	
3	화	3	
4	수	4	
5			

25 ③

암호는 선택 사항이므로 암호를 지정하지 않으면 누구든지 시트 보호를 해제하고 보호된 요소를 변경할 수 있음

26 ②

- 셀 값, 셀 색, 글꼴 색 또는 조건부 서식 아이콘을 기준으로 정렬할 수 있음
- 글꼴 색 또는 셀 색, 조건부 서식 아이콘의 기본 정렬 순서는 없으나 각 정렬에 대해 원하는 순서를 정의하여 정렬할 수 있음

오답 피하기

- ① : 최대 64개의 열을 기준으로 정렬할 수 있음
- ③ : 정렬 대상 범위에 병합된 셀이 포함되어 있으면 정렬할 수 없음
- ④ : 숨겨진 열이나 행은 정렬 시 이동되지 않음. 따라서 데이터를 정렬하기 전에 숨겨진 열과 행을 표시함

27 ③

- 같은 행끼리 있는 조건은 그리고(AND), 다른 행끼리 있는 조건은 또는(OR) 조건으로 계산함
- [A2]와 [B2] 셀에 있는 조건은 '그리고' 조건으로 계산하고 [A3] 셀은 '또는' 조건으로 계산

28 ④

강제로 줄 바꿈 : 데이터 입력 후 Alt + Enter를 누르면 동일한 셀에서 줄이 바뀌며 이때 두 줄 이상의 데이터를 입력할 수 있음

오답 피하기

- Tab : 현재 셀의 오른쪽으로 셀 포인터를 이동함
- Ctrl + Enter : 범위를 지정하고 데이터 입력 후 Ctrl + Enter를 누르면 선택 영역에 동일한 데이터가 한꺼번에 입력됨
- Shift + Enter : 현재 셀의 위쪽으로 셀 포인터를 이동함

29 ③

시나리오의 값을 변경하면 해당 변경 내용이 기존 요약 보고서에 자동으로 다시 계산되어 표시되지 않으므로 시나리오 요약 보고서를 다시 작성해야 함

30 ①

일반 : 설정된 표시 형식을 엑셀의 기본 값으로 되돌리며, 특정 서식을 지정하지 않음

31 ②

- 추세선은 계열의 추세에 대한 예측 가능한 흐름을 표시한 것
- 추세선의 종류에는 지수, 선형, 로그, 다항식, 거듭 제곱, 이동 평균 등 6가지 종류로 구성됨
- 방사형, 원형, 도넛형 차트에는 추세선을 사용할 수 없음
- 하나의 데이터 계열에 두 개 이상의 추세선을 동시에 사용할 수 있음

32 ④

#REF! : 셀 참조를 잘못 사용한 경우에 발생함

오답 피하기

#NUM! : 숫자 인수가 필요한 함수에 다른 인수를 지정했을 때

33 ②

- =POWER(수1,수2) : 수1을 수2만큼 거듭 제곱한 값을 구함
- =POWER(2,3) → 2의 3제곱(2×2×2) = 8

오답 피하기

- =Trunc(−5.6) → −5 : 음수에서 소수점 이하를 버리고 정수 부분(−5)을 반환함
- =Int(−7.2) → −8 : 소수점 아래를 버리고 가장 가까운 정수로 내리므로 −7.2를 내림. 음수는 0에서 먼 방향으로 내림
- =Mod(−7,3) → 2 : 나눗셈의 나머지를 구함

34 ①

314826에 #,##0,를 적용하는 경우 마지막 콤마(,) 뒤에 더 이상 코드가 없으므로 천 단위 배수로 나타나며 8에 의해 반올림되어 315가 됨(만약 원본 데이터가 314426인 경우는 반올림이 되지 않으므로 314가 됨)

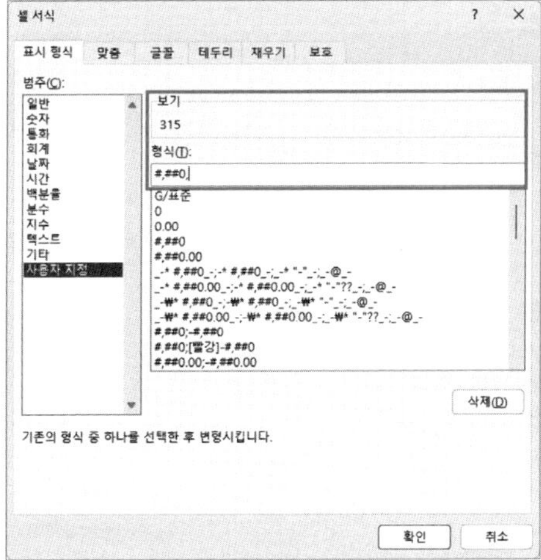

오답 피하기

- # : 유효 자릿수만 나타내고 유효하지 않은 0은 표시하지 않음
- 0 : 유효하지 않은 자릿수를 0으로 표시함
- , : 천 단위 구분 기호로 콤마를 삽입함. 콤마 이후에 더 이상 코드를 사용하지 않으면 천 단위 배수로 표시함
- yyyy : 연도를 네 자리로 표시함
- mmmm : 월을 January, February, March, … , December처럼 표시함

35 ②

방사형 차트 : 많은 데이터 계열의 합계 값을 비교할 때 사용하며 항목마다 가운데 요소에서 뻗어 나온 값 축을 갖고, 선은 같은 계열의 모든 값을 연결, 3차원 차트로 작성할 수 없음

오답 피하기

- 도넛형 차트 : 전체 합계에 대한 각 항목의 구성 비율을 표시, 원형 차트와 비슷하지만 여러 데이터 계열을 표시할 수 있음
- 분산형 차트 : 데이터의 불규칙한 간격이나 묶음을 보여주는 것으로 데이터 요소 간의 차이점보다는 큰 데이터 집합 간의 유사점을 표시하려는 경우에 사용
- 주식형 차트 : 주식 가격을 표시할 때 사용하며, 온도 변화와 같은 과학 데이터를 나타내는 데 사용하기도 함

36 ②

[시트] 탭에서 '반복할 행'에 [$4:$4]을 지정한 경우 모든 페이지에 4행의 내용이 반복되어 인쇄됨

37 ③

매크로 이름 : 첫 글자는 반드시 문자이어야 하며 나머지는 문자, 숫자, 밑줄 등을 사용함

38 ②

창 나누기를 수행하면 셀 포인트의 왼쪽과 위쪽으로 창 구분선이 표시됨

39 ①

부분합에서 사용할 수 있는 함수 : 합계, 개수, 평균, 최대, 최소, 곱, 숫자 개수, 표본 표준 편차, 표준 편차, 표본 분산, 분산

40 ①

- =DCOUNT(데이터베이스, 필드, 조건 범위) : 조건을 만족하는 필드의 수치의 개수를 구함
- =DCOUNT(A1:D5,2,F2:F3) : 필드가 2이므로 "이름" 필드이며 "이름" 필드는 수치가 아니므로 0이 됨

E7 | =DCOUNT(A1:D5,2,F2:F3)

	A	B	C	D	E	F	G
1	번호	이름	키(Cm)	몸무게(Kg)			
2	12001	홍길동	165	67		몸무게(Kg)	
3	12002	이대한	171	69		>=70	
4	12003	한민국	177	78			
5	12004	이우리	162	80			
6							
7	몸무게가 70Kg 이상인 사람의 수?				0		
8							

오답 피하기

- =DCOUNTA(데이터베이스, 필드, 조건 범위) : 조건을 만족하는 모든 필드의 개수를 구함
- =DCOUNTA(A1:D5,2,F2:F3) : DCOUNTA이므로 필드가 2인 "이름" 필드이더라도 조건에 만족하는 모든 필드의 개수를 구함(결과는 2가 됨)

2023년 상시 기출문제 02회 2-78P

01 ②	02 ②	03 ④	04 ④	05 ③
06 ②	07 ①	08 ④	09 ③	10 ④
11 ②	12 ④	13 ③	14 ④	15 ④
16 ③	17 ③	18 ④	19 ②	20 ③
21 ①	22 ①	23 ②	24 ②	25 ④
26 ③	27 ③	28 ③	29 ③	30 ②
31 ②	32 ②	33 ①	34 ④	35 ②
36 ③	37 ①	38 ②	39 ①	40 ③

과목 01 컴퓨터 일반

01 ②

오답 피하기

- 스푸핑(Spoofing) : "속임수"의 의미로 어떤 프로그램이 정상적으로 실행되는 것처럼 위장하는 것
- 키로거(Key Logger) : 악성 코드에 감염된 시스템의 키보드 입력을 저장 및 전송하여 개인 정보를 빼내는 크래킹 행위
- 백도어(Back Door) : 시스템 관리자의 편의를 위한 경우나 설계상 버그로 인해 시스템의 보안이 제거된 통로를 말하며, 트랩 도어(Trap Door)라고도 함

02 ②

- LAN(Local Area Network) : 근거리 통신망
- MAN(Metropolitan Area Network) : LAN과 WAN의 중간 형태의 도시 지역 통신망
- WAN(Wide Area Network) : 광역 통신망

03 ④

USB 3.0은 파란색, USB 2.0은 검정색 또는 흰색을 사용함

04 ④

폴더의 저장 위치의 확인은 가능하나 변경할 수는 없음

05 ③

컴퓨터의 처리 속도를 높이기 위해서는 RAM(주기억 장치)의 용량을 늘려 주는 것이 가장 효율적임

오답 피하기

EIDE는 하드디스크에 연결하기 위한 방식이며, 모니터 교체나 CD-ROM의 교체로 컴퓨터의 처리 속도가 효율적으로 높아지는 것은 아님

06 ②

ns = 10^{-9} sec

오답 피하기

μs = 10^{-6} sec

07 ①

누산기(ACCumulator) : 중간 연산 결과를 일시적으로 기억하는 레지스터

오답 피하기

- ② : IR(명령 레지스터)
- ③ : 명령 해독기
- ④ : PC(프로그램 카운터)

08 ④

인쇄 작업에 들어간 것은 인쇄 취소로 종료시킬 수 있음

09 ③

키오스크(Kiosk) : 고객의 편의를 위하여 공공 장소에 설치된 컴퓨터 자동화 시스템

오답 피하기

- 킨들(Kindle) : 전자책 서비스를 사용하기 위한 기기
- 프리젠터(Presenter) : 내용을 발표하거나 설명하는 사람
- UPS : 무정전 전원 공급 장치

10 ④

각 블록에서 선행되는 0은 생략할 수 있으며, 연속된 0의 블록은 ::으로 한 번만 생략 가능함

오답 피하기

- ① : 총 128비트를 16비트씩 8개 부분으로 나눔
- ② : IPv4에 대한 설명임
- ③ : IPv4와 호환성이 높음

11 ②

가상현실(Virtual Reality) : 컴퓨터를 이용하여 특정 상황을 설정하고 구현하는 기술인 모의실험을 통해 실제 주변 상황처럼 경험하고 상호작용하는 것처럼 느끼게 할 수 있는 인터페이스 시스템

12 ④

F5 : 새로 고침

오답 피하기

F6 : 창이나 바탕 화면의 화면 요소들을 순환

13 ③

아날로그 컴퓨터 : 온도, 전압, 진동 등과 같이 연속적으로 변하는 데이터를 효율적으로 처리

14 ④

데이터의 논리적 구성 단위 : 필드 – 레코드 – 파일 – 데이터베이스

15 ④

라우터(Router) : 데이터 전송을 위한 최적의 경로를 선택함

오답 피하기

- 허브(Hub) : 집선 장치로서 각 회선을 통합적으로 관리함
- 브리지(Bridge) : 독립된 두 개의 근거리 통신망을 연결하는 접속 장치
- 스위치(Switch) : 연결된 각각의 단말기에 할당된 속도를 최대화해 주는 장치

16 ③

수행 후에 처리 속도 면에서는 효율적이나 디스크의 총용량이 늘어나지는 않음

17 ③

공개키(비 대칭키, 이중키) 암호화 : 암호키(암호화)는 공개키로, 해독키(복호화)는 비밀키로 함

오답 피하기

비밀키(대칭키, 단일키) 암호화 : 송신자와 수신자가 서로 동일(대칭)한 하나(단일)의 비밀키를 가짐

18 ④

가상 메모리(Virtual Memory) : 보조 기억 장치의 일부, 즉 하드 디스크의 일부를 주기억 장치처럼 사용하는 메모리 사용 기법으로 기억 장소를 주기억 장치의 용량으로 제한하지 않고, 보조 기억 장치까지 확대하여 사용함

오답 피하기

- 플래시 메모리(Flash Memory) : EEPROM의 일종으로, PROM 플래시라고도 하며, 전기적으로 내용을 변경하거나 일괄 소거도 가능
- 캐시 메모리(Cache Memory) : 휘발성 메모리로, 속도가 빠른 CPU와 상대적으로 속도가 느린 주기억 장치 사이에 있는 고속의 버퍼 메모리
- 연관 메모리(Associative Memory) : 저장된 내용의 일부를 이용하여 기억 장치에 접근하여 데이터를 읽어오는 기억 장치

19 ②

가로채기(Interception) : 전송되는 데이터를 가는 도중에 도청 및 몰래 보는 행위, 정보의 기밀성(Secrecy)을 저해함

오답 피하기

- 수정(Modification) : 원래의 데이터가 아닌 다른 내용으로 수정하여 변조시키는 행위, 정보의 무결성(Integrity)을 저해함
- 위조(Fabrication) : 사용자 인증과 관계되어 다른 송신자로부터 데이터가 온 것처럼 꾸미는 행위, 정보의 무결성(Integrity)을 저해함
- 가로막기(Interruption) : 데이터의 전달을 가로막아 수신자 측으로 정보가 전달되는 것을 방해하는 행위, 정보의 가용성(Availability)을 저해함

20 ③

ASCII 코드
- 미국 표준 코드로 3개의 존 비트와 4개의 디지트 비트로 구성되며 128가지의 표현이 가능함
- 일반 PC용 컴퓨터 및 데이터 통신용 코드로 사용되며 대소문자 구별이 가능함

과목 02 스프레드시트 일반

21 ①

[Ctrl]+[E] : 빠른 채우기

오답 피하기

- [Ctrl]+[F] : 찾기
- [Ctrl]+[T] : 표 만들기
- [Ctrl]+[Shift]+[L] : 자동 필터

22 ①

'날짜 필터' 목록에서 필터링 기준으로 사용할 요일은 지원되지 않음

23 ②

[검색]에서 행 방향을 우선하여 찾을 것인지 열 방향을 우선하여 찾을 것인지를 지정할 수 있음

오답 피하기

[범위]에서는 찾을 범위를 '시트, 통합 문서' 중에서 선택할 수 있음

24 ②

- ①, ③, ④의 값은 '터활용', ②의 값은 '터활'이라고 표시됨
- MID(C1,3,2) : [C1] 셀의 내용('컴퓨터활용')에서 왼쪽에서 세 번째('터')부터 두 개의 문자('터활')를 표시함

오답 피하기

- ① : [B1] 셀의 내용('터활용')에서 왼쪽에서 두 자리('터활')를 가져온 후 [E2] 셀('용')을 결합
- ③ : [C1] 셀의 내용('컴퓨터활용')에서 오른쪽에서 세 자리('터활용')를 추출함
- ④ : [C2] 셀의 내용('터'), [D2] 셀의 내용('활'), [E2] 셀의 내용('용')을 결합

25 ④

평균, 개수, 숫자 셀 수, 최소값, 최대값, 합계를 구해주며 표준 편차는 지원되지 않음

✓	평균(A)	5.5
✓	개수(C)	10
✓	숫자 셀 수(T)	10
✓	최소값(I)	1
✓	최대값(X)	10
✓	합계(S)	55

정답 & 해설

26 ③

다른 시트의 셀 주소를 참조할 때 시트 이름은 작은따옴표(')로 표시하고 시트 이름과 셀 주소는 ! 기호로 구분해서 표시함

27 ③

원형 차트 : 데이터 계열을 구성하는 항목을 항목 합계에 대한 크기 비율로 표시하는 차트

오답 피하기

- 방사형 : 계열별로 선으로 이어서 표시하는 차트
- 주식형 : 고가, 저가, 종가를 표시하는 차트
- 표면형 : 두 데이터 집합에서 최적의 조합을 찾을 때 사용하는 차트

28 ③

[눈금선] 항목을 선택하여 체크 표시하면 작업 시트의 셀 구분선이 인쇄됨

29 ③

일정 범위 내에 동일한 데이터를 한 번에 입력하려면 범위를 지정하여 데이터를 입력한 후 바로 이어서 Ctrl + Enter 를 누름

오답 피하기

Shift + Enter : 윗 행으로 이동

30 ②

데이터 표

- 워크시트에서 특정 데이터를 변화시켜 수식의 결과가 어떻게 변하는지 보여주는 셀 범위를 데이터 표라고 함
- 데이터 표 기능을 통해 입력된 셀의 일부분만 수정하거나 삭제할 수 없음

31 ②

=VLOOKUP(22,A1:D5,3) : 셀 영역(A1:D5)에서 찾을 값인 22와 가까운 근사값을 찾은 후 해당 셀 위치에서 3번째 열에 있는 값을 구함 → 1.27

오답 피하기

- =VLOOKUP(찾을 값, 셀 범위 또는 배열, 열 번호, 찾을 방법) : 셀 범위나 배열에서 찾을 값에 해당하는 행을 찾은 후 열 번호에 해당하는 셀의 값을 구함
- =HLOOKUP(찾을 값, 셀 범위 또는 배열, 행 번호, 찾을 방법) : 셀 범위나 배열에서 찾을 값에 해당하는 열을 찾은 후 행 번호에 해당하는 셀의 값을 구함
- =INDEX(셀 범위나 배열, 행 번호, 열 번호) : 특정한 셀 범위나 배열에서 행 번호와 열 번호에 해당하는 데이터를 구함

32 ②

셀의 데이터를 삭제하면 윗주도 함께 사라짐

오답 피하기

- ① : 윗주의 서식은 내용 전체에 대해 서식을 변경할 수 있음
- ③ : 문자 데이터에만 윗주를 표시할 수 있음
- ④ : 윗주 필드 표시는 인쇄 미리 보기에서 표시되고 인쇄할 때도 같이 인쇄됨

33 ①

Alt + M 를 누르면 [수식] 탭이 선택됨

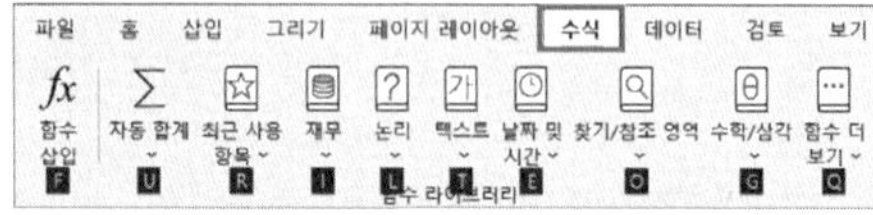

34 ④

[데이터 유효성] 기능의 오류 메시지 스타일에는 [경고], [중지], [정보] 처럼 세 가지 스타일만 지원됨

35 ②

#NAME? : 함수 이름이나 정의되지 않은 셀 이름을 사용한 경우, 수식에 잘못된 문자열을 지정하여 사용한 경우

오답 피하기

- #N/A : 수식에서 잘못된 값으로 연산을 시도한 경우, 찾기 함수에서 결과값을 찾지 못한 경우
- #NULL! : 교점 연산자(공백)를 사용했을 때 교차 지점을 찾지 못한 경우
- #VALUE! : 수치를 사용해야 할 장소에 다른 데이터를 사용하거나 함수의 인수로 잘못된 값을 사용한 경우

36 ③

복합 조건(AND, OR 결합)

- AND(그리고, 이면서) : 첫 행에 필드명(국사, 영어, 평균)을 나란히 입력하고, 다음 행에 첫 조건(>=80, >=85)을 나란히 입력함
- OR(또는, 이거나) : 다른 행에 두 번째 조건(>=85)을 입력함
- 따라서, 국사가 80 이상이면서(AND) 영어가 85 이상이거나(OR), 평균이 85 이상인 경우가 됨

37 ①

Microsoft Excel은 기본적으로 1900 날짜 체계를 사용하며 1900년 1월 1일이 일련 번호 1이 됨

오답 피하기

- ② : 슬래시(/)나 하이픈(-)으로 구분하며 점(.)은 해당하지 않음
- ③ : 수식에서 날짜 데이터를 직접 입력할 때에는 큰따옴표(" ")로 묶어서 입력함
- ④ : Ctrl + ; 을 누르면 오늘 날짜가 입력됨

38 ②

- TODAY( ) : 현재 컴퓨터 시스템의 날짜를 반환
- DATE(연,월,일) : 연, 월, 일에 해당하는 날짜 데이터 반환
- ② =TODAY( )−DATE(1989,6,3) : 오늘 날짜까지의 근속 일수를 구함

39 ①

계열 겹치기 수치를 양수로 지정하면 데이터 계열 사이가 겹쳐짐

40 ③

사용자 지정 계산과 수식을 만들 수 없음

2023년 상시 기출문제 03회 2-85P

01 ④	02 ③	03 ③	04 ①	05 ③
06 ①	07 ②	08 ①	09 ④	10 ④
11 ③	12 ②	13 ①	14 ①	15 ③
16 ②	17 ④	18 ④	19 ④	20 ②
21 ①	22 ①	23 ④	24 ④	25 ③
26 ④	27 ③	28 ①	29 ④	30 ④
31 ③	32 ③	33 ④	34 ③	35 ②
36 ③	37 ②	38 ④	39 ④	40 ①

과목 01 컴퓨터 일반

01 ④

공개 소프트웨어(Freeware) : 개발자가 무료로 자유로운 사용을 허용한 소프트웨어

오답 피하기

번들 프로그램(Bundle Program) : 특정한 하드웨어나 소프트웨어를 구매하였을 때 끼워주는 소프트웨어

02 ③

브리지(Bridge) : 데이터 링크 계층에서 망을 연결하며, 패킷을 적절히 중계하고 필터링하는 장치

오답 피하기

- 라우터(Router) : 네트워크 계층에서 망을 연결하며, 다양한 전송 경로 중 가장 효율적인 경로를 선택하여 패킷을 전송하는 장치
- 스위칭 허브(Switching Hub) : 네트워크에서 연결된 각 회선이 모이는 집선 장치로서 각 회선을 통합적으로 관리하는 방식으로 집선 장치가 많아져도 그 속도가 일정하게 유지됨
- 모뎀 (MODEM) : 변복조 장치

03 ③

산술 논리 연산 장치에는 누산기, 가산기, 보수기, 상태 레지스터가 있음. 프로그램 카운터는 다음에 수행할 명령어의 번지를 기억하는 레지스터로 제어 장치에 속함

04 ①

ASCII 코드 : 미국에서 추진된 7비트로 구성된 정보 교환용 코드로 데이터 통신과 개인용 컴퓨터에 주로 사용되는 코드

오답 피하기

- BCD 코드 : 제2세대 컴퓨터에서 대부분 사용하는 기본 코드로 6비트로 구성
- ISO 코드 : 국제표준화기구(ISO)가 규정한 정보 교환을 위한 코드로 7비트로 구성
- EBCDIC 코드 : 표준 2진화 10진 코드를 확장한 코드로 8비트로 구성

05 ③

IPv6 체계는 32비트의 IPv4 체계를 4배 확장한 128비트의 프로토콜로 주소의 개수를 큰 폭으로 증가시켜 보안성 및 확장성 등이 향상됨

06 ①

오답 피하기

- 디더링(Dithering) : 표현할 수 없는 색상이 존재할 경우, 다른 색상들을 섞어서 비슷한 색상을 내는 효과
- 모델링(Modeling) : 물체의 형상을 컴퓨터 내부에서 3차원 그래픽으로 어떻게 표현할 것인지를 정하는 과정
- 렌더링(Rendering) : 컴퓨터 그래픽에서 3차원 질감(그림자, 색상, 농도 등)을 줌으로써 사실감을 추가하는 과정

07 ②

캐시 메모리 : 휘발성 메모리로, 속도가 빠른 CPU와 상대적으로 속도가 느린 주기억 장치 사이에 있는 고속의 버퍼 메모리

오답 피하기

- 가상 기억 장치 : 보조 기억 장치의 일부, 즉 하드 디스크의 일부를 주기억 장치처럼 사용하는 메모리 사용 기법으로 기억 장소를 주기억 장치의 용량으로 제한하지 않고, 보조 기억 장치까지 확대하여 사용함
- 플래시 메모리 : RAM 같은 ROM으로 기억된 내용은 전원이 나가도 지워지지 않고 쉽게 쓰기가 가능함
- 연상 기억 장치 : 저장된 내용의 일부를 이용하여 기억 장치에 접근하여 데이터를 읽어오는 기억 장치

08 ①

GIF는 대표적인 비손실 압축 방식 그래픽 파일 형식임

09 ④

- 자료(Data) : 처리 이전 상태의 문자나 수치, 그림 등 컴퓨터에 입력되는 기초 자료
- 정보(Information) : 어떤 목적에 의해 유용하게 활용될 수 있는 상태로, 자료를 처리한 결과

10 ④

Alt + F4 : 활성 항목을 닫거나 활성 앱을 종료

오답 피하기

- Ctrl + R : 활성 창 새로 고침(= F5)
- Alt + Enter : 선택한 항목에 대해 속성 표시
- Alt + Tab : 열려 있는 앱 간 전환

11 ③

시스템 백업 기능을 자주 사용한다고 해서 시스템 바이러스 감염 가능성이 높아지는 것은 아님

12 ②

인터프리터는 목적 프로그램을 생성하지 않고 필요할 때마다 기계어로 번역하여 실행하는 방식임

13 ①

레지스터(Register) : CPU에서 명령이나 연산 결과값을 일시적으로 저장하는 임시 기억 장소로 기본 소자인 플립플롭(Flip-Flop)이나 래치(Latch) 등으로 구성되며 메모리 중에서 가장 속도가 빠름

14 ①

Shift 를 누른 상태에서 파일을 삭제하면 휴지통에 저장되지 않고 영구히 삭제됨

15 ③

오답 피하기

- DHCP(Dynamic Host Configuration Protocol) : IP 주소를 자동으로 할당해 주는 동적 호스트 설정 통신 규약
- CGI(Common Gateway Interface) : 웹 서버에 있어 사용자의 요구를 응용 프로그램에 전달하고 그 결과를 사용자에게 되돌려 주기 위한 표준적인 방법
- URL(Uniform Resource Locator) : 인터넷에서 정보의 위치를 알려 주는 표준 주소 체계, 인터넷의 정보에 대한 접근 방법, 위치, 파일명 등으로 구성됨

16 ②

PING : 네트워크의 현재 상태나 다른 컴퓨터의 네트워크 접속 여부를 확인하는 명령

오답 피하기

- ① TELNET : 원격지의 컴퓨터에 접속하기 위해서 지원되는 인터넷 표준 프로토콜 중 하나로, 원격지에 있는 컴퓨터에 접속하여 프로그램을 실행시키거나 시스템 관리 작업 등을 할 수 있는 서비스
- ③ TRACERT : 네트워크에 연결된 컴퓨터의 경로(라우팅 경로)를 추적할 때 사용하는 명령
- ④ FINGER : 특정 네트워크에 접속된 사용자의 정보를 확인할 때 사용하는 명령

17 ④

AVI 파일 : Windows의 표준 동영상 파일 형식으로 디지털 비디오 압축 방식임

오답 피하기

- JPG 파일 : 정지 영상 압축 기술에 관한 표준화 규격
- GIF 파일 : 비손실 압축 방식으로 이미지 손상은 없지만 압축률이 좋지 않고 256색까지 표현함
- BMP 파일 : 이미지를 비트맵 방식으로 표현, 압축을 하지 않으므로 고해상도이며 용량이 큼

18 ④

시분할 시스템(Time Sharing System) : 다수의 이용자가 여러 개의 입, 출력 장치를 동시에 사용이 가능한 방식

오답 피하기

- 일괄 처리 시스템 : 발생된 자료를 일정 기간 데이터를 모아 두었다가 한꺼번에 일정량을 처리하는 방식
- 다중 프로그래밍 시스템 : 하나의 CPU로 여러 개의 프로그램을 처리하는 기법
- 다중 처리 시스템 : 두 개 이상의 CPU로 여러 개의 프로그램을 처리하는 기법

19 ④

트루 컬러(True color)

- 사람의 눈으로 인식이 가능한 색상의 의미로, 풀 컬러(Full Color)라고도 함
- 24비트의 값을 이용하며, 빛의 3원색인 빨간색(R), 녹색(G), 파란색(B)을 배합하여 나타내는 색상의 규격으로 배합할 때의 단위를 픽셀(Pixel)이라 함

20 ②

펌웨어(Firmware) : 비휘발성 메모리인 ROM에 저장된 프로그램으로 하드웨어의 교체 없이 소프트웨어의 업그레이드만으로 시스템의 성능을 향상시킬 수 있음

과목 02 스프레드시트 일반

21 ①

- ROUNDUP(숫자,자릿수)은 올림 함수로 숫자를 지정한 자릿수에서 올림을 실행함
- ROUNDUP(3.2,0) : 3.2를 0자리에서 올림하여 4의 결과가 표시됨

오답 피하기

- ② =MOD(3,2) → 1 : 3을 2로 나눈 나머지를 구함
- ③ =ABS(−2) → 2 : −2의 절대값을 구함
- ④ =MID("2026 월드컵",6,3) → 월드컵 : 6번째 '월'부터 3글자를 추출함

22 ①

이름은 기본적으로 절대 참조를 사용함

오답 피하기

- 이름의 첫 글자는 문자나 밑줄(_), ₩만 사용할 수 있음
- 나머지 글자는 문자, 숫자, 마침표(.), 밑줄(_)을 사용함
- 셀 주소와 같은 형태의 이름은 사용할 수 없음
- 최대 255자까지 지정할 수 있음

23 ④

[옵션] 단추

- 매크로의 바로 가기 키와 설명을 편집할 수 있음
- 매크로 이름은 이 대화상자에서 수정할 수 없으며 Visual Basic Editor를 열고 수정해야 함

매크로 옵션 ? ×
매크로 이름:
성적산출
바로 가기 키(K):
Ctrl+
설명(D):
확인 취소

24 ④

고급 필터가 적용된 결과 표를 정렬할 경우 숨겨진 레코드는 정렬에 포함되지 않음

25 ③

[데이터 유효성 검사]에서 목록으로 값을 제한하는 경우 드롭다운 목록의 너비를 지정하는 기능은 지원되지 않음

26 ④

정렬 기준 : 셀 값, 셀 색, 글꼴 색, 조건부 서식 아이콘 등

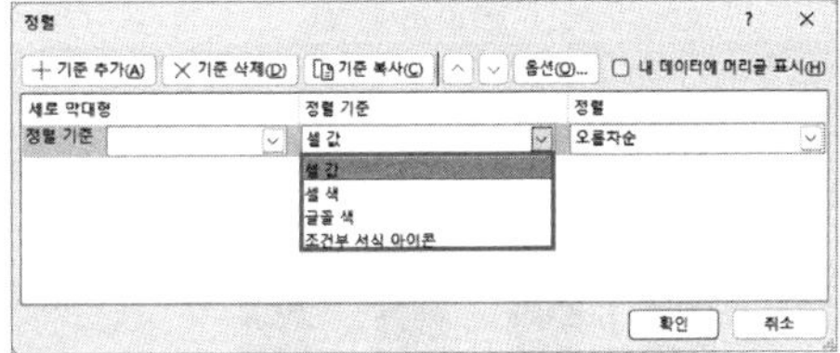

27 ③

창 나누기

- 워크시트의 내용이 많아 하나의 화면으로는 모두 표시하기가 어려워 불편할 때 멀리 떨어져 있는 데이터를 한 화면에 표시할 수 있도록 분할하는 기능
- [보기] 탭–[창] 그룹–[나누기]를 실행하여 현재 화면을 수평이나 수직 또는 수평/수직으로 나눔

오답 피하기

- 창 정렬 : 여러 개의 통합 문서를 배열하여 비교하면서 작업할 수 있는 기능
- 확대/축소 : 현재 워크시트를 확대 또는 축소시켜 표시하는 기능
- 창 숨기기 : 현재 통합 문서를 보이지 않게 숨기는 기능

28 ①

임의의 셀을 선택한 다음 Shift + Space Bar 를 누르면 선택한 셀의 행이 모두 선택되지만, 행을 선택한 다음 Shift + Space Bar 를 누르면 아무 변화도 생기지 않음

29 ④

=COUNTIF(B2:B9, "영업1부") : COUNTIF 함수에 의해 조건인 "영업1부"만 계산하므로 그 결과는 4가 됨

30 ④

매크로 저장 위치 : 개인용 매크로 통합 문서, 새 통합 문서, 현재 통합 문서

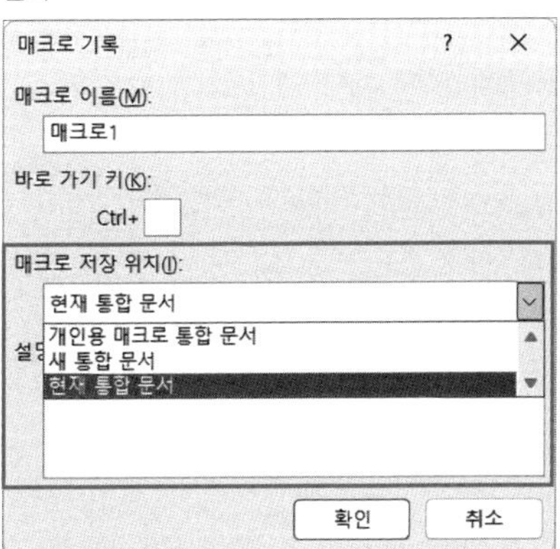

정답

정답&해설

31 ③

❸ 데이터 테이블 : 차트 작성 시 사용된 원본 데이터를 표 형태로 아래에 표시함

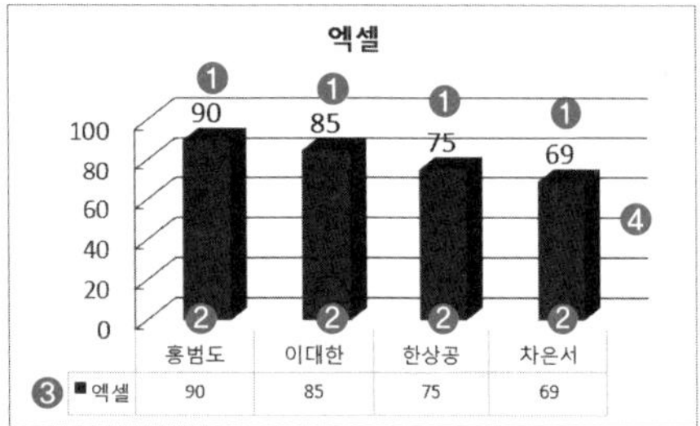

오답 피하기

- ❶ 데이터 레이블 : 그려진 막대나 선이 나타내는 표식에 대한 데이터 요소 또는 값을 의미
- ❷ 데이터 계열 : 차트로 나타낼 값을 가진 항목들을 의미
- ❹ 눈금선 : 가로(항목) 축과 세로(값) 축의 눈금을 그림 영역 부분에 표시

32 ③

시나리오는 최대 32개까지 변경 셀을 지정할 수 있음

33 ④

만능 문자(*, ?) 자체를 찾을 경우는 ~ 기호를 만능 문자 앞에 사용함

34 ③

분산형 차트 : 데이터의 불규칙한 간격이나 묶음을 보여 주는 것으로 주로 과학, 공학용 데이터 분석에 사용. 3차원 차트로 작성할 수 없음. 데이터 요소 간의 차이점보다는 큰 데이터 집합 간의 유사점을 표시하려는 경우에 사용됨

오답 피하기

- 주식형 차트 : 주가 변동을 나타내는 데 사용(과학 데이터도 사용 가능)함
- 영역형 차트 : 시간의 흐름에 대한 변동의 크기를 강조하여 표시, 합계 값을 추세와 함께 분석할 때 사용함
- 방사형 차트 : 여러 열이나 행에 있는 데이터를 차트로 표시, 여러 데이터 계열의 집계 값을 비교함

35 ②

'반복할 행'은 매 페이지마다 반복해서 인쇄될 행을 지정하는 기능으로, [페이지 설정] 대화상자의 [시트] 탭에서 '반복할 행'에 $1:$3을 입력하면 1행부터 3행까지의 내용이 매 페이지 마다 반복되어 인쇄됨

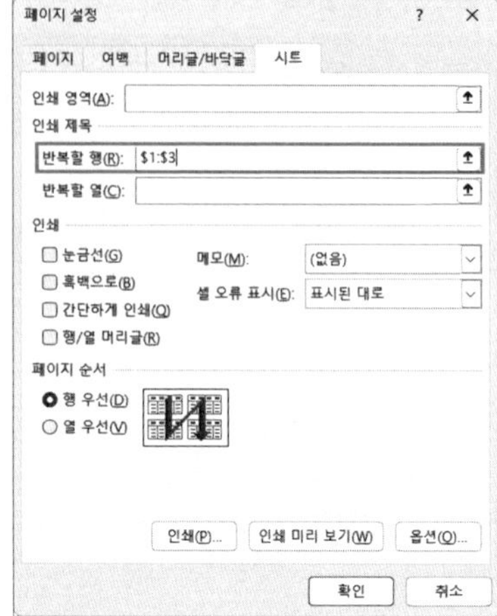

36 ③

채우기 핸들을 드래그하면 선택한 셀 내용과 같은 값을 반복해서 붙여주지만 Ctrl 을 누른 채 채우면 1씩 증가된 값이 채워짐

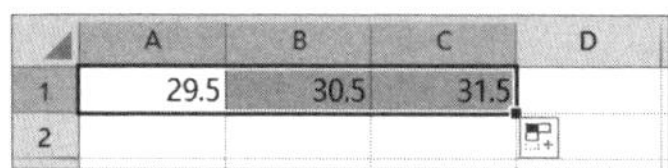

37 ②

목표값 찾기는 하나의 변수 입력값만 사용함

38 ④

통합 문서 계산에서 "수동"인 경우 F9 를 누르면 재계산(지금 계산)이 실행됨

오답 피하기

- F1 : 도움말
- F2 : 수정
- F4 : 참조 변환

39 ④

- 한 단계씩 코드 실행 : F8
- 모듈 창의 커서 위치까지 실행 : Ctrl + F8
- 매크로 실행 : F5

40 ①

텍스트 창에 수식을 입력하는 경우 SmartArt에 결과값이 계산되어 표시되지 않고 수식 그대로 표시됨

2023년 상시 기출문제 04회				2-92P
01 ②	02 ③	03 ②	04 ②	05 ④
06 ③	07 ③	08 ②	09 ③	10 ③
11 ②	12 ④	13 ①	14 ④	15 ③
16 ③	17 ④	18 ③	19 ②	20 ④
21 ③	22 ③	23 ①	24 ①	25 ④
26 ④	27 ③	28 ①	29 ①	30 ④
31 ④	32 ①	33 ③	34 ②	35 ①
36 ②	37 ③	38 ①	39 ③	40 ③

과목 01 컴퓨터 일반

01 ②

제어 프로그램의 종류 : 감시 프로그램, 작업 관리 프로그램, 데이터 관리 프로그램

오답 피하기

처리 프로그램의 종류 : 언어 번역 프로그램, 서비스 프로그램, 문제 처리 프로그램

02 ③

KB, MB, GB, TB 등은 기억 용량 단위임

오답 피하기

컴퓨터의 처리 속도 단위 : ms(milli second) → μs(micro second) → ns(nano second) → ps(pico second) → fs(femto second) → as(atto second)

03 ②

① : 디더링(Dithering), ③ : 모핑(Morphing), ④ : 안티앨리어스에 대한 설명임

04 ②

에어로 피크(Aero Peek)

- 작업 표시줄에서 실행 중인 프로그램의 아이콘에 마우스 포인터를 위치시키면 축소 형태의 미리 보기가 나타남
- 작업 표시줄 오른쪽 끝의 [바탕 화면 보기]에 마우스 포인터를 위치시키면 바탕 화면이 일시적으로 나타남
- [바탕 화면 보기]를 클릭하면 모든 창이 최소화되면서 바탕 화면이 표시되고 다시 클릭하면 모든 창이 나타남

오답 피하기

- ① : 라이브러리에 대한 설명으로 [파일 탐색기]의 [보기] 탭-[창] 그룹-[탐색 창]에서 '라이브러리 표시'를 클릭하여 설정하면 폴더 탐색 창에 표시됨
- ③ : [설정]-[개인 설정]-[배경]에서 배경을 '슬라이드 쇼'로 설정함
- ④ : 점프 목록에 대한 설명으로 [설정]-[개인 설정]-[시작]에서 '시작 메뉴의 점프 목록, 작업 표시줄 또는 파일 탐색기 즐겨찾기에서 최근에 연 항목 표시'가 '켬'으로 설정되어 있어야 함

05 ④

ASCII 코드(미국 표준)

- Zone은 3비트, Digit는 4비트로 구성됨
- 7비트로 2^7=128가지의 표현이 가능함
- 일반 PC용 컴퓨터 및 데이터 통신용 코드
- 대소문자 구별이 가능함
- 확장된 ASCII 코드는 8비트를 사용하여 256가지 문자를 표현함

오답 피하기

- ① : 해밍 코드에 대한 설명임
- ②, ③ : EBCDIC 코드에 대한 설명임

06 ③

[윈도우]+[T] : 작업 표시줄에 있는 프로그램의 미리 보기 창이 순서대로 이동됨

오답 피하기

[윈도우]+[L] : PC 잠금 또는 계정 전환
[윈도우]+[D] : 열린 모든 창을 최소화하거나 이전 크기로 열기
[윈도우]+[F] : 피드백 허브 열기

07 ③

[Back Space] : 현재 폴더에서 상위 폴더로 이동

오답 피하기

[Home] : 현재 창의 맨 위를 표시

08 ②

다중 처리 시스템 : 두 개 이상의 CPU로 동시에 여러 개의 프로그램을 처리하는 기법

오답 피하기

- 일괄 처리 시스템(Batch Processing System) : 발생한 자료를 일정 기간 모아 두었다가 한꺼번에 처리하는 방식
- 듀플렉스 시스템(Duplex System) : 두 개의 CPU 중 한 CPU가 작업 중일 때 다른 하나는 예비로 대기하는 시스템
- 다중 프로그래밍 시스템(Multiprogramming System) : 하나의 CPU로 동시에 여러 개의 프로그램을 처리하는 기법

09 ③

IoT(Internet of Things) : 인간 대 사물, 사물 대 사물 간에 인터넷으로 연결되어 정보의 소통이 가능한 기술

오답 피하기

- 클라우드 컴퓨팅(Cloud Computing) : 언제 어디서나 인터넷이 연결된 장소에서 정보의 저장 및 처리가 가능한 컴퓨터 환경
- RSS(Rich Site Summary) : 자동 수집 기능으로 사이트의 방문 없이도 원하는 최신 정보를 볼 수 있으며 주로 블로그 사이트나 뉴스 등에서 콘텐츠를 표현할 때 사용함
- 빅 데이터(Big Data) : 다양한 종류의 대규모 데이터를 분석, 처리하는 과정을 통해 원하는 결과를 도출하여 효율적으로 이용하기 위한 것으로 빅 데이터의 크기는 수십 테라바이트에서 페타바이트까지 존재함

10 ③

리피터(Repeater) : 네트워크에서 디지털 신호를 일정한 거리 이상으로 전송시키면 신호가 감쇠가 발생하므로 장거리 전송을 위해 신호를 새로 재생하거나 출력 전압을 높여 전송하는 장치

오답 피하기

① : 라우터(Router), ② : 게이트웨이(Gateway), ④ : 브리지(Bridge)에 대한 설명임

11 ②

셰어웨어(Shareware) : 정식 프로그램의 구매를 유도하기 위해 기능이나 사용 기간에 제한을 두고 무료로 배포하는 프로그램

오답 피하기

① : 상용 소프트웨어, ③ : 오픈 소스 프로그램, ④ : 베타 버전에 대한 설명임

12 ④

URL(Uniform Resource Locator) : 인터넷에서 정보의 위치를 알려주는 표준 주소 체계, 인터넷의 정보에 대한 접근 방법, 위치, 파일명 등으로 구성됨

오답 피하기

- DHCP(Dynamic Host Configuration Protocol) : IP 주소를 자동으로 할당해 주는 동적 호스트 설정 통신 규약
- CGI(Common Gateway Interface) : 웹 서버에 있어 사용자의 요구를 응용 프로그램에 전달하고 그 결과를 사용자에게 되돌려 주기 위한 표준적인 방법
- DNS(Domain Name System) : 문자 형태로 된 도메인 네임을 컴퓨터가 인식할 수 있는 숫자로 된 IP 주소로 변환해 주는 컴퓨터 체계

13 ①

전자우편은 기본적으로 7비트의 ASCII 코드를 사용하여 전송함

14 ④

오답 피하기

① : 가로막기, ② : 가로채기, ③ : 변조/수정에 대한 설명임

15 ③

인터넷과 같은 통신 매체를 이용하는 전자우편이나 파일 다운로드 등을 통한 감염 외에도 USB 메모리 등을 통해서도 감염됨

16 ③

[개인 설정] : 배경, 색, 잠금 화면, 테마, 글꼴, 시작, 작업 표시줄 등을 설정함

오답 피하기

내레이터는 [접근성]에서 설정함

17 ④

처리하고자 하는 정보의 종류와 양이 증가하였음

18 ③

드럼식, 체인식, 밴드식은 잉크 리본에 활자 충격을 이용하는 활자식 라인 프린터의 인쇄 방식임

19 ②

- [속성] 창에서 폴더의 특정 하위 폴더를 삭제할 수 없음
- 폴더의 특정 하위 폴더를 삭제하려면 해당 폴더를 선택한 다음 마우스 오른쪽 단추를 누르고 [삭제]를 클릭하여 삭제함
- [속성] 창 표시 : 해당 폴더를 선택한 다음 마우스 오른쪽 단추를 누른 후 [속성]을 클릭하여 실행하거나 Alt + Enter 를 눌러서 실행함

오답 피하기

- ① : [속성] 창–[일반] 탭의 [내용]에서 폴더가 포함하고 있는 하위 폴더 및 파일의 개수를 알 수 있음
- ③ : [속성] 창–[공유] 탭에서 폴더를 네트워크와 연결된 다른 컴퓨터에서 접근할 수 있도록 공유시킬 수 있음
- ④ : [속성] 창–[일반] 탭의 [특성]에서 폴더에 '읽기 전용' 속성을 설정하거나 해제할 수 있음

20 ④

보안이 취약하며 개인 PC 등의 작은 규모의 네트워크에서 주로 사용되므로 데이터의 양이 적을 때 적합함

과목 02 스프레드시트 일반

21 ③

[A1] 셀에서 A는 열을 의미하며 1은 행을 의미하므로 A열 1행이 됨

22 ③

'쓰기 암호'가 지정된 경우라도, 파일을 수정하고 다른 이름으로 저장하는 경우는 '쓰기 암호'를 입력하지 않아도 됨

23 ①

Ctrl + Home : 워크시트의 시작 위치([A1] 셀)로 이동함

24 ①

도형이나 그림 등에 하이퍼링크를 지정할 수 있음

25 ④

#VALUE! : 수치를 사용해야 할 장소에 다른 데이터를 사용하는 경우나 함수의 인수로 잘못된 값을 사용한 경우

오답 피하기

- #DIV/0! : 0으로 나누기 연산을 시도한 경우
- #NUM! : 숫자가 필요한 곳에 잘못된 값을 지정한 경우나 숫자의 범위를 초과한 경우
- #NAME? : 함수 이름이나 정의되지 않은 셀 이름을 사용한 경우 또는 수식에 잘못된 문자열을 지정하여 사용한 경우

26 ④

=AND(6<5, 7>5) → FALSE : AND 함수는 두 조건이 모두 만족할 때만 TRUE가 됨

오답 피하기

- =RIGHT("Computer",5) → puter : 오른쪽에서 5개를 추출
- =ABS(−5) → 5 : 절대값을 구함
- =TRUNC(5.96) → 5 : =TRUNC(수1, 수2)는 수1을 무조건 내림하여 수2만큼 반환함. 수2 생략 시 0으로 처리되므로 5가 됨

27 ③

- =EOMONTH(시작 날짜, 전후 개월 수) : 시작 날짜를 기준으로 전후 개월의 마지막 날을 반환함
- =EOMONTH(D2,1) : 1980−12−08부터 1개월 후 마지막 날이므로 1981−01−31이 결과로 산출됨
- 셀 서식을 [날짜]로 설정하면 "1981−01−31"처럼 표시됨

D4 =EOMONTH(D2,1)

	A	B	C	D	E
1	사원번호	성명	직함	생년월일	
2	101	구민정	영업과장	1980-12-08	
3					
4				1981-01-31	
5					

28 ①

매크로의 바로 가기 키는 엑셀에서 사용하는 바로 가기 키를 사용할 수 있으며, 다른 바로 가기 키보다 우선으로 실행됨

29 ①

레이블 내용에 '차트 제목'은 지원되지 않음

오답 피하기

레이블 내용은 '계열 이름(미세먼지)', '항목 이름(서울, 경기, 인천, 수원)', '값(50, 45, 37, 26)', '백분율(32%, 29%, 23%, 16%)'이 설정되어 있음

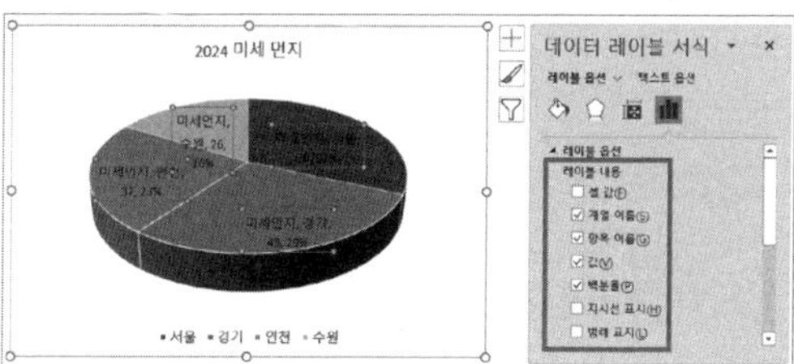

30 ④

Alt + Enter : 자동 줄 바꿈

오답 피하기

범위를 지정하고 데이터를 입력한 후 Ctrl + Enter를 누르면 동일한 데이터가 한꺼번에 입력됨

31 ④

[시트] 탭 : 인쇄 영역, 인쇄 제목(반복할 행, 반복할 열), 인쇄(눈금선, 메모, 흑백으로, 셀 오류 표시, 간단하게 인쇄, 행/열 머리글), 페이지 순서(행 우선, 열 우선) 등을 설정할 수 있음

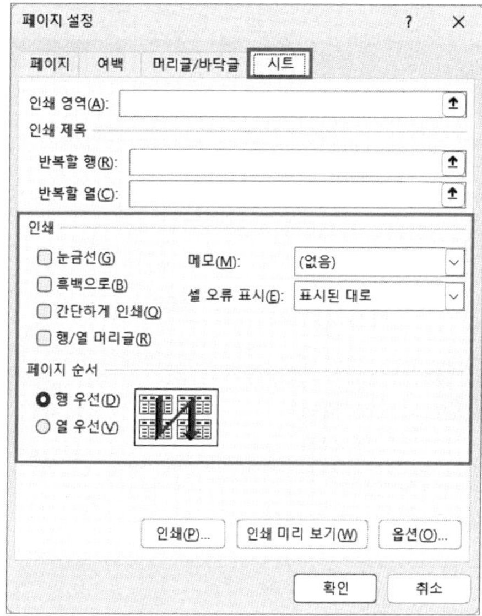

32 ①

'날짜 필터' 목록에서 필터링 기준으로 사용할 요일은 지원되지 않음

33 ③

오답 피하기

- 피벗 테이블 : 많은 양의 자료를 효율적으로 분석하고 요약하는 기능
- 시나리오 : 워크시트에 입력된 자료들에 대해 자료 값이 변함에 따라 그 결과를 분석하고 예측하는 기능
- 매크로 : 자주 사용하는 명령이나 반복적인 작업을 일련의 순서대로 기록해 두었다가 필요할 때마다 바로 가기 키(단축키)나 실행 단추를 클릭하여 쉽고, 빠르게 작업을 수행되도록 하는 기능

34 ②

세미콜론 세 개(;;;)를 연속하여 사용하면 입력 데이터가 셀에 나타나지 않음

35 ①

'새로운 값으로 대치'는 이미 부분합이 작성된 목록에서 이전 부분합을 지우고 현재 설정대로 새로운 부분합을 작성하여 삽입하므로, 여러 함수를 이용하여 부분합을 작성하려면 두 번째부터 실행하는 [부분합] 대화상자에서 '새로운 값으로 대치'의 선택을 해제해야 함

36 ②

선택한 영역 중 문자 데이터가 입력된 셀의 수를 구하는 기능은 지원되지 않음

오답 피하기

- ① 선택한 영역 중 숫자 데이터가 입력된 셀의 수 → 숫자 셀 수
- ③ 선택한 영역 중 데이터가 입력된 셀의 수 → 개수
- ④ 선택한 영역의 합계, 평균, 최소값, 최대값 → 합계, 평균, 최소값, 최대값

✓ 평균(A)	20
✓ 개수(C)	4
✓ 숫자 셀 수(T)	3
✓ 최소값(I)	10
✓ 최대값(X)	30
✓ 합계(S)	60
✓ 업로드 상태(U)	
✓ 보기 바로 가기(V)	
✓ 확대/축소 슬라이더(Z)	
✓ 확대/축소(Z)	100%

37 ③

분산형, 주식형, 거품형 차트로 변경할 수 없음

38 ①

시나리오는 변경 셀로 지정한 셀에 계산식이 포함되어 있으면 자동으로 상수로 변경되어 시나리오가 작성되지만, 별도의 파일로 저장되지는 않음

39 ③

오름차순 정렬과 내림차순 정렬에서 공백은 맨 마지막에 위치하게 됨

40 ③

- HLOOKUP : 표의 가장 첫 행에서 특정 값을 찾아, 지정한 행에 해당하는 열의 셀 값을 표시함
- 형식 : =HLOOKUP(찾을 값, 셀 범위 또는 배열, 행 번호, 찾을 방법)
- 찾을 값 : 표의 첫째 행에서 찾고자 하는 값 → [C5]
- 셀 범위 또는 배열 : 찾고자 하는 값이 있는 범위나 배열 → [C2:G3]
- 행 번호 : 같은 열에 있는 값을 표시할 행 → 2
- **찾을 방법 → TRUE**
  - 생략되거나 TRUE(=1)이면 셀 범위에 똑같은 값이 없을 때는 찾을 값의 아래로 근사값을 찾아주며, 이때 셀 범위 또는 배열은 첫 번째 행을 기준으로 왼쪽에서 오른쪽으로 오름차순 정렬이 되어 있어야 함
  - FALSE(=0)로 지정되면 정확한 값을 찾아주며, 만약 그 값이 없을 때는 #N/A 오류가 발생함

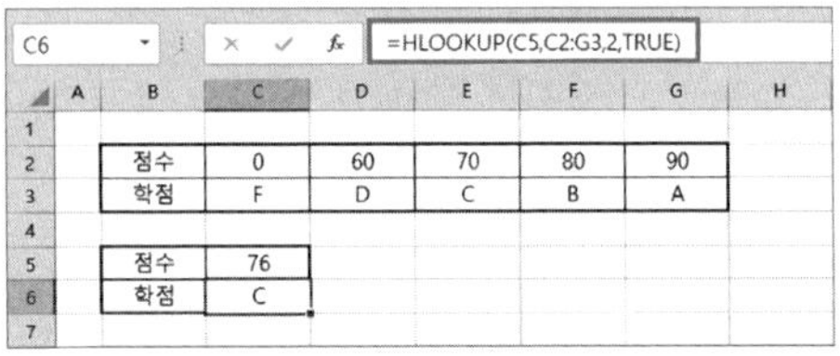

C6 =HLOOKUP(C5,C2:G3,2,TRUE)

	A	B	C	D	E	F	G	H
1								
2		점수	0	60	70	80	90	
3		학점	F	D	C	B	A	
4								
5		점수	76					
6		학점	C					
7								

오답 피하기

VLOOKUP : 표의 가장 왼쪽 열에서 특정 값을 찾아, 지정한 열에서 같은 행에 있는 셀의 값을 표시함

2023년 상시 기출문제 05회 2-99P

01 ④	02 ③	03 ④	04 ①	05 ④
06 ②	07 ④	08 ③	09 ②	10 ④
11 ④	12 ④	13 ③	14 ①	15 ②
16 ①	17 ②	18 ④	19 ②	20 ③
21 ③	22 ③	23 ③	24 ②	25 ②
26 ③	27 ③	28 ①	29 ②	30 ②
31 ②	32 ④	33 ①	34 ③	35 ③
36 ③	37 ①	38 ②	39 ③	40 ②

과목 01 컴퓨터 일반

01 ④

1TB(Tera Byte) : 2^{40}(Byte) = 1,024GB = 1024 × 1024 × 1024 × 1024Bytes

02 ③

부하 분산(Load Balancing) : 병렬로 운영되는 기기에서 부하가 균등하도록 작업을 분산하는 역할을 함

03 ④

오답 피하기

- ① : 객체 지향 언어로 추상화, 상속화, 다형성과 같은 특징을 가짐
- ② : LISP 언어에 대한 설명임
- ③ : 네트워크 환경에서 분산 작업이 가능하도록 설계되었음

04 ①

캐시 메모리는 SRAM을 사용함

05 ④

운영체제의 목적
- 처리 능력 증대
- 신뢰도 향상
- 응답 시간 단축
- 사용 가능도

06 ②

핫 스왑(Hot Swap) 지원 : 컴퓨터의 전원이 켜져 있는 상태에서 시스템에 장치를 연결하거나 분리하는 기능

07 ④

스트리밍(Streaming) 기술
- 동영상 파일 및 음악 파일을 다운로드하면서 동시에 재생할 수 있는 기술
- 쌍방향 의사소통을 원활하게 하는 기능은 지원되지 않음

08 ③

MHEG(Multimedia and Hypermedia information coding Experts Group) : 멀티미디어와 하이퍼미디어 정보에 대한 ISO 표준 부호화 방식으로 MPEG, JPEG, JBIG과 더불어 정보 암호화의 4대 ISO 표준임. 다양한 멀티미디어를 하나의 파일에 담을 수 있으며 게임, 전자 출판, 의료 응용 분야 등 다양한 정보 이용 및 교환용으로 제작되었음

09 ②

일괄 처리 → 실시간 처리 → 다중 프로그래밍 → 시분할 처리 → 다중 처리 → 분산 처리

10 ④

바로 가기 아이콘을 삭제하더라도 연결된 실제의 대상 파일은 삭제되지 않음

11 ④

아이콘 자동 정렬은 [바탕 화면]의 바로 가기 메뉴 [보기]에 있음

12 ④

RFID(Radio Frequency IDentification)
- 무선 주파수(Radio Frequency)를 이용하는 것으로 사물에 안테나와 칩으로 구성된 전자 태그를 부착하여 사물의 정보 등을 RFID 리더로 식별(IDentification)할 수 있도록 해 주는 센서 기술
- 비접촉식이며 이동 중에서 인식이 가능하고 멀티 태그 인식 기능, 재사용(Read/Write) 가능, 반영구적 사용, 알고리즘을 이용한 높은 보안과 신뢰성 등의 특징이 있음

13 ③

- ① : 디지털 컴퓨터 – 셀 수 있는 데이터(숫자, 문자 등), 아날로그 컴퓨터 – 연속적인 물리량(전류, 전압, 온도, 속도 등)
- ② : 디지털 컴퓨터 – 논리 회로, 아날로그 컴퓨터 – 증폭 회로
- ④ : 아날로그 컴퓨터 – 특수 목적용, 디지털 컴퓨터 – 범용

14 ①

휴지통에 지정된 최대 크기를 초과하면 보관된 파일 중 가장 오래된 파일부터 자동 삭제됨

15 ②

FTP(File Transfer Protocol) : 파일 전송 프로토콜로 파일을 전송하거나 받을 때 사용하는 서비스

오답 피하기

- SSL(Secure Socket Layer) : 넷스케이프 브라우저에 사용한 암호화 프로토콜
- Telnet : 원격지의 컴퓨터에 접속하기 위해서 지원되는 인터넷 표준 프로토콜
- Usenet : 관심이 있는 분야끼리 그룹을 지어 자신의 의견을 주고받을 수 있는 서비스

16 ①

압축 프로그램 : 사용자가 컴퓨터를 보다 효율적으로 사용할 수 있게 도와주는 유틸리티 프로그램의 한 종류로 파일을 압축함으로써 디스크 공간을 절약할 수 있으며 데이터 통신망을 이용하여 자료를 송수신할 때 빠르게 처리할 수 있어 전송 시간이 단축됨(ZIP, ARJ, RAR, 알집 등)

오답 피하기

SAS(Statistical Analysis System) : 통계적 분석 시스템

17 ②

패치 프로그램(Patch Program) : 이미 제작하여 배포된 프로그램의 오류 수정이나 성능 향상을 위하여 프로그램 일부를 변경해 주는 프로그램

오답 피하기

① : 벤치마크 프로그램(Benchmark Program), ③ : 알파 테스트 버전, ④ : 베타 테스트 버전에 대한 설명임

18 ④

WAV : WAVE 형식의 파일로 아날로그 신호를 디지털화하여 나타내는 것으로, 소리의 파장이 그대로 저장되며 음질이 뛰어나기 때문에 파일의 용량이 큼. 자연의 음향과 사람의 음성 표현이 가능함

오답 피하기

- BMP : 이미지를 비트맵 방식을 표현하며 압축하지 않기 때문에 고해상도의 이미지를 표현할 수 있음
- GIF : 비손실 압축 방법을 사용하기 때문에 이미지의 손상은 없지만, 압축률이 높지 않음
- TIFF : 호환성이 좋아 매킨토시와 개인용 컴퓨터 간의 그래픽 데이터를 교환하기 위해 사용하는 비트맵 파일 형식

19 ②

포털 사이트(Portal Site) : 인터넷 이용 시 반드시 거쳐야 한다는 의미의 '관문 사이트'로 한 사이트에서 '정보 검색, 전자우편, 쇼핑, 채팅, 게시판' 등의 다양한 인터넷 서비스를 제공하는 사이트

오답 피하기

미러 사이트(Mirror Site) : 같은 내용을 여러 사이트에 복사하여 사용자가 분산되게 하고, 보다 빨리 자료를 찾을 수 있도록 하는 사이트

20 ③

③은 IP에 대한 설명임

과목 02 스프레드시트 일반

21 ③

Excel 매크로 사용 통합 문서 : *.xlsm

오답 피하기

- ① *.txt : 탭으로 분리된 텍스트 파일
- ② *.prn : 공백으로 분리된 텍스트 파일
- ④ *.xltm : Excel 매크로 사용 서식 파일
- Excel 추가 기능 : *.xlam

22 ③

- =RANK.EQ(순위 구할 수, 참조 범위, 순위 결정 방법) : 참조 범위에서 순위 구할 수의 석차를 구함(순위 결정 방법이 0이거나 생략되면 참조 범위가 내림차순으로 정렬된 목록처럼 순위를 부여함)
- =CHOOSE(검색값, 값1, 값2, …) : 검색값이 1이면 값1, 2이면 값2, 순서로 값을 반환함
- RANK.EQ(D2,$D$2:$D$5) : [D2] 셀, 김나래의 합계 92점의 석차를 구함 → 3
- =CHOOSE(3,"천하","대한","영광","기쁨") : 3번째 값인 "영광"을 선택하여 결과로 산출함

E2 =CHOOSE(RANK.EQ(D2, $D$2:$D$5),"천하","대한","영광","기쁨")

	A	B	C	D	E
1	성명	이론	실기	합계	수상
2	김나래	47	45	92	영광
3	이석주	38	47	85	기쁨
4	박명호	46	48	94	대한
5	장영민	49	48	97	천하

23 ③

피벗 테이블의 셀에 메모를 삽입한 경우 데이터를 정렬하더라도 메모는 데이터와 함께 정렬되지 않음

24 ②

두 개 이상의 셀을 범위로 지정하여 채우기 핸들을 끌면 데이터 사이의 차이에 의해 증가하면서 채워지므로 [B4] 셀까지 드래그했을 때 "일, 월, 화, 수", "1, 2, 3, 4"처럼 값이 변경됨

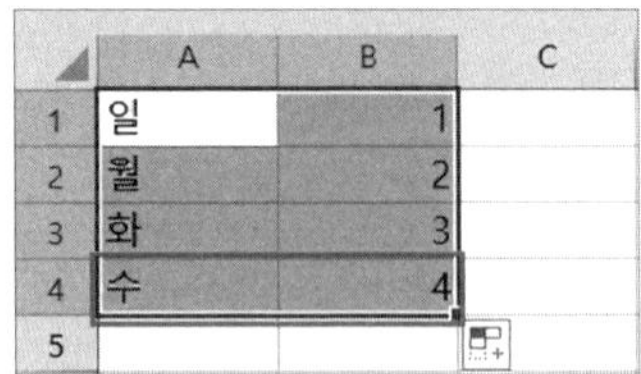

	A	B	C
1	일	1	
2	월	2	
3	화	3	
4	수	4	
5			

25 ②

- 워크시트 이름과 셀 주소 사이는 느낌표(!)로, 워크시트 이름과 워크시트 이름 사이는 콜론(:)으로 구분함.
- ② =SUM(Sheet1!A2:Sheet3!A2) : 셀 주소와 시트 이름이 콜론으로 연결되어 있기 때문에 #VALUE! 오류가 발생함

26 ③

③ =IF(AND(MID(D2, 8, 1)=1,MID(D2, 8, 1)=3),"남","여") : AND(그리고)로 인해 1과 3 모두 만족해야 하므로 잘못된 수식임(결과는 "여")

오답 피하기

- ① : 8번째 한 자리가 1이고 1을 2로 나눈 나머지(MOD)가 1과 같으므로 참이 되어 결과는 "남"이 됨
- ② : 8번째 한 자리가 1이고 2 또는(OR) 4인 경우가 참, 아니면 거짓이므로 결과는 "남"이 됨
- ④ : 8번째 한 자리가 1이고 순번(CHOOSE)대로 결과는 첫 번째 "남"이 됨

27 ③

[데이터 계열 서식]의 [계열 옵션]–[계열 겹치기]를 '0%'로 설정하면 〈수정 후〉처럼 변경됨

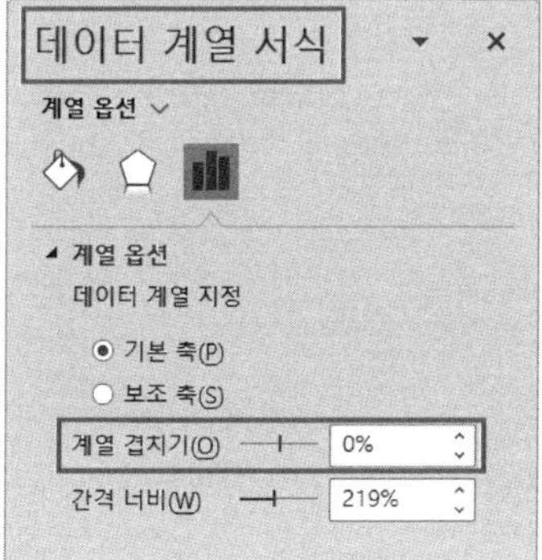

28 ①

찾을 조건이 이(이*)로 시작하는 성명이거나(또는) 연이 포함된(*연*) 성명이므로 "남이수"는 결과로 표시되지 않음

29 ②

- [페이지 설정] 대화상자의 [머리글/바닥글] 탭에서 머리글을 입력하려면 [머리글 편집] 버튼을 클릭하고 바닥글을 입력하려면 [바닥글 편집] 버튼을 클릭함
- 가운데 구역에서 [시트 이름 삽입] 단추를 클릭하면 &[탭]이 생성됨

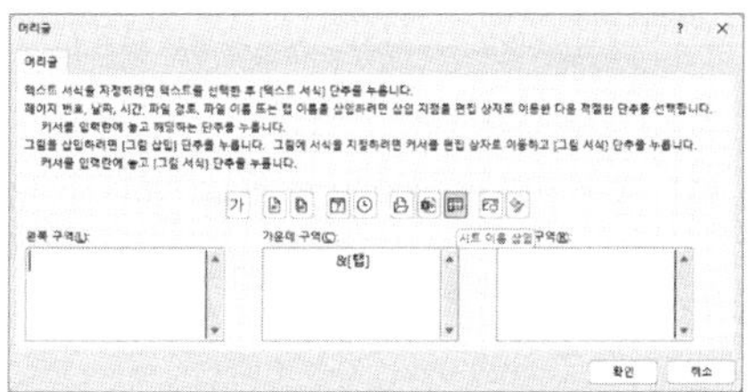

30 ②

채우기 핸들을 드래그하면 선택한 셀 내용과 같은 값을 반복해서 붙여 주지만 Ctrl 을 누르고 채우면 1씩 증가된 값이 채워짐

	A	B	C	D
1	29.5	30.5	31.5	
2				

31 ②

Visual Basic Editor(Alt + F11)를 이용하여 매크로 편집이 가능함

32 ④

- 메모 입력 : Shift + F2
- 메모는 셀에 입력된 데이터를 지울 경우 자동으로 삭제되지 않음
- [검토] 탭–[메모] 그룹–[삭제]에서 삭제할 수 있음
- [홈] 탭–[편집] 그룹–[지우기]–[메모 지우기]에서도 삭제할 수 있음

33 ①

수식 셀은 "단가"와 "수량"의 곱에 "할인율"이 적용된 "판매가격"이므로 [D4] 셀이 수식 셀에 입력되어야 함

34 ③

시트 이름은 공백을 포함하여 31자까지 사용 가능하며 : ₩, /, ?, *, [ ]는 사용할 수 없음

35 ③

=RANK.EQ(C2,$C$2:$C$8)<=5

- TOEIC 점수 상위 5위까지 데이터를 추출하기 위한 조건식
- 조건식이 들어가는 고급 필터의 항목명은 입력되어 있는 TOEIC과 다르게 입력해야 됨

A11 =RANK.EQ(C2,$C$2:$C$8)<=5

	A	B	C
1	학과명	성명	TOEIC
2	경영학과	김영민	790
3	영어영문학과	박찬진	940
4	컴퓨터학과	최우석	860
5	물리학과	황종규	750
6	역사교육과	서진동	880
7	건축학과	강석우	900
8	기계공학과	한경수	740
9			
10	점수		
11	TRUE		
12			
13	학과명	성명	TOEIC
14	경영학과	김영민	790
15	영어영문학과	박찬진	940
16	컴퓨터학과	최우석	860
17	역사교육과	서진동	880
18	건축학과	강석우	900
19			

36 ③

원형 차트는 한 열이나 행에 있는 데이터만 차트로 작성하므로 각 분기별 지점 모두를 표현하기에 부적합함

37 ①

시나리오 관리자에서 시나리오를 삭제하더라도 시나리오 요약 보고서의 해당 시나리오가 자동으로 삭제되지 않음

38 ②

[Excel 옵션]-[고급]-[소수점 자동 삽입]에서 소수점의 위치를 -3으로 지정함

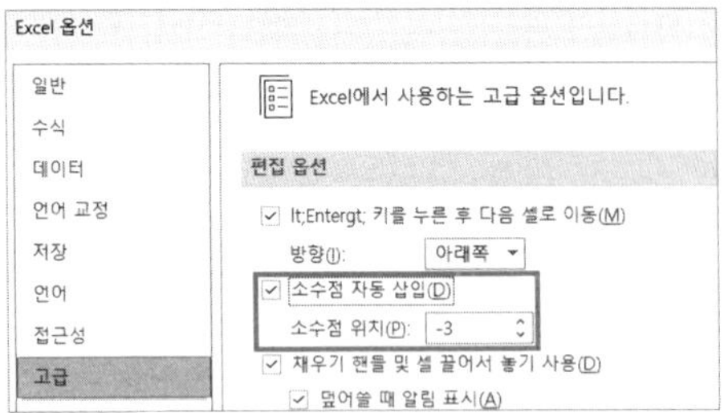

39 ③

한글 모음을 입력한 후 [한자]를 누르면 아무것도 나타나지 않음

40 ②

=IFERROR(VLOOKUP(A3,$E$3:$F$6,2,FALSE),"")

- =IFERROR(수식, 오류 발생 시 표시값)
- VLOOKUP(A3,$E$3:$F$6,2,FALSE) : A3 셀의 값인 "W"를 $E$3:$F$6의 첫 열에서 반드시 똑같은 값(FALSE에 의해)을 찾아서 같은 행의 2열 값인 "워드"를 검색
- 오류 발생 시 표시값 : " " (과목코드 X의 경우)

B3 | =IFERROR(VLOOKUP(A3,$E$3:$F$6,2,FALSE),"")

	A	B	C	D	E	F	G	H
1	시험 결과				코드표			
2	과목코드	과목명	점수		코드	과목명		
3	W	워드	85		W	워드		
4	P	파워포인트	90		E	엑셀		
5	X		75		P	파워포인트		
6					A	액세스		
7								

2022년 상시 기출문제 01회 2-106P

01 ④	02 ③	03 ①	04 ④	05 ③
06 ④	07 ②	08 ①	09 ②	10 ③
11 ④	12 ③	13 ②	14 ④	15 ①
16 ①	17 ③	18 ②	19 ①	20 ④
21 ②	22 ①	23 ③	24 ②	25 ③
26 ④	27 ②	28 ②	29 ④	30 ③
31 ③	32 ④	33 ②	34 ①	35 ②
36 ④	37 ①	38 ②	39 ②	40 ①

과목 01 컴퓨터 일반

01 ④

컴퓨터의 연산 속도 단위(느린 순 → 빠른 순) : 1ms(10^{-3}) → 1μs(10^{-6}) → 1ns(10^{-9}) → 1ps(10^{-12})

02 ③

크기 제한은 항목당 4MB이며 텍스트, HTML 및 비트맵이 지원됨

03 ①

기억 장치의 접근 속도(빠른 순 → 느린 순) : 레지스터 → 캐시 메모리 → 주기억 장치 → 보조 기억 장치

04 ④

IPM(Images Per Minute) : ISO(국제 표준화 기구)에서 규정한 잉크젯 속도 측정 방식으로 각 프린터 업체의 자체 기준에 맞춘 고속 모드로 출력된 PPM과는 달리 일반(보통) 모드에서 ISO 규격 문서를 측정함

오답 피하기

- CPS(Characters Per Second) : 1초당 인쇄되는 문자 수(도트 매트릭스 프린터, 활자식 프린터 등)
- PPM(Pages Per Minute) : 1분당 인쇄되는 페이지 수(잉크젯 프린터, 레이저 프린터 등)
- LPM(Lines Per Minute) : 1분당 인쇄되는 라인 수(활자식 프린터, 잉크젯 프린터 등)

05 ③

컴파일러의 번역 속도는 프로그램 전체를 번역하므로 인터프리터보다 느림

06 ④

[Windows]+[L] : PC를 잠그거나 계정을 전환함

오답 피하기

[Windows]+[M] : 모든 창을 최소화함

07 ②

전자우편은 기본적으로 7비트의 ASCII 코드를 사용하여 전송함

08 ①

오답 피하기

- 다중 처리 시스템 : 두 개 이상의 CPU로 동시에 여러 개의 프로그램을 처리하는 기법
- 일괄 처리 시스템 : 발생된 자료를 일정 기간 모아 두었다가 한꺼번에 처리하는 방식
- 실시간 처리 시스템 : 발생된 자료를 바로 처리하는 방식

09 ②

오답 피하기

드라이브 조각 모음 및 최적화
- 디스크에 단편화되어 저장된 파일들을 모아서 디스크를 최적화함
- 비율이 10%를 넘으면 디스크 조각 모음을 수행해야 함
- 단편화를 제거하여 디스크의 수행 속도를 높여줌
- 처리 속도면에서는 효율적이나 총용량이 늘어나지는 않음

10 ③

패치 프로그램(Patch Program) : 이미 제작하여 배포된 프로그램의 오류 수정이나 성능 향상을 위하여 프로그램 일부를 변경해 주는 프로그램

오답 피하기

번들 : 특정한 하드웨어나 소프트웨어를 구매하였을 때 끼워주는 소프트웨어

11 ④

VCS(Video Conference System) : 원거리에 있는 사람들끼리 TV 화면을 통한 화상을 통해 원격으로 회의를 할 수 있는 시스템

오답 피하기

- AR(Augmented Reality) : 증강 현실로 사람이 눈으로 볼 수 있는 실세계와 관련된 3차원의 부가 정보를 제공받을 수 있는 기술
- VR(Virtual Reality) : 가상 현실로 컴퓨터를 이용하여 특정 상황을 설정하고 구현하는 기술인 모의실험(Simulation)을 통해 실제 주변 상황처럼 경험하고 상호 작용하는 것처럼 느끼게 할 수 있는 인터페이스 시스템
- VOD(Video On Demand) : 주문형 비디오로 사용자의 주문에 의해 데이터베이스로 구축되어 있는 영화나 드라마, 뉴스 등의 비디오 정보를 실시간으로 즉시 전송해 주는 서비스

12 ③

음질이 뛰어나기 때문에 파일의 용량이 MIDI보다 큼

13 ②

채널(Channel)
- 입출력 장치와 주기억 장치 사이의 속도 차이를 위한 장치(자체 메모리 없음)
- CPU의 간섭 없이 입출력을 수행하며 작업 완료 시 인터럽트로 알림

오답 피하기

- 포트(Port) : 컴퓨터와 주변 장치를 연결하기 위한 접속 부분
- 데드락(Deadlock) : 교착 상태로 자원은 한정되어 있으나 각 프로세스들이 서로 자원을 차지하려고 무한정 대기하는 상태로, 해당 프로세스의 진행이 중단되는 상태
- DMA : CPU의 간섭 없이 주기억 장치와 입출력 장치 사이에서 직접 전송이 이루어지는 방법

14 ④

멜리사 바이러스
- 1999년 3월 26일에 발견된 최초의 매크로 바이러스
- 전자우편을 열람하면 사용자 주소록의 50개 주소에 자동으로 전염시킴

오답 피하기

- 웜(Worm) 바이러스 : 초기의 바이러스로, 감염 능력이 없으며 자기 자신만을 복제함
- 예루살렘 바이러스 : 확장자가 COM, EXE인 파일에 감염되며, 13일의 금요일에 실행되는 파일을 삭제함
- CIH 바이러스 : 매년 4월 26일 플래시 메모리(Flash Memory)의 내용과 모든 하드디스크의 데이터를 파괴함

15 ①

레지스트리를 잘못 편집하면 운영 체제를 완전하게 다시 설치해야 하는 심각한 문제가 발생할 수 있으며 데이터 손실이 발생할 수 있음

16 ①

HDMI(High–Definition Multimedia Interface)
- 고선명 멀티미디어 인터페이스로 비압축 방식이므로 영상이나 음향 신호 전송 시 소프트웨어나 디코더 칩(Decoder Chip) 같은 별도의 디바이스가 필요 없음
- 기존의 아날로그 케이블보다 고품질의 음향이나 영상을 전송함

오답 피하기

- DVI : 디지털 TV를 만들기 위해 개발되었던 것을 인텔에서 인수하여 동영상 압축 기술(최대 144:1 정도)로 개발됨
- USB : 허브(Hub)를 사용하면 최대 127개의 주변기기 연결이 가능하며, 기존의 직렬, 병렬, PS/2 포트 등을 하나의 포트로 대체하기 위한 범용 직렬 버스 장치
- IEEE–1394 : 컴퓨터 주변 장치뿐만 아니라 비디오 카메라, 오디오 제품, TV, VCR 등의 가전 기기를 개인용 컴퓨터에 접속하는 인터페이스로 개발됨

17 ③

DNS(Domain Name System) : 문자 형태로 된 도메인 네임(Domain Name)을 컴퓨터가 인식할 수 있는 숫자로 된 IP 어드레스(IP Address)로 변환해 주는 컴퓨터 체계

오답 피하기

- ① : 라우터(Router)
- ② : 모뎀(MODEM)
- ④ : 브리지(Bridge)

18 ②

폴더를 마우스로 선택한 후 Alt를 누른 채 같은 드라이브의 다른 폴더로 끌어서 놓으면 이동되지 않고 바로 가기 아이콘이 생성됨

19 ①

누산기(Accumulator) : 중간 연산 결과를 일시적으로 기억하는 레지스터

오답 피하기

- ② 프로그램 카운터(Program Counter) : 다음에 수행할 명령어의 번지(주소)를 기억하는 레지스터
- ③ 명령 레지스터(IR : Instruction Register) : 현재 수행 중인 명령어를 기억하는 레지스터
- ④ 명령 해독기(Instruction Decoder) : 수행해야 할 명령어를 해석하여 부호기로 전달하는 회로

20 ④

④는 UML(Unified Modeling Language)에 대한 설명임

과목 02 스프레드시트 일반

21 ②

- =POWER(수1,수2) : 수1을 수2만큼 거듭 제곱한 값을 구함
- =POWER(2,3) → 8 : 2의 3제곱(2X2X2)

오답 피하기

- =Trunc(−5.6) → −5 : 음수에서 소수점 이하를 버리고 정수 부분(−5)을 반환함
- =Int(−7.2) → −8 : 소수점 아래를 버리고 가장 가까운 정수로 내리므로 −7.2를 내림. 음수는 0에서 먼 방향으로 내림
- =Mod(−7,3) → 2 : 나눗셈의 나머지를 구함

22 ①

드롭다운 목록에서 선택하여 입력 : Alt+↓

오답 피하기

- Ctrl+↓ : A열의 마지막 행인 [A1048576] 셀로 이동함
- Tab+↓ : [B7] 셀로 이동함
- Shift+↓ : [A6:A7] 영역이 선택됨

23 ③

부분합에서 사용하는 함수 : 합계, 개수, 평균, 최대값, 최소값, 곱, 숫자 개수, 표본 표준 편차, 표준 편차, 표본 분산, 분산 등

24 ②

=VLOOKUP(22,A1:D5,3) : 셀 영역(A1:D5)에서 찾을 값인 22와 가까운 근사값을 첫 번째 열에서 찾은 후 해당 셀 위치에서 3번째 열에 있는 값을 구함 → 1.27

오답 피하기

- =VLOOKUP(찾을 값, 셀 범위 또는 배열, 열 번호, 찾을 방법) : 셀 범위나 배열의 첫 번째 열에서 찾을 값에 해당하는 행을 찾은 후 열 번호에 해당하는 셀의 값을 구함
- =HLOOKUP(찾을 값, 셀 범위 또는 배열, 행 번호, 찾을 방법) : 셀 범위나 배열의 첫 번째 행에서 찾을 값에 해당하는 열을 찾은 후 행 번호에 해당하는 셀의 값을 구함
- =INDEX(셀 범위나 배열, 행 번호, 열 번호) : 특정한 셀 범위나 배열에서 행 번호와 열 번호에 해당하는 데이터를 구함

25 ③

③ : 방사형 차트를 의미함

오답 피하기

- ① 거품형 차트 : 분산형 차트의 한 종류로서 세 값의 집합을 비교하는 것으로 데이터 요소당 적어도 두 개의 값이 필요함
- ② 도넛형 차트 : 원형 차트처럼 전체에 대한 부분의 관계를 보여주지만 하나 이상의 데이터 계열을 포함할 수 있는 차트
- ④ 분산형 차트 : 여러 데이터 계열 값들의 관계를 보여주고 두 개의 숫자 그룹을 XY 좌표로 이루어진 한 계열로 그려주는 차트

26 ④

사용자 지정 서식	결과
[DBNum1]G/표준	一百二十三
[DBNum2]G/표준	壹百貳拾參
[DBNum3]G/표준	百2十3
[DBNum4]G/표준	일백이십삼

27 ②

기본, 페이지 레이아웃, 페이지 나누기 미리 보기 중에서 선택할 수 있음

28 ②

매크로 이름에 공백이나 #, @, $, %, & 등의 기호 문자를 사용할 수 없음

29 ④

선택한 [D2] 셀의 왼쪽 상단 모서리를 중심으로 [틀 고정]이 설정됨

30 ③

두 개 이상의 셀을 범위로 지정하여 채우기 핸들을 끌면 데이터 사이의 차이에 의해 증가 또는 감소하면서 채워지므로 '월요일, 수요일, 금요일, 일요일, 화요일'처럼 채워짐

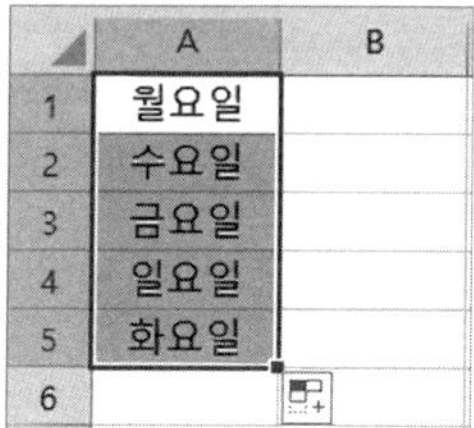

	A	B
1	월요일	
2	수요일	
3	금요일	
4	일요일	
5	화요일	
6		

31 ③

2234543에 (형식) #,###,"천원"을 설정하면 (결과)는 "2,235천원"처럼 반올림되어 표시됨

32 ④

복합 조건(AND, OR 결합)

- AND(그리고, 이면서) : 첫 행에 필드명(문법, 회화, 평균)을 나란히 입력하고, 다음 행에 첫 조건(>=80, >=80)을 나란히 입력함
- OR(또는, 이거나) : 다른 행에 두 번째 조건(>=80)을 입력함
- 따라서, 문법이 80 이상이면서(AND) 회화가 80 이상이거나(OR), 평균이 80 이상인 경우가 됨

33 ②

가로 막대형 차트

- 세로 막대형 차트와 유사한 용도로 이용되며 값 축과 항목 축의 위치가 서로 바뀌어 표시됨
- 가로 막대형 차트는 여러 값을 가장 잘 비교할 수 있는 차트임
- 축 레이블이 긴 경우나 표시되는 값이 기간인 경우에 사용됨

오답 피하기

- 꺾은선형 차트 : 일정한 기간의 데이터 추세를 선으로 나타날 때 사용함
- 분산형 차트 : 여러 데이터 계열 값들의 관계를 보여주고 두 개의 숫자 그룹을 XY 좌표로 이루어진 한 계열로 나타냄
- 영역형 차트 : 일정한 기간의 데이터 추세를 영역으로 표시할 때 사용함

34 ①

엑셀 파일의 암호는 대소문자를 구별함

35 ②

#NAME? 오류

- 함수 이름이나 정의되지 않은 셀 이름을 사용한 경우
- 수식에 잘못된 문자열을 지정하여 사용한 경우

	A	B	C	D	E
1	정보	과학	기술	평균	
2	100	88	69	#NAME?	
3					

오답 피하기

- ##### 오류 : 데이터의 수식의 결과를 셀에 모두 표시할 수 없는 경우 발생
- #REF! 오류 : 셀 참조를 잘못 사용한 경우 발생
- #VALUE! 오류 : 수치를 사용해야 할 장소에 다른 데이터를 사용한 경우 발생

36 ④

오름차순 정렬과 내림차순 정렬에서 공백은 맨 마지막에 위치하게 됨

37 ①

- 연속적인 여러 개의 시트를 선택할 경우에는 첫 번째 시트를 클릭하고, Shift를 누른 채 마지막 시트를 클릭함
- 서로 떨어져 있는 여러 개의 시트를 선택할 경우에는 첫 번째 시트를 클릭하고, Ctrl을 누른 채 원하는 시트를 차례로 클릭함

38 ②

[목표값 찾기]는 '수식 셀'로 설정할 셀의 값이 '찾는 값'이 되기 위해서 '값을 바꿀 셀'에 지정한 셀의 값을 구하는 기능으로 하나의 값만 조절할 수 있음

39 ②

- '반복할 행'은 매 페이지 첫 부분에 반복해서 표시할 행 영역을 지정하는 옵션임
- [$3:$3]은 3행을 지정하는 셀 주소임

40 ①

피벗 테이블 보고서를 넣을 위치는 기존 워크시트와 새 워크시트 중에서 선택할 수 있음

2022년 상시 기출문제 02회 2-113P

01 ①	02 ③	03 ②	04 ①	05 ④
06 ④	07 ③	08 ④	09 ②	10 ③
11 ①	12 ③	13 ③	14 ④	15 ④
16 ①	17 ③	18 ①	19 ②	20 ④
21 ②	22 ④	23 ③	24 ③	25 ①
26 ③	27 ①	28 ④	29 ②	30 ③
31 ②	32 ④	33 ②	34 ④	35 ②
36 ②	37 ①	38 ①	39 ①	40 ④

과목 01 컴퓨터 일반

01 ①

자료의 단위(작은 순 → 큰 순) : Bit → Nibble(4비트) → Byte(8비트) → Word → Field(Item) → Record → File → DataBase

02 ③

오답 피하기

①은 데모(Demo) 버전, ②는 알파(Alpha) 버전, ④는 베타(Beta) 버전에 대한 설명임

03 ②

MOD(Music On Demand) : 주문형 음악 서비스로 신청자들의 요구에 의해 실시간으로 재생 가능한 스트리밍 방식으로 음악을 보내주는 시스템

오답 피하기

- VOD(Video On Demand) : 각종 영상 정보를 데이터베이스로 구축하여 사용자의 요구에 따라 프로그램을 즉시 전송하여 가정에서 원하는 정보를 이용할 수 있도록 해 주는 서비스
- VCS(Video Conference System) : 멀리 떨어져 있는 사람들끼리 각자의 설치된 TV 화면에 비친 화상 및 음향 등을 통하여 회의를 진행할 수 있도록 만든 시스템
- PACS(Picture Archiving Communication System) : 원격 진료를 가능하게 실현해 주는 의학 영상 정보 시스템

04 ①

오답 피하기

- 명령 레지스터(Instruction Register) : 현재 수행 중인 명령어를 보관
- 부호기(Encoder) : 명령 해독기에서 전송된 명령어를 제어에 필요한 신호로 변환하는 회로
- 명령 해독기(Instruction Decoder) : 수행해야 할 명령어를 해석하여 부호기로 전달하는 회로

05 ④

MIME(Multipurpose Internet Mail Extensions) : 전자우편으로 멀티미디어 정보를 전송할 수 있도록 해 주는 멀티미디어 지원 프로토콜

오답 피하기

POP3(Post Office Protocol 3) : 전자우편을 수신하기 위한 프로토콜

06 ④

드라이브 조각 모음 및 최적화 : 디스크에 프로그램이 추가되거나 제거되고 파일들이 수정되거나 읽기, 쓰기가 반복되면서 디스크에 비연속적으로 분산 저장된 단편화된 파일들을 모아서 디스크를 최적화함

오답 피하기

- 디스크 검사 : 파일과 폴더 및 디스크의 논리적, 물리적인 오류를 검사하고 수정함
- 디스크 정리 : 디스크의 사용 가능한 공간을 늘리기 위하여 불필요한 파일들을 삭제하는 작업
- 디스크 포맷 : 하드디스크나 플로피 디스크를 초기화하는 것으로 트랙과 섹터로 구성하는 작업

07 ③

인터프리터는 프로그램의 행 단위로 번역하여 처리함

오답 피하기

전체 프로그램을 한 번에 처리하여 실행하는 언어는 컴파일러(Compiler)를 의미함

08 ④

인터넷 쇼핑몰의 상품 가격을 분석하여 비교표를 작성하는 것은 컴퓨터 범죄에 해당하지 않음

09 ②

⊞+R을 누르면 나타나는 [실행] 창에 cmd를 입력하면 명령 프롬프트 창이 실행됨

10 ③

처리 능력에 따른 분류 : 슈퍼 컴퓨터, 메인 프레임 컴퓨터, 미니 컴퓨터, 마이크로 컴퓨터

오답 피하기

데이터 종류에 따른 분류 : 디지털 컴퓨터, 아날로그 컴퓨터, 하이브리드 컴퓨터

11 ①

플로피 디스크나 USB 메모리, DOS 모드, 네트워크 드라이브에서 삭제한 경우 휴지통에 저장되지 않고 바로 삭제됨

12 ③

도메인 네임 시스템(DNS : Domain Name System) : 문자 형태로 된 도메인 네임(Domain Name)을 컴퓨터가 인식할 수 있는 숫자로 된 IP 주소(IP Address)로 변환해 줌

13 ③

SSD(Solid State Drive) : 기존 HDD에서 발생하는 기계적 소음이 없는 무소음이며, 소비 전력이 저전력이고, 고효율의 속도를 보장해 주는 차세대 보조 기억 장치

14 ④

GIF는 비트맵 방식의 무손실 압축 방식을 이용함

15 ④

Parity bit : 원래 데이터에 1비트를 추가하여 에러 발생 여부를 검사하는 체크 비트로 문자 데이터를 표현하는 코드는 아님

오답 피하기

- ① EBCDIC : 확장된 BCD 코드로 대형 컴퓨터에서 사용되는 범용 코드(8비트로 256가지의 표현이 가능)
- ② Unicode : 2바이트 코드로 세계 각 나라의 언어를 표현할 수 있는 국제 표준 코드
- ③ ASCII : 일반 PC용 컴퓨터 및 데이터 통신용 코드로 사용되는 미국 표준 코드(7비트로 128가지의 표현이 가능)

16 ①

오답 피하기

- DMB 서비스 : 모바일 장비를 이용한 방송 서비스
- W-CDMA 서비스 : 휴대폰 등의 장치에 확산 대역 기술을 이용한 이동 통신 서비스
- 텔레매틱스 서비스 : 차량 무선 인터넷 서비스로 자동차 안에서 자동차를 제어하거나 무선 인터넷을 이용하여 각종 서비스를 사용함

17 ③

연관(Associative) 메모리는 저장된 내용의 일부를 이용하여 기억 장치에 접근하여 데이터를 읽어오는 기억 장치임

오답 피하기

캐시(Cache) 메모리 : CPU와 주기억 장치 사이에 위치하여 두 장치 간의 속도 차이를 줄여 컴퓨터의 처리 속도를 빠르게 하기 위한 메모리

18 ①

FTP(File Transfer Protocol) : 파일 송수신 프로토콜

오답 피하기

- DHCP(Dynamic Host Configuration Protocol) : 동적 호스트 설정 통신 규약
- HTTP(HyperText Transfer Protocol) : 인터넷상에서 웹 서버와 클라이언트 브라우저 사이에서 하이퍼텍스트 문서를 교환하기 위하여 사용되는 통신 규약
- TCP/IP(Transmission Control Protocol/Internet Protocol) : 인터넷 표준 프로토콜

19 ②

오답 피하기

- 라우터(Router) : 데이터 전송을 위한 최적의 경로를 찾아 통신망에 연결하는 장치
- 브리지(Bridge) : 독립된 두 개의 근거리 통신망(LAN)을 연결하는 접속 장치
- 게이트웨이(Gateway) : 서로 구조가 다른 두 개의 통신 네트워크를 연결하는 데 쓰이는 장치

20 ④

기본 프린터는 한 대만 지정할 수 있으며 기본 프린터로 설정된 프린터도 삭제할 수 있음

과목 02 스프레드시트 일반

21 ②

IF(조건,A,B)	조건이 참이면 A를 실행하고 아니면 B를 실행함
NOT(a)	a가 참이면 거짓으로, 거짓이면 참으로 논리값을 계산함
MAX()	인수의 값 중 최대값을 출력함
MIN()	인수의 값 중 최소값을 출력함

D2 =IF(NOT(A2>B2),MAX(A2:C2),MIN(A2:C2))

	A	B	C	D	E	F	G	H
1	100	77	66	66				
2	88	89	68	89				
3								

=IF(NOT(A2>B2),MAX(A2:C2),MIN(A2:C2))

- [A2] 셀의 값(88)이 [B2] 셀(89)보다 크지 않으면(작으면) MAX(A2:C2)를 실행하고, 그렇지 않으면 MIN(A2:C2)를 실행함
- [A2] 셀의 값(88)이 [B2] 셀(89)보다 작으므로 [A2:C2]에서 최대값을 구함 → 89

22 ④

필터를 사용할 때 기준이 되는 필드를 반드시 오름차순이나 내림차순으로 정렬하지 않아도 됨

23 ③

- Ctrl : 비연속적인 범위 설정
- Shift : 연속적인 범위 설정

24 ③

'눈금선' 항목을 선택하면 워크시트의 셀 구분선이 인쇄됨

25 ①

매크로 이름으로 Auto_Open을 사용하면 파일을 열 때 특정 작업이 자동으로 수행됨

26 ③

Ctrl+Enter : 여러 셀에 동일한 내용을 입력할 때 사용함

27 ①

시나리오 관리자에서 시나리오를 삭제하더라도 시나리오 요약 보고서의 해당 시나리오가 자동으로 삭제되지 않음

28 ④

정렬 기준 : 셀 값, 셀 색, 글꼴 색, 조건부 서식 아이콘 등

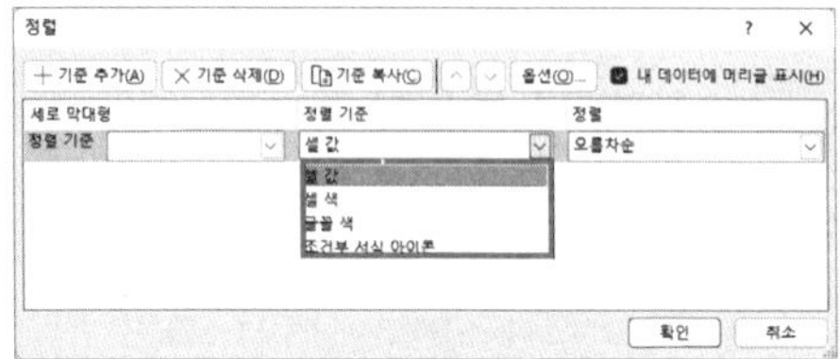

29 ②

- 총점이 높은 순(내림차순)으로 석차를 구하는 수식 RANK.EQ(D2, $D$2:$D$7)에 의해 석차가 구해짐(1, 2, 3, 4, 5, 6)
- 석차 결과는 CHOOSE 함수에 의해 1등인 경우 "금메달", 2등인 경우 "은메달", 3등인 경우 "은메달", 4, 5, 6등인 경우 공백("")이 됨
- [E2] 셀의 홍범도는 총점이 제일 높으므로 석차가 1등이 되며 수상은 "금메달"이 결과값이 됨

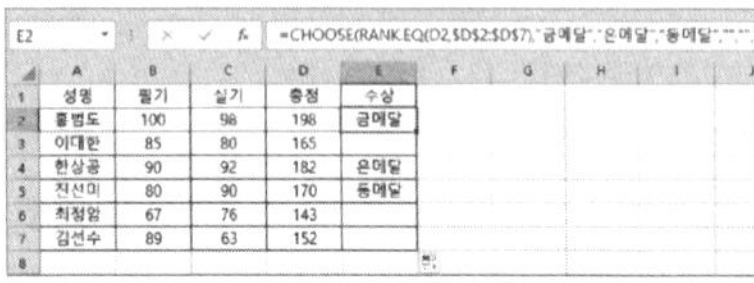

E2 =CHOOSE(RANK.EQ(D2,$D$2:$D$7),"금메달","은메달","동메달","","",

	A	B	C	D	E
1	성명	필기	실기	총점	수상
2	홍범도	100	98	198	금메달
3	이대한	85	80	165	
4	한상공	90	92	182	은메달
5	진선미	80	90	170	동메달
6	최정암	67	76	143	
7	김선수	89	63	152	
8					

30 ③

꺾은선형 차트 : 시간이나 항목에 따라 일정한 간격으로 데이터의 추세나 변화를 표시

오답 피하기

- 분산형 차트 : 데이터의 불규칙한 간격이나 묶음을 보여주는 것으로 데이터 요소 간의 차이점보다는 큰 데이터 집합 간의 유사점을 표시하려는 경우에 사용
- 원형 차트 : 전체에 대한 각 값의 기여도를 표시할 때 사용
- 방사형 차트 : 많은 데이터 계열의 합계 값을 비교할 때 사용

31 ②

[파랑][>10000]#,###;[빨강][<0](#,###)

- '[색상][조건1]셀 서식;[색상][조건2]셀 서식' 형식으로 셀 사용자 지정 서식을 설정함
- 각 구역은 세미콜론(;)으로 구분하며, 글자색과 조건은 대괄호([ ])로 묶음
- [파랑][>10000]#,### : 입력된 값이 10000을 초과하면 파란색으로 표시하고, 천 단위마다 쉼표(,)를 삽입함
- [빨강][<0](#,###) : 입력된 값이 0 미만이면 괄호( ) 안에 빨간색으로 표시하고, 천 단위마다 쉼표(,)를 삽입함

32 ④

차트에서 데이터 레이블은 설정되어 있지 않음

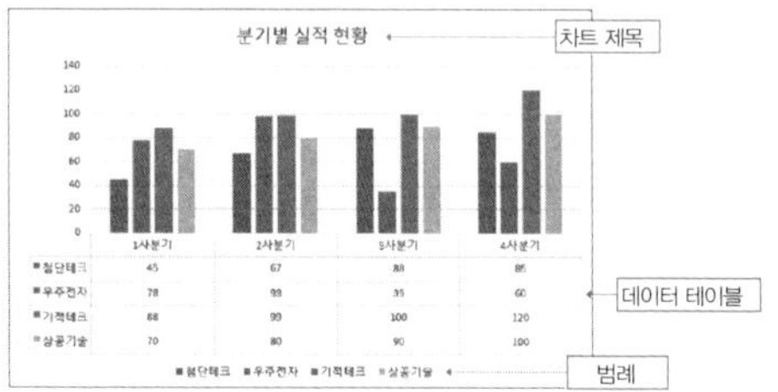

33 ②

- [A2:C5] 영역을 마우스로 드래그하여 범위를 설정한 다음 [홈] 탭–[스타일] 그룹–[조건부 서식]–[새 규칙]을 선택하여 실행함
- [새 서식 규칙] 대화상자에서 '수식을 사용하여 서식을 지정할 셀 결정'을 선택한 다음 "=$B2+$C2<=170"을 입력하고 서식을 지정한 후 [확인]을 클릭함
- 행 전체에 셀 배경색을 지정하기 위해 열(B, C)은 절대 참조($)로, 행은 상대 참조로 함

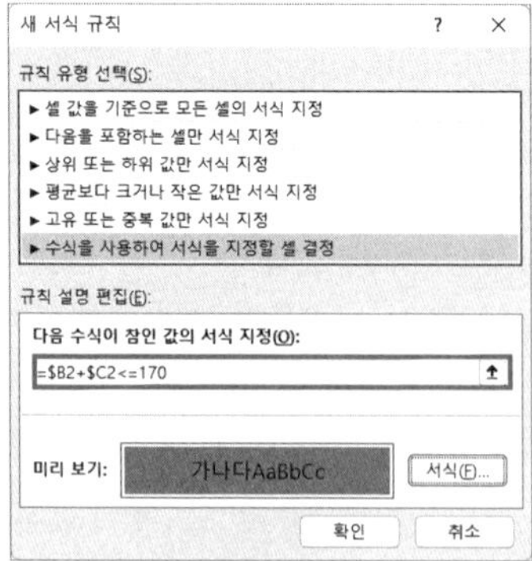

34 ④

매크로가 적용되는 셀의 바로 가기 메뉴에 나타나지 않음

35 ②

목표값 찾기 : 수식의 결과값은 알고 있으나 그 결과값을 얻기 위한 입력값을 모를 때 이용함

오답 피하기

- 데이터 표 : 워크시트에서 특정 데이터를 변화시켜 수식의 결과가 어떻게 변하는지 보여주는 셀 범위를 데이터 표라고 함
- 고급 필터 : 보다 복잡한 조건으로 검색하거나 검색 결과를 다른 데이터로 활용함
- 데이터 통합 : 하나 이상의 원본 영역을 지정하여 하나의 표로 데이터를 요약함

36 ②

'새로운 값으로 대치' 설정을 해제 : '새로운 값으로 대치'를 해제한 상태에서 새로운 부분합을 추가하면, 새로운 값으로 대치되지 않고 이미 부분합이 계산된 상태에서 새로운 부분합이 추가됨

오답 피하기

- ① : 목록에 삽입된 부분합이 삭제되고, 원래 데이터 상태로 돌아감
- ③ : 그룹별로 부분합 내용을 표시한 후 페이지 구분선을 삽입함
- ④ : 요약 표시를 데이터 위에 표시함

37 ①

예상 값을 계산하는 데 사용하는 것은 시나리오임

38 ①

=DMIN(A1:C6,2,E2:E3)

- DMIN(데이터베이스, 필드, 조건 범위)는 조건을 만족하는 필드의 최소값을 구함
- 조건 범위 [E2:E3]에 따라 몸무게가 60 이상인 대상 중에서 키가 최소값인 165가 결과값으로 나타남

39 ①

- 데이터 표 : 워크시트에서 특정 데이터를 변화시켜 수식의 결과가 어떻게 변하는지 보여 주는 셀 범위를 데이터 표라 하며, 데이터 표의 수식은 데이터 표를 작성하기 위해 필요한 변수가 하나인지 두 개인지에 따라 수식의 작성 위치가 달라짐
- 통합 : 하나 이상의 원본 영역을 지정하여 하나의 표로 데이터를 요약하는 기능

40 ④

[페이지 나누기 미리 보기]에서도 데이터 입력 및 편집 작업이 가능함

2022년 상시 기출문제 03회 2-120P

01 ③	02 ④	03 ④	04 ②	05 ①
06 ④	07 ②	08 ①	09 ④	10 ④
11 ②	12 ①	13 ④	14 ③	15 ①
16 ②	17 ③	18 ②	19 ②	20 ④
21 ①	22 ④	23 ②	24 ③	25 ③
26 ③	27 ④	28 ②	29 ③	30 ④
31 ③	32 ②	33 ②	34 ①	35 ③
36 ③	37 ①	38 ③	39 ④	40 ③

과목 01 컴퓨터 일반

01 ③

그림, 차트 등의 OLE 개체를 삽입할 수 없음

02 ④

키로거(Key Logger) : 악성 코드에 감염된 시스템의 키보드 입력을 저장 및 전송하여 개인 정보를 빼내는 크래킹 행위

오답 피하기

- 스니핑(Sniffing) : 특정한 호스트에서 실행되어 호스트에 전송되는 정보(계정, 패스워드 등)를 엿보는 행위
- 피싱(Phishing) : 금융기관 등을 가장해 불특정 다수에게 E-Mail을 보내 개인 정보를 몰래 불법으로 알아내어 사기에 이용하는 해킹 수법
- 스푸핑(Spoofing) : 어떤 프로그램이 정상적으로 실행되는 것처럼 위장하는 것

03 ④

IPv4는 점(.)으로, IPv6는 콜론(:)으로 구분함

04 ②

플러그 앤 플레이(PnP, Plug & Play) : 자동 감지 설치 기능으로 컴퓨터에 장치를 연결하면 자동으로 장치를 인식하여 장치 드라이버를 설치하므로 새로운 주변 장치를 쉽게 연결함

05 ①

연결 프로그램을 삭제하더라도 연결된 데이터 파일은 삭제되지 않음

06 ④

작업 표시줄의 바로 가기 메뉴 : 도구 모음, 계단식 창 배열, 창 가로 정렬 보기, 창 세로 정렬 보기, 바탕 화면 보기, 작업 관리자, 작업 표시줄 잠금, 작업 표시줄 설정 등

오답 피하기

아이콘 자동 정렬 : [바탕 화면]의 바로 가기 메뉴 중 [보기] 메뉴에 있는 항목임

07 ②

스팸(SPAM) 메일 : 수신자의 의지와 관계없이 일방적으로 전달되는 광고성 전자우편으로 발신자의 신원을 교묘하게 감춘 채 불특정 다수의 사람에게 보내기 때문에 피해를 당해도 대처하기가 쉽지 않음

08 ①

한글 Windows의 [폴더 옵션] 창에서 선택된 폴더에 암호를 설정하는 기능은 지원하지 않음

09 ④

인쇄 중이더라도 모든 문서의 인쇄 취소 및 인쇄 일시 중지가 가능함

10 ④

트루 컬러(True Color)

- 사람의 눈으로 인식이 가능한 색상의 의미로, 풀 컬러(Full Color)라고도 함
- 24비트의 값을 이용하며, 빛의 3원색인 빨간색(R), 녹색(G), 파란색(B)을 배합하여 나타내는 색상의 규격으로 배합할 때의 단위를 픽셀(Pixel)이라 함

11 ②

가상현실(Virtual Reality) : 컴퓨터를 이용하여 특정 상황을 설정하고 구현하는 기술인 모의실험을 통해 실제 주변 상황처럼 경험하고 상호작용하는 것처럼 느끼게 할 수 있는 인터페이스 시스템

12 ①

캐시 메모리(Cache Memory) : CPU와 주기억 장치 사이에 있는 고속의 버퍼 메모리로 자주 참조되는 데이터나 프로그램을 메모리에 저장하고 메모리 접근 시간을 감소시키는 데 그 목적이 있음. RAM의 종류 중 SRAM이 캐시 메모리로 사용됨

13 ④

롬 바이오스(ROM BIOS) : 바이오스(Basic Input Output System)는 컴퓨터의 기본 입출력 시스템이며 부팅(Booting)과 운영에 대한 기본적인 정보가 들어 있음. 주변 장치와 운영 체제 간의 데이터 흐름을 관리하는 프로그램으로 펌웨어(Firmware)라고도 부름

14 ③

USB(Universal Serial Bus) : 범용 직렬 버스

오답 피하기

- FTP : 파일 전송 프로토콜
- TELNET : 멀리 있는 컴퓨터를 마치 자신의 컴퓨터처럼 사용할 수 있는 원격 접속 시스템
- WWW : 하이퍼텍스트를 기반으로 멀티미디어 정보를 검색할 수 있는 서비스

15 ①

쿠키(Cookie) : 인터넷 웹 사이트의 방문 정보를 기록하는 텍스트 파일로, 인터넷 사용자가 웹 사이트에 접속한 후 이 사이트 내에서 어떤 정보를 읽고 어떤 정보를 남겼는지에 대한 정보가 사용자의 PC에 저장되며, 고의로 사용자의 정보를 빼낼 수 있는 통로 역할을 할 수도 있음

16 ②

[디스크 정리]의 정리 대상 파일 : 임시 파일, 휴지통에 있는 파일, 다운로드한 프로그램 파일, 임시 인터넷 파일, 오프라인 웹 페이지 등

17 ③

시스템 백업 기능을 자주 사용한다고 해서 시스템 바이러스 감염 가능성이 높아지는 것은 아님

18 ②

ASCII 코드 : Zone은 3비트, Digit는 4비트로 구성되며, 7비트로 128가지의 표현이 가능한 일반 PC용 컴퓨터 및 데이터 통신용 코드

오답 피하기

- BCD 코드 : Zone은 2비트, Digit는 4비트로 구성되며, 6비트로 64가지의 문자 표현이 가능
- EBCDIC 코드 : Zone은 4비트, Digit는 4비트로 구성되며, 8비트로 256가지의 표현이 가능
- UNI 코드 : 세계 각국의 다양한 현대 언어로 작성된 텍스트를 상호 교환, 처리, 표현하기 위한 코드로 16비트(2바이트) 체계로 이루어져 있음

19 ②

에어로 피크(Aero Peek) : 작업 표시줄 오른쪽 끝의 [바탕 화면 보기]에 마우스를 위치시키면 바탕 화면이 나타나고 클릭하면 모든 창을 최소화하는 기능으로 바탕 화면을 일시적으로 미리 보기와 열린 창 미리 보기가 가능함

20 ④

USB 3.0은 파란색, USB 2.0은 검정색 또는 흰색을 사용함

과목 02 스프레드시트 일반

21 ①

목표값 찾기 : 수식의 결과값은 알고 있으나 그 결과값을 얻기 위한 입력값을 모를 때 목표값 찾기 기능을 이용하며 수식에서 참조한 특정 셀의 값을 계속 변화시켜 수식의 결과값을 원하는 값으로 찾아줌

22 ④

두 개 이상의 셀을 범위로 지정하여 채우기 핸들을 끌면 데이터 사이의 차이에 의해 증가 또는 감소하면서 채워짐

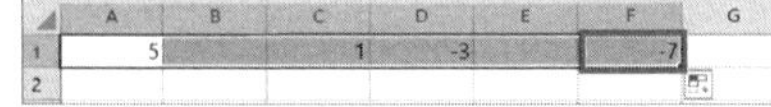

23 ②

작성된 피벗 테이블을 삭제하는 경우 함께 작성한 피벗 차트는 일반 차트로 변경됨

24 ③

부분합에서 사용할 수 있는 함수 : 합계, 개수, 평균, 최대값, 최소값, 곱, 숫자 개수, 표본 표준 편차, 표준 편차, 표본 분산, 분산

25 ③

[데이터 유효성 검사]에서 목록으로 값을 제한하는 경우 드롭다운 목록의 너비를 지정하는 기능은 지원되지 않음

26 ③

복합 조건(AND, OR 결합)

- AND(그리고, 이면서) : 첫 행에 필드명(국사, 영어, 평균)을 나란히 입력하고, 다음 행에 첫 조건(>=80, >=85)을 나란히 입력함
- OR(또는, 이거나) : 다른 행에 두 번째 조건(>=85)을 입력함
- 따라서, 국사가 80 이상이면서(AND) 영어가 85 이상이거나(OR), 평균이 85 이상인 경우가 됨

27 ④

공백(빈 셀)은 정렬 순서와 상관없이 항상 가장 마지막으로 정렬됨

28 ②

- =VLOOKUP(찾을 값, 범위, 열 번호, 방법) : 범위의 첫 번째 열에서 찾을 값을 찾아서 지정한 열에서 같은 행에 있는 값을 표시함
- 찾을 값 → 박지성, 범위 → $A$3:$D$5, 열 번호 → 4(결석), 방법 → 0(정확한 값을 찾음), 1이면 찾을 값의 아래로 근사값
- 따라서, =VLOOKUP("박지성", $A$3:$D$5, 4, 0)의 결과는 5가 됨

29 ③

- =Year(날짜) : 날짜의 연도만 따로 추출함
- =Today( ) : 현재 컴퓨터 시스템의 날짜만 반환함

30 ④

#NAME? : 함수 이름이나 정의되지 않은 셀 이름을 사용한 경우, 수식에 잘못된 문자열을 지정하여 사용한 경우

오답 피하기

- #N/A : 수식에서 잘못된 값으로 연산을 시도한 경우, 찾기 함수에서 결과값을 찾지 못한 경우
- #NULL! : 교점 연산자(공백)를 사용했을 때 교차 지점을 찾지 못한 경우
- #REF! : 셀 참조를 잘못 사용한 경우

31 ③

- 다른 워크시트의 셀 참조 시 워크시트 이름과 셀 주소 사이는 느낌표(!)로 구분함(예 =SUM(Sheet1:Sheet3!C5))
- 다른 통합 문서의 셀 참조 시 통합 문서의 이름을 대괄호([ ])로 묶음(예 =SUM([성적표.xlsx]Sheet1:Sheet3!C5))

32 ②

사용자 지정 표시 형식에서 세미콜론 세 개(;;;)를 연속하여 사용하면 입력 데이터가 셀에 나타나지 않음

33 ②

Delete를 눌러 삭제한 경우 데이터만 삭제되며 서식은 지워지지 않음

34 ①

도형이나 그림 등에도 하이퍼링크를 지정할 수 있음

35 ③

날짜 및 시간 데이터의 텍스트 맞춤은 기본 오른쪽 맞춤으로 표시됨

36 ③

원형 차트

- 항목의 값들이 합계의 비율로 표시되므로 중요한 요소를 강조할 때 사용함
- 항상 한 개의 데이터 계열만을 가지고 있으므로 축이 없으며 각 데이터 간 값을 비교하는 차트로 적절하지 않음

오답 피하기

- 세로 막대형 차트 : 각 항목 간의 값을 비교하는 데 사용함. 2차원, 3차원 차트로 작성할 수 있으며 누적과 비누적 형태로 구분함
- 꺾은선형 차트 : 시간이나 항목에 따라 일정한 간격으로 데이터의 추세나 변화를 표시함
- 방사형 차트 : 많은 데이터 계열의 합계 값을 비교할 때 사용함. 각 항목마다 가운데 요소에서 뻗어 나온 값 축을 갖고, 선은 같은 계열의 모든 값을 연결함

37 ①

Ctrl+Tab : 다른 통합 문서로 이동(=Ctrl+F6)

오답 피하기

- Shift+Tab : 왼쪽 셀로 이동
- Home : 해당 행의 A열로 이동
- Ctrl+Enter : 동일한 데이터 입력

38 ③

시트 이름은 공백을 포함하여 31자까지 사용 가능하며, ₩, /, ?, *, [ ]는 사용할 수 없음

39 ④

통합 문서 공유는 [검토] 탭–[변경 내용] 그룹–[통합 문서 공유]에서 설정할 수 있음

40 ③

[데이터 선택]–[데이터 원본 선택]–범례 항목(계열)의 [위로 이동] 및 [아래로 이동] 단추를 이용함

2022년 상시 기출문제 04회 2-126P

01 ②	02 ③	03 ③	04 ①	05 ④
06 ②	07 ①	08 ②	09 ④	10 ①
11 ②	12 ④	13 ③	14 ②	15 ④
16 ④	17 ②	18 ①	19 ②	20 ②
21 ①	22 ②	23 ②	24 ②	25 ④
26 ①	27 ②	28 ④	29 ④	30 ③
31 ①	32 ①	33 ④	34 ②	35 ④
36 ③	37 ①	38 ③	39 ②	40 ②

과목 01 컴퓨터 일반

01 ②

처리 능력에 따른 분류 : 개인용 컴퓨터(PC), 워크스테이션(Work-station), 소형 컴퓨터(Mini Computer), 대형 컴퓨터(Main Frame Computer), 슈퍼 컴퓨터(Super Computer) 등

오답 피하기

사용 목적에 따른 분류

- 전용 컴퓨터 : 특수 목적으로 사용되는 컴퓨터(기상 관측, 자동 제어 등에 사용)
- 범용 컴퓨터 : 다양한 분야에서 여러 가지 목적으로 사용되는 컴퓨터

02 ③

MAN(Metropolitan Area Network)

- 도시권 정보 통신망으로 대도시와 같은 넓은 지역에 데이터, 음성, 영상 등의 서비스를 제공하는 통신망
- LAN과 WAN의 중간 형태이므로 WAN보다 넓은 범위의 지역이 아님
- LAN → MAN → WAN

03 ③

JPEG : 정지 영상 압축 기술에 관한 표준화 규격

오답 피하기

- AVI : Windows의 표준 동영상 형식의 디지털 비디오 압축 방식
- MOV : Apple 사에서 만든 동영상 압축 기술
- MPEG : 동화상 전문가 그룹에서 제정한 동영상 압축 기술에 관한 국제 표준 규격으로, 동영상뿐만 아니라 오디오 데이터도 압축할 수 있음

04 ①

- KB(Kilo Byte) : 2^{10}(Byte) = 1,024(Byte)
- MB(Mega Byte) : 2^{20}(Byte) = 1,024(KB)
- GB(Giga Byte) : 2^{30}(Byte) = 1,024(MB)
- TB(Tera Byte) : 2^{40}(Byte) = 1,024(GB)

05 ④

플러그 앤 플레이(PnP; Plug & Play)의 지원 : 자동 감지 설치 기능으로 컴퓨터에 장치를 연결하면 자동으로 장치를 인식하여 설치 및 환경 설정을 용이하게 하므로 새로운 주변 장치를 쉽게 연결할 수 있음

06 ②

ARP(Address Resolution Protocol) : 네트워크상에서 IP 주소를 물리적 주소(MAC)로 대응시키기 위해 사용되는 프로토콜로, 주소 결정 프로토콜이라 함

오답 피하기

- SNMP : 네트워크를 운영하기 위해 각종 기기를 관리하는 프로토콜이며 TCP/IP 프로토콜에 포함됨
- ICMP : IP와 조합하여 통신 중에 발생하는 오류의 처리와 전송 경로 변경 등을 위한 제어 메시지를 관리하는 프로토콜로, 인터넷 제어 메시지 프로토콜이라 함
- DHCP : IP 주소를 자동으로 할당해 주는 동적 호스트 설정 통신 규약

07 ①

Alt + Space Bar : 활성 창의 창 조절(바로 가기) 메뉴 표시

오답 피하기

Ctrl + Esc : 시작 메뉴 표시

08 ②

렌더링(Rendering) : 컴퓨터 프로그램을 이용하여 3차원 애니메이션을 만드는 과정으로 사물 모형에 명암과 색상을 추가하여 사실감을 더해주는 작업

오답 피하기

- 디더링(Dithering) : 표현할 수 없는 색상이 존재할 경우, 다른 색상들을 섞어서 비슷한 색상을 내는 효과
- 블러링(Blurring) : 특정 부분을 흐릿하게 하는 효과로 원하는 영역을 선명하지 않게 만드는 기법
- 모핑(Morphing) : 사물의 형상을 다른 모습으로 서서히 변화시키는 기법으로 영화의 특수 효과에서 많이 사용함

09 ④

호환성 : 서로 다른 컴퓨터 간에도 프로그램이나 자료의 공유가 가능함

오답 피하기

- 선점형 멀티태스킹(Preemptive Multi-Tasking) : 운영체제가 CPU를 미리 선점하여 각 응용 소프트웨어의 CPU 사용을 통제하고 관리하여 멀티태스킹(다중 작업)이 원활하게 이루어짐
- 범용성(General-purpose) : 일부분에 국한되지 않고 다목적(사무 처리, 과학, 교육, 게임 등)으로 사용함
- 신뢰성(Reliability) : 컴퓨터 시스템이 주어진 환경에서 아무런 고장 없이 담당 기능 및 문제 처리를 원활하게 수행할 수 있는 척도

10 ①

픽셀(Pixel)

- 모니터 화면을 이루는 최소 단위
- 한 픽셀이 4비트를 사용하는 경우 한 픽셀은 24의 색을 표현함(16개)

11 ②

프로그램 카운터(Program Counter)

- 제어 장치에서 사용됨
- 다음에 수행할 명령어의 번지(주소)를 기억하는 레지스터

오답 피하기

- 인덱스 레지스터(Index Register) : 유효 번지를 상대적으로 계산할 때 사용하는 레지스터
- 누산기(Accumulator) : 중간 연산 결과를 일시적으로 기억하는 레지스터
- 보수기(Complementor) : 뺄셈을 수행하기 위하여 입력된 값을 보수로 변환하는 회로

12 ④

바탕 화면에 있는 파일을 [휴지통]으로 드래그 앤 드롭하여 삭제한 경우 [휴지통]에 임시 보관되어 복원이 가능함

오답 피하기

휴지통에 보관되지 않고 완전히 삭제되어 복원이 불가능한 경우

- Shift + Delete 로 삭제한 경우
- USB 메모리나 네트워크 드라이브에서 삭제한 경우
- [휴지통 속성]의 [파일을 휴지통에 버리지 않고 삭제할 때 바로 제거]를 선택한 경우

13 ③

표준 계정의 사용자는 컴퓨터 보안에 영향을 주는 설정을 변경할 수 없음

14 ②

가로채기(Interception)

- 전송되는 데이터를 가는 도중에 도청 및 몰래 보는 행위
- 정보의 기밀성(Secrecy)을 저해함

오답 피하기

- ① : 가로막기(Interruption)로 정보의 가용성(Availability)을 저해함
- ③ : 변조/수정(Modification)로 정보의 무결성(Integrity)을 저해함
- ④ : 위조(Fabrication)로 정보의 무결성(Integrity)을 저해함

15 ④

비밀키(대칭키, 단일키) 암호화 : 송신자와 수신자가 서로 동일(대칭)한 하나(단일)의 비밀키를 가짐

오답 피하기

공개키(비대칭키, 이중키) 암호화

- 암호화키와 복호화키가 서로 다른(비대칭) 두 개(이중키)의 키를 가짐
- 암호화와 복호화의 속도가 느림
- 암호화는 공개키로, 복호화는 비밀키로 함
- 이중키이므로 알고리즘이 복잡하고 파일의 크기가 큼
- 암호화가 공개키이므로 키의 분배가 쉽고, 관리할 키의 개수가 줄어듦
- 대표적인 방식으로는 RSA가 있음

16 ④

가상 메모리(Virtual Memory) : 보조 기억 장치의 일부, 즉 하드디스크의 일부를 주기억 장치처럼 사용하는 메모리 사용 기법으로, 기억 장소를 주기억 장치의 용량으로 제한하지 않고, 보조 기억 장치까지 확대하여 사용함

오답 피하기

- 캐시 메모리 : 휘발성 메모리로, 속도가 빠른 CPU와 상대적으로 속도가 느린 주기억 장치 사이에 있는 고속의 버퍼 메모리
- 버퍼 메모리 : 두 개의 장치 사이에 위치하여 두 개의 장치가 데이터를 주고받을 때 생기는 속도 차이를 해결하기 위하여 중간에 데이터를 임시로 저장해 두는 공간
- 연관 메모리 : 저장된 내용의 일부를 이용하여 기억 장치에 접근하여 데이터를 읽어오는 기억 장치

17 ②

DHTML(Dynamic HTML) : 동적 HTML로 스타일 시트(Style Sheets)를 도입하여 텍스트의 폰트와 크기, 색상, 여백 형식 등 웹 페이지 관련 속성을 지정할 수 있음

오답 피하기

- JAVA : 미국의 선 마이크로시스템즈사가 개발한 객체 지향 프로그래밍 언어로, C++을 바탕으로 언어 규격을 규정함
- VRML : 3차원 도형 데이터의 기술 언어로, 3차원 좌표값이나 기하학적 데이터 등을 기술한 문서(Text) 파일의 서식(Format)이 정해져 있음
- WML : 무선 애플리케이션을 위해 특별히 개발된 언어로, XML을 기반으로 함

18 ①

트라이얼 버전(Trial Version) : 상용 소프트웨어를 일정 기간 동안 사용해 볼 수 있는 체험판 소프트웨어

오답 피하기

번들 프로그램(Bundle Program) : 특정한 하드웨어나 소프트웨어를 구매하였을 때 끼워주는 소프트웨어

19 ②

각 부분은 16진수로 표현하고, 콜론(:)으로 구분함

20 ②

그룹웨어(Groupware)

- 여러 사람이 공통의 업무를 수행하는 데 있어 공동으로 사용할 수 있는 프로그램
- 마이크로소프트 사의 익스체인지(Exchange)나 넷미팅(Netmeeting) 등이 이에 해당함

오답 피하기

- 방화벽(Firewall) : 인터넷의 보안 문제로부터 특정 네트워크를 격리시키는 데 사용되는 시스템으로, 내부망과 외부망 사이의 상호 접속이나 데이터 전송을 안전하게 통제하기 위한 보안 기능
- 블루투스(Bluetooth) : 무선 기기 간(무선 마우스를 PC에 연결) 정보 전송을 목적으로 하는 근거리 무선 접속 프로토콜
- 운영체제(Operating System) : 컴퓨터 시스템의 각종 하드웨어적인 자원과 소프트웨어적인 자원을 효율적으로 운영, 관리함으로써 사용자가 시스템을 이용하는 데 편리함을 제공하는 시스템 소프트웨어

과목 02 스프레드시트 일반

21 ①

- DAVERAGE(데이터베이스, 필드, 조건 범위) : 조건을 만족하는 필드의 평균을 구함
- 데이터베이스 : A1:E6, 필드 : 3, 조건 범위 : A8:A9

22 ②

찾는 값 : 수식 셀의 결과로, 원하는 특정한 값을 숫자 상수로 입력함

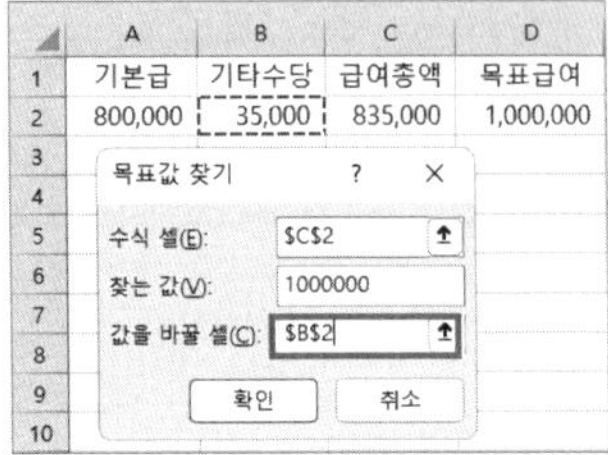

23 ②

- OR(조건1, 조건2,…) : 조건 중 하나 이상이 참이면 TRUE, 나머지는 FALSE를 반환함
- 4<5는 TRUE, 8>9는 FALSE이므로 =OR(4<5,8>9)의 결과는 TRUE가 됨

오답 피하기

- RIGHT(문자열, 개수) : 문자열의 오른쪽에서 지정한 개수만큼 문자를 추출함
- INT(수) : 수를 가장 가까운 정수로 내린 값을 구함
- COUNT(인수1, 인수2 …) : 인수 중에서 숫자의 개수를 구함

24 ②

시트 탭에서 Ctrl을 누른 채 시트 이름(Sheet1)을 마우스로 끌면 시트가 복사되면서 Sheet1 (2), Sheet1 (3), …이 생성됨

25 ④

도넛형

- 전체 합계에 대한 각 항목의 구성 비율을 표시함
- 원형 차트와 비슷하지만 여러 데이터 계열을 표시할 수 있다는 점이 다름

26 ①

매크로 이름에 공백이나 #, @, $, %, & 등의 기호 문자를 사용할 수 없음

27 ②

- AND 조건 : 첫 행에 필드명을 나란히 입력하고, 동일한 행에 조건을 입력함
- 거주지가 서울이면서(AND) 연령이 25세 이하(<=)인 사람

28 ④

통합 문서 창을 [창]-[숨기기]를 이용하여 숨긴 채로 엑셀을 종료하더라도 다음에 파일을 열고 난 다음 숨겨진 창에 대해 숨기기 취소를 실행할 수 있음

29 ④

HLOOKUP 함수

- 표의 가장 첫 행에서 특정 값을 찾아, 지정한 행에 해당하는 열의 셀 값을 표시함
- **=HLOOKUP(찾을 값, 셀 범위, 행 번호, 찾을 방법)**

찾을 값	표의 첫째 행에서 찾고자 하는 값 → B2
셀 범위	찾고자 하는 값이 있는 범위나 배열 → $B$7:$D$9
행 번호	같은 열에 있는 값을 표시할 행 → 3
찾을 방법	• 생략되거나 TRUE(=1)이면 셀 범위에 똑같은 값이 없을 때는 찾을 값의 아래로 근사값을 찾아주며, 이때 셀 범위 또는 배열은 첫 번째 행을 기준으로 왼쪽에서 오른쪽으로 오름차순 정렬이 되어 있어야 함 • FALSE(=0)로 지정되면 정확한 값을 찾아주며, 만약 그 값이 없을 때는 #N/A 오류가 발생함

30 ③

날짜 : 하이픈(-), 슬래시(/) 등으로 연, 월, 일을 구분하여 입력함

오답 피하기

시간 : 콜론(:)으로 시, 분, 초를 구분하여 입력함

31 ①

이름은 기본적으로 절대 참조를 사용함

32 ①

- ㉮ : 페이지 번호 삽입
- ㉯ : 전체 페이지 수 삽입
- ㉰ : 파일 경로 삽입
- ㉱ : 파일 이름 삽입

33 ④

@ : 문자 뒤에 특정한 문자열을 함께 나타나게 함

34 ②

여러 개의 시트를 선택하고 데이터 입력 및 편집 등 명령을 실행하면 그룹으로 설정된 모든 시트에 동일하게 명령이 실행됨

35 ④

인쇄 제목
- 모든 페이지에 반복해서 인쇄할 제목 행과 제목 열을 지정함
- 반복할 행은 '$1:$3'과 같이 행 번호로 나타나며, 반복할 열은 '$A:$B'와 같이 열 문자로 나타남

36 ③

[데이터 계열 서식]의 [계열 옵션]–[계열 겹치기]에서 〈수정 후〉처럼 변경 가능함

37 ①

사용자 지정 목록 편집 : [Excel 옵션]–[고급]–[사용자 지정 목록 편집]

38 ③

[소수점 자동 삽입]–[소수점 위치]를 −3으로 지정하는 경우 5를 입력하면 5000이 입력됨

39 ②

두 개 이상의 셀을 범위로 지정하여 채우기 핸들을 끌면 데이터 사이의 차이에 의해 증가 또는 감소하면서 채워짐

	A	B
1	10.3	
2	10	
3	9.7	
4		

40 ②

공유 통합 문서는 여러 사용자가 동시에 편집할 수 있음

2022년 상시 기출문제 05회 2–133P

01 ②	02 ④	03 ③	04 ①	05 ④
06 ③	07 ①	08 ③	09 ①	10 ③
11 ③	12 ①	13 ②	14 ①	15 ③
16 ④	17 ②	18 ①	19 ③	20 ②
21 ②	22 ②	23 ④	24 ②	25 ④
26 ④	27 ④	28 ④	29 ①	30 ①
31 ③	32 ②	33 ③	34 ③	35 ①
36 ④	37 ②	38 ④	39 ③	40 ②

과목 01 컴퓨터 일반

01 ②

컴퓨터의 연산 속도 단위(느린 순서 → 빠른 순서)

ms	μs	ns	ps	fs	as
milli second	micro second	nano second	pico second	femto second	atto second
10^{-3}초	10^{-6}초	10^{-9}초	10^{-12}초	10^{-15}초	10^{-18}초

02 ④

패킷(Packet) : 전송 데이터를 일정한 길이로 잘라서 전송에 필요한 정보들과 함께 보내는데, 이 데이터 묶음을 패킷이라고 함

오답 피하기
- 리피터(Repeater) : 장거리 전송을 위해 신호를 새로 재생시키거나 출력 전압을 높여 전송하는 장치
- 라우터(Router) : 데이터 전송을 위한 최적의 경로를 찾아 통신망에 연결하는 장치
- 브리지(Bridge) : 독립된 두 개의 근거리 통신망(LAN)을 연결하는 접속 장치

03 ③

레지스트리(Registry)
- Windows에서 사용하는 환경 설정 및 각종 시스템과 관련된 정보가 저장된 계층 구조식 데이터베이스로 [실행]에서 "regedit" 명령으로 레지스트리 편집기를 실행함
- Windows에서 레지스트리의 크기를 설정하는 기능은 지원되지 않음

04 ①

JPEG
- 정지 영상 압축 기술에 관한 표준화 규격
- 20 : 1 정도로 압축할 수 있는 형식
- 비손실 압축과 손실 압축을 모두 지원함
- 화면 중에서 중복되는 정보를 삭제하여 컬러 정지 화상의 데이터를 압축하는 방식

오답 피하기

- MPEG : 동화상 전문가 그룹에서 제정한 동영상 압축 기술에 관한 국제 표준 규격으로, 동영상뿐만 아니라 오디오 데이터도 압축할 수 있음
- AVI : Windows의 표준 동영상 형식의 디지털 비디오 압축 방식
- MOV : Apple 사에서 만든 동영상 압축 기술

05 ④

RPM(Revolutions Per Minute) : 하드디스크의 분당 회전수를 의미하며 중앙 처리 장치의 성능을 나타내는 단위가 아님

오답 피하기

- MIPS : 1초 동안 처리할 수 있는 명령의 개수를 100만 단위로 표시함
- FLOPS : 1초 동안 처리할 수 있는 부동 소수점 연산의 횟수를 표시함
- 클럭 속도(Hz) : CPU의 처리 속도를 나타내는 단위로, 1초를 기준으로 어느 정도의 계산을 처리하였느냐를 'Hz(헤르츠)'라는 단위로 표시함

06 ③

- 1GB(Giga Byte)는 2^{30}(Byte)이므로 1,073,741,824Byte가 됨
- 1024 × 1024 × 1024 = 1,073,741,824Byte

07 ①

Ctrl+Shift+Esc : 작업 관리자 열기([프로세스] 탭에서 [작업 끝내기]로 작업 종료)

08 ③

RAM(Random Access Memory) : 전원이 공급되지 않으면 기억된 내용이 사라지는 휘발성(소멸성) 메모리이므로 보조 기억 장치로 사용하지 않음

09 ①

프로토콜(Protocol) : 네트워크에서 서로 다른 기종 간의 데이터 전송 시 원활한 정보 교환이 가능하도록 절차 등을 규정해 놓은 통신 규약

10 ③

UPS(Uninterruptible Power Supply) : 정전 시 전원을 공급해 주는 무정전 전원 공급 장치

오답 피하기

- AVR : 자동 전압 조절기로 일정한 전압을 유지시켜 주는 장치
- CVCF : 정전압 정주파 장치로 출력의 전압 및 주파수를 일정하게 유지시켜 주는 장치
- 항온 항습 장치 : 항상 일정한 온도와 습도를 유지시켜 주는 장치

11 ③

3세대 : 주요 회로와 주기억 장치로 집적 회로(IC)를 사용함

12 ①

디스크 검사

- 파일과 폴더 및 디스크의 논리적, 물리적인 오류를 검사하고 수정함
- 잃어버린 클러스터, FAT, 오류 등 디스크의 논리적인 오류 및 디스크 표면을 검사하여 실제 드라이브의 오류나 불량 섹터를 검사함

13 ②

- LAN(Local Area Network) : 근거리 통신망
- MAN(Metropolitan Area Network) : LAN과 WAN의 중간 형태의 도시 지역 통신망
- WAN(Wie Area Network) : 광역 통신망

14 ①

오답 피하기

- 듀플렉스 시스템(Duplex System) : 2개의 CPU 중 한 CPU는 대기 상태로 가동 중인 CPU가 고장나면 복구될 때까지 대기 중인 CPU가 업무를 처리하는 시스템
- 다중 처리 시스템(Multi-Processing System) : 두 개 이상의 CPU로 동시에 여러 개의 프로그램을 처리하는 기법
- 다중 프로그래밍 시스템(Multi-Programming System) : 한 개의 CPU로 여러 프로그램을 처리하는 시스템

15 ③

IRQ(Interrupt ReQuest) : 주변기기(마우스, 키보드, LAN 보드 등)에서 일어나는 인터럽트 신호

오답 피하기

- DMA(Direct Memory Access) : CPU의 간섭 없이 주기억 장치와 입출력 장치 사이에서 직접 전송이 이루어지는 방법
- I/O(Input/Output) : 입력과 출력을 의미함
- Plug & Play : 자동 감지 설치 기능으로 컴퓨터에 장치를 연결하면 자동으로 장치를 인식하여 설치 및 환경 설정을 용이하게 하므로 새로운 주변 장치를 쉽게 연결함

16 ④

기본 프린터는 한 대만 지정할 수 있으며, 기본 프린터로 설정된 프린터도 제거할 수 있음

17 ②

RAID(Redundant Array of Inexpensive Disk)

- 여러 드라이브의 집합을 하나의 저장 장치처럼 취급함
- 장애가 발생했을 때 데이터를 잃어버리지 않게 하며 각각에 대해 독립적으로 동작할 수 있도록 하는 시스템
- 여러 개의 HDD(하드디스크)를 하나의 Virtual Disk로 구성하므로 대용량 저장 장치 구축이 가능함

18 ①

다중 디스플레이 설정 : [설정]–[시스템]–[디스플레이]의 '여러 디스플레이'에서 설정함

19 ③

- 방화벽은 외부의 침입으로부터 내부의 정보 자산을 보호함
- 외부로부터의 침입을 막을 수는 있지만 내부에서 일어나는 해킹은 막을 수 없으므로 내부의 새로운 위험에 대해서는 효과적으로 대처할 수 없음

20 ②

PHP : 웹 서버에서 작동하는 스크립트 언어로 Windows, Unix, Linux 등의 운영체제에서 모두 실행 가능함

과목 02 스프레드시트 일반

21 ②

[홈] 탭-[편집] 그룹-[채우기]-[계열]에서 지원되는 날짜 단위는 '일, 평일, 월, 년' 등이 있으며 '주' 단위는 지원되지 않음

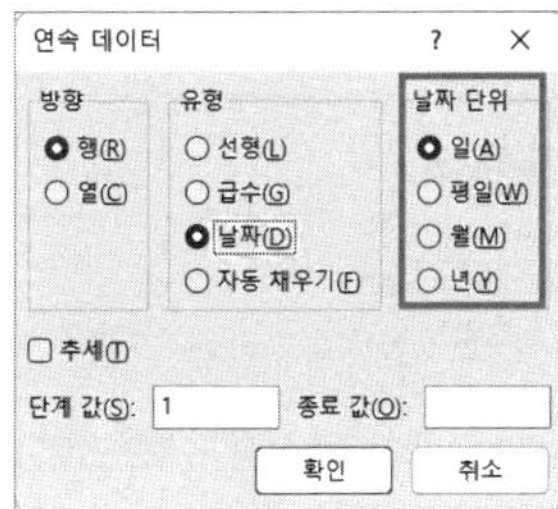

22 ②

함수를 사용하여 조건을 입력하는 경우 원본 필드명과 다른 필드명을 조건 레이블로 사용해야 함

23 ④

데이터 표 기능을 통해 입력된 셀의 일부분만 수정하거나 삭제할 수 없음(데이터 표 범위의 전체를 수정해야 함)

24 ②

논리값의 경우 FALSE 다음 TRUE의 순서로 정렬됨

25 ④

=MODE.SNGL(A1:B5)는 [A1:B5] 범위에서 최빈수(최고로 빈도가 높은 수)를 구하므로 결과값은 2가 됨

오답 피하기

- ① =COUNTA(A1:A5) : 공백이 아닌 인수의 개수를 구함(결과값 : 3)
- ② =LARGE(B1:B5,3) : [B1:B5] 범위에서 3번째로 큰 값을 구함(결과값 : 4)
- ③ =ROUNDUP(C1,2) : C1(324.754)을 무조건 올림하여 자릿수(2)만큼 반환함(결과값 : 324.76)

26 ④

- 수식 셀 : 특정 값으로 결과가 나오기를 원하는 수식이 들어 있는 셀을 지정함 → $B$6
- 찾는 값 : 수식 셀의 결과로 원하는 특정한 값을 숫자 상수로 입력함 → 450
- 값을 바꿀 셀 : 찾는 값(목표값)에 입력한 결과를 얻기 위해 데이터를 조절할 단일 셀로서, 반드시 수식에서 이 셀을 참조하고 있어야 함 → $B$2

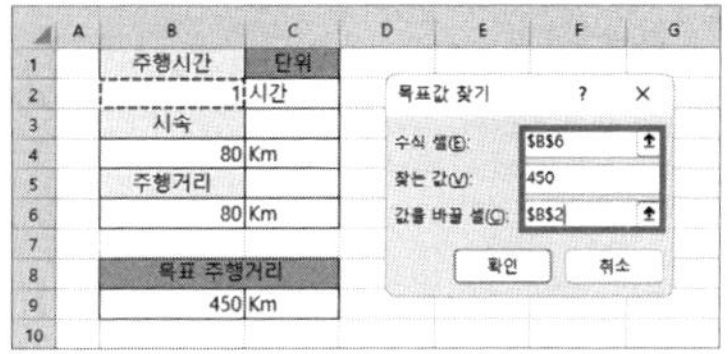

27 ④

- [파일]-[옵션]-[Excel 옵션]-[보안 센터]-[보안 센터 설정]-[매크로 설정]
- VBA 매크로 사용(권장 안함, 위험한 코드가 실행될 수 있음)

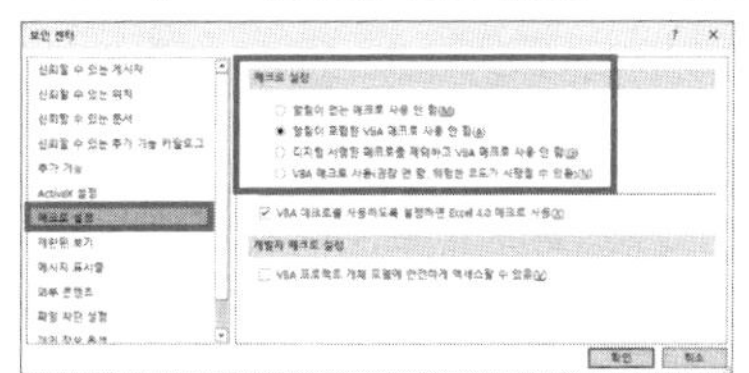

28 ④

목록 값을 입력하여 원본을 설정하려면 콤마(,)로 구분하여 입력함

29 ①

[인쇄 미리 보기] 창에서 셀 너비를 조절할 수 있으며 워크시트에 변경된 너비가 적용됨

30 ①

필드가 일정한 너비로 정렬된 경우 '너비가 일정함'을 이용하여 열 구분선으로 내용을 나눔

오답 피하기

구분 기호로 분리됨 : 각 필드가 쉼표나 탭과 같은 문자로 나누어져 있는 경우

31 ③

- VLOOKUP(A6,$A$1:$B$4,2) : [A6] 셀의 값 -5가 [$A$1:$B$4] 범위의 첫 열에 없으므로 결과는 #N/A가 됨
- IFERROR(수식, 오류 발생 시 표시값) : 수식의 결과가 오류값 #N/A이므로 오류 발생 시 표시값인 '입력오류'가 결과가 됨

32 ②

빠른 실행 도구 모음 : 실행을 빠르게 하기 위해 자주 사용하는 명령 단추를 모아놓은 곳으로, 기본적으로 [저장], [취소], [다시 실행]이 있으며, [빠른 실행 도구 모음 사용자 지정]( ) 단추를 클릭하여 등록함

33 ③

세로 축을 선택한 후 [축 서식]의 축 옵션에서 가로 축 교차를 '축의 최대값'으로 설정하면 가로 축 교차가 축의 최대값으로 위치하게 됨

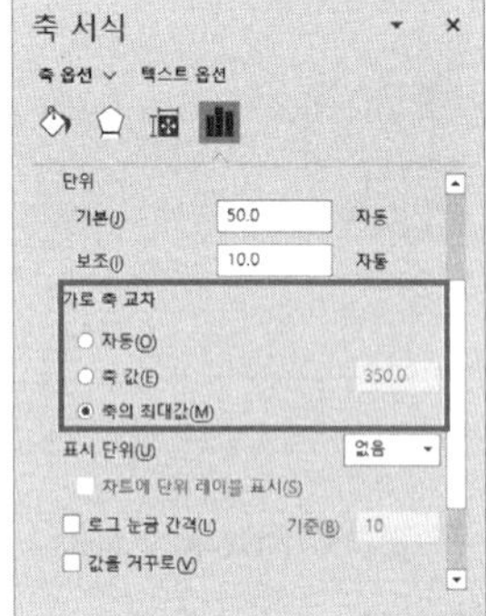

34 ③

편집하려는 데이터가 입력된 셀의 바로 가기 메뉴에 [셀 편집]은 없음

35 ①

[페이지] 탭 '자동 맞춤'에서 용지 너비와 용지 높이를 모두 1로 설정하면 모든 자료가 한 장에 인쇄됨

36 ④

F12 : 현재 사용 중인 파일을 다른 이름으로 저장

오답 피하기

Shift + F11 : 새 워크시트 삽입

37 ②

텍스트 방향 : 텍스트 방향대로, 왼쪽에서 오른쪽, 오른쪽에서 왼쪽

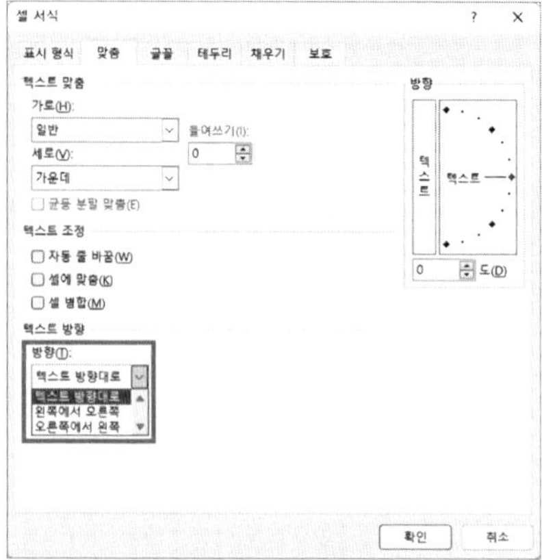

38 ④

#VALUE! : 수치를 사용해야 할 장소에 다른 데이터를 사용하는 경우나 함수의 인수로 잘못된 값을 사용한 경우

오답 피하기

- #DIV/0! : 0으로 나누기 연산을 시도한 경우
- #NUM! : 숫자가 필요한 곳에 잘못된 값을 지정한 경우나 숫자의 범위를 초과한 경우
- #NAME? : 함수 이름이나 정의되지 않은 셀 이름을 사용한 경우나 수식에 잘못된 문자열을 지정하여 사용한 경우

39 ③

매크로 기록 시 사용자의 마우스 동작과 키보드 작업 모두 기록됨

40 ②

추세선 추가가 가능한 차트 : 비누적 2차원 영역형, 가로 막대형, 세로 막대형, 꺾은선형, 주식형, 분산형, 거품형 차트

오답 피하기

추세선 추가가 불가능한 차트 : 누적 2차원 영역형, 3차원 효과의 영역형, 원형, 도넛형, 방사형, 표면형, 원통형, 원뿔형, 피라미드형 차트

한번에 합격, 자격증은 이기적

이기적 스터디 카페

합격 전담마크! 핵심자료부터
실시간 Q&A까지 다양한 혜택 받기

365 이벤트

매일 매일 쏟아지는 이벤트!
기출복원, 리뷰, 합격후기, 정오표

100% 무료 강의

인증만 하면, 교재와 연계된
고퀄리티 강의가 무료

CBT 온라인 문제집

연습도 실전처럼!
시험 환경 100% 재현

이기적 스터디 카페

홈페이지 : license.youngjin.com
질문/답변 : cafe.naver.com/yjbooks

수험서 17,000원

ISBN 978-89-314-7624-8

YoungJin.com Y.
영진닷컴